NAPOLÉON BONAPARTE

NAPOLÉON BONAPARTE

Sous la direction de
DIMITRI CASALI

ANTOINE AUGER – JACQUES GARNIER – VINCENT ROLLIN

Préface de
Jean Tulard

LAROUSSE

Sommaire

La Jeunesse

Corse de sang, Français de destinée

1769-1793

L'Ascension

Le chemin vers la gloire

1793-1799

Bonaparte Premier consul

Sauver la Révolution

1800-1804

Napoléon Ier Empereur des Français

Les années triomphales
1804-1805

Les Conquêtes Impériales

Les années glorieuses
1805-1809

L'Apogée de l'Empire

Le maître de l'Europe
1810-1811

Le Commencement de la Fin

L'Aigle baisse la tête
1812-1815

Les Cent-Jours et Waterloo

La chute de l'Aigle
1815

Le Début du Mythe

La fin de l'histoire
1815-1821

Annexes

AUTEURS :
Dimitri Casali, *historien, enseignant, compositeur*
Jacques Garnier, *spécialiste des questions militaires du Premier Empire*
Antoine Auger, *historien, journaliste*
Vincent Rollin, *historien*

ÉDITION : Laure Petit-Talamon, Carl Aderhold
DIRECTION ARTISTIQUE : Henri-François Serres Cousiné
CONCEPTION & RÉALISATION GRAPHIQUE : Jérôme Faucheux
CARTOGRAPHIE : Jean François Krause
ICONOGRAPHIE : Marie-Annick Reveillon
LECTURE-CORRECTION : Service Lecture-Correction Larousse
FABRICATION : Martine Toudert

Nous remercions le Dr Hourtoulle pour le prêt de planches originales, parues pages 173, 183, 234, 356.
Ces planches sont extraites de son ouvrage, *Soldats et uniformes du Premier Empire* (Paris, Histoire & Collections, 2004)
qui reprend, en format 21 x 27, la totalité des 89 « planches Hourtoulle »,
ainsi que les illustrations de son livre sur le général Lasalle.

ISBN : 978-2-03-584170-4

Préface

Ce livre est le livre sur Napoléon que l'on garde

Napoléon n'en finit pas de fasciner. Il y a le nom. S'il s'était appelé Pierre, Paul ou Jacques, intéresserait-il autant ? Mais Napoléon : ce prénom imprimé en gros caractères sur un livre attire immédiatement le regard du lecteur. Il y a la silhouette comme inventée par l'image : le petit chapeau, la redingote grise, la main dans le gilet… Si l'on feuillette un ouvrage illustré sur Napoléon, on reconnaît aussitôt le personnage.

Il y a l'art. Jacques Bainville condamnait Napoléon pour tout, sauf pour l'art. Peintres et sculpteurs ont souhaité, de David à Warhol, le représenter. Le tableau le plus regardé au Musée du Louvre n'est-il pas *le Sacre*, dépassant *la Joconde*, plus facile à voler, il est vrai. L'historien n'échappe pas à cet attrait. Napoléon a inspiré plus de livres qu'il ne s'est écoulé de jours depuis sa mort. L'observation formulée il y a longtemps reste d'actualité.

Parmi ces ouvrages voici le magnifique album de Dimitri Casali et Jacques Garnier, un brillant musicologue, spécialiste de cette période et un historien des campagnes de Napoléon réputé, réunis pour nous offrir une vision de leur héros tout à la fois classique dans le récit et moderne dans la présentation. De la Corse à Sainte-Hélène, tout est évoqué de façon vivante et rigoureuse. Ils sont aidés dans cette tâche difficile par deux autres historiens : Vincent Rollin et Antoine Auger.

Ce livre est le livre sur Napoléon que l'on garde à portée de la main pour en relire un chapitre ou admirer une illustration.

Non, Napoléon n'a pas fini de faire rêver.

Jean Tulard, *membre de l'Institut.*

1769

La Jeunesse

Vue d'Ajaccio,
gravure de Jean-Jérôme Baugean.

Corse de sang, Français de

1793

destinée

Napoléon Bonaparte en uniforme de lieutenant-colonel du premier bataillon de la Corse en 1792, détail d'une peinture de Philippoteaux, XIXe siècle.

Le sang des Bonaparte

Armes de la famille Bonaparte.

Maison natale de Napoléon, lithographie d'après Despois, XIXe siècle.

Un étrange prénom

Napoléon est un nom de baptême assez répandu en Italie et en Corse mais on ne connaît aucun véritable saint qui l'ait porté. C'est Napoléon lui-même qui fait de sa date de naissance un jour férié, en son honneur et en l'honneur du saint patron qu'on lui trouva : un saint Neopolis, martyr mort pour la foi à Alexandrie au début du IVe siècle. Durant tout le premier Empire (et le second Empire) on fêtera la Saint-Napoléon, le 15 août pour commémorer ce saint Neopolis qui n'a jamais existé. L'étymologie de Napoléon est incertaine, certains chercheurs ont pensé au grec « Ne-Appolyon », ce qui signifierait « le véritable guerrier ». Il semble en effet que ce prénom soit de formation grecque, ce qui confirmerait une lointaine ascendance hellénique. Ce qui est sûr c'est qu'il se rencontre régulièrement dans la généalogie des Buonarparte. Ainsi, Charles, le père de Napoléon, avait un oncle, prénommé Napoleone, qui, fervent patriote corse, a combattu les Français avant de mourir à Corte au mois d'août 1769. D'après certains historiens, Letizia aurait dit : *« C'est en souvenir de ce héros que j'ai transmis ce prénom à mon deuxième fils. »*

Le 15 août 1769, jour de la Sainte-Marie, patronne de l'île, Letizia Buonaparte, malgré sa grossesse, tient absolument à assister aux fêtes de l'Assomption. Vers midi, la jeune fille de dix-huit ans rentre précipitamment de la messe, ne peut atteindre sa chambre à coucher et se jette sur un canapé du salon. Là, immédiatement, elle donne le jour, à un garçon, Napoléon. La légende voudrait que ce soit sur un des vieux tapis antiques du salon représentant des combats de l'*Iliade* d'Homère. Napoléon prenant vie sur le portrait d'Achille… Pourtant, quand plus tard on interrogeait Madame Mère, elle répondait en haussant les épaules : « Chez nous il n'y avait pas de tapis ! »

Napoléon vient au monde sur une île qui est française depuis un an. En effet, après cinq siècles de domination, la république de Gênes, lassée d'une suzeraineté sur une terre en constante ébullition, vend par le traité de Versailles du 15 mai 1768 ses droits

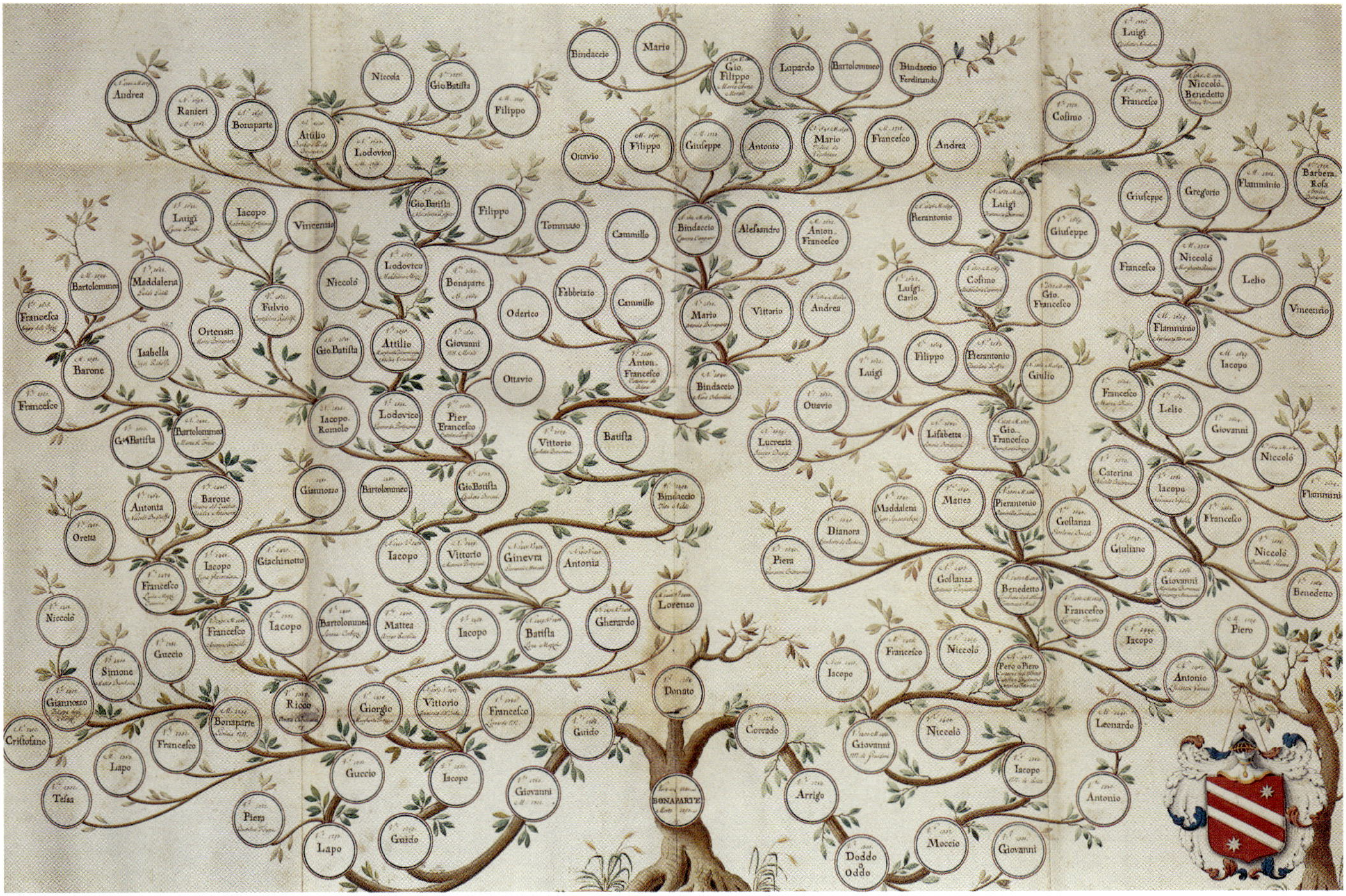

à la France. Le nouveau-né appartient à une des familles les plus anciennes de l'île, issue de la petite noblesse toscane. Les auteurs et les romanciers ont tout imaginé sur ses origines ; les délires les plus farfelus abondent. Certains ont prétendu que les Buonaparte descendaient des empereurs de Byzance, d'autres qu'ils se nommaient en réalité Bonpart et avaient pour ancêtre… le Masque de fer.

En fait, les Buonaparte sont installés en Corse depuis la première moitié du XVIe siècle. À cette date, un certain Francesco Buonaparte émigre à Ajaccio et devient membre du Conseil des Anciens, charge particulièrement honorable et respectée. Ils constituent une des familles les plus en vue de l'île. En 1757, ils obtiennent la reconnaissance authentique de consanguinité avec les Buonaparte restés en Toscane. Cette branche jouit des privilèges de l'aristocratie en vertu des « lettres de noblesse » délivrées par le grand duc de Toscane. En 1771, le conseil supérieur de la Corse reconnaît la famille Buonaparte de noblesse prouvée au-delà de deux cents années et l'autorise à jouir de tous les droits et privilèges liés à cet état. Les armes des Buonaparte portent « deux barres d'or accompagnées de deux étoiles d'azur sur champ de gueules ».

Arbre généalogique
de la famille Bonaparte.

Napoléon est-il né français ?

Certains auteurs affirment que Napoléon n'est pas né le 15 août 1769 à une époque où la Corse est définitivement occupée par les Français depuis trois mois. Chateaubriand assure qu'il est né le 5 février 1768. Or, à cette date, la Corse n'est toujours pas incorporée à la France. D'autres optent pour le 5 janvier 1768, jour de la naissance de Joseph Buonaparte. Leur père, Charles, aurait en fait substitué les certificats de baptême de Joseph et de Napoléon pour permettre à ce dernier d'entrer à l'école de Brienne avant l'âge requis. Aujourd'hui, les historiens sérieux ont mis fin à ces bavardages. Quoi qu'il en soit, il est certain que l'éducation donnée au petit Bonaparte est assez peu française pour ne pas comporter la langue de Molière. On lui apprend l'italien mais il s'exprime habituellement en dialecte corse.

Une famille corse patriote

Charles Bonaparte (1746-1785), le père de Napoléon, un homme qui savait faire le siège des ministères.
Miniature, seconde moitié du XVIIIe siècle.

Cédée à la France en 1768, la Corse deviendra département français en 1789. ▷
Carte de de Belleyme, 1791.

Frivole et galant Charles Bonaparte

Né en 1746 à Ajaccio, le père de Napoléon est un homme grand, au physique avantageux, intelligent et parfaitement bien élevé. Bel esprit goûtant les Lettres, il s'essaye aux vers et à la prose. Les événements que traverse la Corse lui permettent de jouer un certain rôle lors du soulèvement de 1768. Il a alors vingt-deux ans et est l'un des lieutenants de Paoli. Après la défaite de Ponte-Novo, en 1769, le roi Louis XV ordonne de favoriser la réconciliation et d'éviter toutes représailles. Charles est l'un des premiers nobles à rejoindre les Français, et, à partir de ce jour, son ralliement sera sans faille. Après des études de droit à Pise, où se trouve l'une des meilleures universités d'Italie, il devient avocat à Ajaccio. Toutefois, dans un pays pauvre comme la Corse, ce métier est d'un rapport insignifiant. Comme les autorités françaises expriment le désir d'associer les Corses à l'administration de l'île, il obtient la charge de juge assesseur au tribunal royal d'Ajaccio. Hélas, Charles est aussi homme de plaisir, aimant le luxe et les femmes, désirant éblouir et dépenser. Le gouverneur de l'île, M. de Marbeuf, remarque vite ce notable corse qui parle parfaitement le français. Il devient député de la noblesse en 1777. *« Mon père était bon »*, dira Napoléon à Sainte-Hélène, *« Il affectait un peu trop la politesse ridicule du temps, il était enclin à aimer les femmes. Il eût mangé toute sa fortune si ma mère ne l'eut retenu… »*

En 1764, le père de Napoléon, Charles Bonaparte prend fait et cause pour le chef des partisans de l'indépendance, Pascal Paoli. Il rejoint à Corte l'homme qu'il admire depuis longtemps et devient l'un de ses aides de camp. Durant un voyage qu'il fait à Ajaccio cette même année, il rencontre Letizia Ramolino, la nièce du chanoine de la cathédrale. Ce dernier se trouve être un ami de l'oncle de Charles, Lucien Bonaparte qui est archidiacre d'Ajaccio. Charles a dix-huit ans, elle, quatorze à peine. Le mariage est organisé par leur famille respective. Outre le fait qu'elle soit « la plus belle femme de l'île », elle est aussi un beau parti et d'une famille égale à la sienne. Les époux résident à Corte où Charles, en dehors de ses fonctions auprès de Paoli, est un membre influent de la Consulte nationale.

Pascal Paoli n'admet pas que le peuple corse n'ait pas été consulté au sujet de l'annexion par la France. Il dénonce le traité de Versailles, organise la lutte et implore l'aide intéressée des Anglais. Néanmoins, les patriotes corses sont écrasés le 8 mai 1769 à Ponte-Novo par l'armée du roi Louis XV, commandée par le comte de Vaux. Fuyant devant l'avancée de l'armée française, les derniers opposants se réfugient avec femmes et enfants dans les montagnes, au Monte-Rotondo. Parmi les fugitifs, Charles et sa jeune épouse enceinte de six mois, avec dans ses bras leur premier enfant, Joseph. Lors de cette retraite précipitée Letizia aurait dit : « Le fils que j'attends sera le " vengeur " de la Corse. » Finalement, le comte de Vaux loue le courage des fuyards et leur promet la protection du roi. Charles comprend que la cause de l'indépendance est perdue et accepte la proposition du comte. Avec sa famille, il regagne Ajaccio au mois d'août 1769, où Letizia met au monde son deuxième fils : Napoléon.

Letizia Ramolino (1750-1836),
portrait de Jean-Baptiste Isabey, 1800.

Une âme forte à la main leste : Letizia Ramolino

« Ma mère était belle comme le jour » dira l'Empereur, et il semble ne pas avoir exagéré. Petite mais admirablement bien faite, les traits fins, le visage emprunt de dignité, Letizia ressemble aux Romaines de Plutarque. Elle dirige tout son petit monde avec poigne et sévérité, *« elle avait la main leste »* dira encore son fils. Elle est née en 1750 à Ajaccio. Son père était inspecteur des Ponts et Chaussées de la Corse, c'est dire qu'il n'était guère riche. Sa mère, devenue veuve s'est remariée avec le capitaine François Fesch dont elle eut un fils, le futur cardinal Fesch. Letizia ne connaît pas le français, et, au moment où son fils devient empereur, elle le parle encore très mal, s'attirant les risées de la cour des Tuileries. Devenue veuve à trente-cinq ans, elle élève ses enfants avec beaucoup de courage. Toute son existence, elle garde sur eux, notamment sur Napoléon, une grande autorité. Pendant l'Empire, elle mène une vie simple et discrète avec le titre de Madame Mère.

La Corse, une île en effervescence

Durant tout le XVIIIe siècle, Gênes doit affronter une série de soulèvements, et dès 1737, le ministre Fleury, soupçonnant l'Angleterre de vouloir s'installer en Corse signe avec les Génois un accord, qui autorise de façon officieuse les Français à les aider à soumettre l'île. En 1755, le patriote Pascal Paoli prend la tête d'une insurrection générale au terme de laquelle il est partiellement vainqueur : si les Génois restent maîtres des villes de la côte, il contrôle les cantons de l'intérieur. En principe vassale de la république de Gênes, la Corse devient en réalité quasi indépendante pendant quatorze ans. Choiseul, ministre de Louis XV, veut obtenir de Gênes qu'elle cède ses droits sur l'île. Peu à peu, se forme en Corse un parti pro-français favorable à l'acquisition. Ne pouvant rembourser à la France les sommes dont elle lui est redevable pour ses longues interventions, Gênes cède ses droits, le 15 mai 1768 par le traité de Versailles. Le jour même, Louis XV proclame la réunion de la Corse au royaume. Mais la résistance corse soutenue par l'Angleterre, continue et après une défaite des Français à Borgo en octobre 1768, c'est la victoire de Ponte-Novo sur les milices corses. La pacification durera jusqu'en 1774.

La bataille de Ponte-Novo, 8 mai 1769, lithographie, XIXe siècle.

Une existence quasi autarcique

Le jeune Napoléon vit en Corse jusqu'à l'âge de 9 ans. Gravure en couleur de Jean-Baptiste Greuze.

C'est dans cette maison traditionnelle du XVIIIe siècle, située rue de la Mauvaise-Herbe (rebaptisée Saint-Charles) que Napoléon et ses frères et sœurs, excepté Joseph, sont nés. Peinture de Léonard-Alexis Daligé de Fontenay, 1849. ▷

Ne pas dépenser

À Sainte-Hélène, Napoléon décrira avec précision les ressources matérielles de la famille, essentiellement fondées, dans ce milieu rural, sur les récoltes et les échanges : « *La famille avait un moulin banal où tous les villageois allaient moudre et payaient avec une certaine quantité de farine, un four banal qui se payait avec des poissons. On récoltait les raisins pour la fabrication du vin. On apportait le lait, les fromages de chèvre ; même la viande de boucherie ne se payait pas. On avait un compte avec le boucher, et on donnait en échange de la viande de boucherie tant d'équivalence en moutons, agneaux, chevreaux ou même bœufs. L'important était de pas dépenser d'argent. L'argent était fort rare. C'était une grande affaire que de payer avec de l'argent comptant. Il n'y avait à Ajaccio que deux jardins d'oliviers : l'un appartenait à la famille Bonaparte, l'autre aux jésuites. L'usage était que les proches parents, oncles, tantes, cousins germains ou grands-pères vinssent faire leur provision d'huile, lors de la récolte. Le dimanche, jour où venaient les paysans avec leurs chèvres, le fromage, le lait, etc., il y avait grande bombance qui durait jusqu'au lendemain et le surlendemain en hiver ; en été, on faisait cadeau aux parents des choses qui se seraient gâtées.* »

Les Bonaparte, sans vivre dans l'indigence, ne sont pas aisés. Ils font partie des nantis d'Ajaccio, aux côtés des Pozzo di Borgo, mais sans aucun luxe superflu. S'ils peuvent faire figure de notables en Corse, c'est dans une île à moitié sauvage connue pour la dureté de ses mœurs. Leur fortune semble misérable face à celles des notabilités continentales.

Ils possèdent trois maisons, la propriété des Milelli, un moulin, les vignes de la Sposata et de la Casseta, la terre des Salines où l'on cultive les mûriers, ainsi que des terres à Ucciani, Bastelica et Bocognano. Ils forment un véritable clan et possèdent une réelle influence. Le domaine des Milelli, grâce à l'oliveraie, constitue une des principales ressources des Bonaparte. La maison qui domine le golfe d'Ajaccio est aussi leur résidence d'été, lors des trop fortes chaleurs. Les autres terres assurent la subsistance de la famille. Le principe est de ne pas dépenser. Jamais d'argent pour les produits de la table. Tout est fourni par les terres. On récolte le vin, on produit le pain, l'huile, le lait, le fromage de chèvre, la viande, tandis que les pâtes sont fabriquées à la maison. L'oncle Lucien a coutume de dire avec orgueil : « Jamais les Buonaparte n'ont acheté pain, vin, huile. » On ne dépense vraiment d'argent que pour les articles absolument indispensables comme les vêtements, les meubles ou les denrées impossibles à produire en Corse tels le café, le sucre et le riz.

Assez vite leur aisance se restreint avec la naissance de treize enfants dont huit survivront : Joseph (1768), Napoléon (1769), Lucien (1775), Élisa (1777), Louis (1778), Pauline (1780), Caroline (1782) et enfin Jérôme (1784). Au total, cinq garçons et trois filles. Maîtresse femme, Letizia est le véritable chef de famille. Elle les élève d'une main de fer et leur inculque quelques solides principes. Loin de se plaindre de son éducation spartiate, Napoléon avouera plus tard : « C'est à ma mère que je dois ma fortune et tout ce que j'ai fait de bien. » La famille joue en Corse un rôle considérable. Celle de Napoléon allait devenir, pour lui, une charge constante, un souci perpétuel. Son poids et son influence sur la destinée du futur empereur, excepté peut-être à ses débuts, ne seront pas des plus heureux.

La casa Buonaparte à Ajaccio

Le rez-de-chaussée et le premier étage sont occupés par les Bonaparte, le second étage par des cousins, les Pozzo di Borgo. De ce voisinage naît une brouille continuelle entre les deux familles. On raconte qu'un jour, une dame Pozzo di Borgo jeta sans faire attention par la fenêtre le contenu d'un pot de chambre sur Madame Letizia…

Un enfant turbulent et volontaire

Bonaparte enfant se bagarrant, aquarelle de Job.

Le baptême de Napoléon a lieu en 1771 dans la maison familiale d'Ajaccio, deux ans après sa naissance, ce qui, à l'époque, est une exception, en même temps que celui de sa sœur Maria-Anna, morte en bas âge. Le parrain est le procureur du roi Louis XV, Laurent Giubega de Calvi, ami des années de révolte de son père. Le gouverneur, Charles de Marbeuf, est venu tout spécialement de Bastia pour assister à la cérémonie.

Les souvenirs sur la petite enfance de Napoléon sont, la plupart du temps, d'une authenticité douteuse. Pourtant, certaines anecdotes ont le mérite de figurer dans divers témoignages. Celles-ci nous dépeignent un petit garçon comme les autres, peut-être un peu plus turbulent et plus batailleur, mais corrigé et formé à une discipline rigoureuse par une éducatrice remarquable, sa mère. Letizia reste intraitable sur le point de l'honneur et sur le respect de la parole donnée. Elle mérite l'affection et la considération que Napoléon lui manifestera toute sa vie. Dès son jeune âge, on le surnomme « Rabulione » celui qui touche à tout ! « J'étais querelleur, lutin, rien ne m'imposait. Je battais l'un, égratignais l'autre, mon frère était celui à qui j'avais le plus souvent à faire », reconnaîtra Napoléon. Vif à l'extrême, d'une volonté farouche, il a sur Joseph, son aîné, un ascendant complet. Celui-ci est régulièrement battu, mordu. Letizia disait que Napoléon

Fac-similé de l'acte de baptême de Napoléon, rédigé en italien.

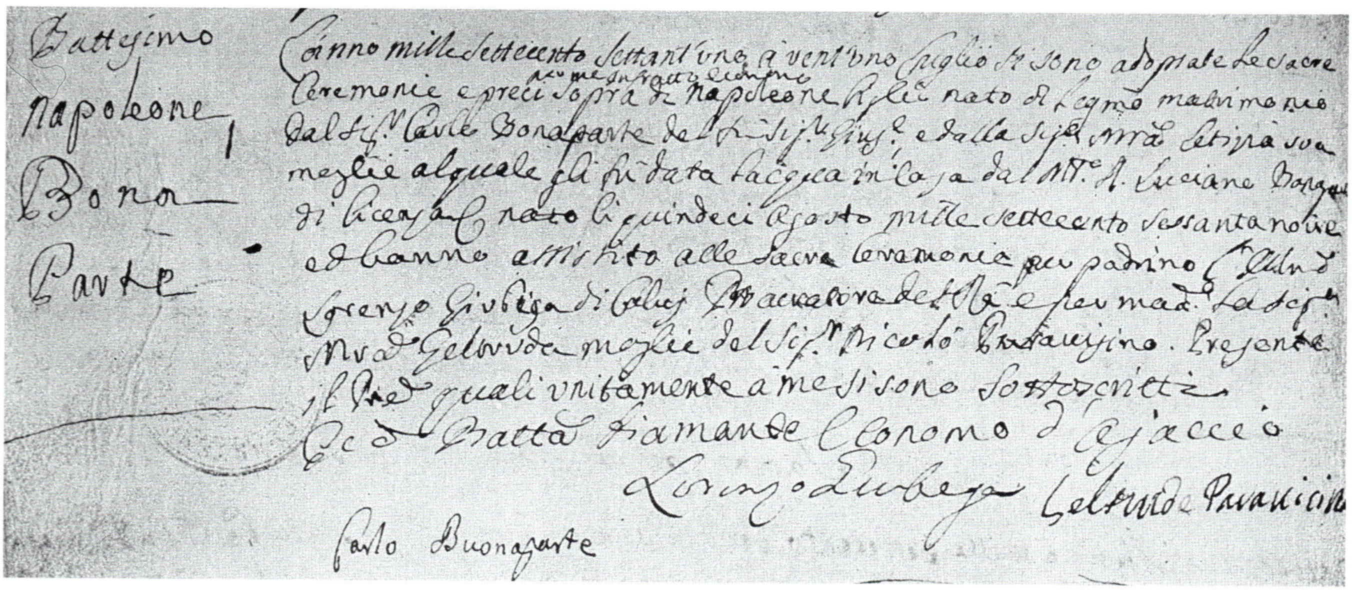

Battesimo Napoleone Bono Parte

L'anno mille settecento settant'uno a vent'uno luglio si sono adempiate le sacre Ceremonie e preci sopra di Napoleone figlio nato di legitimo matrimonio dal Sig.r Carlo Bonaparte del q. Sig.r Gius.e e dalla Sig.ra Mria Letizia sua moglie al quale gli fu data l'acqua in casa dal M.to R. Luciano Bonaparte di licenza nato li quindeci agosto mille settecento sessantanove ed hanno assistito alle sacre ceremonie per padrino l'Ill.mo Lorenzo Giubega di Calvi Procuratore del Re e per madrina la Sig.ra Mria Geltruda moglie del Sig.r Nicolò Paravisino. Presenti il Padre quali unitamente a me si sono sottoscritti.

Gio. Batta Diamante Economo d'Ajaccio

Lorenzo Giubega Geltruda Paravicino

Carlo Buonaparte

était le plus diable de ses enfants. Elle raconte comment, tout enfant, il peignait partout sur les murs des soldats rangés en ordre de bataille. Presque tous les soirs, il se rendait à la citadelle d'Ajaccio. Là, il assistait à la relève de la garde, fasciné par les uniformes bleus et blancs des officiers. Chaque matin quand il allait à l'école, il échangeait son pain blanc contre du pain de munition d'un soldat. Grondé, il répondait que devant être soldat lui aussi, il devait s'accoutumer à manger de ce pain.

Bonaparte jeune se battant avec ses camarades. Caricature anglaise, XIXe siècle.

On est sûr aussi qu'à l'âge de cinq ans, il entre comme externe dans un pensionnat mixte des sœurs béguines d'Ajaccio pour commencer à épeler l'italien et à compter. Il se prendra de passion pour une enfant de son âge, nommée Giacominetta. Cette grande affection excitait la jalousie des autres fillettes. Comme il était fort négligé dans sa toilette et avait toujours le bas traînant sur ses souliers, elles le poursuivaient avec une chanson qui l'exaspérait :

Napolione di mezza calzetta
Fa l'amore a Giacominetta
« Napoléon demi chaussettes
Fait l'amour à Jacquelinette »

Très tôt, Napoléon se fait remarquer par son goût pour le calcul au point que les religieuses, stupéfaites, le surnommeront « Le Mathématicien ». Très vite, il va quitter le pensionnat pour apprendre à lire et à écrire dans l'école de l'abbé Recco, où il devait rester près de quatre ans. Il n'oubliera jamais son premier professeur qu'il coucha sur son testament à Sainte-Hélène. Élève médiocre au début, il travailla longtemps d'arrache-pied avant de mériter les félicitations de son professeur.

Napoléon révèle une volonté précoce et fait preuve d' un caractère déterminé, voire obstiné. Joseph raconte dans ses *Mémoires* l'histoire suivante. L'abbé Recco, passionné d'histoire antique, avait divisé ses élèves en deux groupes : d'un côté l'armée romaine, de l'autre l'armée carthaginoise. Le sort envoie l'aîné, Joseph, dans l'armée romaine et le jeune Napoléon dans l'armée punique. Ce dernier entre dans une violente colère, ne supportant pas l'idée de faire partie du camp des vaincus. Il protesta si furieusement auprès de Joseph pour changer de camp que celui-ci de guerre lasse finit par accepter.

À cette époque, il s'amuse, avec sa sœur Pauline, à imiter la démarche de sa grand-mère Fesch qui avait une jambe raccourcie et une épaule plus haute que l'autre. La vieille dame s'en aperçoit et se plaint à sa fille Letizia en lui disant qu'elle élevait ses enfants sans respect pour les grands-parents. « Madame, rapportera l'Empereur, bien qu'elle nous aimât beaucoup, ne plaisantait pas, et je vis à ses yeux que mon affaire n'était pas bonne. Pauline ne tarda pas à recevoir sa fessée parce que des jupons sont plus faciles à relever que des pantalons à déboutonner. Le soir, elle essaya sur moi, mais en vain. Je crus en être quitte ! Le lendemain, elle me repoussa lorsque je fus pour l'embrasser. Enfin je n'y pensais plus lorsque, dans la journée, Madame me dit : « Napoléon, tu es invité chez le gouverneur, va t'habiller ! » Je monte, bien satisfait d'aller dîner avec les officiers et je ne fus pas long à me déshabiller. Mais Madame était le chat guettant la souris ; elle entre subitement, ferme la porte sur elle ; je m'aperçois du piège où j'étais tombé, mais il était trop tard pour y remédier et il me fallut subir la fessée. »

1771-77 *Ralliement au camp*

Gouverneur de la Corse, Charles-Louis René de Marbeuf offrit un fidèle soutien à Charles Bonaparte et à sa famille.

Certificat de noblesse délivré par Hozier de Sérigny à Bonaparte en vue de son admission à l'école de Brienne. ▷

CHARLES-LOUIS RENÉ DE MARBEUF (1712-1786)

Il fait partie d'une grande famille bretonne à la fortune considérable, qui possédait de nombreux terrains, situés près de nos Champs-Élysées actuels, à Paris, et qui a ainsi laissé son nom à une rue de ce quartier. Né à Rennes, officier aux armées royales, c'est un homme gracieux, séduisant, adorant les femmes. Il sert en Corse à partir de 1764 où il participe à la direction des opérations militaires. En 1768, il est nommé lieutenant général et devient en 1772, gouverneur militaire de l'île, face à un sérieux concurrent, M. de Narbonne. Hautain et violent, d'une naissance et d'un crédit supérieurs, ce dernier est devancé par M. de Marbeuf, qui est beaucoup plus aimé en Corse. L'appui des principaux notables dont la famille Bonaparte est à cet effet, décisif. Déjà comte de Marbeuf, il reçoit bientôt, de Louis XVI, le titre de marquis. Il aime la Corse et apprécie ses habitants ; il vit d'ailleurs à Bastia, jusqu'à sa mort, en 1786. À soixante et onze ans, il épouse une jeune demoiselle âgée de dix-huit ans dont il aura deux enfants. Plus tard, Napoléon sera particulièrement attentif à l'avancement de son fils qu'il fera baron d'empire et colonel d'un régiment de chevau-léger.

Le comte général de Marbeuf, gouverneur de la Corse, n'est pas étranger au ralliement de Charles Bonaparte au camp français. En effet, il cherche des appuis parmi les notables prêts à se rallier, et en outre, il éprouve une réelle sympathie pour les Bonaparte. Sa vie durant, il accordera, avec constance, sa protection à Napoléon et à toute sa famille.

Aidé des charmes de Letizia qui ne laisse pas le gouverneur français indifférent, Charles sollicite places, charges et faveurs. Considérant tous les avantages que peut lui procurer la France pour tenir son rang, il entame alors une série de démarches qui vont durer toute sa vie. Ce « rallié ambitieux » n'est, à cette époque, qu'un exemple parmi les nombreux représentants de la notabilité insulaire. Dès 1771, « l'infatigable quémandeur » fait reconnaître son origine noble par le conseil supérieur de la Corse, ce qui lui permet d'être élu député de la noblesse d'Ajaccio aux États de Corse, en 1772. À cette époque, Charles francise, une première fois, son nom en Bonaparte. Enfin, toujours avec l'appui du puissant gouverneur, il est élu, représentant de la noblesse corse à Versailles, pour présenter au roi « l'hommage de l'île » en 1777. Il rentre à Ajaccio ébloui par la puissance du royaume de France.

Très adroitement, le roi Louis XVI ordonne d'accueillir les jeunes gentilshommes corses dans les écoles royales. L'école royale de Saint-Louis à Saint-Cyr, fondée par Mme de Maintenon, doit recevoir les jeunes filles. Le séminaire d'Aix est, quant à lui, chargé d'accueillir vingt garçons destinés à l'état ecclésiastique.

Aussitôt, Charles entreprend les démarches nécessaires pour obtenir ces nouvelles faveurs royales. Il formule, dès 1776, des demandes de bourses d'études secondaires pour ses deux aînés ainsi que pour son jeune beau-frère Fesch. Napoléon sera inscrit à l'école militaire de Brienne ; Joseph entrera au séminaire d'Autun et leur jeune oncle, le chanoine Joseph Fesch, obtiendra une place au séminaire d'Aix.

français

Pour être admis dans les écoles militaires royales il faut fournir les preuves de quatre degrés de noblesse. Charles n'a aucun mal à produire les certificats auprès du redouté juge d'armes de la noblesse de France, M. d'Hozier de Sérigny. De plus, M. de Marbeuf délivre un certificat attestant que les Bonaparte sont sans fortune. Joseph et Napoléon, les deux aînés de la famille, deviennent élèves du roi. Plus tard, en 1784, leur sœur Élisa ira à Saint-Cyr.

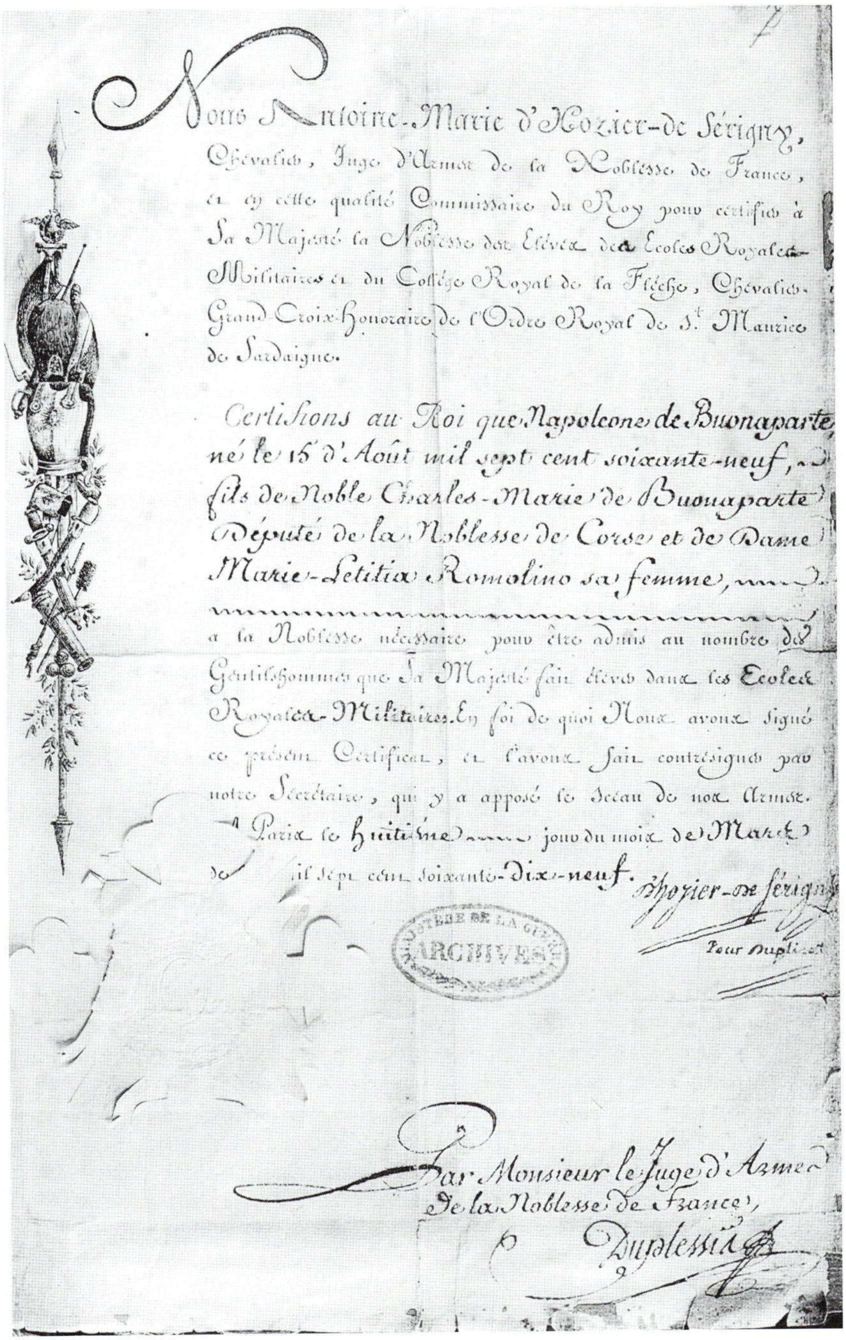

Nous Antoine-Marie d'Hozier-de Sérigny, Chevalier, Juge d'Armes de la Noblesse de France, et en cette qualité Commissaire du Roy pour certifier à Sa Majesté la Noblesse des Elèves des Ecoles Royales Militaires et du Collège Royal de la Flèche, Chevalier Grand-Croix-honoraire de l'Ordre Royal de St. Maurice de Sardaigne.

Certifions au Roi que Napoleone de Buonaparte, né le 15 d'Août mil sept cent soixante-neuf, fils de Noble Charles-Marie de Buonaparte Député de la Noblesse de Corse et de Dame Marie-Letitia Romolino sa femme, a la Noblesse nécessaire pour être admis au nombre des Gentilshommes que Sa Majesté fait élever dans les Ecoles Royales-Militaires. En foi de quoi Nous avons signé ce présent Certificat, et l'avons fait contresigner par notre Secrétaire, qui y a apposé le Sceau de nos Armes. A Paris le huitième jour du mois de Mars mil sept cent soixante-dix-neuf.

d'Hozier-de Sérigny

Pour duplicata

ARCHIVES

Par Monsieur le Juge d'Armes de la Noblesse de France,

Duplessis

Après la défaite des paolistes à Ponte-Novo, Charles est l'un des premiers nobles à rejoindre le camp français.
Peinture de Louis Girodet-Trioson, 1805.

Napoléon fils du comte de Marbeuf ?

Marbeuf était-il l'amant de la belle Letizia ? Certains historiens l'ont prétendu, Napoléon lui-même aurait eu des doutes : *« D'où viennent mes talents militaires ?* dira-t-il un jour. *Les Bonaparte étaient avocats ou magistrats. On a prétendu, en réalité, que je serais issu d'un général. Cette hérédité pourrait tout expliquer ! »*
Il est vrai que devant les infidélités de son mari, Letizia aurait possédé toutes les excuses du monde. Toutefois, Napoléon a été conçu en novembre 1768. Sans doute Marbeuf connaît-il déjà les Bonaparte. Sans doute, à son arrivée à Ajaccio, a-t-il comblé Charles de prévenances. Mais la Corse est alors en pleine révolte. Marbeuf ne quitte pas Ajaccio et vit avec une « dame de Varesse ». À la même époque, les Bonaparte demeurent près de Corte, en pleine zone paoliste.
De plus, Letizia fut toute sa vie une femme de grande rigueur morale.

Les premiers apprentissages

Malgré l'obtention d'une bourse royale, Napoléon ne peut pas suivre dans l'immédiat les cours de l'école royale militaire de Brienne et y rejoindre la centaine d'enfants de l'aristocratie qui se destinent au métier des armes. Élevé dans le dialecte corse, il doit d'abord passer trois mois dans un collège à Autun pour y apprendre le français. Il aura du mal à parler cette langue nouvelle. D'ailleurs, à Brienne, il bénéficiera encore de cours particuliers de français, langue qu'il parviendra finalement à maîtriser. Mais il ne perdra jamais sa très mauvaise

L'école militaire de Brienne

Préparant à la grande École militaire de Paris, l'école de Brienne, dans la vallée de l'Aube, est confiée aux pères minimes de l'ordre de Saint-Benoît, qui doivent loger et éduquer 120 élèves de familles nobles. Soixante élèves indigents sont boursiers du roi et coûtent 700 livres par an. Les 60 autres élèves fortunés sont élevés aux frais de leurs parents qui doivent payer en plus la somme de 700 livres. Les religieux doivent les nourrir, leur fournir annuellement deux uniformes (habits bleus à parements rouges), le matériel scolaire, et quarante sous par mois d'argent de poche. En fin d'année scolaire, un inspecteur général fait la tournée des écoles et sélectionne les élèves selon leurs capacités : les plus doués destinés à l'artillerie, au génie ou à la marine, les médiocres à l'infanterie, les incapables renvoyés à leurs familles. L'école sera pillée sous la Terreur et ses bâtiments presque totalement rasés en 1799. Lors de son passage à Brienne en 1805, Napoléon fera réparer ces destructions. Il séjournera une dernière fois pour trois nuits au château, lors de la campagne de 1814.

Le 15 décembre 1778, le jeune Bonaparte quitte la Corse pour aller étudier sur le continent. Illustration de Job, 1910.

orthographe et son accent italien. Pourquoi Autun ? C'est là que réside Monseigneur Alexandre de Marbeuf, évêque d'Autun et neveu du gouverneur de la Corse. Il est possible que par ce rapprochement, Monsieur de Marbeuf ait pensé procurer un bénéfice ecclésiastique à Joseph.

Le 15 décembre 1778, Charles Bonaparte se rendant à Versailles, emmène avec lui ses deux fils aînés, Joseph et Napoléon, ainsi que son beau-frère Fesch. Après une nuit passée à Bastia dans une triste auberge, le petit groupe s'embarque pour Marseille. Du bateau, Napoléon voit bientôt d'un côté, la Corse tant aimée s'effacer et, de l'autre, se profiler à l'horizon la silhouette brumeuse du continent.

Ils arrivent à Autun en Bourgogne, le 1er janvier 1779. Charles laisse ses deux fils au supérieur du collège. Profondément dépaysé, Napoléon ne tarde pas à se faire remarquer pour son esprit rude et sa volonté farouche. Un de ses professeurs d'Autun, l'abbé Chardon, dira de lui qu'« il apprit le français en trois mois, au point de faire librement la conversation et même de petits thèmes et de petites versions. » Sa soif de connaissances est sans limites. Concentré, il fixe ses yeux sur l'abbé et reste bouche bée. Si celui-ci récapitule la leçon, alors il n'écoute plus. Et quand le professeur lui reproche son inattention, il répond d'un ton impassible et froid : « Monsieur, je le sais déjà ! »

À l'un de ses camarades qui se moque des combattants corses, il répond que « si les Français avaient été quatre contre un, ils n'auraient jamais eu la Corse, mais ils étaient dix contre un… »

Au bout de trois mois et vingt jours, Napoléon quitte le collège d'Autun pour Brienne. La séparation avec son frère Joseph est douloureuse. Le sous-principal Simon, témoin de la scène, confiera à Joseph en pleurs : « Votre frère n'a versé qu'une seule larme, mais elle prouve autant la douleur de vous quitter, que toutes les vôtres. » Désormais, Napoléon sera entièrement seul pour affronter l'école préparatoire militaire de Brienne.

Vue d'Autun,
aquarelle de Jean-Baptiste Lallemand, seconde moitié du XVIIIe siècle.

Bonaparte à Brienne, marbre de Louis Rochet. Sur le piédestal est gravé : « Pour ma pensée, Brienne est ma patrie ; c'est là que j'ai ressenti les premières impressions de l'homme. »

1779-84 Un petit « étranger » à Brienne

À Brienne, Bonaparte, lui le petit Corse désargenté, souffre des moqueries incessantes de ses camarades de classe.

« Las d'afficher l'indigence ! »

Lettre de Napoléon à son père datée du 6 avril 1783. (De nombreux historiens ont de sérieux doutes sur son authenticité).

« *Mon père, si vous ou mes protecteurs ne me donnez pas les moyens de me soutenir plus honorablement dans la maison où je suis, rappelez-moi près de vous, et sur-le-champ. Je suis las d'afficher l'indigence et d'y voir sourire d'insolents écoliers qui n'ont que leur fortune au-dessus de moi, car il n'en est pas un qui ne soit à cent piques au-dessous des nobles sentiments qui m'animent ! Eh ! quoi, Monsieur, votre fils serait continuellement le plastron de quelques paltoquets qui, fiers des douceurs qu'ils se donnent, insultent en souriant aux privations que j'éprouve ! [...]* »

Charles étant à Bastia, c'est Letizia qui recevra la lettre et y répondra : « *J'ai reçu votre lettre, mon fils, et si votre écriture ne m'avait pas prouvé qu'elle était de vous, je n'aurais jamais cru que vous en fussiez l'auteur. Vous êtes celui de mes enfants que je chéris le plus, mais si je reçois jamais une pareille épître de vous, je ne m'occuperai plus de Napoleone. Où avez-vous appris, jeune homme, qu'un fils, dans quelque situation qu'il se trouve, s'adressât à son père comme vous l'avez fait ?* Et Letizia de conclure : *Napoleone, je me flatte qu'à l'avenir votre conduite plus discrète et plus respectueuse ne me forcera plus à vous écrire comme je viens de le faire. Alors, ainsi qu'auparavant, je me dirais votre affectionnée mère, Letizia Bonaparte.* »

Le 15 mai 1779, le petit Napoléon, âgé de presque 10 ans, arrive à l'école royale militaire de Brienne. Il ne reverra les siens que cinq années plus tard. Déraciné, parlant mal le français, il souffre de tout. Il est privé de sa mère, de ses proches et de son pays. Le climat champenois est froid et pluvieux ; la façon de vivre est différente. Dans un environnement difficile, se pliant à une discipline sévère, il va endurer cette épreuve avec un étonnant stoïcisme et dans un isolement presque total. Il n'aura jamais la moindre distraction et ne recevra qu'une seule visite, celle de son père en 1784. Ses origines sociales et insulaires sont la cause de nombreuses brimades de la part de ses condisciples. Il est en butte aux moqueries de ces derniers qui s'amusent de son prénom, de son accent et de ses fautes de langue. Son français encore approximatif et hésitant est déformé par une prononciation italienne transformant les « u » en « ou » et les « e » en « é ». Son patois le fait traiter d'étranger et devient une source intarissable d'injures et de quolibets qui blessent sa fierté. Comme il prononce son prénom

« Napoglioné », ses condisciples le déforment en « la paille au nez »… et ce surnom lui restera. Déjà sombre, rêveur et farouche, il se retrouve constamment seul et se renferme encore plus sur lui-même.

Enfin, il supporte mal, lui le boursier pauvre, la morgue de ses camarades dont les parents paient la pension et viennent souvent les visiter. Alors qu'en Corse Napoléon ressentait assez peu l'inégalité des castes qui existait en France, à Brienne, il y est brutalement confronté. Sa promotion compte des garçons de la haute noblesse parmi lesquels un Bragelonne, un Castres de Vaux, un Montarby de Dampierre, et d'autres de moindre lignée. Tous se gaussent de sa naissance obscure. Si l'interpellation de l'un d'eux : « Vous ne connaissez personne à la cour, vous Buonaparte » est sans doute apocryphe, elle décrit bien l'état d'esprit qui règne à Brienne. Susceptible de passions violentes, d'une sensibilité à fleur de peau, ennemi de tous les jeux de l'enfance, il a eu plusieurs fois contre ses jeunes camarades des accès de colère voire de fureur. Un de ses compagnons écrira plus tard : « Je l'ai vu souvent attaqué par un groupe de ses compagnons de classe, qu'il avait provoqué par ses railleries amères, et repousser avec le plus grand sang-froid leurs coups et leurs efforts réunis… »

Un règlement sévère et rigoureux

La discipline spartiate que le comte de Saint-Germain a instaurée, doit faire « ployer le caractère » et « étouffer l'orgueil » des enfants nobles destinés à la carrière des armes. Les élèves disposent d'une cellule individuelle de moins de deux mètres carrés, meublée d'un lit de sangle avec une seule couverture été comme hiver, d'une chaise, d'une armoire basse, d'un pot à eau et d'une cuvette. Il n'y a pas de chauffage, et il gèle trois mois par hiver. Pendant la nuit, les cellules sont verrouillées de l'extérieur. En cas de besoin, on doit appeler le domestique de service. Les études durent cinq ou six années (de la septième à la seconde) au cours desquelles il est interdit de quitter l'école ; seules les visites au parloir sont autorisées et les promenades collectives certains dimanches, à la belle saison.

Alors que les autres élèves sortaient du collège le dimanche et pour les fêtes, Bonaparte, lui, jamais. *L'entrée du collège de Brienne,* dessin de Regnier, 1780.

Un travailleur opiniâtre

Bonaparte élève, lithographie de Gangel et P. Didion.

Ces vexations renforcent son tempérament rêveur et mélancolique tout en confortant son hostilité à l'égard de la France. Il se déclare à cette époque partisan de l'indépendance de la Corse et se démarque de la position pro française de son père. Farouche, sans amis, travailleur, indiscipliné, Napoléon développe une affection passionnée pour sa terre natale et un véritable culte pour celui qui incarnait l'âme de la résistance corse, Pascal Paoli. Il affiche un nationalisme intraitable qu'il cultivera jusqu'à la chute de la royauté. Ce sentiment assez naturel en somme, témoigne du réflexe normal de l'occupé en butte à l'occupant. L'amour de la Corse qu'il considère comme sa véritable patrie, l'emporte sur la reconnaissance que la bienfaisance royale semble exiger de lui. L'idée de la dépendance a pour lui quelque chose d'avilissant. Souvent offensé par les plaisanteries de ses camarades sur la réunion de la Corse à la monarchie française, il répond : « Je ferai tout le mal que je pourrai à ces Français ! »

Pour mieux résister et ne pas céder au mal du pays et à la mélancolie, Napoléon se réfugie dans le travail. Il ressent son état comme une profonde injustice par rapport à ses camarades. Avec ses nombreux handicaps, il a d'autant plus de mérite qu'il affiche des résultats convenables pour un petit étranger. S'il est le meilleur élève en mathématique de l'école – il excelle dans les chiffres, le calcul, l'algèbre et la géométrie – il reste plutôt faible en lettres. Napoléon fait néanmoins des progrès considérables en français grâce aux cours particuliers d'un excellent grammairien, le sous-principal Dupuis. Toutefois son orthographe reste désastreuse et il ne fait aucun effort en latin. Mais sa soif de savoir est insatiable. Il acquiert ainsi de bonnes connaissances en histoire et en géographie. Ses heures de récréation, il les consacre à la lecture des grands classiques. Napoléon « fatiguait littéralement » son camarade chargé de la bibliothèque par ses demandes répétées d'ouvrages de toute sorte, mais plus particulièrement des biographies de personnages célèbres, des études historiques ou militaires, des manuels de géographie et de science, des grands classiques, notamment Plutarque, Tacite, Suétone, Tite-Live, Virgile, Homère, et des auteurs tels Corneille, Racine, Bossuet, Fénelon, Fléchier, Massillon, Boileau. Il prend des notes sur tout : « lire sans un crayon est seulement de la rêverie » dit-il. C'est la somme de ses lectures, ajoutée à une intelligence et une mémoire hors du commun, qui, dans l'avenir, l'installera bien au-dessus de ses concurrents, amis ou ennemis.

Un jour de 1783, arrive à l'école le sous-inspecteur général des écoles militaires de France, le chevalier de Kéralio. Après un interrogatoire minutieux, Kéralio le juge digne d'entrer à l'École militaire de Paris, en dépit du fait que Napoléon n'a pas alors l'âge requis : « Je sais ce que je fais », répondit-il. « Si je passe par-dessus la règle, ce n'est pas une faveur de famille, je ne connais pas celle de l'enfant. C'est tout à cause de lui-même. Je perçois une étincelle qu'on ne saurait trop cultiver. » L'inspecteur formule ainsi son

Les « nymphes »

Dans le milieu des maisons d'éducation et des écoles militaires, l'homosexualité était répandue. On surnommait « nymphes » les garçons trop jolis qui se livraient à ces plaisirs défendus. Napoléon affichait, au grand étonnement de certains « grands » qui se livraient à ces pratiques, un profond dégoût pour ces « jeux ». Cela lui valut de se brouiller avec l'un de ses rares amis, le beau et élégant Pierre Laugier de Bellecour. Déjà à Brienne, il le suspectait de se livrer à ses dépravations. L'ayant vu à Paris se lier à nouveau à des élèves suspects, il le lui reprocha. Laugier nia, mais devant l'évidence Napoléon lui répondit : *« Monsieur vous avez méprisé mes avis. C'était renoncer à mon amitié. Ne me parlez plus jamais. »*

jugement : « Santé excellente, caractère soumis, doux, honnête, reconnaissant, s'est toujours distingué en mathématiques, ce sera un excellent marin. »

Napoléon doit toutefois patienter jusqu'au 22 septembre 1784 pour que le successeur du chevalier de Kéralio, l'inspecteur Reynaud des Monts le juge lui aussi apte à entrer à l'École royale. Napoléon est nommé par le roi « à une place de cadet-gentilhomme établie en son école militaire » ; la lettre signée Louis est contresignée par le maréchal de Ségur.

Déjà à Brienne, le jeune Bonaparte se révèle un stratège hors pair !

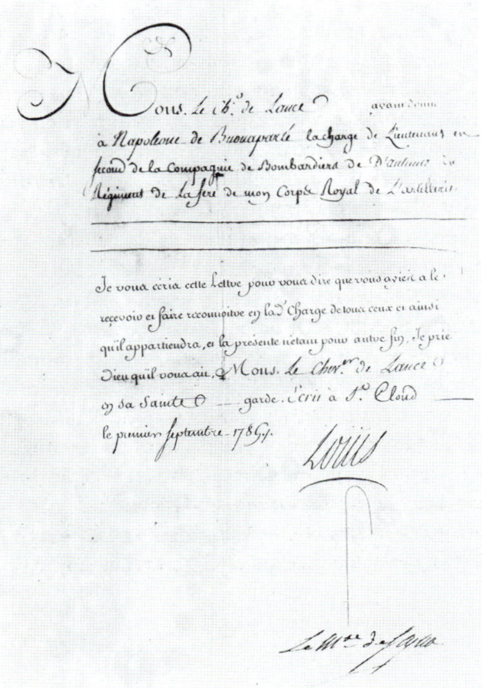

Mons. le Ch. de Lance, ayant donné à Napoleone de Buonaparte la charge de Lieutenant en second de la Compagnie de Bombardiers de D'Autume du Régiment de La Fère de mon Corps Royal de l'artillerie

Je vous écris cette lettre pour vous dire que vous ayiez à le recevoir et faire reconnoitre en lad. Charge de tous ceux et ainsi qu'il appartiendra, et la présente n'étant pour autre fin, Je prie Dieu qu'il vous ait, Mons. le Chev.er de Lance en sa Sainte garde. Écrit à St Cloud le premier septembre 1785.

Louis

Brevet de lieutenant en second délivré par Louis XVI au général Bonaparte le 1er septembre 1785.

De la glace ?

Plus tard, à Sainte-Hélène, Napoléon racontera cette anecdote :

« *Un jour d'hiver, je témoignai un grand étonnement de trouver de la glace dans mon pot à eau. "Eh ! qui a mis du verre dans mon pot ?" On rit, on se moqua de moi. Le maître de quartier réprimanda les jeunes enfants : "Mais pourquoi vous moquez-vous de Monsieur ? Il est né dans un pays où il n'y a pas de glace, il n'en a jamais vu."* »

L'enfance d'un chef

Un jour, le maître de quartier le punit pour insubordination. Sous les yeux de tous, on le condamne à dîner à genoux, en robe de bure, seul à l'entrée du réfectoire. Les sentiments d'humiliation et d'impuissance sont si forts qu'il est pris de vomissements ; il entre dans une violente crise de nerfs, se met à se rouler par terre. Heureusement le père supérieur intervient et met fin à la punition. Napoléon n'en demeure pas moins malade pendant plusieurs jours. Durant l'hiver 1783, la cour de l'école est recouverte d'une couche de neige épaisse de deux mètres. Aussitôt, Napoléon imagine le projet de bâtir deux forteresses de glace que les occupants se disputeraient à coups de boules de neige. Avec enthousiasme toute l'école participe au jeu. Sous ses ordres, s'élèvent des remparts, des bastions, des redoutes. Quand tout est achevé et les munitions entreposées, il donne le signal du combat. Se portant d'un camp à l'autre, il encourage les uns, conseille les autres. Chaque jour, il entreprend de nouvelles manœuvres, de nouveaux mouvements offensifs ou défensifs. La « petite guerre » dura plus de quinze jours. Les moines encourageaient ces jeux ; les gens alentours venaient applaudir aux exploits des plus braves.

À l'École militaire de Paris

Comment devient-on officier ?

Napoléon opte finalement pour l'artillerie. L'aspirant officier a le choix entre deux formations. Il peut réussir le concours qui fait accéder à une école d'artillerie, comme celle de Metz. Une fois élève dans cette école, il fait un stage d'une année avant de passer un second concours qui permet de devenir officier. Mais, il peut aussi préparer le concours qui permet d'obtenir le grade d'officier : lieutenant en second. Habituellement la préparation à ce concours demande au moins trois années. Napoléon veut brûler les étapes et passer les deux concours dès sa première année ! La promotion de cadet-gentilhomme à lieutenant en second devient ainsi nettement plus rapide.

Ils sont seulement cinq élèves-officiers à pouvoir quitter Brienne, le 17 octobre 1784. Napoléon est accompagné de Laugier de Bellecour, Castres de Vaux, Montarby de Dampierre et de Cominges. Quand il entre dans les magnifiques bâtiments de l'École militaire de Paris, il a maintenant quinze ans. Tout en ce palais impressionne le jeune homme, le luxe des appartements, la nourriture abondante et recherchée, les suites de domestiques (plus de 110 !) ; tout est là pour satisfaire les besoins des futurs officiers du roi. Napoléon y parachève sa culture classique et se fait encore remarquer pour ses dons en mathématiques. Il réussira l'exploit étonnant de maîtriser en dix mois « le fameux Bezout », traité de mathématiques étudié habituellement en trois ans. Son professeur d'histoire, de l'Esguille, lui prédit un grand avenir ; il écrira de lui : « Corse de nation et de caractère ; ira loin si les circonstances le favorisent. » Son professeur de grammaire, frappé par la personnalité du jeune Corse et par le caractère de son style riche de phrases claires, incisives et puissantes, note : « C'est du granit chauffé au volcan. » En revanche, Napoléon n'a aucune disposition pour les langues vivantes ; il néglige ouvertement les cours d'allemand au grand dam de monsieur Baur, son professeur. Un jour, celui-ci demande la raison de son absence : on lui répond qu'il passe en ce moment son examen d'artillerie. « Mais, fait-il, est-ce qu'il sait quelque chose ? »,

Pensif, Bonaparte dessine sur le mur des plans de bataille. Gravure coloriée de Nicolas Toussaint Charlet.

◁ Bonaparte rêvant dans sa cellule à l'École militaire. Estampe extraite d'un ouvrage de Restif de La Bretonne, XVIIIe siècle.

Vue de l'École militaire de Paris du côté du Champ-de-Mars. Gravure coloriée, XVIIIe siècle.

« Comment, monsieur, lui réplique un des élèves, c'est le plus fort mathématicien de l'école. », « Eh bien !, dit le professeur j'avais toujours pensé que les maths n'allaient qu'aux bêtes. »

À Paris, plus encore qu'à Brienne, Napoléon souffre de la morgue de certains de ses camarades. Aux côtés des élèves boursiers comme lui, il y a les fils des grands seigneurs. Leurs parents n'hésitent pas à débourser 2000 livres par an pour instruire leurs rejetons. Ces fils de familles illustres travaillent généralement assez mal. Sur 215 élèves que compte l'école, 83 appartiennent à ces grandes lignées. Or sur ces 83, 15 seulement obtiendront en définitive leur brevet d'officier ; tous les autres seront renvoyés chez eux. Avec une certaine audace, Napoléon proposera au directeur de l'école un projet de règlement intérieur favorisant l'égalité entre élèves en interdisant les démonstrations liées aux privilèges de la fortune. À Sainte-Hélène, l'Empereur se rappellera comment « nous autres petits nobles nous nous donnions des rouflées avec les fils des grands seigneurs et j'en sortais toujours vainqueur ».

Amitié et inimitié

Entré à l'École militaire en 1783, Alexandre des Mazis est désigné pour être l'instructeur d'infanterie du jeune Bonaparte. Attentif et prévenant, il devient bientôt l'un de ses rares amis. Il choisit également l'artillerie, sort dans la même promotion et se trouve classé dans le même régiment que son camarade. Napoléon qui n'oubliait jamais rien, le fera officier de la Maison civile de l'Empereur, puis chambellan. Parfois, la rivalité tourne à la haine. Ainsi Antoine Le Picard de Phélippeaux, ardent Vendéen et royaliste crispé sur ses privilèges, devient son véritable ennemi. Ils se provoquent, ils se battent. Leur sergent-major, Picot de Peccaduc, a raconté qu'il était obligé de se placer entre eux pendant les heures d'études, mais que, recevant les coups de pied qu'ils s'adressaient sous la table, il avait dû renoncer tant ses jambes étaient noires. Napoléon devait retrouver Phélippeaux durant la campagne de Syrie, en 1799. Accompagnant l'amiral anglais Sidney Smith en Méditerranée, il provoqua l'échec de Napoléon devant Saint-Jean-d'Acre.

La vie de garnison

UN BUDGET SERRÉ

Bonaparte doit survivre avec des appointements de 66 livres par mois auxquels il faut ajouter 10 livres d'indemnités de logement et 16 livres versées au titre d'ancien élève des écoles du roi. Avec cette somme, il doit payer la petite chambre louée 8 livres 8 sols par mois à Mlle Bou, ainsi que ses dépenses alimentaires qui s'élèvent à 45 livres. Ne prend-il alors que deux repas par jour, comme il le dira plus tard : deux petits pâtés d'un sol accompagnés d'un verre d'eau, le matin, et un souper au restaurant Les Trois Pigeons ? On peut en douter : Napoléon aura tendance à exagérer le dénuement de ses années de jeunesse. L'étude précise de son budget mensuel montre qu'en fait il lui restait presque 35 livres par mois pour ses achats de livres ou ses sorties.

À la fin de l'année 1784, la santé de Charles, le père de Napoléon, se détériore brusquement : ses douleurs à l'estomac sont de plus en plus violentes. Début janvier, il part pour Paris conduire Joseph à Brienne. À Montpellier, un médecin lui diagnostique un cancer au pylore qui ne lui laisse que quelques semaines à vivre. Le 24 février, Charles s'éteint dans d'atroces souffrances. Ses funérailles ne réunissent qu'une dizaine de personnes. Un ami de la famille devra même avancer les frais d'enterrement. Napoléon apprend la nouvelle sans laisser rien paraître de sa douleur. Passé le temps du deuil et Joseph lui paraissant peu capable, il endosse le rôle du chef de famille. Il lui faut donc passer le concours de sortie de l'École militaire de Paris le plus vite possible pour devenir enfin officier. Après six mois de travail acharné, les résultats sont publiés le 28 septembre. Il obtient à seize ans, son brevet de lieutenant en second. Ses résultats ne sont pas excellents : sur 137 candidats, il est classé 42e sur les 58 admis. Son professeur de mathématiques reconnaît que c'est un élève « très appliqué aux sciences abstraites [...] connaissant à fond les mathématiques et la géographie » mais « hautain, extrêmement porté à l'égoïsme ».

Le 28 octobre, il est affecté au régiment de La Fère, dans le corps royal d'artillerie qui est en garnison à Valence. Véritable école de guerre moderne, La Fère diffuse les idées nouvelles du comte de Guibert. À son arrivée, Napoléon est incorporé par le colo-

À Valence, Bonaparte profite de son temps libre pour étudier des ouvrages de toute sorte – droit, littérature, histoire – et compléter la formation qu'il a reçue pendant ses études.
Lithographie de Job (1894).

En octobre, Bonaparte fait son entrée dans la carrière militaire comme lieutenant d'artillerie au régiment de La Fère. Gravure de Thompson d'après Raffet.

« Le chat botté »

Bien plus tard, l'Empereur avouera qu'il n'aura jamais vu d'uniforme plus beau que celui d'artilleur de La Fère. Il n'oubliera pas ce tout premier vêtement militaire qui consacre son entrée dans la carrière. Le jeune homme porte fièrement cet habit bleu à collet doublé de rouge, avec un col de basin blanc, des manches en mousseline et des épaulettes d'or et de soie. L'épée au côté, il ne manque pas d'allure. Cependant, cet uniforme ne semble pas tout à fait ajusté à son corps un peu trop frêle. Il tranche avec le teint jaunâtre, maladif d'un visage émacié. Les bottes en cuir semblent trop larges pour des jambes « alors fort grêles ». L'ensemble ne manque pas de susciter chez certaines demoiselles des remarques ironiques, fort cruelles pour le petit Corse. Elles le surnommeront « le chat botté ».

nel-commandant dans une compagnie de bombardiers. Ayant tout à apprendre de son métier d'artilleur, il doit d'abord effectuer un stage de trois mois, d'abord comme canonnier puis comme bas-officier, multipliant corvées et tours de garde. Il va suivre ensuite des cours dispensés par des maîtres prestigieux : le baron Du Teil son professeur d'artillerie ou Pillon d'Arques.

Le jeune homme ne fréquente pas, comme ses camarades, les salles de jeux et les cafés. Son temps libre, il le consacre à la lecture. Il bouquine dans la librairie Aurel située juste en face de la petite chambre qu'il loue. Il dévore les auteurs latins, Plutarque, Tite-Live, Cicéron, mais aussi Montaigne et les philosophes des Lumières. Hostile à la monarchie, Napoléon rêve pour son île d'une république pour laquelle Rousseau avait d'ailleurs écrit un projet de Constitution. Il lit la plume à la main, ne cessant d'annoter, de résumer et de critiquer la pensée des auteurs. Peu à peu, il en vient à rédiger lui-même des textes et des projets d'ouvrages divers.

Pourtant, Bonaparte n'est pas isolé. Il a été recommandé par M. de Marbeuf auprès de la haute société valentinoise. Il est invité aux réceptions des grandes dames de la ville : Mme du Colombier qui le reçoit dans sa maison de campagne, et Mme de Lauberie de Saint-Germain. On lui connaît même quelques amourettes. Il flirte sagement avec Caroline, la fille de Mme du Colombier : « On n'eût pas pu être plus innocents que nous. »

Uniforme du corps d'artillerie de La Fère avant la Révolution.

Le retour de « Nabulio »

NAPOLÉON ÉCRIVAIN

Bonaparte écrit des récits historiques, politiques ou militaires dont une *Histoire de la Corse.* Mais quand il sombre dans la mélancolie il exprime alors un profond désespoir. Les accents douloureux de ce texte daté de 1786 sont directement inspirés de Rousseau. La ressemblance est frappante avec le début des *Rêveries du promeneur solitaire.* Ces quelques lignes semblent aussi annoncer le romantisme d'un Chateaubriand : *« Toujours seul au milieu des hommes, je rentre pour rêver avec moi-même et me livrer à toute la vivacité de ma mélancolie. De quel côté est-elle tournée aujourd'hui ? Du côté de la mort. Dans l'aurore de mes jours je ne puis espérer encore vivre longtemps. […] Puisque je dois mourir, ne vaut-il pas autant se tuer ? »*

Le 10 janvier 1786, Bonaparte achève son apprentissage de bas-officier ; il peut enfin commander les exercices militaires. La vie de garnison lui laisse aussi l'occasion de lire, d'entreprendre la rédaction d'une *Histoire de la Corse.* Le 12 août 1786, il apprend que son congé de semestre est accepté. Mais son départ pour la Corse sera quelque peu retardé. Le régiment doit en effet se rendre à Lyon pour réprimer la révolte des ouvriers de la soie, les canuts. Il y restera jusqu'à la fin du mois.

Le 15 septembre, il foule enfin sa terre natale pour la première fois depuis l'âge de 9 ans. Letizia a peine à reconnaître son petit « Nabulio » en uniforme bleu et rouge. Le jeune homme est tout auréolé de ses succès. Entre-temps, la famille s'est agrandie : Napoléon découvre Pauline, Élisa et le petit Jérôme âgé de 2 ans. Ses vacances seront l'occasion de s'imprégner des paysages, de l'histoire et de la culture insulaires. Vêtu du costume traditionnel, il sillonne la montagne et discute avec les bergers dans le maquis. Mais le pays lui paraît maintenant si pauvre et les Corses si résignés à l'occupation française. Il leur manque cet esprit de rébellion qui anime le jeune officier.

En chef de famille, il veut réaliser le grand projet de sa mère : l'aménagement d'une plantation de mûriers aux Milelli. Pour cela, il a besoin d'une indemnité de 3050 livres. Il multiplie les démarches administratives auprès des bureaux d'Ajaccio. Sans succès. Puis il se tourne vers son oncle, fortuné mais avare, l'archidiacre Lucien, qui ne daigne pas lui ouvrir sa bourse. Après avoir adressé un dossier à l'Administration centrale de Versailles et sollicité une prolongation de congé de cinq mois et demi, il décide de partir à Paris pour obtenir l'argent requis.

Le 12 septembre 1787, il quitte la Corse pour la capitale. Il s'installe à l'hôtel de Cherbourg, rue du Four-Saint-Honoré, dans un bâtiment sombre et humide aux fenêtres étroites. Le midi, il dépense ses maigres économies dans des repas frugaux avalés en dix minutes. Lorsqu'il règle l'addition au restaurant *Aux trois Bornes*, il prend soin de cacher honteusement sa monnaie sous le ticket de caisse. Le soir, il fréquente le Palais-Royal avec ses cafés, ses théâtres et ses salles de jeux. C'est là, le jeudi 22 novembre, qu'il fait la rencontre d'une fille au « teint pâle », au « physique faible » mais à la voix douce. Dans la nuit froide, il commence à l'interroger sur sa vie. Elle évoque sa Bretagne natale, le viol qu'elle a subi durant son adolescence, son arrivée à Paris et son activité de prostituée. Il a peur qu'elle prenne froid. « Allons chez vous, nous nous chaufferons et vous assouvirez votre plaisir » lui répond-elle. C'est avec elle que Napoléon perdra son pucelage. Il n'oubliera jamais cette première fois.

Les prostituées du Palais-Royal

Le Palais-Royal appartient au duc d'Orléans. Pour éponger ses dettes de jeu, il y a fait aménager des bâtiments loués à des commerçants, à des tenanciers de salles de jeu, de cafés et de théâtres. Haut lieu de la vie nocturne parisienne, les fameuses arcades abritent aussi une foule de prostituées. Contrairement à celles des « barrières » souvent misérables, comme les « barboteuses » qui quêtent les faveurs des artisans, les filles du Palais-Royal sont des catins de luxe. Elles sont souvent jeunes, « raccrocheuses » (qui travaillent « en garnis »), « boucaneuses » et négocient leurs charmes à des tarifs relativement élevés : jusqu'à trois livres pour les plus fraîches.

Vue du quai d'Ajaccio, dessin de la fin du XVIIIe siècle.

Galerie et jardins du Palais-Royal, peinture du XVIIIe siècle.

1788-89 « Je vivais comme un ours »

L'ouverture officielle des États généraux est précédée, le 4 mai, d'une procession solennelle à Versailles. En tête éclatent les habits rouges et violets du haut clergé qui précédent le saint sacrement dont le dais est porté par les ducs d'Angoulême et de Berry. Peinture de Louis Boulanger, XIXe siècle.

L'ouverture des États généraux à Versailles. Gravure de Isidore Stanislas Helman, 1790. ▷

Vue d'Auxonne, peinture anonyme de la fin du XVIIIe siècle.

Les démarches du jeune officier auprès de l'administration royale restent vaines. Il décide de rentrer en Corse et réussit à obtenir une prolongation, sans solde, de son congé jusqu'au 1er juin 1788. Son retour lui fait sentir encore plus cruellement la précarité dans laquelle vit sa famille. Letizia doit s'occuper de ses quatre plus jeunes enfants avec seulement 1 500 livres de revenus. Mais elle doit aussi envoyer régulièrement de l'argent à Joseph, alors étudiant à l'université de Pise, et à Lucien, séminariste à Aix.

Napoléon retrouve son régiment à Auxonne au début du mois de juin 1788. Comme il n'a pu bénéficier d'un avancement pendant ses congés, il doit redoubler ses efforts. Il va lire et annoter méthodiquement une quarantaine de livres. Pour comprendre les différents types de gouvernements ainsi que les systèmes militaires, il commence par étudier les œuvres des Anciens. Désireux d'approfondir les questions économiques, il lit, entre autres, *Histoire philosophique et politique des Établissements et du commerce des Européens dans les deux Indes* de l'abbé Raynal. Puis, il aborde les problèmes législatifs et juridiques. Il trouve enfin le temps d'achever son *Histoire de la Corse* qu'il s'empresse d'envoyer à un de ses maîtres à Brienne, le père Dupuy. Tout le ramène au destin idéalisé de son île natale : il compare la Constitution de 1755 aux lois de Sparte

et transforme Paoli en héros de l'Antiquité. Sa haine de la monarchie française lui inspire un sentiment de défiance vis-à-vis de toute autorité royale où qu'elle s'exerce, comme en témoigne sa *Dissertation sur l'autorité royale* commencée le 23 octobre 1788 : « Il n'y a que fort peu de rois qui n'eussent pas mérité d'être détrônés. » Napoléon décrira plus tard cette vie de reclus, consacrée à la lecture et à la réflexion : « Pour ne pas faire tache parmi mes camarades, je vivais comme un ours, toujours seul dans ma petite chambre avec mes livres, mes seuls amis. » Ce tableau est quelque peu exagéré. Le jeune homme se réserve certaines distractions : des promenades avec des Mazis au Creusot et même un flirt avec une riche héritière d'Auxonne, Manesca Pillet, qu'il demandera vainement en mariage.

Épuisé par le labeur et le manque de nourriture, il contractera en janvier 1789 une mauvaise fièvre des marais qui ne l'empêchera pourtant pas de travailler d'arrache-pied. Une fois rétabli, il se fait remarquer par ses maîtres. Le commandant de l'école d'artillerie, Jean-Pierre Du Teil lui propose de participer à une commission sur « le jet de bombes avec canon ». Les résultats de cette étude rédigés sous la forme d'un rapport font l'émerveillement du commandant. Il espère même pour Bonaparte « une des premières places au corps royal d'artillerie ». Le lieutenant se voit chargé de construire des ouvrages de guerre au sein du camp.

La réunion des États généraux

Le 5 mai, les députés se retrouvent dans la grande salle des Menus-Plaisirs. Parmi eux figurent les délégués de la Corse : Peretti Della Rocca pour le clergé, Buttafuoco pour la noblesse, Colonna Cesari et Saliceti pour le tiers état. À gauche du roi, s'installent les représentants de la noblesse ; à droite, le clergé, et au centre, les députés du tiers état. Après un bref discours du roi, Necker décrit la situation financière du royaume, n'hésitant pas à sous-estimer le déficit, pour proposer enfin un emprunt de 80 millions. De nombreuses questions ne seront pas abordées ; elles concernent une éventuelle Constitution du royaume, le vote par ordre ou par tête. Elle détermineront pourtant le cours de la Révolution.

« Un bon temps pour les militaires »

Les châteaux brûlent dans les campagnes et de nombreux châtelains préfèrent s'enfuir. Gravure coloriée.

En cette année 1789, Bonaparte sent un vent de rébellion souffler en France. En effet, les moines de l'abbaye de Cîteaux, cultivant les fameuses vignes de Clos-Vougeot, se sont révoltés contre leur supérieur, et ce dernier a demandé l'intervention du régiment de La Fère alors stationné à Seurre. Les conséquences du 14 juillet ne tardent pas à se faire sentir. Le 19 juillet, à l'annonce de la prise de la Bastille, Auxonne est en proie à l'émeute. Une foule de bateliers, de portefaix et d'artisans s'en prend à tous les représentants de l'autorité royale, notamment les receveurs des tailles, les syndics et les échevins. « La populace de cette ville renforcée d'un tas de brigands étrangers qui sont venus pour piller, se sont mis dimanche au soir à renverser les corps de bâtiments, où logent les commis de la ferme, ont pillé la douane et plusieurs maisons », écrit Napoléon à Joseph. Le jeune officier intervient avec son régiment pour mater la révolte : 33 rebelles sont arrêtés et emprisonnés. La caserne n'est pas épargnée par ce mouvement insurrectionnel : ainsi, les canonniers de son régiment se révoltent contre leurs supérieurs et exigent, avec succès, de leur colonel le paiement de la « masse », c'est-à-dire des primes sur les crédits d'alimentation.

Ces événements inspirent au jeune lieutenant des sentiments ambivalents. Il éprouve un grand mépris pour la « canaille », la « populace » qui ne conduit qu'à l'anarchie. Mais sa haine des « privilégiés » et surtout de l'administration royale est encore plus forte. Aussi accueille-t-il avec joie les décisions prises durant la nuit du 4 août 1789. Abolissant les ordres et les privilèges, elles entraînent en même temps l'annulation du règlement adopté en 1781 par le comte de Ségur, alors ministre de la Guerre, qui cantonnait les « petits nobles » comme Bonaparte à des postes de « cadres inférieurs » de l'armée. La carrière du jeune lieutenant n'est plus freinée. Elle peut même en être accélérée : « Les révolutions sont un bon temps pour les militaires qui ont de l'esprit et du courage », écrit-il. Mais ce vent de liberté soufflera-t-il jusqu'en Corse ? Bonaparte est impatient de le savoir…

Bénéficiant d'un nouveau congé pour le semestre d'hiver, Napoléon repart en Corse. Parti d'Auxonne au début du mois de septembre, il s'arrête quelques jours à Marseille

« Des nouvelles de Paris »

Dans une lettre datée du 15 juillet 1789, Napoléon informe son oncle Lucien des événements qui ont eu lieu la veille à Paris.

« […] *Je reçois dans le moment des nouvelles de Paris. Elles sont étonnantes et faites pour singulièrement alarmer. La fermentation est à son comble. L'on ne peut prévoir où tout cela finira. M. Necker s'est acheminé du côté de la Picardie, probablement pour passer en Hollande. Peut-être ce soir, peut-être cette nuit, battra-t-on la générale pour nous faire aller à Lyon. Ce serait bien désagréable et fort ruineux pour moi.* »

Le serment du Jeu de paume, le 20 juin, par lequel les députés du tiers état jurent de ne pas se séparer avant d'avoir donné une constitution au pays. Dessin de Louis David, 1791.

La prise de la Bastille, peinture sur carton de Claude Cholat, XVIIIe siècle.

où il rencontre un de ses maîtres à penser, l'abbé Raynal. À son arrivée sur l'île, il retrouve sa famille presque au complet si ce n'est Élisa restée à Saint-Cyr. Avec Joseph et Lucien, il engage de longues conversations sur l'avenir de la Corse. Il semble alors douter de ses plus intimes convictions. Durant ces dix années, il s'est imprégné presque malgré lui d'une culture classique et française qui l'a amené à l'amour de son nouveau pays. Il reste corse de tempérament mais sa formation intellectuelle est française. C'est la révolution de 1789 qui lui fait comprendre la grandeur de la France et va lever ses préventions. Il paraît maintenant hésiter entre deux destins : l'indépendance de l'île à tout prix ou l'adhésion à ce formidable mouvement de liberté qu'est la Révolution ?

La Corse divisée

Comme dans le reste du royaume, la population corse rédige des cahiers de doléances et a élu des députés aux États généraux. La vie politique insulaire reste dominée par l'opposition entre deux courants : les monarchistes, conduits par le représentant de la noblesse à l'Assemblée nationale, Buttafuoco, favorables à la tutelle royale, et les patriotes, fidèles à Paoli. Cependant, l'annonce de la prise de la Bastille provoque une véritable « fièvre révolutionnaire » : les grands domaines appartenant aux familles pro-françaises sont envahis ou saccagés. Pour mettre un terme à ces troubles, l'intendant et les représentants de Corse établissent de concert un projet. L'île sera administrée par un comité national élu appliquant les décrets de l'Assemblée nationale ainsi que par des inspecteurs et des commissaires affectés chacun dans une circonscription. Une milice obéissant aux ordres du comité national sera aussi formée. Cependant, ce programme se heurte à l'opposition du gouverneur et des agents de l'administration royale qui refusent l'application des réformes, notamment la création des milices. À cela s'ajoutent les divisions qui traversent le mouvement patriote entre le « parti national » de Paoli, attaché à l'indépendance, et le « parti populaire » de Saliceti nettement plus favorable à la Révolution.

« Il fomente sans cesse »

La rencontre avec le « Babbo »

Le 17 juillet 1790, Bonaparte apprend avec joie le retour de Paoli. Les deux hommes se rencontrent, en compagnie de Joseph, à Ponte-Novo, lieu symbolique de la résistance corse. Mais tout les sépare. Avec son embonpoint et sa peau blanche, le « Babbo » ressemble à un lord anglais, froid et indifférent, qui n'a daigné répondre à aucune des lettres enflammées du jeune homme. Maigre, sec et débraillé, Bonaparte a tout pour déplaire au vieux chef corse : il est le « fils de Charles », le « collaborateur » ; il fait partie d'un régiment royal ; en outre il manifeste des opinions républicaines. Son espoir de devenir le bras droit de Paoli s'évanouit peu à peu.

Dès son retour en Corse, Napoléon participe activement, aux côtés de son frère Joseph, commissaire au comité national, à la vie politique insulaire. Son objectif est d'organiser une garde nationale calquée sur le modèle continental. Mais les paolistes se heurtent aux royalistes menés par Buttafuoco et aux fonctionnaires du roi qui n'appliquent pas les réformes politiques de la nouvelle Assemblée nationale constituante. Aussi, à l'annonce de la dissolution du comité national, Napoléon prend la parole, lors de l'assemblée des paolistes organisée dans l'église Saint-François d'Ajaccio le 31 octobre 1789. Il lit à ses compatriotes une lettre qu'il a rédigée. Adressée à la Constituante, elle demande aux députés de « délivrer la Corse d'une administration qui nous avilit, nous mange et nous discrédite et de rétablir les Corses dans les droits que la nature a donnés au pays. » La lettre est aussitôt approuvée et envoyée à Paris.

La confrontation se fait plus brutale le 5 novembre. Ce jour-là, Napoléon est à Bastia pour participer avec Saliceti à la création d'une garde nationale. Devant le refus du gouverneur, les patriotes investissent la citadelle et pillent l'entrepôt d'armes. Puis, ils s'enferment dans l'église Saint-Jean, rapidement assiégée par les troupes gouvernementales. Une fusillade éclate… Mais le gouverneur finit par céder devant la pression populaire :

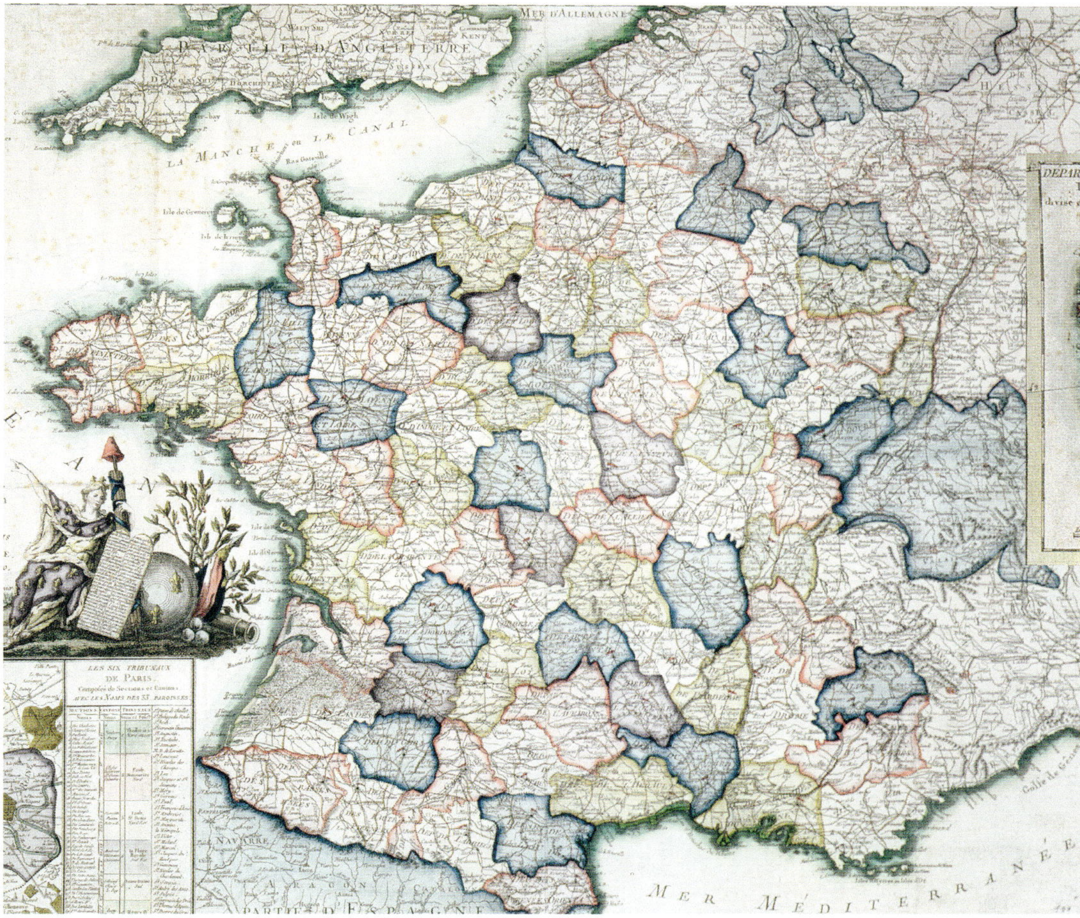

La nouvelle carte de France avec ses 83 départements, dont la Corse, selon le décret de l'Assemblée nationale de février 1790 qui fixe le nom, l'étendue et les limites des départements.

il autorise enfin la formation de la garde nationale. Les patriotes adressent aux députés corses de l'Assemblée nationale constituante une lettre les informant des troubles qui ont eu lieu. Les députés, menés par Mirabeau, y répondront le 30 novembre par un décret qui garantit que la Corse fait partie de l'empire français et qu'elle est régie par les mêmes lois. C'est l'explosion de joie parmi les patriotes : Bonaparte fait même hisser sur la casa une banderole : « Vive la Nation ! Vive Paoli ! Vive Mirabeau ! ». « Désormais, nous avons les mêmes intérêts, les mêmes sollicitudes, il n'est plus de mer qui nous sépare », écrit-il à l'abbé Raynal. Il participera aux élections municipales d'Ajaccio qui verront la victoire du clan Bonaparte : Joseph sera élu officier municipal tandis qu'un proche de la famille deviendra maire de la ville.

Ces journées ont fait de Napoléon une personnalité politique marquante de l'île. Elles lui valent aussi la méfiance des agents du roi. Le jeune homme n'hésite pas à fréquenter des personnalités ultra-révolutionnaires comme le patriote florentin, Buonarroti, exilé d'Italie et réfugié en Corse. Surpris par le comportement de cet ancien élève des écoles royales, le commandant d'Ajaccio, M. de la Férandière écrira au ministre de la Guerre : « Ce jeune officier a été élevé à l'École militaire, sa sœur à Saint-Cyr, sa mère comblée des bienfaits du gouvernement ; il serait bien mieux à son corps ; il fomente sans cesse. »

Rencontre de Paoli et de Bonaparte, lithographie.

La Corse, département français

Par le décret du 30 novembre 1789, la Corse devient un département français. En outre, une loi proposée par Mirabeau amnistie les Corses condamnés et autorise ceux qui s'étaient exilés à rentrer dans leur pays. Elle est accueillie dans l'île par un enthousiasme délirant et elle annonce le retour triomphal de Paoli en juillet 1790. Seule la minorité de partisans de Buttafuoco s'y opposent. Lors d'une assemblée qui se tient à Orezza du 9 au 27 septembre 1790, des élections sont organisées pour désigner les futurs administrateurs départementaux de l'île. Depuis son retour, Paoli se présente comme l'homme de la situation : le 30 septembre, il est élu à la quasi unanimité président du conseil départemental et commandant en chef de toutes les gardes nationales de Corse. Buttafuoco et les royalistes sont écrasés.

Bonaparte, le républicain

Seul pour écrire et dévorer les livres.

LA LETTRE À BUTTAFUOCO

« Eh quoi ! Votre cœur fut-il donc sans mouvement à la vue des rochers, des arbres, des maisons, des sites, théâtre des jeux de votre enfance ? Arrivé au monde, elle vous porta sur son sein, elle vous nourrit de ses fruits. Arrivé à l'âge de raison, elle mit en vous son espoir, elle vous dit : Vous voyez, mon fils vous voyez l'état de misère où m'a réduit l'injustice des hommes, volez à Versailles, éclairez le grand Roi, demandez-lui son amitié. […] O Lameth ! O Robespierre ! O Pétion ! O Volney […] Voilà l'homme qui ose s'asseoir à côté de vous, tout dégoûtant du sang de ses frères, souillé par des crimes de toute espèce… Il ose se dire représentant de la Nation, lui qui la vendit. »

Pour soulager sa mère, Napoléon décide d'emmener avec lui son frère Louis âgé de 13 ans. Arrivés à Auxonne le 12 février 1791, ils emménagent dans deux petites pièces tout juste garnies d'une table, de deux lits et de deux chaises. La vie y est particulièrement difficile. Ils doivent survivre avec un seul revenu de trois francs et cinq centimes par jour. « Je payais la pension de mon frère au moyen de quelles privations : en ne mettant jamais les pieds ni au café, ni dans le monde, en mangeant du pain sec, en brossant mes habits moi-même afin qu'ils durassent plus longtemps propres » se souviendra, non sans quelques exagérations, l'Empereur. Il n'évoque pas les dettes qu'il aura laissées à Auxonne au moment de son départ, notamment les 1 000 livres dues à un marchand de draps. Le soir, il surveille les études de son frère. Durant son temps libre, il corrige les épreuves de sa *Lettre à Buttafuoco*, écrite le 23 janvier 1791, et dans laquelle il interpelle « l'infâme Buttafuoco », député de la noblesse corse à l'Assemblée nationale et fervent royaliste. Il fréquente aussi les réceptions de madame Marcy où il côtoie, non sans fracas, les aristocrates de la région.

Affecté en juin dans le 4e régiment d'atillerie au grade de premier-lieutenant, Bonaparte doit regagner avec Louis son ancienne garnison à Valence. Là, il retrouvera des lieux familiers, notamment la pension de Mlle Bou qui accueille chaleureusement les deux frères. Pendant que Napoléon est à la caserne, Louis se rend utile en effectuant, moyennant 40 sous par jour, divers travaux ménagers pour Mlle Bou. Le colonel du régiment lui a même donné l'autorisation de porter l'uniforme. Ce tout jeune adolescent devient rapidement la coqueluche du quartier : « Louis était fort joli ! Toutes les femmes le baisotaient. »

Le 14 juillet 1791, Napoléon manifeste officiellement son adhésion à la Révolution française en prêtant le serment civique « à la Nation, à la Loi et au Roi ». Cette date marque une véritable rupture dans sa vie : « Mes penchants naturels se trouvaient alors en harmonie avec mes devoirs. » Bonaparte se montre alors nettement républicain. Il devient secrétaire de la « Société des Amis de la Constitution » de Valence. Ces idées politiques, il les résume dans une dissertation de 40 pages rédigée pour un concours organisé par l'Académie de Lyon et récompensé par un prix de 1200 livres. Le sujet en est : *« Quelles vérités et quels sentiments importe-t-il le plus d'indiquer aux hommes pour leur bonheur ? »* Dans un style ampoulé et quelque peu confus, Napoléon condamne le « despotisme », et en bon rousseauiste, il préconise l'établissement d'une société de petits propriétaires égaux et vertueux. Il évoque aussi de façon troublante le destin dramatique des hommes de génie, « des météores destinés à brûler pour éclairer leur siècle ». Sa dissertation est très mal accueillie par le jury du concours : son texte brûlant est jugé « trop mal ordonné, trop disparate, trop décousu et trop mal écrit », bref « au dessous du médiocre. »

Arrestation du roi et de sa famille désertant le royaume, le 21 juin 1791. Gravure coloriée.

La fuite du Roi

« *Mais comment toute une famille, à la conservation de laquelle nous avions la faiblesse d'attacher le salut du royaume, a-t-elle pu échapper de nos mains au sein de Paris, après plusieurs alarmes fausses, mais qui du moins devaient nous faire tenir sur nos gardes ? À qui nous en prendre ? À notre état-major, et principalement au chef lui-même de notre état-major.* [...] »
Article des *Révolutions de Paris.*

« *Qu'allons-nous faire de ce gros cochon ?* [...] *un roi est un mannequin qu'on ne prend et qu'on ne garde que pour la forme, quand il ne convient pas, on le fout de côté, il se trouve alors un brave homme ou un homme plus fin que les autres qui prend sa place, voilà comment a monté sur le trône ce Capet qui a engendré une foutue race maudite qui nous opprime et nous gruge depuis tant de siècles* [...]. »
Le Père Duchesne, n° 59.

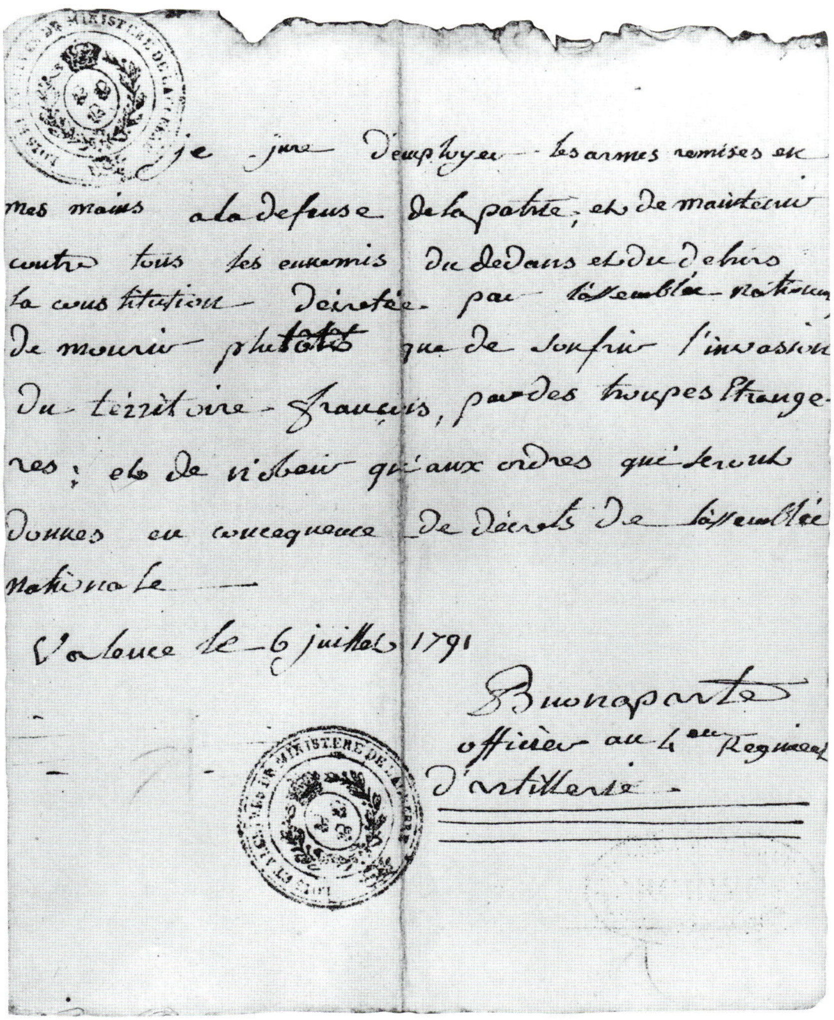

Je jure d'employer les armes remises en mes mains à la défense de la patrie, et de maintenir contre tous ses ennemis du dedans et du dehors la constitution décrétée par l'assemblée nationale de mourir plutôt que de souffrir l'invasion du territoire françois, par des troupes étrangeres; et de n'obeir qu'aux ordres qui seront donnés en conséquence des décrets de l'assemblée nationale —

Valence le 6 juillet 1791

Buonaparte
officier au 4e Regiment d'artillerie

Lettre de Bonaparte à l'Assemblée nationale, datée du 6 juillet 1791. Il jure plutôt vouloir mourir que de céder un pied du sol français à l'ennemi.

Tension en Corse

L'annonce de la candidature de son frère Joseph à l'assemblée de Corse l'incite à demander une permission pour rentrer au pays. Devant le refus de son colonel, M. de Campagnol, il sollicite les bonnes grâces de son ancien supérieur, le baron Du Teil, qui finit par lui accorder un congé de trois mois avec solde. À son arrivée dans l'île en septembre 1791, Bonaparte assiste aux derniers moments de son oncle Lucien. Avant de mourir, l'archidiacre l'aurait regardé en murmurant ces mots prophétiques : *« Tu poi, Napoleone, sarai un omone »* (« Toi, plus tard, Napoléon, tu seras un grand homme »). Il laissera à sa famille un véritable magot de 5 000 livres, bien caché… dans un matelas.

L'ennemi intime, Charles-André Pozzo di Borgo, en uniforme de lieutenant général au service de la Russie. Peinture de François Gérard.

Mais l'heure est à l'engagement politique. Le jeune officier apprend amèrement la défaite électorale de Joseph devancé par les « candidats de Paoli ». Il s'enthousiasme cependant pour la toute récente garde nationale corse dont la création vient d'être autorisée par le décret du 12 août 1791. Avec son expérience militaire et son irréductible patriotisme, il pourrait être élu lieutenant-colonel de bataillon… Pour cela, il doit se constituer une clientèle politique et flatter ses futurs électeurs. Durant des mois, il organise avec le trésor de son grand-oncle des réceptions et des banquets où sont invités les personnalités d'Ajaccio mais aussi les paysans des environs. Sa campagne électorale est lancée au grand dam de sa mère qui voit fondre l'héritage familial. Napoléon tente de la rassurer : « Ma mère, je vous en conjure, reprenez courage et tâchez de me soutenir jusqu'à la fin. […] Dans dix jours, le bataillon sera organisé, si je réussis comme je l'espère, notre fortune changera. […] Une conflagration générale va éclater en Europe ; une carrière brillante se prépare pour ceux qui sauront hasarder à propos. »

Les élections ont lieu le 28 mars 1792 à l'église Saint-François d'Ajaccio dans une ambiance survoltée et dans des conditions douteuses. Napoléon n'hésite pas à faire enlever un des commissaires chargés de surveiller la régularité du scrutin, pour l'installer chez lui. Ce qui n'empêche pas son élection comme lieutenant-colonel en second. Aussitôt, les tensions s'exacerbent entre les Pozzo di Borgo, partisans de Paoli, et le clan

Le clan Pozzo di Borgo

Les Pozzo di Borgo forment une des familles les plus anciennes de l'île. Ces lointains cousins des Bonaparte n'ont que mépris pour le clan de Napoléon, originaire d'Italie. Pourtant, le jeune avocat Charles-André Pozzo di Borgo (1764-1842) partage avec les frères Bonaparte la même passion pour le « Babbo » et le même enthousiasme pour la Révolution française. Ensemble, ils participent à la lutte politique contre les partisans de Buttafuoco, notamment lors de l'assemblée d'Orezza. Mais c'est Charles-André qui bénéficiera du soutien de Paoli contre Joseph, le fils du « collaborateur ». Il sera élu membre du conseil général de l'île et du directoire, puis, en 1791, député à l'Assemblée législative. À son retour en Corse, il s'en prend violemment à Joseph. La rivalité entre les paolistes et les Bonaparte tournera bientôt à la vendetta. Fin stratège, Charles-André traitera avec les Anglais et participera à l'organisation du royaume anglo-corse avec le titre de président du Conseil d'État (1793-1796). Mais sa rupture avec Paoli lui vaudra l'exil. Cet intrigant international deviendra successivement conseiller du tsar, de l'empereur d'Autriche, du roi d'Angleterre, puis commissaire au gouvernement provisoire français et enfin ambassadeur de Russie à Paris de 1815 à 1834.

Antoine Christophe Saliceti, le chef des républicains en Corse. Gravure de Carlo Lasinio.

Bonaparte. Pendant plusieurs jours, Ajaccio est le théâtre d'émeutes et de combats de rue entre « paolistes », « bonapartistes » et royalistes pour le contrôle de la citadelle. Accusé d'avoir truqué les suffrages, Bonaparte est pourchassé par les patriotes et les soldats de l'armée régulière : *« Napoleone a causa di tutto ! »* Le calme ne reviendra qu'avec l'intervention du maire de la ville qui fait arrêter une trentaine d'agités.

Antoine Christophe Saliceti (1757-1809)

Fervent patriote corse, cet avocat s'enflamme pour la Révolution française. Élu député du tiers aux États généraux, il luttera contre le représentant corse de la noblesse, Buttafuoco. Républicain, il fait partie avec les frères Bonaparte des paolistes avancés qui formeront le « parti populaire ». C'est grâce à son action, que la Corse devient, le 30 novembre 1789, un département français, et que Paoli est enfin autorisé à rentrer au pays. Cependant, Saliceti révèle un autre visage, plus sombre. Procureur général syndic de la Corse, il fait preuve d'une autorité implacable, multipliant les arrestations arbitraires et les détournements de fonds. Élu à la Convention, il n'hésite pas à mettre en doute le pouvoir de Paoli jugé contre-révolutionnaire, et en 1793, il demandera son arrestation. Commissaire du Directoire, puis membre du Conseil des Cinq-Cents, il ne manifestera aucune opposition au coup d'État de Brumaire et exercera même les fonctions de ministre de la Police et de la Guerre de Murat et de Joseph en Italie.

Durant ces années, la Corse est le théâtre de violences entre les Corses et les agents royalistes mais aussi et surtout entre les différents clans corses.
Gravure de la fin du XVIIIe siècle.

1792

Dans la tourmente révolutionnaire

Après les troubles d'Ajaccio, Napoléon échappe de justesse à la cour martiale et au peloton d'exécution. Toutefois, il fait l'objet d'un rapport adressé par le commandant des troupes au ministre. En outre, comme il n'a pas rejoint son régiment avant le 31 décembre 1791, il a été porté « irrégulièrement manquant » et remplacé le 6 février 1792. Coupable de désertion, il risque d'être mis aux fers dès son retour à Valence.

Joseph le persuade de se rendre à Paris pour se faire réintégrer. Le 28 mai, le voilà dans une capitale en pleine effervescence. Il loue une chambre à l'hôtel des Patriotes-Hollandais, rue du Mail. Le lendemain, il se rend à l'Assemblée législative pour assister à une séance. Il y retrouve son ami Bourrienne. Le spectacle de ces députés agités lui inspirera un profond mépris pour le parlementarisme. Quelques semaines de démarches administratives lui suffisent pour se faire réintégrer dans l'armée avec le grade de capi-

Les journées révolutionnaires sont l'occasion d'un déchaînement de violence qui impressionne fortement Napoléon. *La prise du palais des Tuileries, le 10 août 1792,* peinture de Jean Duplessis-Bertaux, 1793.

taine et pour faire classer le rapport établi contre lui. Il semble hésiter un moment entre une carrière dans le régiment de La Fère et son engagement au bataillon d'Ajaccio.

Le 20 juin, Bonaparte est témoin avec son ami Bourrienne de l'invasion des Tuileries. Cette émeute de gens « déguenillés et burlesquement armés, vociférant et hurlant les plus grossières provocations » le dégoûte. Mais son indignation est encore plus forte lorsqu'il voit Louis XVI à la fenêtre du château contraint de porter le bonnet phrygien. De rage, il se serait écrié : « Che coglione ! Il fallait balayer toute cette canaille avec du canon et le reste courrait encore ! » Cette humiliation va accentuer encore sa méfiance à l'égard de la « populace » révolutionnaire. Le 10 août, il se rend chez Fauvelet, le frère de Bourrienne, qui tient un magasin de meubles au Carrousel. D'une fenêtre, il assiste à la prise d'assaut du palais et au massacre des gardes suisses du roi. Après le carnage, il s'aventure dans le jardin des Tuileries : là, gisent les cadavres des Suisses. « Jamais aucun de mes champs de batailles ne me donna l'idée d'autant de cadavres que m'en présentèrent les masses de Suisses. » Il éprouvera toujours pour cette violence populaire une grande aversion qui touchera à la nausée, au vertige. Il raconta plus tard : « Partout l'irritation était extrême ; la rage était dans les cœurs, elle se montrait sur toute les figures. Si Louis XVI se fût montré à cheval, la victoire lui fût restée… »

De la terrasse des tuileries, il assiste à la prise du château. Gravure de Charlet.

Mais ces événements lui semblent tellement étrangers ; il ne pense alors qu'à rentrer en Corse. Il ne peut toutefois demander un nouveau congé. Une occasion va bientôt se présenter : la fermeture de l'école de Saint-Cyr et donc, le renvoi de sa sœur Élisa. Il réussit à obtenir auprès du maire de la commune l'autorisation de la ramener en Corse. Il parvient même à se faire payer le voyage : une allocation de 352 livres jusqu'à Marseille ! Il débarquera avec sa sœur à Ajaccio le 15 octobre.

À la vue de Louis XVI coiffé du bonnet rouge, Bonaparte s'écrira « che coglione ! » (quel couillon !). Gravure de J. L. Pauquet.

La vendetta !

Dès son retour, Napoléon retrouve son poste de lieutenant-colonel en second commandant des bataillons de volontaires corses. Sur l'île, l'autorité de Paoli est progressivement remise en question au sein même du mouvement patriote. Les divisions se font plus profondes entre les Montagnards républicains conduits par Saliceti, et les paolistes plus attachés à l'indépendance de la Corse qu'à la Révolution. Les élections à la Convention ont été marquées par la victoire des partisans de Saliceti. Paoli, lui, préfère ménager ses alliés extérieurs, notamment le roi de Sardaigne et le roi d'Angleterre qui pourraient, dans un avenir proche, l'aider à réaliser l'indépendance de la Corse. Aussi refuse-t-il de participer directement aux opérations contre la Sardaigne, hostile à la Révolution. Désireux, par ailleurs,

L'expédition de Sardaigne, lithographie de Villain, 1829.

d'éloigner Napoléon, il le lance dans cette expédition. Celle-ci débute le 18 février 1793, en direction de l'îlot sarde de la Maddalena. Bonaparte participe donc avec ses volontaires à cette opération placée sous la direction de Colonna Cesari, le neveu de Paoli. C'est la première fois que le jeune officier prend part à une guerre avec sous son commandement 350 hommes. Le 22 février, il s'empare du récif de San Stephano et commence à pilonner la Maddalena grâce à des tirs précis qu'il ajuste lui-même. Ses relations avec Colonna Cesari sont orageuses. Étrangement, ce dernier fait tout pour paralyser ses initiatives. Bonaparte tente un raid dans La Maddalena défendue par quelques centaines de Sardes, mais les marins provençaux peu motivés, refusent de débarquer. Colonna Cesari décide d'arrêter l'opération et ordonne le retour en Corse. Bonaparte enrage ; il se sent trompé, trahi. Il en vient même à penser que cette lamentable retraite a été délibérément orchestrée par le commandement et pourquoi pas, par Paoli lui-même. Ce même Paoli, qui avait dit à Colonna Cesari : « Souviens-toi que la Sardaigne est l'alliée naturelle de notre île… Fais donc en sorte que cette malheureuse expédition s'en aille en fumée. »

À son club de Toulon, son frère Lucien accuse Paoli de vouloir livrer la Corse aux Anglais. Déjà les excellents rapports que le Babbo entretenait avec les Anglais avaient éveillé la méfiance des républicains. Lucien en appelle maintenant à la Convention, qui décide de convoquer Paoli à Paris. Mais, le 2 avril, il commet une dramatique erreur en adressant à ses frères une lettre leur annonçant le décret d'arrestation de Paoli et de Pozzo di Borgo. Ce courrier ne manque pas d'être intercepté par les paolistes qui découvrent le complot. Aussitôt, une implacable vendetta est lancée contre les Bonaparte. Après avoir échappé de justesse à un attentat aux îles Sanguinaires, Napoléon tente de se réfugier à Corte. Il sera accueilli par une foule haineuse hurlant *« A Morte le traditore de la patria ! »* Après une incroyable poursuite à cheval, il parvient à se réfugier à Ajaccio, dans la maison d'un ami. La vendetta se transforme bientôt en guerre civile. Le 29 mai, Paoli réunit une assemblée qui voue les Bonaparte « à une perpétuelle exécration et infamie ».

Napoléon décide de rejoindre, à bord d'une petite embarcation, les représentants en mission de la Convention, Saliceti et Lacombe-Saint-Michel à Bastia. Au même moment, la casa Bonaparte, désertée quelques jours plus tôt par Letizia et ses enfants, est saccagée par les paolistes. À Bastia, Bonaparte organise une expédition armée pour reprendre le contrôle d'Ajaccio. Le 1er juin, il débarquera avec 400 hommes dans le golfe d'Ajaccio. C'est trop tard : la ville, comme bientôt l'île entière, est déjà acquise au « Babbo ». Napoléon aura tout juste le temps de recueillir sa mère et ses frères, réfugiés aux Milelli pour les faire emmener à Calvi. Letizia lui aurait alors donné ce conseil : « Préparez-vous, ce pays n'est pas pour nous. La Corse n'est qu'un rocher stérile, un petit coin de terre imperceptible et misérable ; la France, au contraire, est grande, riche, bien peuplée ; elle est en feu. Voilà, mon fils, un noble embrasement ; il mérite les risques de s'y griller. » Après une dernière tentative de débarquement, Napoléon abandonne. Le 11 juin, la famille Bonaparte quittera l'île pour un tout autre destin.

Portrait de Pascal Paoli par Richard Cosway.

Le « Babbo « Pascal Paoli (1725-1807)

Proclamé le « Babbo de la patria », père de la Patrie, il a fortement marqué l'histoire de la Corse en s'opposant à la présence génoise puis française. En 1755, Paoli est élu « Général de la Nation Corse ». Il gouverne l'île pendant 14 ans et tente de réaliser l'unité politique de celle-ci. En 1768, quand il apprend la vente par Gênes de la Corse à la France, Paoli soulève les populations contre les troupes françaises. Devant l'importance du parti français, Paoli doit s'enfuir à Londres. Il va rester en Angleterre plus de vingt ans. Accueilli à la cour, il perçoit une pension annuelle du roi Georges III. Après son rappel en France, en 1790, par l'Assemblée constituante, il se révolte à nouveau et place l'île sous la souveraineté de l'Angleterre. En 1796, les Corses chassent les Britanniques avec l'aide des Français. Paoli s'enfuit alors en Angleterre, où il demeurera jusqu'à sa mort.

1793

L'Ascension

Le chemin vers la gloire

Le passage du pont de Lodi par l'armée française. Gravure de Le Beau d'après un dessin de Naudet.

Le général Bonaparte, esquisse peinte de David (détail), 1797-1798.

1799

« Le capitaine canon »

Bonaparte saisit l'écouvillon d'un artilleur mort et charge lui-même le canon.

Les Bonaparte débarquent à Toulon le 13 juin 1793 en pleine guerre fédéraliste. En effet, depuis le début du mois de juin, certaines provinces françaises de l'Ouest et du Midi manifestent leur opposition à la Convention par de fréquentes insurrections armées. La Convention accuse ces régions « fédéralistes » de vouloir faire sécession alors qu'elles ne manifestent qu'un refus du centralisme parisien et du gouvernement montagnard. Installée dans une petite maison de la banlieue toulonnaise, la famille survit avec l'aide alimentaire fournie aux réfugiés corses par la municipalité. Bonaparte, lui, rejoint son régiment à Nice. Grâce à l'appui de Du Teil, il y est réintégré sans difficulté avec en outre le titre de capitaine-commandant et un arriéré de solde de 3 000 livres.

Le 27 juillet, il est envoyé en mission à Avignon, alors occupé par les fédéralistes marseillais. La ville est encerclée par l'armée conventionnelle du général Carteaux, un ancien peintre d'une incompétence militaire notoire. Le jeune officier n'en exprime pas moins une profonde aversion pour les Girondins et les fédéralistes coupables à ses yeux de vouloir démanteler la République. Ses idées, il les exprime dans un pamphlet, rédigé le 29 juillet et intitulé *le Souper de Beaucaire*. Dans ce texte polémique, il se met en scène sous les traits d'un militaire, défenseur de la Convention, répondant à un Marseillais fédéraliste. L'insurrection fédéraliste embrase bientôt toute la région. Après l'occupation de Marseille, le 25 août, de nombreux « contre-révolutionnaires » ont fui à Toulon pour y propager la révolte. Ils ont livré le port aux navires anglais et à des contingents napolitains et espagnols.

Aux abords de Toulon, Bonaparte rencontre Saliceti, devenu représentant en mission de la Convention auprès de l'armée de Carteaux. Le conventionnel est à la recherche d'un officier capable de remplacer, au siège de Toulon, le commandant de l'artillerie,

Le Souper de Beaucaire

« [Marseille] est actuellement menée par des négociants opulents, orgueilleux et incapables. Ils ne voient pas où est le véritable intérêt de la nation. Qu'elle cesse donc de résister à la nation entière, comme si la république, qui dicte la loi à l'Europe, pouvait la recevoir d'une seule ville ! Sans doute, les Girondins étaient des républicains, ils ne voulaient pas le retour du roi. Mais ils ont été mous, inconstants, divisés. Que Marseille se soumette rapidement, et les représentants en mission intercéderont en sa faveur auprès de la Convention, qui traitera ses habitants en enfants égarés. »

alors grièvement blessé. Sans une hésitation, il nomme Bonaparte à ce poste. Le tout jeune officier accepte mais ne tarde pas à déchanter. En arrivant aux abords de Toulon, il est effaré par l'impréparation du siège due en grande partie à l'incompétence du général Carteaux : les canons sont placés à une distance de tir bien trop longue. La tension monte entre les deux hommes. Aussitôt, Bonaparte dispose sa batterie – quatre canons et deux mortiers – à portée suffisante, au sud du plateau des Arènes. Puis, il définit sa tactique : s'emparer le plus vite possible du « petit Gibraltar », le fort Mulgrave, pour atteindre la véritable clef du port, le fort de l'Éguillette, situé sur un cap entre la petite et la grande rade. De là, il sera possible de bombarder les escadres anglaises. Le plan est adopté ; Bonaparte est nommé chef de bataillon. Quelques jours plus tard, il reçoit de nouvelles pièces d'artillerie qu'il installe au fond de la petite rade. Par sa détermination et son sens aigu de la tactique, il fait l'admiration de ses officiers : Marmont, Desaix et l'impassible Junot. Bien des années plus tard, l'Empereur évoquera le sang-froid déconcertant du jeune Junot lors du siège de Toulon : « [...] je demandai sur le terrain un sergent ou un caporal qui sût écrire. Quelqu'un sortit des rangs et écrivit sous la dictée sur l'épaulement même. La lettre à peine finie, un boulet la couvre de terre. « Bien, dit l'écrivain, je n'aurai pas besoin de sable. » Cette plaisanterie et le calme avec lequel elle fut dite, fixa mon attention et fit la fortune du sergent ; c'était Junot. »

L'arrivée de la famille Bonaparte à Toulon fuyant la Corse.
Gravure de Charles Étienne Pierre Motte.

Du 11 au 16 décembre, les canons crachent un déluge de boulets rouges sur la rade. Bonaparte manifeste une ardeur incroyable au combat : il se tient jour et nuit près de ses batteries, dormant à même la terre, enveloppé d'un manteau. Il n'hésite pas à manier l'écouvillon puis à charger lui-même les canons quand tombe un de ses hommes. Le 16, il manque d'être tué par un boulet. Frappé à la tête, il contracte la gale, maladie qu'il mettra près de dix ans à guérir. Le lendemain, l'offensive est lancée contre le fort de l'Éguillette. Blessé au mollet d'un coup de baïonnette, le jeune chef de bataillon se relève et poursuit le combat avec le capitaine Marmont. Le soir même, le fort est pris. Deux jours plus tard, les escadres ennemies sonnent la retraite après avoir incendié l'arsenal et une douzaine de navires français ;Toulon est livrée au pillage et à la sanglante répression des « missionnaires de la Terreur », les représentants de la Convention, Barras et Fréron. Ils feront raser près des trois quarts de la ville et exécuteront 800 à 900 « contre-révolutionnaires ». Isolé, sans véritable unité, le mouvement fédéraliste s'épuisera et se dispersera dès le mois d'octobre. Pour Bonaparte, c'est déjà la gloire... Le 22 décembre, il est nommé général de brigade... à 24 ans.

Le siège de Toulon, dessin de Paul Grégoire, seconde moitié du XVIIIe siècle.

Le protégé des Robespierre

Fort de ses succès, Bonaparte suscite l'admiration des représentants de la Convention, et notamment du frère de Maximilien Robespierre, Augustin. Ce dernier le favorisera dans sa carrière militaire et lui assurera d'importants appuis politiques à Paris. Protégé par les Robespierre, Bonaparte est nommé le 7 février commandant de l'artillerie de l'armée d'Italie et reçoit dix jours plus tard son brevet d'officier général.

Grâce à sa solde de 15 000 livres par an, le tout jeune général peut mener une vie un peu plus confortable. Il établit sa famille au château de Sallé et s'installe à Nice dans un appartement loué aux Laurenti. Sa situation sociale lui vaut aussi un certain prestige auprès de la gent féminine. Avec Joseph, il fréquente les sœurs Clary, filles d'un négociant marseillais. Les deux frères rivaliseront pour conquérir la cadette, Désirée. Battu, Joseph épousera l'aînée, Julie. Napoléon lui se fiancera à la fin de l'année avec Désirée.

Il est chargé par la convention d'inspecter les forts côtiers entre Nice et Marseille. Ces visites lui inspireront de nombreuses idées stratégiques. Il développe notamment un plan de campagne contre le Piémont qui repose sur un principe simple : toute offensive doit être menée au point de contact entre les armées sardes et autrichiennes, dans la région de Montenotte. Présentées dans un mémoire, les *Notes sur la position de nos armées de Piémont et d'Espagne,* ses conclusions vont à l'encontre de la stratégie officielle développée par le ministre de la Guerre, Carnot, qui préconise une attaque contre l'Espagne. Mais elles sont fort bien accueillies par Augustin qui s'en fait l'ardent défenseur.

Bonaparte multiplie les missions militaires mais aussi diplomatiques. Envoyé le 6 avril en Italie, il participe à la prise d'Oneglia. Le 11 juillet, il est chargé d'espionner l'armée génoise. Augustin lui aurait même proposé de venir remplacer le commandant de la

AUGUSTIN ROBESPIERRE (1763-1794), LE PROTECTEUR

Avocat comme son frère, Maximilien, Augustin devient procureur d'Arras puis administrateur du département du Nord avant d'évoluer dans le sillage et dans l'ombre de « l'Incorruptible ». Élu député de Paris à la Convention, il partagera les convictions « montagnardes » et les choix politiques de son aîné. Représentant de la Convention au siège de Toulon, il fait la connaissance de Bonaparte à qui il voue immédiatement une sincère admiration. Il apprécie en lui son engagement au service des Jacobins et soutient ses options stratégiques. Il devient son protecteur : il le nommera commandant de l'artillerie dans l'armée d'Italie et l'enverra plusieurs fois en mission diplomatique. Courageux et fidèle, il voudra partager le sort de Maximilien le 9 thermidor. Grièvement blessé après s'être jeté d'une fenêtre de l'Hôtel de Ville de Paris, il finira sur l'échafaud avec son frère, le 10 thermidor.

Le 27 juillet, les frères Robespierre et leurs partisans sont arrêtés à l'Hôtel de Ville par les troupes fidèles à la Convention, dirigées par Barras. Maximilien a la mâchoire fracassée par une balle tirée par un des gendarmes de la Convention.

« Napoléon était si laid »

Jusqu'en octobre, Bonaparte traverse une des périodes les plus sombres de sa vie. Dans ses *Mémoires*, la duchesse d'Abrantès, qui n'était alors que la petite Laure Permon, en fera une description fort désobligeante… *« À cette époque, Napoléon était si laid, il se soignait si peu que ses cheveux mal peignés, mal poudrés lui donnaient un aspect désagréable. Je le vois encore entrant dans la cour de l'hôtel de la Tranquillité, le traversant d'un pas gauche et incertain, ayant un mauvais chapeau rond, enfoncé sur les yeux et laissant échapper ses deux oreilles de chien qui retombaient sur sa redingote, les mains longues maigres et noires, sans gants, parce que, disait-il, c'est une dépense inutile, portant des bottes mal faites, mal cirées, et puis tout cet ensemble maladif résultant de sa maigreur, de son teint jaune. »*

Contrairement à la légende, Bonaparte n'a pas été emprisonné au Fort-Carré près d'Antibes, mais simplement gardé aux arrêts à Nice. Lithographie de Charles Étienne Pierre Motte, 1794.

La fiancée de Bonaparte, Désirée Clary. Gravure coloriée d'après une miniature de Jean-Urbain Guérin, 1894.

garde nationale de Paris, Hanriot. Cependant, beaucoup lui reprochent son insolente réussite et ses choix stratégiques. Cette jalousie accentue la rivalité qui oppose l'armée d'Italie protégée par les Robespierre, et l'armée des Alpes défendue par Saliceti.

Le jour même de son retour en France, les frères Robespierre sont arrêtés dans des conditions dramatiques avant d'être exécutés le lendemain (27-28 juillet 1794). Aussitôt, l'armée d'Italie passe sous l'autorité des représentants de l'armée des Alpes, Albitte et Laporte, adversaires convaincus de la stratégie proposée par Bonaparte. Ils accusent le jeune général de préparer à Gênes un « plan liberticide », une conspiration. Le 9 août, le Comité de salut public ordonne son arrestation et la suspension de ses fonctions. Bonaparte est « gardé aux arrêts de rigueur dans la maison de ses hôtes », les Laurenti. Faute de preuve, il sera libéré le 20 août sans pour autant être réintégré à son poste. Il sert pourtant de conseiller stratégique au général en chef de l'armée des Alpes et d'Italie, Dumerbion, qui compte appliquer son plan.

Le « général Vendémiaire »

La lettre d'affectation qu'il reçoit le 7 mai le déçoit : il est nommé général d'artillerie dans l'armée de l'Ouest chargée de réprimer l'insurrection des Chouans. Il n'a aucune envie de participer à cette guerre civile où l'artillerie ne sert à rien sinon à enliser le conflit. Il décide de se rendre à Paris pour demander, une fois de plus, un changement d'affectation. Il emmène avec lui deux anciens du siège de Toulon, son aide de camp Junot et le capitaine Marmont, ainsi que son frère Louis, tout jeune soldat. Les quatre hommes arrivent le 28 mai dans une capitale en état d'insurrection : une semaine avant, la Convention a été prise d'assaut par les sans-culottes. Le lendemain, Napoléon se rend chez le ministre de la Guerre, Aubry, mais ne tirera rien de cette entrevue sinon un poste de général de brigade… dans l'armée de l'Ouest. Il se fait alors porter malade et obtient un congé de convalescence. Grave et taciturne, il semble contrarié par tout. Il se plaint de ses difficultés financières et vitupère contre les Muscadins et les Incroyables, la jeunesse dorée de la Révolution. Sommé d'intégrer son armée, Bonaparte décide le 18 août de plaider sa cause au Comité militaire. Il expose une nouvelle fois son plan d'attaque en Italie au nouveau ministre de la Guerre, Doulcet de Pontécoulant, qui finit par le nommer attaché au bureau topo-

Si Bonaparte a bien dirigé l'assaut contre les royalistes en disposant des canons aux endroits stratégiques, il n'a en revanche pas fait mitrailler les insurgés devant l'église Saint-Roch, ainsi que le représente cette gravure. Gravure d'après un dessin d'Auguste Raffet, première moitié du XIXe siècle.

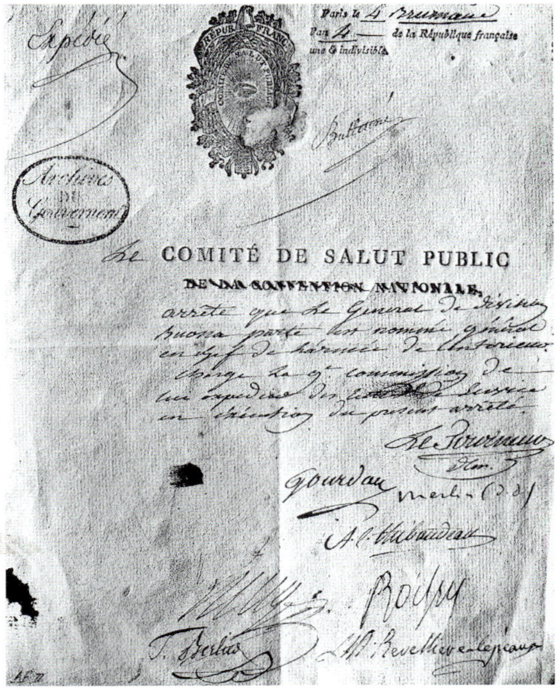

Paris le 4 Brumaire an 4 de la République française une & indivisible

Le COMITÉ DE SALUT PUBLIC DE LA CONVENTION NATIONALE, arrête que le Général de division Buonaparte est nommé général en chef de l'armée de l'intérieur. charge la 9e commission de lui expédier ses lettres de service en exécution du présent arrêté.

Le 26 octobre, un arrêté du Comité de salut public nomme Bonaparte général en chef de l'armée de l'Intérieur.

graphique. Peu intéressé par son travail, Bonaparte rêve d'une autre carrière loin de France. Mais à Paris, la Convention est menacée par les royalistes. Ces derniers rejettent le décret voté par les conventionnels qui stipule que deux tiers des membres des nouveaux conseils seront choisis parmi eux. Le coup d'État est imminent. Le 4 octobre, 7 sections royalistes s'insurgent, ralliant avec elles 25 000 gardes nationaux. En face, la Convention ne dispose que de 5 000 hommes dépourvus de toute artillerie et commandés par le général Menou, jugé trop conciliant. Ce dernier est aussitôt remplacé par Barras, le vainqueur du 9 Thermidor, qui fait appel à des hommes sûrs, des officiers républicains, parmi lesquels Brune et Murat. La nuit même, Bonaparte est contacté par Barras qui l'intègre aussitôt dans les rangs de son armée.

Le lendemain, les insurgés, progressant sur les deux rives de la Seine, tentent de prendre en tenailles les Tuileries, siège de la Convention. Sous une pluie battante, Bonaparte organise la défense du palais. Craignant un nouveau « 10 août », il renverse la situation en ordonnant au général Murat et à ses chasseurs de ramener les canons du camp des Sablons. Ces 40 pièces lui servent à bloquer les avenues qui mènent aux Tuileries. Il les dispose méticuleusement en batteries autour de l'église Saint-Roch.

« La colonne de Lafond [un chef insurgé] déboucha par le quai Voltaire, marchant sur le Palais-Royal en battant la charge. Alors les batteries tirèrent ; une pièce de 8, placée au cul-de-sac Dauphin, commença le feu et servit de signal. Après plusieurs décharges, Saint-Roch fut enlevé. La colonne de Lafond, prise en tête et en écharpe par l'artillerie placée sur le quai, à la hauteur du guichet du Louvre et à la tête du Pont-Royal, fut mise en déroute ; la rue Saint-Honoré, la rue Saint-Florentin et les lieux adjacents furent balayés. […] À six heures du soir, tout était fini. […] Il y eut environ deux cents tués ou blessés du côté des sectionnaires et presque autant du côté des conventionnels, la plus grande partie aux portes de Saint-Roch. » Contrairement à la légende, Bonaparte n'a jamais mitraillé les royalistes postés sur le parvis de Saint-Roch. Le véritable coup de grâce sera donné le lendemain par les troupes de Barras qui saura profiter du mauvais commandement et de la faible combativité de ses adversaires.

La Convention saura récompenser l'audace de ce jeune homme de 26 ans par une série de promotions, toutes plus prestigieuses : le 5 octobre, il est nommé commandant en second de l'armée de l'Intérieur ; le 16, général de division d'artillerie ; le 26, général en chef de l'armée de l'Intérieur. La tâche de celui qu'on appelle déjà « général Vendémiaire » – l'insurrection royaliste a eu lieu le 13 vendémiaire – est importante : mettre en oeuvre le démantèlement de cette garde nationale si rebelle, imposer l'ordre aux factions royalistes et jacobines de la capitale dans un contexte de crise économique. Sa carrière en est relancée ; sa vie prend un nouveau tour. Il est logé dans un hôtel particulier donnant sur la place des Piques, l'actuelle place Vendôme.

Le soir, il fréquente les somptueux dîners que Thérésa Tallien, « Notre-Dame de Thermidor », organise dans sa « Chaumière ». Un mois plus tôt, elle l'a présenté à une de ses amies, Rose de Beauharnais, une veuve élégante et troublante aux doux accent créole, qu'il ne cesse depuis de croiser aux réceptions de Barras. En octobre, il reçoit même une demande d'audience de la part d'un certain Eugène de Beauharnais qui n'est autre que le fils de Rose. L'adolescent veut garder le sabre de son père alors qu'un ordre du jour interdit aux Parisiens de détenir une arme. Le lendemain, Bonaparte viendra lui-même apporter la précieuse lettre de dispense à Eugène dans le petit hôtel particulier de la rue Chantereine, que sa mère avait acheté. Rose le remerciera « avec grâce et sensibilité » et acceptera de le revoir. D'abord, intrigué, le jeune général tombe peu à peu sous le charme de celle qu'il appellera bientôt Joséphine…

Un billet doux

Dans une de ses premières lettres en décembre 1795, Joséphine de Beauharnais après une agréable première rencontre, se plaint de ne plus être visitée par Bonaparte. Ce dernier, toujours épris de sa chère Désirée, s'est pourtant amouraché de la petite Laure Permon, future duchesse d'Abrantès. Il l'aurait même demandée à sa mère en mariage. Joséphine se montre alors beaucoup plus engageante qu'elle ne l'était.

« Vous ne venez plus voir une amie qui vous aime ; vous l'avez tout à fait délaissée ; vous avez bien tort, car elle vous est tendrement attachée. Venez demain déjeuner avec moi. J'ai besoin de vous voir et de causer avec vous sur vos intérêts. Bonsoir, mon ami.
Je vous embrasse.
Veuve Beauharnais. »

Naissance d'une passion

Le général Bonaparte en 1796, dessin de Louis Laffite.

Le « roi Barras » (1755-1829)

D'une famille provençale de noblesse illustre, le vicomte de Barras devient député-suppléant du Var à la Convention en 1792, et traîne déjà une réputation de corrompu. Commissaire à l'armée du Var, puis à l'armée d'Italie, il organise, avec son adjoint Fréron, le siège de Toulon. Barras rallie le groupe des modérés et fomente un complot contre l'Incorruptible. Nommé général de la garde nationale, il fait arrêter et exécuter les robespierristes. Président de la Convention en 1795, c'est comme général de brigade qu'il participe à la répression de l'insurrection royaliste de Vendémiaire, sauvant avec Bonaparte une république moribonde. Membre du Directoire jusqu'au coup d'État, le « roi Barras », « patron des nobles tarés et des pourfendeurs », incarne parfaitement les vices du régime : la corruption, la luxure et les rapports douteux avec les royalistes. Proche de Bonaparte, il n'aura de cesse de favoriser sa réussite, et, après avoir joué la carte royaliste, il se ralliera servilement au coup d'État. Exilé en Belgique puis à Rome par Napoléon, il rentrera en France avec la chute de l'Empire.

Bonaparte mène grand train dans son hôtel particulier, multipliant les soirées et les dîners « où se trouvent parfois des dames ». Il n'oublie pas pour autant sa mère à qui il fait envoyer 50 000 francs. Il écrit à Joseph : « J'ai ici logement, [...] et voiture à ta disposition. » Il espère même pour lui une place de consul en Italie. Grâce à lui, Lucien a été nommé commissaire des guerres et Louis lieutenant d'artillerie.

Il lui reste à faire adopter son fameux plan d'attaque de l'Italie, jugé « insensé » par Scherer, le commandant en chef de l'armée d'Italie. Pourtant, Carnot s'y intéresse de plus en plus. Il pense même l'intégrer dans une vaste opération contre l'Autriche : l'armée d'Italie interviendrait dans la plaine du Pô et les Alpes autrichiennes. Un événement précipitera l'adhésion du Directeur : la démission, le 4 février, de Scherer, violemment critiqué pour son commandement. Sur les conseils insistants de Barras, Carnot nomme Bonaparte pour le remplacer, le 2 mars, commandant en chef de l'armée d'Italie.

Mais Bonaparte ne cesse pourtant de penser à la belle Joséphine. Leur première nuit d'amour en janvier, a fait naître en lui une passion brûlante. En conquérant le cœur de la Beauharnais, il avait aussi espéré se rapprocher du Directeur Barras, le seul qui pouvait lui confier un commandement digne de son génie militaire. Le mariage lui semble donc indispensable. Le jeune homme s'empresse d'écrire une lettre de rupture à sa promise, Désirée Clary, qui, malgré son désespoir, jurera pourtant de l'aimer à jamais. Puis, il parvient à convaincre la prudente Joséphine qui se plaisait pourtant bien à cette vie de veuve mondaine et courtisée.

Le 8 mars, les futurs époux signent le contrat de mariage devant un notaire profondément choqué par cette union incongrue entre une grande dame et un aventurier qui n'a « que la cape et l'épée ». La cérémonie de mariage est organisée le lendemain soir à la mairie, devant des témoins illustres, parmi lesquels Tallien et Barras lui-même. Mais le futur époux se fait attendre. Dans sa robe de mousseline brodée de fleurs tricolores, Joséphine s'impatiente. Soudain, le voilà qui arrive, sabre au côté, réveillant au passage le commissaire chargé de remplacer le maire qui dort déjà : « mariez-nous vite » lui aurait-il lancé en le secouant. Cette union n'aura rien de réglementaire : un des témoins est encore mineur et le commissaire n'est pas habilité à dispenser les mariages. En outre, les futurs époux n'hésiteront pas à falsifier leur âge : Joséphine se donnera quatre ans de moins ; Napoléon se vieillira de 18 mois.

Deux jours plus tard, le jeune marié rejoint, avec son fidèle Junot, l'armée d'Italie en « chaise de poste » : il se rend d'abord à Marseille pour annoncer la nouvelle de son mariage à sa mère avant de rejoindre Nice pour prendre le commandement de l'armée d'Italie.

La belle Joséphine, le premier grand amour de Bonaparte.

Follement épris de Joséphine, Bonaparte manifeste très vite le désir d'en faire son épouse. Le mariage a lieu, le 9 mars, à la mairie du IIe arrondissement de Paris, rue d'Antin.

« L'incomparable Joséphine »

À 33 ans, Marie-Joseph Rose Tascher de la Pagerie fait l'émerveillement de la société thermidorienne. Née en Martinique, elle y rencontre un officier, le vicomte Alexandre de Beauharnais, qu'elle épouse et auquel elle donne deux enfants, Eugène et Hortense. En juillet 1794, son mari est traduit en justice devant le tribunal révolutionnaire, puis exécuté le même jour. Échappant de justesse à l'échafaud, Rose est enfermée à la prison des Carmes dans des conditions atroces. Cette expérience pénible fait naître en elle un profond dégoût pour la violence révolutionnaire. Libérée la jeune veuve se jette avec ivresse dans la vie mondaine fréquentant la « Chaumière » de Madame Tallien et les dîners de son amant, Barras. Ses cheveux bruns finement bouclés, ses yeux bleu foncés et ses gestes langoureux et élégants lui attirent une foule d'admirateurs et d'amants. À cela s'ajoutent des formes fort sensuelles et notamment « le plus joli c… qui fût possible » aux dires de Bonaparte. Toutefois la veuve Beauharnais croule sous les dettes. Elle ne doit son salut qu'aux faveurs de Barras.

La fulgurante campagne d'Italie

Avec ce tableau, Gros a su fixer l'indomptable énergie de Bonaparte. Il servira de modèle à la plupart des artistes qui évoqueront la campagne d'Italie. *Bonaparte au pont d'Arcole,* peinture d'Antoine Gros, 1796.

« Soldats ! Vous êtes nus… »

Dans ses *Mémoires* Napoléon relate sa première prise de contact avec l'armée d'Italie : « *En passant la revue des troupes, il leur dit : Soldats ! Vous êtes nus et mal nourris ; le gouvernement vous doit beaucoup, il ne peut rien vous donner. Votre patience, le courage que vous montrez au milieu de ces rochers, sont admirables ; mais ils ne vous procurent aucune gloire, aucun éclat ne rejaillit sur vous. Je veux vous conduire dans les plus fertiles plaines du monde. De riches provinces, de grandes villes seront en votre pouvoir ; vous y trouverez honneur, gloire et richesses. Soldats d'Italie, manqueriez-vous de courage ou de constance ?* » Curieusement, aucune trace de cette harangue ne peut être retrouvée dans les archives. A-t-il vraiment prononcé ces mots, du moins sous cette forme exacte ? Qu'importe, puisque tous les soldats ayant rédigé leurs souvenirs sont persuadés les avoir entendus. *Honneur, gloire et richesses* : on va enfin les comprendre et reconnaître leur valeur.

Napoléon Bonaparte arrive à Nice le 26 mars 1796. Dès le lendemain, le nouveau général en chef de l'armée d'Italie convoque ses généraux de division. Tous font figure d'anciens en face de ce général en chef de 26 ans. Masséna a 37 ans, Augereau 38, Laharpe 41, Sérurier 54. Ils ne peuvent oublier qu'il n'était encore que commandant alors qu'ils étaient déjà généraux de brigade et le fait d'avoir brûlé l'étape si importante de colonel, peut s'apparenter, à leurs yeux, à du carriérisme politique… Ils se promettent donc de recevoir comme il convient le « freluquet ». Augereau, le plus turbulent, le plus exubérant, sorte de soudard héroïque et grossier, fier de sa haute taille et de sa bravoure, tutoyeur aux allures de spadassin, s'est répandu à son arrivée en propos gouailleurs ou malsonnants. Masséna l'a accueilli de son air narquois, et Sérurier avec une déférence empreinte de raideur et de réserve.

Mais la réunion d'état-major ne se passe pas du tout comme ils l'avaient prévu : Bonaparte tarde à venir. Il les fait attendre. Quand enfin il arrive devant eux, il reste couvert et se met à leur parler d'un ton impérieux et sec, mais avec tant d'autorité naturelle et de compétence, que tous comprennent vite qui est le chef. À la sortie de la réunion, Augereau avoue à Masséna : « Ce petit gringalet de général m'a fait peur. Je ne peux comprendre l'ascendant qu'il a pris sur moi dès le premier coup d'œil. » Mais quel coup d'œil !

Sa formation et son intelligence ont donné à Bonaparte une culture – générale et militaire – que sont loin d'avoir acquis ses lieutenants. Mais en ce qui concerne le maniement des hommes ? Eux ont appris à diriger des soldats, ils ont commandé au feu des régiments et des brigades. Ils ont acquis un sens tactique au combat. Assisté de tels hommes de terrain, Bonaparte va accomplir en Italie des exploits étonnants. Au point que beaucoup d'écrivains militaires écriront que, lors de cette première campagne, le génie et la technique étaient déjà entièrement présents dans les décisions de l'homme de guerre peut-être le plus accompli de tous les temps.

En arrivant, en mars 1796, à la tête de son armée, il la trouve dans une situation navrante de misère : « le pain était mal assuré ; depuis longtemps on ne faisait plus de distributions de viande. Chaque jour la position empirait », écrira-t-il lui-même à Sainte-Hélène. Comment, dans ces conditions, empêcher la maraude, qui deviendra le mal endémique des armées de la Révolution et de l'Empire ?

Dans ce contexte, Bonaparte s'efforce en tout premier lieu de s'allier la bonne volonté de tous ces malheureux soldats. Sa première proclamation à l'armée « Soldats ! Vous êtes nus et mal nourris… » est restée célèbre. Le soldat comprend qu'enfin son courage et son abnégation vont être compris. Il ne l'oubliera pas. Il suivra Bonaparte jusqu'au bout.

Une armée en guenilles

Le 28 mars 1796 le général Bonaparte écrit lui-même au Directoire : « *La situation administrative de l'armée est fâcheuse, mais non pas désespérante. Je suis obligé de menacer les agents qui ont beaucoup volé et qui ont du crédit.* » Selon les futurs généraux Roguet et Pelleport, « *les troupes n'avaient plus de capotes ; la plupart des officiers et soldats étaient couverts de haillons ; en un mot, les uns et les autres étaient dans l'état de la plus hideuse misère ; le malheureux officier qui était habitué à priser n'avait pas le moyen d'acheter du tabac ; j'ai vu de braves capitaines se faire donner des souliers au magasin de l'armée, et les vendre aux Génois pour avoir de quoi en acheter. Il n'y avait d'hôpitaux qu'à Nice, et l'on y manquait de tout ; les hommes qui, dans les camps, tombaient malades, ne pouvaient, faute de moyens de transports, être évacués sur Nice ; ils mouraient, dans les baraques, au milieu de leurs camarades. Les abris de camps étaient des trous creusés dans la terre ; impossible de se procurer de la paille pour les couvrir* […] *On ne trouvait sur les belles promenades que des officiers et des soldats fatigués et amaigris par les privations de toute nature, et dont les vêtements étaient en loques.* » Pourtant ce sont ces mêmes va-nu-pieds qui vont se révéler les meilleurs des guerriers, courageux, fidèles, tenaces et surtout endurants : la division Masséna allait parcourir 100 km et participer à 3 batailles en 4 jours.

Ses guerriers n'oublieront jamais les harangues enthousiastes du jeune général. Cette façon inimitable de s'adresser à eux, c'est tout ce qu'ils retiendront.

Le nouveau César entre dans Milan

L'entrée des troupes françaises à Milan, le 15 mai. Lithographie de Bellangé.

En ce printemps de 1796, la première coalition formée en 1792 contre la France de la Révolution et qui avait regroupé presque toute l'Europe, s'est délitée jusqu'à ne plus comprendre que l'Autriche et son allié le royaume de Piémont-Sardaigne, soutenus par la flotte et l'or anglais. La guerre reprend dès le mois d'avril 1796, en Italie d'abord (le Milanais est terre autrichienne), puis en Allemagne. Au sein du Directoire, Carnot qui établit les plans de guerre, décide de porter l'effort principal en Allemagne et de pratiquer une action de diversion en Italie. Trois armées sont formées dans ce but : une armée de Sambre-et-Meuse de 80 000 hommes sous le commandement du général Jourdan qui sera opposée sur le Bas-Rhin à l'armée autrichienne de l'archiduc Charles ; une armée de Rhin-et-Moselle de même force sous Moreau destinée à opérer dans le Haut-Rhin contre les Autrichiens du feld-maréchal Wurmser ; l'armée d'Italie du général Bonaparte, enfin, devant opérer contre les Autrichiens du général Beaulieu et les Sardes du général Colli.

Le plan général de la nouvelle campagne est une marche combinée sur Vienne, Jourdan par la vallée du Main et Moreau par la vallée du Danube, avec une simple diversion en Italie. C'était sans compter sur l'impatience et le génie de Bonaparte… Le jeune général – il n'a alors que 26 ans – est poussé par les circonstances à agir sans retard. Sacrifiée au profit des armées d'Allemagne, son armée ne pouvait plus subsister dans ses campements. Elle devait tout attendre de la victoire, et ce n'est que dans les plaines fertiles d'Italie qu'elle pouvait songer à organiser ses transports, atteler son artillerie, habiller et nourrir ses soldats.

L'armée d'Italie comprend alors une avant-garde de 18 000 hommes commandée par le général Masséna à l'ouest de Gênes, un corps de bataille principal de 26 000 hommes, plus en retrait, étalé de la côte aux contreforts des Alpes (Augereau, Sérurier, Garnier). En face, l'armée austro-sarde, à trente kilomètres environ de la côte, est à ce moment en quartiers d'hiver. Sur sa droite se trouve l'armée de Piémont-Sardaigne du comte Colli, forte de 20 000 hommes, sur sa gauche les 30 000 Autrichiens de Beaulieu, au centre 10 000 hommes sous le général Argenteau.

La 1ère campagne d'Italie.

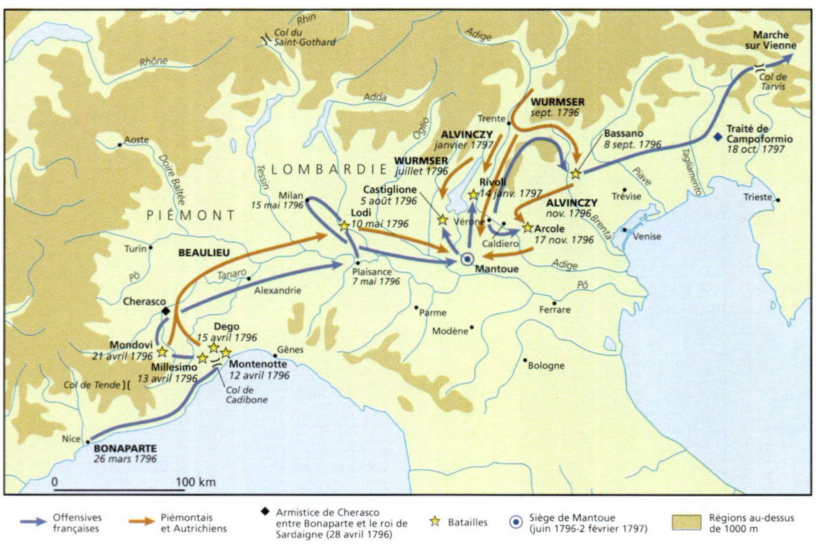

L'infériorité numérique de Bonaparte est évidente : 44 000 hommes contre 60 000, 5 fois moins de pièces d'artillerie que l'ennemi (40 contre 200). Il commande cependant une armée nationale alors qu'en face, l'armée est composée de mercenaires divisés, coûteux et difficiles à remplacer… Bonaparte n'en décide pas moins de prendre l'offensive en se lançant entre ses adversaires afin de les battre l'un après l'autre. Il a remarqué que les Sardes semblent prêts à protéger leur capitale, Turin et les Autrichiens la leur, Milan. Il se décide donc à une manœuvre consistant à se glisser entre les deux groupes ennemis et, de là, à jeter successivement, toutes ses forces

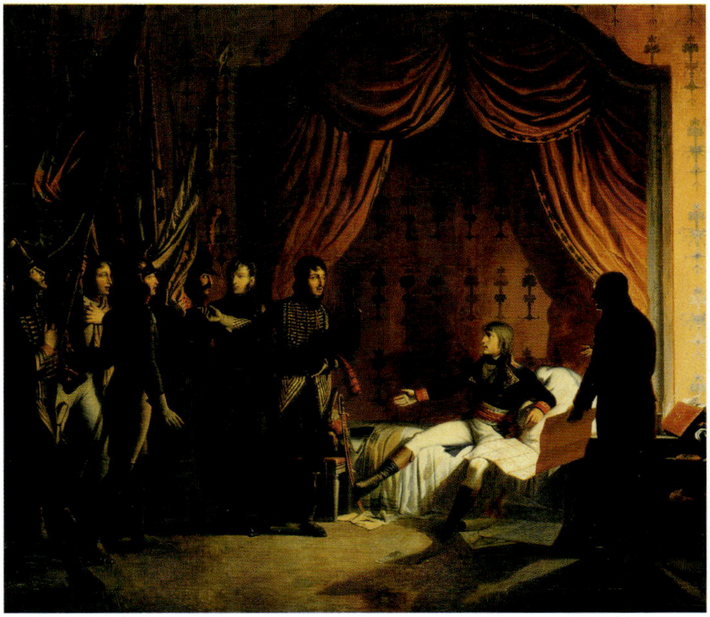

réunies, sur chacun de ces groupes. Il bat les Autrichiens à Montenotte (12 avril) puis à Dego (15), puis les Sardes à Millesimo (le 13) et à Mondovi (21 avril). Les Sardes épuisés, demandent un armistice, qui sera signé à Cherasco le 28 avril 1796. En 18 jours d'une activité prodigieuse, Bonaparte, épuisé, a battu deux armées, remporté de nombreuses victoires, et arraché au roi du Piémont-Sardaigne ce que quatre années d'efforts de ses prédécesseurs n'avaient réussi à obtenir.

Bonaparte se retourne alors contre les Autrichiens. Beaulieu s'est retiré, avec le gros de ses forces, sur la rive nord du Pô. Napoléon décide donc, plutôt que d'attaquer de front une position bien défendue, de la contourner en longeant la rive sud du Pô. Dès que le passage est effectué (à Plaisance), il se porte sur les arrières de Beaulieu à Lodi, où il accroche son arrière-garde (10 mai 1796). Le fameux pont sur l'Adda est le théâtre d'exploits héroïques. Masséna, Lannes et même le sage Berthier s'élancent personnellement à la tête des troupes pour traverser le pont. Un général surtout se fait remarquer : Dupas, géant de 1m 95, surnommé le « général z'en avant », successivement dragon piémontais, gendarme, garde national, il en impose à tous avec sa barbe rousse, sa voix tonnante et sa stature de géant. La victoire de Lodi est complète et ouvre les portes de Milan, la capitale lombarde.

Bonaparte recevant à Millesimo les drapeaux austro-sardes pris à la bataille de Montenotte, présentés par les généraux Marmont et Junot.

Le 15 mai 1796, Bonaparte « rayonnant de bonheur et d'orgueil » entre en vainqueur à Milan sous les acclamations. En ce dimanche de Pentecôte toute la population milanaise est dehors, « grisée, par la lumière et les fleurs, par les chants et les fanfares de ces Français dépenaillés et joyeux. La garde urbaine, dans son bel uniforme vert, cocarde tricolore au chapeau, fait la haie sur tout le parcours. » Bonaparte précède sa cavalerie, monté sur *Bijou*, un cheval blanc « petit et éreinté ». Mais qu'importe, c'est le vainqueur… La capitale lombarde devient un centre d'attraction pour tous les républicains d'Italie. Le jeune général s'y conduira en véritable chef d'état, incitant à la création de « républiques sœurs », taxant les principautés italiennes en argent et en œuvres d'art, créant des journaux de propagande tel le *Courrier de l'armée d'Italie ou le Patriote français à Milan.*

Lodi et le « Petit caporal »

La bataille de Lodi (10 mai 1796) est, sur le plan humain, assez peu importante (900 tués ou blessés de part et d'autre). Cependant son influence sur la psychologie de Bonaparte est énorme : « *Vendémiaire et même Montenotte ne me portèrent pas à me croire un homme supérieur. Ce n'est qu'après Lodi qu'il me vint l'idée que je pourrais bien devenir un acteur décisif de notre scène politique. Alors naquit la première étincelle de la haute ambition* », dira Napoléon à Sainte-Hélène. Il ajoutera : « *Ce n'est que le soir de Lodi que je me suis cru un homme supérieur.* »
Pour ajouter à sa légende populaire, c'est, selon lui, au soir de cette journée que ses soldats lui donnèrent son surnom de « Petit caporal » pour bien montrer que, maintenant, il faisait partie des leurs. Napoléon, en effet, était descendu de cheval pour positionner les pièces d'artillerie qui couvraient la colonne française à l'assaut du pont.

La bataille de Lodi,
peinture de Louis François Lejeune, 1804.

« Je voyais déjà le

Il fallait à tout prix passer ce pont ou faire un détour de plusieurs dizaines de kilomètres. *Bonaparte au pont d'Arcole,* gravure allemande.

Si l'armée d'Italie avait parfaitement rempli son rôle, les armées du Rhin, elles, n'avaient encore rien fait. Les Autrichiens allaient pouvoir soustraire à ce front une armée de 30 000 hommes commandée par le général Wurmser, portant ainsi à 50 000 les forces opérant contre les Français. Devant une telle disproportion, Bonaparte décide de ne pas poursuivre son offensive contre Beaulieu et de s'attaquer d'abord à Wurmser. Il s'établit donc en position d'attente autour de Mantoue, qu'il investit, pensant que Wurmser ne manquera pas de venir essayer de débloquer cette place importante.

Du côté autrichien, Beaulieu en fait a été relevé de son commandement pour être remplacé par Wurmser (ils ont respectivement 71 et 72 ans !) Ce dernier veut profiter de sa supériorité numérique pour envelopper les Français et couper leur ligne de retraite. Il divise son armée en deux colonnes. L'attaque se produit presque simultanément sur tous les corps français. Bonaparte fait d'abord secourir Masséna, puis il rassemble ses forces sur une position centrale, faisant même lever le siège de Mantoue. Il attaque au moment propice la première colonne, la bat et repousse, lors du combat de Lonato (3 août), la deuxième colonne. Wurmser et Bonaparte se retrouvent face à face pour la bataille de Castiglione (5 août).

Bonaparte s'emparant des œuvres d'art italiennes pendant la campagne d'Italie. Gravure satirique de George Cruikshank, XIXe siècle.

La tactique est tout à fait dans le style des grandes batailles napoléoniennes : combat de front par Augereau et Masséna, attaque de flanc par Sérurier, enfin attaque décisive par la réserve de cavalerie de Kilmaine. Wurmser est obligé de battre en retraite. Les Français, épuisés, ne peuvent poursuivre. C'est au cours de ces journées mémorables que la division Masséna réussit l'exploit étonnant de disputer deux engagements et une bataille en une semaine tout en effectuant une marche de 160 km !

monde fuir sous moi...»

Sur ces entrefaites, Moreau et son armée d'Allemagne s'étant enfin avancés, le Directoire enjoint Bonaparte de l'aider dans le Tyrol. Mais celui-ci décide de se débarrasser en premier lieu de Wurmser. Il le bat à Bassano (8 septembre) et le rejette définitivement dans Mantoue. Le successeur de Wurmser, Alvinczy (il n'a « que » 70 ans...) décide à son tour de débloquer Mantoue. Pourtant il commet aussi l'erreur de se séparer en deux colonnes. Bonaparte le contourne par la région marécageuse d'Arcole. Après un combat de trois jours (15-17 novembre 1796), les Autrichiens sont repoussés. Le jeune général en chef a dû, un drapeau à la main, s'élancer à l'attaque des lignes ennemies retranchées de l'autre côte d'un pont. Il a crié aux soldats qui hésitaient : « Soldats, Êtes-vous encore les vainqueurs de Lodi ? » Mais un feu roulant des Autrichiens, suivi d'une vigoureuse contre-attaque l'a bousculé et précipité dans la boue du fleuve, à moitié inanimé. C'est durant cette action que son fidèle aide de camp, son ami depuis Toulon, Muiron fut tué à ses côtés.

Deux mois après, Alvinczy revient avec une armée encore plus nombreuse que la foi précédente (45 000 hommes), mais, Bonaparte, prévenu par les papiers trouvés sur un espion, est prêt à le recevoir. Il va remporter après 2 jours de lutte, l'étonnante victoire de Rivoli.

Pensant que l'étroitesse de la route suivie par les Autrichiens ne leur permettra pas de se déployer et donc de profiter pleinement de leur supériorité numérique, il laisse d'abord le général Joubert s'opposer seul à Alvinczy. Le 14 janvier 1797, tôt le matin, les Autrichiens réussissent à repousser les Français de Joubert et commencent à les déborder. À 9 heures, Masséna arrive à marche forcée en soutien et lance ses brigades à l'assaut... Il réussit à arrêter l'avance ennemie. Vers 15 heures, Bonaparte intervient lui-même avec 15 pièces d'artillerie et précipite la retraite des Autrichiens. Les charges folles des chasseurs de Lasalle achèvent la déroute des ennemis qui laissent 5 000 prisonniers. Le général autrichien est obligé de capituler le 2 février 1797.

Libre sur ses arrières, ayant finalement reçu des renforts, Bonaparte, qui dispose de 50 000 hommes, songe à reprendre l'offensive et le plan primitif de la campagne, c'est-à-dire la marche sur Vienne. Ragaillardi par les victoires et aussi par le pillage, le moral des soldats est au plus haut. « Tu veux de la gloire, dit un vieux grenadier à Bonaparte, eh bien nous allons t'en foutre de la gloire ! » Bonaparte, avec le gros de ses forces, marche directement au-devant de l'archiduc Charles, le chef de la 4e armée autrichienne : il le bat sur le Tagliamento (16 mars) puis à Tarvis avant de le bousculer à Neumarckt (7 avril). La capitale autrichienne n'est alors qu'à une centaine de kilomètres. François II demande un armistice.

Ainsi il aura suffit à Bonaparte d'un premier commandement pour changer la face de l'Europe et devenir l'un des généraux les plus célèbres. Il dira plus tard que ces jours furent les plus heureux de sa vie : « Dès lors, j'ai prévu ce que je pourrai devenir. Je voyais déjà le monde fuir sous moi, comme si j'étais emporté dans les airs... »

Bonaparte pillard de l'Italie ?

On a beaucoup parlé des « pillages », notamment d'œuvres d'art, effectués par Bonaparte en Italie après la campagne de 1796-1797. Il ne faut pas oublier qu'il était alors « normal » de faire payer rançon au vaincu. Aujourd'hui on appellerait cette pratique « paiement des dommages de guerre ». Les œuvres d'art faisaient partie de ces taxations. Le général de Pommereul conclut son ouvrage sur la *Campagne du général Buonaparte en Italie* par une liste des objets d'art ainsi « collectionnés ». Rien que pour les peintures, on peut compter 9 Raphaël, 18 Perugin, 1 Caravage, 1 Poussin, 1 Titien... Et aussi : « *Jamais plus nobles trophées n'ornèrent les triomphes d'aucun vainqueur [...] On demandait pourquoi la France dépouillait ainsi Rome ; comme si ce qu'on lui prenait n'était pas ce que les Romains avaient eux-mêmes pris aux Grecs ! Le négociant Jenkins n'a-t-il pas trafiqué pour Londres d'une partie des objets rassemblés dans les palais Negroni, Giustani et Barberini ?* »
De plus, Bonaparte destinait les sommes ainsi requises au gouvernement de la France et les œuvres d'art aux musées français.

La reddition de Mantoue : Wurmster capitule. *La reddition de Mantoue,* peinture de Hippolyte Lecomte, 1812.

La bataille de Rivoli

Au début de 1797, le général autrichien Alvinczy, qui a reconstitué une nouvelle armée dans le Tyrol, reprend l'offensive contre l'armée d'Italie de Bonaparte. La route pour marcher sur Vérone et Mantoue, clés de l'Italie du nord, passe par Rivoli, où Bonaparte a placé le général Joubert et 10 000 hommes qui ont pour mission d'arrêter les 25 000 hommes d'Alvinczy. Joubert réussit à tenir assez longtemps pour laisser à Masséna, envoyé par Bonaparte, le temps d'arriver. Après 2 jours de combat, le 13 et le 14 janvier, la victoire est totale. La marche des Français sur Vienne peut commencer. On voit ici Bonaparte remonter à cheval car sa première monture a été tuée sous lui.

La bataille de Rivoli, peinture d'Henri Philippoteaux, 1844.

Le « proconsul » italien

BONAPARTE, PROPAGANDISTE DE GÉNIE

C'est en l'Italie que Napoléon comprend l'importance de la propagande. Dès juillet 1797, il crée *le Courrier de l'armée d'Italie* suivi bientôt de *la France vue de l'armée d'Italie.* Ces journaux, qui racontent les exploits du jeune général sont distribués gratuitement aux soldats et sont connus jusqu'en France. Ce comportement agace et inquiète le Directoire, mais celui-ci a tellement besoin de l'argent que lui envoie Bonaparte… Cette propagande est financée par le butin de l'armée d'Italie. Marmont relatera une conversation avec Napoléon : *« Ils n'ont encore rien vu ; la fortune ne m'a pas souri aujourd'hui pour que je dédaigne ses faveurs. »*

C'est à Milan que Bonaparte fait l'expérience du pouvoir politique. Son premier souci est de réorganiser l'armée. Il est obligé, pour cela, de demander aux Milanais une contribution de 20 millions, mesure qui ne sera, finalement, pas trop mal acceptée par les autochtones. « Les soldats engraissaient, ils mangeaient du bon pain, de la bonne viande, et buvaient de l'excellent vin. Ils étaient contents, et commençaient à observer une exacte discipline. » Quel chemin parcouru depuis la première harangue de Bonaparte ! Il a du mal, cependant, à appliquer cette exacte discipline aux généraux, particulièrement à Masséna qui, après avoir pillé le Banco di San-Ambrogio, se justifie : « Vous croyez peut-être que j'ai fait campagne pour ne pas avoir la récompense de mes fatigues ! » D'autres généraux trouvent d'autres compensations : Berthier auprès de la belle marquise Visconti, Kilmaine et Baraguey-d'Hilliers auprès de la non moins ravissante comtesse Gerardi. Pendant ce temps, Bonaparte « planait dans son rêve étoilé », toujours aussi amoureux de la volage mais « incomparable » Joséphine, insensible à toutes ces beautés milanaises qui s'offrent à lui.

Il se conduit comme un véritable proconsul. Il traite à sa façon avec le pape qui, vaincu, reconnaît la perte d'Avignon et du Comtat et verse une indemnité de 20 millions. Il signe avec son adversaire l'archiduc Charles les préliminaires de paix de Leoben (18 avril). En ce qui concerne l'Italie, il jette les bases d'une république Cisalpine. Les émissaires autrichiens avaient écrit en tête du projet de traité que l'empereur François II reconnaissait la République française. « Effacez, dit Napoléon, l'existence de la République est aussi visible que le soleil ; un pareil article ne pourrait convenir qu'à des aveugles ; nous sommes maîtres chez nous et nous pouvons choisir le gouvernement qui nous plaît, sans que personne y trouve à redire. »

Bonaparte présente le traité de Campoformio au Directoire, gravure de C. Colin d'après Raffet.

En mai, le vainqueur d'Arcole déclare la guerre de son propre chef, à la Sérénissime république de Venise, à la suite du massacre de la garnison française de Vérone. Bonaparte part ensuite passer l'été de 1797 au magnifique palais Crivelli, à Monbello, près de Milan. Joséphine est enfin venue le rejoindre. « Il s'y fait une véritable cour, il s'y entoure d'un gouvernement de proconsul romain de la grande époque, conquérant, homme d'état, organisateur de la conquête et pacificateur des peuples vaincus. C'est Jules César en Gaule » (Albert Sorel). Il crée et organise la république Cisalpine. « Pour le bonheur du peuple, il faut en Italie une unité de pensée militaire,

Les hussards, avec leur dolman bleu, rouge ou vert, leur pelisse portée « à la hongroise », sur l'épaule, leur culotte bleue, grise ou rouge, leur shako orné d'un énorme plumet, étaient les plus chatoyants cavaliers de la Révolution et de l'Empire.

diplomatique et financière » écrit-il au Directoire. Il donne des fêtes, les diplomates étrangers l'entourent et les écrivains, les intellectuels, les poètes de toute l'Italie adulent le libérateur.

Pendant ce temps à Paris, les élections de mars-avril ont amené une majorité royaliste aux assemblées et Bonaparte a saisi sur un agent royaliste, d'Antraigues, des papiers prouvant que les députés monarchistes préparaient un coup d'État. Aussitôt il envoie Augereau à Paris qui sauve la république au prix du coup d'État du 18 fructidor. À l'aube de ce 4 septembre, les soldats d'Augereau occupent les assemblées et arrêtent les principaux chefs contre-révolutionnaires.

Le 17 octobre, la paix est signée à Campoformio et met fin à la guerre que l'Autriche menait contre la France depuis 1793. Bonaparte obtient la rive gauche du Rhin et donc la Belgique. L'Autriche renonce au Milanais et à la Lombardie. Elle approuve la création de la république Cisalpine et de la république Ligurienne (Gênes). En compensation, elle reçoit la partie orientale de la république de Venise qui cesse d'être, après plus de mille ans d'existence.

Les républiques sœurs.

Traité de Campoformio, 1797
- Conquêtes ou annexions reconnues à la France
- Parties du territoire de Venise livrées à l'Autriche
- Annexions françaises de 1798
- Batailles de la campagne d'Italie, 1796-1797

- Limites de la France en 1797
- Républiques sœurs
- 1797 Date de création
- Régions occupées en 1792 par la France, annexées en 1796 (traité de Paris)
- Batailles
- Traités

Les hussards

D'origine hongroise, les hussards apparaissent dans l'armée française sous le règne de Louis XIII, mais acquièrent leur célébrité le 22 janvier 1795, lorsque le 8e régiment de hussards prend la flotte hollandaise immobilisée par les glaces au Texel. Le 1er se distingue lors de la campagne d'Italie de 1796-97 lorsque, après que leur colonel a été tué lors de la bataille de Roveredo, les lieutenants Bohn et Morin, le sous-lieutenant Borhetz et l'adjudant Greff jurent de le venger. Se mettant à la tête de 100 hussards, ils se jettent sur les Autrichiens et leur prennent 500 prisonniers, 16 canons et 7 drapeaux. Plus tard, en 1806, après la bataille d'Iéna, la *brigade infernale* du général Lasalle, composée des 5e et 7e hussards, à peine 700 cavaliers, prend à elle seule la place forte de Stettin gardée par 5 500 Prussiens. En apprenant cet exploit, Napoléon dira avec humour : *« Si vos hussards prennent des places fortes, il ne me reste plus qu'à faire fondre ma grosse artillerie et licencier mon génie. »* Les plus grands cavaliers de l'Empire se distinguèrent à la tête des hussards : Pajol, Marulaz, Curély, Fournier-Sarlovèze, Franceschi-Delonne.

Le retour du « héros »

Bonaparte quitte l'Italie à la fin du mois de novembre 1797 et effectue d'abord un court détour par Rastadt ou se tient le congrès chargé de régler les décisions datées de Campoformio, concernant l'Empire Germanique. Se rendant compte que le Directoire souhaite le voir rester le plus longtemps possible à la table de négociation, le temps que sa popularité retombe, il revient à Paris dès le 5 décembre, prétendument pour prendre possession de son nouveau commandement militaire à la tête de l'armée d'Angleterre. Paris s'apprêtait à l'accueillir avec enthousiasme, mais il pénètre dans la capitale sans se signaler et se rend immédiatement rue Chantereine. Le lendemain, la foule, apprenant qu'il est arrivé, vient l'acclamer sous ses fenêtres, mais il ne se montre pas. Talleyrand ministre des Relations extérieures

Bonaparte est reçu à l'Institut dans la salle des Cariatides du Louvre. Lithographie de Motte.

Des jeunes filles de Lausanne rendent hommage à Bonaparte en route vers Rastadt. Gravure avec aquarelle de W. A. Wolfgang von Kobell.

convie le vainqueur d'Arcole chez lui. Les deux hommes se rencontrent pour la première fois. « Au premier abord, racontera le futur grand chambellan, il me parut avoir une figure charmante, 20 batailles gagnées vont si bien à la jeunesse, à un beau regard, à de la pâleur et à une sorte d'épuisement. »

Il peut bien avouer qu'il « ne sait plus obéir », il n'en fait pas moins preuve de la même prudence politique qu'il avait montrée avant d'entrer à Milan. Il reçoit sans faste en « son » hôtel de la rue Chantereine (bientôt rebaptisée rue de la Victoire en son honneur), discrète demeure que Joséphine de Beauharnais, avant de devenir Mme Bonaparte, avait aménagée avec l'aide financière de Barras, son ancien amant.

Le 9 décembre, la foule, en mal d'enthousiasme, ayant appris qu'il allait être reçu solennellement par le Directoire au palais du Luxembourg, investit les rues qui y conduisent. La presse est telle que la voiture du « général », puisque c'est ainsi qu'on le dénomme, est arrêtée. Enfin il en descend, frappant de maigreur et de pâleur. À sa vue un silence respectueux se fait, bientôt remplacé par des acclamations frénétiques. Il prend alors la parole et, par « un discours brusque et saccadé », condamne la constitution de l'an III. « Il y a là de l'avenir », murmure Talleyrand à son voisin. Le 25 décembre, il est élu, à l'unanimité moins 7 voix, à l'Institut national de France, à la section de mécanique de la classe de sciences physiques et mathématiques où il prend la place rendue libre par la proscription de Carnot, victime du coup d'État de Fructidor.

Il n'en pense pas moins à son avenir et cultive les relations utiles. Il se rend ainsi, le 3 janvier 1798, à une réception brillante donnée par Talleyrand en son honneur. Il y rencontre Mme de Staël « vibrante d'émotion et d'espérance », mais il ne se laisse pas séduire par celle qu'il qualifiera d'« Égérie en disponibilité ». Et l'espérance de la fille de Necker, l'ancien directeur général des finances de Louis XVI, de se transformer en opposition à la pérennité assurée…

À ce moment, s'il devait envisager d'accéder au pouvoir politique, ce ne pourrait être que légalement, en intégrant le collège des Directeurs. Malheureusement, la Constitution exige un âge minimum de 40 ans et il n'en a que 27 ! Tallien essaie de convaincre ses collègues qu'on pourrait le rendre éligible *par exception*. Tollé général. Même Barras est contre une telle décision. De toute façon, la manœuvre était périlleuse, parce que prématurée.

Le 27 janvier, le commandant en chef de l'armée d'Angleterre adresse au Directoire un rapport sur l'Égypte. Un mois plus tard, il écrit un mémoire où il condamne l'expédition d'Angleterre parce qu'irréalisable. Y croira-t-il plus de cinq ans plus tard ? Qui peut savoir ?

Napoléon Bonaparte et l'Institut national de France

L'article 298 de la Constitution de l'an III stipule : « il y a, pour toute la république, un Institut national chargé de recueillir les découvertes, de perfectionner les arts et les sciences ». Cet Institut remplace les anciennes académies royales de l'ancien régime. Il est divisé en trois classes : sciences physiques et mathématiques, sciences morales et politiques, littérature et beaux-arts. Napoléon Bonaparte est élu le 25 décembre 1797, à l'unanimité moins 7 voix, à la section des arts mécaniques de la classe de sciences physiques et mathématiques. Premier consul, Bonaparte supprimera la classe des sciences morales et politiques (trouvait-il que les deux termes n'allaient pas bien ensemble ?) Dans une lettre à Fouché, datée du 20 mai 1807, Napoléon écrit :

« Il y a des choses dans cette séance de l'Académie qui ne me plaisent pas : elle a été trop politique ; il n'était pas du ressort du président d'une compagnie savante de parler de Mirabeau […] Quand surtout chacun aura-t-il le bon sens de se restreindre dans ses fonctions ? Qu'a de commun l'Académie française avec la politique ? Pas plus que les règles de la grammaire n'en ont avec l'art de la guerre. »

Sur les pas d'Alexandre

Le 19 mai, l'armée d'Orient de Bonaparte part pour l'Égypte. Gravure d'après Martinet.

Le pouvoir personnel que Bonaparte a exercé en Italie lui manque. Il sent cependant que toute tentative de prise de pouvoir serait prématurée : la situation n'est pas mûre. Mais s'il ne fait rien, il risque de perdre tout son prestige. Pour le jeune chef assoiffé de gloire, l'« Europe est une taupinière, tout s'use ici. Il faut aller en Orient, toutes les grandes gloires viennent de là ». Et pour vaincre l'Angleterre, la banquière de la guerre, il faut frapper sa puissance commerciale, son empire outre-mer, bloquer la route des Indes, s'emparer de l'Égypte. Cette conquête est un projet de longue date. Déjà, Choiseul caressait cette idée qui aurait permis à Louis XV de compenser, en Orient, les possessions perdues en Amérique. Avec l'aide de Talleyrand, ministre des Relations extérieures et ancien proche de Choiseul, Bonaparte réfléchit aux plans de cette nouvelle campagne.

L'expédition d'Égypte.

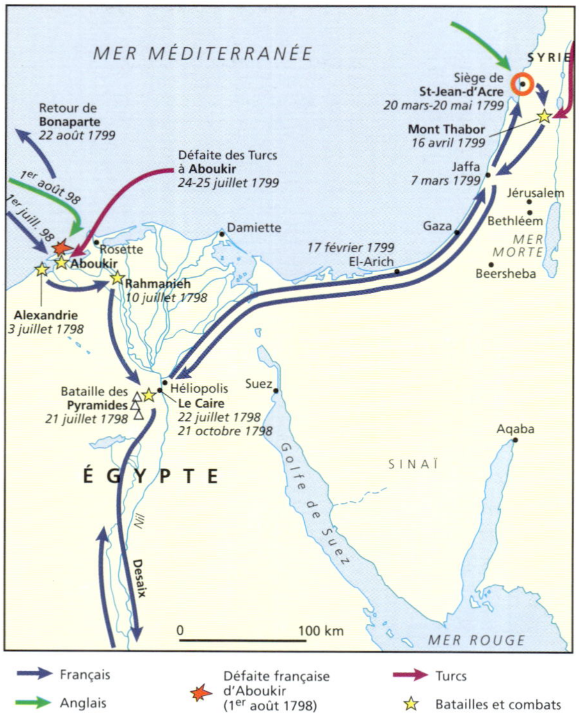

Le 5 mars, le Directoire donne son accord pour celle-ci, soulagé d'éloigner le vainqueur d'Italie. Et le 12 avril, Bonaparte est nommé général en chef de l'armée d'Orient avec pour mission de chasser les Anglais de toutes leurs possessions d'Orient, de détruire leur établissement en mer Rouge, de creuser un isthme à Suez et de conclure un bon accord avec le grand sultan. Nourri des lectures de Volney, le jeune général de 28 ans rêve de marcher sur les traces d'Alexandre le Grand, d'entrer dans la légende de l'Orient. L'Égypte lui paraît propre à entretenir sa renommée et à rehausser encore l'éclat de son nom.

Les préparatifs se font dans la discrétion et la destination est tenue secrète, connue par à peine 40 personnes, selon Kléber. En huit semaines, Bonaparte va équiper ses troupes, grouper les convois, armer les bateaux de guerre. Il charge les savants Berthollet et Monge ainsi que le poète Arnault de réunir de nombreux représentants des sciences et des arts « afin de régénérer la terre des pharaons et de la conquérir à la civilisation française ». Ils sont bientôt 167 savants, ingénieurs, archéologues, artistes, géographes, dont certains de grand renom. Parmi eux figurent celui qui jettera les bases de l'égyptologie, le graveur Vivant Denon. Arrivé à Toulon pour rejoindre l'expédition, il est très déçu de sa première rencontre avec Bonaparte ; il pense abandonner et rentrer à Paris. Arnault s'en inquiète et s'en

ou le mirage oriental

ouvre au jeune général, qui aussitôt demande qu'on lui ramène Denon. Il lui dit : « Ah c'est vous, citoyen Denon ! vous avez bien soutenu le voyage [...] vous aimez donc à courir ? Nous vous ferons faire du chemin. Le beau sabre que vous avez là ! Il est tout pareil au mien, je crois. Il est juste de la même grandeur. Voyons donc... » Et Arnault raconte comment le soir venu, il dut passer la nuit à calmer l'enthousiasme de son camarade cherchant une occasion immédiate de mourir pour cet homme de génie qui avait mesuré le sabre d'Arcole et de Lodi avec le glaive inoffensif du dessinateur et les avait jugés tous deux « de même taille ». Desaix, Kléber, Berthier, Junot, Duroc, Murat, Lannes, et Caffarelli « l'héroïque jambe de bois », font partie de l'expédition tout comme Louis et Eugène. Larrey est le chirurgien en chef et Desgenettes, le médecin chef, et malgré l'interdiction, cinq cents femmes vivandières, épouses ou prostituées, s'embarquent plus ou moins clandestinement... Le 10 mai, Bonaparte passe en revue les soldats et les enflamme en les comparant aux légions de Rome : « Même si vous les avez maintes fois imitées, vous ne les avez pas encore égalées. » L'enthousiasme est énorme. Les soldats jettent leurs chapeaux et crient : « Vive Napoléon ! »

Bonaparte et son armée à Alexandrie,
peinture de François Guillaume Colson,
première moitié du XIXe siècle.

Le 19 mai, Bonaparte quitte Toulon avec le gros de la flotte (forte de 320 navires) à bord du vaisseau-amiral l'*Orient*, avec l'amiral Brueys. 37 000 hommes de troupes et 800 chevaux sont embarqués à bord de 309 bateaux de transport. Environ 13 000 marins forment les équipages des bateaux de guerre. L'armée d'Orient comprend donc 50 000 hommes. La flotte britannique de l'amiral Nelson croise au large de Toulon. Une forte bourrasque soufflant du nord-ouest éloigne opportunément l'escadre anglaise. Pendant plus de quarante jours de poursuite fébrile, l'immense armada française va échapper par miracle à l'escadre de l'invincible amiral. Cette chance incroyable fait d'ailleurs croire à la bonne étoile du jeune général. Au passage, les Français s'emparent de Malte, le 10 juin, dont ils ont le plus grand besoin pour assurer leurs communications ultérieures avec la métropole. Le 19 juin, après avoir laissé une garnison de 3 000 hommes à Malte, la flotte met le cap sur Alexandrie. Nelson, toujours à sa recherche, la manque en pleine nuit, d'à peine quelques milles de distance. Qu'il fît jour et la flotte et toute l'armée disparaissaient au fond de la Méditerranée... Le 29 juin, Nelson croise devant Alexandrie ; ulcéré de ne trouver personne, il poursuit ses recherches vers la Syrie. Deux jours plus tard, la flotte française est en vue d'Alexandrie. Devant la menace anglaise, Bonaparte décide de hâter le débarquement des troupes. On lit sur chaque navire la proclamation rédigée par le général *: Soldats ! celui qui viole est un monstre, celui qui pille nous déshonore. Vous allez entreprendre une conquête dont les effets sur la civilisation et le commerce seront énormes. Nous ferons des marches fatigantes ; nous livrerons plusieurs combats. Les peuples avec lesquels nous allons vivre sont musulmans et leur premier article de foi est : « Il n'y a pas d'autre Dieu que Dieu, et Mahomet est son prophète. » Ne les contredisez pas ; ayez des égards pour leurs imams comme vous en avez eu pour les rabbins et les évêques ; respectez les mosquées comme vous avez respecté les églises et les synagogues.*

« Du haut de ces

Le général Desaix, peinture d'Appiani.

DESAIX, LE « SULTAN JUSTE »
1768-1800

C'est certainement l'un des chefs militaires les plus brillants de cette époque. Issu d'une vieille famille noble et désargentée, il se rallie à la Révolution. Plusieurs fois blessé, il est dès 1793 nommé général de division dans l'armée du Rhin. En juillet 1797, il rend visite à Bonaparte au château de Mombello, en Italie, et les deux hommes deviennent d'excellents amis. Fin août 1798, Bonaparte le charge de conquérir et de gouverner la Haute-Égypte. À la tête d'une petite armée de 3 000 hommes. Desaix remplit sa mission avec courage et succès. En plus de ses talents exceptionnels de chef de guerre – il écrase Mourad Bey à Sediman, à Samhoud et le force à abandonner ses troupes – il va révéler ses qualités d'administrateur. Sa sagesse, son humanité et son équité font que les Égyptiens ne le reconnaissent bientôt plus que sous le glorieux surnom de « sultan juste ». Vivant-Denon écrira :
« J'ai trouvé dans le général Desaix, un savant, un curieux, un ami des arts et la présence chez lui d'une hauteur d'esprit, d'un appétit de découverte et d'un enthousiasme intellectuel rare… »

Le 2 juillet, sans attendre que l'artillerie soit déchargée, Bonaparte attaque Alexandrie. Après une assez courte résistance, la ville est prise et se soumet. La flotte est envoyée en rade d'Aboukir pour se ménager une possibilité de rembarquement. Puis, il adresse une déclaration rassurante aux musulmans où il se présente comme le libérateur des peuples de l'Orient contre leurs despotes locaux, les mamelouks : « On dira que je viens détruire votre religion : ne le croyez pas ! Répondez que je viens vous restituer vos droits, punir les usurpateurs et que je respecte plus que les mamelouks, Dieu son prophète. Dites-leur que tous les hommes sont égaux devant Dieu ; la sagesse, les talents et les vertus mettent seuls la différence entre eux. Tous les Égyptiens seront appelés à gérer toutes les places ; les plus sages, les plus instruits, les plus vertueux, gouverneront, et le peuple sera heureux ! » En effet, l'Égypte placée sous l'autorité nominale de l'empire Ottoman est en réalité sous la dépendance des mamelouks descendants d'esclaves circassiens aux ordres de deux « beys » : Mourad et Ibrahim. Surentraînés et doués d'une folle bravoure, les mamelouks forment ce qu'on a pu appeler « la meilleure cavalerie d'Orient ».

Bonaparte laisse 3 000 hommes à Alexandrie et envoie une flottille prendre Rosette, qui devra ensuite remonter le Nil pour rejoindre le gros de l'expédition. Puis, pressé d'en finir, il dirige l'armée vers Le Caire par le chemin le plus court, à travers le désert, durant le mois le plus chaud de l'année. Par 50 degrés, les soldats avancent en uniforme de laine… la soif – ils n'ont pas de bidon d'eau personnel – le manque de vivre et la dysenterie les éprouvent cruellement. À cela s'ajoutent les embuscades des cavaliers bédouins sur les arrières de la colonne. Des traînards et quelques femmes sont faits prisonniers.

Pour la première fois, Bonaparte se trouve face à des cas de mutinerie et de folie – des soldats en plein délire se font sauter la cervelle. Alors mettant pied à terre et suivant les colonnes comme un simple soldat, le vainqueur d'Italie crie à ses hommes : « Il ne suffit pas du courage dans la bataille pour faire un bon soldat. On dit que je vais sur les traces d'Alexandre le Grand, mais pour marcher sur ses traces, il me faudrait ses soldats. » Comme par enchantement les insubordinations cessent. Le premier véritable combat a lieu à Chebreïs, le 13 juillet : déroutés par la discipline impeccable des carrés de granit

La bataille d'Aboukir à 23 heures le 1er août.

pyramides !»

Sur leurs chevaux couverts d'or et d'argent, les mamelouks s'élancent en plein galop en poussant des cris à fendre l'air. *La bataille des Pyramides,* peinture de Carle Vernet.

de l'infanterie française, les cavaliers mamelouks échouent. Le 21 juillet, aux pieds des pyramides de Gizeh, ils sont de nouveau battus par l'armée d'Orient. La légende veut qu'à l'aube de la bataille Bonaparte ait dit : « Soldats ! Songez que du haut de ces pyramides, quarante siècles vous contemplent. » Que ces mots soient authentiques ou pas, peu importe, ils appartiennent à ce genre sublime qui fait de Napoléon un écrivain, un poète de premier plan. Quoi qu'il en soit, cette victoire lui livre tout le delta du Nil.

Le 24 juillet, Napoléon entre triomphalement au Caire. La misère et le désordre de la ville déçoivent beaucoup les Français, bien loin des images idylliques « des mille et une nuits ». Bonaparte écrit à son frère Joseph : « La gloire est fade. À vingt-neuf ans j'ai tout épuisé. J'ai besoin de solitude et d'isolement. Les grandeurs m'ennuient. » La nouvelle terrifiante qu'il apprend le 14 août le ramène à de plus tristes réalités : le 1er août, Nelson a surpris et détruit après une bataille sans merci, l'escadre française en rade d'Aboukir. 1 700 hommes sont morts, 3 000 autres sont blessés et il ne reste que quelques frégates. Les Anglais sont maîtres de la Méditerranée et Bonaparte est prisonnier de sa conquête. « Eh bien, dit-il, il faut mourir ici ou en sortir grands comme les Anciens. Il faut savoir nous suffire à nous même. L'Égypte est remplie d'immenses ressources ; il faudra les développer. Autrefois l'Égypte, à elle seule, formait un puissant royaume : pourquoi cette puissance ne serait-elle pas recréée et augmentée des avantages qu'assurent avec elles les connaissances actuelles, les sciences, les arts et l'industrie ? »

Pendant que Bonaparte décide de faire de l'Égypte un véritable État capable de vivre en autarcie, il envoie son meilleur officier, le général Desaix, poursuivre Mourad Bey jusqu'en Haute-Égypte, complétant ainsi la soumission du pays. Cette extraordinaire épopée va mener « le sultan juste » et ses hommes à découvrir les ruines gigantesques des temples de Karnak et de Louxor. Le capitaine Desvernois raconte l'émotion que ressentirent les hommes quand ils découvrirent les temples, « sans qu'un ordre fut donné, ils formèrent le rang et présentèrent les armes, au son des tambours et des clairons »…

La bataille des Pyramides

Le 21 juillet, au matin, l'armée française aperçoit les 350 minarets du Caire et, au nord, les pyramides de Gizeh qui scintillent sous le soleil. Mourad Bey a aligné ses 6 000 cavaliers d'élite et plus de 4 000 hommes dans des retranchements, ainsi qu'une quarantaine de canons. L'importante flottille, chaloupes-canonnières, d'Ibrahim Bey couvre le fleuve. Le corps expéditionnaire se ramasse en cinq carrés compacts sur six rangs de profondeur, véritables remparts de fer et de feu. L'artillerie est aux angles. Vers 16 heures, Mourad Bey et la quasi-totalité de ses cavaliers se précipitent sur les carrés de Reynier et Desaix. Lorsqu'ils sont à 50 pas, les Français ouvrent enfin un feu terriblement efficace. La contre-attaque devient générale et les mamelouks, acculés au Nil, s'enfuient en se jetant dans l'eau qui les emporte. Le chef d'escadron Lasalle avec ses cavaliers légers, achève de semer la panique en poursuivant les fuyards. La victoire est totale. En deux heures de combat, Mourad a perdu 2 000 hommes. Les pertes françaises sont minimes, le butin considérable et la route du Caire est maintenant ouverte.

La bataille des Pyramides, peinture de Louis Lejeune, 1806.

Une civilisation sort de l'oubli

Napoléon Bonaparte à la grande mosquée du Caire, peinture de Henri Lévy.

Bonaparte, débordant d'activité, va déployer tous ses talents dans la réorganisation du pays. Il commence aussitôt à dicter directives et décrets pour administrer, tout en ménageant les cheikhs et les oulémas en leur accordant un rôle dans la nouvelle administration. Il impose des nouvelles règles d'hygiène souvent mal interprétées par les populations comme l'interdiction du dépôt d'ordures dans la rue ou la délocalisation des cimetières du centre-ville vers la périphérie. Il entreprend également l'organisation des hôpitaux, de la police, et met en place une véritable institution fiscale. L'économie locale connaît une nouvelle vigueur, et les Égyptiens découvrent de nouvelles inventions comme la brouette ou les moulins à vent. Parallèlement, Bonaparte se pose en garant des coutumes et des traditions. Ainsi, le 18 août, il préside la grande fête du Nil, revêtu d'un costume oriental, ce qui provoque les éclats de rire de son état-major : on doit rompre la digue qui retient les eaux du Nil permettant ainsi à l'eau d'accéder aux canaux d'irrigation. La foule immense réserve un accueil enthousiaste au général français et se réjouit de constater que le débit est particulièrement important. Ceci prouve bien qu'Allah protège Bonaparte… bientôt les Arabes le surnommeront le sultan El-Kébir, le grand sultan. Pour expliquer son comportement, Napoléon confiera plus tard à l'académicien Roederer : « C'est en me faisant catholique que j'ai fini la guerre de Vendée ; en me faisant musulman que je me suis établi en Égypte ; en me faisant ultramontain que j'ai gagné les esprits en Italie. Si je gouvernais un peuple de juifs, je rétablirais le temple de Salomon. »

Cependant Bonaparte n'hésite pas à employer aussi des méthodes d'une grande cruauté. « Les Turcs, écrit-il, ne peuvent se conduire que par la plus grande sévérité. Tous les jours je fais couper cinq à six têtes dans les rues du Caire […] Il faut prendre le ton qu'il convient pour que les peuples obéissent. Et obéir, pour eux, c'est craindre. » D'un autre côté, il n'hésite pas à faire exécuter trois soldats français accusés faussement du viol d'une Égyptienne.

Le 22 août 1798, Bonaparte crée l'Institut d'Égypte, qui existe encore aujourd'hui, et dont le but est « le progrès et la propagation des Lumières en Égypte ». Devant se consacrer à la recherche et à l'étude des faits naturels, historiques et économiques du pays, il a l'obligation de publier le résultat de ses recherches, qui pourra être rassemblé en une œuvre monumentale, *la Description de l'Égypte.* Cet Institut marque également la mission civilisatrice et universelle de la France. Il se compose de quatre sections : mathématiques, économie, politique, beaux-arts et lettres. Les 167 savants s'activent : faune, flore et monument… tout est examiné, étudié, fouillé, exploré par un travail gigantesque ! On projette même de joindre le Nil à la mer Rouge. Les relevés concernant le percement de l'isthme de Suez font dire à Bonaparte : « L'œuvre est grande, mais ce ne sera pas moi qui pourrai l'accomplir maintenant. » Plus tard ces relevés serviront à Ferdinand de Lesseps.

Mais, le 9 septembre, le sultan de Constantinople, influencé par les Anglais, déclare la guerre à la France. Les mamelouks survivants travaillent l'opinion du Caire ; les prédictions des imams de la mosquée d'El-Azhar contre les abominables infidèles que représentent les Français, attisent les tensions. Le 21 octobre, une révolte éclate au Caire contre eux. Une foule de manifestants se donne rendez-vous devant la Grande Mosquée. Le général Dupuy est tué alors qu'il accourait pour calmer les troubles, 300 Français sont massacrés par la populace déchaînée. La réaction de Bonaparte est immédiate. La troupe intervient avec une violence inouïe : El-Azhar est canonnée et 3 000 insurgés périssent. Le lendemain Bonaparte calme les esprits en décrétant une amnistie générale.

Pourtant les généraux sont inquiets. Le désenchantement gagne les esprits, et le Directoire n'envoie aucune aide. Il faut se débrouiller seuls. On fabrique alors des outils, des instruments de chirurgie ; on construit des fours à pains, des distilleries d'alcools ; on brasse de la bière sans houblon. Jaberti, historien égyptien, avoue son admiration pour les bibliothèques publiques des Français, leurs presses qui impriment aussi en langue arabe, turc et persan. Deux journaux sont publiés, la *Décade égyptienne* et *le Courrier de l'Égypte* qui donnent des nouvelles d'intérêt général.

De son côté, ayant appris les infidélités de Joséphine, Bonaparte se console dans les bras de la belle Pauline Fourès surnommée Bellilote, l'épouse d'un sous-lieutenant des chasseurs à cheval.

Claude Berthollet (dessin) et Gaspard Monge (peinture de Jean-Baptiste Mauzaisse, 1842).

UNE ÉQUIPE DE 167 SAVANTS !

Bonaparte a emmené avec lui une équipe de 167 savants. Il y a là des scientifiques réputés comme les mathématiciens Monge et Fourier, le chimiste Berthollet, le zoologiste Geoffroy Saint-Hilaire, auxquels s'ajoutent 30 ingénieurs, 4 architectes, 3 astronomes, 8 dessinateurs. Mais aussi des économistes, des médecins, des ingénieurs, des pharmaciens, des chirurgiens, des archéologues, des musiciens, des écrivains, des imprimeurs, des interprètes et même un aéronaute. Non seulement Bonaparte réorganise et réforme l'Égypte, mais, avec ces savants, il engage une étude systématique de la civilisation égyptienne. Une politique de grands travaux est mise en œuvre. Le cours du Nil est régularisé : on calcule le débit du fleuve et on étudie des systèmes d'irrigation. L'Égypte se dote de sa première fonderie. Des plans et des croquis sont établis, la population égyptienne comptée, les maladies étudiées alors que les botanistes classent et dessinent les plantes. Historiens et archéologues mesurent tous les temples des anciens pharaons et des fouilles sont entreprises à Thèbes, Karnak et Louxor. La pierre de Rosette est découverte, qui permettra à Champollion de percer le secret des hiéroglyphes.

La révolte du Caire, peinture de Girodet-Trioson, 1810.

Des découvertes capitales

Jean-François Champollion, l'homme qui le premier déchiffra les hiéroglyphes. Peinture de Léon Cogniet, XIXe siècle.

Dès janvier 1799, Napoléon Bonaparte donne l'ordre aux savants « qu'ils se portassent aux différents points de l'Égypte, pour y examiner les choses curieuses qui pourraient s'y trouver ». C'est Kléber qui, le premier, émet le vœu que l'on puisse rassembler les résultats de ces travaux dans un ouvrage gigantesque. Ce sera la *Description de l'Égypte* qui paraîtra en plusieurs livraisons de 1810 à 1828 et servira de référence pour plus d'un siècle. L'édition définitive compte vingt-six volumes et se divise en trois parties : Antiquités, État moderne et Histoire naturelle. Constituée de 900 planches et 3000 gravures recensant les merveilles de l'Égypte, cette somme inégalable est l'œuvre de 200 artistes, en général très jeunes, qui ont travaillé dans des conditions extrêmement difficiles – chaleur, fièvre, balles ennemies, manque de matériel. Au regard du peu de temps dont ils disposaient pour travailler sur le terrain, l'abondance et la qualité des informations recueillies sont étonnantes. Ainsi, les monuments sont relevés et décrits avec un souci de précision incroyable. L'ouvrage est coordonné, jusqu'à sa mort en 1805, par le génial Nicolas Conté (inventeur du crayon) puis par l'ingénieur géographe Jomard. Considérée

Œdipe, peinture de Jean Léon Gérôme, 1863.

Vue imaginaire du cabinet de travail de Dominique Vivant Denon.
Lavis bistre et plume de Benjamin Zix.

comme la réussite la plus durable de l'expédition d'Égypte, la *Description de l'Égypte* permit la découverte d'une des plus grandes civilisations de l'humanité et constitue encore de nos jours une source documentaire irremplaçable.

Autre fait marquant de l'expédition de Bonaparte, la découverte de la pierre de Rosette. C'est le 19 juillet 1799, près de la ville de Rosette, où les Français construisent un fort, que le commandant Bouchard découvre un bloc de granit noir recouvert d'inscriptions. En fait, trois écritures différentes y figurent : en haut des hiéroglyphes, au centre du « démotique » (une forme de l'écriture hiéroglyphique), et en bas du grec. Le grec est parfaitement lisible et indique qu'il s'agit du même texte, répété trois fois : un décret du roi Ptolémée V, datant de 196 av. J.-C. Avec cette pierre, les savants tiennent peut-être la clé de la compréhension des hiéroglyphes. Lorsque les troupes françaises quittent l'Égypte, les Anglais confisquent la pierre, qui enrichit aujourd'hui le *British Museum* de Londres. Mais une copie exacte de la pierre a été conservée dans la *Description de l'Égypte*. C'est cette copie qui permettra à Jean-François Champollion de percer en 1822 le secret des hiéroglyphes.

Un homme d'exception, Dominique Vivant Denon (1747-1825)

Diplomate, graveur, écrivain (il est l'auteur d'un conte libertin) puis dessinateur, Vivant Denon et son équipe ont la chance de faire partie de l'incroyable épopée qui mène Desaix jusqu'à l'île Éléphantine d'Assouan. Dans des conditions très difficiles, le peintre réalise des croquis de la plupart des monuments égyptiens depuis les pyramides jusqu'au temple de Philae. À son retour d'Égypte, il rapporte quantité de dessins, de costumes, de monuments et de souvenirs dont il fait un récit remarquable dans *Voyage dans la Basse et la Haute-Égypte* (1802). Dans cet ouvrage qui connaît un succès foudroyant, il raconte notamment cette anecdote. Un jour, alors qu'il remarque au loin des ruines étonnantes, il dit à ses compagnons : « *il faut que j'en fasse un dessin* ». Comme il achève son ouvrage, une balle passe en sifflant sur son papier. Il relève la tête et voit l'Arabe qui venait de le manquer rechargeant son arme. Il saisit son fusil, envoie à l'Arabe une balle en pleine poitrine et rejoint ses camarades. Le soir il montre son dessin au général Desaix qui lui dit « *Votre ligne d'horizon n'est pas droite. Ah ! répond Denon, c'est la faute de cet Arabe, il a tiré trop tôt…* » En 1802, il est nommé par Napoléon directeur général des Musées nationaux.

Saint-Jean d'Acre !

L'Empire ottoman a décidé d'envoyer ses meilleures troupes, une armée de 50 000 hommes en Syrie, pour attaquer les Français. Bonaparte décide alors d'agir en premier en se portant aux devants des Turcs. Il cherche aussi à s'ouvrir la route de Constantinople qui est également l'unique retour vers l'Europe par voie de terre. On a voulu y voir une marche sur les pas d'Alexandre, vers l'Inde où Tippoo Sahib, sultan de Mysore et allié des Français depuis 1782, résiste victorieusement aux Anglais. Il est plus vraisemblable, comme l'Empereur le dira à Sainte-Hélène, que « victorieuse, l'armée française volait à Damas et Alep, elle eût été en un clin d'œil sur l'Euphrate ; les chrétiens de Syrie, les Druzes, les chrétiens de l'Arménie se fussent joints à elle ; les populations allaient être ébranlées. »

Désireux de frapper les imaginations, Gros représente Bonaparte touchant le bubon d'un pestiféré. Si cette scène est imaginaire, il n'en reste pas moins que Napoléon a réconforté les malades pendant plus d'une heure et demi. *Bonaparte visitant les pestiférés de Jaffa,* peinture d'Antoine Gros, 1804.

Le 10 février, Bonaparte quitte Le Caire avec 13 000 hommes. Sous un soleil accablant, sans artillerie lourde, les Français sont néanmoins facilement victorieux à El Arich et à Gaza. Arrivé devant Jaffa, qui est mal défendue, Bonaparte envoie deux émissaires demander la reddition de la ville, mais ceux-ci sont aussitôt décapités et leurs têtes brandies sur les remparts. Le 7 mars, Jaffa est prise et pillée : 3 000 ennemis sont fait prisonniers, que Bonaparte ne peut ni nourrir, ni emmener. Leur rendre la liberté, c'est les retrouver immédiatement dans les rangs adverses déjà très supérieurs en nombre. Ainsi, des 3 000 prisonniers, seuls les Égyptiens sont épargnés, tous les autres sont massacrés.

C'est alors que la peste apparaît dans les rangs des Français : les soldats se réveillent en proie à des fièvres et à de violentes douleurs à l'aine et sous les aisselles ; quelques jours après un bubon apparaît qui, en mûrissant, provoque la mort. Le 11 mars, Napoléon tente de rendre courage aux soldats en visitant la soixantaine de pestiférés que contient l'hôpital de Jaffa. Le médecin chef de l'armée, Desgenettes, dont le témoignage ne peut être mis en doute, nous rapporte comment « après s'être occupé pendant plus d'une heure et demi de tous les détails d'administration, il aide à soulever et à porter le cadavre d'un soldat dont les habits étaient souillés par l'ouverture spontanée d'un énorme bubon abcédé, méprisant ainsi les risques de contagion ». Ce geste fait grand effet dans l'armée.

Le 19 mars, Bonaparte met le siège devant l'ancienne cité de Saint-Jean-d'Acre puissamment fortifiée par les croisés. La ville est défendue par Djezzar dit Ahmed le Boucher, par des officiers anglais et par l'ennemi acharné de Bonaparte, son ancien condisciple à l'école militaire, l'excellent officier royaliste, Antoine Le Picard de Phélippeaux. En outre, le port, protégé par les canons de la flotte anglaise commandée par Sydney Smith, est constamment ravitaillé en hommes et en vivres. Non seulement les navires anglais pilonnent sans cesse les lignes françaises mais ils se sont emparés des 24 pièces d'artillerie de siège que l'on a essayé d'acheminer par mer. Bonaparte est convaincu que « si Saint-Jean-d'Acre tombe il sera demain empereur de tout l'Orient ». Pendant deux mois, les Français s'obstinent… les assauts succèdent aux assauts, la bravoure la plus insensée le dispute à la témérité la plus folle, mais rien n'y fait. Un peu tard, Bonaparte comprend qu'on ne peut prendre la ville sans artillerie lourde et décide d'attendre son arrivée. Mal ravitaillés et durement éprouvés par la peste, les Français sont en outre menacés par une nouvelle armée turque venue prêter main forte aux assiégés. Envoyé en reconnaissance avec 500 cavaliers, Junot met en déroute 2 500 cavaliers,

le 13 avril, à Nazareth. Le 16 au matin, Kléber, envoyé en renfort avec 2 000 hommes, se trouve face au gros de l'armée du pacha de Damas Abdallah soit 25 000 cavaliers et 5 000 fantassins. Bonaparte doit intervenir pour l'aider avec 2 200 hommes. Kléber, à un contre dix, résiste aux assauts répétés des cavaliers. Quand enfin il entend le bruit du canon qui annonce l'arrivée des renforts, il contre-attaque dans la foulée. Les Turcs s'enfuient, abandonnant leur camp avec de lourdes pertes, plus de 5 000 hommes. Si cette brillante victoire du mont Thabor permet le contrôle de la Galilée, elle ne résout pas pour autant le siège de Saint-Jean-d'Acre.

En rase campagne la discipline française reste incomparable. *La bataille de Nazareth,* dessin aquarellé de Armand Caraffe, 1801.

De retour à Acre, Napoléon lance un nouvel assaut le 24 avril mais échoue. Le général Caffarelli a le coude déchiqueté par une balle. Il faut l'amputer du bras droit, lui qui avait déjà perdu la jambe gauche emportée par un boulet. Le 4 mai, une attaque de nuit échoue. Mais l'artillerie lourde tant attendue est arrivée et redonne espoir. Au cours d'un nouvel assaut, le 7 mai, les Français passent les murs d'enceinte. Le 8, 200 braves conduits par Lannes et le général Rambaud, arrivent à pénétrer dans la place. Mais ils se heurtent à un second rempart rapidement fortifié par Phélippeaux. Rambaud est tué et Lannes gravement blessé. Le 10 mai, Kléber échoue dans une ultime tentative. Le 17 mai après huit assauts et des prouesses de bravoure, Bonaparte décide d'abandonner le siège et retourne au Caire. L'armée est à bout de souffle et a perdu 2 200 hommes dont 1 000 de la peste ; 2 300 soldats sont blessés. Le 24 mai, Bonaparte repasse par Jaffa, ou on l'accuse d'avoir fait empoisonner avec de l'opium la trentaine de pestiférés qu'il ne pouvait ramener… Là encore Desgenettes raconte : « On donna une assez forte dose de laudanum. Quelques-uns le rejetèrent par le vomissement, furent soulagés, guérirent et racontèrent tout ce qui s'était passé ! »

Bonaparte en Égypte, peinture de J. L. Gérôme.

Victorieux à Aboukir !

Soldats du régiment des « dromadaires », aquarelle de L.Rousselot.

Le 14 juin, Napoléon est de retour au Caire. Pour masquer son échec il frappe l'opinion française par une intense propagande alimentée par des communiqués de victoires aux nom bibliques, Nazareth, Bethléem, etc. Mais, rapidement il doit faire face à un nouveau danger. 18 000 combattants, des troupes d'élites turques sont débarqués dans la rade d'Aboukir sous la protection des vaisseaux anglais de l'amiral Sydney Smith. Bonaparte se porte à leur rencontre avec les 6 000 hommes seulement de Murat et de Lannes. Le 25 juillet, il attaque avec un élan incroyable les lignes turques fortifiées. Murat est à la tête d'une terrible charge qui culbute les lignes ottomanes. Presque la totalité des Turcs sont rejetés à la mer et périssent noyés. Le soir même, sur le champs de bataille, Murat est fait général de division. Bonaparte efface par cette victoire d'Aboukir, le souvenir du désastre naval. La victoire sur terre fera oublier la défaite de la flotte de l'année précédente.

Kléber, arrivé trop tard pour participer à l'action tombe dans les bras de Bonaparte et s'écrie : « Mon général, vous êtes grand comme le monde, mais le monde n'est pas assez grand pour vous ! »

Les nouvelles que Bonaparte reçoit de Paris sont mauvaises : sa chère Italie est perdue ; sur le Rhin, les armées du Directoire sont écrasées, la France est en danger. Bonaparte comprend que sa place n'est plus en Égypte, « la poire est enfin mûre » : « Que peuvent les gens incapables placés à la tête des affaires ? Moi absent, tout devait crouler… Ma présence, en exaltant les esprits, rendra à l'armée la confiance qui lui manque, et aux bons citoyens l'espoir d'un avenir meilleur. »

Le 11 août, sa décision est prise de rentrer en France. En grand secret, il prépare son départ. Le 22 août, il est à Alexandrie, accompagné de Murat, Lannes, Marmont, Berthier, Monge, Berthollet et aussi de deux mamelouks qui ne le quitteront plus : Roustan et Ali. Tout ce monde embarque pour la France sur deux petites frégates. Avant de partir, Bonaparte confie sa conquête à Kléber, le plus populaire de ses généraux. Après avoir miraculeusement échappé aux escadres anglaises pendant les 47 jours de la traversée, il débarque à Fréjus le 9 octobre.

Ce départ précipité, pour ne pas dire cette défection, déchaîne la colère de Kléber qui va au demeurant se révéler un remarquable administrateur. Le 20 mars 1800, il réalise l'exploit de battre les Turcs, à un contre sept, à la bataille d'Héliopolis, mais il meurt, assassiné, le 14 juin au Caire. Son successeur, le médiocre Menou, devra capituler devant les forces anglo-turques, et en août 1801, aux cours des négociations de paix, les soldats français sont rapatriés sur les vaisseaux anglais. Ainsi prend fin la prodigieuse aventure orientale. Pourtant en Égypte Bonaparte n'est pas oublié. Mohammed Ali qui prend le pouvoir en 1805 se veut « le continuateur musulman de l'œuvre de Bonaparte… »

Le régiment des « dromadaires » : les vaisseaux du désert

Rapidement, Napoléon se rend compte que son armée n'est pas adaptée aux conditions climatiques. Il crée donc un régiment de « dromadaires » pour lutter contre les nomades. Lui-même se déplace souvent à dos de dromadaire qui est le seul animal capable de parcourir 60 kilomètres par jour dans le désert, sans eau ni nourriture. Larrey a l'idée de se servir des dromadaires comme « ambulance volante » pour le transport des blessés. Pour affronter la chaleur, Napoléon dote également ses soldats d'uniformes en toile de coton bleu tandis qu'une bonne capote en étoffe de laine du pays les protège des nuits particulièrement froides.

Jean-Baptiste Kléber, « le dieu Mars en uniforme »

Né à Strasbourg en 1753, fils d'un ouvrier maçon, il travaille d'abord comme architecte avant de se lancer, par goût de l'aventure, dans le métier des armes. De 1776 à 1783, il sert dans l'armée autrichienne puis en 1785, il devient inspecteur des bâtiments publics à Belfort. En 1792, Kléber s'engage dans l'armée du Rhin. Nommé général de brigade en Vendée en 1793, puis général de division à l'armée des Ardennes, il contribue à la victoire de Fleurus (26 juin 1794). En désaccord avec la politique directoriale d'expansion, il démissionne à la fin de 1796. Ce n'est qu'en 1798 qu'il reprend du service, qu'il devient « le dieu Mars en uniforme ». Investi du commandement en Égypte en août 1799, Kléber signe avec les Anglais la convention d'El-Arich (janvier 1800) pour une évacuation honorable du pays par l'armée française. L'amiral Keith ne respectant pas les clauses, Kléber reprend alors les hostilités, remporte la victoire d'Héliopolis (20 mars 1800) et reconquiert tout le pays. Il devient alors le véritable « proconsul » de l'Égypte, mais le 14 juin 1800, alors qu'il se promène dans son jardin au Caire, il est poignardé par un étudiant en théologie. Sa dépouille est transférée à Strasbourg en 1818. Hugo lui dédiera ses vers : *« Le fer heurtant le fer, la Marseillaise ailée et volant dans les balles, les tambours, les obus, les bombes, les cymbales, et ton rire, ô Kléber. »*

Le général Kléber à Saint-Jean-d'Acre, dessin de Géricault, 1818-1819.

Bonaparte culbute et rejette à la mer l'armée turque de Mustapha Pacha. *La bataille d'Aboukir,* peinture de Louis François Lejeune.

« *Vive Bonaparte !* »

Le 9 octobre 1799, le général Napoléon Bonaparte débarque à Fréjus. Le soir même, il se met en chemin pour rejoindre la route de Marseille à Paris. Son prestige en France n'a cessé de croître pendant son absence en Égypte. Quelques jours auparavant, le pays a appris la victoire d'Aboukir qu'il a su magnifier grâce à un art consommé de la propagande. À Avignon, l'enthousiasme est à son comble. Une foule immense se masse devant l'hôtel du général pour l'acclamer. Partout on le fête, on le sollicite. Il répond invariablement : « Je ne serai jamais d'aucune coterie, je suis du grand parti du peuple français. » L'insécurité des routes est telle que la voiture qui transporte les bagages de Bonaparte est attaquée et dévalisée… ce qui fait dire au mamelouk Roustan, que les bédouins français sont comme les bédouins égyptiens.

Le lendemain, il est à Lyon. La ville est illuminée et les rues sont pavoisées. On crie « Vive Bonaparte ! Vive la République ! » Au théâtre des Célestins, il voit une pièce improvisée en son honneur, *le Retour du héros*. À Paris, la rumeur de sa prochaine arrivée enfle comme une tempête. Le futur général Thiébaud raconte : « Je vis un groupe se former et grossir, puis des hommes et des femmes courant à toutes jambes… sans doute on échangeait l'annonce d'une grande nouvelle, je voulus questionner quelques

Le succès de ses dernières victoires en Égypte permet à Bonaparte de faire croire au pays qu'il laisse derrière lui une situation saine. *Arrivée de Bonaparte à Fréjus,* lithographie de Motte.

Sieyès, membre du Directoire, en grand costume, gravure de 1799.

personnes, aucune ne s'arrêta, mais un homme sans cesser de courir, me cria d'une voix toute essoufflée : "Le général Bonaparte vient de débarquer à Fréjus !" Alors, à mon tour, je subis l'effet du vertige et après un premier moment de stupeur, je pris ma course. Cette nouvelle se propagea avec la rapidité fluide de l'électricité... La musique des garnisons de la capitale parcourait déjà Paris en signe d'allégresse, entraînant à leur suite des flots de peuple et de soldats. »

Au matin du 16 octobre, il est à Paris. Arrivé chez lui, dans son hôtel de la rue de la Victoire, il a la désagréable surprise de ne pas y trouver Joséphine. Elle est partie à sa rencontre mais n'a pas pris le bon chemin. En revanche, il trouve sa mère et ses sœurs qui lui confirment les frasques de son infidèle épouse. Joséphine s'est en effet beaucoup trop affichée avec le beau capitaine Hippolyte Charles. Pour lui, elle a fait des folies, lui a donné des sommes énormes et jusqu'à des bijoux. Bonaparte est depuis l'Égypte au courant de l'inconduite de sa femme ; il a même la ferme intention de divorcer. Joséphine a l'adresse d'envoyer ses enfants Eugène et Hortense demander sa grâce. Il pardonne parce qu'un divorce serait un scandale malvenu, un déshonneur pour son nom, facilement exploitable par ses ennemis. Enfin, Joséphine avec toutes ses relations, son entregent, son charme irrésistible peut lui être utile très bientôt...

Lucien et Joseph mettent au courant Napoléon des idées et des projets de Sieyès, un des cinq Directeurs. À la tête des anciens thermidoriens, l'ex-abbé cherche un *« sabre »* pour faire un coup d'État et sauver les acquis de la Révolution. Le renouveau de l'idée monarchique dans l'opinion publique lui fait redouter un retour des Bourbons. Et les mesures jacobines prises par la frange dure des assemblées – réquisitions, emprunt forcé, levée en masse – l'effraient encore davantage. En effet, les bourgeois libéraux se détachent d'un régime qui connaît un coup d'État chaque année. Ils craignent également une restauration monarchique et souhaitent remplacer le Directoire par un régime fort qui leur garantisse les conquêtes de la Révolution, qui préserve l'ordre, la propriété, la vente des « biens nationaux » et qui puisse terminer la guerre victorieusement. Le jeune Benjamin Constant constate que « les neuf dixièmes des Français sont devenus contre-révolutionnaires » et le philosophe Cabanis déplore que « dans beaucoup de têtes, l'idée de république est liée à celle de brigandage et d'oppression ». Des maquis royalistes créent en Vendée, dans le Midi, de vastes zones d'insécurité. En un mot, le Directoire agonise.

Sieyès, la « taupe de la Révolution »

Né en 1748, dans une famille de petite bourgeoisie, Sieyès est poussé par ses parents vers la prêtrise. Vicaire général de Chartres, il se passionne pour les idées nouvelles et part pour Paris. En janvier 1789, il rédige le fameux libelle de la Révolution *Qu'est-ce que le tiers état ?* qui va vite le rendre célèbre. Élu représentant du tiers état par les Parisiens, puis à la Convention en 1792, l'ex-abbé siège au centre avec les modérés et refuse de se lier à aucun parti. Il vote pourtant la mort du roi. Considéré par Robespierre comme la « taupe de la Révolution », il s'efface pendant les mois terribles de la Terreur. Plus tard, à ceux qui lui demandaient ce qu'il avait fait pendant cette période agitée, il répondait laconiquement : *« J'ai vécu. »* Député aux Cinq-Cents (1795) puis membre d'un Directoire épuré (mai 1799), il entrevoit la nécessité d'un changement de régime et décide de fomenter un coup d'État. Devenu l'un des consuls provisoires après le 18 Brumaire, il présente un projet de Constitution qui déplaît à Bonaparte et est écarté du pouvoir ; il est néanmoins comblé d'honneurs (président du Sénat et comte d'Empire). Proscrit par la seconde Restauration, il est exilé à Bruxelles comme régicide jusqu'en 1830 et meurt à Paris, en 1836.
À la fin de sa vie, il dit un jour à son valet de chambre cette phrase significative de ce que fut son existence : *« Si M. Robespierre vient, vous lui direz que je n'y suis pas. »*

Sieyès cherche un « sabre »

Sieyès veut changer la Constitution, ce qui ne peut se faire que par un coup d'État. Il désire remplacer le Directoire par un exécutif resserré formé de trois consuls. L'un d'eux doit être un général auréolé de gloire. Comme pour les coups d'État de vendémiaire an III ou de fructidor an V, Sieyès sait qu'il ne peut se passer de la force armée. Il a besoin d'un « sabre » comme il dit, pour imposer aux assemblées la transformation du régime. Son choix s'est d'abord porté sur le général Joubert. Celui-ci accepte de « finir tout ça avec vingt grenadiers », mais il se fait tuer à la bataille de Novi, en Italie, le 15 août 1799. Bernadotte, pressenti, réclame des « pouvoirs » quand il s'agit de le prendre. Sieyès reporte alors ses espoirs sur le général Moreau. Au

Nommé tôt dans la matinée du 8 novembre commandant de la garnison de Paris, Bonaparte sort de sa maison de la rue de la Victoire. Gravure de Champion.

Bonaparte se rend devant le Conseil des Anciens où il se fait le défenseur de la République. Gravure coloriée.

moment même où il fait sa proposition, les deux hommes apprennent le débarquement de Napoléon Bonaparte à Fréjus, de retour d'Égypte. Moreau aurait répondu : « Voilà votre homme, il fera l'affaire mieux que moi ! » Dès son arrivée à Paris, la maison de Napoléon est littéralement assiégée de visiteurs de tous bords. Tous sollicitent son appui. Proche de Sieyès, son frère Lucien va tenter de rapprocher les deux hommes.

Le 23 octobre, Lucien est opportunément élu président du Conseil des Cinq-Cents, appui stratégique bientôt décisif ! Le lendemain, au petit matin, Sieyès, accompagné de son collaborateur Roger Ducos, arrive rue de la Victoire. Ils proposent à Bonaparte de les aider à réussir le coup d'État. Leur plan consiste à prétexter une « grande conspiration anarchiste » pour, comme leur en donne le droit la Constitution, organiser le transfert des deux assemblées « afin de les soustraire aux agitations de la capitale ». Parallèlement, on créerait, par la démission des Directeurs, un vide du pouvoir exécutif, et le lendemain, les Assemblées voteraient, sous la pression, la réforme de la Constitution. Le complot comprend entre autres les ministres Talleyrand, Fouché, les financiers Collot, Ouvrard, des hommes influents comme Roederer, Cabanis et bien sûr les généraux proches de Bonaparte. Bonaparte donne aussitôt son accord, se contentant de préciser qu'il faut d'abord un gouvernement provisoire et que le peuple devra être consulté sur la validité de la nouvelle Constitution.

Voici un coup d'État qui se présente sous des auspices favorables. Des deux assemblées, l'une, le Conseil des Anciens, est complice, l'autre, le Conseil des Cinq-Cents, est plus dangereuse mais elle est présidée par Lucien. Le danger de ce plan astucieux est de procéder en deux journées. L'opposition jacobine, très puissante au Conseil des Cinq-Cents, aurait le temps de se ressaisir et de s'organiser. Mais Bonaparte veut tout faire pour respecter les formes parlementaires et pour ne pas employer la force.

La première partie du programme s'accomplit à merveille. Dès l'aube du 8 novembre, les Anciens confient à Bonaparte le commandement des troupes de Paris et donnent l'ordre aux assemblées de se réunir le lendemain au château de Saint-Cloud. Vers 8 h 30, entouré des officiers de son état-major, Bonaparte gagne les Tuileries, où siègent les Anciens : il parle trop et se perd même dans sa harangue, mais est néanmoins acclamé. Peu à l'aise à la tribune, il prend sa revanche à la sortie de la salle quand, apercevant Bottot, le secrétaire de Barras, il lui lance en présence de la garde du Directoire : « Qu'avez-vous fait de cette France que je vous avais laissée si brillante ? je vous ai laissé la paix, j'ai retrouvé la guerre ! je vous ai laissé des victoires, j'ai retrouvé des revers ! Je vous ai laissé des millions d'Italie, j'ai retrouvé partout des lois spoliatrices et la misère ! »

Comme prévu, Sieyès et Ducos démissionnent, suivis de Barras, soudoyé par Talleyrand, tandis que Gohier et Moulin sont placés sous la garde du général Moreau. Au soir du 18 brumaire, tout a donc réussi mais le plus important reste à faire. On a compté sans la résistance des Cinq-Cents. Durant la soirée, les cercles jacobins se mobilisent et se promettent de faire échouer le complot le lendemain à Saint-Cloud. Bien que Napoléon refuse toujours les arrestations préventives, il n'est pas sans éprouver quelques craintes. La nuit, il ne s'endort qu'avec un pistolet sous son oreiller. Sieyès n'est pas plus rassuré, il a commandé une voiture attelée de quatre chevaux qui restera prête en cas d'accident.

Les mamelouks de la Garde

Avec le retour de l'armée d'Orient, en 1801, à Marseille, débarquent une centaine de mamelouks accompagnés de leur famille. Bonaparte organise ces splendides cavaliers en une compagnie et confie leur commandement à son aide de camp, Rapp. Avec leur tenue bigarrée, leur pantalon rouge cramoisi, leur cimeterre, leur turban, ils forment une magnifique escorte pour le nouveau César. Le 14 juillet 1802, ils défilent devant la foule des Parisiens étonnés. Lors de l'organisation de la Garde en 1804, l'Empereur décide que la compagnie des 124 mamelouks sera attachée au régiment des chasseurs de la Garde. Leur réputation de courage est bientôt établie sur tous les champs de bataille. C'est à eux qu'il appartient de précéder le grand conquérant, lors de ses entrées dans les villes européennes. En 1813, la compagnie devient un escadron de 250 hommes. Il va sans dire que les nouveaux mamelouks n'ont plus rien d'oriental, la plupart des recrues étant françaises. À leur licenciement en 1814, les véritables mamelouks ne sont plus que 18. Ils furent presque tous massacrés par la populace en rejoignant leurs familles à Marseille. Triste fin pour ceux qui avaient survécu à presque toutes les campagnes de l'Empire…

« Foutez-moi tout

Le lendemain, plus de 5 000 hommes sûrs ceinturent le château de Saint-Cloud. Dans la cour d'honneur se trouve la garde du Corps législatif chargée de protéger les Assemblées. L'ouverture de la session des Conseils prend beaucoup de retard et commence en début d'après-midi. Aux Cinq-Cents, c'est immédiatement la tempête. Le Jacobin Delbrel propose de prêter serment à la Constitution de l'an III : « Ceux qui refuseront seront des traîtres à la patrie ! » Les discussions et les insultes vont bon train, et bientôt, l'Orangerie est dans le plus grand désordre malgré les appels au calme du président, Lucien Bonaparte. La Valette, aide de camp de Bonaparte et témoin de la scène, s'en va vite prévenir son général. C'en est trop. Parmi les conjurés confinés au premier étage du château, la tension monte. Il est déjà 16 heures, il faut en finir ! Napoléon saisit sa cravache et se rend d'abord au salon de Mars où siègent les Anciens, là où la majorité reste bien disposée.

En réalité, durant cette séance houleuse au Conseil des Cinq-Cents, aucun poignard n'apparut. Les traces de sang visibles sur le visage de Bonaparte sont dues à un accès de rage de ce dernier qui se gratta jusqu'au sang ! Peinture de François Bouchot, 1840.

Mais il parle d'une voix qui porte mal, énonce des phrases hachées, presque incohérentes. Napoléon est un écrivain non un orateur habitué aux salles houleuses. Ses phrases à effets sont mal accueillies. S'il faut en croire Bourrienne, celui-ci le tire sur les pans de son habit en chuchotant « sortez, général, vous ne savez plus ce que vous dites ! » Bonaparte se retourne, articule qui « m'aime me suive » et sort. Dehors, la cour d'honneur est encombrée de soldats. Le Corse ne se tient pas pour battu et fonce vers la salle de l'Orangerie où siègent les Cinq-Cents. Là, Bonaparte, accompagné de quatre grenadiers, est accueilli par les huées et les cris des députés : « À bas le dictateur ! » « À mort le tyran ! » Aussitôt, certains se portent violemment contre lui, le saisissent au collet, le bousculent, le secouent… Cette foule dressée contre lui, ces cris prolongés, ces yeux ouverts sur lui qui le percent de toutes parts, voilà un spectacle qu'il n'avait pas anticipé et qui le fait reculer. Livide, presque étouffé, Bonaparte a un moment de faiblesse. Il tombe dans les bras des grenadiers qui l'emportent hors de la salle. La confusion est telle que certains grenadiers perdent leur bonnet et leurs armes. Essayant de profiter du désarroi de l'assemblée, certains proposent « la mise hors la loi » de Bonaparte. Il est maintenant plus de cinq heures, Lucien comprend qu'il faut faire vite ; il faut qu'avant dix minutes, la séance soit levée sinon tout est perdu ! Il sort de l'Orangerie et se précipite dans la cour d'honneur vers son frère. Le président des Cinq-Cents monte sur un cheval et fait appel aux gardes du Corps législatif mais ceux-ci restent flottants. Après tout, ils connaissent peu Bonaparte, ils n'avaient jamais servi sous ses ordres, alors que beaucoup doivent leur place à la protection d'un député et n'ont aucune raison de jeter à bas leurs anciens maîtres. Lucien poursuit sa harangue enflammée : « La loi est violée par une minorité factieuse ; on a voulu

ce monde-là dehors ! »

tuer le général à coups de poignard, parce que le général exécutait les ordres du Corps législatif ; le président somme les soldats de délivrer la majorité du Conseil que des conspirateurs oppriment. Ces brigands ne sont plus les représentants du peuple mais les représentants du poignard… » La troupe est ébranlée mais hésite encore. Alors Lucien saisit une épée et en dirige la pointe vers son frère : « Je jure » proclame-t-il « de lui percer le sein si jamais il porte atteinte à la liberté des Français ! »

Cette fois les grenadiers crient tous « vive Bonaparte ! » ; les tambours battent le pas de charge. Napoléon peut donner l'ordre. Murat et Leclerc se mettent à la tête des grenadiers du Corps législatif, ils font mettre baïonnette au canon et pénètrent, avec les soldats, dans la salle. Murat se retourne vers ses hommes et leur crie : « Foutez-moi tout ce monde-là dehors ! » Puis s'adressant aux députés : « Citoyens, vous êtes dissous ! » Aussitôt les Cinq-Cents enjuponnés dans leurs robes rouges sautent par les fenêtres assez basses et s'enfuient vers le parc alors que le brouillard se lève. Sans aucun coup de feu, sans aucune victime, le coup d'État militaire a supplanté le coup d'État parlementaire.

À la nuit tombante le Conseil des Anciens prend acte de la vacance du pouvoir : « Attendu la retraite des Cinq-Cents… » Vers 21 heures, Sieyès fait rattraper à la hâte une centaine de députés des Cinq-Cents et les rassemble de nouveau dans l'Orangerie. Là, Cabanis et Boulay prononcent dans les formes la fin du régime et procèdent à l'installation d'un *Consulat* formé de trois hommes : en attendant le vote d'une nouvelle constitution, ils géreraient provisoirement l'État ; Bonaparte, Sieyès et Ducos sont proclamés consuls provisoires. À 4 heures du matin, à la lumière des chandelles, les trois consuls prêtent serment de fidélité à la souveraineté du peuple après que le président Lucien Bonaparte leur a déclaré : « Citoyens consuls, le plus grand peuple de la terre vous confie ses destinées. »

À Paris, au petit jour, une déclaration rassurante établie par Fouché est saluée par des acclamations. La fin du Directoire provoque l'enthousiasme général. Néanmoins le ministre de la Police a cru utile de parler d'une tentative d'assassinat dirigée contre Bonaparte. L'histoire des « représentants du poignard » tentant de tuer le « sauveur de la patrie » restera comme la version officielle.

Murat, à la tête d'un peloton de grenadiers, fait irruption dans l'orangerie et la vide en quelques minutes.
Gravure, seconde moitié du XIXe siècle.

Joachim Murat joua un rôle capital lors de cette journée du 18 Brumaire.
Portrait par Jean-Baptiste Guérin.

Le « coup d'État consulaire »

Quand les trois consuls se réunissent, le 20 brumaire, pour décider des mesures les plus pressantes, Roger Ducos dit immédiatement à Bonaparte : « la présidence vous appartient de droit ». En effet, il apparaît que le général domine dans tous les domaines. « Vous n'y pouvez rien ; ce choix s'accorde aux dangers ; il n'y a plus aujourd'hui de salut qu'en lui. Nous devons le seconder de tous nos moyens », avoue Ducos à Sieyès. Mais l'ancien abbé n'entend pas se résigner ainsi. D'autant que Bonaparte, multipliant les provocations, s'ingénie à proposer des portefeuilles ministériels aux ennemis de Sieyès : il offre les Relations extérieures à Talleyrand et maintient Fouché à la Police.
Reste à définir la future Constitution. C'est tout le travail de deux commissions législatives formées de députés des Cinq-Cents et des Anciens. Mais tous les regards sont tournés vers Sieyès qui, dit-on, est l'auteur d'un « plan de constitution » génial. À l'examen, ce projet s'avérera trop complexe voire irréaliste. Il prévoit l'instauration d'un régime démocratique fondé sur un pouvoir législatif relativement fort représenté par trois chambres. L'exécutif sera, quant à lui, réduit à une magistrature à vie, grassement indemnisée mais purement honorifique, le « grand électeur », et à deux consuls aux fonctions limitées. Le suffrage universel que Sieyès entend instaurer est en outre paralysé par un système alambiqué d'élections successives à plusieurs niveaux.

Bonaparte profite des faiblesses évidentes de ce plan pour imposer son propre projet et se débarrasser de son encombrant rival. Lorsqu'il se voit proposer par Sieyès le poste de « grand électeur », il lui répond qu'il ne veut pas être « un cochon à l'engrais ». Lui souhaite une constitution « courte et obscure » et un régime « fort et stable » appuyé sur le pouvoir exécutif. Le 4 décembre, il réunit ainsi les deux commissions dans son bureau du Luxembourg pour des nuits de travail. À chaque fois, il aura le dernier mot, finalisant par écrit les réflexions des commissaires, s'énervant dès qu'on lui opposera la moindre résistance. Le 13 décembre, Bonaparte brusque les choses. La Constitution de l'an VIII est adoptée en comité restreint même si l'article 95 stipule qu'elle sera soumise au plébiscite (le 15 décembre). Elle s'inspire en partie du projet de Sieyès – suffrage universel masculin et système électoral très sélectif – mais intègre aussi les idées politiques de Napoléon, notamment concernant le pouvoir exécutif. Napoléon demande à l'ex-abbé de nommer lui-même les consuls. Flatterie efficace. Sieyès ne peut que désigner Bonaparte, Premier consul, puis Cambacérès et Lebrun simples consuls. L'ancien abbé sera relégué au poste de président du Sénat. Les principaux ministères seront occupés par les proches de Napoléon : Lucien à l'Intérieur, Gaudin aux Finances, etc. En quelques semaines, Bonaparte vient de réussir un second coup d'État…

Les francs-maçons au pouvoir ?

Joseph, Lucien et Louis Bonaparte, Lebrun, Fouché, Talleyrand… presque tout l'entourage du Premier consul est ou sera affilié à la franc-maçonnerie. L'organisation, tout juste sortie d'une des périodes les plus sombres de son histoire, est en pleine renaissance. Regroupant alors de nombreux cadres de l'armée, de l'administration et de l'appareil judiciaire, elle constitue pour Bonaparte un enjeu de pouvoir déterminant, un appui politique indispensable. Dix-huit des maréchaux de Napoléon seront affiliés à une loge. Pour rallier les francs-maçons à son régime, il peut compter sur Cambacérès, initié à l'âge de vingt-sept ans. Dès 1799, le ministre de la Justice participe à l'unification au sein du Grand Orient de l'ensemble des loges françaises. Bonaparte encouragera toujours ce mouvement d'unité maçonnique. Car, en 1799, la franc-maçonnerie est loin de lui être entièrement favorable. Seulement la moitié de ses membres a approuvé le coup d'État de Brumaire. Certaines loges constituent en effet des foyers républicains ; d'autres servent de couverture aux réunions royalistes ; d'autres encore ne s'occupent pas de politique, se consacrant à des activités purement rituelles. Le Premier consul s'attachera à surveiller de près ces lieux, « points de réunion des factieux de tous les partis » selon la préfecture de Police. En 1804, la franc-maçonnerie, devenue un des piliers du régime, reconnaîtra sa « soumission aux lois de l'État, attachement au gouvernement, respect et reconnaissance à Napoléon le Grand ».

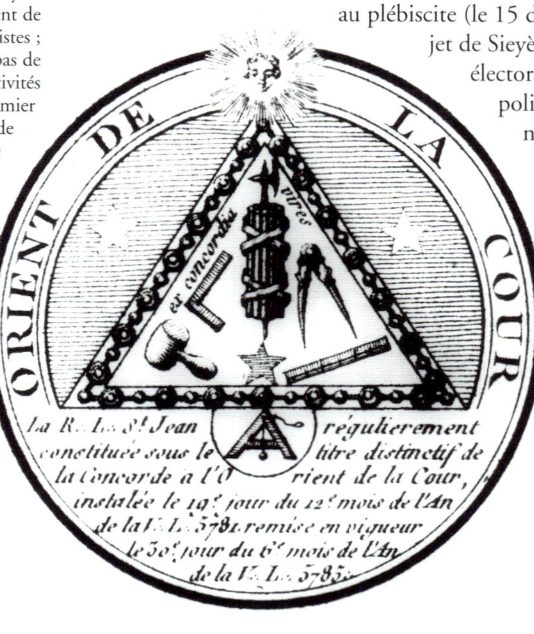

Cachet de loge maçonnique, fin du XVIIIe siècle.

Décret rendu par le Corps législatif.

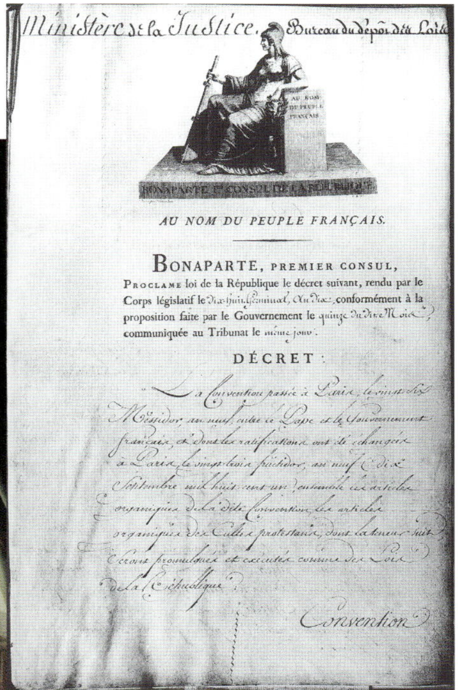

Ministère de la Justice. Bureau du dépôt des Lois

AU NOM DU PEUPLE FRANÇAIS.

BONAPARTE, PREMIER CONSUL,

PROCLAME loi de la République le décret suivant, rendu par le Corps législatif le dix-huit Germinal, an dix, conformément à la proposition faite par le Gouvernement le quinze du dit mois, communiquée au Tribunat le même jour.

DÉCRET :

La Convention passée à Paris, le vingt-six Messidor, an neuf, entre le Pape et le Gouvernement français, et dont les ratifications ont été échangées à Paris le vingt-trois fructidor, an neuf (dix Septembre mil huit cent un), ensemble les articles organiques de la dite Convention, les articles organiques des Cultes protestants, dont la teneur suit, seront promulgués et exécutés comme des Lois de la République.

Convention

Désormais Bonaparte incarne le rôle de sauveur de la nation. *Bonaparte Premier consul*, peinture d'Ingres.

« Qu' y a t-il dans la Constitution ? – Il y a Bonaparte. »

La Constitution ne comporte aucun rappel préalable des principes révolutionnaires. La citoyenneté se réduit à l'évocation de quelques droits (droit de vote, liberté individuelle, droit de pétition et de propriété). L'exécutif est concentré entre les mains des trois consuls, et notamment du premier d'entre eux qui promulgue les lois, nomme les ministres, les membres des administrations locales, les juges. Par l'intermédiaire des ministres, il dirige la politique nationale, commande les armées, dispose de l'initiative des lois, d'où ces mots qui couraient dans Paris en décembre 1799, « Qu'y a t-il dans la Constitution ? – Il y a Bonaparte. » Le pouvoir législatif est quant à lui fractionné en quatre chambres : le Conseil d'État chargé de rédiger les lois, le Sénat qui veille à leur constitutionnalité, le Tribunat qui discute les lois mais ne peut les voter et le Corps législatif qui vote les lois sans pouvoir les discuter. Il est placé sous l'étroite dépendance du Premier consul qui nomme les conseillers d'État ainsi que la plupart des sénateurs. Quant au Tribunat et au Corps législatif, leurs membres sont choisis par le Sénat à partir d'une liste élue au suffrage universel. Ce système d'interdépendance empêchera l'émergence d'un véritable contre-pouvoir.

1800

Bonaparte Premier consul

Sauver la Révolution

Bonaparte Premier consul (détail), peinture d'Antoine Gros, 1802.

Apothéose de Napoléon Bonaparte, Premier consul de la République, peinture de Pierre Paul Prud'hon, 1803.

1804

Finir la Révolution

Défini par la Constitution de l'an VIII, le Consulat accorde les plus grands pouvoirs à Napoléon, nommé Premier consul.
Napoléon Bonaparte en Premier consul, peinture d'Antoine Gros, 1802.

« Citoyens, la Révolution est fixée aux principes qui l'ont commencée. Elle est finie. » Ainsi Bonaparte annonce-t-il après le coup d'État la fermeture de la parenthèse révolutionnaire. Le Consulat doit lancer un vaste mouvement de réconciliation nationale autour des principes de 1789 : liberté et égalité des citoyens, abolition des ordres et des privilèges… Il doit permettre aux Français de dépasser leurs divisions politiques : « Le gouvernement ne veut plus, ne connaît plus de partis et ne voit en France que des Français » affirme Lucien. Les premières mesures du Consulat correspondront à cette ambition : rappel des déportés de Thermidor et de Fructidor, clôture de la liste des émigrés…

Le principal souci de Bonaparte reste l'insurrection de l'Ouest. Le 10 janvier, il proclame la nécessaire soumission des révoltés. Aussitôt les royalistes parisiens réagissent, multipliant les libelles et les placards séditieux contre « le Corse usurpateur », ou exhibant des draps et des vêtements ornés de croix et de fleurs de lys. Le 25, le Premier consul ordonne la mobilisation des troupes de l'armée de l'Ouest commandée par Brune. Il fait aussi intervenir son « Machiavel en soutane », l'abbé Bernier, chargé de négocier avec les chefs insurgés. Efficace, la menace provoque une série de défections dans le camp royaliste : la plupart des généraux blancs, notamment le farouche Cadoudal, se rendent les uns après les autres.

La presse n'est pas épargnée : « Si je lâche la bride à la presse, je ne resterai pas trois mois au pouvoir. » Le 17 janvier, après avoir convoqué un conseil secret, Bonaparte fait rédiger un décret supprimant 60 journaux parisiens jugés indociles, c'est-à-dire aux mains des « ennemis de la République », qu'ils soient jacobins ou royalistes.

Proclamés le 7 février, les résultats du plébiscite sur la Constitution de l'an VIII renforcent encore la légitimité du Premier consul même s'il ne s'agit là que d'une simple formalité puisque la Constitution est officiellement en vigueur depuis le 25 décembre dernier. Le « oui » l'emporte largement, avec 3 011 007 voix, contre 1 562 pour le « non ». Pour parvenir à un tel score, le ministre de l'Intérieur, Lucien Bonaparte, n'a pas hésité à truquer les élections. En réalité, le « oui » n'a recueilli que 1,5 millions de voix. En arrondissant tous les résultats départementaux, les services du ministère ont pu récupérer presque 900 000 voix. Il ne restait plus qu'à en « inventer » 500 000 autres, correspondant *grosso modo* aux suffrages de l'armée qui ne pouvait pas voter mais qui, bien entendu, ne pouvait qu'être favorable à Napoléon…

Les « chauffeurs d'Orgères » dans leurs œuvres. Dessin à l'aquarelle, vers 1795.

Pourtant, Bonaparte ne se satisfait pas du titre de Premier consul, trop étroit, trop formel à son goût. Lorsqu'en février 1800, il apprend la mort du président des États-Unis d'Amérique, George Washington, survenue le 14 décembre 1799, il sait qu'il tient là un symbole, un modèle à sa hauteur. Il se voit déjà comme son plus direct successeur. Quand on lui avait proposé de se coiffer d'un bonnet rouge, il avait sèchement répondu : « Ni bonnet rouge, ni talon rouge. » Il le sait : la France a besoin d'un « Washington couronné ».

Bonaparte s'attaque avec succès au problème récurrent de l'insurrection vendéenne.

Les « Chauffeurs d'Orgères »

Le 4 octobre 1800, 23 condamnés montent lentement sur l'échafaud sous les cris d'allégresse d'une foule de Beaucerons soulagés. Ouvriers agricoles, forgerons, bouchers, vignerons, hommes ou femmes, jeunes ou vieillards, tous ont appartenu à une vaste organisation de brigandage sévissant depuis plus de deux ans dans la Beauce, entre Orléans, Pithiviers et Marchenoir : « les Chauffeurs d'Orgères ». Cette bande de presque 500 personnes était conduite par un certain « Beau François » et son âme damnée, François Ringuette dit « Rouge d'Auneau ». Ils s'emparaient des maîtres de maison et leur « chauffaient » les pieds pour qu'ils avouent la cachette de leur magot. En cas de résistance, ils les arrosaient d'eau de vie avant de les brûler dans la cheminée. Mais l'attaque de la ferme de Millouard, organisée dans la nuit du 3 au 4 janvier 1798, tourna mal : un des membres fut arrêté par les gendarmes. Le 30, c'est Germain Bouscant dit le « borgne de Jouy » et sa femme appelée Bire qui furent épinglés. Ils livreront presque tous leurs complices au juge chargé de l'enquête, Armand-François Fougeron. Le 4 octobre 1800, après l'exécution, leurs têtes coupées seront conservées puis moulées dans la cire.

Les « masses de granit »

Pour bien marquer la fin de l'anarchie révolutionnaire, le Premier consul entend fonder des « masses de granit », des institutions solides et durables, formant l'armature d'un État puissant, centralisé et autoritaire. Les mauvais souvenirs du fédéralisme et de la chouannerie l'incitent en effet à rompre avec l'idée d'autonomie locale prônée par les Girondins. Il fait ainsi adopter toute une série de « lois organiques » complétant la Constitution : loi du 6 janvier créant la Banque de France ; loi du 17 février établissant les préfets, nommés par le Premier consul et choisis par les notables. À cela s'ajoute la loi du 18 mars qui fonde un nouvel appareil judiciaire comprenant des tribunaux de première instance, des cours d'appel, des cours de cassation, etc. C'est le début d'une réorganisation complète des institutions françaises qui durera jusqu'en 1804. En quelques mois, une nouvelle France vient de naître…
Mais rien ne vaut un acte symbolique. La loi du 24 décembre 1799 avait fait du palais des Tuileries, le lieu de résidence des consuls et Bonaparte prépare son installation avec impatience. Quelques visites préalables avec son secrétaire Bourrienne lui permettent de redécouvrir ces lieux et de faire effectuer quelques petites transformations intérieures :

Installation du Conseil d'État au Petit Luxembourg. Napoléon est encadré par Cambacérès et Lebrun (réduits au rôle de figurants). Peinture de Auguste Couder, 1856.

Entrée du Premier consul Bonaparte au château des Tuileries, gravure coloriée.

il fait notamment effacer les graffitis révolutionnaires, ces « saloperies » comme il les appelle, qui avaient été griffonnées sur les murs. Organisé le 19 février, le transfert aux Tuileries est l'occasion d'un grand défilé. Au palais du Luxembourg, on a réquisitionné et aménagé des fiacres de location où prennent place les ministres et les conseillers d'État. Ils précèdent une rangée de cavaliers en dolman. Puis, apparaît une lourde voiture tirée par six magnifiques chevaux blancs, accueillant les trois consuls. Viennent ensuite l'état-major de la garde consulaire, puis la garde à cheval qui accompagne les convois. Le cortège longe les quais, emprunte le Pont-Royal et passe les guichets du Louvre. Partout, il est acclamé par une foule immense qui crie « vive Bonaparte ». Au niveau des Tuileries, le Premier consul descend de voiture et enfourche un cheval pour passer en revue ses troupes comme un chef de guerre.

Dans le château, il occupera, au premier étage, les appartements de Louis XVI ; Joséphine, quant à elle, s'établira au rez-de-chaussée. Entre ces murs semble résonner encore le fracas des heures les plus sombres de la Révolution. Le Premier consul n'a pu oublié le « 10 août », et la foule en furie égorgeant les derniers gardes suisses. En visitant ses appartements, Joséphine ne pourra s'empêcher de frissonner en respirant cet air « triste comme la grandeur. » Pour mieux rompre avec ce passé douloureux, Bonaparte fera couper, dans la cour du château, les derniers arbres de la Liberté…

Les préfets

Institués par la loi du 17 février 1800, les 98 préfets forment un corps d'administrateurs territoriaux chargés de gérer les départements. Recrutés parmi les « brumairiens », républicains mais attachés à l'ordre, ces agents de la politique consulaire sont placés sous les ordres de Lucien, le ministre de l'Intérieur qui définit leurs attributions : « *Tout ce qui tient à la fortune publique, à la prospérité nationale, au repos [des] administrés* » et fixe leur éthique : « *Ils n'ont le droit de proclamer ni leur propre volonté, ni leurs opinions.* » Pour cela, ils établissent des rapports sur les citoyens les plus suspects, veillent au bon déroulement des élections et à l'approvisionnement des marchés dans une période de crise économique. Pour pouvoir imposer leur autorité, les préfets jouissent d'un traitement de faveur : des revenus de 8 à 24 000 francs, une résidence souvent luxueuse, un uniforme quasi militaire, bleu avec épée et chapeau emplumé. Ils sont épaulés par des sous-préfets et servis par une administration de petits fonctionnaires.

Portrait d'un préfet.

Le bilan du Directoire

Depuis 1796, le pays traverse une période de dépression économique. Les caisses de l'État sont presque vides. Les enquêtes des conseillers d'État en mission livrent un bilan bien sombre de la France directoriale. Tout l'appareil administratif est désorganisé : les rares impôts encore levés sont accaparés par les percepteurs, les salaires des fonctionnaires ne sont plus payés. Mal entretenues, les routes, surtout dans le Nord, ressemblent parfois « à des champs labourés ». À cela s'ajoutent les traces profondes laissées, dans certaines provinces, par la guerre. Le brigandage sévit surtout dans le Sud. Certains chefs royalistes bloquent les routes et menacent les commerçants. Pour mettre un terme à cette insécurité, Bonaparte fera adopter, une loi instaurant des tribunaux spéciaux sans jury, puis créera des juridictions d'exception dans l'Ouest et dans le Sud de la France.
En dépit de cela, dans presque tous les domaines, les réformes du Directoire ont préparé l'œuvre colossale du Consulat. Le régime a été discrédité par la morale douteuse de quelques personnages politiques comme Barras…

La journée du Premier consul

Portrait de Charles Maurice de Talleyrand-Périgord par Pierre Paul Prud'hon.

TALLEYRAND, L'ART DE LA TRAHISON

Né en 1754, le jeune Charles Maurice, boiteux à la suite d'une chute, doit suivre une carrière ecclésiastique. Évêque d'Autun en 1788, élu député aux États généraux un an plus tard, il trahit son ordre en proposant la nationalisation des biens du clergé en octobre 1789 puis en approuvant la Constitution civile du clergé. Fin diplomate, il est envoyé plusieurs fois en mission à Londres. Mais, en décembre 1792, ses liens avec Louis XVI – il lui avait offert ses services – éclatent au grand jour. Décrété d'arrestation publique, il choisit de s'exiler en Amérique. Autorisé à rentrer en France en 1796, il est nommé par Barras ministre des Relations extérieures. Contraint de démissionner en 1799, il prépare avec Bonaparte le coup d'État de brumaire, ce qui lui vaudra de récupérer son ministère de 1799 à 1807. Grand chambellan, prince de Bénévent, il est disgracié en 1809 pour avoir comploté contre l'Empereur. Sa stratégie se résume ainsi : *« Concourir à sauver ce qui pourrait être sauvé, ne pas élever d'obstacle entre l'occasion et moi, me réserver pour elle. »*

Le Premier consul prend possession des lieux. Il encourage les deux autres consuls, Cambacérès et Lebrun, à venir s'installer, eux aussi, aux Tuileries. Si Lebrun accepte et s'établit dans des appartements secondaires, Cambacérès refuse, soucieux qu'il est de son indépendance : « C'est une faute d'aller nous loger aux Tuileries ; cela ne nous convient pas à nous, et, pour moi, je n'irai pas. » Dans ses appartements, Bonaparte dispose d'une chambre à coucher, d'une salle de bain, d'un cabinet, de deux salons et d'une petite pièce servant d'antichambre. Le plus clair de son temps, il le passe dans son cabinet de travail qu'il partage avec Bourrienne, son secrétaire. Ce dernier notera précisément ses moindres habitudes, sa façon d'arpenter la pièce les mains derrière le dos, ses tics nerveux aussi, comme celui de tailler avec un couteau les bras de son fauteuil ou de soulever brusquement son épaule d'un coup sec lorsqu'il est en colère.

La journée du Premier consul est presque entièrement consacrée au travail. Bonaparte se réveille à 7 heures et se fait lire par Bourrienne les journaux étrangers ainsi que les rapports de police. Après avoir englouti un rapide mais copieux petit déjeuner – souvent du poulet à l'huile et aux oignons –, avalé un verre de chambertin coupé d'eau puis un café bien serré, il s'installe dans son cabinet, signe les réponses aux lettres, dicte son courrier à son secrétaire et consulte les cartes au service topographique du général Clarke. Puis, encore tôt dans la matinée, il reçoit les consuls dans la salle des séances consulaires. Il déjeune avec Joséphine et, parfois, le conseiller d'État Roederer, pour se tenir informé des rumeurs et des nouvelles de Paris. Puis, il reçoit, en début d'après-midi, les sénateurs. La fin d'après-midi, voire le début de la soirée, sont consacrés aux conseils : conseil général des Finances, le premier de chaque mois ; conseil d'administration de la Guerre, le 5, conseil d'administration de la Justice le 7. Une fois par semaine, le Premier consul préside la parade du Carrousel. Couché à minuit, Bonaparte se réveille à 3 heures du matin et prend un bain très chaud pour apaiser ses frissons et soigner les irritations causées par la gale. Puis, dans la pénombre, pendant que Roustan le sèche avec une serviette avant de lui servir un grand chocolat chaud, il médite et échafaude ses projets. Il se recouchera à 5 heures, l'esprit enfin apaisé.

Pour gouverner, le Premier consul s'appuie d'abord sur deux ministres de grand talent : Fouché, à la Police, et Talleyrand, aux Relations extérieures. Le premier dirige un vaste système de surveillance de la population française. Il contrôle les rédactions de journaux et les théâtres, foyers probables de contestation politique, n'hésitant pas à faire retirer voire interdire les pièces jugées séditieuses. Le second est un génie de la négociation diplomatique. Il est en étroite relation avec les réseaux royalistes et les monarchies d'Europe.

Le Premier consul reçoit l'ogre chouan

Le 6 mars, Bonaparte rencontre pour la deuxième fois Georges Cadoudal, le chef chouan vaincu deux mois auparavant. Les deux hommes se haïssent. Dans le cabinet consulaire, le « gros Breton » trépigne d'impatience et de colère. « *Quelle envie j'avais de l'étouffer dans ces deux bras* » dira-t-il à Hyde de Neuville. Le Premier consul, quant à lui, garde son calme ; il tente de l'amadouer, de le faire entrer dans son jeu, de susciter en lui l'avidité, la cupidité. Il lui aurait même proposé un commandement dans l'Ouest avec le grade de général. Tous ses efforts resteront vains : « *C'est un fanatique, je l'émus sans parvenir à le convaincre. Au bout d'une demi-heure, je n'étais pas plus avancé qu'au commencement. Il voulait conserver ses bandes et ses armes. Je lui répliquais qu'il ne pouvait y avoir un État dans l'État.* » Cadoudal retournera en Angleterre, n'espérant qu'une chose : ranimer l'insurrection de l'Ouest.

Georges Cadoudal, l'ogre chouan.
Peinture de Amable Paul Coutan, 1827.

Grande parade dans la cour du Palais des Tuileries.
Gravure d'Auguste Blanchard d'après Ch. Naudet.

La seconde campagne d'Italie

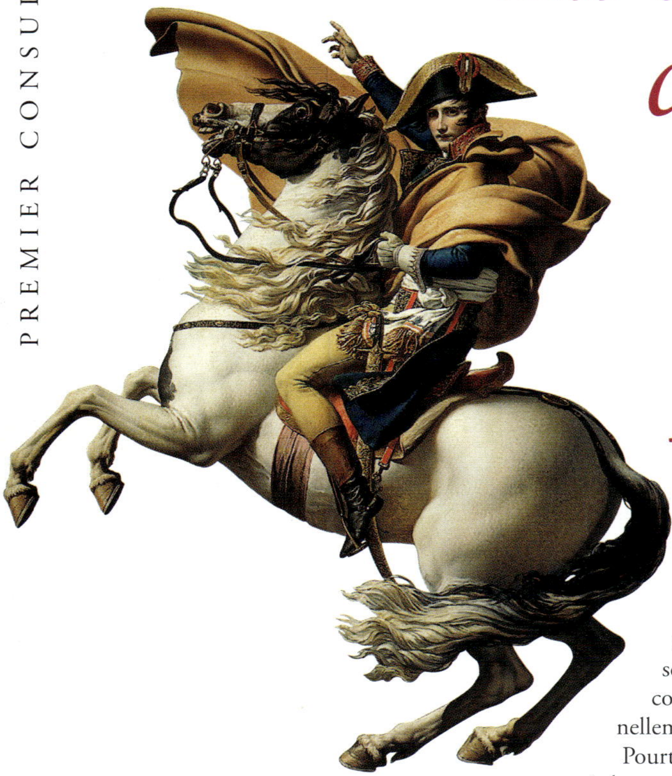

C'est à dos de mulet et non pas sur un cheval fougueux que Napoléon passe le col du Grand-Saint-Bernard. *Bonaparte franchissant le Grand-Saint-Bernard,* peinture de Louis David, 1800.

Après sa défaite de Zurich (26 septembre 1799), la Russie se retire de la coalition contre la France, mais la guerre continue contre l'Autriche, l'Angleterre ne cessant de fournir son or et sa flotte.

L'échiquier stratégique est le même qu'en 1796 : les Autrichiens ont reconquis la vallée du Pô. L'armée française est rejetée sur Gênes. Le jeune Premier consul va avoir à affronter 100 000 autrichiens en Allemagne, sous le général Kray, et 120 000 en Autriche, sous le général Mélas. Pour ce faire, Bonaparte dispose des 100 000 hommes du général Moreau qui se trouvent sur le Rhin, des 40 000 de Masséna, qui vont bientôt se trouver enfermés dans Gênes, et d'une « armée de réserve » en constitution autour de Dijon. C'est elle que va commander personnellement Napoléon Bonaparte. C'est elle qui va faire des miracles.

Pourtant, il pense que l'action principale devrait se passer en Allemagne, mais le prestige de Moreau est alors tel qu'il ne peut décemment pas l'écarter.

Il faudra donc faire avec ce que l'on a et essayer de chercher la décision en Italie. Au moins, si Moreau pouvait prendre l'offensive assez tôt pour fixer l'armée autrichienne d'Allemagne, Bonaparte serait sûr de n'avoir à faire qu'à l'armée de Mélas. Mais ce n'est pas dans la nature de ce trop méthodique général.

Pire : c'est le vieux général autrichien (il a 70 ans) qui fait preuve d'audace et prend l'offensive. Masséna, surpris, voit son armée coupée en deux et doit se replier sur Gênes, où elle aura à subir un siège épuisant.

La 2e campagne d'Italie.

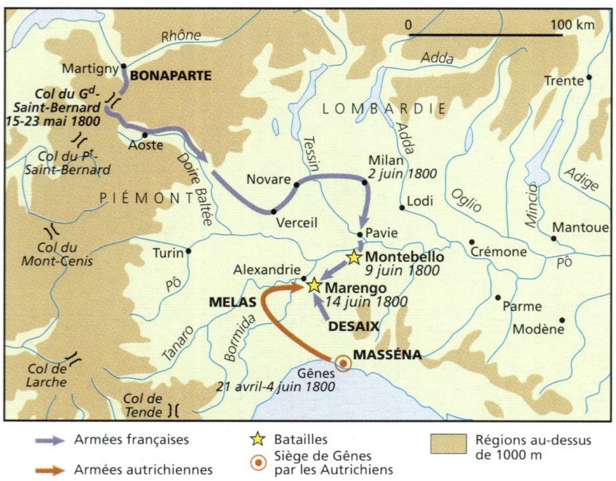

Il y a urgence. Bonaparte, qui a réussi à réunir une armée de 55 000 hommes en Bourgogne, est contraint de choisir le chemin le plus court, mais le plus difficile, par le col du Grand-Saint-Bernard (2472 m), pour aller au secours de Masséna. Depuis Hannibal, nul conquérant n'avait osé emprunté ces terribles chemins. L'ascension commence le 14 mai, alors que les neiges ne sont pas encore fondues. « Le sentier était couvert de glace qui coupait nos souliers » racontera le futur capitaine Coignet. Enfin ils atteignent le sommet, où les moines de l'hospice donnent aux soldats « un seau de vin pour douze hommes et un quarteron de fromage de Gruyère et une livre de pain ». L'armée de réserve se croyait au bout de ses peines. Las ! Le chemin de la descente vers la riante vallée du Pô est coupé par le fort de Bard « qui n'est qu'un roc et des rochers tout autour ». Après bien des difficultés, les Français arrivent à passer, non sans laisser leurs canons en route… mais l'effet psychologique est formidable !

Le 2 juin, Bonaparte et son armée font, pour la seconde fois en quatre ans, leur entrée à Milan, « ou tout un peuple faisait la haie pour

Passage du col du Grand-Saint-Bernard,
Peinture de Charles Thévenin (détail).

nous voir » raconte Coignet. Les taxations de 1796 semblent avoir été oubliées. Le Premier consul ne s'attarde pas, d'autant que les nouvelles ne sont pas bonnes. On complote beaucoup à Paris en ce mois de juin et Bonaparte le sait. À Gênes, sa garnison se trouve réduite aux derniers abois. Le typhus fait d'affreux ravages ; les hôpitaux sont devenus d'horribles charniers ; tous les chevaux ont été mangés. Le 4 juin, Masséna n'a plus qu'une seule solution : capituler. Napoléon doit absolument remporter une victoire décisive contre les Autrichiens. Le 9 juin, le corps du général Lannes bouscule l'ennemi à Montebello (l'Empereur s'en souviendra en 1806 et le nommera duc de Montebello). Mais à partir de ce moment, l'armée autrichienne semble avoir disparue. Dans la crainte qu'elle ne lui échappe et afin de lui couper toute voie d'évasion, le Premier consul disperse ses forces et lance Desaix avec une division vers Novi. Quand soudain, les Autrichiens passent à l'offensive le 14 juin, à Marengo, alors qu'on est encore en train de les chercher. À 9 heures du matin, Mélas prend l'initiative de l'attaque. Il a sous la main près de 30 000 hommes et plus de 100 canons face aux 22 000 hommes et 15 canons dont dispose Bonaparte. L'armée française, surprise, résiste comme elle peut, avec héroïsme. Après une suite de combats acharnés, mal pourvue en munitions, décimée, épuisée, elle cède sur toute la ligne. Les villages violemment disputés sont perdus l'un après l'autre ; tous les corps engagés se retirent en ordre, stoïques, mettant trois heures à rétrograder de cinq kilomètres, mais laissant derrière eux une traînée de morts et de blessés, de débris et de sang. Finalement, Bonaparte est contraint de commander la retraite. Ses troupes se replient en bon ordre autour se San Giuliano, où, en début d'après-midi, le Premier consul jette sa dernière réserve. Les 900 grenadiers de la garde consulaire, placés dans une position bien choisie, forment comme une redoute vivante et ralentissent l'avance des Autrichiens. Sur la plaine saccagée par la bataille, par la route bordée de mûriers, par les champs de blé, un grossissement d'infanterie, d'artillerie et de cavalerie ennemie continue d'avancer. Dès maintenant, les Impériaux prennent leurs aises, les soldats mettent le fusil sur l'épaule et déjà attachent à leur schako ces brindilles vertes que les Autrichiens ont coutume d'arborer dans les jours d'allégresse. L'ennemi croit la bataille gagnée et Mélas contusionné, est parti pour expédier à Vienne un courrier où il annonce son éclatante victoire. Il laisse au général Zach, le soin de poursuivre les Français. Présomption fatale !

C'est une extraordinaire prouesse que réalise l'armée d'Italie en franchissant le col du Grand-Saint-Bernard.
Lithographie de Victor Adam.

Marengo, l'acte fondateur

Bonaparte au bivouac pendant la campagne d'Italie, gravure de Raffet.

Les chasseurs à cheval

Les chasseurs à cheval, rivaux des hussards pour les missions de reconnaissance comme pour les charges brillantes, furent créés, en tant que corps autonome, en 1788. Ils étaient alors baptisés du nom d'une province, ou d'une entité administrative : Chasseurs d'Alsace, Chasseurs des évêchés (curieuse « alliance du sabre et du goupillon »…), etc. En 1791, ils ne portent plus qu'un numéro : 1er régiment des chasseurs, ou plus communément *1er chasseurs*, etc. L'histoire de cette arme est émaillée d'exploits. À Marengo, le maréchal des logis Rabusson, cerné, avec 4 de ses camarades, par 12 dragons autrichiens, les met en fuite, non sans en avoir tué 3 et fait un prisonnier. Lors de la grande charge de cavalerie d'Eylau (1807), le général Dahlmann, commandant le 13e chasseurs, tombe mortellement blessé au milieu des Russes. Le sous-officier Brice s'élance dans la mêlée, le dégage après avoir été grièvement blessé, et, avec l'aide d'un camarade, le ramène dans les lignes françaises.

Chasseur à cheval, dessin de Raffet.

Il n'est que 17 heures. C'est alors le miracle : Desaix avec 6 000 hommes de troupes fraîches apparaît sur le champ de bataille. Dès 11 heures du matin Bonaparte lui avait écrit : « *revenez, au nom de Dieu, si vous pouvez encore* ». Immédiatement, le Premier consul se porte sur la ligne de feux, harangue de paroles vibrantes les soldats qu'il voit défaillir. Il affecte un grand calme, et cependant l'impression de cet instant se gravera en lui si profondément qu'après vingt et un ans, elle reviendra hanter son agonie. Alors que d'autres à sa place se seraient préoccupés uniquement d'assurer leur retraite, lui ne renonce pas à vaincre. Il monte dans le clocher de San Giuliano pour découvrir toute l'étendue de la plaine. Il tient avec les généraux un conseil de guerre à cheval et renouvelle ses dispositions de combat.

C'est maintenant que va commencer la véritable bataille. Tous les corps sont prêts pour un mouvement combiné. Partout où le Premier consul paraît, les esprits se sont ranimés. « Soldats, dit-il, c'est assez reculé, marchons en avant ; vous savez que je couche toujours sur le champ de bataille. » C'est alors que s'avance avec l'orgueil d'un succès assuré une colonne de 5 000 grenadiers hongrois, conduite par le général Zach, chef d'état-major de Mélas, et destinée à consommer la défaite de l'armée française. Desaix marche à sa rencontre ; au moment de toucher les rangs autrichiens, Marmont démasque une batterie de quinze pièces de canons réunis à la hâte et mitraille l'avant-garde autrichienne. Desaix a saisi l'instant, il commande la charge, il va se précipiter sur l'ennemi. Une balle le frappe au milieu de la poitrine et il tombe. Chaque soldat a senti le coup dont vient d'être atteint ce vaillant général qui leur est si cher. C'est alors que Kellermann et ses cavaliers se jettent sur le flanc gauche de l'ennemi. Les Autrichiens, surpris par cette brusque contre-attaque, se débandent. Kellermann charge trois fois à la tête de ses dragons. Il les mène et les ramène sans cesse. Les 5 000 grenadiers sont rompus, séparés par peloton, enveloppés de toutes parts et faits prisonniers avec le général qui les commande. Ce retour de fortune a décidé du reste de la journée. Le village de Marengo est repris ; l'infanterie, la cavalerie autrichiennes, tout en combattant, se pressent surtout d'assurer leur retraite. L'action dure jusqu'à 10 heures du soir. La victoire a changé de camp.

Kellermann, fils du célèbre vainqueur de Valmy, a pris l'initiative de la charge époustouflante qui a achevé la victoire de Marengo. Simplement qualifiée d'« assez belle » par le Premier consul, cette charge ne lui a pas assuré la reconnaissance historique qu'il méritait. Il sera tout de même nommé général de division le 5 juillet 1800. Les Autrichiens ont perdu 9 500 hommes mais la journée a coûté aux Français 6 000 tués ou blessés et Desaix, le compagnon d'Égypte, est mort ; « Ah si j'avais pu l'embrasser après la bataille, que cette journée eût été belle », déclare Bonaparte.

Jamais une victoire de Napoléon n'a été si proche d'une défaite. L'issue de la bataille a été longtemps incertaine, au point que la nouvelle de la mort de Bonaparte parvient à Paris, provoquant un court moment de panique, et ravivant les ambitions. Dans l'entourage même du Premier consul, on préparait l'éventualité d'une défaite afin d'assurer la relève. Dès le lendemain, 15 juin, une suspension d'arme est conclue. Berthier signe au nom de Bonaparte la convention d'Alexandrie. Les Français occupent la Lombardie et Gênes est rendu. Le 2 juillet Bonaparte est de retour aux Tuileries. Sans cette victoire militaire qui impose Bonaparte comme chef d'État et chef de guerre à l'Europe entière, les réformes entreprises dans les premiers mois de 1800 auraient été vaines. Après le 18 Brumaire, le 14 juin est bien l'un des actes fondateurs du régime napoléonien.

La mort du général Desaix à Marengo, gravure d'Aubry.

Le Premier consul à Marengo le 14 juin 1800, peinture de Alphonse Lalauze.

La bataille de Marengo

Le peintre a saisi sur le vif l'instant où la victoire change de camp : c'est le moment le plus dramatique de cette grande journée. Bonaparte entouré de son état-major, Lannes, Murat, Marmont, Lauriston, Eugène de Beauharnais, donne l'ordre de la contre-attaque de 17 heures. On aperçoit au second plan Desaix tué à la tête de la 9e demi-brigade qui tombe dans les bras du fils du consul Lebrun. Au premier plan à gauche, un officier autrichien, blessé à mort, s'achève avec des armes qu'il demande à un Français.

La bataille de Marengo, peinture de Louis Lejeune.

Le temps des conspirations

Le premier attentat terroriste

Le soir du 24 décembre, Joséphine et Hortense tentent de convaincre Napoléon d'aller assister, à l'Opéra, à la première représentation de l'oratorio d'Haydn, *la Création*. Allongé dans un canapé, Bonaparte rechigne à sortir préférant se livrer à ses méditations solitaires. Finalement, cédant aux injonctions d'Hortense, il monte dans sa voiture avec Lannes, Berthier et Lauriston. Précédée par son escorte de grenadiers, celle-ci s'engouffre dans la rue Saint-Nicaise, double une charrette attelée à un cheval qui est tenu en bride par une petite fille, et atteint presque la rue Saint-Honoré. Bercé par les cahots du pavé, Bonaparte commence à s'endormir… Soudain, une explosion déchirante retentit et fait éclater la vitre de la portière… Le Premier consul se réveille en sursaut… La voie est jonchée de corps inanimés et de débris de bois et de verre. Le bilan sera heureusement moins lourd que prévu : deux morts, six ou sept blessés. Les toutes premières observations sont formelles : c'est un attentat ! La charrette qu'avait doublée la voiture du Premier consul était en fait une « machine infernale ». On y avait caché un tonneau bourré de poudre et de mitraille.

Bonaparte est la cible de toutes les convoitises. Les royalistes tentent à plusieurs reprises de l'approcher. Une amie du comte d'Artois, la comtesse de Guiche, vient un jour annoncer à Joséphine que les Bourbons sont prêts à revenir sur le trône de France. Si Bonaparte accepte leur retour, il sera nommé connétable et deviendra un « véritable Monck français », du nom du général qui avait permis en 1660 la restauration du roi d'Angleterre Charles II Stuart. La demande se fait de plus en plus pressante. Le 4 juin, le Premier consul reçoit une lettre du comte de Provence, le futur Louis XVIII : « Non, le vainqueur de Lodi, de Castiglione, d'Arcole, le conquérant de l'Italie et de l'Égypte, ne peut pas préférer à la gloire une vaine célébrité. […] Nous pouvons assurer le repos de la France ; je dis : nous, parce que j'ai besoin de Bonaparte pour cela, et qu'il ne le pourrait pas sans moi. » Bonaparte lui répondra le 7 septembre, dans une lettre courte, sèche, définitive : « Vous ne devez pas souhaiter votre retour en France ; il vous faudrait marcher sur 100 000 cadavres. »

Le Premier consul est aussi menacé sur sa gauche. Le 6 octobre, Bourrienne confie à Bonaparte qu'un attentat se prépare contre lui. Lui et Fouché en ont été informés par un certain Harel, ancien chef de bataillon, lié aux réseaux terroristes jacobins. Les conspirateurs appartiennent à l'entourage de Barère : il y a son secrétaire personnel, le peintre Topino-Lebrun, le sculpteur romain Cerrachi, un réfugié italien, Diana, ainsi qu'un Corse nommé Joseph Arena. Ce dernier n'est autre que le frère de Barthélémy Arena, l'homme qui aurait menacé Bonaparte avec un stylet, le 19 brumaire. Tous ces Jacobins ont l'habitude de se retrouver chez Demerville, un ami de Barère. Là, en secret, ils ont préparé pendant des semaines un plan machiavélique : poignarder le

Premier consul, le 10 octobre, dans la salle du théâtre de la République… Selon le rapport de la préfecture de police, l'opération reposera sur deux mouvements simultanés : « l'un qui serait opéré sous la direction d'Harel […], l'autre par le moyen d'Arena. » Le plan sera finalement déjoué. Mais quelques jours plus tard, Bonaparte apprendra l'arrestation d'un certain Chevalier, ancien employé du Comité de salut public surpris en train de confectionner une « machine infernale », un baril rempli de poudre destiné à sauter au passage de la voiture consulaire. Le 24 décembre, Bonaparte manquera d'être tué dans la rue Saint-Nicaise, par l'explosion d'une charrette piégée. Il accuse aussitôt les Jacobins. Fouché en doute : les « exclusifs » sont trop bien surveillés par la police ; il pencherait plutôt pour la piste royaliste…

Le véritable effet de l'explosion d'une machine infernale, d'invention anglaise. Gravure coloriée.

Lettre de Bonaparte au comte de Provence pour lui déconseiller son retour en France.

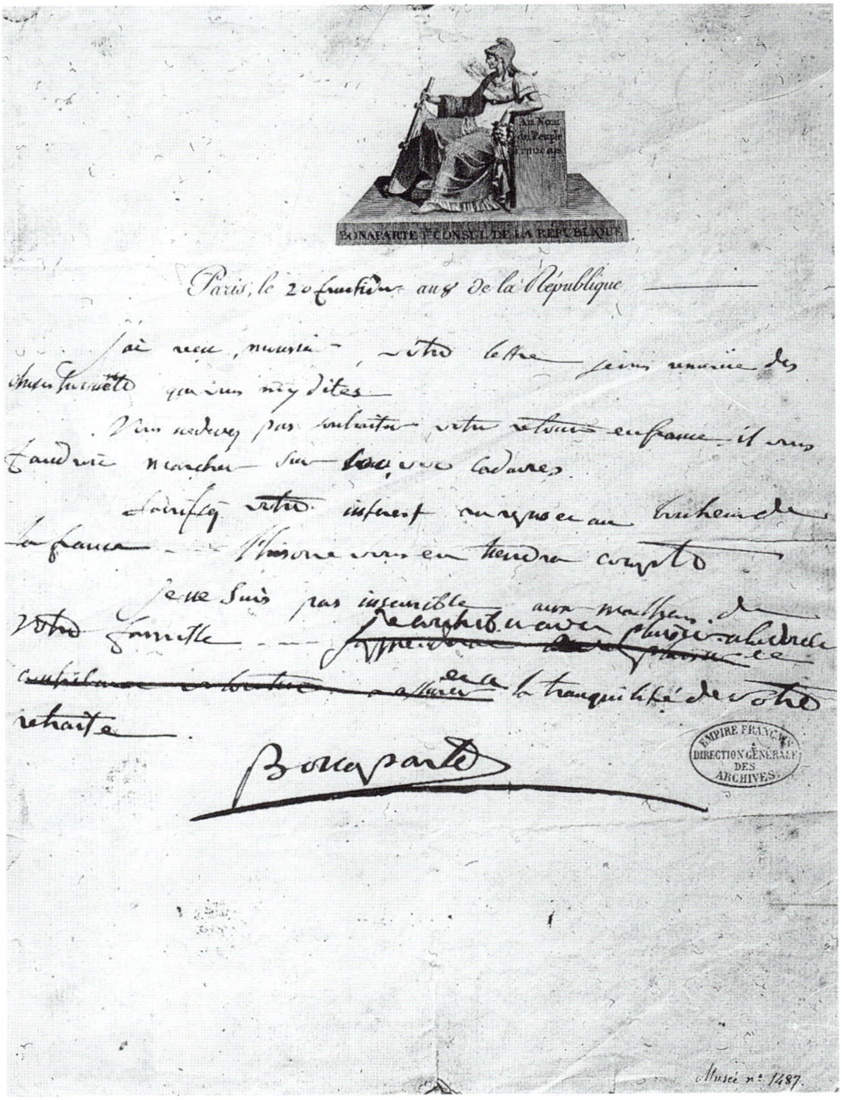
Au Nom du Peuple Français

BONAPARTE Ier CONSUL DE LA RÉPUBLIQUE

Paris, le 20 fructidor an 8 de la République

J'ai reçu, monsieur, votre lettre je vous remercie des choses honnêtes que vous m'y dites.

Vous ne devez pas souhaiter votre retour en france il vous faudrait marcher sur cent mille cadavres.

Sacrifiez votre intérêt au repos et au bonheur de la france — l'histoire vous en tiendra compte.

Je ne suis pas insensible aux malheurs de votre famille — je contribuerai avec plaisir à la douceur et à la tranquillité de votre retraite.

Bonaparte

EMPIRE FRANÇAIS DIRECTION GÉNÉRALE DES ARCHIVES

Musée n° 1487.

Gravure de Joseph Fouché par Philipp Velyn.

L'INDÉCHIFFRABLE FOUCHÉ (1759-1820)

Né près de Nantes dans une famille de marins, le jeune Joseph entre au séminaire à Paris sans toutefois recevoir la prêtrise. Professeur de mathématiques au collège de Juilly, il est ensuite affecté à Arras où il rencontrera Robespierre et Carnot. Élu député à la Convention, il est envoyé dans l'Ouest pour surveiller le recrutement des conscrits, puis en Bourgogne pour faire appliquer l'impôt révolutionnaire. En 1793, il réprimera dans le sang l'insurrection lyonnaise, n'hésitant pas à recourir aux exécutions sommaires et collectives. Convoqué à Paris puis proscrit par Robespierre, il se rapproche des adversaires de « l'Incorruptible » et participe activement au complot contre lui. Agent de la police secrète, il est bientôt nommé ministre de la Police générale (juillet 1799). Conservant son portefeuille de 1799 à 1802, puis de 1804 à 1810, il entreprend la réorganisation administrative de son ministère qu'il transforme en machine implacable : des inspecteurs payés par l'État, un réseau d'indicateurs rémunérés, des enquêtes minutieuses s'appuyant sur des témoignages et des filatures, un fichier secret régulièrement mis à jour où figurent les plus hauts dignitaires du régime, la pratique systématique de la censure à l'égard de tous les foyers de contestation… Rien n'échappe à cet homme maigre et chétif, aux yeux glauques et plissés et au sourire inquiétant.

La paix retrouvée

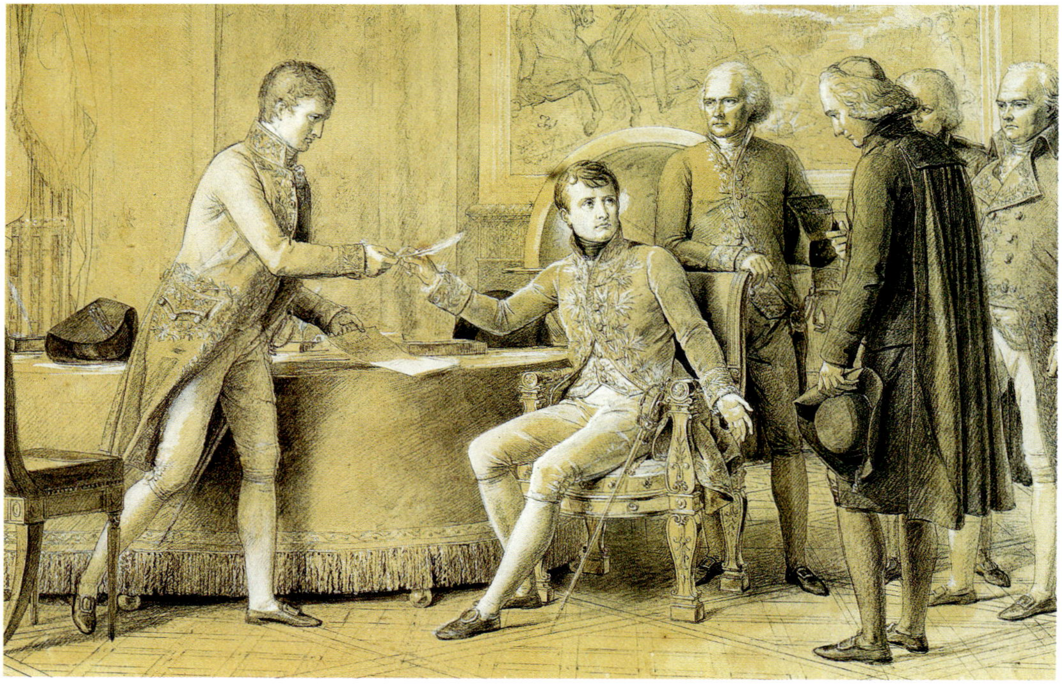

Après bien des difficultés, le texte final du Concordat, relu et corrigé mot à mot, est adopté par la France et le Saint-Siège, le 15 juillet. Dessin de François Gérard, première moitié du XIXe siècle.

LE BRAS DE FER AVEC PIE VII

Côté français, les négociations sont dirigées par Talleyrand mais menées par l'abbé Bernier jugé plus convenable que le ministre des Relations extérieures, un prêtre défroqué. Le représentant du Saint-Siège est Mgr Spina, archevêque de Corinthe. Les premières entrevues sont tendues. Il faut que le pape reconnaisse le plus vite possible les évêques français ainsi que la vente des biens d'Église. Mgr Spina demande que les lois contraires à la religion soient abrogées, notamment celles qui autorisent le divorce et le mariage des prêtres, et que le catholicisme soit considéré comme la religion d'État de la République. Bonaparte refuse. Les négociations piétinent, la tension monte… Bonaparte envoie un ambassadeur à Rome avec ordre de régler cette affaire avant le 5 juin sous peine d'une invasion des États pontificaux : *« Rome a voulu la rupture. Elle pleurera des larmes de sang ! »* Pie VII dépêche à Paris le cardinal Consalvi pour une entrevue avec le Premier Consul, et après un mois d'âpres tractations, le Concordat est signé.

Face à ces multiples menaces, la réaction du Premier consul ne tarde pas. Le 3 janvier, il fait adopter un sénatus-consulte particulièrement répressif à l'encontre des Jacobins : 130 exclusifs seront soumis à « la surveillance spéciale hors du territoire européen de la république », c'est-à-dire à la déportation aux Seychelles. La plupart des conspirateurs sont exécutés. Pourtant, Bonaparte sait déjà, grâce aux investigations de Fouché, que les auteurs de l'attentat de la rue Saint-Nicaise ne sont pas des « septembriseurs » mais des royalistes, des chouans nommés Carbon, Limoëlan ou Saint-Réjant qui seront, pour deux d'entre eux, arrêtés par la police dans le courant du mois de janvier : « la vengeance […] doit être éclatante pour un crime aussi atroce », aurait alors lâché le Premier consul.

Bonaparte entend aussi profiter des bonnes nouvelles qui lui viennent de l'étranger. À l'annonce de la victoire de Moreau sur les Autrichiens à Hohenlinden (3 décembre 1800), il aurait même sauté de joie. Commencées en novembre dernier, les négociations de Lunéville avec l'Autriche prennent un nouveau tour : Cobenzl, le chancelier autrichien, consent à signer, le 9 février, un traité humiliant. Privée de ses possessions italiennes, hormis la Vénétie, l'Autriche doit reconnaître d'une part l'existence des républiques satellites de la France et notamment la Cisalpine, et, d'autre part, le Rhin comme frontière entre la France et l'Empire.

Puis viennent les mauvaises nouvelles. Lorsque Bonaparte apprend l'assassinat, le 24 mars, du tsar Paul Ier et le couronnement de son fils, l'anglophile Alexandre, il sait qu'il a perdu un allié. En août, ce sont les troupes françaises d'Égypte conduites par Menou qui capitulent devant les Anglais : l'Égypte est perdue ! Bonaparte qui veut négocier le plus vite possible n'hésite pas à concentrer des troupes sur les ports de l'Atlantique pour menacer l'Angleterre. Signés à Londres le 1er octobre, les préliminaires de paix lui sem-

La rose de Malmaison,
peinture de Jean Louis Victor Viger, 1866.

La Malmaison des beaux jours

Le 21 avril 1799, Joséphine fait l'acquisition d'une vaste demeure située tout près de Rueil et baptisée la Malmaison. Bonaparte confie aux architectes Percier et Fontaine le soin d'aménager ce domaine de 260 hectares comprenant un château, des fermes, des bergeries, une vacherie, des bassins, des jardins et des pavillons. La Malmaison devient vite le lieu de résidence préféré du Premier consul et il s'y rend chaque fin de semaine. Il dort avec Joséphine dans une somptueuse chambre à coucher décorée d'une frise pompéienne. Tôt le matin, il s'installe dans une petite bibliothèque fort austère pour y travailler avec son secrétaire et à 10 heures, il reçoit les ministres dans la pièce voisine ornée de tentures blanches et bleues. Lorsque le temps le permet, Bonaparte fait une promenade avec Joséphine dans le parc qui entoure la demeure. Parfois, ils organisent des déjeuners champêtres devant le château, des jeux, et les invités s'extasient sur les superbes parterres de fleurs. Les jours de pluie, les hôtes s'installent dans le salon en bois d'acajou : on y joue la comédie et on y danse. Le soir, les époux consulaires reçoivent à dîner toute la belle société de l'époque, soit parfois plus d'une centaine de personnes.

blent plutôt favorables : l'Angleterre renonce à presque toutes ses conquêtes coloniales tandis que la France doit abandonner Naples, les États romains et… l'Égypte.

Reste à régler la crise religieuse qui agite la société française depuis la Constitution civile du clergé : une population urbaine en partie déchristianisée, un clergé déchiré entre constitutionnels et réfractaires, des églises réquisitionnées et vendues, des religions de substitution comme le culte décadaire ou la théophilantropie, presque mort-nées… Dès le 18 Brumaire, Bonaparte a montré des signes évidents de réconciliation en annulant, le 29 novembre 1799, la déportation des prêtres réfractaires et en autorisant, le 28 décembre de la même année, l'ouverture des églises le dimanche. Il lui faut maintenant se rapprocher du pape. Un concordat lui permettrait tout à la fois de se rallier une large partie de la population française, d'affaiblir le mouvement royaliste et de contrecarrer l'influence autrichienne sur le Saint-Siège. Après huit mois de négociations tendues voire houleuses, le Concordat avec le pape est finalement signé le 15 juillet. Les 17 articles garantissent notamment le libre exercice du catholicisme proclamé religion de la « grande majorité des Français ». Ils instaurent un statut spécial pour les membres du clergé, considérés comme des fonctionnaires. Les évêques sont désormais nommés par le Premier consul.

Napoléon et Joséphine à la Malmaison,
gravure de J. Perdoux d'après un dessin de F. F. Constant Bourgeois.

L'état de grâce

LES LYCÉES, « UNE INSTITUTION POLITIQUE »

« *L'instruction publique est à peu près nulle en France* » avait constaté, non sans excès, Lucien, le 22 mars 1800. Dans ce domaine, le bilan de la Révolution est en effet assez négatif : les écoles primaires, à la charge des communes, sont dépourvues de moyens financiers ; les classes secondaires ne sont pas adaptées au niveau des élèves et le supérieur est réservé à une élite. Dès le début de l'année, le Premier consul charge le nouveau ministre de l'Intérieur, Chaptal, de réorganiser, avec Roederer et Fourcroy, l'instruction publique. Ces travaux déboucheront sur la loi du 1er mai 1802 qui prévoit l'instauration d'un enseignement laïc, géré par l'État pour le secondaire et le supérieur. Quarante-cinq lycées, à raison d'un par cour d'appel, dispenseront un enseignement secondaire. Chaque établissement est dirigé par un proviseur, un censeur et un procureur-gérant et devra comporter au moins 8 professeurs de sciences, de langues et de lettres. La discipline y est rigoureuse, la priorité donnée aux lettres, les exercices physiques et le port d'un uniforme obligatoire. Cet enseignement quasi militaire est sélectif : pour intégrer un lycée, il faut réussir un examen d'entrée et s'acquitter de frais de scolarité élevés (500 à 800 francs pour l'année).

En ce 4 janvier, Napoléon semble heureux de présider le mariage de son frère Louis et de sa belle-fille Hortense. La cérémonie est célébrée, rue de la Victoire, par le cardinal Caprara. Pourtant, lors du dîner organisé le lendemain aux Tuileries, les jeunes époux semblent las et tristes. Louis souffre d'une sorte de mélancolie chronique provoquée peut-être par une maladie vénérienne jamais soignée. Hortense ne pense qu'à Duroc dont elle est follement éprise. Certaines mauvaises langues prétendent même qu'ils sont amants. Bonaparte aurait préféré le voir à la place de Louis dans ce costume de jeune marié… Mais Joséphine en a décidé autrement. Elle tient tellement à cette union qui scelle une nouvelle fois l'alliance entre les familles Bonaparte et Beauharnais.

Trois jours plus tard, le Premier consul se rend à Lyon pour présider une réunion de représentants italiens. Le 25 janvier, il y sera élu « par acclamation » président de la république Cisalpine désormais appelée « italienne ». Puis il en fera adopter la Constitution calquée sur le modèle français. Son discours prononcé en italien est accueilli par les acclamations de la foule. Jamais l'idée d'une paix européenne ne lui a semblé si proche. De retour à Paris, il surveille l'évolution des négociations de paix menées par Joseph à Amiens. Il faudra attendre le 25 mars pour qu'un accord soit enfin conclu avec lord Cornwallis, le représentant anglais. La nouvelle est accueillie à Paris par un vaste élan d'enthousiasme : « En moins de deux ans et demi […], la France était passée de l'avilissement où le Directoire l'avait plongée au premier rang de l'Europe », notera Talleyrand. L'Europe est enfin en paix après dix années de guerre.

Bonaparte veut prolonger cet état de grâce. Le 18 avril, jour de Pâques, il fait célébrer à la fois le Concordat et la paix d'Amiens. C'est l'occasion d'un somptueux cortège défilant jusqu'à la cathédrale Notre-Dame de Paris. Le carrosse consulaire, dont les chevaux sont tenus en bride par une rangée de mamelouks, ouvre la parade. Comme ses deux collègues, Bonaparte a revêtu l'habit rouge brodé de palmes dorées et coiffé le

Jamais plus Bonaparte n'obtiendra une telle confiance des peuples.
Bonaparte reçoit l'olivier de la paix, présenté par les puissances de l'Europe.

Cambacérès (1753-1824)

Né à Montpellier, Jean-Jacques Régis de Cambacérès devient conseiller à la Cour des comptes de la ville. Il s'enthousiasme pour la Révolution et prend peu à peu ses distances avec son ordre n'hésitant pas à faire retirer la particule de son nom. Élu à la Convention en août 1792, il devient clairement montagnard, mais refuse pourtant de participer à la lutte politique contre les Girondins et se cantonne dans des travaux législatifs. Après avoir voté la chute de Robespierre, il devient président des Comités de salut public et de sûreté général, puis président de la Convention. C'est en septembre 1794, qu'il aurait fait la connaissance du général Bonaparte pour lequel il éprouve aussitôt « *une fascination magique, continuelle, irrésistible* ». Il entre au Conseil des Cinq-Cents, puis deuxième consul dévoué et président du Sénat, il sert de conseiller juridique à Bonaparte notamment dans la rédaction du Code civil. Il exerce l'interim impérial quand l'Empereur est en campagne. « *Moins qu'un numéro un, plus qu'un numéro deux* ». Nommé prince, altesse sérénissime, archichancelier puis duc de Parme, il mène un train de vie fastueux et excentrique. Après la chute de l'Empire, il sera exilé comme régicide puis pardonné par le Roi en 1818.

fameux chapeau à la cocarde tricolore. À Notre-Dame, les consuls sont accueillis puis conduits par monseigneur de Belloy jusqu'à l'autel où ont été installés trois trônes dont l'un est plus avancé que les autres. Là, toute l'assistance écoute silencieusement un *Te Deum* écrit par Giovanni Paisiello, le compositeur préféré de Napoléon. Le Premier consul n'est pas complètement satisfait : quelques généraux, comme Moreau ou Delmas manifestent ostensiblement leur indépendance en ne venant pas à la cérémonie ou en s'y tenant mal. Bonaparte sait qu'il lui manque des compagnons fidèles et solidaires. Il doit fonder une nouvelle génération d'hommes dans la France entière, une élite enfin débarrassée des fantômes de la Révolution. Pour la former et l'instruire, il fera adopter, le 1er mai, une loi réorganisant l'instruction publique.

La Consulta de la république Cisalpine élit Bonaparte président.
Peinture de Nicolas André Monsiau, 1808.

La France et l'Angleterre se partagent le monde.
Caricature de G.Gilbray, 1805.

Napoléon Bonaparte,

Bonaparte commence à imposer sa fameuse silhouette avec son bicorne et sa main placée dans le gilet. *Bonaparte dans le parc de la Malmaison,* peinture de Lingée d'après Isabey.

La disgrâce de Fouché

Depuis le coup d'État, Bonaparte se méfie de cet homme sec au sourire étrange et aux yeux perçants qui entretient des rapports douteux avec les réseaux jacobins. Le Premier consul n'a pas oublié la manière dont Fouché s'était opposé au Concordat et au consulat à vie. Lucien, Roederer, Talleyrand, et même Cambacérès, tous le détestent… Le 13 septembre, Napoléon décide de se débarrasser très habilement de son encombrant ministre. Ce dernier ne sera pas renvoyé ; son ministère sera seulement supprimé et ses fonctions attribuées aux ministres de la Justice et de l'Intérieur. En contrepartie, le Premier consul le nommera au Sénat et lui laissera une forte somme d'argent, la moitié de la caisse secrète de la Police, soit un peu plus d'un million de francs. Cette « disgrâce » sera aussi l'occasion pour Bonaparte d'écarter Roederer en le nommant lui aussi sénateur. Ce conseiller d'État, partisan un peu trop empressé d'un consulat monarchique, énervait beaucoup de monde, notamment Joséphine.

Fort de ses succès politiques, Bonaparte sent le moment venu de briguer une fonction à sa mesure, et pourquoi pas le consulat à vie. Il y est encouragé par Talleyrand, Roederer et Cambacérès qui lancent une vaste campagne de séduction auprès de l'opinion publique puis des parlementaires. Mais ce souhait ne fait pas l'unanimité : Fouché et Carnot s'y opposent. Le 6 mai, le Tribunat adopte une motion proposant de donner au Premier consul « un gage éclatant de la reconnaissance nationale ». Une lutte d'influence s'engage dans les couloirs du Sénat entre les partisans et les adversaires du consulat à vie. Finalement, les seconds obtiennent une victoire : le 8 mai, les sénateurs ne votent qu'une prolongation de dix ans du consulat.

Vexé, le Premier consul change de tactique : sur les conseils de Cambacérès, il en appelle directement au peuple sous la forme d'un plébiscite. Le Conseil d'État propose que soient soumises aux électeurs deux questions : « 1° Napoléon Bonaparte sera-t-il consul à vie ? 2° Aura-t-il la faculté de désigner son successeur ? »

consul à vie

Le Premier consul rayera la seconde : la juge-t-il alors trop prématurée ou préfère-t-il la succession héréditaire à la désignation ? Toujours est-il que, pour la première fois, les citoyens liront dans un texte officiel non plus « Napoleone » mais « Napoléon ».

Les résultats du plébiscite organisé de mai à fin juillet sont à la mesure de ses espoirs : le « oui » l'emporte avec 3 568 885 voix contre 8 374 « non ». En outre, 500 000 personnes de plus ont voté par rapport à la dernière consultation. Le 2 août, le Sénat se plie aux résultats du scrutin : « le peuple français nomme et le Sénat proclame Napoléon Bonaparte, Premier consul à vie ». Napoléon fait l'objet d'une véritable reconnaissance nationale : son nom est gravé sur les pièces de monnaie ; sa date de naissance – le 15 août – est décrétée fête nationale. Certains craignent un retour à la monarchie. Les républicains convaincus et les brumairiens, entrent dans l'opposition. Madame de Staël dénonce la concentration monarchique du pouvoir : « Voici le second pas fait vers la royauté. »

Deux jours plus tard, Bonaparte fait adopter un nouveau sénatus-consulte, en fait une véritable Constitution (dite de l'an X) renforçant encore ses pouvoirs : désormais, le Premier consul a le droit de « présenter un citoyen pour lui succéder après sa mort » et de désigner les autres consuls. Il préside le Sénat et nomme le président du Corps législatif. Le pouvoir législatif est affaibli au profit d'un exécutif concentré. Enfin, cette Constitution presque monarchique introduit le suffrage censitaire dans presque toutes les élections. Le 15 août, la France entière célèbre à la fois la Saint-Napoléon et l'anniversaire du Premier consul, qui tombent curieusement le même jour.

Mais la question de la succession reste entière… Bonaparte s'inquiète que Joséphine ne tombe pas enceinte. Serait-elle devenue stérile ? Le Premier consul pense avoir trouvé son « dauphin » en la personne de Napoléon-Charles, le tout jeune enfant d'Hortense et de Louis, né le 10 octobre. Il aurait même proposé de l'adopter, confortant ainsi certaines rumeurs selon lesquelles il en serait le père.

La Légion d'honneur

Plus qu'une décoration, c'est un ordre que le Premier consul veut instituer pour faire émerger une nouvelle élite sociale et politique. La Légion d'honneur récompensera les mérites des militaires et des civils « *qui, par leur savoir, leurs talents, leurs vertus avaient contribué à l'établissement ou à défendre les principes de la République, ou fait aimer la justice ou l'administration publique* ». Elle pourra être accordée à tous, quelle que soit sa condition, sa fortune ou sa religion. Craignant une reconstitution de la noblesse, l'ancien conventionnel Berlier s'oppose tout autant à l'ordre qu'à l'insigne : « *L'ordre proposé conduit à l'aristocratie, les croix et les rubans sont des hochets.* » « *C'est avec des hochets que l'on mène les hommes* » lui rétorquera Bonaparte. Voté par le Conseil d'État à une courte majorité, le projet est présenté au Tribunat, puis au Corps législatif qui l'adopte tout aussi difficilement. Institué par le décret du 29 floréal an X (19 mai 1802), l'ordre de la Légion d'honneur est dirigé par le Premier consul et organisé comme une armée : 15 cohortes comprenant 7 grands officiers, 20 commandants, 30 officiers et 350 légionnaires.

François Barthélemy, le président du Sénat, présente au Premier consul l'acte constitutionnel qui fixe le consulat à vie. Gravure de Jean Duplessis-Bertaux d'après H.N. Vangorp.

Une paix sans lendemain

Le franc germinal orné du profil de Bonaparte.

En ce début d'année, Bonaparte accueille avec un certain plaisir les nouvelles d'Allemagne. Représentant de la France à Ratisbonne, Talleyrand est en effet sur le point de faire adopter par la Diète germanique le plan franco-russe qui prévoit notamment l'annexion par la France des États de la rive gauche du Rhin. Le 25 février, la Diète signera, par un « Recès impérial », le décès du Saint-Empire romain germanique. Le Premier consul aura su imposer sa paix et son influence en Europe.

À cela s'ajoute la question de la Louisiane restituée à la France par l'Espagne en 1801. Bonaparte hésite. Certes, cette colonie pourrait être vendue à très bon prix aux États-Unis qui ne cessent de la convoiter, mais cette transaction marquerait la fin du « projet américain », du rêve d'un empire français en Amérique. Finalement, des négociations s'engagent entre Talleyrand, les ambassadeurs américains, Robert Livingstone et James Monroe. Le Premier consul fixe son prix : 50 à 100 millions de francs minimum. Les deux parties se mettront d'accord, le 30 avril, sur la somme fort avantageuse pour la France de 80 millions de francs. Napoléon transformera cette « bonne affaire » en acte généreux : « Les États-Unis doivent à la France leur indépendance ; ils vous devront désormais leur affermissement et leur grandeur », déclarera-t-il aux sénateurs.

Cependant Napoléon suit avec contrariété les dernières dépêches qui lui viennent de Saint-Domingue. Le général Leclerc, qui est aussi le mari de Pauline, a été chargé en février 1802 de reprendre le contrôle de l'île, dominée le « consul noir » Toussaint Louverture. Mais son arrestation et sa mise en détention au fort de Joux, dans le Jura, en juin et juillet 1802 n'ont fait qu'empirer les choses. Après la mort de Leclerc en novembre 1802, l'expédition a tourné au fiasco. La fièvre jaune a décimé les troupes françaises. La cruauté de son successeur, le général Rochambeau, n'a fait qu'exciter l'ardeur des résistants noirs. Le voilà maintenant complètement isolé avec ses soldats dans la Grande-Île. En novembre 1803, l'échec sera complet. Le Premier consul en gardera un souvenir amer : « Une grande sottise de ma part », avouera-t-il…

L'entrevue qui se tient ce 18 février dans le cabinet de travail des Tuileries est bien peu diplomatique. Même si elle réunit les représentants de la Russie, de l'Espagne et de l'Angleterre, elle tourne vite au face-à-face. D'un côté, l'ambassadeur d'Angleterre à Paris, lord Whitworth, se tient droit et impassible. De l'autre, le Premier consul ne cesse d'arpenter la pièce. Il a des motifs de colère : l'Angleterre n'a toujours pas rempli une seule clause du traité d'Amiens, à commencer par l'évacuation de Malte ! En plus, elle accueille sur son sol le comte d'Artois et accorde même une pension à Cadoudal. Whitworth lui rétorque que la France n'est pas exempte de reproches. Il évoque notamment l'article du *Moniteur*, rédigé par le colonel Sébastiani, relu par Bonaparte et publié le 30 janvier. Sébastiani aurait suggéré la reconquête de l'Égypte à l'aide d'une dizaine de milliers de soldats. Les deux hommes se retrouveront le 13 mars pour une nouvelle entrevue fort

Le « franc germinal »

C'est en 1795, sous le Directoire, qu'est créée et mise en circulation une nouvelle monnaie, le franc, destinée à prendre la place de la livre tournoi. Cette unité monétaire est déterminée par rapport à un poids fixe d'argent. Ainsi le titre de la pièce d'un franc est de 9 parties d'argent et d'une partie d'alliage ; son poids sera de 5 grammes. Pour lui assurer une certaine stabilité, le Premier consul fait adopter, la loi du 7 avril 1803 instituant le « franc germinal ». Désormais, le franc sera aussi défini par rapport à l'or. De nouvelles pièces seront frappées et mises en circulation : pièces d'argent de 50 et 25 centimes, pièces d'or de 20 et 40 francs titrant à 9/10 d'or et pièces de cuivre de 2, 3 et 5 centimes. Sur chacune d'elles sera gravé le profil de Bonaparte. Cette innovation quelque peu monarchique provoquera un certain mécontentement parmi les républicains. On verra ainsi circuler des pièces marquées d'une entaille au niveau du cou du Premier consul. Le franc germinal durera de façon quasi ininterrompue jusqu'en 1914.

houleuse : « Ainsi, les Anglais veulent la guerre ! Mais s'ils sont les premiers à tirer l'épée, je serai le dernier à la remettre au fourreau… Malheur à ceux qui ne respectent pas les traités, ils seront responsables devant toute l'Europe », aurait lâché alors le Premier consul. Les négociations franco-anglaises vont dégénérer. Le 1er mai, Londres lance un premier ultimatum : la Hollande et la Suisse doivent être évacuées. La tension monte entre les deux camps… Le 15, Bonaparte ordonne au général Mortier de mobiliser ses troupes à la frontière du Hanovre, territoire du roi de Grande-Bretagne. Le 16, l'Angleterre fait saisir les navires français et hollandais. Le 20, Bonaparte annonce la rupture de la paix d'Amiens : « Les négociations sont interrompues et nous sommes prêts à combattre si nous sommes attaqués. » Deux jours plus tard, il fait arrêter tous les sujets britanniques présents sur le territoire français. Le 23 mai, Londres déclare la guerre à la France.

Toussaint Louverture chef des Noirs insurgés de Saint-Domingue.
Gravure coloriée.

Le débarquement de Cadoudal à Biville.
Aquarelle d'Armand de Polignac.

« La grande conspiration »

Les falaises de Biville, au nord de Dieppe, sont le théâtre d'une étrange contrebande. En janvier, quatre hommes venus d'Angleterre débarquent de nuit avant de disparaître dans la campagne normande sans laisser de traces. Le 20 août, un navire anglais dépose sur la grève un gros gaillard qui n'est autre que Georges Cadoudal, l'irréductible chouan. Depuis des mois, il prépare son « coup essentiel » : enlever Bonaparte pendant son trajet vers la Malmaison et former avec les généraux Pichegru et Moreau « un triumvirat provisoire » afin de préparer l'arrivée au pouvoir du comte d'Artois. Pour cela, il a constitué, avec l'aide de l'Angleterre, une véritable armée royaliste. À la fin de l'année, la conspiration commence à s'ébruiter. Le 12 octobre, un des membres du complot, Quérelle, est arrêté par la police et enfermé au Temple.
Le 25 octobre, Bonaparte apprend l'arrestation d'un autre conspirateur en plein Paris… Il est encore loin de se douter de l'effroyable machination qui le menace…

Sur le pied de guerre

Au camp de Boulogne, Bonaparte rassemble la Grande Armée qui doit conquérir l'Angleterre. Illustration de Job, 1803.

Les plans de débarquement

Bonaparte sait qu'il doit mener la guerre sur le territoire anglais et atteindre le plus vite possible la capitale, Londres. Le point le plus délicat de ce plan reste la traversée des chaloupes canonnières, particulièrement vulnérables. Elles doivent être protégées par une escadre de haut bord. Le Premier consul résumera la situation : *« Soyons maîtres du détroit pendant six heures et nous serons maîtres du monde. »* La Manche doit donc être bloquée pendant un certain temps, ce qui nécessite une concentration rapide et massive des escadres françaises. Napoléon sait aussi que sa flotte est constamment surveillée par l'ennemi : à Toulon, Latouche-Tréville est menacé par Nelson ; le vice-amiral Ganteaume risque d'être bloqué à Brest par lord Cornwallis. Il imagine donc des opérations de diversion en Égypte ou en Irlande.

Bonaparte sait que la marine française n'est pas de taille à affronter la puissante *Royal Navy.* Elle se limite alors à une cinquantaine de navires opérationnels, dont treize grands bâtiments, alors que son adversaire peut aligner 189 vaisseaux. Elle manque surtout de marins expérimentés. La plupart des capitaines de vaisseau ont émigré pendant la Révolution. Les autres « s'occupent de tout autre chose, à bord et dans les ports, que de leur profession ; l'ennui les dévore, le dégoût les suit, leurs facultés s'émoussent », comme le rappelait son ancien ministre de la Marine, Pierre Forfait en 1801. En plus, le souvenir du désastre d'Aboukir hante toujours les esprits. Quelques progrès ont été accomplis depuis, mais sans vraiment réduire l'écart entre les deux puissances.

Le Premier consul prend les choses en mains. Début juin, il lance les préparatifs d'un débarquement sur les côtes anglaises. Il fait masser une armée, la future armée d'Angleterre, le long des côtes de la Manche. Puis il organise la construction d'une série de camps, notamment à Boulogne, à Saint-Omer et à Saint-Malo qui devront bientôt accueillir 130 000 hommes et 3 000 pièces d'artillerie. Le 24 juin, il part inspecter lui-même les côtes. Il se rend avec Joséphine à Amiens, à Boulogne puis en Belgique toujours sous les acclamations de la foule. À Amiens, une jeune fille s'agenouille devant lui en criant : « Oh ! Je vous jure que je vous aime ! » À Boulogne, il inspecte la rade, visite le camp et rencontre Forfait qui est chargé de la construction de la flottille. Ce dernier l'incite à développer de tout petits bâtiments spécialisés. Sur les conseils de l'ingénieur Sganzin, Bonaparte lance ainsi la production d'une série de chaloupes canonnières. On le voit dresser des cartes et superviser le recrutement des marins. « Tout marche, autour de Bonaparte, avec une célérité proportionnée à sa bouillante ardeur », constate un agent royaliste. Les rumeurs vont bon train. Un informateur de Louis XVIII craint l'instauration d'un véritable Empire : « Quelques-uns assurent que son dessein est de se faire couronner empereur à Bruxelles [...] D'autres prétendent que c'est à Aix-la-Chapelle, capitale de l'ancien empire des Gaules, et sur le tombeau de Charlemagne, qu'il veut ressaisir son héritage. » L'ambassadeur de Prusse annonce qu'il va « reproduire Charlemagne ».

De retour à Paris, Bonaparte espère se constituer de solides alliances stratégiques. Il reçoit d'abord un certain M. Lombard, secrétaire du roi de Prusse, Frédéric-Guillaume. Lombard lui fait savoir que son roi n'acceptera une alliance avec la France qu'à condition qu'elle évacue le Hanovre, envahi par les troupes du général Mortier en juillet dernier. Avec la Russie, les négociations sont encore plus difficiles. L'ambassadeur Markov dénonce l'annexion du Piémont par la France le 11 septembre 1802. Finalement, le Premier consul devra se contenter de la neutralité de la Russie et de la Prusse.

Il consacrera la fin de l'année à superviser les préparatifs de débarquement : il surveille la fabrication des canons et des chaloupes dans les arsenaux du quai de la Rapée, visite les ateliers de l'esplanade des Invalides mais dédaigne les « machines sous-marines de Fulton » jugées trop farfelues. En octobre, il fait même organiser dans la Seine, sous le pont de la Concorde, une sorte de débarquement miniature. Le 3 novembre, il retourne à Boulogne établir son quartier général au château de Pont-de-Briques : « J'ai lieu d'espérer que dans un temps raisonnable j'arriverai au but que l'Europe attend. Nous avons dix siècles d'outrages à venger. »

« La poussière navale »

À Boulogne, Pierre Forfait supervise la construction d'une série de tout petits bâtiments très spécialisés : des péniches, des chaloupes canonnières et des corvettes surarmées, les prames. Ces navires sont dotés de fonds plats pour accoster sur le sable. Fort maniables, ils peuvent être pilotés à la voile ou à l'aviron par mer plate. Cette « poussière navale » de 2 000 embarcations, devra transporter 150 000 hommes, 10 000 chevaux et presque 500 canons. Cependant, ils ne sont pas exempts de défauts, loin de là. Leur faible tirant d'eau, leur étroitesse et la largeur de leurs voiles les rendent particulièrement instables. Il arrive que la coque ne résiste pas au poids de l'artillerie embarquée. En outre, on ne peut lancer à chaque marée qu'une centaine de ces petites embarcations.

Un des divers projets sur la descente en Angleterre.

« Un air plein de couteaux »

La mort du duc d'Enghien, peinture de Jean-Paul Laurens.

Tandis que les préparatifs de guerre contre l'Angleterre occupent largement Bonaparte, en France, le risque d'un attentat contre sa personne n'a jamais été aussi menaçant. Le 13 février, Bonaparte reçoit François Réal. Le conseiller d'État, visiblement anxieux, arrive avec un message du ministère de la Police : Quérelle a parlé pendant son interrogatoire. Ses révélations sont stupéfiantes : Cadoudal vit caché à Paris depuis l'année dernière… Il complote avec un ancien général français, Jean-Charles Pichegru… Le Premier consul écarquille les yeux : Pichegru, le vainqueur de la Hollande en 1794, l'ancien président du Conseil des Cinq-Cents, déporté en Guyane pour conspiration, est revenu en France ! Un autre royaliste révèlera que Pichegru et Cadoudal ont rencontré Moreau, le vainqueur d'Hohenlinden, à plusieurs reprises. Les pans d'une incroyable machination se referment jour après jour, heure après heure sur Bonaparte, qui sent planer autour de lui « cet air plein de couteaux »…

Le 14 février, le Premier consul réunit aux Tuileries, en conseil secret, Cambacérès et Lebrun, plusieurs ministres ainsi que l'énigmatique Fouché dont le sourire narquois en dit long sur ses informations : on décide l'arrestation de Moreau. Mais l'opinion publique risque de considérer cet acte comme une preuve éclatante de la jalousie de Bonaparte envers un rival aussi héroïque. Le Premier consul anticipe. Il dicte au général Soult le texte d'une annonce publique : « *Cinquante brigands, restes impurs de la guerre civile, ayant à leur tête Georges Cadoudal et l'ex-général Pichegru, ont débarqué en Normandie et se sont installés dans la capitale où ils se préparent à assassiner le Premier consul […] Leur arrivée a été provoquée par un homme qui compte encore dans nos rangs, par le général Moreau.* » Ce dernier sera interpellé le 15 février et emmené au Temple.

Bonaparte fait circuler les signalements de Cadoudal et de Pichegru ainsi qu'une offre de 100 000 francs à qui fournira des renseignements sur les deux hommes. Dans la nuit du 26, Pichegru est dénoncé puis arrêté par la police dans sa planque de la rue de Chabanais. Deux jours plus tard, Paris est mis en état de siège. Le 9 mars, Cadoudal est enfin appréhendé au terme d'une course-poursuite endiablée dans les rues de la montagne Sainte-Geneviève. Durant son interrogatoire, il évoquera l'arrivée imminente à Paris d'un autre conspirateur, un mystérieux « prince français » !

Un nom brûle les lèvres du Premier consul : Louis de Bourbon Condé, duc d'Enghien, qui entretient depuis longtemps une correspondance suivie avec de nombreux royalistes. Ce « prince français » vit tout près de la frontière française, dans le grand-duché de Bade. Conseillé par Talleyrand, Bonaparte va organiser le 15 mars son enlèvement en territoire allemand ainsi que la saisie de ses papiers secrets. Arrivé à Paris le 20 mars, il est interrogé dans la nuit et traduit devant une commission militaire pour « avoir porté les armes contre la République, avoir été et être encore à la solde de l'Angleterre, faire partie des complots tramés par cette dernière puissance contre la sûreté intérieure et extérieure de la République ». À 8 heures du matin, le général Savary annonce au Premier consul l'exécution du duc d'Enghien quelques heures plus tôt dans

« Plus qu'un crime, une faute… »

Arrivé à Paris à 17 h 30, le duc d'Enghien est aussitôt enfermé à Vincennes. À 23 heures, il subit un interrogatoire au cours duquel il avoue être passé au service de l'Angleterre. Mais il demandera « une audience particulière au Premier consul » qui lui sera refusée. À 1 heure, il est jugé par une commission militaire. Déclaré coupable, il est condamné à mort. Lorsqu'il demandera un prêtre, Savary lui lancera : « *Pas de capucinades !* » Vers 3 heures du matin il est passé par les armes. Bonaparte a-t-il voulu cette mort ? Une heure avant l'arrivée d'Enghien, il avait confié à Réal un questionnaire qui devait être transmis à la commission et soumis au duc. S'agissait-il d'une dernière chance accordée au condamné ? Nul ne le saura. Car le conseiller d'État oubliera de transmettre la lettre à la commission…

« Ma gloire n'est pas d'avoir gagné 40 batailles… Ce que rien n'effacera, ce qui vivra éternellement, c'est mon Code civil. » prophétisera Napoléon. *Le Code Napoléon couronné par le Temps,* peinture de Jean-Baptiste Mauzaisse, 1833.

les fossés du château de Vincennes. L'annonce de sa mort plonge l'entourage du Premier consul dans un profond désarroi. Joséphine qui avait essayé la veille d'obtenir la clémence de Bonaparte, éclate en sanglots en s'exclamant : « Voilà la première faute de Napoléon […] Qui a pu lui donner un semblable conseil ? » Impassible, Fouché aurait lâché son expression fameuse : « C'est plus qu'un crime, c'est une faute. » La nouvelle provoquera encore plus de remous dans les cours européennes. Le même jour, comme pour marquer l'aube d'une nouvelle France, Bonaparte fera promulguer le Code civil…

Diffusion du Code civil.

Le Code civil

Le *Code civil* est le résultat d'un monumental travail juridique entrepris à partir de 1799 par une commission d'experts, dirigée par Cambacérès, et constituée par les juristes les plus éminents, notamment Tronchet, Portalis, et Maleville tous trois membres du tribunal de Cassation. Le 21 mars 1804, le *Code civil* voit enfin le jour après de multiples discussions. Il confirme certains principes de 1789 : liberté de l'individu, égalité devant la loi, laïcité de l'État, droit absolu et perpétuel à la propriété … Mais il consacre aussi l'avènement de « la famille bourgeoise » en renforçant l'autorité du mari, en limitant le divorce et en considérant la femme mariée comme une éternelle mineure. Placée sous la protection paternelle de son mari, elle ne peut ni vendre, ni disposer de ses biens, ni aller en justice sans son autorisation. Le Code civil n'en constitue pas moins le legs le plus important de la période napoléonienne. Il servira de modèle à de nombreux textes de droit civil à travers le monde.

« Vive l'Empereur ! »

La Constitution impériale

Elle instaure un nouveau régime, un empire héréditaire « de mâle en mâle par ordre de primogéniture et à l'exclusion perpétuelle des femmes et de leur descendance ». Elle se veut aussi l'héritière de la Révolution, l'Empereur s'engageant à respecter « l'égalité des droits, la liberté politique et civile, l'irrévocabilité des biens nationaux ». Pourtant, elle accroît encore les pouvoirs du chef de l'État et consacre la naissance d'une véritable cour impériale. Elle n'apporte que quelques aménagements aux institutions du Consulat.

Le moment est enfin venu, pour Bonaparte, de mener à bien toute son ambition. Comme lui déclare Fouché : « L'hérédité écarterait les assassinats, puisque l'assassinat serait impuissant à amener un changement dans la forme du gouvernement ! » Le 25 mars, il réunit à la Malmaison Cambacérès et Lebrun pour les informer de son désir de répondre au « vœu national ». Trois jours plus tard, il reçoit un message du Sénat : « Grand Homme, achevez votre ouvrage en le rendant immortel comme votre gloire. » Mais la question de la succession n'en est pas pour autant réglée. Depuis quelque temps, Joseph, au nom du droit d'aînesse, se déclare héritier de droit, ce qui déplaît à Bonaparte, bien décidé à se trouver un descendant direct. Sur les conseils de son épouse, le Premier consul rend visite, le 7 avril, à Hortense pour lui demander d'adopter son enfant, Napoléon-Charles. Sous l'influence de son mari, elle refusera.

Finalement, c'est un membre du Tribunat, le républicain Curée, qui initiera le changement institutionnel en appelant à l'instauration d'un empire héréditaire. Le 15 mai, le Tribunat adopte à la quasi-unanimité la « motion Curée ». Trois jours plus tard, le Sénat fait de même. Il proclame « Napoléon Bonaparte Empereur des Français » et fixe

La première distribution des croix de la Légion d'honneur,
peinture de Jean-Baptiste Debret, 1812.

« l'hérédité de pouvoir dans sa famille ». Le même jour, le nouvel Empereur reçoit en uniforme les sénateurs, en présence des consuls, des ministres, des conseillers d'État et des généraux, dans le grand salon de Saint-Cloud. Cambacérès se lève et commence un discours par ce mot si troublant : *« Sire »*. Il poursuit par une annonce officielle : « Le Sénat proclame à l'instant même Napoléon, empereur des Français » et conclut son propos par un bruyant « Vive l'Empereur ! » repris en chœur. Napoléon Ier lui répond : « J'accepte le titre que vous croyez utile à la gloire de la Nation. Je soumets à la sanction du peuple la loi de l'hérédité. » Dehors, une salve de canons retentit. Au milieu de cette cour bigarrée, l'Empereur organise la distribution des titres et des honneurs. Le lendemain, comme pour fidéliser des chefs militaires encore incertains, il nomme 18 maréchaux. Le 10 juillet, il rétablit même le ministère de la Police avec Fouché à sa tête. Le 15, il organise la première remise officielle de la Légion d'honneur.

Mais la guerre n'attend pas. Le 19 juillet, Napoléon repart pour Boulogne transformé en vaste camp militaire. Le lendemain, il ordonne à l'amiral Bruix d'organiser une revue de la flotte en pleine mer, alors qu'une tempête se prépare. Bruix refuse ; la tension monte entre les deux hommes. L'empereur s'adresse alors au contre-amiral qui accepte. La revue tourne au drame : 200 hommes périssent emportés par les flots déchaînés. La flottille est balayée en quelques minutes tandis que Napoléon saute, en vain, dans un navire pour venir en aide aux marins. Il rentre trempé, glacé, meurtri, tout prêt d'abandonner l'idée d'une « traversée-éclair » de la Manche. Le 19 août, c'est la mort de Latouche-Tréville qui ruine le projet de diversion en Égypte.

Napoléon au camp de Boulogne.
Peinture de Philippe Auguste Hennequin.

Les 18 premiers maréchaux d'Empire

Le 19 mai, l'Empereur nomme 18 maréchaux d'Empire. Quatorze d'entre eux exercent encore une activité militaire. Les quatre autres sont membres du Sénat à titre honorifique. Parmi les nominés, figurent évidemment les plus fidèles compagnons d'armes, notamment Murat, Lannes, Soult ou Berthier, mais aussi de nombreux opposants politiques, que Napoléon espère ainsi rallier à l'Empire : Masséna, Augereau, Bernadotte ou Jourdan. Il n'oubliera pas non plus les héros des guerres révolutionnaires comme le vieux Kellermann. Certains cumulent plusieurs titres, tels Soult élevé aussi à la dignité de colonel général de la Garde impériale.

1804

Napoléon Ier Empereur des Français

Les années triomphales

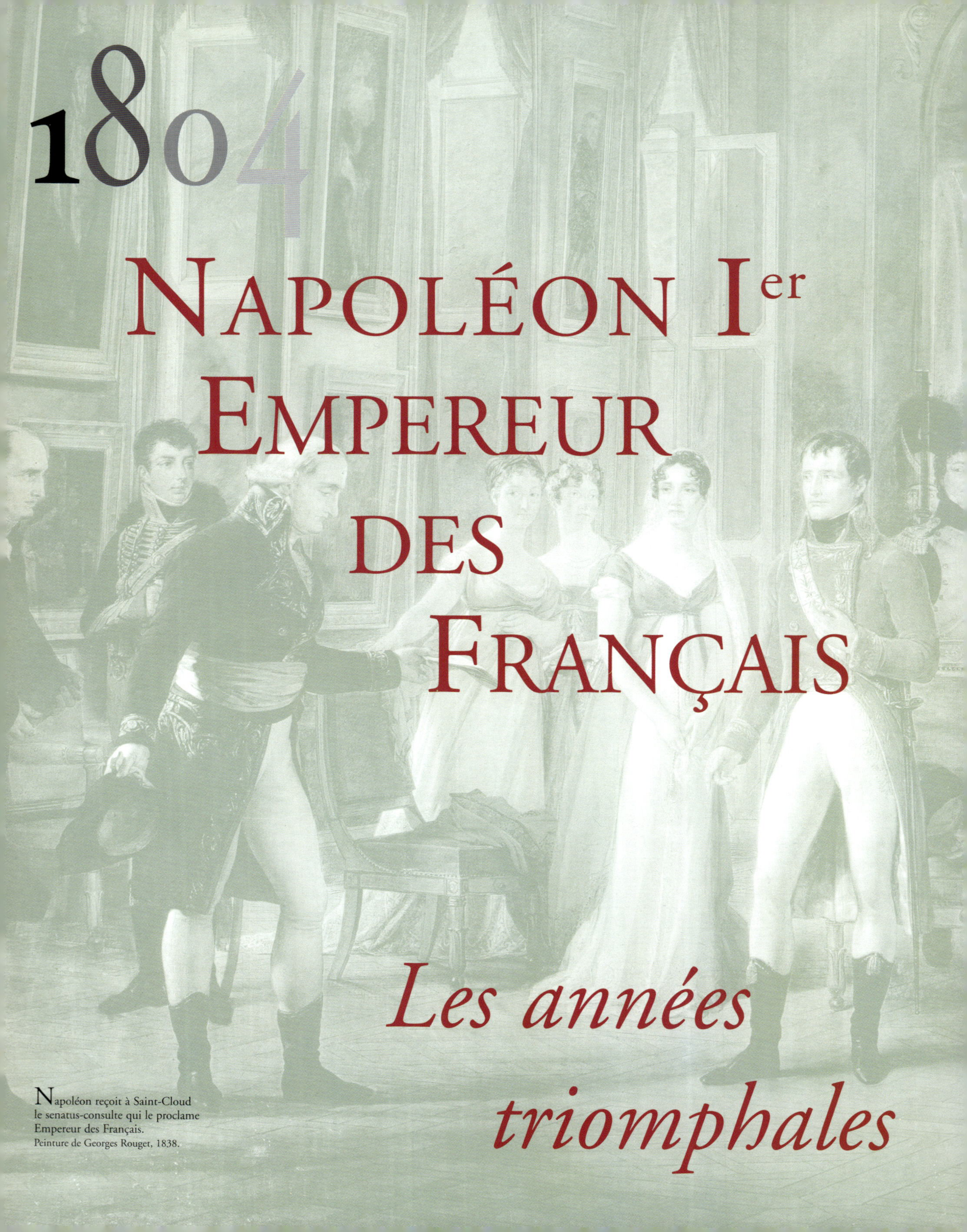

Napoléon reçoit à Saint-Cloud le senatus-consulte qui le proclame Empereur des Français.
Peinture de Georges Rouget, 1838.

Napoléon Ier sur le trône impérial en costume de sacre (détail), peinture d'Ingres.

1805

Le sacre, une mise

Napoléon Ier sur le trône impérial en costume de sacre, peinture d'Ingres.

À Cologne, Napoléon se décide à écrire au pape. Dans sa lettre, il demande au souverain pontife « de venir donner au plus éminent degré, le caractère de la religion à la cérémonie du sacre et du couronnement du Premier Empereur des Français ». Mais il n'évoque pas la question de la liberté des cultes, ni celle du couronnement. Cette désinvolture ne manque pas de scandaliser le pape… De retour à Saint-Cloud, le 12 octobre, Napoléon s'inquiète de n'avoir toujours pas reçu de réponse du Saint-Siège. Tout retard risquerait de différer la date du sacre, prévue le jour anniversaire du 18 Brumaire (9 novembre). En attendant, il prépare la cérémonie dans les moindres détails. Passe la date fatidique du 9 novembre. Napoléon décide de repousser le sacre au 2 décembre prochain. Le 25 novembre, il est informé de l'arrivée imminente du pape, mais quelques jours plus tard, Joséphine avoue à Pie VII qu'elle n'est pas unie religieusement à son époux. Dans la nuit du 1er au 2 décembre, un mariage religieux devant le cardinal Fesch est organisé précipitamment.

Le 2 décembre au matin, Napoléon Ier, revêtu d'un manteau de velours pourpre bordé d'hermine et coiffé d'une couronne de lauriers, peut enfin pénétrer dans la cathédrale, décorée et habillée selon le style impérial. L'air glacé le paralyse. Dans ses mains, il tient fermement le sceptre et la main de justice conçus par l'orfèvre Biennais. Derrière lui, Joseph et Louis portent sa lourde traîne. Aussitôt résonne dans la nef une même clameur : « Vive l'Empereur ! » Princes, dignitaires, maréchaux, préfets, sénateurs, dames d'honneur dans leurs costumes dessinés par David et Isabey… ils sont tous là, parfaitement rangés dans les travées, formant une haie d'honneur chamarrée, comme un ordre absolu. Impassible, Napoléon se retourne vers Joséphine toute raide dans ce long manteau de velours pourpre tenu par Élisa et Caroline. À midi, les époux impériaux s'approchent des deux prie-dieu devant l'autel. S'agenouillant à peine, l'Empereur reçoit du pape la triple onction de chrême épiscopal, prend lui-même la couronne, la pose sur sa tête puis sur celle de Joséphine. Pie VII bénit l'épée, le sceptre, la main de justice, puis consacre les anneaux, « le signe de la foi sainte, la preuve de la puissance et de la solidité de votre empire ».

À 12 h 30 commence la messe et résonne dans la nef la musique composée par Paisiello et Lesueur. Puis le souverain pontife prononce le *Vivat imperator in Aeternum* et le *Te Deum* avant de se retirer dans la sacristie. Alors, l'empereur, une main posée sur les Évangiles, lit le serment que lui présentent les présidents des assemblées : « Je jure de maintenir l'intégrité du territoire de la République, de respecter et de faire respecter les lois du Concordat et la liberté des cultes, de respecter et de faire respecter l'égalité des droits, la liberté politique et civile, l'irrévocabilité des ventes des biens nationaux, […] de gouverner dans la seule vue de l'intérêt, du bonheur et de la gloire du peuple français. » Le héraut d'armes viendra clore la cérémonie en célébrant « le très glorieux et très auguste Empereur Napoléon, Empereur des Français, sacré et intronisé. » Dehors, dans ce Paris enneigé, 101 coups de canons retentissent… Il est 15 heures.

La succession plébiscitée

Comme le prévoit la Constitution, la question de la succession impériale fait l'objet d'un plébiscite : « *le peuple veut l'hérédité de la dignité impériale dans la descendance directe, naturelle, légitime et adoptive de Napoléon Bonaparte, et dans la descendance directe, naturelle, légitime et adoptive de Joseph Bonaparte et de Louis Bonaparte, ainsi qu'il est réglé par le sénatus-consulte organique de ce jour* ». L'empereur n'hésite pas à transformer lui-même les résultats rajoutant plus de 500 000 « oui ». Le 30 novembre, les chiffres officiels sont proclamés : 3 572 329 « oui » et 2 569 « non » pour une participation de plus de 40 %.

en scène incomparable

Désireux d'inaugurer son règne par une cérémonie grandiose, Napoléon a offert à la cathédrale un décor néo-classique avec notamment la réalisation par Isabey et David d'une série de tableaux. *Entrée du cortège impérial dans Notre-Dame*, gravure aquarellée extraite du *Livre du sacre* de Percier et Fontaine, 1807.

Napoléon se couronnant, étude pour le tableau du *Sacre* de David.

Les symboles de l'Empire

Quel animal figurera sur le sceau impérial : un lion, un coq, un éléphant ou une abeille ? Le Conseil d'État chargé de cette question est partagé. Laumond préfère l'éléphant, qui évoque la puissance et la noblesse. Cambacérès penche pour l'abeille d'or mérovingienne. D'autres sont favorables au coq, emblème de la Gaule antique. Napoléon Ier juge que cet animal de basse-cour est ridicule. Il hésite entre l'aigle, l'éléphant et le lion avec un net penchant pour ce dernier. Aussitôt le « lion au repos sur un champ d'azur » est adopté par les conseillers d'État. Napoléon se ravise et ordonne de remplacer le lion par un « aigle déployé », à la fois symbole de la Rome impériale et de l'empire carolingien. On le prévient que cet animal figure sur les armes de la Prusse et de l'Autriche. Qu'importe ! Il retiendra aussi l'abeille d'or pour les documents officiels.

Le Sacre

Il aura fallu à David plus de deux ans pour achever ce tableau immense (plus de 6 mètres sur 9). Alors au faîte de sa gloire, l'artiste devient grâce à cette œuvre le peintre officiel de l'Empire. Car *le Sacre* est un monument à la gloire d'un homme et d'un ordre politique absolu. Tout autour de l'Empereur, dans une cathédrale aux allures de temple antique, figurent solennellement la famille Bonaparte, les dignitaires du régime et les ambassadeurs étrangers. Enfin le 4 janvier 1808, Napoléon peut voir le tableau, achevé depuis novembre 1807. Pendant plus d'une heure il examine l'œuvre. Emerveillé par la composition de celle-ci, il s'écrie : « Ce n'est pas de la peinture, on marche dans ce tableau ! » Il apprécie aussi sa portée hautement politique : « Vous avez deviné toute ma pensée, vous m'avez fait chevalier français. » Puis en sortant il abaisse son chapeau : « David je vous salue ! »

Le Sacre, peinture de Louis David.

Une famille ingouvernable

Lucien le rebelle

L'indépendance d'esprit de Lucien Bonaparte n'en finit pas d'exaspérer Napoléon. En 1800, le jeune homme avait publié sans autorisation une brochure intitulée *Parallèle entre César, Cromwell, Monk et Bonaparte* qui prônait un gouvernement héréditaire : « *Si tout à coup Bonaparte manquait à la patrie, où sont ses héritiers ? Où sont les institutions qui peuvent maintenir ses exemples et perpétuer son génie !… Vous pouvez retomber sous la domination des assemblées, sous le joug de Sieyès ou sous celui des Bourbons.* » Ce pamphlet lui avait coûté son portefeuille de ministre de l'Intérieur et lui avait valu un obscur poste d'ambassadeur à Madrid. En octobre 1803, Lucien a l'audace de se marier, sans le consentement de son frère, avec une veuve, Alexandrine de Bleschamp. Il résiste farouchement à son frère qui lui intime l'ordre de divorcer et d'épouser la reine d'Étrurie. Ses prises de positions politiques sont tout aussi intolérables. Ainsi, en 1803, il critique la vente de la Louisiane, et depuis Rome où il est installé à partir de 1804, il manifeste son opposition à l'instauration d'un régime impérial et dynastique. Il serait même en étroites relations avec le pape Pie VII…

Le soir venu, c'est un immense cortège qui s'ébranle vers les Tuileries aux lueurs de plusieurs centaines de porteurs de torches. Carrosses impériaux, cuirassiers, carabiniers, pages en livrée… la procession traverse la place de la Concorde enneigée. Dans les jours qui suivent, Napoléon ne se départira pas d'une certaine perplexité. Les livres de propagande et les médailles d'argent distribués aux Parisiens n'ont pas suscité l'enthousiasme souhaité. Certaines personnes critiquent sa froide solennité un peu compassée ; d'autres dénoncent l'humiliation infligée au pape. Les républicains anticléricaux ont regretté au contraire la présence du souverain pontife. Beaucoup se plaignent du coût prohibitif de l'opération estimé à 9 millions de francs. Rétabli dans ses fonctions de ministre de la Police générale, Fouché ne cesse de critiquer l'organisation du sacre soulignant la faiblesse des acclamations en début de cérémonie, renforcées heureusement par les applaudissements des hauts fonctionnaires. Ces réactions parfois contradictoires sont relayées dans l'opinion publique par des pamphlets et des boutades plus ou moins spirituels. Mais une grande majorité des Français reste néanmoins fidèle à Napoléon.

Quant à la famille impériale, elle perd son temps en querelles ridicules et en jalousies dérisoires. Letizia vit toujours cloîtrée à Rome. Joseph, grand électeur et prince d'Empire, se plaint du couronnement d'une Beauharnais. Pauline et Élisa n'ont pas supporté l'humiliation de devoir porter la traîne de Joséphine. Quant à Lucien, il s'oppose ouvertement à son frère. Ces rancœurs sont encore exacerbées par le problème de la succession impériale. Les rumeurs les plus folles circulent. On attribue même à l'Empereur la paternité des deux fils d'Hortense, – mariée à Louis – Charles-Napoléon âgé de deux ans et Napoléon-Louis qui vient de naître.

La perspective d'une succession par « adoption » énerve Joseph au plus haut point. Pour calmer les ambitions de son frère, Napoléon n'hésitera pas, sur les conseils de Talleyrand, à lui proposer la couronne d'Italie. Le 31 décembre, Joseph fait mine d'accepter cette offre, et reçoit à cette occasion, une indemnité de 200 000 francs, mais sans pour autant abandonner ses prétentions dynastiques.

Même le temps – tantôt neigeux, tantôt pluvieux, mais toujours froid – n'est pas de la partie… Le 5 décembre, des rafales de neige balayent les rues de Paris. En costume de sacre, Napoléon préside la « distribution des aigles » sur le Champs-de-Mars. Les vastes tribunes rouges et or, dessinées par Percier et Fontaine et installées pour la circonstance, tremblent sous le vent glacé. Les décorations s'envolent. Transis de froid, les soldats s'avanceront alors vers l'Empereur qui leur remettra lui-même les drapeaux. La « distribution des aigles » se terminera par un « Vive l'Empereur » cette fois un peu faible. Les autres cérémonies officielles seront plus agréables. Une série de banquets ont été organisés pour fêter les différents corps de l'État, le plus souvent en présence du pape qui ne quittera jamais son air résigné.

Le serment de l'armée fait à Napoléon après la « distribution des aigles » au Champs-de-Mars, le 5 décembre, peinture de Louis David. Derrière l'Empereur, les grands dignitaires et ses sœurs. Au premier plan, les maréchaux brandissent leur bâton et à droite les porte-drapeaux inclinent leurs aigles.

Sa famille, plus un fardeau qu'un fidèle soutien.

Joseph, roi d'Italie ?

Le 28 mai 1804, la République italienne devenait une monarchie constitutionnelle et héréditaire. Cette décision prise à l'issue d'un vote de la consulte était assortie de deux conditions : l'une garantissait l'indépendance de cet État et l'autre stipulait que le successeur de Napoléon au trône d'Italie ne pourrait en même temps exercer les fonctions d'Empereur des Français. À l'annonce de ces principes, Napoléon, alors à Mayence, contesta le vote de la consulte et proposa de négocier avec les représentants italiens. Il ne pouvait accepter la couronne d'Italie sous peine de raviver les tensions avec l'Autriche du fait de ses possessions vénitiennes. Son ministre des Relations extérieures, Talleyrand, lui propose donc d'offrir la couronne à son frère Joseph, particulièrement apprécié à Vienne. L'aîné des Bonaparte se verrait ainsi contraint d'abandonner ses prétentions à l'Empire. Mais, même s'il accepte le trône d'Italie, le 31 décembre 1804, Joseph refusera catégoriquement de remettre en cause sa candidature à la succession impériale. De guerre lasse, Napoléon prendra la couronne pour lui-même. L'Autriche aura donc un excellent prétexte pour rejoindre la coalition antifrançaise.

Les arts au service de l'Empire

Avant d'être une des plus ferventes opposantes de Napoléon, Mme de Staël fut une de ses plus ardentes amoureuses.
Miniature par Arlaud.

En ce début de siècle, les arts français sont en plein renouveau. En peinture, le style léger des Watteau, Boucher et Fragonard s'est épuisé. On lui reproche son manque de caractère, sa banalité et sa frivolité. La Révolution a suscité de nouveaux modèles puisés dans l'Antiquité ou dans les événements politiques contemporains. Napoléon donne aux arts une nouvelle vocation : promouvoir son régime, son ambition et sa personne. Place à la grandeur ! Louis David fait figure de peintre officiel de l'Empire et d'artisan de la légende napoléonienne. C'est aussi un maître d'école autoritaire imposant les sujets épiques et le culte de la ligne sculpturale. Ses *Sabines* exposées au Salon de 1804 ont émerveillé les Parisiens : « Inimitable chef-d'œuvre qui suffirait pour immortaliser un homme », note un critique du *Citoyen français*. Parmi ses plus fidèles élèves figurent Gros, le spécialiste des scènes de guerre, mais aussi Gérard et Isabey, portraitistes officiels de la famille impériale, qui connaîtront un vif succès dans les cours européennes. Influencé par les poèmes d'Ossian, Girodet nappe ses tableaux d'une brume presque romantique. À l'écart du groupe, Pierre-Paul Prud'hon joue avec la lumière tandis qu'Ingres arrondit voluptueusement la ligne néo-classique.

Mais à la peinture, Napoléon préférera toujours la sculpture qu'il juge plus solennelle, plus éternelle. Elle est alors dominée par l'Italien Antonio Canova. Son *Mars pacifique* en marbre (1803-1806) représentant Napoléon nu n'a pas manqué de surprendre l'intéressé par sa carrure athlétique. Sa *Letizia Ramolino* en terre cuite dégage au contraire une impression de douceur presque chaleureuse. Dans le mobilier et la décoration, les artistes partagent cette même passion de l'Antique, cette *anticomanie* qui caractérise le « style Empire ». Griffes de lion, cariatides, cygnes et éclairs ornent les meubles de Percier dont les formes très droites sont souvent inconfortables. À cela s'ajoutent les colonnes et les motifs égyptiens dont la mode a été lancée par l'expédition d'Égypte.

Peu mélomane, Napoléon n'en aime pas moins l'opéra italien, notamment Paisiello et Spontini. Tout comme ses compatriotes, il apprécie aussi Lesueur qui connaît en 1804 un grand succès avec *Les Bardes*, et Méhul, qui deviendra le musicien officiel du régime. Seules les lettres traversent, aux yeux des contemporains, une période de déclin, conséquence de la censure pratiquée depuis la Révolution. Pourtant, le Premier consul croyait avoir trouvé en la personne de Chateaubriand un auteur à sa mesure, un écrivain officiel. Il avait salué en 1802 le *Génie du christianisme*, apologie de la religion chrétienne et témoignage vibrant du miracle de la conversion. L'ouvrage qui parut quelques jours avant la proclamation du Concordat servait, il est vrai, la politique consulaire. Chateaubriand sera récompensé par un poste de secrétaire d'ambassade à Rome puis de ministre plénipotentiaire dans le Valais. Mais, fort indépendant, il n'hésitera pas à démissionner pour manifester son opposition à l'exécution du duc d'Enghien.

L'insolente Germaine de Staël

Féministe avant la lettre, républicaine convaincue et profondément attachée à l'Allemagne, cette fille du ministre Necker ne correspond en rien au modèle de femme prôné par le *Code civil*. Ancienne admiratrice de Bonaparte, enthousiasmée par le coup d'État de Brumaire, elle aurait voulu être l'égérie du nouveau régime, mais, le Premier consul ne fut pas sensible à cette forte femme au physique peu gracieux. Se sentant éconduite, Germaine de Staël se retourne contre son ancienne idole et en devient une des plus farouches adversaires. Dans *De la littérature considérée dans ses rapports avec les institutions sociales* (1801), elle défend les Modernes et notamment la supériorité du Nord célébré par Ossian, sur les Anciens. Publié en 1802, *Delphine* est jugé « antisocial » par le Premier consul tandis que *Corinne* (1807) sera saisi. Son essai *De l'Allemagne* (1810), où elle démontre la supériorité de la philosophie et de la littérature germaniques sera mis au pilon. Germaine de Staël connaît pourtant un franc succès populaire.

L'HYMNE IMPÉRIAL

Napoléon n'aimait pas *la Marseillaise*, trop marquée par la Révolution. Il choisira comme hymne impérial cette chanson extraite de l'opéra de Nicolas Dalayrac (1753-1809) intitulé *Renaud d'Ast* et créé en 1787. En 1795, le chirurgien militaire Roy changera les paroles pour leur donner un tour plus révolutionnaire. Le compositeur François Gossec, quant à lui, réorchestrera cet air de façon plus épique.

Veillons au salut de l'Empire
Veillons au maintien de nos droits
Si le despotisme conspire
Conspirons la perte des rois.
Refrain :
Liberté. Que tout mortel te rende hommage.
Tyrans tremblez vous allez expier vos forfaits
Plutôt la mort que l'esclavage
C'est la devise des Français.
Du salut de notre Patrie
Dépend celui de l'univers
Si jamais elle est asservie
Tous les peuples sont dans les fers…
Ennemis de la Tyrannie
Paraissez tous, armez vos bras !
Du fond de l'Europe avilie
Marchez avec nous au combat.
Dernier refrain :
Liberté que ton nom sacré nous rallie.
Poursuivons les tyrans, punissons leurs forfaits
Nous servons la même Patrie
Les hommes libres sont Français.

La sculpture comme outil de propagande… *Napoléon en Mars pacifique* d'Antonio Canova.

Chef de l'école néo-classique, auteur de monumentaux tableaux d'histoire, comme celui des *Sabines* (1799) Louis David fut véritablement le peintre de l'Empereur.

« La remise en ordre de la Nation »

Grâce aux enquêtes démographiques réalisées depuis 1798 par François de Neufchâteau, Lucien Bonaparte et Chaptal, Napoléon peut mesurer, non sans quelque satisfaction, les transformations de la société française : la nuptialité augmente, la mortalité est en baisse, les épidémies sont contrôlées et les disettes si régulières il y a vingt ans seulement, ont disparu. Restent quelques sujets d'inquiétude : la baisse persistante de la natalité, le dépeuplement de nombreuses villes de province, les ravages de l'alcoolisme…

L'ordre semble partout rétabli jusque dans la haute société parisienne. Flattée par des gages et des titres impériaux, celle-ci ne pense qu'à se divertir dans les bals et les salons. Les réceptions les plus célèbres sont présidées par « son altesse sérénissime », le prince Cambacérès, dans son hôtel particulier de la rue de l'Université. Elles attirent des nuées de courtisans qui viennent goûter à son exquise cuisine, ou admirer les costumes chamarrés du maître de maison pendant que celui-ci se livre à son goût immodéré pour les jeunes hommes. Elles n'en sont pas moins profondément ennuyeuses : il y règne un silence de mort et un froid glacial. Les règles de conduite y sont en effet très strictes : les invités ne peuvent parler qu'après y avoir été autorisés par le « prince ». « Je n'ai jamais vu une fête gaie chez l'archichancelier, même au bal masqué », racontera la duchesse d'Abrantès. Princes, ministres, maréchaux et préfets se retrouvent aussi dans les nombreux salons qu'offre la capitale. Talleyrand accueille ainsi à l'hôtel Galliffet, puis à l'hôtel Monaco, une foule hétéroclite de conseillers d'État ambitieux, de sénateurs et d'anciens émigrés royalistes. Il y reçoit aussi, en présence de son épouse, toutes ses anciennes maîtresses, « son vieux sérail ». Un peu plus politique est le salon des Maret présidé par la duchesse de Bassano. Entre hauts fonctionnaires, on fait jouer ses relations et on y cultive la haine de Talleyrand.

Remarquablement belle et très spirituelle, Mme Récamier eut un grand nombre d'« admirateurs » et réunit autour d'elle un brillant salon d'opposition.
Portrait par François Gérard.

Les classes populaires – paysans, ouvriers et artisans – profitent elles aussi de la « remise en ordre de la Nation ». Les gros propriétaires bénéficient des nouveaux débouchés créés par les conquêtes napoléoniennes. Les journaliers voient leurs salaires augmenter de 20 % en raison de la conscription, qui entraîne une pénurie de main-d'œuvre. Si les métayers sont soulagés par la baisse des impôts, les petits fermiers, confrontés à une hausse du fermage bien supérieure à celle des prix, éprouvent plus de difficultés. La situation des ouvriers est moins favorable. Leurs conditions de travail restent fort pénibles : des salaires parmi les plus bas (2 à 3 francs par jour) et de longues journées de travail (12 heures). Leur liberté, limitée, est étroitement contrôlée par le régime impérial, qui craint leur promptitude à se rebeller. Il leur est ainsi interdit de former des corporations, de faire grève et, depuis 1803, de

Fidèle de l'Empereur, symbole de ces années fastes du début de l'Empire, Cambacérès reçoit chez lui la fine fleur de la société parisienne, avide de bons repas et de mondanités.
Portrait par Jean-Baptiste Greuze.

circuler sans leur livret ouvrier. Si le régime surveille de près les ouvriers, il agit de même envers les maîtres, notamment en contrôlant leur politique salariale. Les ouvriers profitent de la hausse des salaires (25 % depuis 1789) et de la disparition du chômage. Décrits par les rapports de police comme « chauvins », patriotes et anticléricaux, les ouvriers compteront, en 1815, parmi les ardents défenseurs du régime.

L'Empereur populaire

Le principal soutien du régime impérial reste le monde paysan qui représente alors les deux tiers de la population française. Napoléon a toujours aimé l'agriculture qu'il place *« au premier rang parmi les arts utiles »*. Il a pu remarquer sur les champs de bataille l'endurance et la bravoure de ces hommes habitués aux durs travaux des champs : *« Nous voulons avoir de bons paysans, c'est là ce qui fait la force des armées. »* De Beugnot en Normandie à Thibaudeau dans les Bouches-du-Rhône, les préfets, souvent inspirés par les théories physiocratiques, ont toujours encouragé l'exploitation des terres en freinant l'exode rural vers les industries. Les plus délaissés par le régime sont certainement les commerçants. Comme l'écrira Chaptal : *« Aucune classe ne souffrait plus que le commerce qui ne prospère que dans la paix. Or Napoléon a été constamment en guerre […] »*. En outre, l'Empereur se méfie *« de l'esprit aventurier des commerçants actuels »* parfois tentés par la contrebande ou « le marché noir » : *« le commerce a aussi abusé de la liberté ; il a besoin maintenant que le gouvernement veille sur lui et pour lui »*, écrivait-il en 1803.

Les salons d'opposition

Napoléon n'hésite pas à réprimer certains salons d'opposition. Celui de Germaine de Staël, sis rue de Grenelle, qui regroupait sous le Consulat la fine fleur de la contestation libérale voire jacobine – depuis Benjamin Constant jusqu'à Bernadotte – est dissout. En 1811 le salon de l'envoûtante Juliette Récamier subira le même sort : la jeune femme sera cantonnée à l'extérieur d'un rayon de « 40 lieues de Paris ». Il réunissait pourtant des personnalités brillantes aussi diverses que Lucien Bonaparte, Bernadotte ou Chateaubriand, tous amoureux transis de la Récamier. Les cercles réactionnaires sont quant à eux situés dans le Faubourg Saint-Germain, quartier de l'aristocratie d'Ancien Régime. Le salon de la duchesse de Laval est tout entier illuminé par la présence de Chateaubriand célèbre pour avoir condamné l'exécution du duc d'Enghien. On y complote contre « l'Usurpateur » ; on y ridiculise la cour impériale.

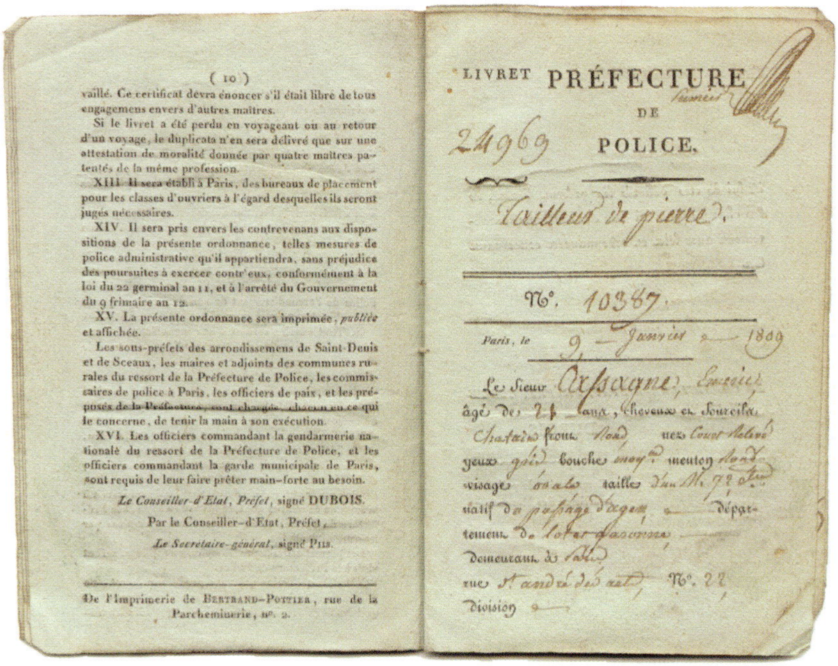

(10)

vaillé. Ce certificat devra énoncer s'il était libre de tous engagemens envers d'autres maîtres.

Si le livret a été perdu en voyageant ou au retour d'un voyage, le duplicata n'en sera délivré que sur une attestation de moralité donnée par quatre maîtres patentés de la même profession.

XIII. Il sera établi à Paris, des bureaux de placement pour les classes d'ouvriers à l'égard desquelles ils seront jugés nécessaires.

XIV. Il sera pris envers les contrevenans aux dispositions de la présente ordonnance, telles mesures de police administrative qu'il appartiendra, sans préjudice des poursuites à exercer contr'eux, conformément à la loi du 22 germinal an 11, et à l'arrêté du Gouvernement du 9 frimaire an 12.

XV. La présente ordonnance sera imprimée, *publiée* et affichée.

Les sous-préfets des arrondissemens de Saint-Denis et de Sceaux, les maires et adjoints des communes rurales du ressort de la Préfecture de Police, les commissaires de police à Paris, les officiers de paix, et les préposés de la Préfecture, sont chargés, chacun en ce qui le concerne, de tenir la main à son exécution.

XVI. Les officiers commandant la gendarmerie nationale du ressort de la Préfecture de Police, et les officiers commandant la garde municipale de Paris, sont requis de leur faire prêter main-forte au besoin.

Le Conseiller-d'Etat, Préfet, signé DUBOIS.

Par le Conseiller-d'Etat, Préfet,

Le Secretaire-général, signé Piis.

De l'Imprimerie de Bertrand-Pottier, rue de la Parcheminerie, n°. 2.

LIVRET PRÉFECTURE DE POLICE.

24969

Tailleur de pierre.

N°. 10387.

Paris, le 9 Janvier 1809

Le Sieur Arsagne, ouvrier

âgé de 21 ans, cheveux et sourcils

yeux bouche menton

visage ovale taille

natif de département

demeurant à

rue N°. 22

division

Le livret ouvrier, un instrument implacable de surveillance et de contrôle.

Les grands travaux

UNE INDUSTRIE FLORISSANTE

Autour de Lille, de Rouen et de Mulhouse se développe une industrie cotonnière de pointe, qui approvisionne l'immense marché constitué par le grand Empire. En Normandie et à Paris, les ateliers de filature et de tissage du coton de François Richard dit Richard-Lenoir sont particulièrement dynamiques. À Jouy-en-Josas, les manufactures de Christophe Oberkampf spécialisées dans la fabrication de toiles peintes, les fameuses toiles de Jouy, réalisent un bénéfice d'un million et demi. Le ministre Chaptal, scientifique de renom et propriétaire d'une fabrique d'acide sulfurique et chlorhydrique près de Montpellier, encourage la modernisation de l'industrie chimique, à Paris et à Marseille. Il concentre ses efforts sur la production de soude artificielle et de savon.

« Pour embellir Paris, il y a plus à démolir qu'à construire », reconnaît Napoléon. Au début du XIXe siècle, en effet, la capitale est un dédale de rues sombres, étroites et tortueuses souvent couvertes de boue, d'ordures et d'immondices. Les égouts sont très rares, les trottoirs inexistants. L'éclairage public se réduit à quelques lanternes suspendues au bout d'une corde. Les fontaines sont presque toujours à sec, ce qui oblige la population parisienne à s'alimenter directement dans la Seine. L'Empereur entreprend d'abord le réaménagement d'un quartier entier gravitant autour de la place Vendôme. Il fait ainsi percer de nouvelles rues larges et claires : la rue de la Paix, la rue de Castiglione et la rue de Rivoli. Pour régler le double problème de l'approvisionnement en eau et de la navigation à Paris, il avait déjà décidé par la loi du 19 mai 1802 la construction des canaux Saint-Martin, Saint-Denis et de l'Ourcq. Ce projet élaboré par Pierre-Simon Gérard s'intègre en fait dans un vaste plan d'ouverture commerciale de la capitale aux ports de la mer du Nord : « Quand on aura rendu le canal de l'Ourcq navigable, on le prolongera jusqu'à celui de Saint-Quentin, qui sera achevé dans trois ans, et l'on aura une communication directe entre Paris et Anvers, en attendant qu'il s'en établisse une autre par l'Aisne et la Meuse, entre Paris et Rotterdam », annonce l'Empereur en 1804.

Napoléon réfléchit aussi à une nouvelle organisation de la chaussée. Les rues devront comporter chacune un trottoir et des ruisseaux pour l'écoulement des déchets. Les maisons devront être numérotées selon un système pair-impair organisé en fonction de leur situation par rapport à la Seine. Ce nouveau découpage urbain ne sera appliqué que progressivement, grâce à l'action du préfet Chabrol. En même temps commence la construction d'un réseau de 10 kilomètres d'égouts et l'édification de 3 kilomètres de voies le long des quais...

Port royal creusé dans le roc de Cherbourg. Gravure de Beaujean, XIXe siècle.

La Bourse de Paris, commencée dès 1808 mais achevée bien après la mort de Napoléon. Gouache sur papier de Henri Courvoisier-Voisin.

En province, l'effort est important aussi et bien accueilli par la population. Lyon, dont la destruction systématique avait été décrétée par la Convention, est relevé de ses ruines. Dès 1800, Bonaparte réorganise son administration en la dotant d'un conseil municipal. Il assure même aux Lyonnais que dans deux ans « le commerce de cette ville, dont s'enorgueillit l'Europe aura repris sa première prospérité ». Il s'intéressera de très près au redémarrage économique de la Fabrique lyonnaise. Les façades de la place Bellecour, qui n'est plus qu'un vaste chantier, sont restaurées. La chapelle de Fourvière sera achevée et consacrée par le pape en personne en avril 1805. L'architecte Fontaine élabore même un projet de palais impérial dans l'île Perrache.

Les habitants de l'Ouest de la France considèrent avec soulagement la fin de la guerre. En Vendée, l'Empereur décide de fonder une ville nouvelle, sur les ruines d'un village (La Roche-sur-Yon) au centre du département pour pallier la situation trop excentrée de Fontenay-le-Comte. Par le décret du 25 mai 1804, la ville prend le nom de Napoléon-Vendée. Elle sera édifiée selon un plan en damier élaboré par les architectes Cormier et Duvivier, avec un centre doté d'une place rectangulaire comprenant une série de bâtiments administratifs. Mais les travaux seront ralentis par les expériences urbanistiques audacieuses du ministre de l'Intérieur Cretet, adepte de la construction en torchis, peu compatible avec le climat vendéen.

Cette vaste réorganisation doit beaucoup à l'action de préfets énergiques, comme Beugnot en Seine-Inférieure. Néanmoins, si la rupture des relations commerciales avec l'Angleterre profite à l'industrie, elle dessert très largement l'activité des grands ports comme Bordeaux, Nantes, Marseille ou La Rochelle. Napoléon fera cependant aménager certains ports comme Cherbourg ou Anvers.

Le palais Brongniart

La Bourse de Paris située depuis 1724 dans l'hôtel Mazarin, rue Vivienne, n'est plus adaptée *« à la grandeur de la capitale et au nombre d'affaires qui doivent s'y faire jour »* selon les mots du ministre de l'Intérieur Champagny. Napoléon entreprend donc l'édification d'un nouvel édifice à l'emplacement de l'ancien couvent des Filles-Saint-Thomas. Les plans seront confiés à Alexandre Théodore Brongniart, l'architecte du couvent des capucins et du cimetière du Père-Lachaise. *« Monsieur Brongniart, voilà de belles lignes ! À l'exécution ! Mettez les ouvriers ! »*, se serait exclamé l'Empereur. Cependant les travaux ne commenceront que le 24 mars 1808 et l'édifice n'ouvrira ses portes qu'en… 1826 !

Portrait intime de l'Empereur

Une figure pâle et allongée, avec des yeux vifs et perçants, tantôt doux, tantôt sévères. Portrait par Girodet.

La prodigieuse carrière de Napoléon s'explique avant tout par une personnalité hors du commun. Selon les mots de Schopenhauer, « il est la plus belle manifestation de la volonté humaine ». En 1804, l'Empereur a 35 ans, mais déjà, il en a vécu le double et son caractère s'est fortifié à l'épreuve des événements. Son attention est toujours en éveil, la résistance de ses nerfs incroyable, ses réflexes foudroyants et sa capacité de travail illimitée.

Petit et court sur jambe, il mesure 1,68 m, taille bien modeste par rapport à notre moyenne actuelle, mais supérieure à celle de l'époque. Assez musclé et encore sec, son corps est endurant et résistant. Son teint olivâtre s'est éclairci, ses cheveux châtains commencent à se clairsemer. Tout le monde est frappé par son regard : de grands yeux gris bleu qui peignent d'une manière incroyable les diverses émotions dont il est agité : tantôt doux et caressants, tantôt sévères et durs. Constant, le valet de chambre de Napoléon, écrit à ce sujet : « L'Empereur a une physionomie pour chacune des pensées qui agitent son âme. » La régularité de ses traits prend dans le travail une expression de sévérité imposante, mais dans l'intimité, il sait retrouver le sourire. Sa bouche est belle, les lèvres égales et un peu serrées, particulièrement dans la mauvaise humeur. Ses dents sont très blanches et très bonnes ; jamais il ne s'en est plaint. Sa tête est très forte et fragile ; aussi Constant fait ouater ses chapeaux, et prend soin de les porter quelques jours dans sa chambre pour les briser. De même, il fait porter ses bottes et ses souliers par un garçon de garde-robe,

Napoléon était très soucieux de son hygiène comme le montre ce nécessaire de toilette qu'il emmenait en campagne.

NAPOLÉON VU PAR HYDE DE NEVILLE, AGENT ROYALISTE

« La porte s'ouvrit. Instinctivement, je regardai celui qui entrait, petit, maigre, les cheveux collés sur les tempes, la démarche hésitante ; l'homme qui m'apparut n'était en rien celui que mon imagination me représentait… Il traversa la pièce sans jeter sur moi un regard. Il s'adossa à la cheminée et releva la tête. Il me regarda avec une telle expression, une telle pénétration que je perdis toute assurance sous le feu de cet œil investigateur. L'homme avait grandi pour moi, tout à coup, de cent coudées. »

qui a exactement le même pied que Napoléon, car ce dernier a les pieds fort sensibles. Ses mains sont toujours très bien soignées, même s'il se ronge souvent les ongles. Il a pris l'habitude de glisser sa main droite dans son gilet. Beaucoup d'auteurs on cru y déceler les effets de ses maux d'estomac. D'autres n'ont pas manqué de faire remarquer qu'il avait été élevé à l'école de Brienne et à l'École militaire de Paris, où on lui avait appris tout simplement à bien se tenir.

L'Empereur ne boit que du vin de Chambertin, mais rarement pur et guère plus d'une demi-bouteille par jour. Le plat qu'il aime le plus est le « poulet Marengo ». Il mange aussi volontiers des côtelettes, de la poitrine de mouton grillée ainsi que les haricots, les lentilles et il adore le pain. L'habitude de prendre ses repas précipitamment lui cause parfois de violents maux d'estomac qui se terminent souvent par des vomissements.

Plus tard, il engraissa beaucoup, mais sans rien perdre de son charme ; au contraire, au dire de Constant, « il était mieux sous l'Empire que sous le Consulat ; sa peau était devenue très blanche, et son teint animé. » Napoléon éprouve une véritable passion pour la propreté. Dès son réveil, il prend un bain, même si il en a déjà pris un au milieu de la nuit, puis il se fait énergiquement frictionner à l'eau de Cologne. Il se rase lui-même, se nettoie ensuite les dents avec une brosse trempée dans un opiat d'une composition spéciale et enfin se fait habiller par son valet de chambre. En ce qui concerne le vêtement, il est resté sobre et aime à rappeler ses modestes origines, notamment lorsqu'il se trouve en présence de rois et de reines. Napoléon s'habille donc simplement sans ornements, presque avec négligence. Il reste attaché à la redingote grise, à l'uniforme vert de colonel des chasseurs à cheval de la Garde et au fameux chapeau de feutre noir à cocarde tricolore. Comme décorations, l'Empereur porte uniquement la Légion d'honneur accompagnée de la Couronne de fer.

La contrariété éveille en lui des colères mémorables même si elles sont souvent calculées. Mais il remarque lui-même qu' « il est même assez bon homme » ; et c'est plutôt vrai, il se montre généreux et aimable pour ceux qui l'approchent de près. Cependant son égoïsme monstrueux, son mépris total des hommes et des femmes… l'entraînent dans des réactions violentes de plus en plus insupportables.

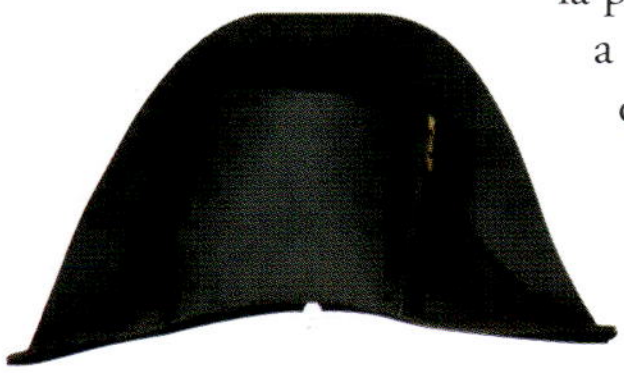

La fameuse redingote grise et le célèbre chapeau noir que Napoléon portait presque quotidiennement : les instruments de la légende.

Jusqu'en 1814, Roustan parcourt l'Europe derrière son maître. *Roustan en costume oriental* (détail), peinture de L. P. Crépin.

Roustan, le mamelouk de l'Empereur (1780-1845)

Offert à Bonaparte par le cheikh El-Becri en 1799, l'esclave géorgien Roustan devient aussitôt son homme à tout faire. Il lui offre des armes, un grand cheval et le fait coucher devant sa porte. Roustan accompagne l'Empereur dans chacun de ses déplacements, toujours placé derrière lui, le suit à la chasse, tient ses fusils, méritant ainsi son titre de porte-arquebuse. Il devient rapidement la coqueluche des Parisiens. Servant l'Empereur avec une fidélité aveugle, il lui obéit en tout. À ce serviteur bienveillant et pacifique, mais aussi vaniteux et un peu sot, Napoléon voue pourtant une affection particulière. Comblé de bienfaits par son maître, il va lui aussi l'abandonner au lendemain de son abdication à Fontainebleau. En effet, le bruit court que l'Empereur a essayé de s'empoisonner durant la nuit. Aussi, quand celui-ci sort de sa prostration pour réclamer ses pistolets, Roustan, épouvanté, refuse de les lui apporter. Effrayé par l'audace de son geste, il abandonne celui à qui il doit tout.
Sous la Restauration, la police surveille le mamelouk. Ses fréquents voyages à Londres intriguent : comploterait-il ? En réalité, Roustan s'exhibe dans un cirque, revêtu de son costume chamarré ; l'aventure s'achève en mascarade. Il meurt obscurément à Dourdan, à l'âge de soixante-cinq ans.

« Né et construit pour le travail »

Dès le matin, marchant pendant des heures, Napoléon dicte à ses secrétaires.
Gravure d'après Raffet.

« Je suis né et construit tout entier pour le travail… Je ne connais pas chez moi la limite du travail », confie Napoléon à Roederer. Et en effet, l'Empereur travaille sans limites, partout et n'importe où, et avec une méthode parfaite. Sa remarquable mémoire classe les faits, les idées et engrange les résultats de ce travail. « Les divers objets et les diverses affaires sont casés dans ma tête comme dans une armoire… » Encore plus surprenante est la facilité avec laquelle il retrouve une affaire dont on lui parle soudain. « Quand je veux interrompre une affaire, je ferme un tiroir et j'ouvre celui-ci ou un autre. Entre toutes ces questions, jamais de mélange ; quand je dors, tous les tiroirs sont fermés. » L'historien Taine disait qu'il avait trois atlas dans son cerveau : le premier composé de tous les renseignements militaires, le second de toute l'administration d'un pays, le troisième d'un dictionnaire biographique et moral.

Une journée de l'Empereur aux Tuileries commence tôt : il est dans son cabinet de travail dès 6 heures du matin. Il s'enferme avec son secrétaire, des ministres, des généraux, des conseillers d'État. Puis il prend un bain chaud pendant qu'on lui lit les journaux. Vers 9 heures, il accorde les premières audiences avant de déjeuner sur un guéridon d'acajou en moins de huit minutes. Vers 11 heures, il appelle les secrétaires qui se succèdent la plume à la main et avant même qu'ils aient pu s'asseoir, claquent ces mots : « écrivez ! » Napoléon va dictant de l'un à l'autre ; à Méneval l'ordre au ministre ; à Fain la réponse au maréchal ; à Mounier la minute d'un décret, à Albe l'article qui sera inséré demain matin dans le *Moniteur* ; à l'aide de camp de service, une instruction à porter d'urgence. Il dicte avec une grande rapidité et il n'est pas question de le faire répéter. Il hésite généralement sur le premier mot de la phrase, mais dès qu'il l'a trouvé, le reste lui vient d'un seul jet. L'Empereur demeure dans son cabinet de travail généralement jusqu'à 18 heures, sauf les après-midi où il y a Conseil d'État. Là, dans une grande pièce des Tuileries, la discussion commence et se poursuit souvent pendant des heures. Le jeune auditeur Trémont raconte : « J'ai assisté à des séances présidées pendant sept heures consécutives par Napoléon… Le soin qu'il apportait à provoquer la contradiction produisait un entraînement égal à celui qu'il exerçait sur l'armée… »

À 18 heures, quelquefois beaucoup plus tard, il dîne seul avec Joséphine, sauf le dimanche où la « famille » les rejoint. Ce repas ne dure jamais plus de vingt minutes. Le soir, il apparaît un instant dans les salons du château. Bien vite, il retourne dans son cabinet de travail où l'attendent les affaires les plus sérieuses qu'il a réservées pour la soirée. En définitive, il se couche vers minuit. Pourtant deux ou trois heures après son premier sommeil, il se relève, vêtu d'une simple robe de chambre, et passe dans son bureau. Si une idée lui vient, il fait chercher son secrétaire, sinon il signe des pièces, paraphe des

« Le souvenir d'un amant… »

Racontant un jour à table à Sainte-Hélène une de ses affaires d'Égypte, Napoléon nommait numéro par numéro, les huit ou dix demi-brigades qui en faisaient partie. Sur quoi, Mme Bertrand ne put s'empêcher de l'interrompre, pour lui demander comment il était possible, après tant de temps, de se rappeler ainsi tous ces numéros. *« Madame, le souvenir d'un amant pour ses anciennes maîtresses ! »*, répliqua l'Empereur.

ordres et souvent annote les états de ses armées. Alors, dans le silence du palais endormi, il grave dans sa mémoire chacune des unités qui composent ses armées ; escadron par escadron, batteries par batteries, il compte ses soldats, il les suit sur les routes de l'Europe, il sait à point nommé leurs étapes : il apprend jusqu'à leurs noms. Enfin vers 5 heures, il se recouche pour une heure ou deux.

Livres de la bibliothèque de l'Empereur aux Tuileries et à Fontainebleau.

Dans l'exercice du pouvoir, Napoléon est le seul maître, même s'il prend constamment conseil. Il a détesté l'inégalité civile, la féodalité, le fanatisme religieux et il voit dans le despotisme éclairé une manière de concilier l'autorité et les indispensables réformes ; il en est d'ailleurs un de ses derniers représentants. Son ambition est immense. « On dit que je suis ambitieux. Je ne le suis pas, mon ambition est si intimement unie à mon être qu'elle n'en peut être distinguée. » Il y a cependant sous le costume d'Empereur plusieurs hommes. Du pauvre lieutenant sans le sou côtoyant les puissants, il lui est toujours resté comme une certaine jouissance à subjuguer ceux qui l'avaient méprisé. Il sait exploiter les hommes avec leurs vanités, leurs passions, leurs intérêts et obtenir d'eux des actes impossibles en exaltant leur sens de l'honneur. Un jour, il avouera à Girardin : « L'avenir apprendra s'il n'eût pas mieux valu pour le repos de la terre, que ni Rousseau, ni moi n'eussions jamais existé. »

Il y a aussi chez lui le « déraciné intégré » qui a totalement épousé le sentiment national et le « déclassé », ni tout à fait gentilhomme, ni tout à fait homme du peuple, ce qui lui permet de servir avant tout ses intérêts propres. Napoléon demeure un homme du XVIIIe siècle, rationaliste et philosophe. Loin de se confier à l'intuition, c'est sur le raisonnement qu'il compte : « J'ai l'habitude de prévoir trois ou quatre mois d'avance ce que je dois faire et je calcule sur le pire. » Pour lui le hasard ne fait rien réussir. Pourtant aux côtés de l'homme d'État rigoureux et rationnel, il y a le romantique à l'imagination démesurée, qui rêve de reculer les limites de la gloire. Toujours insatisfait du présent, il mobilise ses immenses capacités à la poursuite des mirages de son imagination. « La mort n'est rien, mais vivre vaincu et sans gloire, c'est mourir un peu tous les jours. »

Napoléon dans son cabinet de travail, entouré de ses livres et de ses cartes.

La cour impériale

L'ÉTIQUETTE

Le premier règlement officiel concernant l'étiquette remonte à mars 1802. Il consacre la naissance d'un embryon de cour consulaire formé par « la maison de Joséphine » et animé par Mesdames de Rémusat, de Lauriston, de Luçay et de Talhoüet. Par le sénatus-consulte du 18 mai 1804, Napoléon tente d'organiser une véritable cour d'Empire avec ses costumes et ses rituels : *« Il me fallait créer un extérieur, me composer une certaine gravité, en un mot établir une étiquette, autrement on m'eût journellement frappé sur l'épaule. »* Fouché le notera avec ironie dans ses *Mémoires* : *« Le ridicule s'attacha à ses travestissements mais on s'y attacha bientôt. »* L'Empereur complètera ce dispositif aulique en instituant le 1er mars 1808 une nouvelle noblesse.

Joséphine recevant des ambassadeurs aux Tuileries.

Le 18 mai 1804, Napoléon avait procédé à la distribution des titres et des honneurs. Cette cérémonie consacrait la naissance d'une cour impériale hétéroclite et bigarrée, fort différente de la cour consulaire étroite et guindée. Le cœur en est formé par la famille Bonaparte étendue aux conjoints et à leurs enfants, autour de laquelle viennent se greffer les anciens consuls. Pour unifier ces deux groupes, l'Empereur a créé six grandes dignités, inspirées des institutions germaniques, attribuées de façon inamovible aux membres de sa famille et aux anciens consuls. Il a ainsi nommé Joseph grand électeur ; Louis grand connétable et Murat, l'époux de Caroline Bonaparte, grand amiral. Afin de rallier l'indépendant Cambacérès à l'idée impériale, Napoléon l'a élevé à la dignité d'archichancelier d'Empire. L'autre ex-consul Lebrun est devenu architrésorier. Lucien et Jérôme, mis à l'écart pour leurs frasques conjugales, n'auront droit à aucune dignité.

Les membres de la famille impériale reçoivent le titre de « prince » et d'« Altesse Sérénissime ». En public, les anciens consuls pourront être appelés « Grandeurs ». Les sœurs Bonaparte ainsi que Hortense seront nommées « princesses ». Le budget de la cour est adopté le 17 juillet 1804 : l'Empereur recevra 25 millions de francs et ses frères un million chacun.

La cour impériale ne manque pas de surprendre le diplomate étranger habitué au raffinement des princes européens. Murat et Augereau, respectivement fils d'aubergiste et de domestique, ont gardé les manières grossières et brutales de l'armée qui n'ont rien à voir avec le « ton de Versailles ». Lorsque Augereau veut quitter un salon à la mode, il crie à sa femme « Allons ! Voyons ! Trime ! » Les « dames » sont tout aussi vulgaires. La générale Dorsenne parle comme une « poissarde ». Ancienne blanchisseuse de la rue Poissonnière, la maréchale Lefebvre, la célèbre « Madame Sans-Gêne », fait rougir Joséphine avec ses propos de « péronnelle » et sa maladresse lorsqu'elle marche sur les parquets des Tuileries.

Afin de policer un peu les mœurs de la cour et de rallier une partie des royalistes au régime, Napoléon a tenu à intégrer aussi des familles de la noblesse d'Ancien Régime, des « dames du palais ». Pour convaincre la comtesse Alexandre de La Rochefoucauld, l'Empereur lui fera miroiter des faveurs et des pensions. Ce qui n'empêchera pas l'intéressée de manifester au sein des Tuileries ses plus profonds sentiments royalistes. Mais, la fusion tant attendue ne se produira pas : la cour restera divisée en deux mondes étrangers et hostiles comme en témoigne l'opposition irréductible entre la duchesse de Montebello, épouse de l'ancien garçon d'écurie Lannes, et Madame de Montesquiou, héritière d'une des plus illustres familles de France. Pourtant certains aristocrates réussiront à se dédoubler adoptant le « style Empire » aux Tuileries, et le « ton de Versailles » au Faubourg Saint-Germain.

◁ Malgré les apparences, la mésentente règne entre Hortense de Beauharnais (la deuxième en partant de la droite) et les trois sœurs de Napoléon. Détail du *Sacre* de David.

La députation du sénat romain offrant ses hommages à Napoléon Ier dans la salle du trône du palais des Tuileries, le 16 novembre 1805. Peinture de Innocent-Louis Goubaud.

Un cérémonial pesant

Les galas organisés aux Tuileries sont très codifiés. L'impératrice apparaît à 21 heures et « fait le tour » des invités. Elle se rend ensuite dans le salon de l'Empereur pour une partie de whist. N'auront droit de l'accompagner que les personnes désignées par Talleyrand, le grand chambellan. Les autres invités ne pourront se divertir dans les salons voisins qu'à 22 heures seulement. À son tour, Napoléon fera le tour de l'assistance : il saluera certains courtisans, en méprisera d'autres. Tout ce beau monde gagnera, en rang, la salle de concerts pour écouter de la musique puis assister à un ballet avant de se rendre dans la salle du souper. Le repas, austère et guindé, s'achèvera à minuit dans le plus grand soulagement.

Quel roi pour l'Italie ?

UNE ITALIE FRANÇAISE ?

Située au croisement de l'Europe centrale et de la Méditerranée, l'Italie est un enjeu géostratégique majeur, tant militaire que commercial. L'expansion française dans le Nord-Ouest de l'Italie semble irrésistible. En janvier 1805, l'Empire comprend déjà 7 départements italiens (à Parme et au Piémont). À cela s'ajoutent bon nombre de régions vassalisées : la Ligurie, l'île d'Elbe, Lucques, Piombino ainsi que les États pontificaux, trop faibles pour résister. Proclamé roi d'Italie, le 17 mars, Napoléon ne dirige en fait à ce titre qu'un mince territoire coincé entre le Piémont, annexé à la France en 1802, la Vénétie dépendant de l'Autriche et l'Étrurie (Toscane) de Marie-Louise de Bourbon. Mais, cette nouvelle situation fait craindre à l'Autriche, à l'Angleterre et à la Russie l'annexion prochaine du royaume à la France. Napoléon se trouverait alors en position de contrôler l'Adriatique… L'Angleterre, quant à elle, peut compter sur son alliance traditionnelle avec le royaume des Deux-Siciles ainsi que sur l'île de Malte qu'elle s'est octroyée en 1802. Elle contrôle en outre le port de Livourne en Toscane, qui lui sert d'entrepôt.

Les entrevues entre Napoléon et Joseph sont des plus houleuses. Le « futur roi d'Italie » n'entend pas abandonner ses prétentions dynastiques. L'Empereur lui propose alors un arrangement : si, à sa mort, il n'a toujours pas d'héritier, c'est Joseph qui lui succédera à la tête de l'Empire. Il sera alors remplacé sur le trône d'Italie par Louis Bonaparte. Le 25 janvier, Cambacérès lui présente pour information un modèle de contrat : la renonciation inviolable et éternelle du roi d'Espagne Philippe V à la couronne de France. Joseph qui flaire le piège refuse catégoriquement tout arrangement. La tension monte… Napoléon convoque alors Louis aux Tuileries pour lui proposer d'offrir le trône d'Italie à son fils aîné. Dans un accès de colère et de vanité, Louis avoue à son frère que jamais il ne pourra admettre que son propre fils puisse avoir une position plus élevée que la sienne. L'Empereur insiste, en vain. Il contacte alors par l'intermédiaire de Talleyrand son autre frère, Lucien, qui refuse à son tour. Il devra donc se résoudre à se couronner lui-même roi d'Italie au risque de provoquer une guerre avec l'Autriche…

Il lui faut maintenant rassurer les représentants italiens et l'empereur d'Autriche. Officiellement proclamé roi d'Italie le 17 mars, il s'engage par décret à garantir l'indépendance du royaume d'Italie. Il évoque aussi la question de sa succession : « Je la garderai, cette couronne, mais seulement tout le temps que vos intérêts l'exigeront ; et je verrai avec plaisir arriver le moment où je pourrai la placer sur une tête plus jeune qui, animée de mon esprit, continue mon ouvrage […] » Son règne considéré comme transitoire durera jusqu'à ce que les armées britanniques et russes quittent le Sud de l'Italie et Malte. Mais le mystère plane encore quant à l'identité de son héritier naturel ou adoptif… Le même jour, Napoléon adresse à l'empereur d'Autriche une lettre fort prévenante : « Mon intention est de me démettre de la couronne d'Italie et de la séparer de la couronne de France […] J'espère que cette déclaration convaincra votre Majesté de mes dispositions pacifiques. »

Début avril, il part avec son épouse pour Milan où doit avoir lieu le couronnement. En chemin, il fait un petit détour par Brienne, dans ce lieu qui lui est si familier. Les souvenirs se bousculent dans sa tête. Il revoit l'École militaire, le château et la « chambre du roi » qu'il admirait tant. Seul avec son cheval, il parcourt pendant plusieurs heures les bois et les champs des environs. Épuisé par cette course effrénée, il s'arrête dans la

Le 26 décembre, Venise devient française par le traité de Presbourg. Deux ans plus tard, Napoléon préside les régates sur le Grand Canal. Peinture de Giuseppe Borsato.

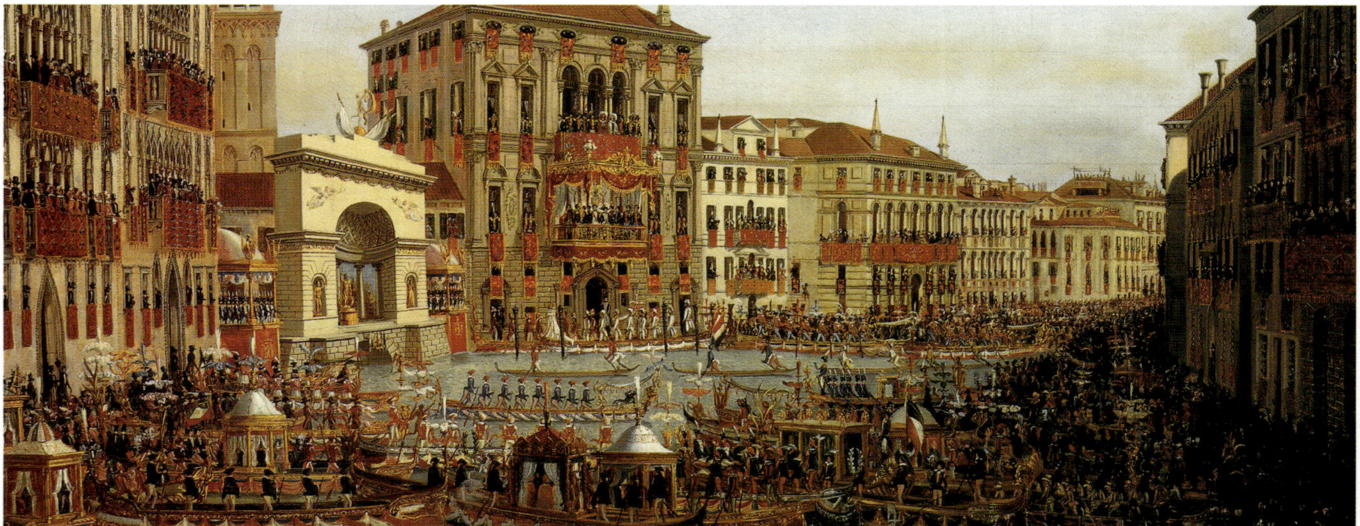

chaumière de la mère Marguerite où il avait l'habitude, enfant, de venir manger des œufs frais. La vieille dame le reconnaît, à peine étonnée de retrouver, avec quelques années de plus, le petit boursier du roi. Avant de reprendre la route, Napoléon propose à Madame de Brienne de lui acheter son château. Elle refuse. Quelques jours plus tard, le cortège impérial arrive à Lyon sous les acclamations de la foule. L'Empereur multiplie les cérémonies publiques, visitant les lycées, s'intéressant au recrutement et à la moralité des enseignants, supervisant la reconstruction de la place Bellecour, baptisée pour l'occasion place Napoléon. Il assiste aussi à la consécration par le pape de la chapelle de Fourvière.

En mai, Napoléon fait une entrée triomphale à Milan, où il doit se faire couronner roi d'Italie.

La couronne de fer

Revers de médaille en bronze sur laquelle est inscrite la nouvelle titulature de Napoléon, roi d'Italie.

Après une étape de quelques jours à Turin, le convoi impérial parvient enfin à Milan. Le 26 mai, jour du couronnement, Napoléon pénètre dans la cathédrale Saint-Ambroise décorée pour l'occasion de tentures de gaze et de crêpe. Il s'approche de l'autel où est déposée la couronne de fer que l'archevêque de Milan s'empresse de bénir. D'un geste décidé, il « l'enfonce hardiment sur sa tête » puis prononce ces mots si menaçants : « Dio me l'ha data, guai a chi la tocchera ! » (« Dieu me l'a donnée, gare à qui la touchera ! »). Pourtant c'est la joie qui illumine à cet instant son visage. Ce couronnement auquel il a été contraint semble en effet ne pas lui déplaire…

Le nouveau roi d'Italie prête alors serment : « Je jure de maintenir l'intégrité du royaume, de respecter et de faire respecter la religion de l'État, de respecter et de faire respecter l'égalité des droits, la liberté politique et civile, l'irrévocabilité des ventes des biens nationaux, de ne lever aucun impôt, de n'établir aucune taxe qu'en vertu de la loi, de gouverner dans la seule vue de l'intérêt, du bonheur et de la gloire du peuple italien. » À la fin de la cérémonie, lorsqu'il sort de la cathédrale, une foule en liesse vient l'accueillir. Les nobles italiens se pressent autour de lui pour le voir et lui baiser la main. Certains badauds s'allongent même sur le pavé pour l'honorer.

Mais la politique italienne de Napoléon n'est pas si innocente. Le 18 mars, il avait déjà fait don de la principauté de Piombino à sa sœur Élisa et à son époux, Félix Bacciochi. Le 25 mai, c'est par l'intermédiaire de Saliceti qu'il soumet au sénat de Gênes un plan d'intégration de la république Ligurienne à la France. Le 6 juin, soit presque

Vers la troisième coalition

En janvier, l'empereur d'Autriche, François II, ordonne la mobilisation de soldats le long des frontières occidentales de son empire, officiellement pour contenir une épidémie de « fièvre jaune ». Le 11 avril, le Premier ministre anglais, William Pitt, un des plus fervents partisans d'une troisième coalition, signe un traité d'alliance avec le tsar qui prévoit le retrait français du Hanovre et du nord de l'Allemagne et vise à empêcher toute union entre l'Italie et la France. Frédéric-Guillaume III de Prusse est quant à lui tout près de rompre sa neutralité pour intégrer la coalition. Le 5 août, le diplomate russe Voronzof justifiera la coalition contre Napoléon : « *Quand au motif et à la justice d'une coalition contre Bonaparte, elle ne peut être reconnue que comme juste et nécessaire par ses infractions des traités d'Amiens et de Lunéville, sa royauté de l'Italie, l'usurpation de Gênes, et enfin tout ce qu'on peut attendre de son audace et de la puissance énorme et gigantesque qu'il s'est formée et qui menace toute l'Europe.* » En octobre, c'est la Suède de Gustave IV qui rejoindra le front européen, suivie, un mois plus tard, par le royaume de Naples.

L'Empereur en costume de roi d'Italie, peinture d'Andrea Appiani, 1805.

deux semaines après le couronnement, la république Ligurienne est annexée à l'Empire et découpée en trois départements (Montenotte, Gênes et les Apennins). Le lendemain, Napoléon, profondément déçu par l'ingratitude de ses frères, nomme Eugène de Beauharnais vice-roi d'Italie. Chargé de présider les conseils d'État et des ministres, le jeune homme administrera le pays en l'absence du roi. Mais cette nomination désillusionne profondément les Italiens qui auraient préféré voir à ce poste leur candidat, l'ancien vice-président Melzi d'Eril, qui n'aura droit qu'au titre de chancelier. Le même jour, Napoléon accorde à Élisa et à son mari l'administration d'un autre territoire, la république de Lucques, transformée en principauté et rattachée à Piombino. La menace d'une Italie française fait frémir l'Europe entière… Dans la titulature officielle, Napoléon choisira de se faire appeler « Sa Majesté empereur et roi », titre qui ne manque pas de renforcer sa rivalité avec l'empereur d'Autriche et roi de Hongrie, François II. Mais lorsqu'il apprend la concentration de troupes autrichiennes au Tyrol, il commence à s'énerver : « Le fait est que l'Autriche arme ; je veux qu'elle désarme ; si elle ne le fait pas, j'irai avec 200 000 hommes lui faire une visite dont elle se souviendra longtemps. » Néanmoins, les rumeurs de coalition ne semblent pas détourner Napoléon de son objectif initial : le débarquement en Angleterre, fixé à la fin du mois d'août.

En recevant la couronne de fer, Napoléon devient le descendant des rois lombards. Gravure d'Andréa Appiani.

« La descente en

Napoléon essayant d'enflammer les bateaux anglais à l'aide d'un miroir concave. Gravure coloriée anglaise de 1805.

Alors en visite officielle à Gênes, Napoléon suit avec attention l'évolution des opérations dans l'Atlantique. Les nouvelles sont mauvaises : l'escadre de Ganteaume, qui devait retrouver celle de Rochefort à la Martinique, est bloquée par les Anglais dans le goulet de Brest. L'Empereur ordonne alors à Villeneuve de rejoindre l'escadre de Gravina basée à Cadix afin de se rendre avec elle aux Antilles. Mais, lorsqu'il arrive à la Martinique, le 15 mai, Villeneuve découvre avec stupeur que l'escadre de Rochefort vient de repartir en Europe. Le rendez-vous est manqué !

Napoléon fulmine… Ce vaste plan d'invasion de l'Angleterre, il l'a minutieusement chronométré. Chaque traversée de l'Atlantique ne doit durer que trente jours, temps record pour les navires de l'époque qui font habituellement le trajet en quarante jours. Le retour à Boulogne doit avoir lieu entre le 10 juin et le 10 juillet. Cette opération, Napoléon l'a préparée comme une guerre terrestre sans vraiment tenir compte des courants, des vents et des risques d'avarie. En outre, les agents anglais ont très vite été informés du projet. Le plan de débarquement sera même publié dans certains journaux britanniques ! Pour ne pas tomber dans le piège français, Lord Barham, commandant de l'Amirauté, ordonnera à la plupart des navires anglais de rester dans la Manche.

Le 6 juillet, Napoléon se décide enfin à quitter l'Italie pour Paris. Dans la voiture qui le conduit en France, il griffonne ses dernières directives. Villeneuve et Gravina devront retrouver Missiessy dans le golfe de Gascogne puis Ganteaume à Brest. Alors, ils pourront remonter la Manche et attaquer tous ensemble la flotte anglaise afin de permettre le débarquement. Le 3 août, il arrive enfin à Boulogne et supervise les derniers préparatifs. Les hommes, les chaloupes, les munitions, tout est prêt. Le débarquement aura lieu à une dizaine de kilomètres de Douvres. Il ne manque plus que Villeneuve. Le 13 août, Napoléon apprend que l'amiral est à Ferrol. Il lui adresse un courrier rassurant : « Les Anglais ne sont pas aussi nombreux que vous le pensez. » Mais les informations

Le plus grand marin du monde : Horatio Nelson (1758-1805)

Capitaine en 1779, il devient commodore de la Méditerranée au sein de l'escadre du capitaine Hood. Chargé d'aider les insurgés corses, il prend, en 1794, Bastia et Calvi. Il y perdra l'œil droit. En 1797, c'est son bras droit qui est emporté par un boulet. Contre-amiral, il détruit le 1er août 1798, la flotte française en rade d'Aboukir. Cette victoire lui vaudra d'être accueilli dans son pays comme un héros, comme « le sauveur de l'Europe ». Influencé par sa maîtresse, Lady Hamilton, il s'engage aux côtés des Bourbons de Naples et réprime l'insurrection des républicains. Promu en 1801 vice-amiral de l'escadre de la Baltique, il participe au bombardement de Copenhague. Mais son exploit le plus fameux restera le « coup de Trafalgar ». À la tête de l'escadre de la Méditerranée, Nelson parvient à mettre en pièces la flotte franco-espagnole au large de Cadix. Malheureusement il est atteint par une balle. L'Angleterre lui fera des obsèques grandioses.

Mort de Nelson sur le *Victory*. L'amiral anglais paya de sa vie sa victoire à Trafalgar.

Angleterre est manquée »

Le désastre de Trafalgar assure la maîtrise des mers à l'Angleterre pour 150 ans. *La bataille de Trafalgar,* peinture de George Chambers, première moitié du XIXe siècle.

qui lui viennent du continent sont inquiétantes : la Russie a massé ses troupes le long de la frontière polonaise ; les armées autrichiennes sont sur le point d'envahir la Bavière. L'Empereur réfléchit déjà à une autre opération d'invasion, qui vise cette fois l'Allemagne. Le 15, il convoque même le conseiller d'État Daru pour lui en parler. En quelques heures, il lui dictera un plan d'une précision inouïe, d'une complexité effarante et d'une audace géniale. Dans ces quelques lignes griffonnées à la hâte, figure déjà tout le plan de campagne de 1805…

Le 25, lui parviendra la terrible nouvelle : en proie à la panique, Villeneuve s'est réfugié à Cadix et s'est retrouvé encerclé par les navires anglais. Il n'ose y croire : tout débarquement est désormais impossible. Il enrage contre ce traître de Villeneuve, ce « misérable qu'il faut chasser ignominieusement ». Puis il se ressaisit et ordonne la levée du camp de Boulogne et, le 29 août, le départ des premiers détachements pour l'Allemagne : « Je change mes batteries… Il s'agit de gagner vingt jours et d'empêcher les Autrichiens de passer l'Inn pendant que je passerai le Rhin… Ils ne s'attendent pas avec quelle rapidité je ferai pirouetter mes 200 000 hommes. »

Le désastre de Trafalgar

Le 19 octobre, Villeneuve, à la tête de 22 vaisseaux français et de 15 vaisseaux espagnols, se décide enfin à sortir de la rade de Cadix. Pendant ce temps, Nelson, à bord du *Victory*, médite une dernière fois son plan, son « coup de Trafalgar » : séparer puis harponner l'avant et l'arrière-garde de la flotte ennemie. Le 21 octobre, après avoir fait envoyer aux autres navires le message suivant : *L'Angleterre compte que chacun fera son devoir*, l'amiral anglais lance ses navires à l'assaut des escadres franco-espagnoles. L'affrontement débute à midi, au large du cap Trafalgar, à 25 milles des côtes de l'Espagne. Nelson dispose sa flotte en deux colonnes : il commande la première pendant que Collingwood dirige la seconde. Le choc est brutal : la ligne franco-espagnole est coupée en trois tronçons. Les premiers combats s'engagent : le *Redoutable* du capitaine Lucas accroche le *Victory*. Les coups de feu pleuvent sur les ponts des deux navires. Nelson s'écroule, frappé d'une balle tirée par un gabier du *Redoutable*. Quelques heures plus tard, l'*Achille*, mitraillé par les canons anglais, explose en pleine mer. La flotte alliée est anéantie. C'est un désastre complet pour la marine française : 2 177 marins alliés sont tués ; 13 vaisseaux français et 9 vaisseaux espagnols sont détruits. Dans le camp adverse, on comptera environ 400 morts et un millier de blessés sans qu'aucun navire de Sa Majesté n'ait été coulé. Désespéré, humilié, coupable aux yeux de tous d'être le seul artisan du désastre, Villeneuve se suicidera l'année suivante… Cependant la victoire anglaise passe presque inaperçue, éclipsée en partie par la reddition des Autrichiens de Mack à Ulm, le 19 octobre. Napoléon espère que « le bruit retentissant de ses pas sur le continent empêchera d'entendre les échos du canon de Trafalgar ».

1805

Les Conquêtes Impériales

Les années glorieuses

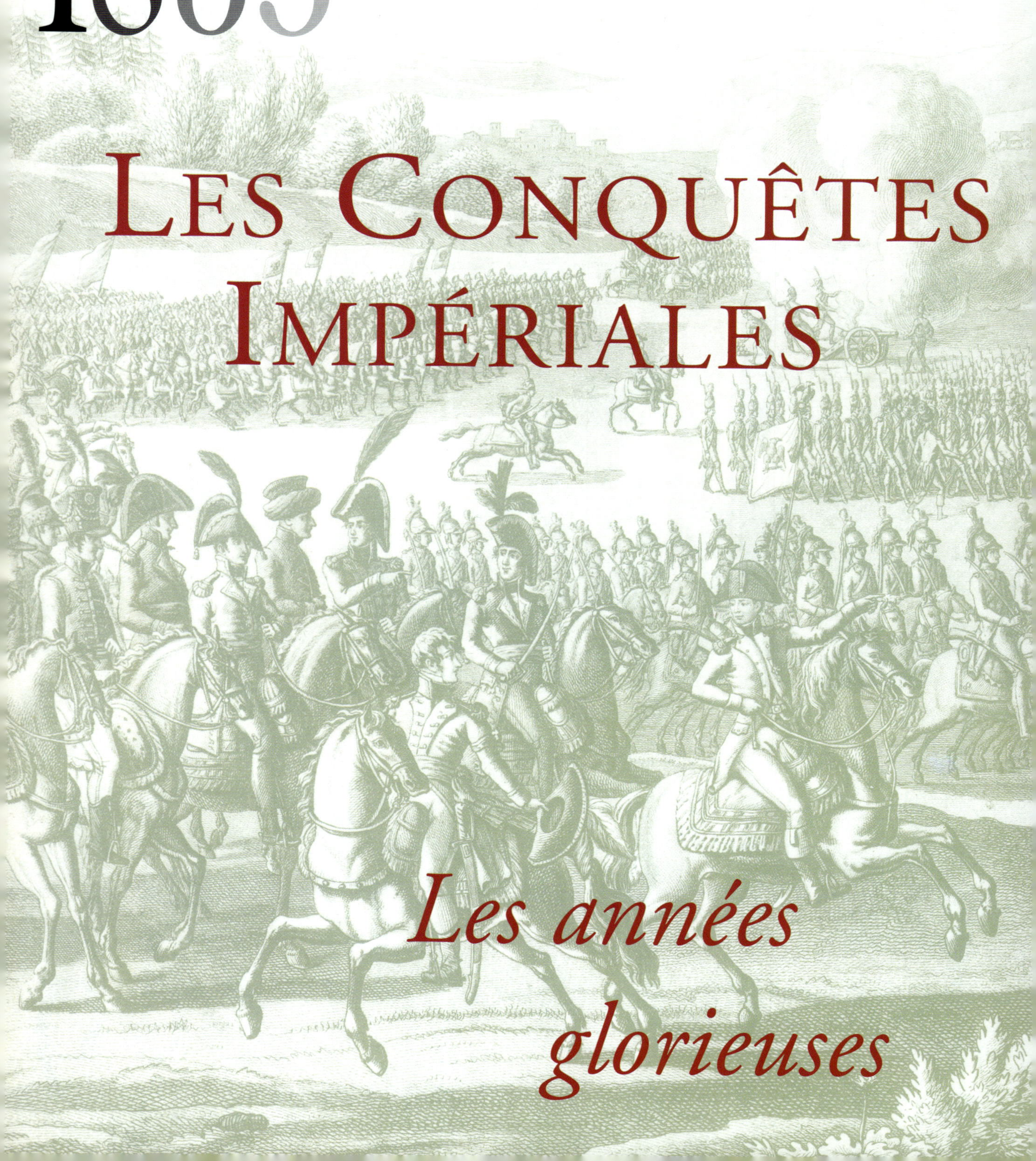

La bataille de Friedland,
gravure de Le Beau.

Portrait de Napoléon
par Girodet.

1809

La campagne d'Austerlitz

Ulm est la victoire type du génie militaire napoléonien, caractérisé par des mouvements stratégiques, des marches rapides et des pertes minimes.
La reddition d'Ulm,
peinture de Charles Thévenin.

Dans le courant de l'été 1805, la situation de Napoléon est inconfortable : une crise financière et de très lourdes inquiétudes diplomatiques se profilent. L'Autriche, la Suède et Naples rejoignent l'Angleterre et la Russie au sein d'une troisième coalition. Pitt, le Premier ministre anglais promet 1 250 000 livres par masse de 100 000 hommes mis en campagne. À l'intérieur du pays, le Trésor public est vide et les royalistes relèvent la tête. L'inquiétude se transforme bientôt en panique excessive. Une victoire militaire rapide est indispensable. L'Empereur sait qu'il va falloir prendre une décision capitale. Son armée est prête pour une éventuelle invasion de l'Angleterre depuis les camps de la Manche. Mais les bruits de bottes se rapprochent sur le continent. Déjà, le 4 juillet, Russes et Autrichiens ont signé une « convention de guerre » aux termes de laquelle 140 000 soldats du tsar sont prêts à marcher sur l'Allemagne. Vers le 18 août, Napoléon apprend que des troupes autrichiennes se concentrent en Bohême et dans le Tyrol. Le 23 août, sa décision est prise. Avec une prescience surprenante, il écrit à Talleyrand, son ministre des Relations extérieures, « je lève mes camps et, au 23 septembre, j'entre avec 200 000 hommes en Allemagne et 25 000 hommes dans le royaume de Naples. Je marche sur Vienne. » Le 29 août, les premiers ordres de marche d'une étonnante précision sont donnés à la « Grande Armée », puisque c'est ainsi que Napoléon a décidé de l'appeler. 145 000 fantassins, 38 000 cavaliers et 340 canons sont lancés à l'assaut de l'empire autrichien. Tous les grands noms de l'Empire sont présents : Berthier, Murat, Lannes, Ney, Davout, Soult…

Au début, les soldats sont tout heureux d'entrer en campagne. Ils vont vite déchanter. Le lieutenant Barrès raconte : « La première journée fut longue et fatigante. Je ne marchais plus, je me traînais. Quand on arriva, à 10 heures du soir, dans un village, j'étais si fatigué, que je ne pus ni manger, ni dormir. » Il faut dire que la stratégie napoléonienne impose des marches longues et rapides pour surprendre l'ennemi, parfois jusqu'à 60 km par jour. Les hommes de troupe écrivent d'ailleurs : « L'Empereur fait la guerre avec nos jambes. » Du 25 septembre au 14 octobre le corps de Murat va parcourir 390 km, la Garde 430 ! L'idée de génie de Napoléon est d'arriver à Vienne avant que les Russes puissent intervenir avec le gros de leurs forces.

« Les sept torrents » (les 7 corps de la Grande Armée) déferlent sur l'Allemagne. Ils passent le Rhin le 26 septembre, dans une tenue digne d'une superproduction cinématographique, ainsi que le prescrit l'ordre du jour : *les troupes seront en tenue de parade, culotte blanche, guêtres noires ; les grenadiers ainsi que l'infanterie légère auront le bonnet en tête avec le plumet.* Ils contournent par le nord la place forte d'Ulm, sur le Danube, jusqu'où l'armée autrichienne du général Mack avait eu l'imprudence de s'avancer sans même attendre le renfort des Russes. Le 6 octobre, la Grande Armée atteint le Danube et contourne Ulm par l'est. Les espions de l'Empereur dont le fameux Schulmeister auraient diffusé de fausses informations qui sèment la confusion parmi l'état-major de Mack. C'est à ce moment que les Autrichiens comprennent leur erreur : ils pensaient trouver les Français en face d'eux, et ils les retrouvent sur leurs arrières. Le général Mack essaie bien de se replier, mais les 5 000 hommes de la division Dupont, du corps du maréchal Ney, réussissent à barrer la route à ses 25 000 Autrichiens à Haslach. Le 12 octobre, Napoléon apprend que les Russes sont encore trop éloignés pour aider les Autrichiens. Il se décide donc à investir la place d'Ulm. Chargé de franchir le Danube en aval d'Ulm, Ney, à la tête d'une seule division, s'élance sur le pont à demi détruit d'Elchingen, et, sous une grêle de balles et de mitraille, force le passage. Nous sommes le 14 octobre. Le 20, la place capitule et l'armée autrichienne est prise avec 27 généraux, 65 canons et 40 drapeaux.

L'Empereur et son état-major s'installent sur une petite montagne qui domine toute la vallée. L'armée autrichienne en grande tenue s'avance en bon ordre et dépose les armes en un immense tas. Le défilé semble ne devoir jamais s'arrêter ; 25 000 hommes passent ainsi sous de nouvelles fourches caudines. La route de Vienne est grande ouverte.

Berthier, prince de Neuchâtel et de Wagram. Miniature sur ivoire, 1805.

BERTHIER, LE MAJOR-GÉNÉRAL IRREMPLAÇABLE

Né en 1753, fils d'un ingénieur géographe de Louis XV, ingénieur géographe lui-même, Louis Alexandre Berthier participe à la guerre de l'Indépendance américaine de 1780 à 1783. En 1796, Bonaparte le choisit comme chef d'état-major. C'est le début de sa fortune militaire. Jamais il ne le décevra, pour autant qu'il soit employé à sa vraie place, celle de major-général (chef d'état-major). Il n'avait pas son pareil pour comprendre la pensée de l'Empereur et envoyer des ordres aisément compréhensibles à chacun des destinataires, n'hésitant pas, pour plus de sûreté, à envoyer plusieurs messagers. En campagne, il logeait toujours à côté de Napoléon. Infatigable, dormant peu, il était capable de répondre à toutes les convocations de l'Empereur, à n'importe quelle heure du jour et de la nuit, en tenue complète, l'épée au côté. Excellent organisateur, il était moins capable comme chef de guerre. Comblé d'honneurs par Napoléon, il reçut de ce dernier le château de Chambord. Le 1er juin 1815, Berthier mourra mystérieusement, en tombant du 3e étage du château de Bamberg, en Bavière. D'aucuns disent qu'il se suicida, – il était dépressif depuis le retour de Napoléon – d'autres qu'on le défenestra pour l'empêcher de se rallier à l'Empereur.

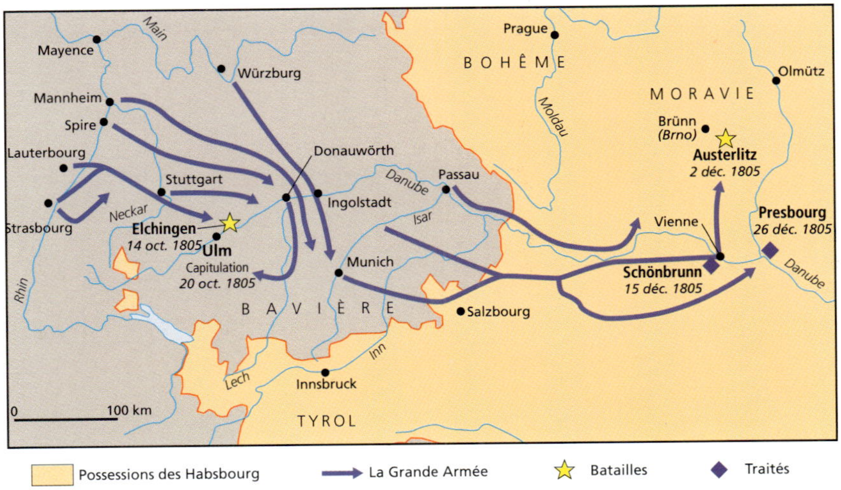

La 3e coalition.

Un stratège exceptionnel

Calme et sûr de lui, le chef de guerre harangue ses troupes. *Napoléon sur le pont du Lech à Augsbourg,* le 12 octobre 1805. Peinture de Claude II Gautherot, 1808.

Aucun chef de guerre n'a remporté autant de victoires que Napoléon. La légende n'est sans doute pas loin de la vérité lorsqu'elle dit qu'il aurait livré davantage de batailles qu'Alexandre, Hannibal et César réunis. De Clausewitz, qui le tient pour un dieu de la guerre, au maréchal Foch, qui lui emprunte la théorie de l'offensive à outrance, tous les experts militaires s'accordent à reconnaître le génie stratégique de l'Empereur. Tout aussi caractéristique est l'ampleur géographique de ses campagnes militaires. Des plaines de Russie au delta du Nil, elles couvrent des étendues immenses et diverses, et rompent avec les batailles circonscrites de l'Ancien Régime.

Mais, peut-on pour autant parler d'un système de guerre napoléonien ? En fait, il semble bien que non, car de manière générale Napoléon n'utilise pas de procédé technique qui lui est propre. Pour lui « le sort d'une bataille est le résultat d'un instant, d'une pensée ; on s'approche avec des combinaisons diverses, le moment décisif se présente, une étincelle morale se prononce… » Ainsi, le génie de Napoléon réside avant tout dans sa faculté de se plier aux circonstances. Dans cet « art simple et tout d'exécution », ainsi qu'il définit la guerre, l'Empereur juge rapidement de la situation, donne des ordres clairs et déploie une activité prodigieuse avant le déclenchement de la bataille. Il ne laisse rien au hasard et ses préparations sont aussi minutieuses que possible. Il passe des heures, assisté de son état-major à étudier les cartes. Parfois même, on le retrouve allongé sur toute la longueur de la carte à la recherche d'un détail précis.

Mais au-delà de la diversité des situations, un élément est constant : Napoléon mène toujours une guerre résolument offensive et impose sa volonté à ses adversaires. Ainsi, on peut résumer sa stratégie en trois règles : offensive à outrance, recherche de l'engagement et exploitation rapidement menée de la victoire. C'est une sorte de guerre éclair avant la lettre. Même s'il utilise un armement ancien datant de l'Ancien Régime, Napoléon renouvelle totalement la vision de la guerre. Son plan doit permettre d'obtenir un succès décisif qui décidera du sort de la campagne.

Toute sa stratégie repose sur l'articulation entre le dispositif de marche dispersé et le dispositif de bataille concentré, l'objectif étant d'être le plus fort à un point donné et à un moment précis. La concentration ainsi obtenue au moyen de déplacements de troupes très rapides contraste avec la lenteur des adversaires : c'est pourquoi on a pu dire que l'Empereur gagnait les batailles avec les jambes de ses soldats. Cependant, toutes les idées de Napoléon ne sont pas neuves. Il a été beaucoup influencé, entre autres, par *l'Essai général de tactique* de Guibert qui, dès avant la Révolution prône les armées offensives et le principe divisionnaire.

Napoléon et Murat avant Friedland, aquarelle d'Édouard Detaille, milieu du XIXe siècle.

Néanmoins, Napoléon va se heurter à des problèmes de communications insurmontables pour l'époque. Plus les espaces s'étendent, plus les problèmes de mobilité de ses énormes effectifs deviennent insolubles. En outre, l'hétérogénéité de ses troupes, de plus en plus multinationales, affecte la cohésion de sa Grande Armée. Enfin, Napoléon doit faire face à la guérilla, forme de guerre qu'il ignore totalement et à laquelle il ne trouve pas de solution. Certainement trop absorbé par son métier d'empereur, Napoléon n'est attentif ni aux progrès de ses rivaux, ni à la tactique défensive mise au point par Wellington pour le vaincre. Tous ces éléments vont peu à peu le conduire à la défaite finale.

LA POPULATION FRANÇAISE

La France est alors le pays le plus peuplé d'Europe. Seule la Russie la dépasse mais une bonne partie de son territoire est située en Asie. Cette supériorité démographique explique, pour une partie, le dynamisme militaire de la France.

France	29 000 000 d'habitants
Russie	plus de 30 000 000
Angleterre	18 000 000
Autriche	14 000 000
Prusse	9 000 000

Contrairement à une idée généralement admise, la population de la France sera en constante augmentation pendant la période révolutionnaire et impériale (+ 8,2 % de 1790 à 1815 et + 7% de 1805 à 1815), et cela malgré les pertes dues aux guerres. Les guerres du Consulat et de l'Empire seront la cause, chez les Français au sens strict du terme, d'un peu plus de 600 000 décès, dont 90 000 au combat.

Napoléon, au milieu de sa garde, donne ses derniers ordres. *Napoléon à la bataille de Bautzen,* dessin de Raffet.

La Grande Armée

L'Héroïsme à la Grande Armée

« Une chose que j'ai vu faire au général Dorsenne, et que je n'ai vu faire qu'à lui, c'est de rester immobile, tournant le dos à l'ennemi, faisant face à son régiment criblé de boulets, et disant : "Serrez vos rangs", sans regarder une seule fois derrière lui. Dans d'autres circonstances, j'ai voulu l'imiter, j'ai voulu tourner le dos ; je n'ai pas pu rester dans cette position, la curiosité me forçait toujours à regarder l'endroit d'où partaient les boulets. »

Elzéar Blaze, *la Vie militaire sous l' Empire.*

L'appellation Grande Armée, qui date de 1805, n'est généralement admise que pour les corps regroupés sous le commandement direct de Napoléon. Cependant, très rapidement, la tradition qualifiera de Grande Armée l'ensemble des armées de l'Empire.

Napoléon est très attentif à l'organisation de la maison de l'Empereur dont les aides de camp remplissent des missions de reconnaissance et de contacts diplomatiques. Un grand état-major est organisé autour du maréchal Berthier, chargé de transcrire et de transmettre les ordres de l'Empereur. En effet, Napoléon dicte un ordre général qu'il s'agit ensuite de « saucissonner » afin de donner rapidement et sûrement à chaque chef de corps ce qui le concerne.

Les corps d'armée, dirigés en règle générale par un maréchal, sont composés de deux ou trois divisions d'infanterie, d'une division (ou brigade) de cavalerie légère, et de formations d'artillerie et de génie. L'effectif d'un corps d'armée est assez variable (de 10 000 à 25 000 hommes). La cavalerie est divisée en cavalerie lourde (cuirassiers et carabiniers), chargée de provoquer un choc décisif, en cavalerie de ligne (dragons et chevau-légers lanciers), et en cavalerie légère (hussards et chasseurs) dévolue aux missions de reconnaissance et à la poursuite de l'ennemi vaincu. La réserve de cavalerie est commandée par le légendaire maréchal Murat, par ailleurs lieutenant général de l'Empereur, c'est-à-dire pouvant commander l'armée en son absence (on n'est pas beau-frère de l'Empereur pour rien…).

En bon officier d'artillerie, Napoléon donne à son corps une place de plus en plus importante à mesure que sa Grande Armée reçoit des soldats plus jeunes et moins instruits. L'artillerie emploie l'excellent canon *Gribeauval* adopté pourtant dès 1775. Chaque corps d'armée a ses propres canons, mais un nombre de plus en plus important de pièces est détenu par la réserve d'artillerie. Elle peut réunir jusqu'à 100 canons qui accablent l'ennemi sous un torrent de feu comme à Wagram. Le fusil est toujours celui de 1777 avec son tir précis jusqu'à 200 m. Il fallait une minute pour tirer une seule balle, quand le coup voulait bien partir ! On peut remarquer que dans le domaine de l'armement Napoléon n'innove pas. Outil remarquable, la Grande Armée a été préparée et

Arme principale du fantassin, le fusil, modèle 1777, est de qualité médiocre.

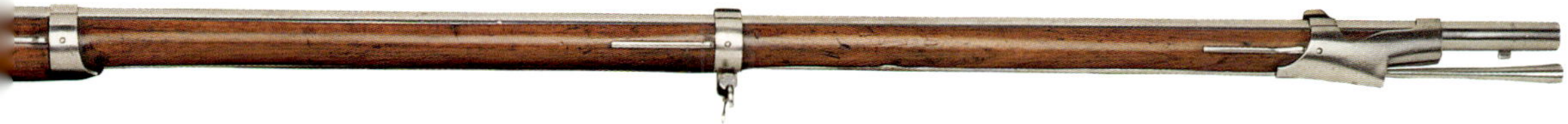

instruite au camp de Boulogne. Les corps dont le chef a le plus suivi cette préparation dans les camps de la Manche, le 3e de Davout et le 4e de Soult, sont ceux qui connaissent le moins de traînards et de déserteurs pendant la campagne. Ce sont ceux qui se distinguent le plus à Austerlitz.

La Grande Armée demeure avant tout une armée nationale. Napoléon est resté fidèle au système institué par la loi Jourdan de 1798 qui institue le service militaire obligatoire pour tous les Français âgés de 20 à 25 ans (la conscription). Elle est tempérée par le tirage au sort, par le remplacement (pour les plus riches) et par un certain nombre d'exemptions notamment pour les hommes mariés. Le chiffre de 2 200 000 conscrits mobilisés pour toutes les guerres de l'Empire, jugé monstrueux à l'époque est pourtant bas pour une population de 29 millions d'habitants. En outre, Napoléon reprend l'habitude de l'Ancien Régime d'enrôler des contingents étrangers. Ainsi, en 1805, la Grande Armée englobe des Italiens, des Polonais, des Suisses, des Hollandais, des Allemands. Leur nombre grossira plus encore, si bien qu'en 1812 ils formeront près des deux tiers des effectifs.

L'instruction des soldats continue de se faire par l'amalgame des nouvelles recrues aux vétérans de la Révolution. C'est toujours la même ardeur patriotique, l'amour de l'égalité, la haine de l'aristocratie qui les anime. Pour eux, l'Empereur reste le « petit tondu », ennemi des tyrans d'Ancien Régime. De la Révolution leur vient aussi l'exaltation du sentiment national, l'orgueil d'appartenir à la « Grande Nation ».

Le service de santé

Le lieutenant Barrès écrit :
« Plusieurs de mes camarades, pas plus malades que moi, restèrent aux hôpitaux et y trouvèrent la mort… Malheur à ceux qui, en campagne, entrent dans les hôpitaux ! »
C'est dire combien le service de santé des armées impériales est médiocre, malgré ses noms illustres – Larrey, Percy, Desgenettes –, miné par une insuffisance dramatique de moyens. Le journal du chirurgien Percy décrit les amputations sans anesthésique, la gangrène, les poux, la gale, le typhus. La mortalité est bien plus effroyable dans les hôpitaux que sur les champs de bataille, constituée en faible partie par les tués au combat (2% à Austerlitz).

Le prestigieux corps de cavalerie des hussards. De gauche à droite : chef de musique 3e régiment, cavalier 1er régiment, compagnie d'élite 5e régiment, officier 4e régiment. Aquarelle de Boisselier, début XXe siècle.

◁ Fantassins d'infanterie de ligne et d'infanterie légère. De gauche à droite : tambour de fusilier, grenadier, capitaine de fusilier, voltigeur en tenue de route, voltigeur, tambour maître. Aquarelle de Boisselier, début XXe siècle.

L'entrée triomphale à Vienne

Le lendemain de la capitulation d'Ulm a lieu le désastre naval de Trafalgar. Napoléon n'apprendra cette défaite que le 17 novembre, alors qu'il a déjà fait son entrée dans Vienne. Si la coalition a perdu 65 000 hommes, il lui en reste encore 300 000. Cependant, Napoléon sait que le tsar est en train de convaincre le roi de Prusse d'entrer en guerre. Les deux monarques jurent même solennellement de se battre jusqu'à l'anéantissement de Napoléon dans la crypte du tombeau du Grand Frédéric. L'Empereur doit absolument atteindre l'armée russe du vieux maréchal Koutousov avant le 15 décembre, date à laquelle les armées prussiennes doivent arriver sur les champs de bataille. Koutousov se replie en direction de la Bohême-Moravie, non sans avoir lancé son arrière-garde, commandée par le général Bagration, contre le corps français du maréchal Mortier. Il s'en faut de peu pour que celui-ci ne soit détruit. L'héroïsme du chef, ainsi que de la division Gazan, évite le désastre.

Pendant ce temps, Murat, toujours intrépide, fonce tête baissée sur la capitale viennoise, vivement réprimandé par Napoléon : « Il m'est impossible de trouver les termes pour exprimer mon mécontentement. » Les Autrichiens ont renoncé à défendre leur capitale ; seuls les ponts du Danube doivent être brûlés lorsque les Français s'en approcheront. Grâce à la ruse, Murat et Lannes arrivent seuls sur le pont principal en criant qu'un armistice a été signé. Ils racontent à l'officier de service des milliers de gasconnades et s'emparent du pont sans tirer un seul coup de feu !

Napoléon va bientôt loger dans le palais des empereurs autrichiens. *Remise des clefs de Vienne à Napoléon,* aquarelle d'après Girodet-Trioson.

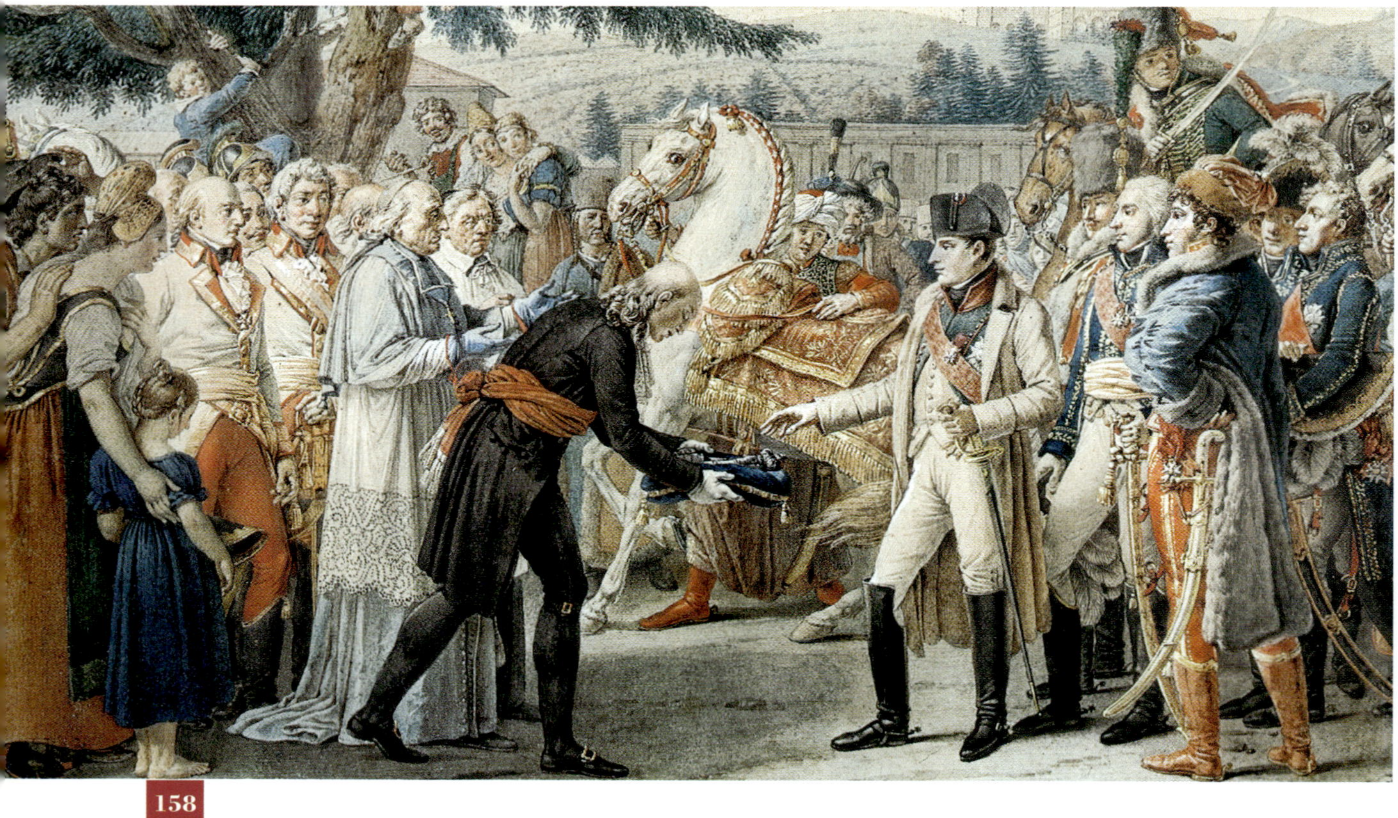

Le 14 décembre, les clés de Vienne sont remises à Napoléon et le 15, les armées françaises entrent dans la ville qui avait par deux fois résisté à l'assaut des Turcs. Napoléon peut s'installer dans le palais de Schönbrunn, le Versailles autrichien. Les Viennois eux-mêmes observent un comportement plus admiratif qu'hostile. Le général Thiébault raconte : « Ce sera toujours une volupté que de battre un ennemi, mais après avoir battu un ennemi acharné formant la première puissance militaire de l'Europe, c'est un enivrement que d'entrer après cent lieues de victoires dans sa capitale. » L'Empereur prend même le temps de placer une garde d'honneur devant le logis de Joseph Haydn !

Pendant ce temps, Koutousov se rend compte qu'il est plus prudent d'aller au-devant des renforts qui arrivent. Le vieux maréchal laisse en protection une forte arrière-garde commandée par le général Bagration, chargé de ralentir les Français. Celle-ci trompe Murat en lui faisant croire à un armistice. Nouveaux mots désagréables de Napoléon, qui a tout de suite compris, lui, que ce n'était qu'un piège. Murat reprend donc la poursuite et attaque, le 16 novembre, Bagration à Hollabrunn. L'action devient rapidement très violente. L'arrière-garde russe perd le tiers de son effectif, mais elle a rempli sa mission : Koutousov parvient une nouvelle fois à s'échapper. Il peut se replier sur la région d'Olmütz, en Moravie, où il opère, le 19 novembre, sa jonction avec la 2e armée russe du général Buxhowden et le corps autrichien du prince de Lichtenstein. L'armée alliée compte maintenant 86 000 hommes. Le surlendemain, Napoléon arrive près de la bourgade d'Austerlitz, à 100 km au nord de Vienne. Il n'a plus avec lui que 71 000 hommes.

À ce moment, la situation de la Grande Armée est délicate. En effet, elle est à 1 000 km de ses bases, menacée sur sa gauche par les troupes que les Autrichiens sont en train de lever en Bohème, sur sa droite par l'armée autrichienne d'Italie et sur ses arrières par la Prusse qui prépare son entrée en guerre. Pour Napoléon, il serait vraiment dangereux de s'aventurer plus loin. Une retraite vers la France, même, pourrait se révéler périlleuse. Il lui faut une victoire sur les forces austro-russes de Moravie, mais il la faut maintenant. L'Empereur se prépare donc à une bataille défensive, faisant tout pour inciter l'ennemi à venir l'attaquer sur un terrain choisi par lui. En conséquence, il rassemble ses forces, tout en feignant de craindre la bataille afin que les Russes cessent de reculer vers leurs bases. À la surprise générale de ses maréchaux, le 28 novembre, il demande à Murat, Lannes et Soult d'organiser un mouvement de repli, en abandonnant à l'ennemi le plateau du Pratzen, de haute valeur tactique. Après une marche résolument agressive, ce repli paraît aux yeux des coalisés comme un aveu de faiblesse. En fait, c'est un coup de génie ! Ce même jour, au combat de Wischau, Napoléon sacrifie les cavaliers du général Treilhard. Cette défaite conforte le tsar et son entourage que sa situation est désespérée.

Le maître de guerre prépare sa 40e bataille en reconnaissant avec précision le terrain. Le général comte de Ségur raconte : « L'Empereur parcourut lentement et silencieusement cette plaine découverte. Il s'arrêta à plusieurs reprises sur les points les plus élevés, vers Pratzen surtout. Il en examina avec attention tous les accidents. Plusieurs fois, il dit : « Messieurs, examinez bien ce terrain ! Ce sera un champ de bataille ! Vous aurez un rôle à y jouer ! » En même temps, il opère une « préparation psychologique », envoyant le général Savary, son aide de camp, faire des propositions de paix au tsar Alexandre. Le 30 novembre, Napoléon reçoit le prince Dolgorouki, l'homme de confiance du souverain russe. Le prince, qui est plus habitué aux salons de Saint-Pétersbourg qu'aux champs de bataille, est assez surpris par l'aspect de son interlocuteur : « Il vit sortir d'un fossé une petite figure fort sale et très mal accoutrée et fut saisi de surprise quand on lui dit que c'était Napoléon » (général Langeron). L'entrevue se passe mal. Les interlocuteurs se séparent sur ces paroles de Napoléon : « Eh bien, nous nous battrons. » Dolgorouki est si convaincu que l'armée russe tient l'ennemi à sa merci qu'il déclare en arrivant à son camp : « Napoléon tremblait de peur. J'ai vu l'armée française à la veille de sa perte. Notre avant-garde suffirait à l'écraser. » Le stratagème est en marche.

Prudent et rusé, le feld-maréchal Koutousov est pourtant peu écouté par le tsar Alexandre.

Après leur entrée triomphale à Vienne, les Français s'emparent dans les casernes de la ville de 2 000 canons et de 100 000 fusils.

Le soleil d'Austerlitz

Tard dans la nuit, alors que Napoléon visite une dernière fois le futur champ de bataille, des soldats de son escorte ont l'idée d'éclairer ses pas avec des torches improvisées. Ils sont vite imités par les hommes bivouaquant à proximité. C'est le signal d'une illumination générale. On voit bientôt briller, sur tout le front de la Grande Armée, d'innombrables lumières ; puis, quand Napoléon passe, il est reçu par les cris de « Vive l'Empereur ! » La musique résonne. Du haut des montagnes de Pratzen, les Russes peuvent entendre tous ces bruits et voir cet incroyable spectacle. Ils peuvent deviner la taille et l'enthousiasme de cette armée. Napoléon montre d'abord un certain agacement devant cette manifestation inattendue qui risque de dévoiler les positions de son armée mais, rapidement, il y voit un présage favorable, à la veille de l'anniversaire de son couronnement.

Dans la nuit, Napoléon fait lire à ses troupes une proclamation exposant pratiquement son plan de bataille. « Soldats, l'armée russe se présente devant vous pour venger l'armée autrichienne d'Ulm [...] Les positions que nous occupons sont formidables ; et, pendant qu'il marcheront pour tourner ma droite, ils me présenteront le flanc. »

Napoléon rentre à pied à son bivouac, proche du tertre de Zuran, qui sera son poste de commandement. Il fait nuit. La Grande Armée s'endort. L'Empereur, lui, ne peut trouver le sommeil. Il ignore encore ce que feront vraiment les Austro-Russes. Resteront-ils sur le plateau ? En descendront-ils ? Par quel chemin ? C'est à ce moment qu'il apprend successivement qu'on a entendu des bruits de charrois sur le plateau, en direction du sud, et qu'on commence à tirailler du côté du village de Telnitz, à l'extrême sud du dispositif français, là où se trouvent quelques maigres troupes de Soult. Il s'empresse de donner ordre à Davout de se rendre sur ce point. Pourvu qu'il arrive à temps !

Après quelques instants de sommeil, souvent réveillé par ses aides de camp lui apportant les dernières nouvelles, Napoléon se rend, à 7 heures et demie, sur le Zuran, où il a donné rendez-vous à ses maréchaux. Les bas-fonds qui le séparent du plateau, là où coule le ruisseau alors appelé *Goldbach*, sont noyés de brouillard, cachant à l'ennemi les

Austerlitz est certainement la victoire la plus décisive de Napoléon. *La bataille d'Austerlitz*, gravure de Carle Vernet.

premiers mouvements du corps de Soult. Le plateau, lui, se dégage brusquement de la brume, laissant apparaître un soleil rouge, peu éblouissant, mais éclatant par sa signification future – le *soleil d'Austerlitz* – et permettant de voir les mouvements de l'ennemi. Soult est impatient de lancer ses troupes (les divisions Vandamme et Saint-Hilaire) à l'assaut du Pratzen en train de se dégarnir des troupes russes. « – Combien de temps vous faut-il pour couronner ce sommet ? – Dix minutes, Sire. – Partez donc, mais vous attendrez encore un quart d'heure, et alors il sera temps. »

La Grande Armée passe à l'attaque. Cet ébranlement de toute l'armée à la fois a quelque chose d'imposant ; on entend les commandements des officiers particuliers. Elle marche comme à la manœuvre, en s'arrêtant parfois pour serrer les rangs à mesure que les hommes tombent. Les tambours battent la charge à rompre les caisses ; tambours et musique se mêlent. En guise d'accompagnement, les soldats se mettent à chanter, c'est à entraîner un paralytique ! Le général Saint-Hilaire attaque de front la position russe. Il soutient un feu de mousqueterie épouvantable qui aurait ébranlé un autre que lui. Ce feu dure deux heures. Le général Vandamme arrive sur l'ennemi en colonne, le culbute, et est maître de sa position et de son artillerie en un instant. L'Empereur ordonne au maréchal Lannes d'attaquer promptement la droite des ennemis, afin qu'elle ne vienne point au secours de leur gauche. Pendant ce temps, le gros de l'armée coalisée essaye de réaliser le plan prévu : contourner la droite française afin de prendre la Grande Armée en tenaille. Mais, c'était sans compter la vigueur et le sens tactique du maréchal Davout. Pendant toute la journée, ses 9 000 hommes tiendront fermement face aux assauts furieux de 40 000 Austro-Russes. De leur côté, Lannes et Murat repoussent petit à petit les troupes du coriace général Bagration, l'empêchant de remplir son rôle de soutien de la droite russe. « J'emploierai contre Buonaparte la même manœuvre qui lui avait servi à battre les Autrichiens à Castiglione. La victoire est certaine ! » avait claironné Weirother, l'auteur du plan de bataille des coalisés. Pour l'instant, ceux-ci sont pourtant contenus sur leur gauche, repoussés sur leur droite et « atomisés » sur leur centre.

Napoléon fait mouvement dans la zone des combats entouré de Berthier, Lannes, Junot, Bessières, Murat, Davout, Bernadotte, Soult, que de gloires réunies dans ce cercle redoutable ! L'Empereur aperçoit la violente contre-attaque lancée par la fameuse cavalerie de la Garde impériale russe. Le choc est brutal, à l'avantage des cavaliers russes. Alors, Napoléon se tourne vers Rapp : « Il y a là du désordre, il faut le réparer. » Rapp prend le commandement des mamelouks et des grenadiers à cheval de la Garde. Garde contre Garde. Les Français s'élancent et enfoncent les chevaliers-Gardes russes. La mêlée est impressionnante. Un mamelouk revient à trois reprises apporter à l'Empereur un étendard russe ; à la troisième l'Empereur veut le retenir, mais il s'élance de nouveau et ne revient plus.

L'élite des troupes ennemies s'enfuit et le prince Repnine, leur colonel, est fait prisonnier en personne. La lutte pour le Pratzen est terminée. Vers 16 heures, les Russes fuient sur tout le front. Ils cherchent vainement leur salut sur la surface gelée des étangs du sud du champ de bataille. Mais bombardée par l'artillerie de la Garde la glace se brise et engloutit une centaine d'ennemis (et non pas dix mille comme le dira le 30e bulletin de la Grande Armée). Qu'importe ! L'Empereur vient de remporter sa plus belle victoire.

Napoléon visitant les bivouacs à la veille d'Austerlitz, peinture de Bacler d'Albe.

La marche d'Austerlitz

On va leur percer le flanc
Ran tan plan tire lire lan
Ah ! C'que nous allons rire
Ran tan plan tire lire
On va leur percer le flanc
Ran tan plan tire lire lan

La bataille d'Austerlitz.

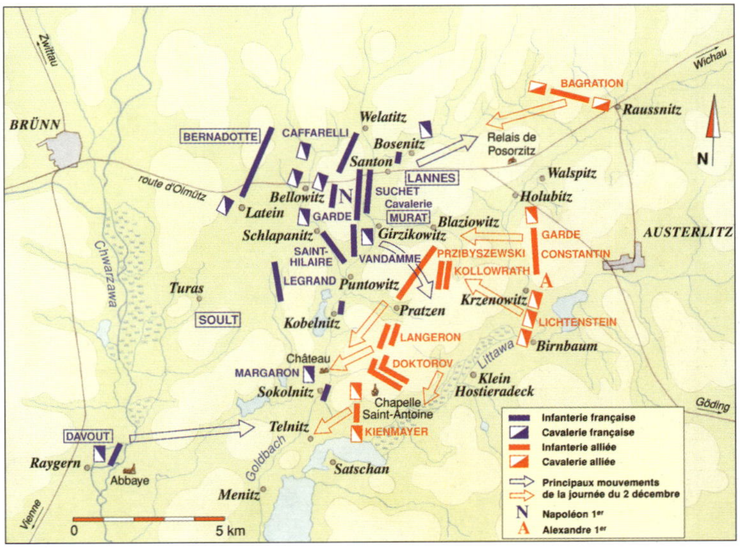

LA BATAILLE D'AUSTERLITZ

Le 1er décembre, Napoléon a concentré la Grande Armée derrière le Goldbach. Les Alliés occupent le plateau de Pratzen, à la vue de Napoléon. Dans la nuit, ceux-ci descendent du plateau en vue de contourner les Français par le sud et de les couper de Vienne. Ils seront arrêtés, au matin du 2 décembre, par le maigre corps de Davout et une partie de la division Legrand, du corps de Soult, à Telnitz et Sokolnitz. Pendant ce temps, alors que le *soleil d'Austerlitz* émerge du brouillard, les deux autres divisions de Soult s'emparent du plateau, prenant le gros des forces de Koutousov à revers. Sur la gauche française, Murat et Lannes repoussent l'aile droite ennemie, commandée par le général Bagration. Le général Rapp sort du combat blessé pour présenter à l'Empereur les drapeaux qui viennent d'être enlevés ainsi que le prince Repnine fait prisonnier. Les débris de l'armée austro-russe tentent de s'échapper par les lacs gelés et s'y embourbent. La victoire de Napoléon, pour le premier anniversaire de son couronnement, est totale.

La Bataille d'Austerlitz, peinture de François Gérard.

« Soldats ! Je suis

Après sa victoire, Napoléon reçoit l'empereur autrichien dans son bivouac à Sarutschitz, en Moravie. François II se montre plein de respect et critique ouvertement la « perfide Albion ». Peinture d'Antoine Gros.

Le tsar Alexandre décide de se replier. L'empereur d'Autriche, François II, reconnaît sa défaite et sollicite une entrevue auprès de Napoléon. Quant au vainqueur, il peut coucher dans le château des princes de Kaunitz, à Austerlitz, là même où ont couché les empereurs de Russie et d'Autriche la veille de la bataille. Ce lieu, tout symbolique, donnera donc son nom à la bataille, alors même qu'aucun des adversaires ne s'y battit. C'est là sur une table de style XVIIIe siècle, aujourd'hui soigneusement conservée, que la nuit venue Napoléon commence sa célèbre proclamation *Soldats ! Je suis content de vous.*

Les pertes des Austro-Russes sont très lourdes, au total 29 000 soldats hors de combat, dont 7 000 tués. 15 000 blessés, 20 000 prisonniers, tandis que 183 pièces d'artillerie et 50 drapeaux ont été abandonnés. Chez les Français, les pertes sont des plus limitées. 8 279 soldats hors de combat dont 1 288 morts. Bientôt au château de Schönbrunn, Napoléon remet 50 drapeaux enlevés à l'ennemi aux maires de Paris. Ils vont orner tout d'abord Notre-Dame puis seront placés dans la voûte de l'église Saint-Louis des Invalides. Le bronze des 180 canons ennemis sera employé pour fondre la colonne Vendôme, à Paris.

Le 4 décembre, l'entrevue entre les deux empereurs a lieu au Moulin brûlé, à une vingtaine de kilomètres au sud du champ de bataille. Les deux souverains vont ainsi discuter cordialement près d'un simple brasier pendant une heure. Ils conviennent de la signature d'un armistice et des principales conditions de la paix. Ils s'entendent même

content de vous »

sur la responsabilité de ce conflit. « Les Anglais sont des marchands de chair humaine », s'exclame le souverain autrichien. Aux derniers mots de Napoléon : « Votre majesté me promet donc de ne plus me faire la guerre ? », François II répond : « Je le jure, et je tiendrai parole. » Là-dessus les deux hommes s'embrassent et se séparent. La Prusse, effrayée par ce coup de tonnerre, signe à Schönbrunn un traité d'échange de territoires avec la France, le 15 décembre. Napoléon donne à la Prusse le Hanovre, domaine du roi d'Angleterre, contre certains territoires d'Allemagne occidentale, à condition qu'elle ferme ses ports à l'Angleterre.

La rencontre des deux empereurs sonne le glas de la troisième coalition. Le 26 décembre l'Autriche signe le traité de Presbourg. Elle perd 4 millions de sujets et doit payer une indemnité de 40 millions, de quoi soulager les finances françaises. Elle abandonne à Napoléon, en sa qualité de roi d'Italie, la Vénétie ainsi que ses dépendances d'Istrie et de Dalmatie. En outre, l'Autriche perd ses territoires allemands au profit de la Bavière et du Wurtemberg. Ces deux États deviennent alors des royaumes, et Bade un grand-duché. L'Autriche se trouve donc rejetée hors d'Allemagne et hors d'Italie. La Bavière, le Wurtemberg et Bade sont totalement libérés des liens qui les attachaient jusqu'alors à l'empire Autrichien, et ils forment ensemble le noyau de la future Confédération du Rhin. Le vénérable Saint Empire romain germanique qui existe depuis 962 commence à s'effondrer sans bruit.

À la nouvelle du désastre le vieux Premier ministre anglais Pitt, malade, demanda un cognac et la carte d'Europe : « Roulez-là, dit-il peu après, elle ne servira plus de dix ans. » Et sur ces paroles il mourut.

« Soldats ! Je suis content de vous »

Pendant des générations les écoliers apprendront des passages de la plus célèbre des proclamations de la Grande Armée. Elle était même au programme des dictées données aux classes de 6e.

« Soldats ! Je suis content de vous. Vous avez, à la journée d'Austerlitz, justifié ce que j'attendais de votre intrépidité ; vous avez décoré vos aigles d'une immortelle gloire. Une armée de 100 000 hommes, commandée par les empereurs de Russie et d'Autriche, a été, en moins de quatre heures, ou coupée ou dispersée. Ce qui a échappé à votre fer s'est noyé dans les lacs. [...] Soldats, lorsque tout ce qui est nécessaire pour assurer le bonheur et la prospérité de notre patrie sera accompli, je vous ramènerai en France ; là vous serez l'objet de mes plus tendres sollicitudes. Mon peuple vous reverra avec joie, et il vous suffira de dire : "J'étais à la bataille d'Austerlitz, pour que l'on réponde : voilà un brave !" »

L'illustre corps des chasseurs à cheval. De gauche à droite : sous-officier en tenue de campagne, brigadier de compagnie d'élite, trompette du 3e régiment, capitaine du 14e régiment, cavalier de compagnie d'élite du 23e régiment. Aquarelle de Boisselier, début du XXe siècle.

Les chasseurs à cheval

Forts de vingt-quatre régiments en 1804, ils constituent le gros de la cavalerie légère et servent d'éclaireurs pour la Grande Armée. Ils ont pour mission d'éclairer le terrain, de découvrir l'ennemi, de le surveiller, de surprendre ses avant-postes et de couvrir la retraite alliée. Mais ils n'hésitent pas non plus à charger les carrés ennemis et s'illustrèrent sur les champs de bataille de toutes les campagnes de l'Empire.
Très variés, leurs uniformes seront unifiés par le décret du 24 décembre 1809. Les chasseurs portent désormais le magnifique habit vert foncé avec revers de même couleur. Ils sont coiffés d'un shako de cuir noir orné d'un plumet de la couleur du régiment. L'armement comprend un sabre courbe de cavalerie légère, modèle An II, un mousqueton long de 1,11 m et un ou même deux pistolets.

Le chef est de retour !

L'Empereur rentre à Paris le 26 janvier 1806, auréolé de sa victoire et de la paix imposée à l'Autriche. Mais il est fort mécontent car la crise financière, amorcée avant son départ pour Austerlitz, s'est considérablement aggravée. Après quatre mois d'absence, Napoléon va reprendre les rênes d'un gouvernement où chacun avait pris ses marques et ses aises. La France retrouve son chef !

Depuis quelques années, les dépenses militaires et le ralentissement des exportations avaient considérablement affaibli le Trésor. En 1805, au moment où l'Empereur prépare l'invasion de l'Angleterre, le ministre du Trésor, Barbé-Marbois, a de plus en plus besoin de liquidités, qu'il ne peut plus trouver auprès des banques, dont les capacités sont vite épuisées. Le ministre se tourne alors vers une association de grands négociants, la Compagnie des négociants réunis, qui consentent un prêt de 50 millions. La « tête pensante » de ce groupe de financiers, Gabriel Ouvrard, voit là la possibilité d'une bonne affaire. Après bien des opérations douteuses avec les régents de la Banque de France et avec le ministre lui-même, Ouvrard est quasiment maître du Trésor. Il escompte alors la dette espagnole de 32 millions de francs envers la France et compte sur les piastres mexicaines pour rembourser cette créance. Ce système peut rapporter des bénéfices colossaux au rusé financier. Mais la guerre anglo-espagnole vient bientôt tout compromettre. Les navires anglais contrôlent les mers et les piastres d'Amérique n'arrivent pas. Le Trésor français est vide. La population s'inquiète ; le billet se déprécie ; on les échange contre de l'or ; les banques suspendent leurs paiements et le mécontentement grandit. Les propos malveillants circulent. « Les langues du faubourg Saint-Germain ont tué plus de généraux que les canons autrichiens », écrira Talleyrand. Heureusement, la nouvelle d'Austerlitz est connue le 10 décembre et déclenche un formidable enthousiasme populaire. La Bourse remonte.

Aussitôt rentré, l'Empereur fustige Barbé-Marbois : « Un intrigant avec des dehors de quaker… » Cambacérès lui conseille de traiter avec la Compagnie des négociants réunis mais Napoléon n'est pas homme à de pareils arrangements. Le 27 janvier, il convoque les ministres du Trésor, des Finances et de la Police ainsi que les trois chefs des Négociants réunis, Ouvrard, Vanlerberghe et Desprez. Barbé-Marbois tente de lire son rapport mais il est immédiatement interrompu par l'Empereur : « C'est avec les fonds du Trésor et avec ceux de la banque, que la Compagnie des négociants réunis a voulu suffire aux affaires de la France et de l'Espagne… Maintenant, il faut que Desprez, Vanlerberghe et Ouvrard m'abandonnent tout ce qu'ils possèdent, que l'Espagne me paye à moi ce qu'elle leur doit à eux, ou je mettrai ces messieurs à Vincennes et j'enverrai une armée à Madrid. »

« Grand cœur », Barbé-Marbois pense pouvoir sauver ses amis financiers en suppliant : « Sire, je vous ai apporté ma tête ! »

La fin du calendrier républicain

Depuis la loi de la Convention du 6 octobre 1793, la France vit au rythme du calendrier républicain destiné à exalter la République et à effacer l'influence religieuse. L'année commence le 22 septembre et compte 12 mois de 30 jours dont les noms, joliment poétiques, sont choisis par Fabre d'Églantine, proche de Danton et auteur de la célèbre chanson « Il pleut, il pleut, bergère ». Vendémiaire, brumaire, frimaire, pluviôse, ventôse, floréal ou encore messidor et thermidor rappellent les saisons. Le 9 septembre 1805, un décret impérial abolit ce calendrier et remet en vigueur le grégorien à partir du 1er janvier 1806. En effet, d'une part le calendrier républicain est surtout connu à Paris et plutôt ignoré dans les provinces, et d'autre part, à l'heure du Grand Empire, il convient que tous les États vassaux, présents ou à venir, puissent vivre selon le même rythme temporel. De plus, l'Empereur marque ainsi la fin de l'époque révolutionnaire et de ses excès. Une page est définitivement tournée.

L'Empereur réplique : « Ta tête, que veux-tu que j'en fasse, grosse bête ! » Vexé, le ministre du Trésor s'indigne : « J'ose espérer que Votre Majesté ne m'accuse pas d'être un voleur ! » Toujours glacial, Napoléon rétorque : « Je le préfèrerais cent fois : la friponnerie a des bornes ; la bêtise n'en a point. »

Le soir même, Barbé-Marbois est remplacé par le conseiller d'État Mollien. Les trois négociants sont conduits à Vincennes et poursuivis devant les tribunaux. Par le décret du 6 février, ils sont redevables au Trésor d'une somme de 87 millions de francs et leurs biens sont mis sous séquestres. Le 7 février, l'Empereur écrit à Joseph : « J'ai fait rendre gorge à une douzaine de fripons… »

Ministre du Trésor de 1801 à 1806, François Barbé-Marbois deviendra, malgré ses malversations, président de la cour des Comptes en 1807, puis comte de l'Empire en 1813.

◁ Le comte Mollien, qui fut ministre du Trésor de 1806 à 1814, porte le costume bleu brodé d'argent des ministres de l'Empire.
Le comte Mollien à la Banque de France, copie d'un portrait de Robert-Lefèvre, 1806.

La Banque de France ne pouvait pas émettre des billets dont la valeur était inférieure à 500 francs.

La réforme de la Banque de France

L'affaire des « Négociants réunis » a gravement menacé le Trésor impérial et a montré la fragilité de la Banque de France dont quelques régents sont mêlés au scandale. L'Empereur pense que l'institution n'a pas rempli son rôle et a perdu de vue les intérêts de l'État au profit de ceux des actionnaires. Aussi, de façon autoritaire, il décide de la réformer par la loi du 22 avril 1806. Au lieu d'être gérée par un conseil de quinze régents élus, la Banque l'est désormais par un gouverneur nommé par l'État. De fait, l'Empereur applique ses principes qu'il définit ainsi : *« La Banque n'appartient pas seulement aux actionnaires mais aussi à l'État, puisqu'il lui donne le privilège de battre monnaie… Je veux que la Banque soit assez dans les mains du gouvernement et n'y soit pas trop… »* Le premier gouverneur est Emmanuel Crétet, directeur des Ponts et Chaussées depuis 1800.

« Les grands commis »

Charles François Lebrun, architrésorier de l'Empire et duc de Plaisance. Peinture de Robert Lefèvre.

Nicolas Frochot 1761-1828

Né à Dijon, notaire, Frochot est élu en 1789 aux États généraux. Rallié à Bonaparte lors des événements de Brumaire, il est nommé préfet de la Seine le 1er janvier 1800. Le Premier consul déclare l'avoir choisi pour *« la modération dont il avait fait preuve dans les luttes locales. »* Simple et capable, Frochot reste douze ans à la tête du département de la Seine. Mais son inertie lors de « l'Affaire Malet » entraîne sa disgrâce et il est destitué en décembre 1812. Pendant les Cent-Jours, Napoléon le nomme pourtant préfet des Bouches-du-Rhône. La seconde restauration ne lui pardonne pas d'avoir accepté ses dernières fonctions et le raye du Conseil d'État. Il part alors à la retraite.

En l'absence de l'Empereur, certains ministres s'étaient permis quelques libertés. Napoléon reprend les affaires en main : il entend bien que le gouvernement impérial soit entièrement subordonné à sa personne et à sa volonté.

L'Empereur considère en effet que ses ministres sont ses « grands commis » qui doivent appliquer sa politique. Le « maître » reçoit ensemble deux ou trois ministres, tout au plus, concernés par un même dossier, mais les décisions finales lui appartiennent toujours. Lui seul a une vision globale des affaires de la France.

Le conseiller le plus écouté est sans doute Jean-Jacques Régis Cambacérès, l'archichancelier, qui préside les conseils en l'absence de l'Empereur. Il apparaît comme un homme sérieux, entièrement dévoué au régime, bon conseiller mais sans cordialité et extrêmement vaniteux. À ses amis, il déclare : « En public, appelez moi Altesse Sérénissime, mais entre nous, il suffit que vous m'appeliez Monseigneur. »

Le personnage le plus en vue du gouvernement est le ministre des Relations extérieures, Charles-Maurice de Talleyrand Périgord. Il collabore à la politique de Napoléon sans l'approuver. Séduisant malgré sa claudication, il est homme de plaisirs, amoureux des femmes et des repas fins. Plutôt paresseux mais intelligent, il sait surtout bien s'entourer dans son ministère. Il ne pense pas l'Empereur invincible et se prépare à toutes éventualités. Napoléon ne l'aime pas et le remplace en 1807. À partir de cette date, Talleyrand ne cherchera plus qu'à le trahir,

Le ministre de la Police, Fouché, est détesté par Talleyrand. Petit-bourgeois aux habitudes rangées, ambitieux, Fouché surveille tout : la presse, les salons, les partis. Bourrienne dit : « La police est la régente de l'Empire, en l'absence de l'Empereur. » Fouché ne cache pas son passé révolutionnaire et l'Empereur lui rappelle souvent ironiquement : « Vous avez bien voté la mort de Louis XVI ? » Fouché répond froidement : « C'est même le premier service qu'il m'a été donné de rendre à Votre Majesté. » Napoléon ne l'apprécie guère mais le juge extrêmement capable et cela suffit.

La secrétairerie d'État enfin joue le rôle d'une secrétairerie générale du gouvernement. De là, tout part et tout arrive. Le secrétaire, Maret, coordonne toutes les actions du gouvernement ; toute la correspondance des ministres passe par lui, il communique les ordres aux fonctionnaires et en vérifie l'exécution ; il enregistre et contresigne arrêtés et décrets et il assiste à tous les conseils.

« Le difficile, écrit Napoléon, n'est pas de donner un ordre, c'est d'en assurer l'exécution. » Ainsi, il met un soin extrême à choisir ses préfets. Beaucoup sont de grands administrateurs et de grands constructeurs, qui parviendront à restaurer la situation

Directeur général des Ponts et Chaussées (1806), ministre de l'Intérieur à partir de 1808, le comte de Montalivet est l'un des « grands commis » les plus fidèles et les plus actifs de l'Empereur.
Portrait par Jean-Baptiste Regnault.

matérielle déplorable laissée par le Directoire. Ainsi, Nicolas Frochot, effectue à Paris un travail remarquable : il veille aux grands travaux, dirige la réorganisation des marchés et des hopitaux et la construction de multiples bâtiments. À tous ces hommes, ministres ou préfets, l'Empereur impose un labeur de tous les instants, ce qui fait dire au conseiller d'État Beugnot : « Lorsqu'on recevait des ordres, on ne vivait pas tant qu'ils n'étaient pas exécutés. »

Un serviteur dévoué, Maret, duc de Bassano, 1763-1839

Membre du club des Jacobins puis des Feuillants pendant la Révolution, il est ambassadeur à Naples en 1793, mais est arrêté par les Autrichiens. En 1795, il est échangé contre la fille de Louis XVI. De retour d'Égypte, Bonaparte le prend comme secrétaire puis le nomme secrétaire d'État en 1799. À partir de 1804, Maret obtient officiellement le rang de ministre mais comme l'écrit l'historien Frédéric Masson : *« Avec un autre souverain, sous un autre régime, le secrétaire d'État serait l'homme le plus important de l'Empire. Avec Napoléon, il reste un premier commis qui doit apporter de la ponctualité, de l'ordre et de l'exactitude, mais auquel on ne demande ni de fournir des idées ni même de développer les idées du maître… »* L'Empereur le fait duc de Bassano en 1809. Nommé aux Affaires étrangères en 1811, il revient à la secrétairerie d'État pendant les Cent-Jours. Proscrit pendant la Restauration, il s'exile en Autriche. Il revient en France en 1820 et est fait pair de France en 1834. Il meurt à Paris en 1839. Fervent Bonapartiste, Maret est un des plus dévoués serviteurs de l'Empereur, ainsi qu'en témoignent ces mots à Victor de Broglie : *« L'opinion de l'Empereur est pour moi une ornière de marbre où je marche avec sécurité sans m'en écarter. »*

Les espoirs de paix avec l'Angleterre

Charles James Fox fut longtemps un admirateur de Napoléon. Portrait par Anton Hickel (détail).

L'Empereur rentre de Vienne avec deux traités : celui de Presbourg avec l'Autriche et celui de Schönbrunn avec la Prusse. Il tient à la stricte exécution de ces deux textes tant que la Russie reste en armes, appuyée par l'Angleterre. Si l'Autriche se soumet, la Prusse est furieuse. La cour de Berlin s'insurge, hésite à ratifier le traité, et le roi Frédéric-Guillaume de Prusse garde des contacts secrets avec la Russie. Le comte Haugwitz, diplomate prussien, est envoyé à Paris. Avant son départ, le 14 janvier 1806, il déclare : « S'il n'a jamais existé une puissance que nous ayons eu l'intention de tromper, c'est la France ! » Sa mission est de faire revenir l'Empereur sur le traité de Schönbrunn et de le tromper sur les rapports entre la Prusse et la Russie. Mais Napoléon est averti par son ambassadeur et s'exclame : « Cette cour de Prusse est bien fausse et bien bête ! » Le 6 février, il écrit à Talleyrand : « Les Prussiens sont fous ! » L'Empereur se sent d'autant plus fort qu'une lueur de paix se dessine en Angleterre, depuis la mort de Pitt, miné par la goutte, le 23 janvier.

En effet, l'Angleterre est ruinée et cherche de nouvelles alliances après les victoires françaises. Après la mort de Pitt, le roi George III instaure un gouvernement de coalition dans lequel l'adversaire de Pitt, le libéral Charles James Fox, qui avait vivement critiqué la rupture de la paix d'Amiens, devient chef du *Foreign Office.* Sincère et honnête, celui-ci va tout faire pour trouver un accord.

Le catéchisme impérial

En 1806, le haut clergé français est entièrement soumis à la loi de l'Empereur. Évêques et curés ne cessent de louer Napoléon, sa grandeur et son génie. Dans leurs sermons, ils encouragent les jeunes gens à remplir leurs devoirs civiques. À la même époque, le catéchisme impérial commence à se répandre dans les diocèses. Ce petit manuel, conçu en 1803 pour unifier l'enseignement religieux, comporte plusieurs pages concernant la morale civique. Rédigées par Bernier, évêque d'Orléans, remaniées par Napoléon lui-même, elles inculquent aux Français leurs devoirs envers l'Empereur : respect, obéissance, fidélité à l'impôt et à la conscription, sous peine de mériter la damnation éternelle ! Le souverain français devient un objet de vénération. Dans l'ensemble, les autorités ecclésiastiques ne manifestent pas leur désapprobation et le pape, lui-même, quoique indigné, se tait. L'Empereur sera d'autant plus surpris de sa résistance à venir.

Combat de boxe entre Pitt et Fox, en désaccord sur leur politique à l'égard de Napoléon. Gravure coloriée.

Haugwitz arrive à Paris, le 1er février. Le 5, il est reçu très froidement par Talleyrand qui lui annonce que le traité de Schönbrunn peut être mis en question mais aux dépens de la Prusse. L'Empereur veut en effet revenir sur la cession du Hanovre. Il signifie au ministre prussien ses nouvelles conditions : la Prusse pourrait conserver le Hanovre à condition qu'elle rompe tout contact avec l'Angleterre et ferme ses ports du Nord aux vaisseaux anglais. Haugwitz, ébranlé, comprenant qu'il ne dictera pas sa loi à Paris, signe le nouveau traité le 15 février. Le 4 mars, le roi Frédéric-Guillaume fait savoir qu'il prend possession du Hanovre et arrête des mesures pour fermer ses ports aux Anglais. À Londres, à la Chambre des Communes, Fox commente cette attitude en termes très durs mais se déclare toujours disposé à traiter avec la France. N'a-t-il pas prévenu d'ailleurs Talleyrand qu'un Français lui avait proposé d'assassiner le « chef des Français » ? De son côté, Napoléon déclare devant le Corps législatif le 2 mars : « Je désire la paix avec l'Angleterre, je serai toujours prêt à la conclure en prenant pour base les stipulations du traité d'Amiens. »

La correspondance entre Napoléon et Fox s'intensifie. Si les intentions de Fox sont honnêtes, celles de Grenville, le chef du gouvernement, farouche adversaire de la France, le sont certainement beaucoup moins. Celui-ci veut simplement gagner du temps pour organiser une quatrième coalition. Lui-même se dit prêt à traiter mais pas sans la Russie.

Après un premier refus, l'Empereur accepte le 2 juin de recevoir deux plénipotentiaires à Paris : lord Yarmouth pour l'Angleterre et le baron d'Oubril pour la Russie. Pour l'Empereur, l'établissement de la paix et la construction d'un grand empire d'Occident deviennent possibles. Mais ses exigences territoriales exagérées en particulier sur la Sicile, la mort de Fox le 14 septembre et les tractations entre Frédéric-Guillaume et le tsar de toutes les Russies vont bientôt tout compromettre.

La création de l'Université impériale

Si les lycées, fondés en 1802, sont placés sous la tutelle de l'État, la création de collèges secondaires ou d'écoles peut encore être le fait de municipalités ou d'initiatives privées. L'instruction publique manque donc cruellement de cohésion. Le but de l'Empereur, il le dit sans détours, *« est d'avoir un moyen de diriger les opinions publiques et morales »*. La loi du 10 mai 1806 fonde l'Université impériale dont l'objectif est d'encadrer l'instruction en France. Cette Université, sorte d'Éducation nationale, est dirigée par un grand maître, assisté par un Conseil supérieur qui rédige règlements et programmes et dont les subordonnés sont les recteurs. L'ensemble des enseignants est placé sous cette autorité. Le territoire français est divisé en 45 académies. Un peu plus tard, le décret du 17 mars 1808 organisera le recrutement et la formation des enseignants en faisant renaître l'École normale. En 1810, 50 à 60 000 enfants fréquentent l'école, autant qu'en 1789.
La formation d'une « élite » est indispensable aux yeux de l'Empereur qui a besoin de fonctionnaires dévoués : *« Tant que l'on apprendra pas dès l'enfance s'il faut être républicain ou monarchique, catholique ou irréligieux, l'État ne formera pas une Nation ; il reposera sur des bases incertaines et vagues… »*

La cour du lycée Bonaparte actuellement lycée Condorcet, à Paris, réalisé par Alexandre Théodore Brongniart. Gravure de Durand.

« L'erreur familiale

Joseph a toujours voulu faire valoir son droit d'aînesse. Peinture de Jose Flaugier.

Après Austerlitz, Napoléon veut recréer un grand empire d'Occident à l'image du monde romain qu'il admire. De la même façon que les empereurs de Rome avaient « romanisé » peu à peu leurs États vassaux, il rêve de donner à l'Europe le type de régime que connaît la France, et de diffuser les principes d'égalité et de liberté issus de la Révolution. Il souhaite imposer les institutions françaises parce que, pour lui, elles sont idéales.

Mais pour que les États conquis suivent l'exemple, il faut à leur tête des Français qu'un lien fort unit au chef de l'Empire. Napoléon pense les trouver au sein de sa famille ou parmi ses proches. Or c'est là commettre une double erreur. Les peuples étrangers auraient peut-être applaudi aux réformes si elles étaient venues des chefs de leur nation. Mais comme elles sont imposées par des Français, ces nouveaux États se pensent inféodés. La seconde erreur de l'Empereur est d'avoir compté sur les membres de sa famille particulièrement ingrats, cupides et orgueilleux.

Au début de l'Empire, l'Italie est partagée. Au Nord, le Piémont, la Ligurie un peu plus tard sont des départements français. Puis ce sera le tour de la Toscane en mars 1808. La partie septentrionale et orientale de la péninsule, anciennement République d'Italie, est devenue le royaume d'Italie avec Milan, Venise, Mantoue et Bologne. Le 26 mai 1805, Napoléon se fait sacrer roi d'Italie.

Dans le sud, Ferdinand IV et Marie-Caroline de Habsbourg, adversaires des Français et du « Corse bâtard » comme dit la reine, règnent sur le royaume de Naples.

Au moment de la guerre avec l'Autriche, les souverains napolitains se déclarent neutres le 20 septembre 1805, mais jouent un double jeu et continuent de traiter en secret avec les Russes. Le 20 novembre, un corps expéditionnaire de 12 000 Russes et de 8 000 Anglais débarque dans le royaume et 40 000 Napolitains sont sous les armes. La guerre est inévitable, et fin décembre, les troupes françaises marchent sur Naples. Après les victoires françaises contre les Autrichiens et les Russes, le corps anglo-russe se replie vers le sud et ne veut défendre que la Calabre. Les souverains napolitains sont livrés à eux-mêmes. L'armée française, dite armée de Naples, commandée par Gouvion-Saint-Cyr puis par Masséna et Joseph, qui devient pour l'occasion général de division et lieutenant de l'Empereur, envahit le royaume. Capoue tombe le 6 février et le 15, Joseph

Œuvre de Napoléon, la Confédération du Rhin comptera plus de trente États en 1811. Gravure de Le Beau d'après Naudet, première moitié du XIXe siècle.

fait son entrée dans la capitale. Ferdinand et Marie-Caroline se réfugient en Sicile où ils continuent de résister. Gaète tient encore quelques mois et ce n'est qu'à la fin de l'été 1806 que le pouvoir français est bien installé dans le sud du royaume. Napoléon écrit à Joseph pour lui proposer ce trône devenu vacant : « Je veux sur ce trône asseoir un prince de ma maison, vous d'abord si cela vous convient ; un autre si cela ne vous convient point. » Joseph accepte à la condition de conserver son statut de prince français et ses droits à la succession. Le 30 mars 1806, un acte des Tuileries nomme Joseph roi de Naples et de Sicile. L'Empereur le charge officieusement de préparer l'invasion de la Sicile, qui doit achever la première étape de sa conquête de la Méditerranée.

Enfin, entre le royaume d'Italie et le royaume de Naples, se tiennent les États de l'Église de Pie VII, avec Rome et Ancône, désormais pris entre les serres de « l'Aigle ».

Par une série de décrets, dont le premier est daté du 31 mars 1806, Napoléon crée les statuts de la Maison impériale. L'Empereur devient « chef et père commun de sa famille ». Douze duchés sont créés sur des territoires conquis, avec une transmission héréditaire. Berthier devient prince de Neuchâtel, Bernadotte prince de Pontecorvo, Talleyrand prince de Bénévent, puis un peu plus tard Cambacérès est fait duc de Parme, Lebrun duc de Plaisance, etc. Il s'agit là de la création des premiers titres nobiliaires, prémices de la noblesse d'Empire, et surtout première entorse au principe d'égalité. Napoléon se justifie au Sénat en affirmant qu'il a créé ces duchés « non pas seulement par affection pour les princes, mais surtout pour consolider l'ordre social et son trône qui en est le fondement et la base, et donner des centres de correspondance et d'appui à ce grand Empire ». La Prusse avait concédé les duchés de Berg et de Clèves. Comme Caroline, épouse de Murat, réclame sa part dans cette distribution, Murat devient grand-duc de Berg et de Clèves le 15 mars 1806. Il entre à Düsseldorf le 24 par une parade étincelante, comme à son habitude. Le 14 mars, Napoléon annonce à Talleyrand son intention d'ériger en royaume la Hollande et de le confier à son frère Louis, ce qui permettra de fermer les ports hollandais aux navires anglais. Le 5 juin 1806, Louis est présenté aux députés bataves et est déclaré roi de Hollande.

Enfin, les États allemands entendent maintenant se séparer de l'Autriche et de la Prusse. Ils cherchent à se grouper et demandent la protection de l'Empereur. Talleyrand rédige le projet de création de la Confédération du Rhin. Le 12 juillet 1806 seize États allemands dont la Bavière, le Wurtemberg, Hesse-Darmstadt, Bade, etc. rejoignent la Confédération qui a pour capitale Francfort. Ses membres deviennent alliés de la France et s'engagent à fournir, en cas de guerre, un contingent de 65 000 soldats au total. Chaque État conserve ses lois et son organisation mais la tutelle française est renforcée. Napoléon ratifie l'acte de création le 19 juillet et se déclare protecteur de la Confédération du Rhin. Cette alliance arrange bien les affaires de la France tant au point de vue politique que militaire. Le Saint Empire romain germanique est bien mort et Napoléon est maître de la moitié de l'Europe.

Le duché de Berg comme tous les États de la Confédération du Rhin, fournira des forces armées à la France. Chevau-légers de Berg, planche extraite de *Soldats et uniformes du Premier Empire* du Dr Hourtoulle.

La résistance du pape

Chef suprême de la religion catholique, doux et pacifique, Pie VII n'en n'est pas moins particulièrement tenace et opiniâtre dans son opposition à Napoléon. Buste de Pie VII par Louis Pierre Desseine.

Un État gêne encore l'Empereur dans sa conquête complète de l'Italie : l'État romain. Napoléon ne cache d'ailleurs pas son ambition de devenir maître de l'ensemble de la péninsule, lieu de sa première gloire. « Toute mon ambition est tournée vers l'Italie, dit-il, c'est une maîtresse dont je ne veux que personne partage les faveurs. Le pape sera mon vassal et je ferai la conquête de la Sicile. »

Le 10 février 1806, il écrit à Pie VII : « Toute l'Italie sera soumise à ma loi. » Mais le pape ne l'entend pas ainsi. Soutenu par les cardinaux, il ne cesse de résister et de protester. Déjà, pendant la campagne d'Allemagne, il s'était insurgé contre l'entrée des troupes françaises à Ancône, situé sur la côte orientale de son État. Par crainte d'un débarquement anglais sur les côtes italiennes, les Français violaient la neutralité pontificale. Tenace, Pie VII écrivait encore à l'Empereur le 13 novembre 1805 : « Nous ne trouvons pas chez votre Majesté le retour de sentiments que nous nous croyions en droit d'attendre de sa justice. Ce que nous devons à nous-mêmes, c'est de réclamer à Votre Majesté l'évacuation d'Ancône, et nous ne verrions pas, si un refus nous était opposé, comment le concilier avec la continuation des bons rapports avec le ministre de Votre Majesté. » Napoléon était furieux et c'est le cardinal Fesch, porteur du courrier, qui essuyait la colère impériale : « Le pape m'a écrit la lettre la plus ridicule, la plus insensée... Dites au pape que, puisqu'il veut chasser mon ministre de Rome, je pourrais bien aller l'y rétablir… » Le conflit s'aggrave lorsque le pape refuse de reconnaître Joseph comme nouveau roi de Naples. Pie VII manifeste son mécontentement encore une fois lorsque les principautés de Bénévent et de Pontecorvo sont attribuées à Talleyrand et Bernadotte. En effet, ces deux territoires étaient anciennement fiefs du Saint-Siège et les souverains napolitains les tenaient de Rome. L'Empereur pense pouvoir faire preuve d'autorité. Il lui écrit à nouveau le 13 février : « Votre Sainteté est souveraine de Rome mais j'en suis l'empereur. Tous mes ennemis doivent être les siens. » Ce à quoi Pie VII répond : « Votre Majesté est infiniment grande, elle a été élue, couronnée, consacrée, reconnue empereur des Français mais non pas empereur de Rome. » L'étonnement de Napoléon devant la résistance déterminée du Saint-Siège est d'autant plus grand qu'en France l'ensemble du clergé se soumet à sa loi. De janvier à juillet 1806, le conflit avec le souverain pontife prend des proportions dangereuses. Napoléon envisage maintenant de s'emparer de la Ville éternelle par la force.

Pendant ce temps, à Paris, les pourparlers de paix aboutissent à un traité signé entre Talleyrand et le russe Oubril concernant Corfou et les îles Ioniennes (juillet), traité qui ne sera jamais ratifié par le tsar. Côté anglais, Yarmouth, aidé maintenant de lord Lauderdale beaucoup moins favorable à la paix, poursuit les discussions avec le ministre français. Mais la Prusse gronde et la reine Louise, le prince Louis-Ferdinand, les généraux Blücher, Hohenlohe, ne cessent d'appeler à la guerre contre « le tyran français ». Leur attitude va bientôt ruiner les espoirs de paix. Napoléon sait, qu'en cas de guerre avec la Prusse, la Russie s'alliera à elle et l'Angleterre se dérobera. Néanmoins, l'Empereur ne doute pas de sa victoire.

Quelques attributions de duchés sous l'Empire :

Berthier : prince-duc de Neuchâtel et de Vallengrin, 30 mars 1806.
Bernadotte : prince-duc de Pontecorvo, 5 juin 1806.
Talleyrand : prince-duc de Bénévent, 5 juin 1806.
Soult : duc de Dalmatie, 29 juin 1808.
Bessières : duc d'Istrie, 28 mai 1809.
Duroc : duc de Frioul, mai 1808.
Champagny : duc de Cadore, 15 août 1809.
Victor : duc de Bellune, 10 septembre 1808.
Moncey : duc de Conegliano, 2 juillet 1808.
Mortier : duc de Trévise, 2 juillet 1808.
Clarke : duc de Feltre, 15 août 1809.
Maret : duc de Bassano, 15 août 1809.
Caulaincourt : duc de Vicence, 7 juin 1808.
Arrighi de Casanova : duc de Padoue, 24 avril 1808.
Savary : duc de Rovigo, mai 1808.
Regnier : duc de Massa et Carrare, 15 août 1809.
Cambacérès : prince-duc de Parme, 24 avril 1808.
Lebrun : prince-duc de Plaisance, 24 avril 1808.
Fouché : duc d'Otrante, 24 avril 1808.
Marmont : duc de Raguse, 28 juin 1808.

Jean-Baptiste de Nompère de Champagny, duc de Cadore, ministre des Relations extérieures de 1807 à 1811. Peinture de Théodore Auguste Rousseau, 1807.

Carabiniers et autres cavaliers. De gauche à droite : gendarme, chevau-léger du 8e régiment polonais, carabinier du 1er régiment, carabinier du 2e régiment trompette, chevau-léger de compagnie d'élite, chevau-léger du 3e régiment. Aquarelle de Boisselier, début du XXe siècle.

Les carabiniers

Ils appartiennent à la cavalerie lourde et sont armés d'une carabine. En 1802, ils sont vêtus de l'habit bleu national avec parement et revers écarlate et bonnet d'oursin. Outre la carabine, ils sont équipés de deux pistolets et du sabre. Napoléon modifie leur uniforme en décembre 1809 pour en faire une espèce particulière de cuirassiers avec habit blanc, double cuirasse en acier recouvert d'une feuille de cuivre, casque à la romaine à visière et couvre-nuque surmonté d'un cimier de cuivre jaune orné d'une chenille de crin écarlate. Les carabiniers se distinguent dans toutes les campagnes de l'Empire. En 1809, Lejeune est témoin de leurs charges : « *[…] Au signal donné par les trompettes, la troupe se lança au galop. Au même instant, la terre tremble sous le trépignement des deux mille chevaux, tous les regards sont fixés sur cette évolution du plus terrible intérêt, et tous les cœurs sont en émoi. Les Autrichiens reçoivent le choc avec un grand courage ; mais ils n'y peuvent pas tenir : tout fut renversé, balayé comme par la foudre.* »

La campagne

Le roi de Prusse allant à la guerre contre les Français. Sa femme le suit et excite son ardeur. Gravure coloriée, 1806.

Jusqu'au mois d'août 1806, le roi de Prusse, Frédéric-Guillaume III, parait se contenter du Hanovre que lui a concédé Napoléon. La tranquillité semble alors régner sur l'Europe. Pourtant Frédéric-Guillaume est informé de tractations entre la France et l'Angleterre à propos de la restitution du Hanovre à son propriétaire initial et réagit brutalement. En outre, il est très inquiet de la réorganisation de l'Allemagne en Confédération du Rhin sous la protection de Napoléon. Dès juillet, la Prusse se joint au Royaume-Uni, à la Russie, à la Saxe et à la Suède pour former la quatrième coalition. Et le 9 août, le roi ordonne bientôt la mobilisation de ses troupes. Le 25 août 1806, le duc de Brunswick est nommé généralissime des armées prussiennes. Il a 71 ans ; Moellendorf, conseiller du roi, 81 ans ; Blücher 64 ans ; Napoléon, lui, vient d'avoir 37 ans.

Attisée par la reine, Louise de Mecklembourg-Strelitz qui se prend pour une héroïne nationale, une agitation s'empare des militaires et des populations prussiennes. Sur les marches de l'ambassade de France à Berlin, les officiers prussiens se plaisent à aiguiser leur sabre en guise de provocation, tandis que le roi Frédéric-Guillaume III s'écrie « Pas besoin de sabres, des gourdins suffiront pour ces chiens de Français. » L'égérie du parti de la guerre, Louise de Prusse est une des plus jolies femmes de son époque. Tous les hommes qui l'ont approchée, ont été comme électrisés, y compris Napoléon qu'elle appelait pourtant « le monstre sorti de la fange ». Le tsar Alexandre est littéralement tombé sous son charme. On murmure même qu'elle aurait interdit sa couche au roi, son époux, tant que la guerre au « monstre français » n'aurait pas été déclarée…

Napoléon reçoit alors un ultimatum l'invitant à se retirer d'Allemagne avant le 8 octobre. Le 6 octobre, il fait lire aux soldats une nouvelle proclamation : « Soldats ! L'ordre de votre rentrée en France était déjà donné, des fêtes triomphales vous attendaient. Mais des cris de guerre se sont fait entendre à Berlin. Nous sommes provoqués par une audace qui demande vengeance. » À cette provocation Napoléon répond par un ordre de concentration de la Grande Armée à laquelle il fait traverser les monts du

Les voltigeurs

En 1804, Napoléon décide la création d'une compagnie d'élite, les voltigeurs. Leur mission consiste à intervenir le plus rapidement possible, à cheval ou à pied, sur un terrain d'opération bien précis. De taille moyenne (1 m 60), ils doivent montrer une bonne endurance et des réflexes à toute épreuve. Sur le champ de bataille, ils se placent à la gauche du bataillon et combattent comme des tirailleurs. Ils sont reconnaissables à leur clairon.

foudroyante de 1806

Davout, un modèle de dévouement pas toujours récompensé à sa juste valeur. Portrait de Marzocchi de Belluci d'après l'original de Claude Gautherot.

Frankenwald. L'armée est un torrent submergeant la région à une vitesse vertigineuse. Arrivée en Saxe, l'avant-garde, sous les ordres du maréchal Lannes, rencontre un corps prussien, qui est repoussé à Saalfeld le 10 octobre. Le prince Louis-Ferdinand de Prusse trouve la mort dans ce premier engagement de la campagne. « Mauvais augure », dira, en français, un général prussien à son aide de camp… Comme en 1805, c'est à la rapidité des mouvements que la Grande Armée dirigée par Napoléon doit ses premiers succès. Le général Boulard raconte : « Nous arrivâmes, le 12, ayant fait 9 lieues par jour » (soit 36 à 39 kilomètres). L'Empereur n'est pas le moins pressé. Boulard ajoute : « J'aperçois une nombreuse cavalcade qui s'avançait à grande allure ; je me range, c'était l'Empereur qui arrivait. Une pauvre paysanne, qui était un peu en arrière de moi, ne s'étant pas détournée à temps, est renversée par le cheval que montait Napoléon ; celui-ci s'arrête tout court, fait un geste de regret et de compassion expressif, ordonne de relever cette femme, s'assure qu'elle n'a pas de mal, lui adresse quelques paroles par l'intermédiaire de quelqu'un de sa suite, l'indemnise généreusement et continue son chemin. » Pressé, mais humain… La Grande Armée continue sa marche en direction de Berlin mais, depuis les premiers accrochages du 10, l'armée prussienne est étrangement invisible. Napoléon a beau envoyer toute la cavalerie de Murat en exploration, avec ordre « d'inonder la plaine de Leipzig », le contact tant espéré ne peut avoir lieu. En fait, les Prussiens ont décidé de se retirer sur Leipzig, ne laissant qu'une forte arrière-garde dans la région d'Iéna, sous les ordres de Hohenlohe.

Napoléon dirige vers Iéna, à l'ouest, le gros de ses troupes contre ce qu'il pense être toute l'armée ennemie. Il envoie Davout et Bernadotte frapper les arrières des Prussiens au nord. Arrivé le 13 sur une énorme butte qui domine la ville de Iéna, l'Empereur examine longuement les campements de l'armée ennemie. Prétextant habilement l'absence de sa Garde, Napoléon déclare qu'il veut passer la nuit parmi les braves du 40ᵉ régiment de ligne. Faveur insigne ! À ce moment Hohenlohe dort tranquillement dans un château en arrière de Cappelledorf. La nuit est glacée. Accablé de fatigue, l'Empereur s'accorde quelques instants de sommeil les pieds allongés sur une chaise. À 1 heure du matin, il se réveille. Il s'interroge à nouveau et voudrait tout vérifier jusqu'au dernière instant. Napoléon part explorer le terrain avec Suchet et deux aides de camp. Au retour, il manque d'être tué par une sentinelle pour n'avoir pas entendu son « Qui vive ? » « Alors coquin tu m'as pris pour un Prussien », dit Napoléon à la sentinelle en lui tirant l'oreille.

Davout, le seul maréchal invaincu

Né en 1770 dans une famille de petite noblesse, Louis Nicolas Davout entre comme cadet-gentilhomme à l'École militaire de Paris en 1785 et devient officier. Fervent révolutionnaire, il participe à de nombreuses batailles de la Révolution. Présenté par Desaix à Bonaparte, Davout suit celui-ci en Égypte. En 1800, il est promu général de division, devient maréchal en 1804 et colonel général de la Garde impériale. Davout joue un rôle décisif à Austerlitz puis lors de la campagne de Prusse de 1806. Il en sera récompensé par le titre de duc d'Auerstedt en 1808. Il fait régner parmi ses hommes une discipline de fer et n'hésite jamais à faire fusiller un soldat pillard. Vainqueur à Eckmühl, il se fait encore remarquer à Wagram en 1809. Napoléon le fait prince d'Eckmühl. En 1813, Davout s'enferme dans Hambourg, qu'il ne livrera que le 27 mai 1814, sur ordre de Louis XVIII. Ministre de la Guerre pendant les Cent-Jours Davout est ensuite mis en résidence surveillée à Louviers. Le roi finit par lui rendre son bâton de maréchal (1817) et par le faire pair de France (1819). Il meurt en 1823.

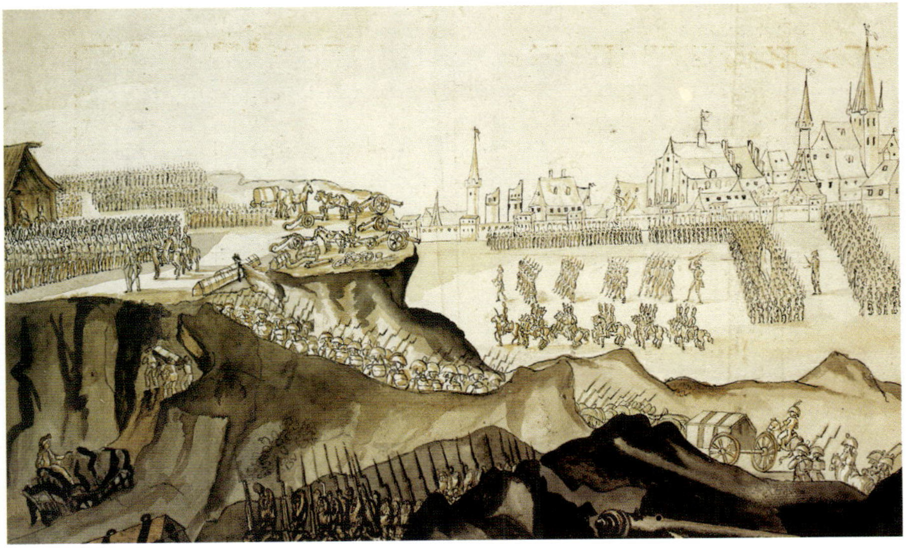

Vue perspective du plateau de la bataille d'Iéna et de la position de l'armée prussienne.

De Iéna à Berlin

La bataille d'Iéna, remportée en Saxe, marque l'effondrement de la Prusse.

Le lendemain, 14 octobre, à 6 heures, le 5e corps s'ébranle, Lannes en tête. La bataille d'Iéna est commencée. « L'armée était superbe, dans un ordre parfait, pleine d'enthousiasme, de confiance et d'ardeur pour se mesurer avec l'ennemi », constate Boulard. Au milieu d'un épais brouillard, le maréchal Lannes est bientôt suivi de Soult, Ney et Augereau. Quel spectacle pour un premier combat, remarque le capitaine Bertrand : « Mon bataillon, en tirailleurs, a devant lui de la cavalerie prussienne. Mes vieux camarades, fermes comme des rocs, me disent : "Cadet, ce sont des Prussiens, vise au poitrail, ils veulent de la musique, il faut les faire danser" », et les Prussiens « dansèrent ». Comme à leur habitude, ils avancent lentement, parfaitement alignés. Des nuées de tirailleurs français déciment ces soldats qui manœuvrent comme durant la guerre de Sept Ans. Ils restent ainsi deux heures sous une grêle de mitraille. Un officier de l'armée prussienne se rend compte que l'affaire est mal engagée : « Au milieu de ces cris répétés par nos supérieurs affolés : "En avant, en avant ! Avancez donc !" il me semblait percevoir comme une rumeur sinistre ; je croyais entendre commander : "En retraite, en retraite !" » La glorieuse armée prussienne se met bientôt à ressembler à un « fleuve de fuyards ».

Mais cette victoire du 14 octobre pourrait s'appeler Auerstedt. Pendant que Napoléon écrase les Prussiens du prince de Hohenlohe, Davout, à la tête de son seul 3e corps tombe, à Auerstedt, sur le gros de l'armée du roi Frédéric-Guillaume commandée par le feld-maréchal duc de Brunswick. Malgré son infériorité numérique, 29 000 hommes contre 64 000, non seulement Davout réussit à repousser l'ennemi, mais il n'hésite pas à prendre des risques. Il attaque avec furie et malgré des pertes énormes met l'armée royale en pleine déroute. Vers 17 heures, le roi de Prusse ordonne la retraite. Celle-ci s'effectue dans un désordre indescriptible par toutes les routes conduisant à Weimar, où Frédéric-Guillaume espère pouvoir s'appuyer sur l'armée de Hohenlohe, mais en approchant de l'Ilm, les vaincus d'Auerstedt rencontrent les vaincus d'Iéna. Le désastre prussien est complet.

Les tirailleurs

Ce terme est utilisé pour désigner une formation dispersée adoptée en certaines circonstances par des fantassins. Toutes les troupes d'infanterie sont normalement capables de manœuvrer en ordre lâche mais avec plus ou moins d'efficacité selon leur degré d'entraînement. Lorsque des fantassins attaquent en tirailleurs, ils avancent en offrant le moins de vulnérabilité possible aux tirs ennemis. Pour cela, ils se dispersent, tirent, changent de position, harcèlent les unités adverses. L'inconvénient majeur de cette formation est son inaptitude totale à soutenir le corps à corps avec des unités en ordre dense et sa grande vulnérabilité face à la cavalerie. Elle est en fait essentiellement utilisée pour harceler des unités ennemies, traverser des terrains difficiles ou pour couvrir les mouvements d'une unité amie disposée en colonnes.

Napoléon n'apprendra la nouvelle que le lendemain. Il tombe littéralement des nues. Ce n'est pas une victoire mais deux. En tout l'armée prussienne a perdu plus de 45 000 hommes. Ses pertes sont de 15 000 tués et blessés et 15 000 prisonniers, pour Iéna, plus les 16 000 perdus à Auerstedt, ainsi que 300 canons, presque tous ses drapeaux, et plus de 20 généraux qui sont prisonniers. Pour récompenser Davout, Napoléon décide que c'est lui qui entrera en premier à Berlin à la tête de son 3e corps. Dans la capitale, l'Empereur décore lui-même 500 soldats de la croix de la Légion d'honneur. La Garde impériale n'avait pas donné. Comme d'habitude, elle piaffait d'impatience. Selon certains témoignages Napoléon aurait réprimandé des jeunes grenadiers qui, comme il passait devant eux, criaient « en avant ! » « Qu'est-ce ? Il n'y a qu'un jeune homme sans barbe qui peut présager ce que je dois faire. Qu'il attende d'avoir commandé dans trente batailles rangées avant de prétendre me donner son avis. »

La poursuite des Prussiens battus est une pièce d'anthologie. Les débris de l'armée prussienne battue à Iéna et Auerstedt parviennent en grande partie à se réunir à Nordhausen sous le commandement du prince de Hohenlohe. Ils prennent la direction de Magdebourg. Le corps du prince de Wurtemberg est battu par le maréchal Bernadotte à Halle (17 octobre). Tenant absolument à ce que les Prussiens n'effectuent pas une retraite vers leurs alliés, Napoléon dirige la Grande Armée sur Berlin où elle entre seulement quinze jours après le début de la campagne. La cavalerie de Murat va parcourir 600 km en vingt-trois jours ! Il bouscule une flanc-garde de Hohenlohe à Zehdenick (26 octobre), puis atteint le gros de son armée et l'oblige à capituler à Prenzlau (28 octobre). Avec une simple division de cavalerie légère, Lasalle prend la place de Stettin (29 octobre). Blücher, le futur héros de Waterloo, réussira à atteindre Lübeck mais sera aussi obligé de capituler (7 novembre). La Prusse est anéantie ; en 2 mois, elle a perdu plus de 145 000 hommes tués, blessés ou prisonniers.

Entouré de son état-major, Napoléon entre dans Berlin. Peinture de Charles Meynier (détail).

Le 27 octobre l'Empereur entre dans Berlin et passe par la grande porte de Brandebourg où il reçoit les clés de la ville. La population est partagée entre crainte et curiosité et se presse sur le parcours. Napoléon, en habit vert de colonel des chasseurs, monte un cheval gris dont la selle est de pourpre et d'or. « Je le vis près. Il faut être doué d'une rare énergie, écrit le soir un bourgeois de Berlin, pour ne pas courber la tête sous ce regard. Il se trouve des gens pour applaudir l'entrée du vainqueur. » Napoléon gagne ensuite le château royal de Sans-Souci. Il visite les appartement du grand Frédéric II où rien n'a été déplacé depuis sa mort (1786). Il médite un instant devant sa modeste table de travail et prend quelques souvenirs : l'épée, un cordon et son réveille-matin. « Je préfère ces trophées à tous les trésors du roi de Prusse. »

La campagne de Prusse est terminée. À Iéna, comme à Auerstedt, la stratégie offensive et audacieuse des Français met en pièces la tactique périmée du Grand Frédéric. Seul le corps de Bernadotte est resté inemployé, en raison de l'arrogance de son chef, qui n'a pas voulu partager la responsabilité de son corps d'armée avec celui de Davout. Comme d'habitude, le maréchal Bernadotte ne reçut qu'une simple réprimande pour son immobilisme.

Frédéric-Guillaume III et sa Walkyrie d'épouse se réfugient à Keo en attendant l'intervention du tsar. L'Empereur ne tarde pas à régler le sort de l'Allemagne du Nord. La Prusse doit régler 160 millions d'indemnités de guerre. Ses possessions sont divisées entre quatre départements. Napoléon fait de l'électeur de Saxe un roi de Saxe à condition pour lui d'entrer dans la Confédération du Rhin avec cinq autres principautés. L'Allemagne du Nord, à son tour, entre dans la dépendance française.

La campagne de Prusse.

LA BATAILLE D'IÉNA

Le 14 octobre, Napoléon rencontre Hohenlohe et le bat sévèrement, pendant que Davout, qui se trouvait en pointe vers le nord, se heurte au gros de l'armée prussienne commandée par le roi et le feld-maréchal duc de Brunswick. Malgré une grande disproportion des forces, Davout bat les Prussiens à Auerstedt. Nous sommes au matin de la bataille. Emporté par son ardeur un jeune grognard crie : « En avant ! » en brandissant son bonnet à poil. Napoléon, surpris, répond « Quel est ce jeune homme qui prétend me donner des conseils ? » L'Empereur est en compagnie de Murat et de Berthier.

Napoléon Ier passant devant les troupes à la bataille d'Iéna, peinture d'Horace Vernet, 1836.

Napoléon en campagne

Les chasseurs à cheval de la Garde

Formés en 1804 avec les guides de la Garde consulaire, les chasseurs de la Garde sont organisés en quatre escadrons de deux compagnies chacun. Ils ont le privilège envié d'assurer la protection de l'Empereur. À ce sujet, le capitaine Parquin écrit : *« Un peloton de 27 chasseurs marchent devant et derrière lui. Un brigadier et quatre chasseurs, dont l'un porte le portefeuille et l'autre la lorgnette de sa Majesté, galopent en avant de l'Empereur et lui font faire place. S'arrête-t-il, met-il pied à terre, les chasseurs l'imitent à l'instant, placent la baïonnette au bout du mousqueton et marchent ainsi en carré, l'Empereur au milieu d'eux. L'officier commandant le peloton d'escorte suit constamment sa Majesté ; il n'y a que le roi Murat et Berthier qui peuvent lui disputer le pas. L'Empereur s'établit-il dans un logement : cet officier stationne dans l'appartement le plus près du sien. Les chasseurs de son peloton sont pied à terre, tenant à la main les rênes de la bride des chevaux, à la porte de la maison occupée par l'Empereur qui a toujours là un cheval sellé […] »* Revêtus de leur magnifique uniforme à la hussarde et montés sur leurs fringants chevaux alezans, ils se sont couverts de gloire sur de nombreux champs de bataille.

Au milieu de ses soldats, Napoléon se sent chez lui ! Pour ce solitaire, c'est même son seul foyer. Il s'y sent bien et y est certainement plus à son aise qu'entouré de ses courtisans aux Tuileries. Quand l'Empereur part en campagne, son équipage le suit, constitué ordinairement de deux voitures. La première est une berline spéciale, jaune à fond vert, très simple où sont aménagés des tiroirs et des compartiments pour ses papiers, ses cartes et ses livres. La seconde est réservée au service de bouche. On y trouve un fourneau portatif, une batterie de cuisine et une cave.

C'est généralement vers 2 heures du matin que s'effectuent les départs précipités en campagne. L'escorte militaire est choisie parmi les chasseurs de la Garde. Un service de chambellans et d'aides de camp s'efforce de prévoir les menues complications de ces déplacements rapides. En voiture, l'Empereur est accompagné par Berthier ou Duroc. Infatigables et effacés, ils sont les rares compagnons à partager véritablement la vie de Napoléon. La plupart du temps, l'Empereur lit les livres d'ordres et les états de situations. Alors, pour ne pas perdre de temps, il leur dicte de nouvelles décisions. Dès le premier arrêt, ses ordres sont expédiés. Durant les longs voyages qu'il doit effectuer, la lecture est son passe-temps favori. Mais si le livre lui déplaît, il est brusquement lancé par la portière.

Aussitôt arrivé près du champ de bataille, on déblaie en toute hâte le terrain sur lequel vont s'élever les trois tentes de l'Empereur. Fréquemment, on doit enlever des morts ou des blessés et les porter à l'écart. En moins de trente minutes, les trois tentes de coutil rayé bleu et blanc sont montées et prête à servir. Le baron Fain, secrétaire de l'Empereur, raconte : « Qu'un soir d'une grande bataille, la tente se fait longtemps attendre ; elle est à peine dressée que je me glisse sous ses toiles, et dans l'accablement du sommeil qui me poursuit, j'ai cru m'endormir sur quelque portemanteau des équipages : qu'on juge de mon réveil ! L'oreiller de la nuit n'est qu'un mort frais de la veille ! »

Parmi ces trois tentes, il y a celle de Napoléon, celle des officiers de la maison impériale et celle du major-général, Berthier. Leur enveloppe est double. Dans l'intervalle qui sert de corridor se tiennent Constant et Roustan. Le logement de l'Empereur occupe deux pièces : le cabinet et la chambre à coucher. Dans la première, les cartes sont disposées sur une grande table. Elles portent des épingles de couleurs différentes pour indiquer la position des armées. Dans la chambre, on installe le lit de camp de l'Empereur, une merveille d'équilibre et de légèreté, confortable et bien conçu. On en retrouvera deux modèles à Sainte-Hélène. Si l'Empereur a toujours réussi à contrôler son sommeil, il lui arrive néanmoins d'être à bout de fatigue. Ainsi à Wagram, sans se soucier des boulets, il s'endort sur le sol, face contre terre.

Toujours très soucieux de sa propreté, il voyage avec son nécessaire de toilette en or qu'il utilise au matin de chacune de ses victoires et qu'il destinera à son fils dans le testament de Sainte-Hélène. Napoléon n'a aucune pudeur. Sur l'île de Lobeau en 1809, il fait sa toilette au milieu de la troupe comme si de rien n'était. Mais il lui arrive aussi de ne pas enlever ses bottes pendant deux semaines, comme avant Eylau en 1807. Si, en route, il doit satisfaire un petit besoin, il met pied à terre au milieu de ses chasseurs et, sans façon, « fait son affaire ».

Le camp impérial avec les personnes nécessaires au service de l'Empereur : les aides de camp, les ordonnances, et à l'arrière-plan, Roustan, le fidèle mamelouk. Planche extraite de *Soldats et uniformes du Premier Empire* du Dr Hourtoulle.

Quand il a froid, il passe sur son éternel habit vert de colonel des chasseurs, sa redingote grise. Cette redingote si célèbre devint vite décrépite et fripée ; tout son côté droit n'est qu'une loque brûlée au feu de camp.

Si ses soldats parviennent à supporter d'incroyables souffrances, c'est parce que Napoléon endure les mêmes conditions de vie. Il paie de sa personne et tout le monde le sait. Il peut surgir dans les bivouacs en pleine nuit, partager une pomme de terre avec ses soldats qui l'appelle le Tondu, le « Petit Caporal ». Cette familiarité lui plaît, il l'encourage même. La puissance de ses paroles sur les hommes est étonnante. Nul mieux que lui ne sait leur parler. Quand il dit en parcourant les rangs de son armée au milieu du feu : « Déployez les drapeaux ! Le moment est enfin arrivé ! », le geste, l'action, le mouvement font trépigner le soldat français. Il sait créer l'émulation entre les corps : « Le 85e, il vaut ma Garde ! », « Le 32e est là ! Je suis tranquille. »

Intérieur de la tente impériale avec le lit pliant qui servit à l'Empereur pendant toutes les campagnes.

L'instauration du

Napoléon reçoit au Palais royal de Berlin des représentants du sénat français. Il leur remet les drapeaux pris à Iéna. Peinture de René Berthon, 1808.

« Cette âme du monde »

Le philosophe Hegel, professeur à Iéna, admire l'Empereur qu'il considère comme le maître d'un modèle d'organisation politique, un « exécuteur des hautes œuvres de l'esprit ». Le 13 octobre 1806, les Français entrent dans Iéna et Hegel écrit : *« J'ai vu l'Empereur – cette âme du monde – sortir de la ville pour aller en reconnaissance : c'est effectivement une sensation merveilleuse de voir un pareil individu qui, concentré ici sur un point, assis sur un cheval, s'étend sur le monde et le domine. »*

Dès le début octobre, Paris attend des nouvelles de l'armée partie en campagne. Après Austerlitz, la population est confiante et personne ne doute de la victoire. Lorsque le 21 octobre, la capitale apprend, qu'après six jours de campagne et sur deux champs de bataille voisins, l'armée de Frédéric a essuyé une terrible défaite, l'enthousiasme est à son comble. Entre deux représentations à l'Opéra, on joue des chants de victoire, dans les rues la foule est en liesse, et la Bourse bat tous ses records. Mais déjà des propos inquiets et pessimistes se font entendre ; l'Empereur ne veut-il pas aller trop loin ? Est-ce qu'il peut maintenant battre la puissante Russie ? N'est-il pas grisé par ses victoires ?

Pour le moment, Napoléon, toujours à Berlin, ne se pose pas toutes ces questions. De la capitale prussienne il décrète la construction du temple de la Gloire qui deviendra la Madeleine. Le pont construit en face de l'École militaire reçoit le nom de pont d'Iéna. L'Empereur est convaincu que l'Angleterre n'a jamais voulu réellement la paix et incite toute l'Europe à la guerre contre lui. Dans le 52e bulletin de la Grande Armée, il écrit que « l'Angleterre désire déchaîner dans nos armées la dysenterie et la peste ». Il ne songe plus qu'à étouffer, qu'à étrangler la « perfide Albion ». Bien sûr, Il ne peut plus espérer une « descente » sur l'île et ne compte plus sur sa marine depuis Trafalgar. Il cherche

Blocus continental

alors d'autres procédés pour abattre l'éternelle rivale. Comme les Anglais sont un peuple de marchands et que le commerce est indispensable à la survie économique de l'île, l'idée d'imposer un blocus, qui irait de l'Espagne aux Balkans et couvrirait toute la mer du Nord, lui apparaît comme le seul moyen de ruiner l'économie britannique. Cette mesure est désormais possible maintenant qu'il tient l'Allemagne et les côtes de Lübeck à Danzig. L'Angleterre use d'ailleurs déjà de ce procédé pour les côtes de France. Le 16 mai, le Conseil britannique a ordonné le blocus de tous les ports français de l'Elbe aux côtes de Brest. Le 21 novembre 1806, l'Empereur signe le fameux décret de Berlin qui stipule que « les îles britanniques sont déclarées en état de blocus. Tout commerce et toute correspondance avec les îles britanniques sont interdits… » « Je veux conquérir la mer par la puissance de la terre », écrit Napoléon. Talleyrand justifie cette décision en déclarant que « la justice entre les Nations n'est que l'exacte réciprocité ».

Désormais toutes les terres vivant sous la loi française doivent se fermer aux produits anglais. Toute marchandise anglaise doit être saisie, confisquée voire détruite. En Europe continentale, ce sont les produits français qui sont privilégiés quitte à se passer de certaines marchandises. La laine va bientôt manquer ainsi que le sucre en attendant l'exploitation de la betterave grâce aux travaux de Benjamin Delessert. Si les Français peuvent s'y résigner, d'autres peuples, Italiens, Hollandais ou Espagnols, accepteront mal les privations et la hausse des prix. Certains n'hésiteront pas à se lancer dans une contrebande plus ou moins discrète.

En instaurant le Blocus, Napoléon s'engage dans une voie dangereuse. Qu'un seul port, Cadix ou Hambourg, rompe le pacte et voilà toute l'entreprise impériale mise en question. Il ne lui reste plus qu'à faire respecter le blocus par la force, s'il le faut, et il y sera effectivement contraint. Le Blocus devient la raison d'être du Grand Empire et l'obsession de l'Empereur.

Le Premier ministre anglais lit au roi George III le décret de Berlin instaurant le Blocus. Gravure coloriée, 1807.

Napoléon remet la Légion d'honneur à Benjamin Delessert.

Benjamin Delessert, le sucre de betterave

Né à Lyon en 1773, Delessert passe une partie de son enfance en Angleterre puis entame une carrière militaire en France avant de rentrer dans la vie civile. En 1796, il reprend la banque paternelle et fonde une filature de coton puis, en 1801 à Passy, une raffinerie destinée au traitement de la canne à sucre. Il incite Napoléon à interdire l'entrée en France de tissus étrangers et applaudit donc à l'instauration du Blocus continental. Botaniste averti, ses travaux aboutissent à la production, en 1811, du premier pain de sucre sorti de la betterave. L'Empereur le fait chevalier de la Légion d'honneur puis baron d'Empire en 1812. Delessert fait également partie du conseil de la Banque de France dès 1802. Député à partir de 1815, il se range dans l'opposition. Il emprunte à l'Angleterre l'idée des caisses d'épargne et obtient, en 1818, qu'elles soient placées sous la tutelle de l'État. Par son testament, il laisse à la Caisse d'épargne de Paris la somme de 150 000 francs, à charge de donner chaque année des livrets de 50 francs à 3 000 ouvriers choisis. Sa fortune immense lui permet également de former un des plus riches herbiers d'Europe comprenant plus de 86 000 espèces. Il meurt en 1847.

La campagne de Pologne

Les Prussiens vaincus, il reste à s'occuper de leurs alliés russes. Mais ceux-ci, contrairement à ce que les Français pensaient, décident de ne pas attendre les beaux jours pour attaquer. Napoléon prévient ses soldats : « Les Russes se vantent de venir à nous ; nous marcherons à leur rencontre, nous leur épargnerons la moitié du chemin. Ils retrouveront Austerlitz au milieu de la Prusse. » Pourtant, la situation n'est pas si simple. La Grande Armée, forte de 150 000 hommes, va avoir à faire face à 140 000 Russes, habitués au froid et aux intempéries et à 20 000 Prussiens avides de revanche qui couvrent Königsberg, où s'est réfugié Frédéric-Guillaume.

Malgré la fatigue et de mauvaises conditions atmosphériques, Napoléon donne l'ordre à ses troupes d'avancer directement sur Varsovie, occupé par les Russes. S'il laisse à l'ennemi le temps de s'organiser, Russes et Prussiens pourraient faire jonction et le mettre en difficulté. Il va donc déborder les Russes par le nord et leur retirer cette possibilité.

Mais la Grande Armée n'a pas l'habitude du théâtre d'opérations qu'elle rencontre : la pluie, la boue et la neige ainsi que les difficultés d'approvisionnement entravent sa mobilité. Le général Boulart raconte : « Je ne puis redire tout ce que j'ai souffert pendant cette marche. Il y a tellement de boue que les chevaux s'enfoncent jusqu'au ventre ! Obligé de traîner mon artillerie dans des chemins de traverse que les pluies continuelles ont détrempé profondément […] je marche jour et nuit, recevant la moitié du temps la pluie sur le corps, et l'autre moitié me fourrant dans la gadoue jusqu'aux genoux. »

La bataille d'Eylau voit la charge de cavalerie la plus colossale et la plus irrésistible de l'histoire.
Aquarelle de Siméon Fort.

La campagne de Pologne.

La Grande Armée

Batailles ◆ Traités

À la vue de ces géants bardés de fer, les fantassins sont saisis de panique. Cuirassier en 1809, illustration de H. Bellangé.

À Varsovie, les Russes sont si mal acceptés que le tsar, redoutant un soulèvement des Polonais, donne l'ordre à ses troupes de se replier. Décision qui permet à Murat de faire, le 28 novembre 1806 dans la capitale polonaise une entrée triomphale. Revêtu d'une magnifique tunique polonaise de velours vert recouverte d'une pelisse rouge doublée de fourrure, il est extraordinairement acclamé par la population. Le prince se voit déjà roi de Pologne ! Napoléon arrive à Varsovie le 19 décembre, au terme d'un voyage exténuant ; en raison de l'état déplorable des routes, il a fini la route à cheval. Les conditions météorologiques sont tellement détestables que sa savante manœuvre n'aboutit qu'aux peu concluantes victoires de Golymin et Pultusk (26 décembre).

Pourtant Lannes, à Pultusk, vient de réaliser un exploit. Bien que malade, rongé par la fièvre depuis huit jours, il a su dominer sa détresse physique pour rosser avec 18 000 hommes, 40 000 Russes bien frais. Il écrit : « Sire, nous nous sommes battus depuis 10 heures du matin jusqu'à 6 heures du soir, dans la boue jusqu'à mi-cuisse ; le vent et la grêle renversaient nos soldats. Je puis vous assurer que depuis que je fais la guerre, je n'ai pas vu de combat aussi acharné que celui d'hier. »

Devant ces difficultés, l'Empereur décide de mettre la Grande Armée en quartiers d'hiver. Il était temps. Les hommes sont épuisés, affamés et déprimés, certains se sont suicidés. Le commandement et les soldats français pensent être tranquilles jusqu'au printemps. Mais, au début du mois de janvier 1807, à la stupéfaction générale, c'est le général Bennigsen, nouveau commandant en chef russe, qui prend l'offensive. Son but est de couper les lignes de communications françaises, en attaquant le corps d'armée de Bernadotte, alors quelque peu isolé. Comme à son habitude, Napoléon cherche à profiter du mouvement de l'adversaire pour, à son tour, le surprendre. Il ordonne à Bernadotte de fuir devant Bennigsen de manière à l'attirer là où il veut. Malheureusement, la chance n'est pas au rendez-vous : le 27 janvier, l'officier chargé de porter l'ordre détaillant toutes ses intentions, est intercepté par les Russes. Bennigsen évente le piège, et juge plus prudent de se retirer vers le nord. Napoléon le poursuit à marche forcée, en deux colonnes.

Après plusieurs combats, Bennigsen avec 80 000 hommes et 400 pièces d'artillerie décide de prendre position au nord-est du village d'Eylau, sur les plateaux qui barrent la route de Königsberg. Le 7 février, Napoléon épuisé après sept jours de poursuite, rejoint l'armée russe. Il n'a, pour l'instant que 40 000 hommes et 300 canons à lui opposer. Pourtant, il est bien décidé à saisir sa chance. Le plus urgent est de ramener à lui Davout (pour l'instant à 18 kilomètres) et Ney (à 30 kilomètres). Une des batailles les plus sanglantes de l'Empire se prépare.

Les « gros frères »

En 1803, la cavalerie lourde se compose de 12 régiments de cuirassiers et de 2 régiments de carabiniers. Son rôle est de percer un front, d'enfoncer les lignes ennemies afin de décider de l'issue d'une bataille. Contrairement à ce qui est souvent montré dans les tableaux ou les films, les charges de cavalerie lourde ne s'effectuent pas au galop mais au trot. Le grand galop n'est adopté, la plupart du temps, que pour les cent derniers mètres. Il faut, en effet, respecter un bon alignement pour accroître la violence du choc final, mais également ménager les chevaux qui doivent avoir la force de charger plusieurs fois. Chaque régiment de cuirassiers compte 999 cavaliers et 41 officiers et pour y être admis, il faut mesurer, au début de l'Empire, au minimum 1,73 m. La première arme défensive de ces cavaliers est la cuirasse. Composée d'un plastron et d'une dossière en tôle de fer laminée de 2,8 mm d'épaisseur, la cuirasse pèse environ 7,5 kg. Constitué d'une bombe d'acier et d'un haut cimier de laiton orné d'une crinière noire, le casque pèse près de 2 kg. L'arme principale est le sabre droit, d'une longueur de 0,97m. Appelés « gros frères » ou « gros talons », les cuirassiers s'illustrent notamment à Eylau et à Waterloo.

1807

L'enfer blanc d'Eylau

Le 8 février, 7 heures du matin, le canon se met à gronder, le ciel est sombre, la neige tombe par rafales : Bennigsen attaque. L'armée française est très affaiblie par les marches forcées dans l'hiver polonais. L'Empereur déploie le corps d'armée du maréchal Soult en première ligne. Il espère l'arrivée de Davout, qui débouche enfin vers 9 heures et bloque l'attaque russe. Le duel d'artillerie devient particulièrement intense. Le futur capitaine Coignet raconte : « Leurs batteries faisaient feu de notre côté, les obus incendiaient les maisons du village, les boulets passaient au-dessus ou en travers […] C'était, dans nos rangs, un épouvantable ravage […] Quelle position affreuse ! Rester, pendant deux heures, immobiles, attendant la mort sans pouvoir se défendre. De tous côtés, les hommes tombaient et des files entières disparaissaient. »

À 10 heures, Napoléon lance le corps d'Augereau à l'attaque du centre russe. Le maréchal est « couvert de rhumatismes, malade, ayant à peine sa connaissance », à tel point qu'il doit se faire attacher sur son cheval pour ne pas tomber. Par malheur, un ouragan de neige se déchaîne et jette le désordre dans les divisions qui avancent. Aveuglées par les rafales de grêle, elles se trompent dans leur direction et, obliquant trop à gauche, débouchent juste devant la batterie principale russe, au moment même où le ciel s'éclaircit. 72 pièces russes vomissent, à bout portant, une telle quantité de mitraille, qu'en moins d'un quart d'heure ces deux divisions sont littéralement massacrées.

Un trou effrayant de 1 500 m est ouvert dans le centre français. 4 000 grenadiers russes en deux énormes colonnes s'engouffrent aussitôt dans cet espace dans le but de couper l'armée française. Elles marchent droit sur le cimetière où Napoléon a placé son quartier général et dont ils s'approchent dangereusement.

« Quel massacre, l'entend-on murmurer ! Et sans résultat ! Spectacle bien fait pour inspirer aux princes l'amour de la paix et l'horreur de la guerre ! » *Napoléon Ier sur le champ de bataille d'Eylau,* peinture d'Antoine Gros.

« Quelle audace ! Quelle audace ! », s'exclame Napoléon qui refuse de bouger. Il tente une manœuvre désespérée. Se tournant vers Murat, le grandiose cavalier, il lui dit : « Eh bien, nous laisseras-tu dévorer par ces gens-là ? » Sans réfléchir, Murat rassemble toutes les réserves de cavalerie et s'élance à la tête de l'une des plus célèbres charges de cavalerie de l'histoire. Plus de 10 000 cavaliers, nombre peut-être jamais égalé, transpercent littéralement les lignes russes. Le choc est terrible : en une minute, dans une bourrasque aveuglante, ils renversent les lignes des fantassins russes. Le colonel Lepic est l'un de ceux-là. Depuis trois heures, ses cavaliers sont rangés au sud du cimetière, immobiles sous la mitraille. Il charge comme à la parade, enfonce la ligne russe. Ils vont si loin qu'ils doivent charger en sens inverse. Le régiment s'élance à nouveau au cri de « Vive l'Empereur ! » Les Russes n'en reviennent pas ! Cependant, malgré les coups de boutoir qui leur sont ainsi assénés, ils tiennent toujours. La bataille fait encore rage tout l'après-midi, indécise et sanglante. Davout débouche derrière l'aile gauche russe. Benningsen envisage un instant de battre en retraite. Mais brusquement vers 15 heures, surgissent les 8 000 Prussiens du général Lestocq qui ont échappé à la surveillance du maréchal Ney. Le général russe reprend espoir. Davout, à cheval, harangue ses soldats : « Les lâches iront mourir en Sibérie, les braves mourront ici en gens d'honneur ! » Et il se jette dans la fournaise.

Le colonel Lepic à Eylau : « Haut les têtes ! La mitraille n'est pas de la merde ! » Après la charge, il parvient à rejoindre l'Empereur, presque entièrement dépouillé de ses vêtements, n'ayant plus qu'une botte, couvert de sang et fort de 17 blessures. Peinture d'Édouard Detaille.

Enfin, à la nuit tombante, Ney et ses 8 000 hommes arrivent sur le champ de bataille. Benningsen comprend qu'il risque à tout instant de voir couper la route de Königsberg et, pour sauver son armée, se résigne à ordonner la retraite. Barrès écrit : « Vers la fin du jour, les Russes nous cédèrent le terrain et se retirèrent en assez bon ordre. Une fois leur retraite bien constatée, nous pûmes reprendre notre position du matin. » Napoléon se prépare-t-il vraiment pour un nouvel affrontement le lendemain, comme le raconte certains témoins ? Davout, qui bivouaquait avec le corps le plus avancé, a raconté : « Au moment où il allait commencer son mouvement rétrograde, un officier arriva pour le prévenir qu'on entendait les Russes déguerpir. En ayant fait avertir l'Empereur, celui-ci ordonna aussitôt de garder les positions et ce fut ainsi que le champ de bataille resta décidément à l'armée française. »

Le lendemain vers midi, l'Empereur, une barbe de deux jours, les vêtements maculés de boue, parcourt le champ de bataille. Une véritable boucherie, un horrible charnier, s'offre à ses yeux. Plus de 40 000 morts ou blessés gisent ou agonisent. Partout des chevaux éventrés, des canons brisés et des corps entremêlés parmi lesquels se trouvent des blessés qui appellent à l'aide. L'Empereur fait des efforts pour éviter que son cheval ne foule à ses pieds tant de restes humains. Sous le choc, nerveusement épuisé, certains affirment l'avoir vu pleurer. Il donne des ordres pour que le plus grand nombre possible de blessés soient secourus. Les chirurgiens des services de santé opèrent continuellement depuis la veille. Lorsque les granges sont pleines, ils travaillent dehors, à même le sol glacé. Larrey et Percy sectionnent, tranchent, pansent sans relâche.

Le bilan de la bataille est effroyable. Les Russes et les Prussiens ont pour leur part perdus 25 000 personnes tuées, blessées ou prisonniers. Les Français déplorent 17 000 tués ou blessés et 1200 prisonniers. Napoléon perd quelques-uns de ses meilleurs généraux : d'Hauptoul, Corbineau, Dahlmann. L'exemple de cette compagnie du 55e de ligne est significatif de l'ampleur des pertes. Elle combattit dans le cimetière, et perdit 81 hommes sur 85, ainsi que tous ses officiers, à l'exception du capitaine Hugo, l'oncle de l'écrivain…

1807

« L'épouse polonaise... Marie Walewska »

Napoléon va tout faire pour que Marie devienne sa maîtresse ; elle se révélera une femme passionnée et fidèle. Marie Laczynska, comtesse Walewska, esquisse de François Gérard.

Le 1er janvier 1807, la berline impériale roule sur la route qui ramène l'Empereur à Varsovie où il veut passer l'hiver après ses demi-succès sur les Russes. Partout, l'accueil des Polonais est enthousiaste. En effet, ces derniers espèrent qu'il va ressusciter leur nation partagée depuis 1795 entre la Prusse, la Russie et l'Autriche. Certes Napoléon ne demande pas mieux que de redonner vie à la Pologne ; il y pense même depuis le Consulat, mais sous certaines conditions : « Je ne proclamerai l'indépendance de la Pologne que lorsque je reconnaîtrai qu'ils la veulent véritablement soutenir, et je verrai qu'ils la veulent quand je verrai 30 à 40 000 hommes sous les armes, organisés, et la noblesse à cheval prête à payer de sa personne. »

Au relais de poste de Bronie, l'Empereur est acclamé par une foule de paysans. Soudain une jeune femme se fraie un passage et parvient jusqu'à Duroc. Elle s'approche de l'Empereur. Entre eux deux, le dialogue est court, la jeune polonaise balbutie un compliment, Napoléon ramasse un bouquet de fleurs et le lui offre. L'Empereur vient de rencontrer pour la première fois Marie Walewska. Âgée de 26 ans, celle-ci vit à Varsovie avec son mari, Anastase Walewski, un septuagénaire, certes gentil, mais avec lequel elle s'ennuie.

Quinze jours plus tard, le prince Poniatowski se rend chez les Walewski. Ce neveu du dernier roi de Pologne vient d'être nommé ministre de la Guerre du gouvernement provisoire. Il vient convier les Walewski à un bal donné en son palais en l'honneur de l'Empereur. Celui-ci, après l'épisode du relais de poste, a donné ordre à la police de retrouver la jeune femme qui l'a abordé. Une amie de Marie, Mme Abramowicz, qui l'accompagnait, a dévoilé son identité. Poniatowski comprend vite qu'offrir une maîtresse à Napoléon pourrait influencer ses décisions sur le sort de la Pologne, dès lors, les patriotes polonais n'ont plus qu'une idée en tête : pousser la jeune femme dans le lit de l'Empereur. Marie se sent piégée. Habillée d'une robe blanche des plus simples, elle se rend pourtant au bal mais se cache dans un coin du salon. Elle refuse d'ouvrir le bal avec l'Empereur qui s'impatiente. Les Polonais sont mortifiés de l'affront infligé à leur sauveur. Enfin, Napoléon parcourt la salle et arrive devant Marie qui baisse les yeux : « Ce n'est pas l'accueil auquel j'avais le droit de m'attendre » lui glisse-t-il à l'oreille, puis il s'éloigne.

Le lendemain, Marie reçoit ce mot : « Je n'ai vu que vous, je n'ai admiré que vous, je ne désire que vous. Une réponse bien prompte pour calmer impatience de N. » Un bouquet de roses lui est envoyé ainsi qu'une invitation à dîner. Marie est blessée. Pour qui la prend-il ? Poussée par ses proches et par son mari, elle se rend néanmoins au dîner. Mais elle se dérobe encore et ne répond pas aux avances de l'Empereur. Le lendemain, elle reçoit une autre lettre : « Vous ai-je déplu ? Votre empressement s'est ralenti tandis que le mien augmente. » Les lettres se succèdent, de plus en plus enflammées.

La volonté de Marie vacille. La première entrevue en tête à tête avec Napoléon a lieu dans son cabinet de travail. Il s'approche et la prend dans ses bras, elle tente de s'enfuir, il la rappelle, puis plus calme, discute avec elle, la questionne sur sa famille et lui fait promettre de revenir. Le lendemain, elle se donne à lui. Marie est aussitôt installée dans un appartement discret du palais Zamek, dans lequel l'Empereur la rejoint pour dîner. Marie parle de la Pologne, et pour la première fois, Napoléon tolère qu'une femme l'entretienne de politique. L'Empereur quitte Varsovie le 29 janvier mais continue d'écrire à Marie. En mai, elle retrouve son amant au château de Finckenstein en Prusse Orientale. Là, les quelques semaines passées ensemble comptent parmi les heures les plus heureuses de leur union. Marie tombe amoureuse et Napoléon se laisse envahir par un sentiment de tendresse qu'aucune femme ne lui a encore jamais inspiré. Mais les opérations militaires l'obligent à la renvoyer en Pologne. Après Friedland, revenu à Saint-Cloud, il lui écrit : « Ma joie serait entière si tu étais ici, mais je t'ai dans mon cœur… » Un véritable amour est né.

Marie Laczynska Walewska, un ange polonais

Née en 1789 dans une famille anoblie en 1574, elle perd son père alors qu'elle est très jeune, et est mariée en 1804. Patriote fervente qui hait les Russes, Marie ne pense qu'à libérer la Pologne. Malgré les espoirs de certains princes polonais, sa liaison avec l'Empereur change peu de choses au sort de sa patrie. Les deux amants se revoient à Paris en 1808 puis se retrouvent en Autriche après Wagram.
En 1810, Marie se fixe à Paris puis retourne en Pologne où elle accouche d'un fils, Alexandre, fruit de ses amours avec l'Empereur. Marie donne de nombreuses fois la preuve de son amour sincère pour Napoléon. Ainsi, elle se rend à l'île d'Elbe puis à la Malmaison après Waterloo. Remariée en 1816 à Philippe d'Ornano, futur maréchal de France, elle meurt à Paris le 11 décembre 1817.

Vue de Varsovie, dans le quartier de Praga. La ville sera toujours le cœur de la résistance polonaise contre l'envahisseur russe. Aquarelle de Zygmunt Vogel, 1807.

Une victoire pour la paix

L'Empereur sur le champ de bataille de Heilsberg, peinture de Joseph Nicolas Jouy.

Pour la première fois, le meilleur chef de guerre de son temps est mis en échec. Le vaniteux Bennigsen exulte et Alexandre a la conviction qu'il tient l'Empereur. Même Napoléon, resté pourtant maître du champ de bataille ne peut dissimuler la vision d'horreur d'Eylau dans le 64e bulletin : « Après la bataille, l'Empereur a passé plusieurs jours sur le champ de bataille, spectacle horrible [...] Il a fallu beaucoup de travail pour enterrer tous les morts. » Napoléon y ajoute « qu'un père qui perd ses enfants ne goûte aucun charme de la victoire. Quand le cœur parle, la gloire même n'a plus d'illusions ».

À Paris, c'est l'affolement, la Bourse chute. Des échos de lassitude et de tristesse se font entendre, les esprits en sont retournés, ce n'est que lamentations. Et si l'Autriche reprend les armes ? Il lui faut absolument une victoire décisive. Encore une fois il va falloir forcer le destin...

Napoléon doit maintenant attendre les renforts de France et s'installe au château de Finkenstein. Il prépare un nouveau plan de campagne contre les Russes qu'il accompagne d'une intense activité diplomatique auprès des Turcs et même auprès du chah de Perse... Il s'agit d'ouvrir un nouveau front en Orient. Sans négliger toutefois de faire des propositions de paix aux Russes.

Le 27 mai, la dernière place forte prussienne, Dantzig, se rend, assiégée par Lefebvre, secondé par d'excellents officiers d'artillerie et du génie, comme Lariboisière et Chasseloup. Cette excellente nouvelle libère une partie des troupes immobilisées devant la ville et permet aux Français de s'emparer de nombreux approvisionnements entreposés par les Prussiens et dont les troupes ont tant besoin. Convaincu de la supériorité de son armée, le tsar ne cesse d'adjurer Bennigsen d'en finir au plus vite avec celui que l'on n'appelle plus à la cour de Saint-Pétersbourg que le « vaincu d'Eylau » ! Les combats reprennent dans les premiers jours de juin. Le 6, soutenu par ses alliés prussiens, le général russe attaque les postes avancés du maréchal Ney. Napoléon donne aussitôt l'ordre de couper la route de Königsberg afin de les contraindre à livrer bataille. Le soir même, toute la Grande Armée se met en mouvement. L'Empereur est confiant dans l'issue de la campagne et, avant de quitter Finkenstein, écrit à Fouché cette phrase prophétique : « Huit jours après que vous aurez reçu cette lettre, tout sera fini. »

Le 10 juin, après plusieurs combats, Napoléon se porte au galop en haut d'un mamelon qui domine la campagne et demande ses cartes. Après les avoir déployées sur le sol, il se met à genoux, se penche en avant, puis finalement se couche de tout son long pour en mieux saisir les détails. Il reste ainsi pendant une grande demi-heure, un compas à la main, à étudier le terrain et à mesurer les distances. Soudain il se relève, en riant. Il vient de trouver la tactique pour battre les Russes. Tandis que Ney continuera à reculer pour attirer les troupes ennemies vers lui et que Murat et Soult progresseront en direction de Heilsberg pour occuper l'ennemi le plus longtemps possible, il marchera avec le gros de ses troupes sur Bennigsen.

Malgré l'inutile et sanglant combat d'Heilsberg (11 juin), où Murat s'est lancé sans avoir bien compris les dispositions de Napoléon, Bennigsen, se replie de nuit vers le nord, en suivant la rive droite de l'Alle qui serpente dans le creux d'une vallée encaissée. Bien protégé par cette défense naturelle, il remonte vers Königsberg. Napoléon donne alors l'ordre à Lannes de lui couper la route afin de le contraindre à livrer bataille. Il est chargé de se diriger vers Friedland (3 000 habitants), situé dans une boucle de l'Alle et dont la rive droite est à cet endroit particulièrement escarpée.

Bennigsen, croyant avoir devant lui uniquement les 10 000 hommes du corps de Lannes, tombe dans le piège et se précipite sur lui en faisant franchir l'Alle à son armée, sur 4 ponts en face de Friedland. L'ensemble de ses troupes compte environ 85 000 hommes et 200 canons. Le Russe se repentira toute sa vie d'une telle manœuvre. Tous les stratèges se sont interrogés sur les raisons qui ont poussé Bennigsen à commettre une telle imprudence. À 10 heures du matin, l'Empereur apprend cette nouvelle ; tout rayonnant de joie, il se hâte de quitter Eylau (18 km) et part au galop vers Friedland.

Lannes avec une ténacité superbe reçoit le choc de toute l'armée russe. Fin tacticien, il sait qu'il doit ruser pour tenir en respect Bennigsen, jusqu'à l'arrivée de Napoléon ; il lui faut faire croire à l'ennemi que la victoire est, sinon acquise, du moins à portée de fusil. De 3 heures du matin à midi, les 10 000 hommes de celui que l'on a surnommé le « Roland de l'armée », bientôt soutenus par les grenadiers d'Oudinot et la cavalerie de Grouchy, tiennent tête à 72 000 Russes. Ils sont littéralement balayés par le feu des canons ennemis disposés sur les escarpements de la rive droite de l'Alle. Mais Lannes sait que l'Empereur est en marche…

Le siège de Dantzig, gravure de Johann Lorenz II Rugendas.

LES CHEVAU-LÉGERS LANCIERS POLONAIS

Lors de son entrée à Varsovie, Napoléon est ébloui par la garde d'honneur, composée de jeunes nobles polonais, qui s'est spontanément formée. Séduit par leur fière allure, il décide de créer un régiment de chevau-légers polonais et de les incorporer dans sa Garde. Inoubliable durant leur fameuse charge à Somosierra en Espagne (novembre 1808), ces Polonais n'utilisent pas encore la lance. C'est seulement à Wagram (4-6 juillet 1809) qu'ils s'empareront des lances abandonnées par les uhlans autrichiens. Napoléon ayant admiré l'aisance avec laquelle ils s'en servent, aurait déclaré : « *Qu'on leur laisse puisqu'ils savent si bien s'en servir.* » Ils portent un magnifique uniforme bleu et sont armés d'un sabre de cavalerie légère, d'un pistolet, d'un mousqueton et d'une lance de 2,75 m.
En septembre 1810, est constitué un 2e régiment de chevau-légers lanciers de la Garde à partir du 1er hussard hollandais, qui prend le nom de lanciers rouges.

Les appellations de chevau-légers et de lanciers se recouvrent sous l'Empire. Régiment de chevau-légers polonais, aquarelle de Boisselier, début du XXe siècle.

Friedland, la victoire décisive

Napoléon arrive sur le champ de bataille vers 12 h 30, le reste de la Grande Armée suivant à moins de deux heures. Il va bientôt pouvoir opposer 67 000 hommes aux 84 000 russes de Bennigsen. L'Empereur, souriant et détendu, monte sur une hauteur d'où il peut embrasser tout le champ de bataille et s'assoit dans un fauteuil près d'un moulin ; son état-major l'entoure. Il cause avec les généraux qui attendent ses ordres. Comme il est déjà tard, certains de ses lieutenants proposent de remettre l'action au lendemain.

– « Non, non, répond l'Empereur, on ne surprend pas 2 fois l'ennemi en pareille faute » et il prépare l'attaque générale. Norvins raconte : « Je le vois encore, à pied, cinglant et brisant de hautes herbes à coup de cravache, dire au maréchal Berthier :

– Quel jour sommes-nous aujourd'hui ?

– C'est le 14 juin, Sire.

– Jour de Marengo ! Jour de victoire !

Acculés à la rivière Alle et massés devant Friedland, les Russes forment un demi-cercle dont la Grande Armée occupe la circonférence. Selon une de ses manœuvres préférées Napoléon brisera le centre pour battre ensuite séparément les deux ailes. La ville prise, les ponts détruits afin de couper à l'ennemi toute possibilité de retraite, une offensive générale permettra de culbuter les Russes dans la rivière. Napoléon prescrit l'attaque générale pour 17 heures. Il saisit le bras de Ney et, en désignant le village de Friedland, il lui dit : « Voilà le but, marchez sans regarder autour de vous, pénétrez dans cette masse épaisse quoi qu'il puisse vous en coûter, entrez dans Friedland, prenez les ponts, et ne vous inquiétez pas de ce qui pourra se passer à droite, à gauche ou sur vos derrières. L'armée et moi sommes là pour y veiller. » Ney part aussitôt au galop organiser l'attaque. Ses forces avancent en direction de Friedland sous le feu des canons ennemis. Le chef d'escadron Levasseur raconte : « Enfin arriva l'ordre d'attaquer. Tous les soldats se levèrent en criant : "Vive l'Empereur ! En avant ! À Friedland ! En avant !" Les 100 pièces de canon ennemies, vomissant les obus et la mitraille, firent sauter nos caissons ; la fumée nous couvrait et masquait à nos yeux les masses déployées. Le maréchal Ney ordonna la marche en avant en bataille, l'arme au bras : les boîtes à mitraille éclataient sur nos têtes

Les charges furieuses des cavaliers français font céder la résistance de Bennigsen. *La bataille de Friedland,* gravure de J. L. II Rugendas, première moitié du XIXe siècle.

et faisaient un cliquetis affreux dans les fusils élevés ; les officiers excitaient les soldats et les poussaient en criant “En avant ! En avant !” » Dans cette marche et dans cette fumée, la 3e division oblique trop à droite. Ney ordonne à Levasseur de les faire appuyer à gauche. « “Appuyez à gauche, dis-je au colonel.” Mais pendant que je lui parle, un boulet l'enlève. Un commandant met aussitôt son chapeau au bout de l'épée en criant “Vive l'Empereur ! En avant !” Un second coup arrive et le commandant tombe sur les genoux, les deux jambes coupées. Un capitaine succède et fait à grand-peine exécuter le même mouvement. » Soudain, le maréchal Ney arrive en personne et encourage ses hommes à grands coups « de foutre nom de Dieu ». La marche vers la ville reprend, l'ennemi est refoulé. « Cet homme-là, c'est un lion », déclare l'Empereur à Mortier qui suit avec admiration l'action du maréchal. Le résultat semble incertain un instant, mais la vaillance des dragons du général Latour-Maubourg leur permet de se dégager. De plus, pour appuyer l'action du maréchal, Napoléon met à sa disposition 36 pièces d'artillerie placées sous les ordres du général Sénarmont. Ce dernier réalise un exploit. Il débouche de toute la vitesse des chevaux sur le revers opposé du mamelon, et fait ensuite approcher ses 36 pièces jusqu'à 120 m seulement des positions ennemies ignorant leur feu, avec une folle audace qui étonne Napoléon lui-même : un déluge de feu fait taire l'artillerie russe et rebrousser chemin à la cavalerie. Ensuite le canon décime, à bout portant, les carrés russes, les uns après les autres. C'est en fait le premier exemple d'utilisation combinée de la masse de feu et de sa mobilité, qu'on retrouvera par la suite. Il donne la victoire, une victoire éclatante et totale cette fois-ci, aux Français.

Le soir de la bataille, Napoléon écrit à Joséphine : « La bataille de Friedland sera aussi célèbre et glorieuse pour mon peuple que celle d'Austerlitz et d'Iéna. » *Vue de la bataille de Friedland,* aquarelle de Siméon Fort.

Ney repart alors à l'assaut, s'empare de Friedland et détruit les ponts. Voilà donc l'armée de l'ennemi coupée en deux. L'Empereur ordonne maintenant à son aile gauche d'attaquer. Les Russes sont pris au piège. C'est le coup de grâce. Les Russes se précipitent dans la rivière, qu'ils tentent de traverser à la nage. La plupart sont noyés. Les autres se rendent. Il est 22 h 30 : la déroute russe est totale. Leurs pertes sont énormes : plus de 12 000 hommes tués ou blessés, 80 canons, 10 000 prisonniers dont 23 généraux. Les Français comptent 1 645 tués et 8 000 blessés.

Le soir, l'armée de Bennigsen est en pleine retraite. Russes et Prussiens s'arrêtent sur le Niémen et sollicitent un armistice qui leur sera accordé le 25 juin. Le tsar est en effet déçu par l'attitude des Anglais, dont l'intervention s'est limitée à la Méditerranée. L'offensive turque sur le Danube l'inquiète et il redoute des soulèvements en Pologne et en Ukraine. Enfin il était curieux de connaître Napoléon…

La bataille de Friedland.

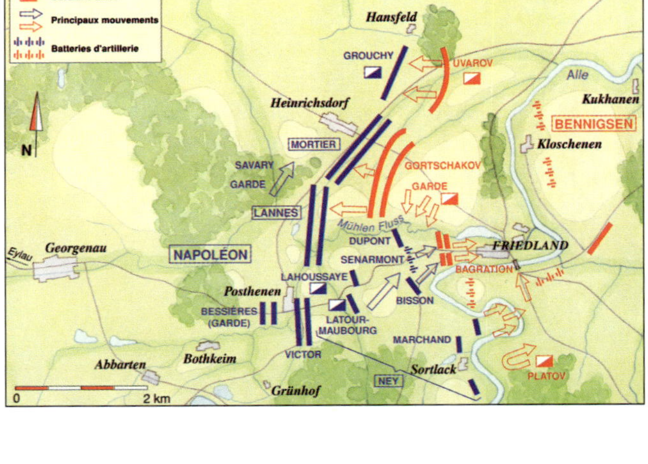

La bataille de Friedland

17 heures : flanqué du fidèle Berthier, impassible, Napoléon ordonne à Oudinot de se jeter dans Friedland. Bennigsen a commis l'erreur capitale de faire franchir l'Alle à toutes ses troupes, se contraignant à combattre dos au fleuve. Une fois les ponts incendiés par l'artillerie française, les Russes sont pris dans une nasse. Seul leur courage retardera leur débâcle inévitable qui se produit enfin vers 22 h 30.

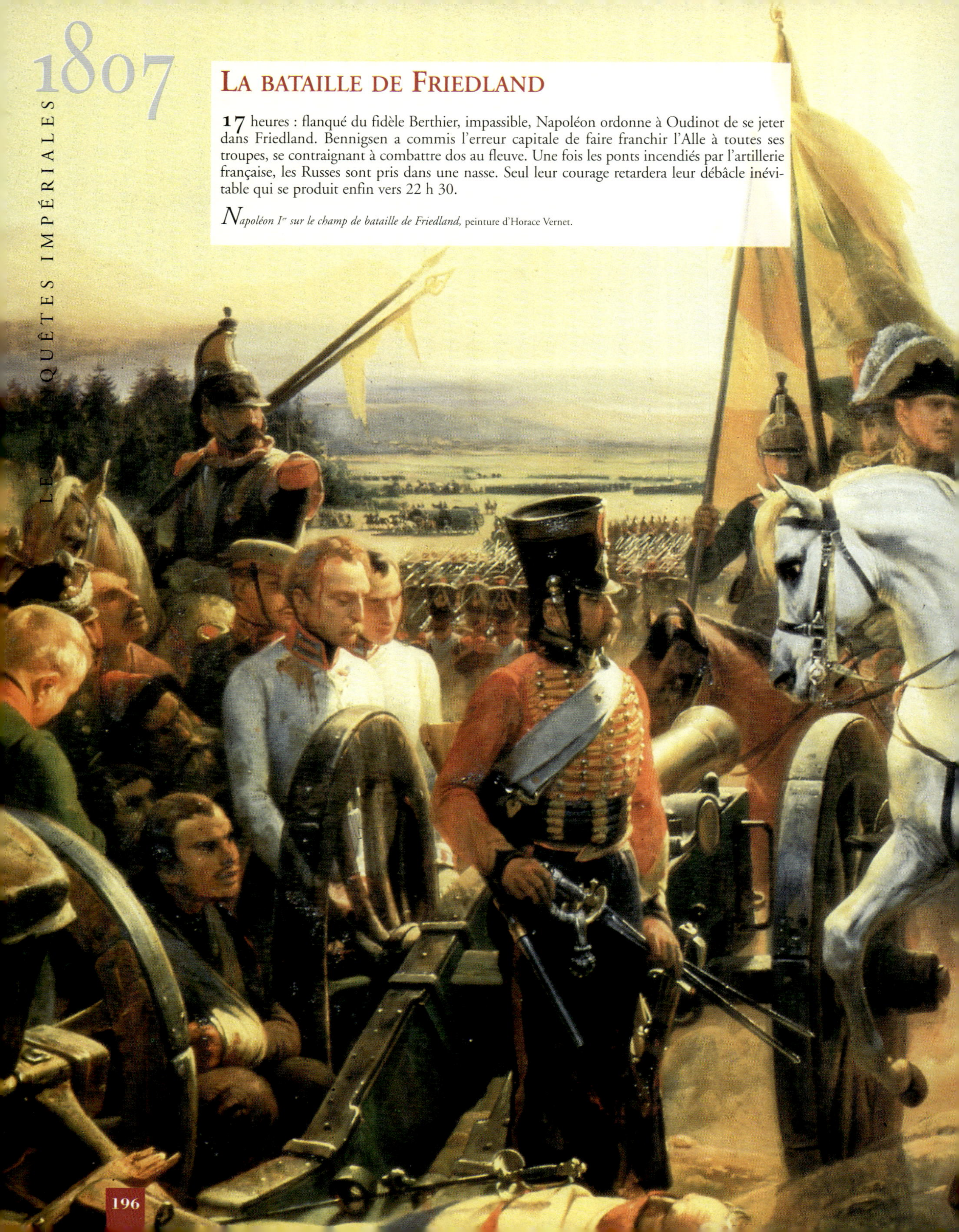

Napoléon Ier sur le champ de bataille de Friedland, peinture d'Horace Vernet.

Tilsit, une paix illusoire

Napoléon reçoit la belle et fanatique reine Louise de Prusse et Alexandre Ier à Tilsit, peinture de Nicolas Louis François Gosse, XIXe siècle.

Le 19 juin 1807, le maréchal Murat s'installe à Tilsit et Napoléon écrit à Fouché : « Mes aigles sont arborés sur le Niémen. » Le même jour, le prince Lobanov-Rostovsky, porteur d'une demande d'armistice, rencontre le maréchal. La demande est transmise à l'Empereur qui l'accepte aussitôt. La paix convient aux deux partis. Après Friedland, Napoléon peut tendre la main au vaincu. Il n'a aucune envie de s'engager sur le territoire russe et les soldats sont las de la guerre. De leur côté, les généraux russes pressent le tsar d'arrêter les hostilités. L'armée russe a subi des pertes sérieuses, elle est épuisée, et la révolte menace en Pologne.

La première entrevue entre les deux empereurs a lieu le 25 juin 1807 sur un radeau improvisé par le général Lariboisière au milieu du Niémen. De chaque côté du fleuve se tiennent les deux armées. Simultanément une barque se détache de chaque rive. Alexandre est accompagné de son frère le grand-duc Constantin tandis que Berthier, Murat, Bessières, Duroc et Caulaincourt escortent Napoléon. Arrivés sur le radeau, les deux empereurs s'embrassent.

– « Sire je hais les Anglais autant que vous », aurait déclaré Alexandre.

– « Dans ce cas la paix est faite ! », aurait répondu Napoléon.

Les négociations commencent dans un simulacre d'entente parfaite, toute diplomatique. Les deux hommes feignent de s'apprécier. Napoléon écrit : « Alexandre est fort beau, bon et jeune empereur, ayant plus d'esprit qu'on ne pense communément mais c'est son faible que de se croire savant dans l'art de la guerre. » Quant à Alexandre, il parle ainsi de son vainqueur : « Que ne l'ai-je connu plus tôt, le voile est déchiré et le temps de l'erreur est passé. » D'autres rencontres suivent dans le bourg de Tilsit déclaré neutre. Durant le temps des négociations, l'heure est à la fête. Les soldats des deux armées s'embrassent, se promènent ensemble en chantant alors que les deux souverains s'apprêtent à se partager l'Europe de part et d'autre de la Vistule. Frédéric-Guillaume arrive à Tilsit le 28 juin. « Le vilain souverain », comme l'appelle Coignet, est bien sombre. Il sait qu'il ne sera pas entendu et ne peut compter que sur la beauté de sa femme pour faire fléchir Napoléon.

Le traité, signé le 7 juillet, établit « paix et amitié parfaites entre les deux Empereurs ». Par égard pour le tsar la Prusse n'est pas rayée de la carte. Les parties polonaises de la Prusse constituent le grand-duché de Varsovie et passent en souveraineté au roi de Saxe. La ville de Dantzig est rétablie dans son indépendance. Alexandre reconnaît la Confédération du Rhin et les rois de Naples et de Hollande. Le royaume de Westphalie est créé. Il se compose des territoires prussiens situés sur la rive gauche de l'Elbe ainsi que d'une partie du Hanovre. De plus, les deux empereurs s'engagent « à faire cause commune dans toute guerre que la Russie ou la France serait dans la nécessité d'entreprendre ou de soutenir contre toute puissance étrangère ». Alexandre s'engage à jouer le

Alexandre 1er, tsar de toutes les Russies, 1777-1825

Petit-fils de la Grande Catherine, il voit son éducation confiée à un libre penseur aux idées républicaines, La Harpe. Imprégné de libéralisme le jeune homme fréquente de jeunes intellectuels russes opposés à son père, le tsar, Paul 1er, assassiné en 1801. Il succède à ce dernier et entreprend des réformes libérales, mais le servage n'est pas pour autant aboli. Plutôt favorable à Bonaparte au début de son règne, il rejoint le camp des ennemis de la France à l'avènement de l'Empire. Son attitude ambiguë après Tilsit décide Napoléon à envahir la Russie en 1812.

rôle de médiateur entre la France et l'Angleterre. S'il échoue, il déclarera la guerre à l'Angleterre. Napoléon offre de son côté sa médiation entre la Turquie et la Russie, entendu que si la Turquie se dérobe, la France s'alliera à la Russie. L'empereur français, en effet, se déclare dégagé de ses engagements d'alliance avec la Turquie depuis la mort récente du sultan Sélim III. Le 9 juillet, la Prusse signe un humiliant traité par lequel elle perd un tiers de ses États. Frédéric-Guillaume ne conserve que 4 provinces : la vieille Prusse, la Poméranie, le Brandebourg et la Silésie et s'engage également à déclarer la guerre à l'Angleterre.

Dans la réalité, l'alliance franco-russe s'annonce fragile. Napoléon souhaite, avant tout, faire entrer la Russie dans le système douanier qu'il met en place. Alexandre, lui, a de sérieuses raisons d'être inquiet : la création d'un grand-duché de Varsovie laisse entrevoir une renaissance de la Pologne. Allié de Napoléon sur le papier, Alexandre commencera à traiter avec les ennemis de l'Empire et notamment avec l'Angleterre. Les promesses de Tilsit seront éphémères. Les deux empereurs se quittent satisfaits, se leurrant l'un et l'autre…

« La reine de Prusse et Napoléon » par Marbot.

« La reine ne se résignait pas à la perte de la place forte de Magdebourg. De son côté, Napoléon, dont le projet était de nommer son frère Jérôme roi de Westphalie, voulait ajouter Magdebourg à ce nouvel État. Il paraît que, pour conserver cette ville importante, la reine de Prusse employait pendant le dîner tous les efforts de son amabilité, lorsque Napoléon, pour changer la conversation, ayant fait l'éloge d'une superbe rose que la Reine avait au côté, celle-ci lui aurait dit : *"Votre Majesté veut-elle cette rose en échange de la place de Magdebourg ?"* Peut-être eût-il été chevaleresque d'accepter, mais l'Empereur était un homme trop positif pour se laisser gagner par de jolis propos. »

L'entrevue de Napoléon et du tsar Alexandre sur le Niémen, le 25 juin. Peinture de Adolphe Roehn.

1807 La pologne reconstituée

Le 22 juillet, Napoléon remet au roi de Saxe la constitution du grand-duché de Varsovie. Peinture de Marcello Bacciarelli.

Le traité de Tilsit fait apparaître un nouvel État sur la carte de l'Europe : le grand-duché de Varsovie, confié au roi de Saxe, Frédéric-Auguste. D'une superficie de 104 000 km², le duché s'étend de la Warta jusqu'au Niémen mais ne possède aucun accès à la mer. Totalement dépendant de la France – le roi de Saxe a adhéré à la Confédération du Rhin – ce nouvel État ne satisfait pas les aspirations nationales des Polonais. Ceux-ci espéraient en effet le rétablissement de la Pologne et ils étaient prêts, pour y parvenir, à fournir à la France un soutien absolu. Malheureusement, l'Empereur les a ignorés et son désir de paix avec le tsar Alexandre lui a fait oublier des alliés pourtant fidèles. Leur mécontentement grandit encore lorsque Napoléon distribue des biens polonais à 27 généraux français qui s'étaient distingués lors de la dernière campagne.

Conformément à sa vision de l'Europe, l'Empereur entreprend immédiatement de doter le nouvel État d'institutions d'inspiration française. Il arrive à Dresde le 13 juillet 1807 et rencontre Frédéric-Auguste. Il lui remet, au cours d'une cérémonie solennelle, la constitution du grand-duché, proclamé officiellement le 22 juillet. Si le texte ordonne l'abolition du servage et l'égalité devant la loi, il préserve la noblesse qui reste propriétaire de tous ses biens. Le roi de Saxe, résidant à Dresde, abandonne une partie de ses compétences au Conseil des ministres du duché, étroitement contrôlé par un résident français. Des troupes françaises, commandées par Davout, stationnent à Varsovie tandis que le grand-duché fournit 30 000 soldats à la Grande Armée.

Peu après, le 27 juillet, l'Empereur arrive à Saint-Cloud et peut reprendre ses grands travaux intérieurs. Il s'informe aussitôt de l'avancée du Code de commerce, en chantier depuis 1803, et dont la rédaction traîne en longueur. Le Conseil d'État rouvre le dossier et Napoléon préside trois séances de travail le 29 juillet, et les 1er et 8 août. L'objectif du Code est d'inclure dans le droit écrit ce que régissaient autrefois les usages. Le livre 1 concerne le commerce en général, le livre 2 le commerce maritime, le livre 3 les faillites, et le livre 4 la juridiction commerciale. Ces différents textes sont enfin présentés au Corps législatif pour adoption tout au long du mois de septembre. La mise en exécution du Code est fixée au 1er août 1808.

Depuis le scandale des « Négociants réunis », l'Empereur souhaitait qu'une cour suprême indépendante vérifie l'emploi de l'argent public. La loi du 16 septembre 1807 crée la Cour des comptes chargée, d'une part d'examiner les recettes des receveurs généraux et les administrations des contributions directes, et d'autre part de surveiller les dépenses des payeurs généraux, des payeurs d'armées et des divisions militaires. Les comptables des deniers publics sont dorénavant dans l'obligation de déposer leurs comptes au greffe de la Cour. Le décret d'organisation de cette nouvelle institution est signé le 18 septembre. La Cour des comptes comprend un premier président, trois présidents de chambres, 18 maîtres des comptes et plusieurs dizaines de référendaires. L'Empereur nomme à la fonction de premier président… Barbé-Marbois, l'ancien ministre déchu, preuve qu'il n'était pas si rancunier !

Pour être admis dans la Garde, l'élite de l'élite, il faut avoir au moins cinq années de service, s'être fait remarquer par des actes de bravoure et une conduite irréprochable. Ces guerriers redoutables sont indéfectiblement attachés à leur Empereur. *Grenadier à pied de la Garde impériale,* peinture d'Édouard Detaille.

La Pologne 1807-1815.

La Garde impériale

Héritière de la Garde consulaire, la Garde impériale est organisée en juillet 1804. Elle comprend alors un état-major général, un régiment de grenadiers à pied, un régiment de chasseurs à pied, un régiment de grenadiers à cheval, un régiment de chasseurs à cheval, un corps d'artillerie, une légion d'élite de gendarmerie et un bataillon de matelots, soit au total un effectif de 9 798 hommes, nombre qui ne cessera d'augmenter tout au long de l'Empire. À partir de 1809, elle est divisée en vieille, moyenne et jeune Garde. L'Empereur considère ce corps comme son domaine réservé et il veille sur lui « comme un père » sur ses meilleurs soldats. *« La Garde était mon trésor d'hommes »*, dira-t-il à Sainte-Hélène. La meilleure nourriture, les meilleurs logements, les meilleurs habits, les meilleurs chefs lui sont réservés. Pour incorporer la garde, il faut déjà avoir fait ses preuves dans la ligne et mesurer au minimum 1,76m pour les grenadiers à pied et les grenadiers à cheval et 1,70m pour les chasseurs. Si elle est présente sur tous les champs de bataille de l'Empire, Napoléon ne l'engage qu'avec parcimonie au risque de perdre les bénéfices d'une victoire comme à la Moskova.

Des brèches dans

Courageux dès son plus jeune âge, Andoche Junot ne tarde pas à impressionner Napoléon par son sang-froid et sa bravoure. Dès 1793, l'Empereur prédit qu'il « fera son chemin ». Mais d'un caractère fantasque et excessif, il multiplie les incohérences et finit par sombrer dans la dépression, convaincu que Napoléon ne l'aime plus.

Dès la fin de l'été 1807, Napoléon tente d'intégrer la Suède et le Danemark dans l'alliance de Tilsit. À cette fin, il n'hésite pas à employer les moyens militaires. Ainsi pour forcer la décision de la Suède, il fait occuper par le maréchal Brune le port de Stralsund en Poméranie. Mais le roi Gustave IV résiste. Pour convaincre le Danemark, il mobilise à Hambourg les troupes de Bernadotte, prêtes à envahir le Holstein. Le régent Frédéric est écartelé entre Paris et Londres. Car l'Angleterre tente elle aussi un coup de force contre ce petit royaume scandinave. En faisant bombarder du 2 au 7 septembre, le port de Copenhague, elle commet une grossière erreur stratégique : le 31 octobre, le Danemark se range dans le camp français.

Reste le problème portugais. « [...] Il faut que le 1er septembre, les ports du Portugal soient fermés à l'Angleterre ; à défaut de quoi, je déclare la guerre au Portugal », ordonne Napoléon. Dirigé par le prince-régent Maria José Luis de Bragance, le petit royaume ibérique manifeste une indépendance, une insolence « anti-française » tout à fait intolérable aux yeux de l'Empereur. Depuis le traité de Methuen signé en 1703, il entretient en effet d'étroites relations commerciales avec « la perfide Albion ». Les marchands anglais y trouvent un débouché pour leurs tissus, tandis que les commerçants portugais approvisionnent l'Angleterre en vin de Porto.

Le 8 septembre, Napoléon renouvelle ses menaces dans une lettre adressée au prince-régent : « Votre Altesse est amenée par les événements à choisir entre le continent et les insulaires [...] Mais si, contre mes espérances, votre Altesse Royale mettait sa confiance dans mes ennemis, je n'aurais plus qu'à regretter une détermination qui la détacherait de moi et qui renverrait aux chances des événements la décision de ses plus importants intérêts. » Début octobre, il convoque Junot pour lui donner le commandement d'une opération au Portugal. Le gouverneur militaire de Paris disposera pour cela d'un corps de 20 000 conscrits concentrés à Bayonne. Junot est interloqué : cette expédition serait-elle une punition ? Napoléon souhaite en effet éloigner pour quelque temps ce général encombrant. Il ne lui a pas pardonné son aventure extra-conjugale avec Caroline Bonaparte, l'épouse de Murat.

Quelques jours plus tard, le prince-régent portugais répond à l'ultimatum français par une déclaration de guerre à l'Angleterre. Mais l'Empereur n'est pas dupe de cette mascarade diplomatique préparée de concert par Londres et Lisbonne : le Portugal essaie seulement de gagner du temps ! « Cela ne me satisfait pas, continuez votre marche », écrira-t-il le 17 octobre à Junot, alors en route vers le Portugal. Profitant de la médiocrité et de l'avidité de Charles IV, le souverain espagnol, Napoléon signe avec lui, dix jours plus tard, le traité de Fontainebleau qui prévoit le partage du Portugal en trois morceaux : le nord reviendrait à Louis II d'Étrurie, le sud au Premier ministre espagnol, Manuel Godoy, et le centre sera mis sous séquestre avant sa distribution.

Même ralentie par la pluie et l'état déplorable des routes, l'avancée du corps expéditionnaire est étonnante. Le 26 novembre, Junot parvient à Abrantès et entame sa descente sur Lisbonne. Épuisée, sans ravitaillement, son armée pénètre le 30 novembre dans une capitale abandonnée quelques jours plus tôt par la famille royale.

Le passé, le présent et l'avenir ou les ▷ trois états successifs de l'Angleterre, jadis riche et prospère, aujourd'hui ruinée par ses armements, demain réduite à la misère par le Blocus.
Caricature française de novembre 1807.

le Blocus continental

« Junot la Tempête » (1771-1813)

En 1793, Junot participe au siège de Toulon en tant que sergent des grenadiers. Bravant le danger, il refuse de quitter son uniforme pour porter un ordre sur les lignes ennemies. Devenu général, Bonaparte le prendra comme aide de camp et comme compagnon d'infortune pendant les mois sombres de 1795. Car Junot est un des plus fervents admirateurs du général Bonaparte. Il sera de tous ses combats : en Italie, en Égypte, où il est promu général et remporte le combat de Nazareth. En 1800 il est nommé gouverneur général de Paris mais n'en mène pas moins une vie dissolue qui lui vaudra plusieurs mises à l'écart. Ses aventures extraconjugales obligent Napoléon à lui confier en 1807 la direction d'une expédition au Portugal. Devenu duc d'Abrantès, puis gouverneur, il est cependant contraint de négocier avec les Anglais la capitulation de Cintra. En 1809, une nouvelle expédition au Portugal se soldera par un échec cuisant. Blessé au visage, Junot sombre peu à peu dans la démence. En proie à des crises de léthargie durant la campagne de Russie, il est mis à l'écart et dessaisi de son commandement. Gouverneur des Provinces Illyriennes, il mènera une existence déréglée, anarchique. Au comble de la folie, il se suicidera en juillet 1813.

Jérôme Bonaparte, roi de Westphalie. Peinture de François Gérard.

Conseils à Jérôme, roi de Westphalie

En vertu du traité de Tilsit, Jérôme Bonaparte doit monter le 1er décembre 1808 sur le trône de Westphalie. Le 15 novembre, Napoléon lui adresse, en plus du texte final de la Constitution westphalienne, ces derniers conseils pour l'inciter à fonder un « État modèle », « sage et libéral ».

« *[…] Votre trône ne sera réellement fondé que sur la confiance et l'amour de la population. Ce que désirent avec impatience les peuples d'Allemagne, c'est que les individus, qui ne sont pas nobles et qui ont des talents, aient un droit égal à votre considération et aux emplois ; c'est que toute espèce de servage et de liens intermédiaires entre le souverain et la dernière classe du peuple soit entièrement abolis. […] Il faut que vos peuples jouissent d'une liberté, d'une égalité, d'un bien-être inconnus aux peuples de la Germanie, et que ce gouvernement libéral produise, d'une manière ou d'une autre, les changements les plus salutaires au système de la Confédération et à la puissance de votre monarchie… Soyez roi constitutionnel […].* »

« Le sabre et l'esprit »

De retour à Paris, après une tournée d'un mois en Italie, Napoléon n'est toujours pas satisfait. Un homme résiste et refuse de fermer ses ports aux navires anglais : Pie VII. Celui qui a signé avec Bonaparte le Concordat de 1801 et qui a présidé son sacre en 1804, multiplie depuis quelques années, les « tracasseries » à son encontre : il refuse notamment d'instituer les évêques vénitiens, d'investir Joseph roi de Naples ou d'accorder le divorce entre Jérôme et Miss Patterson. Le 22 juillet 1807, Napoléon avait fait adresser au souverain pontife une lettre particulièrement violente : « Je tiens ma couronne de Dieu et de la volonté de mes peuples, je n'en suis responsable qu'à Dieu et à mes peuples [...] Il serait absurde de vouloir qu'un obscur sous-diacre de Rome vînt me dicter des lois au sein de mes États [...] Que le pape

L'église de la Trinité des Monts et la villa Médicis, à Rome, ou tant d'artistes français viendront étudier les arts italiens. Peinture de François Marius Granet, 1808.

Durant son pontificat, Pie VII s'emploie à maintenir coûte que coûte l'indépendance morale et l'intégrité politique de la papauté. Monument du pape par Thorwaldsen, Rome, basilique Saint-Pierre.

cesse d'être souverain, je consentirai à avoir des communications avec lui. » En quelques lignes, l'Empereur annonçait l'occupation prochaine de l'État romain si le Vatican n'entrait pas immédiatement dans l'alliance française et ne fermait pas ses ports aux navires anglais. Il agitait même la menace d'un schisme : « Je ne craindrai pas de réunir les églises gallicane, italienne, allemande, polonaise dans un concile, pour faire mes affaires sans pape, et mettre mes peuples à l'abri des prétentions des prêtres de Rome… » Afin d'isoler le pape, Napoléon remaniait et renforçait son dispositif italien. En vertu du traité de Fontainebleau signé avec l'Espagne, il se voyait ainsi confier la propriété de l'Étrurie, située tout près des États pontificaux. La réponse du pape, datée du 2 décembre 1807, est courte et ferme : « Dieu et le monde nous feront justice contre les procédés de l'Empereur, quels qu'ils puissent être. »

La réaction de l'Empereur sera rapide et brutale. Début janvier, il ordonne à Eugène de Beauharnais de préparer ses hommes à une offensive contre les États pontificaux. Le général Miollis, quant à lui, doit se tenir prêt à intervenir à Pérouse et à Rome. Les soldats de Joseph occuperont Terracine. Napoléon feint de laisser une dernière chance à la diplomatie, en la personne de l'ambassadeur Alquier. Mais les ordres d'invasion sont déjà donnés. Le 2 février, Miollis s'empare de la Ville éternelle sans une goutte de sang. Comme il l'avait prévu, le pape n'opposera aucune résistance physique préférant, tel un martyr de la foi, se constituer prisonnier.

La victoire est trop rapide, la proie trop facile. Un peu désemparé, l'Empereur souffle le chaud et le froid. Il propose d'abord à Pie VII une série de compromis : l'intégration de son État dans une confédération italienne puis dans un axe de paix comprenant les États romains, le royaume d'Italie et Naples. Devant le refus du pape, il réitère alors une nouvelle fois ses menaces. Puis, il ordonne à Miollis, promu commandant des troupes dans les États de Rome, d'occuper le reste des territoires pontificaux. Le général multipliera les arrestations de hauts prélats parmi lesquels le gouverneur pontifical, Calvachini. Le 30 avril enfin, Napoléon impose le rattachement d'Urbino, d'Ancône, de Macerata et de Camerino au royaume d'Italie. Le pape répondra en incitant le clergé européen à refuser tout serment à l'empereur. Puis il encouragera les jeunes Romains à ne pas s'enrôler dans les armées de Miollis. Bref, Pie VII appelle à la résistance générale…

Pour humilier son adversaire, Napoléon multiplie les mesures vexatoires : intégration de l'armée pontificale dans les rangs de la Grande Armée, contrôle des postes du Vatican, surveillance rapprochée des prélats... Mais Pie VII résiste toujours. Ses cardinaux lui conseillent d'attendre, de subir ces brimades sans broncher. Napoléon sait que le temps joue contre lui. Bien plus tard, il en tirera la leçon : « Il n'y a que deux puissances dans le monde, le sabre et l'esprit… À la longue, le sabre est toujours battu par l'esprit. »

Pie VII, un pape irréductible (1742-1823)

Évêque de Tivoli puis d'Imola, cardinal à 42 ans, il fait preuve d'un courage étonnant lors de l'intervention des troupes révolutionnaires en Italie, n'hésitant pas à protéger la population italienne des soldats français. En 1799, il succède à Pie VI. S'il veille à adapter l'Église à la société moderne, ce fin diplomate ambitionne aussi de reconstituer les États pontificaux. Ainsi, s'il daigne présider à Paris le sacre de Napoléon, c'est dans l'espoir de récupérer les territoires perdus, les Légations. Obstiné, il ne se soumettra jamais à l'Empereur et le bras de fer finira dans le drame avec l'enlèvement de 1809. Il signera un nouveau concordat en 1813 qu'il dénoncera aussitôt. Ce n'est que sous la Restauration qu'il pourra rentrer à Rome et obtenir la reconstitution quasi intégrale de ses États. Toutefois après 1815, il recueillera pratiquement toute la famille impériale.

L'imbroglio espagnol

Impatient d'en finir avec Godoy et de prendre le pouvoir, Ferdinand dispose de nombreux partisans qui voient en lui le sauveur capable de les débarrasser du Premier ministre haï. *Ferdinand VII roi d'Espagne, dans un camp,* peinture de Goya, 1814.

Le 1er janvier 1808, Napoléon se décide enfin à intervenir en Espagne. Il entend bien profiter des déchirements qui agitent la famille royale pour imposer sa domination sur la péninsule Ibérique. Car il se trouve désormais étroitement mêlé aux frasques de la cour espagnole. En effet, dans une lettre écrite le 17 octobre 1807, Ferdinand, prince des Asturies, héritier au trône, a supplié l'Empereur de lui accorder sa protection paternelle ainsi que l'honneur d'un mariage avec une princesse française : « J'implore avec la plus grande confiance la protection paternelle de Votre Majesté Impériale, afin que non seulement, elle daigne m'accorder l'honneur de m'allier à sa famille, mais qu'elle aplanisse toutes les difficultés, et fasse disparaître tous les obstacles qui peuvent s'opposer à cet objet de mes vœux. » Napoléon fut quelque peu interloqué : l'héritier au trône d'Espagne venait lui demander sa protection paternelle ! Ce courrier n'était rien moins qu'un acte de trahison envers Charles IV. Au moment où il recevait la lettre, Ferdinand venait d'être arrêté et emprisonné sur ordre de son père (28 octobre).

Après cette arrestation, Napoléon n'a pas hésité à jouer les intermédiaires entre Charles IV et Ferdinand en rendant visite à ce dernier dans son cachot. Il est ainsi parvenu à réconcilier père et fils. Mais, en offrant ses services, il venait également de déclencher un terrible engrenage…

Avant toute intervention, Napoléon a dépêché en Espagne son chambellan, Philippe de Tournon, pour effectuer des enquêtes sur l'opinion publique, l'état des routes ou les fortifications du royaume. Puis, il a renforcé les effectifs des troupes françaises stationnées en Vieille-Castille et commandées par les généraux Moncey et Dupont. Le 20 février, il nomme Murat lieutenant général en Espagne, et lui confie le commandement d'une armée d'environ 90 000 hommes. À la tête de ses troupes, le maréchal devra affoler le souverain espagnol et le pousser à abdiquer. Il envoie aussi l'escadre de Rosily à Cadix pour prévenir toute fuite de la famille royale.

Dans l'ombre, un homme incite Napoléon à la conquête : c'est l'ancien ministre des Relations extérieures, Talleyrand, qui rêve de voir enfin détrônés ces Bourbons dégénérés et décadents. Il sera chargé par l'Empereur de nombreuses missions diplomatiques auprès de l'Espagne. Le 24 février, il rencontre ainsi le représentant du Premier ministre espagnol, Godoy, en France, Izquierdo, pour lui remettre une note confidentielle qui prévoit la déchéance des Bourbons. Parallèlement, le trône de Charles IV est ébranlé par les nombreuses émeutes organisées par Ferdinand. Les manifestants ne s'en prennent pas aux troupes françaises, d'abord bien accueillies, mais au « prince de la Paix », Manuel Godoy, détesté pour sa politique autoritaire. Ils assiègent le château d'Aranjuez, enlèvent Godoy et l'enferment dans une écurie (19 mars), « la figure ensanglantée et tellement affaibli par le sang qui coulait de sa cuisse qu'il ne pouvait se soutenir ».

Lorsqu'il apprend que, pour sauver ce dernier, Charles IV a abdiqué en faveur de son fils, Ferdinand VII, Napoléon n'est pas tout à fait satisfait. Car il lui reste maintenant à écarter au plus vite le nouveau souverain. Mais le temps presse… Le 23 mars, Murat arrive à Madrid mais refuse de reconnaître Ferdinand VII. Il entend ainsi mettre dos à dos les deux rois pour permettre à Napoléon de s'imposer comme l'ultime recours. C'est sans compter sur la popularité de Ferdinand. Murat demande alors à Charles IV de revenir sur sa décision et de conserver sa couronne. Le 27 mars, il lui fera même signer un texte officiel qui est à la fois un démenti et une véritable délégation de souveraineté adressée à Napoléon : « J'ai été forcé d'abdiquer, mais, pleinement confiant, à l'heure qu'il est, dans la magnanimité et dans le génie du grand homme qui s'est toujours montré mon ami, j'ai pris la résolution de me conformer en tout à ce que ce grand homme décidera au sujet de mon sort, de celui de la reine et de celui du prince de la Paix […] »

Une famille de fantoches

« Des crétins sans chair, sans âme et sans sentiment », c'est ainsi que la comtesse d'Albany décrit la famille royale espagnole. Charles IV, son épouse Marie-Louise et leur fils Ferdinand, prince des Asturies, forment, il est vrai, un sombre tableau si bien peint par Goya. Au physique, ces trois Bourbons ont un air de famille qui tient tout entier dans le prognathisme accusé de leur visage. Pour le reste, ils sont très différents mais tout aussi incapables. Paresseux, faible et lâche Charles IV n'a que faire de la politique. Il préfère se consacrer à ses deux passions : la fabrication des chaussures et des horloges. Marie-Louise, quant à elle, déborde de vie. Ses douze enfants ne l'ont pas empêchée de multiplier les aventures sentimentales avec des amants de tous âges. Le dernier, Manuel Godoy, a seize ans de moins qu'elle.

Pourvu qu'on lui garantisse une vie confortable, Charles IV est prêt à toutes les compromissions. *Charles IV et sa famille*, peinture de Goya, 1800.

La noblesse d'Empire

Le décret du 1er mars rétablit le droit aux armoiries.

Berthier, duc et prince de Neuchâtel et de Wagram.

Cambacérès, duc de Parme, prince, archichancelier.

Une idée ancienne

Encore Premier consul, Bonaparte avait déjà eu l'idée de fonder une noblesse héréditaire. Mais il soulignait les risques d'une telle réforme : « *Il y a deux choses pour lesquelles la population n'est pas mûre, c'est l'hérédité des emplois et la noblesse. Une noblesse héréditaire dont l'origine remontait à de hautes actions, à de grands services rendus à la patrie, n'a pu se soutenir. Cependant, elle est bien plus favorable qu'une noblesse instituée qui élèverait tout à coup les nobles au-dessus de leurs pairs.* » Pourtant, ces préventions ne l'ont pas empêché de prendre, le 30 mars 1806, un décret qui reconnaît aux membres de la famille impériale le droit de porter le titre de prince, et, le 14 août suivant, de faire adopter un sénatus-consulte légalisant les titres honorifiques, bien sûr héréditaires, par ordre de primogéniture mâle. Ces mesures furent très chaleureusement accueillies à la cour impériale : Pauline Bonaparte devenait ainsi duchesse de Guastalla, Bernadotte, duc de Pontecorvo et Murat grand-duc de Berg et de Clèves.

L'empereur sent que l'occasion est enfin arrivée de constituer une véritable aristocratie, une nouvelle « noblesse ». Elle sera comme l'aboutissement des titres institués et distribués jusqu'alors, qu'il s'agisse de la Légion d'honneur, des grandes dignités ou des grades de maréchaux. Mais une telle mesure risque de heurter l'opinion publique en lui donnant l'impression d'un retour à l'Ancien Régime. L'Empire entrerait alors en contradiction avec sa propre idéologie, héritée de la Révolution, et fondée sur l'égalité civique.

Napoléon pense au contraire que la noblesse d'Empire est « le seul moyen de déraciner l'ancienne » et de la fondre dans cette nouvelle aristocratie. Pour ne pas choquer les mentalités, il jouera sur l'idée de « mérite » : la noblesse d'Empire devra récompenser les sujets « […] grands par leur talent, par leurs services et par leur caractère […] » en assurant « l'état et la fortune des familles qui se dévouent entièrement à notre service, et qui sacrifient constamment leurs intérêts aux nôtres », affirme-t-il en 1807. Le meilleur exemple en est le maréchal Lefebvre, nommé par Napoléon, le 28 mai 1807, duc héréditaire de Dantzig. La nouvelle noblesse ne vient plus gratifier seulement les membres de la famille impériale. En outre, elle ne sera pas attachée à la détention d'une terre, d'un fief.

C'est à Cambacérès que revient la tâche de préparer deux décrets généralisant les mesures prises dès 1804. Adopté le 1er mars 1808, le premier d'entre eux établit une hiérarchie nobiliaire presque calquée sur celle d'Ancien Régime. Il reconnaît aux grands dignitaires de l'Empire le droit d'être appelés « princes » et « Altesses Sérénissimes » ; aux ministres, sénateurs, conseillers d'État à vie, présidents du Corps législatif et même aux évêques le nom de « comtes ». Le titre de baron sera accordé aux premiers présidents de la Cour de cassation et de la Cour des comptes ainsi qu'aux maires des grandes villes de France. Les membres de la Légion d'honneur seront faits chevaliers. Un second

Talleyrand, prince de Bénévent.

Lebrun, duc de Plaisance, prince, architrésorier.

Princes et grands dignitaires.

Ducs.

décret détermine les règles de discipline en la matière. Il prévoit la formation d'un Conseil du Sceaux. Son président, Cambacérès, sera assisté d'une équipe de sénateurs, de conseillers d'État, d'un procureur général et d'un secrétaire général.

Napoléon souhaite que cette aristocratie d'État ne concerne pas les seuls notables de l'Empire. Il se réserve ainsi le droit de l'ouvrir aux « [...] officiers civils et militaires et autres de nos sujets, qui se seront distingués par les services rendus à l'État ». Cependant cet équilibre précaire entre égalité et distinction, entre mérite et fortune est d'une certaine façon remis en cause lorsqu'il est question de l'hérédité des titres. Ainsi, le détenteur d'un titre ne pourra le transmettre à son fils aîné qu'à condition de disposer d'un certain niveau de fortune, un majorat en argent, en biens immobiliers ou en actions, évalué à 200 000 francs pour un prince, 30 000 francs pour un comte et 3 000 francs pour un chevalier.

Finalement, la création de la noblesse d'Empire n'aura pas les résultats escomptés. Ses effectifs n'atteindront jamais ceux de l'aristocratie d'Ancien Régime, sept fois plus importante. On dénombrera tout au plus 3 263 personnes titrées dont seulement 200 de façon héréditaire. En effet, la constitution des majorats ralentira voire empêchera la transmission des titres. En outre, la fusion tant espérée entre la noblesse d'Empire et celle d'Ancien Régime ne se produira pas. Enfin, jamais cette nouvelle aristocratie, individualiste et ingrate, n'apportera le moindre soutien politique à l'Empire.

Comtes et archevêques.

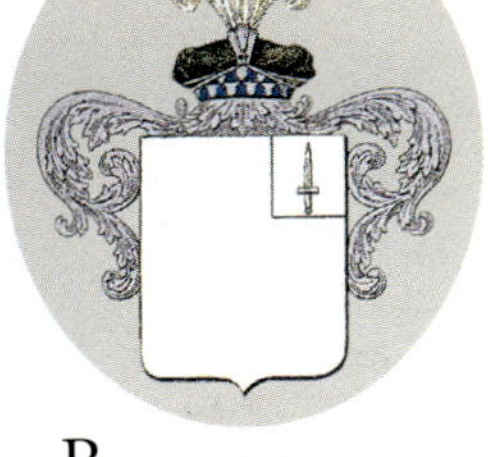

Barons, militaires, autres.

Comtes, militaires, autres.

Baronnes ou comtesses.

Barons et évêques.

Le piège de Bayonne

Napoléon est soucieux : l'intervention de Murat en Espagne est sur le point de déraper. Par ambition personnelle, le maréchal en fait trop ; il risque de se mettre à dos la population espagnole. Ces critiques, l'empereur les formulera dans une longue lettre adressée fin mars 1808 à son beau-frère : « Je n'approuve pas le parti qu'a pris Votre Altesse Impériale de s'emparer aussi précipitamment de Madrid [...] Il fallait tenir l'armée à dix lieues de la capitale. [...] Votre entrée à Madrid, en inquiétant les Espagnols a puissamment servi Ferdinand. » À juste titre, il soupçonne Murat de convoiter la couronne d'Espagne : « Je songerai à vos intérêts particuliers, n'y songez pas vous-mêmes. » Mais Napoléon hésite encore sur l'issue à donner à cette vaste opération. Va-t-il prendre le pouvoir en Espagne et y faire trôner un Bonaparte ? Préfère-t-il couper le royaume en deux, en annexant le Nord et en laissant Ferdinand régner sur la moitié méridionale ? Il tranche en faveur de la première option : « J'ai résolu de mettre un prince français sur le trône d'Espagne. » Il entend ainsi « recueillir tout entier » l'héritage du grand roi, Louis XIV. C'est à son frère Louis qu'il propose d'abord la couronne espagnole : « Je pense à vous pour le trône d'Espagne. Répondez-moi catégoriquement. » Devant le refus de Louis, il se tournera vers Joseph qui finira par accepter, à contrecœur.

Serviteur tout dévoué à son empereur, Savary est parfois maladroit et manque de finesse. *Anne Savary, duc de Rovigno,* peinture de Robert Lefèvre.

Mais Napoléon doit d'abord s'imposer comme un médiateur indispensable. Pour cela, il organise une entrevue avec les deux rois. Elle aura lieu sur son territoire, en France, tout près de la frontière espagnole, à Bayonne. Mais il sait bien que jamais Ferdinand ne daignera le rencontrer sur le sol français. Pour le convaincre, il dépêche à Madrid un agent de confiance, fidèle et rigoureux, le général Savary.

Le 2 avril, l'empereur part pour Bayonne. Durant tout le voyage, il peaufinera son plan, l'œil sévère, la mine sombre. Pendant ce temps, en Espagne, Savary joue avec Ferdinand VII à une étrange partie de cache-cache... Il lui fait part des doutes qu'ont suscité chez l'empereur l'abdication puis le démenti de Charles IV. Pour régler cette situation, Napoléon invite donc Ferdinand à le rencontrer. Il pourra ainsi reconnaître en lui le nouveau souverain. Reste à déterminer le lieu de l'entrevue. Ferdinand propose Burgos, en Espagne. Savary hésite puis accepte même s'il sait que jamais l'Empereur ne se rendra sur le territoire espagnol. Comment attirer Ferdinand sur le sol français ? Le 10 avril, il accompagne le roi à Burgos. Mais l'Empereur n'y est pas. Ferdinand s'impatiente. Savary lui dit que Napoléon vient d'arriver à Vitoria. Aussitôt le cortège royal rejoint cette ville du nord de l'Espagne, tout près de la frontière française. Napoléon n'y est pas non plus. La colère du roi éclate : jamais il ne quittera son royaume ! Savary lui répondra fort diplomatiquement qu'il n'a pas le choix s'il souhaite être reconnu par la France. Puis,

Ferdinand VII prisonnier de Napoléon, caricature espagnole.

laissant le roi à Vitoria, il partira retrouver l'empereur au château de Marracq, tout près de Bayonne.

Le 16 avril, Napoléon rencontre Savary, de retour d'Espagne, tout près de Bayonne. Informé de la colère de Ferdinand VII, il s'empresse de lui écrire une lettre rassurante : « Si l'abdication du roi Charles est de pur mouvement [...], je reconnais votre Altesse Royale comme roi d'Espagne. » Le lendemain, il ordonne au général Bessières de faire arrêter le prince des Asturies s'il ne se rend pas à Bayonne et s'il vient à traiter avec les Anglais.

Le 20 avril, Ferdinand arrive enfin à Bayonne. Le soir même, il découvre avec stupeur l'effroyable machination. Savary lui révèle en effet que l'empereur ne reconnaîtra comme roi d'Espagne que Charles IV. En dédommagement, Napoléon accordera au prince des Asturies le petit royaume d'Étrurie. Abasourdi, Ferdinand ne lâchera que ces quelques mots : « Yo estoy traido » (« je suis trahi »). Le 30, c'est le cortège royal de Charles IV et de Marie-Louise qui entre dans la ville. Le piège se referme avec une facilité déconcertante...

Singulière garde d'honneur formée pour Napoléon par les paysans près de Bayonne. Gravure anglaise.

Les risques de dérapage

Dans la lettre qu'il adresse fin mars à Murat, Napoléon condamne ouvertement la façon dont il a conduit « l'affaire espagnole ».

« Monsieur le grand-duc de Berg, je crains que vous ne me trompiez sur la situation de l'Espagne, et que vous ne vous trompiez vous-même. [...] Ne croyez pas que vous attaquez une nation désarmée, et que vous n'ayez que des troupes pour soumettre l'Espagne. La révolution d'Aranjuez prouve qu'il y a de l'énergie chez les Espagnols. Vous avez à faire à un peuple neuf : il en a tout le courage et il aura tout l'enthousiasme que l'on rencontre chez des hommes que n'ont point usés les passions politiques. L'aristocratie et le clergé sont les maîtres de l'Espagne. S'ils craignent pour leurs privilèges et pour leur existence, ils feront contre nous des levées en masse, qui pourront éterniser la guerre. J'ai des partisans ; si je me présente en conquérant, je n'en aurai plus. Le prince de la Paix est détesté parce qu'on l'accuse d'avoir livré l'Espagne à la France [...]. Le prince des Asturies n'a aucune des qualités qui sont nécessaires au chef d'une nation : cela n'empêchera pas que, pour nous l'opposer, on en fasse un héros. Je ne veux pas que l'on use de violence envers les personnages de cette famille : il n'est jamais utile de se rendre odieux et d'enflammer les haines. »

Un Bonaparte sur

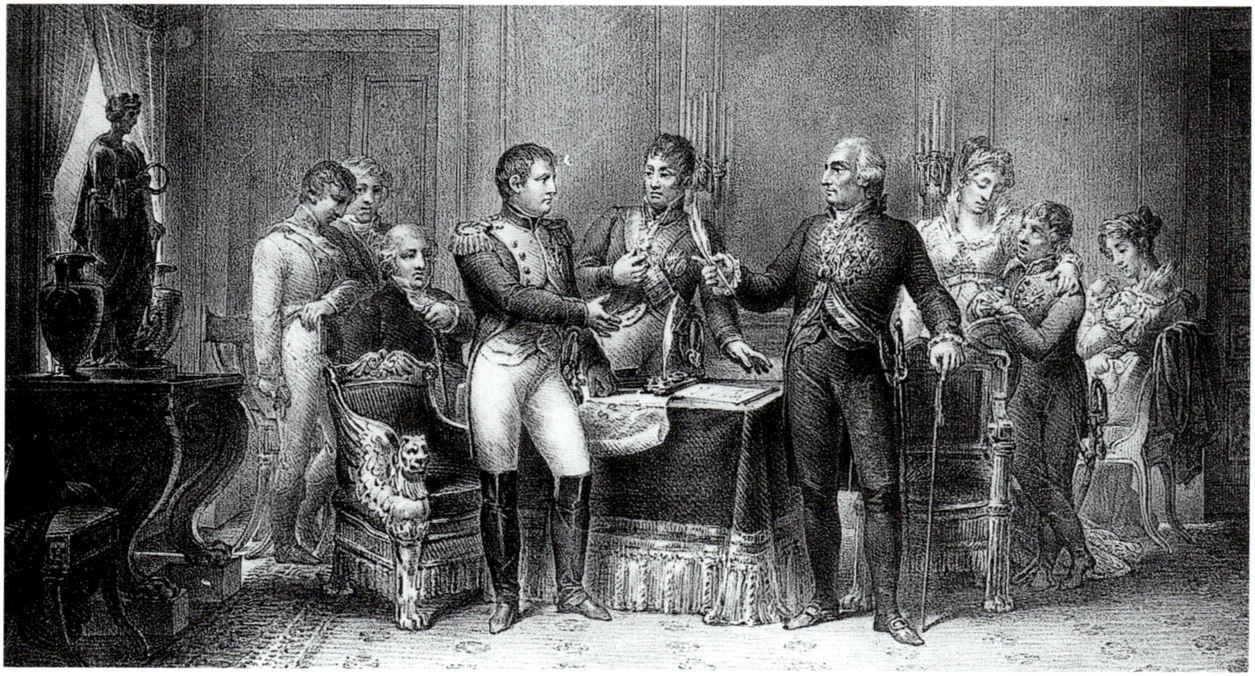

L'entrevue de Bayonne entre Napoléon et les souverains espagnols, lithographie de Charles Motte.

La Constitution espagnole

En installant un Bonaparte sur le trône d'Espagne, Napoléon entend « régénérer » ce royaume décadent, c'est-à-dire l'ouvrir le plus possible aux idées nouvelles héritées de la Révolution française. C'est tout l'enjeu de la première constitution écrite espagnole élaborée par une partie des *Cortès* réunie à Bayonne entre le 15 juin et le 7 juillet 1808. Adoptée le 8 juillet, elle apparaît comme un compromis précaire entre le modèle français et les traditions espagnoles. Libérale, elle prévoit l'abolition de la torture et de l'Inquisition. Elle détermine aussi les cadres politiques d'un État fort et centralisé où le pouvoir exécutif est tout entier incarné par le roi. Mais, en même temps, elle respecte la plupart des privilèges des trois ordres de la société. Conformément aux vœux de Charles IV, elle accordera au catholicisme le statut de religion d'État et veillera à ce que l'intégrité du royaume soit préservée.

L'entrevue de Bayonne tourne vite au règlement de comptes familial. Charles IV interdit toujours à son fils de monter sur le trône d'Espagne. Il s'en remet même à « son ami, le grand Napoléon » ; « L'Espagne ne pourra plus être sauvée que par l'Empereur » avoue-t-il. Le 5 mai, la famille royale est informée des émeutes qui ont agité deux jours plus tôt la capitale espagnole. Alors qu'au matin du 2 mai *(Dos de Mayo)*, Murat supervisait le transfert des enfants de Charles IV et de Marie-Louise vers Bayonne, où ils devaient retrouver leurs parents, il s'est heurté à une émeute populaire. Aux cris du serrurier José Soriano, « Trahison ! Ils ont enlevé notre roi, et maintenant ils veulent nous arracher tous les membres de la famille royale ! Mort aux Français ! », un petit groupe de Madrilènes s'est interposé pour s'en prendre à un aide de camp de Murat. Les Français se sont alors retrouvés face à 20 000 Espagnols, civils pour la plupart, se battant au couteau, à l'épieu et au pavé. De leur balcon, les *señoras* ont jeté des pots de fleurs et des assiettes sur les occupants en criant des insultes. Frappé à la tête par un vase en terre cuite, le fils du général Legrand s'est écroulé, mort. Les « patriotes » ont redoublé d'ardeur lorsqu'ils ont vu déferler, à la Puerta del Sol, les mamelouks de Murat, qui leur rappellent les Maures de la *Reconquista*. Ils se sont jetés sur eux, et ont enfoncé leurs poignards dans le flanc des chevaux pour les désarçonner, puis, une fois à terre, les ont criblés de coups.

À Bayonne, la nouvelle de ces événements ne fait que raviver les tensions. On accuse le perfide Ferdinand d'avoir organisé un complot contre le roi. De rage, Marie-Louise exige que son fils, ce « bâtard » comme elle l'appelle, soit pendu haut et court ! L'Empereur en profite pour imposer ses vues : « Je ne reconnaîtrai jamais pour roi d'Espagne celui qui le premier a rompu l'alliance qui, depuis si longtemps, l'unissait à la France, en ordonnant le meurtre des soldats français. »

le trône d'Espagne

Le même jour, Charles IV remet solennellement la couronne d'Espagne à Napoléon à condition qu'il veille à respecter l'intégrité territoriale du royaume et qu'il ne tolère d'autres religions que la religion catholique. En guise de dédommagement, il recevra les châteaux de Chambord et de Compiègne ainsi qu'une rente annuelle de 6 millions de francs. Pendant ce temps, l'Empereur presse Ferdinand de reconnaître son père pour roi légitime faute de quoi le prince des Asturies sera considéré comme un « rebelle ». Le jeune homme prend peur et se soumet. Il finira sa vie dans la cage dorée du château de Valençay, avec une pension de un million de francs… Le 6 mai, Charles abdique enfin. Le tour est joué.

Napoléon doit maintenant préparer l'avènement de Joseph. Le 2 mai, il avait déjà confirmé la « mauvaise nouvelle » à Murat : « Je destine le roi de Naples à régner à Madrid » et avait assorti sa lettre d'une proposition fort décevante : « Je veux vous donner le royaume de Naples ou celui de Portugal. » Le grand-duc de Berg laissera, en privé, éclater sa colère mais ne manifestera devant Napoléon qu'une tristesse mêlée d'admiration : « Des torrents de larmes de joie coulent de mes yeux. » La mort dans l'âme, il choisira de remplacer Joseph sur le trône de Naples. Chateaubriand ridiculisera cette étrange tour de passe-passe et ces rois interchangeables : « L'Empereur enfonça d'un coup de main ces coiffures sur les fronts des deux nouveaux rois et ils s'en allèrent chacun de leur côté comme deux conscrits qui ont changé de shako. » Le 8 juin, « don José primero » prêtera serment devant les Cortès réunis à Bayonne, puis sera officiellement reconnu roi des Espagnes et des Indes.

Jamais Napoléon ne s'est montré aussi machiavélique. Il l'avouera non sans un peu de honte à la fin de sa vie : « J'embarquai fort mal cette affaire, je le confesse ; l'immoralité dut se montrer par trop patente, l'injustice par trop cynique et le tout demeure fort vilain […]. »

Plein de bonne volonté, Joseph n'en demeure pas moins au-dessous de sa tâche. *Joseph Bonaparte, roi d'Espagne,* peinture de Jean-Baptiste Wicar.

Le *Tres de Mayo*

Après les émeutes du 2 mai, Murat impose une répression terrible. Il fait interdire les rassemblements de plus de 8 personnes tandis que toute personne surprise en possession d'armes ou de libelles séditieux sera condamnée à mort. Les villages où ont été tués des soldats français seront brûlés. Une commission militaire dirigée par Grouchy veillera au respect de ces règles. Le soir même commencent les premières exécutions. Durant la nuit, 300 prisonniers sont fusillés au Prado et 400 autres à la Moncloa. Le bilan des 2 et 3 mai 1808 est particulièrement lourd dans les deux camps : environ 800 Espagnols et 150 Français y laissent la vie. Ces journées laisseront dans la mémoire des Espagnols une blessure indélébile. Pour l'Espagne, c'est le déclenchement d'un vaste soulèvement national et, pour Napoléon, le début d'un long cauchemar…

Attaqués de toute part par les rebelles espagnols, les mamelouks parviennent néanmoins à contenir l'émeute. C'est le début du soulèvement général. Le *Dos de Mayo*, peinture de Francisco Oronoz.

Le Tres de Mayo

Le 2 mai 1808, un vieil homme, hagard et terrifié, marche, au hasard, dans les rues de Madrid. À deux pas de lui, il voit, dans un fracas d'enfer, la chevauchée des mamelouks bientôt encerclés par les insurgés madrilènes. Il aura tout juste le temps de griffonner au crayon quelques croquis sur un bout de papier. Il s'appelle Francisco de Goya y Lucientes. Il est peintre. Ses tableaux, surtout ses portraits de la famille royale lui ont même valu en 1799 le titre de « premier peintre de la Cour ». Le 3 mai 1808, il assistera, de la fenêtre de sa maison, à l'exécution des rebelles. À la lumière du clair de lune, il dessinera sur son balcon le peloton d'exécution, les silhouettes sombres et massives des soldats français ainsi que les cadavres des prisonniers espagnols. Traumatisé par cette expérience, il réalisera en 1814, à partir de ces quelques croquis, deux œuvres cruelles et désespérées : le *Dos de Mayo* et le *Tres de Mayo*, témoignages sombres et flamboyants de l'enfer…

Le *Tres de Mayo*, peinture de Goya, 1814.

« Une nomination de rois »

MURAT , LE « PLUS BEAU CAVALIER DE L'EMPIRE »

Né en 1767 à La Bastide-Murat (Lot), Joachim est le fils d'un modeste aubergiste. Destiné à la voie ecclésiastique, il entre au séminaire de Toulouse. Mais son destin l'appelle ailleurs : déjà cavalier dans l'âme, il s'engage en 1787 dans l'armée. Remarqué par Bonaparte lors du 13 vendémiaire, il devient son aide de camp en 1796 pour la campagne d'Italie. Désormais, sa réputation est faite ; ses talents de cavalier, sa bravoure et ses coups d'éclat sont connus dans toutes les armées. Très lié à Bonaparte, il épouse sa sœur Caroline le 20 février 1800 et devient ainsi son beau-frère. Le nom de Murat est lié à toutes les batailles de l'Empire, mais c'est à Eylau qu'il conduit la charge la plus fantastique. Son caractère original et ses uniformes colorés irritent parfois l'Empereur mais Napoléon admire sa bravoure et regrettera son absence à Waterloo : « *Murat nous eût peut-être donné la victoire… jamais à la tête d'une cavalerie on ne vit personne de plus déterminé, de plus brave, d'aussi brillant…* » Même en Russie, les cosaques respectent le grand cavalier facilement reconnaissable et certains s'approchent de lui pour le saluer. Roi de Naples en 1808, Murat s'attache à son royaume qu'il réforme profondément et qu'il rejoint après Leipzig en 1813. Napoléon lui reproche cette « trahison ». Mais au retour de l'Empereur après son exil à l'île d'Elbe, Murat déclare la guerre à l'Autriche voyant là une occasion de réaliser l'unification de l'Italie dont il rêve. Malheureusement, après quelques victoires, il est battu par les Autrichiens et est contraint de se réfugier en France. En octobre 1815, Murat tente de reconquérir son royaume et débarque à Pozzo mais il est aussitôt arrêté. Il est condamné à mort et fusillé le 15 octobre après s'être exclamé : « *Un roi qui ne sait conserver sa couronne n'a d'autre alternative que la mort du soldat !* »

Le 15 juin au soir Joachim Murat, futur roi de Naples, quitte Madrid. Malade, déçu, il se désintéresse des affaires d'Espagne depuis la fin mai. C'est le général Belliard, chef d'état-major, assisté de Savary envoyé par l'Empereur, qui dirige les opérations militaires contre les insurgés. Joseph n'est pas encore dans sa capitale. Le 7 juin, il est toujours à Bayonne. Cette vacance du pouvoir pendant plusieurs semaines favorise la résistance espagnole qui s'organise en juntes, sortes d'assemblées locales.

Le 15 juillet 1808, un décret impérial nomme Murat roi de Naples et des Deux-Siciles à compter du 1er août, sous le nom de Joachim-Napoléon. La liberté d'action du nouveau

souverain est mince. Il doit, lui aussi, fournir des troupes au maître, 25 000 hommes, des vaisseaux et des frégates et s'engage à faire respecter scrupuleusement le Blocus qui ruine pourtant le port de Naples. Murat ne se presse pas pour rejoindre son royaume. Le 4 août, il est encore à Paris. Le 22, enfin, il se décide à prendre la route de Lyon accompagné de Caroline. Le 29, le couple traverse les Alpes et le 6 septembre, entre dans Naples. La foule est en liesse, les quartiers populaires surtout. Ici, on connaît les exploits du cavalier et son caractère fantasque et méridional plaît. Murat est surpris, séduit, bientôt conquis. Il ne tarde pas à tomber amoureux de son nouveau royaume, qu'il réformera profondément.

Joachim Murat, roi de Naples et des Deux-Siciles, en grand costume royal. Esquisse de François Gérard.

En 1807, le traité de Tilsit (article 19) prévoyait la création du royaume de Westphalie sur des territoires prélevés à la Prusse. Ce nouvel État de 2 millions d'habitants fut confié au frère cadet de l'Empereur, Jérôme. Napoléon lui adjoint immédiatement trois ministres, Siméon, Jollivet et Beugnot qui partent rapidement pour Cassel, la capitale, afin de préparer l'arrivée du roi.

Napoléon veut doter la Westphalie d'institutions françaises afin qu'elle serve de modèle à l'ensemble des populations allemandes. Il compte ainsi se protéger de la Prusse. La Westphalie adhère bien sûr à la Confédération du Rhin et doit fournir 25 000 hommes à la Grande Armée. L'Empereur a dicté la Constitution du royaume à Paris et l'a communiquée à Jérôme : « Mon frère, vous trouverez ci-joint la constitution de votre royaume. » Mais le jeune roi, tout à la joie de régner, ne l'a sans doute jamais lue. À 23 ans, Jérôme est toujours aussi immature malgré son mariage, imposé par son frère, avec Catherine de Wurtemberg le 22 août 1807. Très vite, l'Empereur doit rappeler à l'ordre son jeune frère : « Il ne faut pas vous imaginer que le royaume de Westphalie soit une terre… » Jérôme se considère alors comme une victime du despotisme fraternel.

Tout comme Joseph, Louis ou Murat, les proches de l'Empereur ne se résignent pas à être sous sa tutelle. Ils attribuent volontiers leurs pouvoirs, comme Louis, « à la volonté de Dieu » ou comme Murat « aux services qu'il a rendus ». Tous se rebellent déjà.

Néanmoins à l'été 1808 le grand Empire semble complet avec les royaumes de Hollande, de Westphalie, d'Italie, la Confédération du Rhin, la Suisse, les grands-duchés de Berg et de Varsovie. Au sud-ouest, il s'est encore agrandi avec l'Espagne donnée à Joseph et avec le Portugal, occupé par Junot. L'Empereur peut espérer enfin mettre un blocus complet sur l'Angleterre et peut envisager maintenant le partage de l'Orient avec la Russie. Mais c'est sans compter avec la révolte espagnole et l'incapacité de ses frères. Désormais le ver est dans le fruit.

◁ Malgré les frasques de son mari, Jérôme, la douce et bonne Catherine restera amoureuse de lui et lui manifestera toujours une grande tendresse. *Jérôme Bonaparte, roi de Westphalie et sa femme Catherine de Wurtemberg.* Portrait par François Joseph Kinson.

L'humiliation de Bailén

Aux arbres des routes pendent les corps mutilés, parfois, sans yeux ou sans mains, des soldats français torturés par la guérilla espagnole. *Les arbres au bord de la route,* gravure de Goya extraite des *Désastres de la guerre,* 1800-1814.

En Espagne, le soulèvement de la population prend de l'ampleur. Les premières révoltes commencent dans les Asturies et bientôt gagnent la Galice, la Vieille-Castille, le Léon et l'Andalousie. Dès le 30 mai, l'Espagne entière est en armes. Des bandes de paysans, armés de faux, attaquent partout les Français. Des officiers espagnols de valeur tels que Palafox ou Castanos reforment des régiments, ravitaillés par les juntes et par les Anglais. L'Empereur est surpris mais nullement inquiet. D'ailleurs les premiers combats de juin sont à l'avantage des Français ; le 5 juin, le général Verdier disperse les insurgés à Logroño tandis que Lasalle en fait autant à Torquemada et s'empare de Valladolid. Les officiers français sont confiants. Mais ils découvrent aussi la cruauté de la guérilla espagnole. S'ils ont la malchance de se trouver isolés, ils sont attaqués par les insurgés et tués après avoir été horriblement torturés. Le 6 juin, à Valdepenas, les cavaliers français sont entraînés dans les maisons et mutilés au couteau ou à la hache. Le lendemain, à Manzanares, ce sont les blessés de l'hôpital qui subissent le même sort. Le 28 juin, le général René est capturé et jeté vivant dans une cuve d'huile bouillante, alors que son aide de camp est scié entre deux planches. De telles atrocités ne peuvent engendrer qu'un sentiment de vengeance. Ainsi le capitaine Marcel raconte dans ses mémoires, comment les insurgés sont impitoyablement massacrés par ses hommes, témoins de la mort tragique de leurs camarades. C'est donc une route ensanglantée que Joseph doit emprunter, le 9 juillet, pour rejoindre sa capitale. Bessières lui ouvre le chemin. Le 14 juillet 1808, il affronte avec 26 000 hommes l'armée espagnole à la bataille de Medina del Rio Seco. Après une manœuvre habile, les Français dispersent leurs adversaires. La route de Madrid est ouverte et Joseph fait, le 20 juillet, son entrée dans une capitale muette et farouche. Napoléon peut écrire : « Bessières a mis mon frère Joseph sur le trône d'Espagne. »

Dans les autres parties de la péninsule, les commandants français sont moins heureux. Moncey, un instant engagé vers Valence, est contraint de se replier. À partir du 15 juin, Lefebvre-Desnouettes assiège vainement Saragosse qui devient le symbole de la résistance espagnole. Dupont de l'Étang, de son côté, marche sur l'Andalousie. Ayant quitté Tolède le 24 mai avec 14 000 hommes, le 8 juin, il occupe Cordoue qui est livré au pillage. Mais il est vite isolé et menacé par des troupes venant de Séville et de Jaén. Le brillant divisionnaire, héros des campagnes d'Allemagne et de Pologne, promis au maréchalat, effectue une retraite prudente sur Andújar mais commet l'erreur de se séparer de la division du général Vedel. Les Français se retrouvent bientôt cernés aux alentours du village de Bailén, attaqués d'un côté par les troupes de Castaños arri-

La guerre d'Espagne 1808-1814.

vant de Séville, et de l'autre par celles de Reding accourant depuis Cordoue. La chaleur torride accable les soldats qui sont épuisés. Le 22 juillet 1808, Dupont signe la capitulation incluant la division Vedel qui pouvait encore se battre. Plus de 10 000 Français prisonniers sont transportés sur les pontons de Cadix : ils sont entassés dans des navires désarmés dans des conditions épouvantables. Les hommes y vivent nus, presque sans nourriture et minés par les maladies pulmonaires ou le typhus. La plupart de ces malheureux (7 000) mourront sur ces prisons flottantes ou sur l'îlot de Cabrera. Seuls, les généraux regagnent la France. L'Espagne entière exulte. Sur les drapeaux espagnols, Castaños fait broder : « Aux vainqueurs des vainqueurs de Marengo, Austerlitz et Iéna ». Mais il se trompe, les soldats qu'il a vaincus ne sont pas des vétérans de la Grande Armée, ce sont de jeunes conscrits sans expérience du combat ; bientôt il affrontera l'élite impériale. Il n'en faut pas plus à Joseph pour quitter Madrid malgré les directives de l'Empereur, augmentant ainsi l'étendue du désastre. Le roi d'Espagne se réfugie à Burgos d'abord puis à Vitoria, suivi par une armée en débandade.

Le 22 juillet, le général Dupont capitule. Napoléon dira : « Votre déshonneur est écrit sur le front de tous les braves. » *La reddition de Bailén,* peinture de José Casado del Alisal, 1864.

La capitulation de Bailén retentit jusqu'au Portugal où Junot se trouve désormais isolé. Le 1er août, un corps anglais de 15 000 hommes débarque à l'embouchure du Mondego. À sa tête se trouve Sir Arthur Wellesley, futur lord Wellington. Junot se porte contre lui mais il est battu à Vimeiro, le 21 août, et il doit se replier sur Torres-Vedras. Il songe bien à la retraite mais il est terrifié à l'idée de traverser l'Espagne où l'insurrection est générale. Le 30 août, il capitule et signe la convention de Cintra par laquelle les 20 000 Français sont contraints d'évacuer le Portugal et sont conduits en Bretagne sur des navires anglais. Le 6 septembre, il n'y a plus un seul Français dans la péninsule Ibérique jusqu'à l'Èbre.

Réembarquement du général Junot après la convention de Cintra devant l'armée anglaise commandée par Wellington. Gravure de Francesco Bartollozi.

Apprenant ces nouvelles, l'Empereur, qui pensait que la victoire de Medina del Rio Seco « avait décidé des affaires d'Espagne », entre dans une furieuse colère : lui le grand empereur vaincu « par une canaille de paysans conduit par une canaille de prêtres ! » « Ce sont les fourches caudines de l'armée française ! » crie-t-il. Il fait arrêter les généraux Dupont de l'Étang et Vedel qui sont jugés, condamnés et jetés en prison. À Legendre, qui fait partie des généraux vaincus, Napoléon lance : « … Sur un champ de bataille, on se bat, Monsieur, et lorsqu'au lieu de se battre, on capitule, on mérite d'être fusillé ! » La colère de l'Empereur est d'autant plus grande qu'il connaît les conséquences d'une telle défaite. Déjà, en Autriche, en Prusse, en Allemagne, on murmure. Le baron Stein, diplomate allemand, écrit au général Wittgenstein : « Les événements d'Espagne font une grande sensation et démontrent ce que peut faire une nation qui a la force et du courage… » L'Europe entière pense à la reprise de la guerre avec l'Autriche. Pour calmer cette agitation, Napoléon envisage maintenant d'intervenir en personne en Espagne : « Je vois bien qu'il faut que j'aille moi même remonter la machine ! »

« Erfurt : un parterre de rois... »

Avant de partir pour l'Espagne avec son armée, l'Empereur doit avoir les mains libres à l'Est et s'assurer que l'Autriche ou la Prusse n'entreront pas en guerre. Il doit donc consolider son alliance avec la Russie. Il sollicite un rendez-vous auprès du tsar Alexandre qui accepte sans difficulté. Mais les choses ont changé depuis Tilsit, et cette fois le souverain vaincu ou tout au moins dans l'embarras, ce n'est pas Alexandre, c'est l'empereur français.

Napoléon pense resserrer l'alliance contre l'Angleterre. Il compte demander au tsar de contenir l'Europe pendant qu'il mate l'Espagne, en échange de quoi, il s'engagera à entamer rapidement avec lui les discussions au sujet de la liquidation de l'Empire ottoman. Le lieu de la rencontre est fixé à Erfurt, capitale de la Thuringe, non loin de Weimar. L'Empereur part de Paris le 23 septembre et arrive à Erfurt le 27. Tous les princes ou rois de la Confédération du Rhin ont également été invités et c'est dans un faste extraordinaire que se déroule l'entrevue. Napoléon a annoncé : « Je veux, avant de commencer, que l'empereur Alexandre soit ébloui par le spectacle de ma puissance. » Les dîners rassemblent plus de quarante chefs d'État d'Europe. Le soir, le fameux comédien Talma récite des vers devant ce « parterre de rois ». Talleyrand, toujours ironique, commentera : « À peine une plate-bande ! » La rencontre entre les empereurs s'annonce bien, les deux hommes paraissent les meilleurs amis du monde. On voit même Alexandre prendre la main de Napoléon lorsque le tragédien de la Comédie-Française déclame les vers de l'*Œdipe* de Voltaire : « L'amitié d'un grand homme est un bienfait des Dieux ! »

Les premiers entretiens se déroulent dans la plus grande cordialité et Alexandre se montre très conciliant. Mais une partie se joue dans l'ombre, avec Talleyrand comme maître d'œuvre. Présent à Erfurt comme grand chambellan, il est inquiet de la tournure des événements et commence à trahir. Il s'entretient avec Metternich, alors ambassadeur d'Autriche en France, et encourage son pays à préparer la guerre. Surtout il rencontre le tsar et ne lui cache pas ses sentiments : « C'est à vous de sauver l'Europe, et vous n'y parviendrez qu'en tenant tête à Napoléon. Le peuple français est civilisé, son souverain ne l'est pas ; le souverain russe est civilisé, son peuple ne l'est pas : c'est donc au souverain russe d'être allié du peuple français. Le Rhin, les Alpes, les Pyrénées sont les conquêtes de la France. Le reste est la conquête de l'Empereur. La France n'y tient pas ! » Alexandre lui même est surpris mais ravi. Les jours suivants il se fait soudain moins aimable et s'oppose maintenant à Napoléon. Il réclame l'annexion de territoires par la Russie. Napoléon ne s'explique pas ce changement d'attitude, conséquence de l'entrevue avec Talleyrand, et s'énerve. À Caulaincourt, grand admirateur du tsar, il dit : « Votre empereur Alexandre est têtu comme une mule ! »

Talma donnant une leçon de grâce et de dignité à Napoléon. Caricature d'Élie.

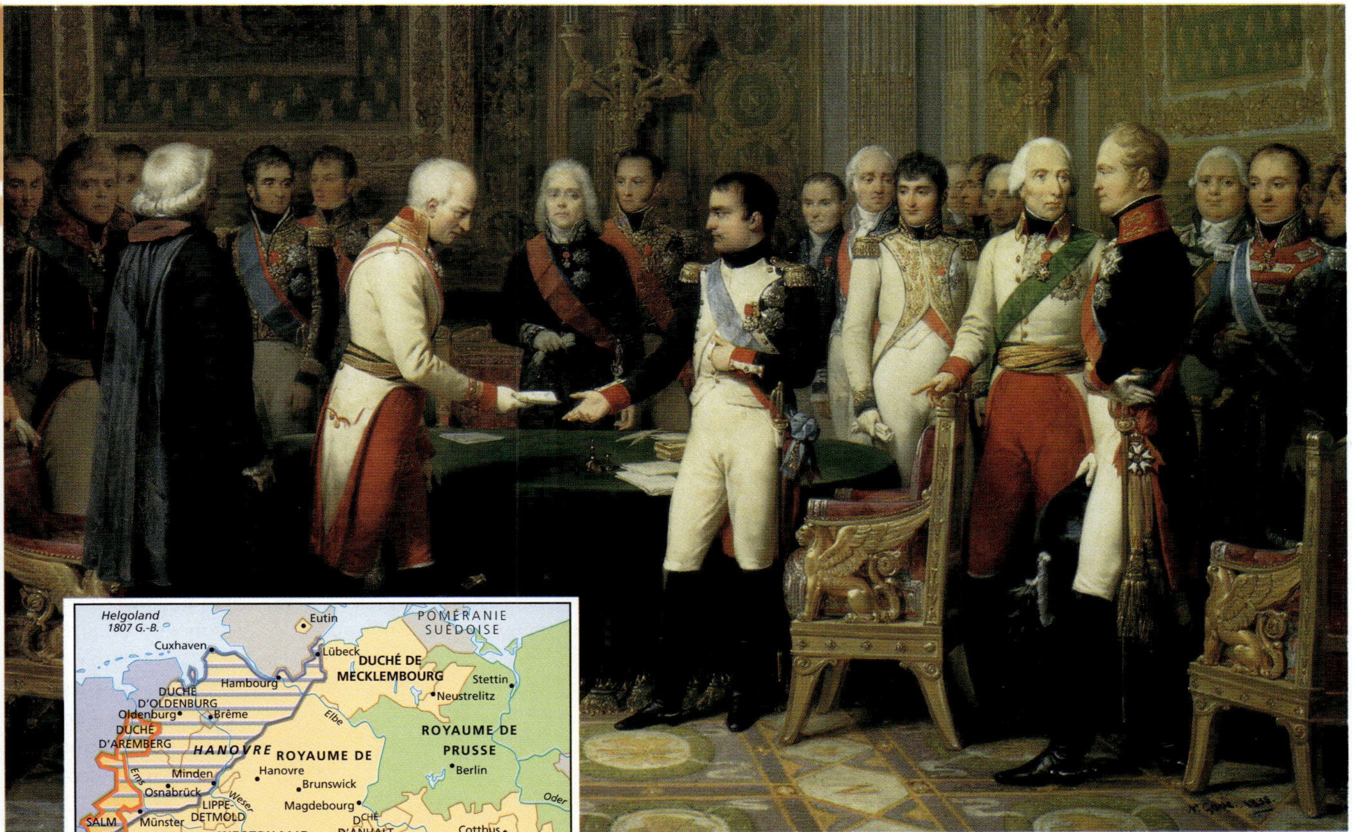

Lors de l'entrevue d'Erfurt, Napoléon reçoit le baron Vincent, qui lui remet une lettre dans laquelle son souverain, l'empereur d'Autriche, se défend des intentions hostiles que lui prête Napoléon. Peinture de Nicolas Gosse.

La Confédération du Rhin 1806-1813.

Las des discussions stériles, l'Empereur s'arrange des exigences russes et le 12 octobre, une convention est signée. L'alliance entre les deux souverains est solennellement renouvelée. Le tsar accepte la conquête de l'Espagne par Napoléon mais celui-ci cède sur la Finlande, la Moldavie et la Valachie. Le 14 octobre, les deux souverains quittent Erfurt, ils n'allaient plus jamais se revoir.

Galerie de portrait des princes et rois de la Confédération du Rhin

Bavière : en entrant dans la Confédération du Rhin, le roi Maximilien-Joseph s'engage à fournir à la France un contingent de 30 000 hommes. Loyal jusqu'en 1813, il s'allie à l'Autriche en 1813 par le traité de Ried signé le 8 octobre.
Wurtemberg : Frédéric Ier devient roi en 1806 et fournit 12 000 soldats à la France. Ce roi pragmatique, apprécié de Napoléon, gère bien son royaume. Jérôme, frère cadet de l'Empereur, épouse sa fille, Catherine, en 1807. Frédéric rejoint néanmoins la coalition des Alliés après Leipzig (octobre 1813).
Saxe : Frédéric-Auguste, roi de Saxe en 1806 et grand-duc de Varsovie en 1807, est le plus fidèle allié de Napoléon. Russes et Prussiens ne lui pardonnent pas cette loyauté et amputeront considérablement son territoire au congrès de Vienne.
Bade : le margrave de Bade, Charles-Frédéric, devient grand-duc en 1806 et fournit 8 000 hommes à Napoléon. Ami de Goethe et de Mirabeau, ce souverain libéral abolit la torture.

« La route de Madrid est ouverte... »

Napoléon devant Madrid,
peinture de Carle Vernet, 1810.

L'Empereur rentre à Paris le 19 octobre. Déjà, les trois quarts de la Grande Armée se sont avancés aux portes de l'Espagne, tandis que 70 000 hommes seulement restent en Allemagne. Le 3 novembre, Napoléon est à Bayonne et 150 000 soldats rejoignent les 100 000 autres qui ont déjà franchi les Pyrénées. L'armée est organisée en huit corps d'armée commandés par Victor, Soult, Moncey, Lefebvre, Mortier, Ney, Gouvion-Saint-Cyr et Junot.

Du côté des insurgés, des milliers de paysans ont rejoint maintenant les rangs des troupes régulières. Ils sont encouragés par les prêtres qui leur lisent des sermons, organisent des prières publiques et appellent à la révolte, certains n'hésitant pas à prendre les armes. Le plan espagnol est simple : il faut envelopper l'armée française en débordant ses deux ailes, la couper de la France et la détruire. Napoléon comprend vite cette manœuvre. Il ordonne donc à son frère Joseph de s'en tenir, pour le moment, à des mesures défensives. Il faut laisser faire l'ennemi, le laisser affaiblir son centre que l'on pourra attaquer et enfoncer, et ensuite se rabattre sur ses flancs. L'Empereur entre à Vitoria le 5 novembre et fustige son frère qui n'a pas suivi ses directives. Voulant montrer qu'il peut gagner des batailles seul, le roi d'Espagne a lancé Ney sur Logroño le

25 octobre, Moncey sur Lerin et Lefebvre sur Bilbao, compromettant ainsi le plan impérial. Qu'importe ! Le temps presse et l'Empereur se dirige sur Burgos précédé du corps de Soult qui arrive devant la ville le 10 novembre. Le maréchal trouve là les troupes ennemies du marquis de Belveder : 8 000 paysans en armes et 11 000 soldats, parmi les meilleurs d'Espagne, qui entendent bien barrer la route aux Français. La division du général Mouton enfonce l'ennemi tandis que la cavalerie de Bessières le met en déroute. Les Français font leur entrée à Burgos le 11 novembre. Les soldats se livrent à un pillage épouvantable, les maisons sont brûlées, les couvents ravagés. Napoléon est solidement installé entre les deux masses principales espagnoles. Au même moment, Victor et Lefebvre battent le corps de Blake à Espinosa. Un peu plus tard, le 23 novembre, Lannes repousse les 45 000 hommes de Castaños à Tudela.

Le 27 novembre, Napoléon prend la route de Madrid qui traverse les monts de Guadarrama où culmine le col de Somosierra à environ 1 500 m d'altitude. La junte centrale a confié au général Benito San Juan le soin de défendre l'endroit avec 8 000 hommes et 16 canons. Le 30, l'Empereur s'engage dans le défilé, la route est étroite et sinueuse. Il ne dispose que d'une partie du corps de Victor et de la cavalerie de la Garde. À 11 heures, l'infanterie piétine. Napoléon se tourne alors vers l'officier Kozietulski qui commande un escadron des chevau-légers polonais et lui lance : « Enlevez moi ça ! » 150 cavaliers seulement s'élancent alors, en colonne par quatre, et forcent le passage. Les artilleurs sont tués sur leurs pièces et l'infanterie, prise de panique, est mise en déroute. La charge n'a duré que dix minutes mais elle est entrée dans la légende. Aux quelques survivants, Napoléon peut dire : « Vous êtes dignes de ma vieille Garde ! » Le 2 décembre, les Français sont devant Madrid. Le lendemain, l'infanterie pénètre dans la capitale et massacrent tous ceux qui osent résister. Le 4, la ville capitule. Napoléon s'installe à Chamartin à quelques lieues de là. Aussitôt, les décrets pleuvent : l'Inquisition est abolie ainsi que les droits féodaux, les couvents sont supprimés et leurs biens confisqués, tous ceux qui ont montré de l'hostilité aux Français doivent être arrêtés et jugés. Par ces décisions draconiennes, il veut montrer qu'il est le « maître ». Mais ce n'est qu'une illusion.

La guérilla

Dès mai 1808, la guérilla se développe dans toute l'Espagne. Des bandes de quelques centaines d'hommes se constituent. Ce sont pour la plupart des paysans, mais aussi des voleurs, des vagabonds et des contrebandiers. Particulièrement actives dans le nord du pays, ces bandes profitent du relief accidenté et se cachent dans les montagnes. Elles attaquent les soldats isolés, les courriers, les transports de blessés ou de ravitaillement. Les enfants et les femmes combattent avec les hommes et, armées de ciseaux de couture, crèvent les yeux des soldats capturés. La guérilla produit sur la troupe un effet démoralisateur qui diminue la valeur des soldats français.

Le catéchisme espagnol

Très catholique, l'Espagne est le pays d'Europe qui compte le plus de curés et de moines. Depuis la Révolution, les Espagnols considèrent les Français comme des hérétiques et Napoléon comme le bourreau du pape.
Un nouveau catéchisme, sous forme d'un dialogue entre un prêtre et un enfant, est diffusé :
« – Quel est ton ennemi ?
– Napoléon.
– De qui est-il sorti ?
– Du péché.
[...] – Est-ce un péché que d'assassiner un Français ?
– Non, c'est mériter le Ciel. »
La guerre sainte est ainsi déclarée aux Français au nom « de Dieu, du Roi, de la Patrie. »

La bataille de Somosierra, peinture de Louis Lejeune, 1810.

« Une reconquête inachevée... »

Sur 16 000 hommes prisonniers à Cabrera, seulement 389 survécurent.

L'îlot de Cabrera, premier camp de concentration

D'une superficie de 17 km² seulement, située près de l'île de Majorque, Cabrera a été le lieu de détention de milliers de prisonniers français, dont les vaincus de Bailén. Les premiers captifs sont débarqués sur l'île, totalement déserte, le 5 mai 1809. Presque 3 000 hommes sont ainsi livrés à eux mêmes, sans outils, sans vêtements et presque sans nourriture. Ils aménagent des bivouacs, construisent des baraques de pierres ou de bois, et habitent les cavernes des collines. Leur problème majeur est l'approvisionnement en eau puisque l'île n'est dotée que d'une seule fontaine. Les hommes s'organisent néanmoins et se regroupent par quartiers. Pour tout ravitaillement, les Espagnols leur apportent tous les deux jours quelques vivres, du riz, du pain, des fèves, mais en quantité nettement insuffisante. Au bout de quelques mois de ce traitement, les maladies – gale, dysenterie, typhus, scorbut, cécité – déciment les hommes dont quelques-uns deviennent fous. Bientôt rejoints par d'autres prisonniers, les vaincus de Bailén ne seront libérés qu'en 1814.

Le 7 décembre 1808, Napoléon adresse une proclamation aux Espagnols : « Espagnols ! Vous avez été égarés par des hommes perfides, ils vous ont engagés dans une lutte insensée et vous ont fait courir aux armes. Est-il quelqu'un parmi vous qui, réfléchissant un moment sur tout ce qui s'est passé, ne soit pas convaincu que vous avez été le jouet des perpétuels ennemis du continent qui se réjouissaient en voyant répandre le sang français et le sang espagnol ? Espagnols, votre destinée est entre vos mains ! Rejetez les poisons que les Anglais ont répandus parmi vous... Mais si tous mes efforts sont inutiles et si vous ne répondez pas à ma confiance, il ne me restera qu'à vous traiter en provinces conquises et à placer mon frère sur un

À l'origine, les dragons devaient pouvoir combattre aussi bien à pied qu'à cheval. *Cavalier du 4e régiment de dragons brandissant un drapeau prussien.* Peinture d'Édouard Detaille, 1898.

autre trône. Je mettrai alors la couronne d'Espagne sur ma tête et je saurai la faire respecter des méchants… » Cette proclamation, mélange de menaces et de promesses, ne change rien à l'attitude des insurgés.

Napoléon part de Madrid le 22 décembre et marche contre les 36 000 Anglais de sir John Moore qu'il veut anéantir. Pour surprendre l'ennemi, il choisit le chemin le plus court, par les massifs montagneux de la sierra de Guadarrama. Le général anglais est sorti du Portugal pensant écraser les Français, mais lorsqu'il apprend les victoires françaises, il cherche à rejoindre le port de La Corogne où une flotte l'attend pour rembarquer ses troupes. Il est bientôt menacé d'encerclement par les troupes de Lefebvre et de Soult, et par celles de l'Empereur qui arrivent par le sud.

Le 22 décembre au soir, Napoléon arrive avec 50 000 hommes au pied de la sierra. Le temps est affreux, une pluie torrentielle empêche les hommes et les chevaux d'avancer. Il faut mettre pied à terre, Napoléon s'appuie sur le bras de Duroc. Autour de lui les soldats se plaignent : « Les forçats ont moins de maux que nous ! » Marbot décrit cette pénible marche : « …Une pluie glaciale perce nos vêtements, les hommes et les chevaux s'enfoncent dans un terrain marécageux, on n'avance qu'avec les plus grands efforts et comme tous les ponts ont été coupés par les Anglais, nos fantassins sont obligés de se déshabiller cinq ou six fois par jour, de placer leurs armes sur la tête, et d'entrer tout nus dans l'eau glaciale des ruisseaux qu'il nous fallait traverser. Je le dis à regret, je vis trois vieux grenadiers de la Garde, se trouvant dans l'impossibilité de continuer cette pénible marche, et ne voulant pas rester en arrière de crainte d'être torturés et massacrés par les paysans, se brûler la cervelle avec leurs propres fusils ! »

Le col est enfin franchi et l'armée entre dans la vallée du Douro. Mais Moore s'est prudemment retiré. Le 1er janvier 1809, Napoléon et Soult entrent à Astorga avec 70 000 hommes.

Le bulletin de la Grande Armée du 2 janvier déclare : « L'Empereur a chargé le duc de Dalmatie de poursuivre les Anglais jusqu'au lieu de leur embarquement et de les jeter dans la mer l'épée dans les reins. » L'Empereur vient, en effet, de recevoir de mauvaises nouvelles de Paris : l'Autriche prépare la guerre, le tsar oublie ses promesses et Talleyrand et Fouché, réconciliés, complotent. La situation inquiète Napoléon, il ne peut achever la reconquête de l'Espagne. Le 17 janvier, il part pour la France. Le 19, il est déjà à Bayonne.

◁ Sous des trombes d'eau, l'armée française traverse les défilés de la sierra de Guadarrama. Peinture de Nicolas Antoine Taunay.

LES DRAGONS

Héritiers de la cavalerie d'Ancien Régime, les dragons forment la cavalerie de ligne de la Grande Armée. Le 8 octobre 1805, lors du combat de Wertingen, ils impressionnent Napoléon en remportant une brillante victoire, au point qu'un régiment de dragons de la Garde est formé en avril 1806. D'après le décret de 1807, chaque régiment sur le pied de guerre compte 1 044 hommes dont 43 officiers. Organisés en 30 régiments, les dragons s'illustrent surtout en Espagne où leurs uniformes verts et leurs casques jaunes sont particulièrement redoutés des guérilleros espagnols. Leur armement est bien adapté à cette guerre d'embuscade : un sabre droit, un pistolet et le fusil dit « de dragon », plus court que celui de l'infanterie, (1,41m) et sur lequel s'adapte une baïonnette. Ils ont la réputation d'être « durs, énergiques et volontiers pillards ». Commandés par les généraux Milhaud et Latour-Maubourg, ils se couvrent de gloire à Tudela, Ocaña et Medellín.

La prise de Saragosse

LANNES, LE « DEMI-DIEU DE LA GUERRE »

Né en 1769 ce fils de fermier s'engage dans l'armée en 1792. Remarqué par Bonaparte dès l'Italie où il est blessé, il est nommé général de brigade. Il participe à la campagne d'Égypte, se montre un fidèle soutien de Bonaparte lors des journées de Brumaire, puis reçoit un sabre d'honneur à Marengo. Il est fait maréchal en 1804 et Grand Aigle en 1805. Il s'illustre à Ulm, Austerlitz, Pultusk et Friedland avant d'être envoyé en Espagne. La duchesse d'Abrantès le décrit *« beau, élégant, svelte »* et dit qu'il *« avait de la bonté, de la fidélité en amitié et un réel amour de la patrie. »* Il meurt, le 31 mai 1809, après avoir eu les deux jambes emportées par un boulet lors de la bataille d'Essling. À Sainte-Hélène, l'Empereur écrit : *« Chez Lannes, le courage l'emportait d'abord sur l'esprit, mais l'esprit montait chaque jour pour se mettre en équilibre Je l'avais pris pygmée, je l'ai perdu géant… »* Lannes est aussi aimé de ses soldats. Le soldat Billon écrit dans ses *Mémoires* : *« Nous l'aimions ce chef intrépide […] Il resta pour l'armée un demi-dieu, le demi-dieu de la guerre. »*

Le maréchal Soult, seul, poursuit donc les Anglais par un temps épouvantable. Les Français cherchent l'ennemi qui bat en retraite par Bembibre et Villafranca. Le 5 janvier, Moore atteint Lugo. Soult est toujours sur ses talons, mais les Anglais, en route pour La Corogne ont dix heures d'avance sur les Français. Ils atteignent enfin le port de Galice après des fatigues inouïes pour découvrir que leur flotte n'est pas au rendez-vous. Il leur faut donc tenir, Moore fait sauter des ponts pour retarder Soult. Enfin, le 15, la flotte anglaise arrive, juste au moment où les Français parviennent en vue de la ville. Mais Soult tergiverse et attend de regrouper ses forces. Le duc de Dalmatie avance enfin et livre de durs combats au village d'Elvina, au cours desquels John Moore est mortellement blessé. Pendant ce temps, l'embarquement des troupes anglaises se poursuit. Le 19, la flotte prend le large ; 8 à 9 000 Anglais sont tués ou faits prisonniers mais le gros de l'armée s'est échappé. Soult a manqué de rapidité ; deux jours après, il entre dans La Corogne. Apprenant la nouvelle, Napoléon s'exclame : « Si j'avais eu le temps de suivre les Anglais, il n'en serait pas échappé un seul ! »

Depuis Madrid, l'Empereur avait donné l'ordre d'investir Saragosse aux 30 000 hommes de Moncey, qui arrivent devant la capitale de l'Aragon le 20 décembre 1808. Palafox tient la ville qu'il a fortifiée. Il dispose d'une armée de 25 000 hommes et de 20 000 paysans fanatisés solidement retranchés dans les ruelles étroites. Les Français, trop peu nombreux, entreprennent un siège qui traîne en longueur. L'Empereur s'impatiente et ordonne à Lannes de prendre le commandement des opérations. Le maréchal arrive le 22 janvier et découvre une armée française réduite à 22 000 hommes. Le 27 janvier, après une préparation d'artillerie, l'assaut de Saragosse est donné. Le mur d'enceinte, quelques couvents sont pris mais les combats sont acharnés. On se bat à coups de pelles, à coups de pioches, jusque dans les églises. Lannes écrit : « Le siège de Saragosse ne ressemble en rien à la guerre que nous avons faite jusqu'à présent, c'est un métier où il faut une grande prudence et une grande vigueur. Nous sommes obligés de prendre maison par maison. Les malheureux s'y défendent avec un acharnement dont on ne peut se faire une idée. Enfin, Sire, c'est une guerre qui fait horreur… » Les Espagnols manquent de vivres et une épidémie de typhus tue 400 personnes par jour. Le 20 février, Palafox, malade, envoie à Lannes une députation pour négocier la capitulation. Le 24, Lannes et Mortier font leur entrée solennelle dans la ville. Durant ce siège de deux mois, 50 000 Espagnols de tous âges ont péri tandis que les Français ont perdu 4 000 hommes. Lannes est dégoûté par cette campagne. Il répète souvent qu'il n'aime pas la guerre.

L'armée anglaise disparue, Joseph à Madrid, la Catalogne conquise, Napoléon pense que la soumission de l'Espagne est une affaire de quelques mois. Après son départ, succès et revers s'enchaînent, sans conséquence notable, mais qui épuisent inutilement les forces françaises d'autant que les généraux français se jalousent et ne coordonnent pas leurs efforts. L'Espagne est peut-être conquise mais loin d'être pacifiée.

Soult, duc de Dalmatie 1769-1851

Soult, fils de notaire, étudie un temps chez un clerc puis s'engage à 16 ans dans le régiment Royal-Infanterie. Sous-lieutenant en 1792, il sert à Fleurus (1794) puis est nommé général de brigade. Sa conduite à Stockach (1799) lui vaut le grade de général de division. Il est promu maréchal en 1804 et Grand Aigle de la Légion d'honneur en 1805. Son plus grand fait d'armes reste la bataille d'Austerlitz où il attaque le plateau de Pratzen. Il reçoit alors les compliments de l'Empereur : *« Vous êtes le premier manœuvrier de l'Europe. »* Soult s'illustre encore à Iéna et Eylau. Il est fait duc de Dalmatie en 1808 puis est envoyé en Espagne, où il commande jusqu'en 1813. Homme froid et ambitieux, il est surtout d'une rare cupidité. Rallié à la Restauration, il est nommé malgré cela chef d'état-major, en remplacement de Berthier, pendant les Cent-Jours. Banni sous la seconde Restauration, il ne revient en France qu'en 1819. Ministre et président du Conseil sous Louis-Philippe, il démissionne en 1847.

Défendu par des moines, des femmes et des paysans, le monastère de San Engracia est attaqué par les soldats français. Les deux camps vont bientôt rivaliser dans la cruauté. Peinture de Louis Lejeune.

Ambitieux et impitoyable, Soult est surnommé par ses soldats « Bras de fer ». D'abord victorieux en Espagne, il sera peu à peu repoussé par Wellington. Portrait par Louis Henri de Rudder.

◁ Portrait de Jean Lannes par François Gérard.

« De la merde dans

Rentré aux Tuileries, Napoléon découvre une France démoralisée. Suite à l'affaire d'Espagne et au conflit avec le pape, la conscription est de plus en plus impopulaire et la Bourse chute. Fouché commence à douter du régime, « la guerre sans cesse renaissante et l'absence de descendants sur les marches du trône » l'inquiètent. Que deviendrait l'Empire si la balle d'un guérillero tuait l'Empereur ? Malgré l'insistance du ministre de la Police, l'Empereur ne se résigne pas à divorcer. Fouché écrit le 21 mai 1808 : « Il n'y a plus un seul individu en France qui ne soit convaincu que la durée et la prospérité de la dynastie ne soient attachées à la fécondité du mariage de l'Empereur. »

TALLEYRAND, LE « DIABLE BOITEUX »

Après sa disgrâce en 1809, Talleyrand occupera plusieurs fonctions. Il préside le gouvernement provisoire et retrouve son portefeuille de ministre sous Louis XVIII. Pair de France jusqu'en 1830, il est ensuite ambassadeur à Londres de 1830 à 1834. Il meurt en 1838 et est enterré à Valencay, sa propriété. D'une grande intelligence, calculateur et cynique, le « Sphinx » ou le « diable boiteux », comme on le surnomme, n'a jamais pensé qu'à son ascension sociale. Pour cela, il a su se faire des alliés et on ne compte plus ses conquêtes féminines. Très attiré par l'argent, il « vend » toutes ses décisions ou ses trahisons. Au moment de la création de la Confédération du Rhin , l'électeur de Saxe lui verse un million de francs pour devenir roi. Après le retour d'Espagne de Napoléon et la grande scène des Tuileries, il donne des informations sur les projets de l'Empereur contre une forte somme d'argent. Il n'hésite pas à dire ;
« Pour faire fortune, ce n'est pas de l'esprit qu'il faut, c'est de la délicatesse qu'il ne faut pas. »

Après la fameuse dispute, Talleyrand vécut dans une demi-disgrâce et prépara activement la chute de l'Empire. Portrait de Talleyrand par Pierre Paul Prud'hon, 1807.

un bas de soie !... »

Il s'appuie sur une opposition grandissante au Corps législatif et surtout sur la personne de Talleyrand, les deux hommes se réconciliant pour la circonstance. Ainsi, tous deux complotent afin de trouver un successeur capable de résister aux Bourbons. Ils écartent les frères de Napoléon, d'une « incapacité révoltante », et pensent à Murat pour remplacer le maître. Informé du complot, Napoléon reçoit d'abord Fouché, le 27 janvier, et le menace de renvoi. Fouché se disculpe, en prétextant « qu'il n'a en vue que le salut du régime ». L'Empereur fait preuve d'indulgence mais, par contre, il veut « écraser » son ancien ministre et maintenant son grand chambellan, Talleyrand.

Le 28 janvier, après un conseil auquel assistent Cambacérès, Lebrun, Montesquiou, Decrès et Fouché, l'Empereur s'en prend à Talleyrand : « Vous êtes un voleur, un lâche, un homme sans foi, vous ne croyez pas à Dieu, vous avez, toute votre vie, manqué à tous vos devoirs, vous avez trompé, trahi tout le monde, il n'y a pour vous rien de sacré, vous vendriez votre père… Ainsi, depuis dix mois, vous avez eu l'impudeur, parce que vous supposez à tort et à travers que mes affaires d'Espagne vont mal, de dire à qui veut l'entendre que vous avez toujours blâmé mon entreprise sur ce royaume, tandis que c'est vous qui m'en avez donné la première idée ! » Se tournant également vers Fouché, il lance : « Apprenez que s'il survenait une révolution, quelque part que vous y eussiez prise, elle vous écraserait les premiers ! »

L'Empereur se rappelle les anciennes trahisons, les concussions, les vols commis, il éclate de colère, rouge de fureur, il menace du poing Talleyrand et poursuit : « Le duc d'Enghien ! Vous avez osé prétendre Monsieur, que vous êtes étranger à sa mort ! Vous avez osé prétendre que vous avez été étranger à la guerre d'Espagne ! Vous ! Mais oubliez-vous donc que vous me l'avez conseillée par écrit ? Oubliez-vous que vous avez été l'intermédiaire de toutes les négociations qui ont abouti à la guerre actuelle ? Quels sont vos projets ? Que voulez-vous ? Qu'espérez vous ? Osez le dire ! Vous mériteriez que je vous brisasse comme du verre ; j'en ai le pouvoir mais je vous méprise trop pour en prendre la peine. Oh ! tenez, vous êtes de la merde dans un bas de soie ! » Puis, sans attendre de réponse, il sort. Talleyrand reste très calme : « Quel dommage qu'un si grand homme soit si mal élevé. » Il est malgré tout livide et, le soir, est contraint de s'aliter, malade. Le lendemain, Napoléon lui retire ses fonctions de grand chambellan. Talleyrand, persuadé d'être arrêté sous peu, rencontre Metternich et lui dit qu'il est temps pour l'Autriche d'entrer en guerre. Napoléon croit avoir maté les deux hommes, il se trompe.

Grand, osseux, Fouché a un visage ingrat et froid mais sait se faire agréable afin « de cultiver l'intimité qui ouvre les cœurs et qui en laisse échapper les secrets ». Portrait par Édouard Louis Dubufe.

JOSEPH FOUCHÉ, LE « BRAS DU CRIME »

En 1810, Napoléon congédie Fouché, son ministre de la Police depuis 1804, car il apprend que ce dernier s'est compromis avec l'Angleterre. Duc d'Otrante, gouverneur de Rome puis des Provinces Illyriennes, Fouché redevient ministre pendant les Cent-Jours et conserve son portefeuille sous Louis XVIII. Écarté en 1816, l'ex-régicide se retire à Trieste où il meurt en 1820. Autant chaste et puritain que Talleyrand est épicurien, il est, par contre, aussi ambitieux que lui. Les deux hommes se détestent mais ont la même habileté aux intrigues et aux complots. Ministre de la Police, Fouché s'entoure d'agents fidèles et efficaces qui lui rapportent tout.

Une situation inquiétante

Un épisode de l'insurrection populaire du Tyrol contre la Bavière, gravure coloriée.

L'insurrection du Tyrol

Après le traité de Presbourg (1805) qui avait donné le Tyrol à la Bavière, le gouvernement de Maximilien Ier a imposé des réformes administratives et fiscales dans cette région fidèle aux Habsbourg. En 1808, il décide d'interdire des congrégations religieuses et des pèlerinages car il considère l'attachement des Tyroliens à la religion comme un frein aux réformes. Aussitôt une rébellion démarre, menée par Andréas Hofer, qui commande bientôt jusqu'à 12 000 hommes. Lorsque le 9 avril 1809, les Autrichiens pénètrent en Bavière, ils sont accueillis en libérateurs au Tyrol. Les insurgés parviennent plusieurs fois à battre les troupes bavaroises et s'emparent d'Innsbruck au mois de mai. Ils livrent une guérilla sans merci aux troupes françaises mais leurs actions sont mal coordonnées. Cependant, à partir du mois d'août, Napoléon, débarrassé de l'Autriche, peut s'occuper du Tyrol. Les Fançais répriment sévèrement l'insurrection, et le 1er novembre 1809, près d'Innsbruck, les Tyroliens sont définitivement défaits. Hofer se réfugie dans les montagnes mais il est arrêté en janvier 1810. Jugé par un conseil de guerre, il est condamné à mort et fusillé.

Dès la fin de 1808, l'Angleterre essaie une fois de plus d'entraîner les puissances européennes dans une cinquième coalition contre la France. En plus des subsides habituels, la banquière de la guerre promet cette fois-ci de débarquer des troupes en Hollande. Seule l'Autriche répond à ces propositions. D'Espagne, Napoléon a vent de ces tractations. Le 17 janvier, il quitte précipitamment Valladolid pour Paris. De temps à autre, il n'hésite pas à galoper 120 km d'affilée pour regagner au plus vite la capitale, où il arrive le 23 janvier.

Ivre de revanche, Vienne pousse l'Allemagne à la révolte. Partout des émeutes couvent et les premiers soulèvements de patriotes allemands éclatent. Dans une fièvre d'orgueil, l'Autriche achève son réarmement. Après Erfurt, Napoléon a bien proposé des négociations à l'Angleterre et à l'Autriche mais sans succès. Il sait aussi qu'il ne peut pas compter sur l'alliance avec le tsar. Celui-ci a d'ailleurs confié à l'ambassadeur autrichien « qu'il ne pouvait s'empêcher de faire des vœux pour le succès de l'Autriche ».

Napoléon prend toutes les mesures nécessaires pour l'organisation d'une armée d'Allemagne composée de Français, de Bavarois, de Wurtembergeois et de Saxons. L'effectif total est impressionnant : 200 000 hommes. Mais la plupart sont des jeunes recrues à peine formées et plus de la moitié sont des étrangers. On est loin, hélas ! de la cohésion et de la valeur de la Grande Armée de 1805 et 1806 qui, elle, est en train de s'user en Espagne. Ainsi l'armée d'Allemagne souffre de sa disparité, de sa jeunesse et de l'inexpérience des conscrits français. L'Autriche, elle, dispose d'environ 300 000 hommes ; 200 000 avec l'archiduc Charles qui se dirige vers le Rhin, soulevant les populations allemandes, et 100 000 qui menacent l'Italie sous les ordres de son frère l'archiduc Jean.

Le 2 mars, Metternich signifie à Champagny, le ministre français des Relations extérieures, que les mouvements amorcés par les troupes françaises constituent une provocation. Le 4 mars, l'Empereur donne ses instructions aux maréchaux. L'armée d'Allemagne est constituée des trois corps d'armée de Davout, Masséna et Lannes, les trois plus grands soldats de l'Empire. Bessières, qui commande la cavalerie et la Garde, soit 20 000 hommes, reste avec l'Empereur. Lefebvre, Augereau et Bernadotte commandent les troupes allemandes. Mais des chefs de valeur tels que Ney, Soult, Victor, ou Mortier sont retenus en Espagne et Murat, le grand cavalier, est à Naples. En revanche, les armées autrichiennes, elles, sont plus fortes qu'en 1805. Elles sont maintenant organisées en corps d'armée et pratiquent mieux la manœuvre. Leurs chefs, et tout particulièrement l'archiduc Charles, ont su tirer les leçons des défaites et connaissent maintenant la stratégie de l'Empereur.

Le 10 avril, sans déclaration de guerre, l'archiduc Charles franchit l'Inn et entre en Bavière. Les Autrichiens occupent Munich. Cette fois, l'Empereur est attaqué en premier. Jamais, il ne s'est trouvé en si fâcheuse situation : 300 000 hommes marchent contre lui, l'Allemagne et Rome sont prêtes à la révolte et l'Espagne n'est toujours pas soumise. Napoléon décide de mettre en place le même système d'opérations qu'en 1805, qui lui avait si bien réussi : il veut donc marcher sur Vienne par la vallée du Danube. À la fin du mois de mars 1809, l'armée d'Allemagne est rassemblée aux environs d'Ulm et d'Augsbourg. Le 2 avril, le maréchal Berthier quitte Paris pour prendre le commandement de cette armée jusqu'à ce que Napoléon la rejoigne. La campagne commence mal, le maréchal fait une interprétation erronée d'un ordre et disperse l'armée au lieu de la concentrer. Le corps de Davout, isolé, se trouve sous la menace de l'archiduc Charles qui marche sur lui, dès le 15 avril, par Eckmühl et Ratisbonne.

Cependant, parti de Paris le 13 avril, Napoléon brûle les étapes. Il arrive à Stuttgart le 16, et le 18 il est sur le terrain. Informé du mouvement autrichien, il se penche sur ses cartes et s'écrie : « Je les tiens donc ! Dans un mois, nous serons à Vienne ! » Il donne aussitôt des ordres et préconise « activité, activité et vitesse ». Il s'emploie à rassembler ses troupes, et ordonne à Davout d'évacuer Ratisbonne et de se replier vers lui. L'Empereur tente de couper l'armée ennemie en deux par la manœuvre de Landshut, mais il échoue malgré les victoires de Tengen le 19 avril, de Abensberg le 20 et de Landshut le 21. L'archiduc reprend l'offensive et attaque Davout le 22 à Eckmühl. Comme à Auerstedt, le maréchal de fer résiste héroïquement au gros de l'armée ennemie et l'oblige même à se replier. Il gagnera dans cette action le titre de prince d'Eckmühl. Tous les plans de l'archiduc Charles sont réduits à néant. Il perd environ 10 000 hommes et un matériel considérable mais parvient néanmoins à se retirer en bon ordre.

La 5e coalition.

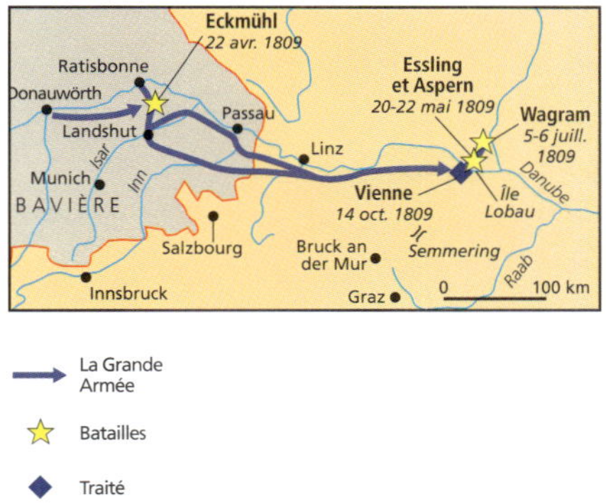

Prise d'assaut du pont de Landshut par les grenadiers du 17e régiment de ligne, commandés par le général Mouton. Peinture de Louis Hersent, 1810.

Les ponts de Lobau tiendront-ils ?

Napoléon, blessé au talon devant Ratisbonne, est soigné par le chirurgien Yvan. Peinture de Claude II Gautherot.

Sapeur grenadier de la Garde impériale, illustration de Philippoteaux.

Le 23 avril, les Français se portent sur Ratisbonne où les Autrichiens se reforment pour organiser leur retraite sur Vienne. L'Empereur s'avance vers les remparts de la ville, lorsqu'une balle, tirée de la muraille, le blesse au talon. Le docteur Yvan accourt. « Ce ne peut être qu'un Tyrolien, affirme Napoléon, ces gens-là sont fort adroits ! » L'état-major frémit, tout l'Empire peut vaciller à la moindre blessure de l'Empereur toujours sans héritier. Mais Napoléon refuse de quitter la place, il se fait panser et remonte aussitôt à cheval, mais sans bottes. Le même jour, la ville de Ratisbonne est prise d'assaut par les troupes de Lannes.

La route de Vienne est ouverte, l'ennemi poursuit sa retraite vers la Bohème, vers Wagram, au nord de Vienne. Néanmoins, les Autrichiens se replient en bon ordre et s'opposent encore farouchement aux Français, le 3 mai à Ebersberg. Ces derniers incendient la ville et la moitié de la population périt dans les flammes. Lorsque l'état-major traverse Ebersberg, le spectacle est horrible : « Les sabots de nos chevaux s'enlisaient dans une bouillie de chair humaine grillée… », rapporte Savary. L'Empereur est écœuré : « Il faudrait que tous les agitateurs des guerres vissent une pareille monstruosité, dit-il, ils sauraient ce que leurs projets coûtent de maux à l'humanité. » Le 13 mai, Vienne capitule. Napoléon fait son entrée dans la capitale autrichienne où la population est bien moins soumise qu'en 1805. De nouveau, l'Empereur s'installe à Schönbrunn où, une fois encore, l'aigle de France aux couleurs de la nation remplace l'aigle à deux têtes des Habsbourg.

Toutefois les Viennois attendent leur revanche. Ils savent que l'armée de l'archiduc Charles campe de l'autre côté du fleuve et qu'elle n'est entamée ni physiquement ni psychologiquement. De plus, les Autrichiens ont détruit les ponts sur le Danube et se sont établis sur la rive nord alors que Vienne se trouve sur la rive sud. Les Français doivent donc franchir un fleuve de près de 1 000 m de large. L'entreprise paraît folle d'autant « qu'à cette époque du printemps, la fonte des neiges gonfle tellement le fleuve qu'il devient immense, et chacun de ses bras est semblable à une grande rivière » (Marbot).

Dès le 13 mai, l'Empereur charge Lannes de tenter un passage de vive force en amont de Vienne mais le général autrichien Hiller le repousse. Il faut donc choisir un nouveau point de passage. Ce sera l'île Lobau, longue terre boisée de 4 km de long sur 6 de large, qui sépare le fleuve en deux bras à quelque 5 km en aval de Vienne. Aussitôt, les soldats du génie s'emploient à construire des ponts grâce à des bateaux réquisitionnés aux alentours de Vienne. Pour les retenir entre eux et les amarrer, on prend tout ce que l'on peut trouver dans Vienne, cordages, caisses de boulets, etc. Marbot raconte : « Beaucoup d'obstacles s'opposaient à la construction des ponts ; il nous fallait utiliser des bateaux de différentes tailles et de différentes formes, et des matériaux manquant de la résistance nécessaire ; nous n'avions pas d'ancres, et nous devions les remplacer avec des caisses de boulets. »

Dès le 19 mai, la division du général Molitor traverse le premier bras du fleuve en barques et peut prendre pied sur l'île. Le grand pont est terminé le 20 mai puis un autre, plus petit, est construit depuis l'île Lobau jusqu'à l'autre rive, juste en face du village d'Aspern. Les Français peuvent rejoindre la rive nord, Lasalle en tête, suivi par une partie du corps de Masséna. Aspern est occupé par Masséna et Essling par Lannes, soit moins de 30 000 hommes au total.

L'arme du génie et les pontonniers

Le corps impérial du génie est créé le 25 octobre 1804. Ses officiers, particulièrement instruits, sortent de l'École d'application de l'artillerie et du génie de Metz. Cette arme se distingue dans toutes les guerres de siège, à Gaète, Dantzig ou Saragosse. Le génie se compose de bataillons de mineurs et de sapeurs. En France, les mineurs veillent à l'entretien des fortifications, places fortes, bâtiments militaires et à l'établissement des plans et des cartes. En temps de guerre, les sapeurs transportent tout le matériel nécessaire à un siège et construisent des fortifications temporaires.
Les opérations de siège furent peu nombreuses sous l'Empire, mais les officiers du génie s'occupèrent du maintien des communications et des retranchements sur les champs de bataille. Les pontonniers, eux, sont rattachés au corps de l'artillerie et sont chargés du franchissement des fleuves et de l'entretien des ponts. Organisé en compagnies, ce corps spécifique comptera jusqu'à 3 900 hommes. Ils se distinguent particulièrement lors du franchissement du Danube à Aspern, mais leur plus grand fait d'arme restera la construction de 2 ponts sur la Bérézina en 1812, sous les ordres du général Eblé.

Napoléon ordonne de jeter un pont sur le Danube pour passer dans l'île Lobau. Peinture de Ludovico Venuti.

« À Essling, le destin hésite… »

Le 21 mai, l'archiduc Charles, voyant l'armée française mal établie et séparée en plusieurs tronçons décide d'attaquer. Il compte se déployer sur ses ailes pour attaquer les deux villages tenus par les Français. Napoléon se montre plutôt satisfait de cette manœuvre, qui lui permettra d'attaquer le centre autrichien, ainsi affaibli. Mais pour cela, il faut que toute l'armée franchisse le fleuve et il faut tenir Aspern et Essling. 90 000 Autrichiens, soutenus par 300 canons, se jettent sur les Français qui doivent se battre à un contre quatre. Les combats sont terribles, les villages sont plusieurs fois perdus puis repris mais les Français tiennent. Les renforts n'arrivent qu'au compte-goutte d'autant que les ponts sont soumis à rude épreuve et sont brisés à plusieurs reprises mais réparés tant bien que mal. En effet, en amont du fleuve, les Autrichiens jettent dans l'eau tout ce qu'ils peuvent, des barques chargées de pierres, des brûlots, et même un moulin ! qui agissent, par le courant, comme des coups de bélier contre les ponts.

Le 22 mai au matin, Masséna tient toujours Aspern pendant que Lannes attaque le centre autrichien qui plie et recule vers Wagram. Le combat est meurtrier, l'artillerie ennemie, bien placée, fauche par files entières les fantassins français. Mais Lannes, comme à l'accoutumée, avance inexorablement et déchaîne la cavalerie de Bessières contre les Autrichiens. Un moment, l'archiduc Charles est en péril. La bataille semble gagnée, quand soudain, l'Empereur apprend que le grand pont, long de 700 m, vient d'être emporté définitivement. L'armée française est coupée en deux. L'attaque ne peut plus être soutenue, faute d'hommes et surtout de munitions qui sont restées sur l'autre rive. Napoléon donne l'ordre à Lannes d'arrêter son mouvement. L'archiduc comprend dans

Gravement blessé lors de cette charge à Essling, le général Espagne mourra quelques temps plus tard. Planche extraite de *Soldats et uniformes du Premier Empire* du Dr Hourtoulle.

« La main, voltigeur » : Napoléon gravit la rive du Danube pour arriver sur l'île Lobau.

Napoléon auprès de Lannes alors qu'il vient d'être amputé. Ce fidèle parmi les fidèles était le seul à tutoyer Napoléon. Peinture de Albert Paul Bourgeois.

quelle situation périlleuse se trouvent les Français qui se battent dos au fleuve. Il contre-attaque et lance ses troupes sur le corps de Lannes. Le combat se renverse, les Français reculent vers le fleuve mais continuent à défendre les villages. La mêlée est terrible ! Masséna et Lannes s'activent pour remonter le moral de leurs hommes lorsqu'un boulet atteint Lannes et lui brise les deux jambes. Masséna envoie un officier d'état-major à Napoléon en lui disant : « Allez dire à l'Empereur que je tiendrai deux heures, six heures, vingt-quatre s'il le faut, tant que cela sera nécessaire au salut de l'armée. » En début d'après-midi, les deux armées sont aussi exténuées l'une que l'autre et les Autrichiens stoppent leur attaque.

Après un rapide conseil de guerre avec ses maréchaux, l'Empereur décide de battre en retraite mais de rester sur l'île Lobau. Masséna dirige la manœuvre, ce qui lui vaudra son titre de prince d'Essling. La catastrophe a été évitée de justesse, mais à quel prix ! Le bilan de ces journées est lourd : les Français ont perdu 16 000 hommes et les Autrichiens au moins 27 000. Mais, plus grave, l'Empereur a dû reculer et son prestige est atteint. L'archiduc Charles exulte et se déclare vainqueur : il est bientôt surnommé le « héros d'Aspern ». Dans toute l'Europe se répandent des nouvelles extravagantes ; on raconte même que Napoléon est prisonnier… En Allemagne, des professeurs aux pasteurs, tous prêchent la « guerre sainte », tous appellent l' « Allemagne à se régénérer dans le sang des oppresseurs ». En Prusse, le major Schill déserte avec une partie de la cavalerie pour rejoindre les Autrichiens. Le tsar s'agite en Galicie. À Paris, la Bourse s'effondre et les royalistes crient leur joie : « L'usurpateur est perdu ! » Napoléon confie à Savary : « Ils se sont tous donnés rendez-vous sur ma tombe mais ils n'osent se réunir. » Encore une fois tout va dépendre d'une seule bataille ; si c'est un nouvel Essling, tout est perdu…

Tout le mois de juin est consacré à renforcer les positions de l'île Lobau. L'armée de Dalmatie de Marmont rejoint l'Empereur tout comme celle d'Italie d'Eugène de Beauharnais, qui a battu l'archiduc Jean à Raab le 14 juin. Des ponts sur pilotis sont reconstruits sur le Danube afin d'éviter la mésaventure du mois de mai. Au début de juillet, Napoléon dispose de 190 000 hommes et de 488 canons. L'archiduc Charles, quant à lui, réunit dans la plaine de Wagram 140 000 hommes et 450 canons. Sur un front de 15 km, plus de 326 000 hommes vont s'affronter, forces sans précédent alors dans l'histoire militaire !

La mort du maréchal Lannes

Le 22 mai 1809, Lannes est blessé près d'Essling. Marbot écrit dans ses *Mémoires* : « *À ce moment, celui-ci va s'asseoir sur le bord d'un autre fossé, la main sur les yeux, et les jambes croisées l'une sur l'autre. Il était là, plongé dans de sombres réflexions, lorsqu'un petit boulet de trois, lancé par les canons d'Enszersdorf, arrive en ricochant et va frapper le maréchal au point où ses deux jambes se croisaient ! La rotule de l'une fut brisée, et le jarret de l'autre déchiré !* » Larrey doit se résoudre à tenter la double amputation. Aussitôt l'Empereur accourt à ses côtés et lui dit : « *Vous vivrez, mon ami, vous vivrez !* » Le maréchal lui répond en lui pressant les mains : « *Je le désire, si je puis encore être utile à la France et à Votre Majesté !* » D'après Cadet de Gassicourt, Lannes aurait adressé à Napoléon de vifs reproches sur sa soif de guerre : « *Ton ambition est insatiable, elle te perdra. Tu sacrifies sans ménagement les hommes qui te servent le mieux !* » Cependant, de nombreux proches de l'Empereur ont démenti ses propos et ont assuré que Lannes, jusqu'à la fin, chérissait Napoléon. Il meurt le 31 mai, à 40 ans.

« Wagram, la bataille des canons... »

Le 4 juillet, à 21 heures, les Français commencent à passer le fleuve, favorisés par un violent orage qui détourne l'attention de l'ennemi. Le 5, à 4 heures du matin, plus de 30 000 hommes sont déjà sur la rive nord. Vers 9 heures, les trois corps de première ligne sont maîtres des points d'appui nécessaires au débouché du reste de l'armée. À 12 h 30, les corps de deuxième ligne sont à leur tour passés. Ainsi Napoléon a réussi à faire traverser et porter en avant de 15 km une armée de près de 200 000 hommes, la plus forte concentration humaine qu'un chef ait jamais, jusqu'alors, fait manœuvrer sous ses yeux.

Ce déploiement magistral de près de 200 000 combattants s'accompagne de quelques désagréments pour le soldat : « Défense d'allumer du feu. Nous passons la nuit debout, l'arme au pied. Je souffrais de la fièvre par suite de notre séjour dans l'eau la veille », raconte le capitaine Bertrand, qui poursuit : « Le 6 juillet, au point du jour, le canon nous annonce la grande bataille qui fut appelée ensuite Wagram. Au milieu du jour, l'Empereur passe devant nos lignes, nous nous sentions heureux, et doublement plus forts, en le voyant. »

C'est l'archiduc Charles qui prend l'initiative de l'offensive, sur l'aile droite française commandée par Davout et sur la gauche confiée à Masséna. Si Davout réussit à repousser les Autrichiens, à gauche, par contre, la situation est critique. Napoléon se rend

La journée du 5 juillet, à 8 heures du matin : l'armée française a passé les ponts et se déploie dans la plaine. *Vue panoramique de la bataille de Wagram,* aquarelle de Siméon Fort.

compte que l'archiduc a exagérément étendu son front. Il ordonne donc à Masséna de se porter immédiatement sur l'extrême gauche pendant qu'il enverra l'armée d'Italie, commandée par Macdonald, lancer une offensive sur le centre autrichien. La marche de flanc de Masséna est périlleuse. Celui-ci, blessé lors d'une chute de cheval, ne peut tenir en selle et s'installe dans une calèche légère tirée par quatre chevaux blancs. Il réussit néanmoins, dans cet équipage, à faire réaliser des prodiges à son corps d'armée.

Dans le même temps, Napoléon organise l'attaque du centre autrichien : « Il se tenait le plus souvent au milieu de nous, raconte Boulart, on le voyait néanmoins monter fréquemment à cheval et galoper sur les différents points de la ligne ; son activité le portait partout. »

Une gigantesque préparation d'artillerie, effectuée par une batterie de 102 pièces tenant un front de 2 km sous le commandement des généraux Lauriston et Drouot, permet à Macdonald de former sa colonne d'attaque. Forte de 26 bataillons encadrés par la cavalerie, 49 000 hommes en tout, celle-ci forme un immense carré de 1 000 m de côté. Masse impressionnante qui pénètre « comme un coin d'airain » dans le centre autrichien. En début d'après-midi, tout est renversé. Les pertes sont importantes, mais Macdonald, qui a pour l'occasion revêtu son vieil uniforme de général de l'an II, perce les lignes ennemies. « Quel brave homme ! » ne peut s'empêcher de s'écrier à plusieurs reprises Napoléon, qui le fera maréchal sur le champ de bataille. La cavalerie autrichienne tente de réagir mais vient se briser sur le mur d'acier des 26 bataillons. La droite de l'armée autrichienne est contenue par Masséna, son centre est enfoncé par Macdonald, sa gauche est tournée par Davout. Si l'archiduc Charles hésite encore trente minutes à commander la retraite, son armée coupée en deux, est perdue. Vers 15 h 30, il se décide à abandonner le champ de bataille. « La bataille est gagnée ! » dit sobrement l'Empereur.

Mais la victoire a coûté cher : les Autrichiens ont perdu 50 000 soldats et les Français 34 000 ainsi qu'un grand nombre de chefs valeureux dont le brave général Lasalle. Les troupes, harassées, ne peuvent poursuivre le combat. Les débris de l'armée autrichienne sont néanmoins atteints et décimés à Znaïm où sera signé un armistice le 12 juillet.

Lasalle chargeant, peinture d'Édouard Detaille.

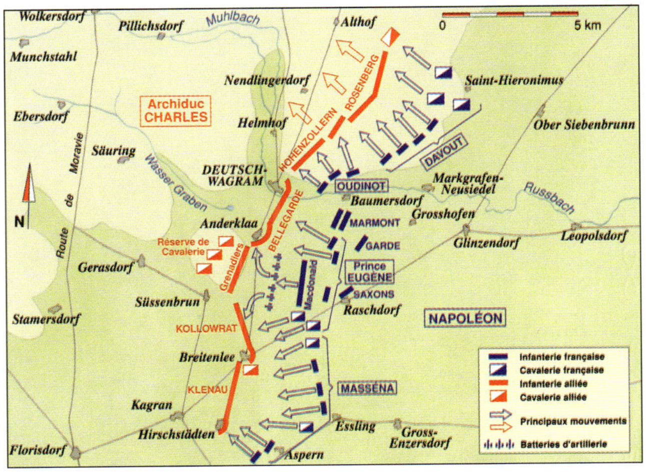

La bataille de Wagram.

Antoine Lasalle 1775-1806

Né dans une famille noble et de tradition militaire, Antoine Lasalle entre à onze ans dans le régiment Alsace Infanterie. Aide de camp de Kellermann pendant la campagne d'Italie, il se distingue à Rivoli en 1797. À la fin de la bataille, Bonaparte, montrant les drapeaux pris à l'ennemi, lui dit : « *Couche toi dessus, tu l'as bien mérité.* » Il participe à la campagne d'Égypte puis devient général de brigade. Au début de 1806, il commande les 5e et 7e hussards qui forment la fameuse « brigade infernale ». Le 29 octobre 1806, avec seulement 500 hussards, Lasalle s'empare de Stettin. À Wagram, il commande la cavalerie de Masséna et le 6 juillet, prend la tête des cuirassiers de Saint-Sulpice, blessé. Il charge mais est tué d'une balle en plein front. Excellent cavalier, il représente l'image parfaite du hussard avec ses bons et mauvais côtés : fier, élégant, brave à l'excès, bagarreur et buveur. Cet homme intransigeant, qui affirme volontiers que « *Tout hussard qui n'est pas mort à trente ans est un jean-foutre !* » sait également écrire à sa femme : « *Mon cœur est pour toi, mon sang pour l'Empereur et ma vie à l'honneur !* »

La bataille de Wagram

Napoléon scrute le champ de bataille de Wagram, au milieu des boulets qui pleuvent autour de lui ; le maréchal Bessières, blessé, tombe de cheval à ses côtés et échappe de peu au sort de Lannes. Dans sa lorgnette, l'Empereur voit le formidable carré de 1 000 m de côté formé par les 26 bataillons d'infanterie de Macdonald, rentrer comme « un coin d'airain » dans le centre autrichien. Wagram est une victoire mais elle n'est pas aussi décisive qu'Austerlitz. L'armée encore jeune et inexpérimentée est trop hétéroclite, ce qui crée de graves difficultés de communications entre les différents corps : « Nos soldats étaient toujours aussi braves mais ils étaient mal cousus ensemble », dira Macdonald. Un épisode illustre bien ce nouveau problème. Alors que la bataille fait rage, des bataillons saxons se font tirer dessus par des unités italiennes et provoquent une panique importante !

La Bataille de Wagram, peinture d'Horace Vernet, 1835.

« Rome et Vienne, villes soumises... »

Enlèvement du pape au Quirinal par les généraux Radet et Miollis. Gravure de Giuseppe Pera, 1815.

Après avoir ordonné à Miollis, le 2 février 1808, d'occuper Rome, l'Empereur franchit une nouvelle étape dans sa conquête de l'Italie. Il attend, pour agir, d'avoir vaincu l'Autriche, seule puissance catholique capable de s'opposer à ses ambitions romaines. Après avoir essuyé un refus du pape d'adhérer à une Confédération italienne, Napoléon signe le 17 mai 1809 un décret à Schönbrunn annexant à l'Empire la totalité des États pontificaux. Le 10 juin, Miollis est chargé d'annoncer la nouvelle aux Romains. Il est assisté de Saliceti, ministre de la Police du roi de Naples, qui leur a déjà déclaré : « La société se divise en enclumes et en marteaux. Si vous refusez d'être les marteaux, craignez de devenir enclumes ! » Et les patriciens romains n'ont aucune envie de devenir les martyrs du pape. Aussitôt l'annexion proclamée, le pape fait paraître sa bulle *Quum memoranda,* excommuniant ses persécuteurs.

Le 12 juin, le général Radet arrive à Rome avec 400 gendarmes. Il est chargé de l'arrestation de tous les opposants à l'annexion. Or, le premier de ceux-ci est le pape lui-même ! Qui de Miollis ou de Radet prend la décision d'arrêter le souverain pontife ? Si Napoléon ne donne pas d'ordre formel, il écrit pourtant à Murat : « Si le pape, contre l'esprit de son État et de l'évangile, prêche la révolte et veut se servir de l'immunité de sa maison pour faire imprimer des circulaires, on doit l'arrêter. » À Miollis, il ordonne : « Vous devez faire arrêter même dans la maison du pape tous ceux qui trameraient contre la tranquillité publique et la sûreté de mes soldats. » Les généraux Miollis et Radet prennent ses directives à la lettre et arrêtent le pape dans la nuit du 6 au 7 juillet. Ils pénètrent dans le Quirinal et emmènent Pie VII qui refuse de renoncer à son pouvoir temporel. Apprenant l'enlèvement du Saint-Père le 18 juillet, l'Empereur se trouve embarrassé : « Je suis fâché qu'on ait arrêté le pape ; c'est une grande folie… Mais enfin, il n'y a pas de remède ; ce qui est fait est fait. » Le pape est transporté d'abord à Grenoble puis est enfermé dans l'évêché de Savone le 16 août 1809, où il restera jusqu'en juin 1812.

En Autriche, les conférences engagées depuis le 18 août à Altenbourg entre Metternich et Champagny, à la suite de la victoire française de Wagram, aboutissent enfin, le 14 octobre 1809, à la signature de la paix de Vienne. Napoléon, pressé d'en finir, a rabattu ses premières exigences. L'Autriche est privée de tout accès à la mer. Trieste et les provinces de Carinthie, de Carniole ainsi qu'une partie de la Croatie sont données à la France. Celles-ci, jointes à l'Istrie et à la Dalmatie, forment les Provinces Illyriennes. L'Autriche doit payer une indemnité de guerre de 85 millions et s'engage à n'entretenir que 150 000 soldats. François II, redevenu simple empereur d'Autriche sous le nom de François Ier, cède également nombre de ses territoires aux princes de la Confédération du Rhin.

Le tsar, peu satisfait, ne reçoit qu'une toute petite partie de la Galice, la plus importante allant au grand-duché de Varsovie. Ce différend peut être le prétexte à une guerre nouvelle. Alexandre et Napoléon se retrouvent désormais seuls face à face en Europe. Les deux souverains, un jour ou l'autre, devront s'affronter.

Mais, pour l'heure, Napoléon a d'autres motifs d'inquiétude. Le 12 octobre, en effet, il a reçu un avertissement. Alors qu'il passe en revue une troupe à Schönbrunn, devant tout Vienne, un jeune homme fait mine de lui remettre une pétition. Il est aussitôt saisi, et un long couteau est trouvé sur lui. Il s'agit d'un étudiant saxon nommé Staaps, exalté par la haine de Napoléon. L'Empereur l'interroge lui-même et veut l'épargner mais celui-ci refuse. « Ce petit misérable ne m'a pas paru bien savoir ce que c'était que Brutus », écrit l'Empereur à Fouché. Staaps est fusillé le 16 octobre. Cet attentat peut alerter Napoléon sur les mouvements nationalistes. La guerre a changé de nature. Le vainqueur des rois se trouve aux prises avec un nouveau danger : les peuples se dressent maintenant contre lui.

L'attentat de Staaps contre Napoléon.

Louis Lejeune, en uniforme d'aide de camp. Peinture du baron Stéphane d'après Jean-Urbain Guérin.

Les aides de camp

À partir d'octobre 1800, un général de division dispose de trois aides de camp et un général de brigade de deux. Le décret de février 1805 fixe à quatre le nombre d'aides de camp d'un maréchal ; chiffre théorique malgré tout, Murat en comptera jusqu'à douze ! Ces officiers sont un peu les hommes à tout faire des officiers supérieurs. Ils sont chargés de transmettre les ordres verbaux ou écrits, d'effectuer des reconnaissances, des relevés topographiques, des missions de renseignement ou d'intendance. Souvent, un officier supérieur choisit lui-même ses aides de camp. Ainsi de nombreux généraux ou maréchaux engagent des membres de leur famille, des amis ou encore des officiers nés dans la même ville ou la même région qu'eux. Les aides de camp, souvent seuls au cours de leurs missions, sont exposés à de grands dangers et font preuve d'un courage admirable. Lejeune, peintre de renom, dessine lui-même les uniformes des aides de camp de Berthier dont il fait partie : vêtement à la hongroise, dollman blanc avec tresses en or, pantalon et shako écarlates, le tout décoré de galons et torsades dorés. Dans ses mémoires, Lejeune écrit : « *Je n'ai jamais rien vu de plus brillant et de plus élégant dans ce genre que notre cavalcade des six aides de camp.* »

Le divorce avec Joséphine

Fin octobre 1809, l'Empereur est revenu d'Autriche en vainqueur. Par la paix de Vienne, de nouveaux États ont été annexés mais le Grand Empire reste sans descendance. Napoléon sait que cette situation ne peut durer et qu'il devra divorcer de Joséphine. Le 26 octobre, il donne rendez-vous à son épouse à Fontainebleau. De fort mauvaise humeur, l'Empereur évite sa femme. Durant les trois semaines de séjour à Fontainebleau, pas un mot n'est échangé entre les époux. Joséphine sent que Napoléon va demander le divorce mais elle ne peut s'y résigner. L'Empereur lui même souffre, il aime toujours Joséphine.

Le 14 novembre, la cour regagne Paris. Aux Tuileries, la période des fêtes officielles commence. Un soir, l'Empereur déclare à Joséphine qu'il veut divorcer. Joséphine répond, soumise : « Quand vous m'ordonnerez, j'obéirai. » Napoléon répond, malheureux et agacé : « Ne cherchez pas à m'émouvoir ! Je vous aime toujours, mais la politique n'a pas de cœur ; elle n'a que de la tête. »

Napoléon vient d'annoncer à Joséphine qu'ils doivent divorcer rapidement. L'émotion de l'impératrice est intense : elle s'évanouit. Gravure d'après un dessin de Charles Abraham Chasselat, première moitié du XIXe siècle.

Le 30 novembre, il se fait plus pressant. Le soir, lors du dîner, le couple s'enferme seul. Bausset, préfet du palais, attend devant la porte. Soudain, Napoléon l'appelle ; Bausset trouve Joséphine évanouie. Cette fois, l'Empereur a annoncé à l'impératrice son intention de divorcer rapidement. Joséphine est désespérée.

Prévenue, Hortense accourt rejoindre sa mère. Lorsqu'il la croise, Napoléon se fait dur, autoritaire, il parle en empereur : « Mon parti est pris. Il est irrévocable. La France entière demande le divorce. Rien ne me fera revenir, ni larmes ni prières. J'entends être obéi. »

Hortense répond : « Vous êtes le maître de qui il vous plaira ! Vous ne serez contrarié par personne. Puisque votre bonheur l'exige, nous saurons nous sacrifier. Ne soyez pas surpris des pleurs de ma mère ! Vous devriez plutôt l'être si, après une union de quinze ans, elle n'en versait pas. Mais elle se soumettra et nous nous en irons tous, emportant le souvenir de vos bontés. »

Napoléon est troublé. Ému, il pleure.

« Quoi, vous me quittez tous ? Vous m'abandonnez ? Vous ne m'aimez donc plus ? » Hortense se montre digne : « Sire, je me dois à ma mère. Elle aura besoin de moi. Nous ne pouvons plus vivre auprès de vous. C'est un sacrifice à faire ; nous le ferons. Prenez du courage ! Il nous en faudra pour n'être plus vos enfants. » Attendri par ces preuves d'amour, Napoléon serre Hortense dans ses bras.

Le lendemain, Eugène rejoint sa famille. Ensemble, ils règlent les questions du divorce ; Joséphine conservera son titre d'impératrice, une dotation de trois millions lui sera versée et elle aura comme résidence l'Élysée, Malmaison et un autre château.

Joséphine décide de se retirer à la Malmaison. Seuls, les membres du clan Bonaparte, qui n'ont jamais aimé l'impératrice, se réjouissent de la nouvelle, ainsi que le prince de Mecklembourg-Schwerin, amoureux de Joséphine. Celui-ci la demande même en mariage, mais elle refuse.

Le 15 décembre, le divorce civil est prononcé. Devant Cambacérès, Napoléon déclare : « Dieu sait combien une pareille résolution a coûté à mon cœur ! J'ai besoin d'ajouter que, loin d'avoir jamais eu à me plaindre, je n'ai eu, au contraire, qu'à me louer de l'attachement et de la tendresse de ma bien-aimée épouse ; elle a embelli quinze ans de ma vie, le souvenir en restera toujours gravé dans mon cœur… qu'elle me tienne toujours pour son meilleur et son plus cher ami. »

Le 12 janvier 1810, l'officialité de Paris casse le mariage religieux. L'Empereur est libre de se remarier et peut penser à avoir un fils.

Fille de Joséphine et d'Alexandre de Beauharnais, âgée de seulement 10 ans lorsque son père est guillotiné, Hortense devient reine de Hollande en 1806.
Portrait par François Gérard.

Une femme de caractère, la reine Hortense

Entrée à 12 ans dans la pension de Mme Campan à Paris elle rejoint sa mère et Bonaparte aux Tuileries en 1800. Elle fréquente alors la haute société consulaire et tombe amoureuse de Duroc. Mais son beau-père l'oblige à épouser Louis, frère cadet du Premier consul. Le mariage est célébré en 1802 et très vite se révèle un échec. Trois enfants naissent pourtant, Napoléon-Charles en 1802, Napoléon-Louis en 1804 et Louis-Napoléon en 1808, futur Napoléon III. En mai 1807, elle connaît le premier drame de sa vie avec la mort de son fils aîné. Belle, séduisante et intelligente, Hortense tombe amoureuse de Charles de Flahaut, aide de camp de Murat. Fidèle à l'Empereur pendant les Cent-Jours, elle est contrainte de gagner la Suisse en 1817 où elle élève son fils Louis-Napoléon. Son mari est établi en Italie avec Napoléon-Louis qui meurt lors de la révolte italienne de 1831. En 1836, le fils qu'il lui reste est banni et part aux États-Unis. C'est là qu'il reçoit en 1837 une lettre d'Hortense l'informant de sa maladie. Il rentre aussitôt, juste à temps pour assister à la mort de sa mère en octobre 1837. Toute sa vie, Napoléon III gardera dans son portefeuille la dernière lettre d'Hortense.

« L'enlisement en Espagne... »

Avant de partir pour la France, Napoléon a laissé des instructions : Soult doit marcher sur Oporto (Porto) sur le Douro, Ney défendre la Galice, et Bessières commander en haute Espagne. Le 9 mars 1809, Soult pénètre au Portugal en repoussant les troupes du marquis de la Romana. Il prend d'abord Chaves le 12, puis entre le 20 à Braga, complètement désertée.

La ville d'Oporto est tenue par 60 000 hommes. Au milieu de combats incessants, Soult parvient sur le Douro et le 25 mars, attaque la vieille cité fortifiée mais ne s'empare que de quelques faubourgs. Le 28, le général Foy est envoyé en parlementaire. Les

Le maréchal Soult remporte la bataille d'Oporto le 29 mars 1809.
Peinture de Joseph Beaume.

Les principaux chefs de la guérilla espagnole

– Juan Palaréa dit « El Médico ». Il sévit depuis la Manche jusqu'à Tolède et dans les environs de Madrid.
– Juan Martin Diaz dit « El Empecinado » organise sa première bande après la bataille de Medina del Rio Seco. Pourchassé par le général Hugo, il a été plusieurs fois battu mais continue néanmoins la lutte. Il opère en Castille. Il aime enterrer jusqu'au coup quelques prisonniers afin que ses compagnons, armés de boules, puissent jouer aux quilles avec la tête de ces malheureux jusqu'à leur agonie.
– Francisco Espoz y Mina, connu sous le nom de Mina. Ancien paysan, il prend la suite de son neveu capturé par les Français en 1810. Très habile, il remporte des succès importants en 1811 et 1812 en attaquant des convois français. Il opère en Navarre avec 8 000 hommes comme un véritable roi.
– Juan Porlier dit « El Marquesito », le petit marquis. Ancien marin, il a participé à la bataille de Trafalgar. Sa bande sévit en Galice et dans les Asturies et rassemble en 1811 plus de 4 000 hommes.
– Andrès Ortiz dit « El Pastor ». Ancien berger, il sévit d'abord dans le Pays basque puis passe en Andalousie et déploie son activité dans les montagnes de Ronda.

Espagnols se saisissent de lui et le jettent dans un cachot. Le 29, l'assaut reprend. Les Français pénètrent dans la ville et se livrent à un véritable massacre lorsqu'ils découvrent que leurs camarades prisonniers ont eu les yeux crevés et la langue arrachée. Soult s'installe à Oporto et hésite à marcher sur Lisbonne. Le maréchal se déclare gouverneur du Portugal. Il rêve d'un royaume ; pourquoi pas celui de « Lusitanie » ? Mais il doit abandonner ses rêves en apprenant le débarquement de Wellington au Portugal le 22 avril. Le 5 mai, 25 000 Anglais sont à Coïmbra et menacent Oporto où ils arrivent le 12. Les Français se replient précipitamment en abandonnant leur artillerie. Wellington poursuit les Français jusqu'à Lugo. Le Portugal est perdu, 7 000 Français périssent dans cette malheureuse expédition. Près de Lugo, Soult est rejoint par Ney. Ensemble, ils décident de reprendre la Galice, mais les deux maréchaux ne parviennent pas à s'entendre et échouent.

Wellington, une fois Soult repoussé, peut passer à la deuxième partie de son plan et attaquer Victor qui a remporté une belle victoire à Medellín le 28 mars contre l'armée d'Estramadure. L'Anglais regroupe les différentes armées espagnoles et près de 100 000 hommes menacent Madrid. Sans attendre Soult, Victor affronte les Anglais à Talavera les 27 et 28 juillet 1809. La bataille est indécise mais au moment où la victoire française se dessine enfin, Joseph, qui a rejoint les troupes, donne l'ordre du repli.

Le duc de Wellington,
gravure en couleurs de William Thomas Fry.

Wellington ne poursuit pas les Français, il se replie à son tour. Finalement, Soult arrive trop tard et ne parvient pas à lui couper la route. Wellington rentre au Portugal qu'il tient désormais solidement. Encore une fois, à Talavera, l'indécision de Joseph a fait perdre aux Français une bonne occasion de détruire l'armée anglaise.

Les Français connaissent encore des succès face aux Espagnols, mais à quel prix ! Le 19 novembre, Sébastiani remporte une belle victoire à Ocaña mais 1700 Français sont mis hors de combat. La ville de Gérone est prise le 10 décembre après un siège de six mois au cours duquel même les femmes se battent. Au début de l'année 1810, Joseph, sans argent, décide de mener une expédition dans la riche Andalousie pour remplir le Trésor. En février, les Français prennent Jaén, Cordoue, puis Grenade et Malaga. Mais Soult tarde à marcher sur Cadix et l'armée d'Albuquerque peut se retirer dans la ville qui est assiégée vainement à partir du 5 février, et ce jusqu'au 25 août 1812 ! L'Empereur, furieux après son frère qui ne parvient pas à pacifier la péninsule, lui retire peu à peu ses pouvoirs. Il confie les provinces aux militaires ; la Catalogne à Macdonald, l'Aragon à Suchet, l'Andalousie à Soult. Joseph ne conserve que la Castille. Le seul qui, dans ce chaos, parvient à tirer son épingle du jeu est Suchet. Grâce à ses talents militaires et à des mesures modérées, il parvient à pacifier l'Aragon.

Au Portugal, Wellington prépare ses lignes de défense à Torres Vedras, sur lesquelles Masséna ne va pas tarder à « se casser les dents » après avoir pris Ciudad Rodrigo puis Almaida le 15 août 1810. Des milliers de soldats sont ainsi retenus dans la péninsule Ibérique alors qu'ils seraient bien plus utiles à l'Empereur en Autriche. Le « bourbier » espagnol coûte cher !

Le siège de Cadix vu par le général Brun, aide de camp de Soult.

« Le 1er corps commença tout de suite ce fameux siège de Cadix, qu'on a surnommé, avec raison, un second siège de Troie, et dans lequel il (Soult) rencontra des difficultés quasi insurmontables. Une baie immense sépare en effet cette place du continent. On ne pouvait y arriver que par une langue de terre de 3 lieues de longueur et qui, dans certains endroits n'a pas 50 toises de largeur. Faute de marine, nous ne pouvions aborder à travers la mer. Comment, d'autre part, cheminer par terre sur un pareil terrain, ayant à franchir plusieurs fronts de fortifications et des coupures ?… Dans les premiers temps, l'ennemi ne songea guère à nous inquiéter. Les troupes étaient oisives. Pour dormir avec plus de sécurité, les généraux s'amusèrent à faire construire des ouvrages immenses, soit offensifs, soit défensifs. »

1810

L'APOGÉE DE L'EMPIRE

Le maître de l'Europe

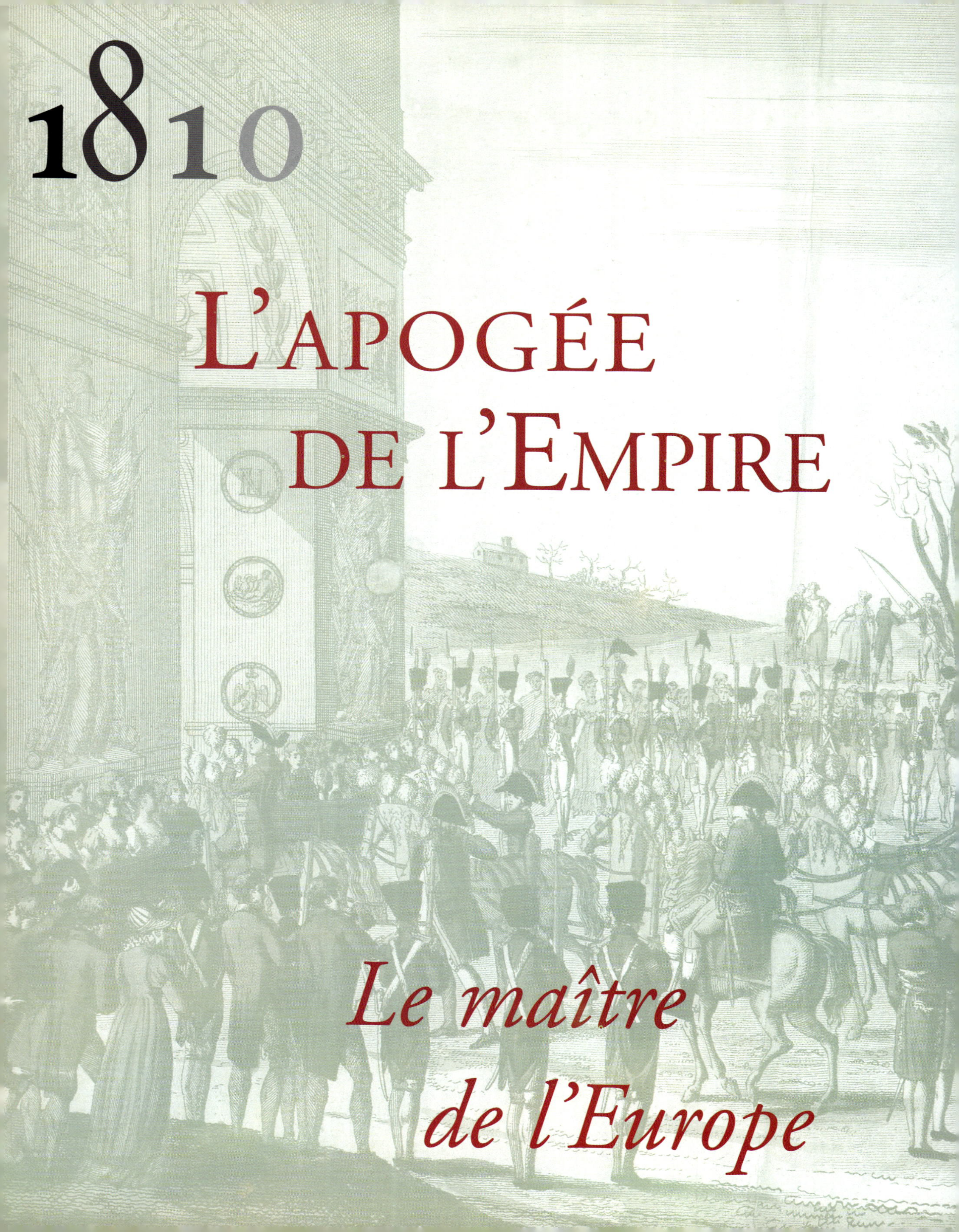

Entrée de Napoléon et de Marie-Louise dans l'avenue des Champs-Élysées le 2 avril 1810. Gravure coloriée.

Portrait équestre de Napoléon par Joseph Chabord (détail), 1810.

1811

Un nouvel Empire d'Occident

En 1810, Napoléon est au faîte de sa gloire : il est le véritable maître de l'Europe. Peinture de Joseph Chabord, 1810.

Napoléon, précurseur de l'Europe

Héritier de Charlemagne, Napoléon se plaît à rêver à un véritable Empire continental qui unifiera enfin les différents peuples européens : *« Une de mes plus grandes pensées avait été l'agglomération, la concentration des mêmes peuples géographiques qu'ont dissous, morcelés les révolutions et la politique. Ainsi l'on compte en Europe, bien qu'épars, plus de 30 millions de Français, 15 millions d'Espagnols, 15 millions d'Italiens, 30 millions d'Allemands : j'eusse voulu faire de chacun de ces peuples un seul et même corps de nation […] Alors peut-être, à la faveur des lumières universellement répandues, devenait-il permis de rêver, pour la grande famille européenne, l'application du congrès américain ; et quelle perspective alors de force, de grandeur, de jouissances, de prospérité ! Quel grand et magnifique spectacle. »* Mais la nouvelle Europe qu'il entend fonder sera organisée selon les lois françaises, modèle des nations : *« Il me faut un code européen, une cour de cassation européenne, une même monnaie, les mêmes poids et mesures, les mêmes lois ; il faut que je fasse de tous ces peuples d'Europe un même peuple et de Paris la capitale du monde. »*

Tout au long de l'année 1810, l'Empire s'étend de façon quasi irrésistible au gré des traités et des annexions. Composé alors de 130 départements et de 7 intendances, il couvrira bientôt, 800 000 km² et comptera 44 millions d'habitants. Grâce à un fort réseau d'alliances, Napoléon parvient à dominer toute l'Europe continentale. Cette expansion est déterminée par de puissants impératifs stratégiques : créer une base offensive contre l'Angleterre, contrôler les communications alpines et augmenter son potentiel militaire. Un an plus tard, l'Empire atteindra ses dimensions maximales.

La Hollande est en mesure de répondre au premier objectif. Aussi dès le 16 mars, Napoléon se fait-il céder par son frère, Louis de Hollande, tous les territoires compris entre la frontière française et le Waal : la Zélande, une partie de la Gueldre et le Brabant hollandais. Il justifie cette décision par un argument d'ordre géographique : « Il est de principe constitutionnel en France que le talweg du Rhin est la limite de l'Empire français. » Pour maîtriser la route qui relie Paris à Milan, et notamment l'axe stratégique alpin, Napoléon réunit, le 14 novembre 1810, à la France, le canton du Valais (en Suisse) qui deviendra le département du Simplon.

Le 13 décembre, il annexera tous les territoires allemands compris entre la mer du Nord et l'axe Wesel-Lunebourg. La majeure partie des duchés d'Arenberg, de Salm et d'Oldenbourg, ainsi que les trois villes hanséatiques d'Hambourg, de Brême et de Lübeck, sont donc réunies à l'Empire. Le royaume de Westphalie est amputé de sa partie septentrionale au grand dam de Jérôme qui n'a osé résister à son frère aîné. Les nouvelles acquisitions seront incorporées dans deux nouveaux départements : les Bouches-du-Weser et les Bouches-de-l'Elbe. L'Empire est désormais protégé par une immense façade maritime, étanche et compacte, s'étirant de Hendaye à Lübeck et faisant face à l'Angleterre.

Les anciens États de l'Église, annexés l'année précédente, donnent naissance à deux départements : Tibre et Trasimène. Rome devient la deuxième capitale de l'Empire. Certains territoires sont partiellement administrés par des membres de la famille impériale. C'est le cas des trois départements toscans placés officiellement sous la surveillance de la grande-duchesse de Toscane, Élisa Bonaparte, mais en fait sous l'autorité juridique et administrative de l'Empire.

Napoléon s'appuie aussi sur un vaste réseau d'États dépendants. Le royaume d'Italie et les Provinces Illyriennes sont placés sous son autorité personnelle. Il y est alors représenté par un vice-roi (Eugène en Italie) ou par un gouverneur (Marmont dans les Provinces Illyriennes). À cela s'ajoutent les États satellites gouvernés par des membres de sa famille : le royaume de Naples (Murat), le royaume de Westphalie (Jérôme), le grand-duché de Berg (Napoléon-Louis) et le royaume d'Espagne (Joseph). Napoléon exerce enfin une influence déterminante sur des territoires étrangers. Depuis 1803, il est médiateur de la Confédération helvétique et devient protecteur de la Confédération du Rhin en 1806. Il profite aussi d'alliances diplomatiques imposées de gré ou de force à certains États indépendants notamment la Russie, l'Empire d'Autriche (après son mariage avec Marie-Louise) et le Danemark depuis 1807.

La diffusion des principes de la Révolution

Dans l'esprit de Napoléon, expansion territoriale et diffusion des principes révolutionnaires vont de pair. La France se doit d'exporter son modèle politique et social dans une Europe encore dominée par les vieux cadres de la féodalité. Symbole de l'héritage révolutionnaire et instrument le plus efficace de l'unification du continent, le Code civil est appliqué dans tout l'Empire français et diffusé dans de nombreux États tels que les royaumes d'Italie, de Naples, au sein du grand-duché de Varsovie, en Westphalie et dans la Confédération du Rhin… En garantissant l'égalité civile, il entraînera de profondes mutations sociales : suppression du servage, abolition des discriminations religieuses, unité des poids et mesures, réorganisation administrative… Mais il n'est pas accepté de la même façon partout. Le Code civil ne sera adopté que de façon partielle dans les royaumes de Naples et de Westphalie où certains privilèges nobiliaires et droits seigneuriaux seront conservés. Jamais il ne pourra être véritablement appliqué en Espagne.

Les départements aux époques révolutionnaire et impériale.

Limites de la France en 1792

Limites de l'Empire français en 1811

Limites de département

A Département de la Loire créé en 1793

B Département de Vaucluse créé en 1793

C Département du Mont-Terrible créé en 1793, incorporé dans le Haut-Rhin en 1800

D Département du Tarn-et-Garonne créé en 1808

E Corse réunifiée en un seul département en 1811

La population de l'Empire
d'après le recensement de 1806

nombre d'habitants par département

- inférieur à 200 000
- de 200 000 à 300 000
- de 300 000 à 400 000
- de 400 000 à 500 000
- de 500 000 à 600 000
- au-dessus de 600 000

Sa famille sur les

Un secrétaire d'État pour la famille impériale

Secrétaire d'État de la famille impériale à partir de 1807, Regnaud de Saint-Jean-d'Angély, qui est nommé comte d'Empire en 1808, doit rédiger et consigner dans un registre officiel les actes d'état civil de tous les membres de la famille impériale. Souvent placé devant des situations délicates, comme le divorce de l'Empereur, il s'acquitte de sa tâche avec tact et dextérité. Il fait partie de la Maison de l'Empereur qui comptera plus de 240 personnes et ne comportera pas moins de 21 charges, dont celle, très importante de grand chambellan, occupée à partir de 1809 par Montesquiou-Fezensac et celle de grand maréchal du Palais, occupée par Duroc.

Les rapports de Napoléon avec sa famille se résument à une longue suite de disputes et de réconciliations. Chaque membre des Bonaparte possède, en effet, une personnalité très marquée et une faculté d'adaptation étonnante. Chacun aussi, marqué par l'exil et les années de gêne qui ont suivi, a un besoin irrépressible de revanche. Or, grâce au destin exceptionnel du chef de famille, la plupart de ses membres vont se retrouver sur les trônes d'Europe. Pourtant certains, en épousant un peu trop les aspirations de leurs peuples, n'hésitent pas à devenir des adversaires, voire des ennemis de Napoléon. Metternich, amant de Caroline, raconte : « Napoléon avait un grand faible pour sa famille. Bon fils, bon parent… il souffrait des débordements de quelques-uns des siens sans déployer une force de volonté suffisante pour en arrêter le cours. » Napoléon a toujours eu pour Joseph, l'aîné de la fratrie, des égards particuliers. Considéré comme le sage de la famille, il est le frère le plus proche de l'Empereur et s'enorgueillit d'une ressemblance frappante avec celui-ci. Bien bâti, intelligent, cultivé, il n'en est pas moins orgueilleux et nonchalant. Juriste de formation, il est couvert de bienfaits et d'honneurs par Napoléon, qui espère en faire un homme d'État acceptable. Comme roi de Naples, Joseph réalise en partie ses attentes, mais sur le trône d'Espagne, sa grande indolence et son insuffisance reprennent le dessus. Persuadé d'être un brillant stratège militaire et préférant l'atmosphère de sa cour somptueuse à l'ambiance des camps militaires, Joseph accumule les revers qui provoquent son retour précipité en France. Avec Lucien, les relations sont tout autres. Après Napoléon, il est certainement le plus intelligent et le plus doué de sa famille. Formé tout jeune à la politique, de conviction républicaine, il a eu avec son frère de graves dissensions. Lucien aurait certainement joué un rôle de premier plan dans l'Empire s'il ne s'était pas marié sans le consentement de Napoléon. Pour la belle Alexandrine de Bleschamp, veuve Jouberthou, il n'hésitera pas, non sans grandeur, à tout sacrifier. Aux propositions de son frère – le trône d'Italie, de Naples, ou d'Espagne contre la rupture de son indigne mariage, Lucien réagit très violemment. Une ultime tentative de réconciliation est tentée en 1807, mais rien n'y fait et la colère de Napoléon éclate à nouveau : « Tout pour Lucien divorcé, rien pour Lucien sans divorce. » Après cette dramatique entrevue, les ponts sont définitivement coupés. Lucien et son épouse partent vivre à Rome. Ils sont même un moment prisonniers des Anglais, à Londres. Lucien ne devait finalement rentrer en grâce que durant la difficile période des Cent-Jours.

Jérôme, le benjamin de la famille, l'enfant gâté, celui qui n'a jamais connu la misère des débuts, continue lui aussi de causer des soucis à Napoléon. Après l'annulation de son premier mariage avec l'Américaine

Debout sur le globe, Napoléon fixe à chacun de ses frères un territoire. *Le jeu des quatre coins ou les cinq frères,* gravure coloriée.

Élisabeth Patterson, Jérôme règne sur le royaume de Westphalie où il tient une cour fastueuse. Léger et insouciant, il dilapide consciemment les revenus de celui-ci. Malgré ses nombreuses aventures amoureuses, sa femme l'aime car il lui manifeste une grande tendresse. De même, Napoléon a toujours de l'affection pour lui et celui-ci ne lui manque jamais de respect. Jérôme aime son frère, veut le servir et fait preuve de courage aux heures du danger. Malheureusement, lui aussi est incapable sur le plan militaire et il va causer de graves problèmes à l'Empereur, qui finit toujours par pardonner.

Enfin Napoléon éprouve pour Louis, ce petit frère qu'il a, en partie, élevé, une profonde affection. Lieutenant d'artillerie, il économisait sur sa faible solde pour payer les études de Louis. Mais, il est certainement le frère qui l'a le plus déçu. Général, connétable, prince, roi de Hollande, il ne se satisfait de rien. À Sainte-Hélène, Napoléon dit de lui avec dédain et pitié : « Pauvre Louis, il a de l'esprit, n'est point méchant, mais avec ces qualités, un homme peut faire bien des sottises et causer bien du mal. » Neurasthénique, malade, d'esprit inquiet et jaloux, il suit des traitements et part souvent en cure. Son mariage avec Hortense de Beauharnais se révèle vite un échec. Oubliant rapidement qu'il doit son trône à son frère, Louis veut être un roi indépendant. Il crée des maréchaux, des ordres de chevalerie et surtout tolère le commerce avec l'Angleterre. En 1807, la mort de leur fils aîné et en 1808, la naissance de Louis-Napoléon, le futur Napoléon III, achèvent de séparer le couple. La santé de Louis empire, il a une main à moitié paralysée et se montre de plus en plus instable. Après la réunion de la Hollande à l'Empire (1810), Louis mène une vie errante, en Allemagne et en Suisse. Méfiant vis-à-vis de son entourage, il préfère se poser en victime alors que son frère est tout prêt à lui pardonner.

Veuve à l'âge de 22 ans, la belle Pauline est remariée en 1803 avec le prince Camille Borghèse. Toute sa vie, elle manifestera une grande frivolité mais aussi une sincère et profonde affection pour son frère Napoléon.
Portrait par Marie Guillermine Banoist, 1808.

Parmi les sœurs de l'Empereur, c'est sans doute Élisa qui servit aux mieux les intérêts du souverain. Moins belle que Pauline, la grande-duchesse de Toscane est douée d'une grande capacité de travail et d'une forte énergie. Impérieuse et avide, elle règne sur Florence d'une main de fer. « C'était une maîtresse femme, dit Napoléon à Sainte-Hélène, elle avait de l'esprit, une activité prodigieuse et connaissait les affaires de ses États. » D'ailleurs Élisa n'hésite pas à outrepasser ses pouvoirs et se voit régulièrement réprimander par son frère. Dès 1813, entraînée par sa sœur et son beau-frère, Joachim Murat, elle essaie de jouer sa propre carte. On a pu même parler de trahison. Pauline est la préférée de Napoléon et on a beaucoup glosé sur les rapports prétendument intimes, que le frère et la sœur entretenaient. Immortalisée par Canova, elle passe pour être le plus belle femme de son temps mais aussi la plus déraisonnable. Parlant de tout, riant à propos de rien, tirant la langue à Joséphine quand celle-ci a le dos tourné, Pauline fait la joie et la gaieté des rares réunions familiales.

Quant à Caroline, grande-duchesse de Berg et de Clèves et reine de Naples, elle n'est qu'une ambitieuse, mue par la seule volonté de sauver le trône de son époux, Murat. Napoléon disait d'elle : « C'est une tête d'homme d'État sur les épaules d'une jolie femme. »

Napoléon et les femmes

Napoléon, un amant tantôt passionné, tantôt indifférent. Dessin de 1811.

Toujours pressé, n'ayant que peu de temps à consacrer à la bagatelle, Napoléon n'en est pas moins un homme dans la pleine vigueur de sa santé – il n'a que 41 ans en 1810. C'est un époux aimant, attentif et prévenant, mais un amant maladroit et empressé. Ses relations intimes, furtives, sont souvent expédiées. Mais s'il ne recherche pas les aventures, il ne les fuit pas.

Peu courtois avec les femmes, il fait preuve d'une goujaterie proverbiale. Plus sa puissance politique s'accroît, plus il se voit entouré d'amoureuses intéressées, d'ambitieuses qui n'attendent qu'un mot pour se livrer. Il ne dissimule pas le mépris qu'il éprouve pour celles qui, sur un message d'un valet, viennent s'offrir à lui. S'il a eu de nombreuses maîtresses – il ne croit pas à la fidélité des sens mais à celle du cœur –, il n'a aimé, aux dires de Joséphine, que deux femmes : elle-même et la comtesse Walewska. Ses amours avec Joséphine resteront longtemps torrides, et il conservera pour celle qui a été la première femme de sa vie, une grande tendresse et une affection sincère. En revanche, il n'a jamais aimé passionnément Marie-Louise, sa deuxième femme, comme il a aimé Joséphine ou même la comtesse Walewska. Malgré cela, la nouvelle impératrice représente pour lui l'épouse et la mère de son fils. Il éprouvera pour elle une sorte de respect conjugal aveugle et ne voudra pas admettre qu'elle l'ait abandonné.

Dans le domaine amoureux, Napoléon va droit au but ; il ne perd pas de temps en amabilités, jusqu'à être quelquefois cruel, avec toutefois une certaine naïveté. Ainsi, dans les salons, il n'hésite pas à apostropher les dames en ces termes : « Quelle déception ! Dire que l'on m'avait assuré que vous étiez jolie. » En réalité, il n'a jamais su leur parler. Ces brutalités de langage sont une façon de dissimuler la profonde gêne, la timidité farouche qu'il éprouve vis-à-vis des femmes. De temps à autre, il s'attire ainsi des répliques cinglantes. S'approchant un jour de la duchesse de Fleury qui a la réputation d'être fort légère, il lui demande : « Eh bien Madame, aimez-vous toujours autant les hommes ? » Elle réplique aussitôt : « Oui Sire, quand ils sont polis. »

À Joséphine qui lui fait de nombreuses scènes de jalousie, Napoléon répond : « Elle a toujours peur que je tombe amoureux. Ne sait-elle pas que l'amour n'est pas fait pour moi ? Qu'est-ce que l'amour ? Une passion qui laisse tout l'univers d'un côté pour ne voir, ne mettre de l'autre que l'objet aimé. » De nombreuses anecdotes existent sur les rapports de Napoléon et de ses maîtresses. Ainsi, celle, bien connue, qui le met en scène avec sa maîtresse du moment, Mlle Duchesnois, belle et coquette actrice de théâtre. Une nuit, alors que l'Empereur travaille dans son cabinet, Constant, son valet de chambre, gratte à la porte. Il s'entend dire : « Qu'elle attende » ; il revient beaucoup plus tard : « Sire on s'impatiente ! » « Qu'elle se déshabille et qu'elle se couche ! » lance alors Napoléon. Vers minuit, Constant est là à nouveau : « Sire… » Alors Napoléon, toujours absorbé par son travail, ordonne : « Qu'elle se rhabille et qu'elle s'en aille ! » D'autres témoignages sont plus favorables à l'Empereur. Ainsi, Mlle George, la « Vénus française »

LETTRE À JOSÉPHINE

« *Je me réveille plein de toi. Ton portrait et le souvenir de l'enivrante soirée d'hier n'ont point laissé de repos à mes sens. Douce et incomparable Joséphine, quel effet bizarre faite-vous sur mon cœur ! Vous fâchez-vous ? Vous vois-je triste ? Êtes-vous inquiète ? Mon âme est brisée de douleur, et il n'est point de repos pour votre ami… Mais en est-il donc davantage pour moi, lorsque, me livrant au sentiment profond qui me maîtrise, je puise sur vos lèvres, sur votre cœur, une flamme qui me brûle. Ah ! c'est cette nuit que je me suis bien aperçu que votre portrait n'est pas vous ! Tu pars à midi, je te verrai dans trois heures. En attendant,* mio dolce amor, *reçois un millier de baisers ; mais ne m'en donne pas, car il brûle mon sang.* »

Paris, brumaire an IV.

comme l'appelle Lucien Bonaparte, racontera qu'il se montrait charmant et attentionné et s'amusait familièrement avec elle. Cette très belle femme à la chevelure brune et aux yeux noirs pleins de flamme fut régulièrement invitée à Saint-Cloud. Elle sera également l'amante du tsar de toutes les Russies, mais conservera un attachement indéfectible à l'Empereur. Ainsi, pendant la Restauration, à la Comédie-Française, elle appartiendra au « parti des abeilles », contre le « parti des lys » et sera surveillée par la police. Au duc de Berry, qui la nomme la « belle bonapartiste », elle répondra avec crânerie : « Oui, prince, c'est mon drapeau. Il le sera toujours. » Enfin, celle dont Stendhal disait qu'elle était « l'actrice la plus séduisante et la plus célèbre de l'époque », la Grassini, a dû longtemps patienter avant de le prendre dans ses filets. Lors de la première campagne d'Italie, le général Bonaparte entend la voix extraordinaire de celle qui fut surnommée la « Dixième Muse ». Elle l'enchante. De son côté, la cantatrice subjuguée par le vainqueur d'Arcole essaie de le séduire, en vain. Pourtant, lors de la seconde campagne d'Italie, avant Marengo, il se rend un soir à la Scala de Milan où il entend chanter la prima donna. Cette fois-ci, Napoléon Bonaparte se laisse séduire par la brûlante cantatrice à la beauté « éclatante de fraîcheur et de santé ». Le lendemain matin, Berthier les surprend ensemble, tout sourire, prenant leur petit déjeuner. Malgré cela, Napoléon dira plus tard qu'il préférait les blondes aux brunes et que Mme Grassini ne lui plaisait pas tellement à cause de cela. Cela ne l'empêchera pas de lui accorder en 1807 le titre prestigieux de première cantatrice de la musique particulière de S.M. l'Empereur. En 1815, l'ingrate Grassini deviendra pour un temps l'amante de Wellington !

Parmi toutes les maîtresses de Napoléon, Éléonore Denuelle de la Plaigne, une jeune lectrice de l'impératrice, occupe une place à part : elle fut la première à prouver que l'Empereur n'était pas stérile, en lui donnant, en 1806, un fils, le comte Léon, qui ressemble incontestablement à son père. On raconte aussi qu'elle faisait discrètement avancer, avec son pied, la grande aiguille de la pendule de leur chambre, pour être plus vite libérée de ce qui était devenu une corvée !

Ainsi, Napoléon s'est montré avec les nombreuses femmes de sa vie banalement humain, tantôt passionné, cruel, tendre, respectueux. Point ici de trace de cette misogynie qui imprègne le Code civil ou les lois sur l'éducation, et qui peut apparaître comme une sorte de revanche sur cette gent féminine qui l'aura fait souffrir.

Si Napoléon eut de très nombreuses maîtresses, il noua avec certaines une relation sincère et tendre. Ainsi avec la comédienne Marguerite Joséphine Weimer, dite Mlle Georges.
Dessin de l'école française, XIXe siècle.

L'Empereur compta quelques conquêtes célèbres comme la Grassini, une des plus fameuses cantatrices de son époque.
Peinture de Vigée-Lebrun, 1805.

Laure Permont, duchesse d'Abrantès

Parmi les nombreuses conquêtes de Napoléon, sa « préférée » est certainement Laure Permon, la future duchesse d'Abrantès. À l'époque où il la fréquente, il n'est que Premier consul et elle une jeune fille charmante, dont la jeunesse et la fraîcheur ne le laissent pas indifférent. Joséphine le sait. Parfois, elle ne peut s'empêcher de sangloter, comme ce jour où la voiture s'est arrêtée au bord du ruisseau de la Malmaison. C'est Laure que Bonaparte a prise dans ses bras pour la faire traverser en laissant Joséphine dans la calèche… C'est elle que le Premier consul vient réveiller tôt le matin, dans sa chambre de la Malmaison en lui tenant des propos malicieux voire équivoques ou en lui lisant son courrier intime.

« Une belle génisse

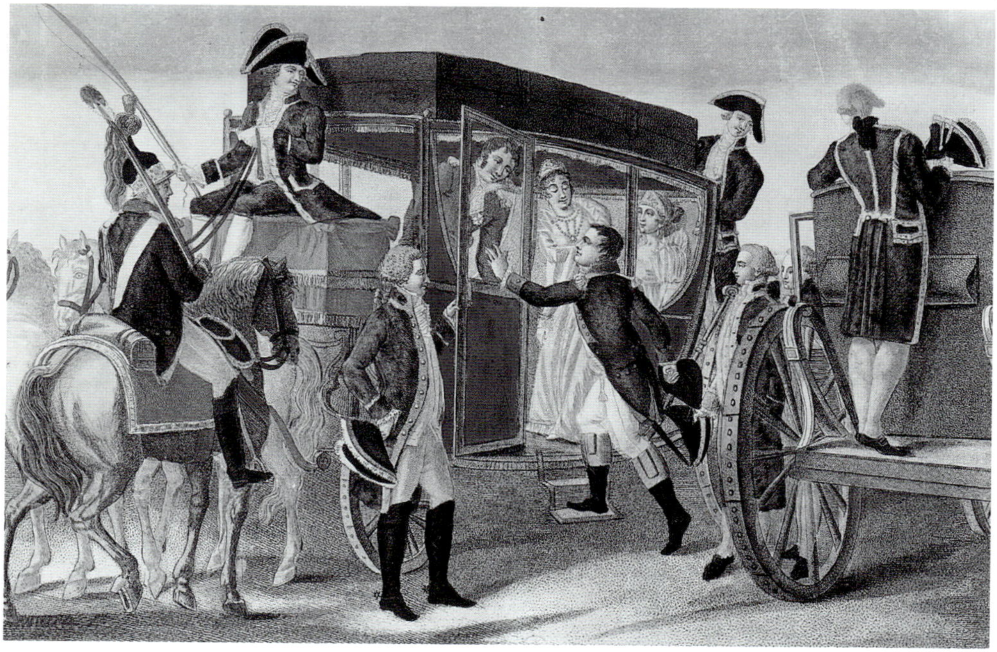

Le 27 mars, l'Empereur rencontre pour la première fois sa nouvelle épouse, la jeune Marie-Louise d'Autriche. Gravure anonyme.

Russe ou Autrichienne ?

Le débat sur l'identité de la future impératrice des Français agite l'entourage impérial. Le Conseil privé du 29 janvier réuni par Napoléon pour la circonstance est particulièrement houleux. Il oppose les partisans d'une union avec Anne, la jeune sœur du tsar Alexandre, aux tenants d'une alliance avec Marie-Louise. Les premiers, conduits par Fouché, invoquent le mauvais souvenir laissé par l'Autrichienne Marie-Antoinette. Parmi eux, Cambacérès et Murat agitent même le spectre d'une restauration royale. Les seconds, menés par Eugène de Beauharnais et Talleyrand, justifient leur position par des arguments d'ordre diplomatique : une alliance avec l'archiduchesse autrichienne garantirait la paix en Europe. En outre, en faisant oublier l'exécution de Marie-Antoinette, elle « sera un acte expiatoire de la part de la France » ajoute le grand-maître de l'Université, Fontanes. À l'écart des deux camps, Lebrun, en bon Normand, propose un mariage avec une princesse saxonne.

Le 12 janvier, le tribunal ecclésiastique du diocèse de Paris accorde l'annulation du mariage religieux de Napoléon et Joséphine. L'Empereur peut désormais se chercher une nouvelle épouse, un « ventre » comme il l'appelle… Il lorgne déjà sur la princesse Anne, sœur du tsar Alexandre, et sur Marie-Louise, la fille de l'empereur d'Autriche, François Ier. Mais la lettre qu'il reçoit du tsar le 7 février est décevante. Alexandre s'excuse de ne pouvoir lui donner la main de sa sœur : la princesse Anne est trop jeune et elle est orthodoxe. Autant d'arguties qui cachent un contentieux diplomatique. Le tsar aurait en effet souhaité, en échange de cette union, un compromis favorable en Pologne. Napoléon se tournera donc vers l'Autriche prête à tout pour préserver son existence. Il dépêche Eugène de Beauharnais auprès de l'ambassadeur d'Autriche. Le vice-roi d'Italie n'aura qu'une question à poser à Schwarzenberg : l'archiduchesse Marie-Louise serait-elle disposée à épouser l'Empereur ? « Oui » rapportera Eugène confirmant ainsi une devise des Habsbourg *« Tu felix Austria, nube, gerant alii bella »* (« Que d'autres fassent la guerre, Toi, heureuse Autriche, épouse »).

Pour sceller cette union au plus vite, l'Empereur décide d'organiser à Vienne un premier mariage par procuration. Cette cérémonie anticipée et provisoire se tient le 11 mars dans la capitale autrichienne en l'absence de Napoléon qui s'est fait représenter pour l'occasion par son fidèle Berthier. Ce dernier sera ensuite chargé de conduire la toute nouvelle impératrice jusqu'à Paris où doit avoir lieu le second mariage. Une première rencontre entre Napoléon et Marie-Louise est même fixée le 28 mars à Soissons… Le 13 mars, la jeune impératrice, au sein d'un immense cortège comprenant une centaine de voitures et 450 chevaux, quitte enfin la capitale autrichienne. Le 27 mars, le cortège parvient aux abords de Compiègne, dans un petit village du nom de Courcelles. La voiture de Marie-Louise s'arrête brutalement au milieu de la chaussée boueuse et ravinée. À la surprise générale, Napoléon se tient là sous la pluie battante. Il porte son

livrée au Minotaure »

uniforme de colonel des chasseurs et la redingote qu'il avait à Wagram. Impatient comme un adolescent, il n'a pu attendre le lendemain pour rencontrer sa nouvelle épouse. Son voyage en calèche depuis Paris n'a pas été de tout repos : la pluie continuelle, une roue brisée, des postillons paresseux et une course endiablée jusqu'à l'église de Courcelles, où il s'est posté pour attendre l'arrivée de Marie-Louise. Napoléon découvre enfin cette jeune fille de 18 ans, blanche et fraîche, aux formes généreuses, girondes. Il sent immédiatement monter en lui une vague de désir pour cette pucelle que la cour d'Autriche a longtemps préservée des hommes. Les mariés ne se quitteront plus jusqu'au 1er avril, jour du mariage civil qui se tient au château de Saint-Cloud. Dans la grande galerie, sur une estrade couverte d'un vaste dais, Marie-Louise dira une nouvelle fois « oui » à l'Empereur. Le lendemain, lors du mariage religieux, organisé dans le salon Carré du Louvre, elle revêtira le manteau d'impératrice, celui-là même qu'avait porté Joséphine. Car cette cérémonie plus qu'une noce, doit être comme un nouveau sacre. Lentement, Marie-Louise, couronnée, pénètre dans la petite chapelle aménagée, suivie des sœurs Bonaparte et d'Hortense qui tiennent sa lourde traîne. Coiffée d'un petit chapeau de velours noir, habillée d'un manteau de satin blanc, elle passe devant Napoléon entre les deux tribunes montées de chaque côté du salon, où ont été installés les membres de la cour mais aussi le corps diplomatique étranger. Metternich est là, l'ambassadeur russe Kourakine aussi. Mais leur présence ne parviendra pas à masquer l'absence de nombreux cardinaux qui manifestent ainsi leur fidélité au pape et leur opposition à la politique pontificale de l'Empereur. Napoléon enrage en silence. Conformément aux désirs de l'Empereur, la cérémonie sera courte. Le prince Dalberg, président de la Confédération du Rhin, et le cardinal Fesch, tous deux chargés de célébrer ce mariage, ne s'attarderont pas en rituels inutiles. Ils laisseront Napoléon savourer sa victoire : lui, l'ancien républicain, est devenu par cette alliance le petit neveu de Louis XVI !

L'impératrice Marie-Louise, dont on vante la fraîcheur et la jeunesse. Aquarelle d'Isabey.

Du mariage arrangé à la romance

D'abord, quelque peu intriguée de connaître enfin celui qu'elle appelait « l'Antéchrist », Marie-Louise ne tardera pas à succomber au charme de son époux : « *Je trouve qu'il gagne beaucoup quand on le connaît de près ; il a quelque chose de très prenant, de très empressé à quoi il est impossible de résister* », avouera-t-elle à son père. Napoléon est quant à lui fort satisfait de sa nouvelle conquête : « *Elle remplit toutes mes espérances et depuis deux jours, je n'ai cessé de lui donner et de recevoir des preuves des tendres sentiments qui nous unissent. Nous nous convenons parfaitement* », écrira-t-il au père de la jeune fille, l'empereur François Ier. Le mariage politique, arrangé, tourne vite à la romance…

Le mariage religieux dans le salon Carré du Louvre, peinture de Georges Rouget (détail).

La lune de miel

« Hors de moi, vous n'êtes rien »

Le 20 mai, Napoléon adresse une lettre incendiaire à son frère Louis : *« Tout le monde sait que, hors de moi, vous n'êtes rien. C'est avec la raison et la politique que l'on gouverne les États, non avec une lymphe âcre et viciée. »* Louis qui se pose en défenseur de la Hollande, ne veut pas « déserter », au grand dam de ses ministres et de ses conseillers. Napoléon hausse encore le ton : *« Soyez d'abord français et frère de l'Empereur, et soyez sûr que vous serez dans le chemin des vrais intérêts de la Hollande. »* Puis, il ordonne au maréchal Oudinot d'approcher ses troupes d'Amsterdam…

Le débarquement de Napoléon et de Marie-Louise à Anvers, peinture de Louis-Philippe Crépin.

Le mariage impérial est l'occasion d'une grande fête nationale qui durera presque une semaine. Déjà, Paris vibre au rythme des feux d'artifices, des bals et des spectacles. La foule se presse aux Tuileries pour acclamer les mariés, ou aux pieds de l'Arc de Triomphe toujours en travaux mais décoré pour l'occasion de quelques toiles colorées. Dans l'air du soir, Napoléon reste silencieux. Il savoure cette joie simple et naïve que lui offre une Autrichienne de 18 ans. Le lendemain, il emmène sa nouvelle épouse à Compiègne, ville de leur première rencontre. Ils passeront quelques jours au château, dans la « maison de Marie-Louise » comme l'appelle Napoléon. Amolli par cette délicieuse lune de miel, l'Empereur ne sait même plus quelle décision prendre au sujet de l'Espagne. Trois fois il ordonnera le départ pour Bayonne. Trois fois on préparera les fourgons, les chevaux, les convois pour le grand voyage… Mais toujours, Marie-Louise, les larmes aux yeux, saura retenir son amant. Quel eût été le sort de la péninsule Ibérique si la jeune impératrice n'avait pas détourné Napoléon de ses devoirs d'empereur ?

S'il ne part pas en Espagne, Napoléon doit au moins régler le problème hollandais, cette brèche béante dans le Blocus. Depuis l'automne 1809, Louis ne fait plus appliquer le Blocus dans son royaume qui entretient en toute impunité des relations commerciales avec la « perfide Albion ». Le 16 mars 1810, en guise d'avertissement adressé à son frère, il a fait annexer tous les territoires compris entre la frontière française et le fleuve Waal,

y compris la riche et stratégique Zélande. Louis refuse toujours d'abandonner son trône. Napoléon s'énerve : « Je veux manger la Hollande », lui assène-t-il. Les deux frères se rencontrent finalement à Anvers. L'entrevue tourne à l'aigre. Louis annonce en effet à Napoléon qu'il est en train de négocier la paix avec l'Angleterre. Pour mener ses tractations avec l'ennemi, il peut compter sur deux intermédiaires bien connus, les banquiers Ouvrard et Baring. Jamais l'Empereur n'a donné l'ordre à son frère de se compromettre ainsi avec l'ennemi ! En outre, il connaît trop bien Gabriel Ouvrard, cet ami de Fouché, ce financier corrompu, compromis dans l'affaire des « Négociants réunis »… Il le pensait définitivement ruiné. Il n'en est rien. Derrière cette sombre machination se profile, à coup sûr, l'ombre de Fouché. Napoléon en est maintenant convaincu : Louis doit abdiquer et la Hollande doit être entièrement annexée.

Il lui faut maintenant rassurer ces populations inquiètes, ces commerçants du Brabant toujours avides de débouchés économiques, et leur montrer tout le parti qu'il peuvent tirer d'être français. Pour cela rien ne vaut un voyage officiel dans ces anciens Pays-Bas autrichiens. Napoléon en profitera pour présenter sa nouvelle épouse à la population, et convoquera son frère Louis pour l'inciter à abdiquer. Le 27 avril au petit matin, c'est un immense cortège de 355 voitures et 250 chevaux qui quitte le château de Compiègne. Parmi les représentants de l'État et les personnalités de marque figurent la plupart des ministres, le vice-roi d'Italie Eugène, mais aussi le roi de Westphalie, Jérôme et son épouse. Le convoi impérial visitera les départements des Deux-Nèthes, notamment les arrondissements de Breda, de Middelburg et d'Anvers, puis les départements de la Lys et de l'Escaut. Napoléon et son épouse seront accueillis par des foules en liesse. À Anvers, la fête bat son plein : « On promena le géant, le vaisseau, des machines immenses qui décorent moins bien la première entrée des souverains à Anvers, depuis des siècles, que l'énorme concours et la bruyante joie de tout un peuple. » Après Anvers, le cortège impérial longe les côtes de la mer du Nord et de la Manche. Soucieux de faire oublier le désastre de Trafalgar et l'attaque anglaise de Walcheren l'été dernier, Napoléon s'attache à ressusciter la marine française. Il inspecte le camp de Boulogne et visite le port du Havre.

Rallier les royalistes ?

En épousant la petite-nièce de Marie-Antoinette, Napoléon espère, une fois pour toutes, rallier au régime impérial les derniers opposants royalistes. Il n'avait cessé de les séduire par diverses mesures politiques. Le mariage autrichien sera beaucoup plus efficace que tous ces traitements de faveur. Le baron de Frénilly s'en fait le témoin quelque peu désabusé : *« Beaucoup de gens fatigués de leur vertu se réconcilièrent avec la cour des Tuileries. Bonaparte, marié à une petite-nièce de Marie-Antoinette, appelait son oncle de si bonne grâce qu'il fallait une fidélité terriblement encroûtée pour résister à cette légitime à la mode de Bretagne. »* Les nobles belges, comme le duc d'Arenberg, daignent enfin participer à la vie politique française. Mais on ne se fait guère d'illusion sur cette union de la carpe et du lapin : on n'hésite pas à critiquer cette « pécore autrichienne » amoureuse de son « Gengis Khan ».

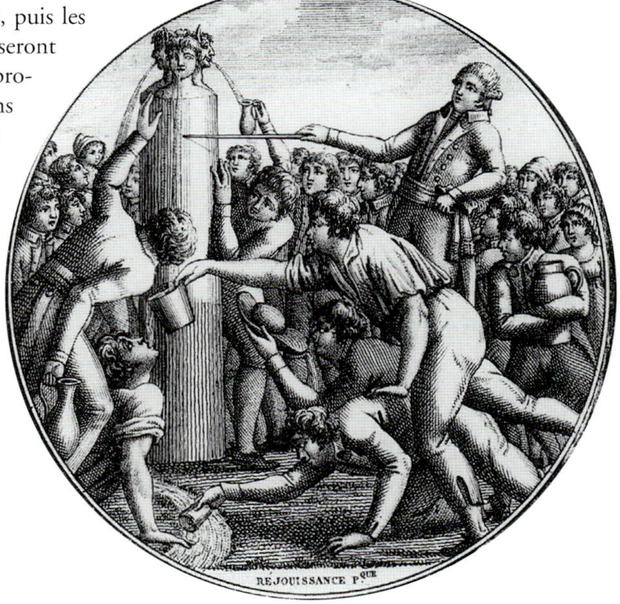

Le mariage de Napoléon et de Marie-Louise est l'occasion de réjouissances à travers tout l'Empire, et notamment en Hollande, où le couple impérial effectue un voyage officiel. Gravure anonyme, 1810.

La reprise en main

Le 1er juin, Napoléon et Marie-Louise rentrent enfin à Paris. Leur retour marque le début d'une semaine de fêtes et de cérémonies officielles. Mais l'Empereur est soucieux. Les révélations de Louis ainsi que le rapport établi par le général Savary sur Fouché sont accablants. Le ministre de la Police s'est bien rendu coupable de trahison. Il n'a pas hésité à dépêcher à Londres l'un de ses agents secrets pour négocier avec lord Wellington. Napoléon sait qu'il n'a pas le choix : il doit se débarrasser au plus vite de ce conspirateur. Le 3 juillet, il révoque Fouché et lui adresse une lettre impitoyable : « La place de ministre de la Police exige une entière et absolue confiance ; cette confiance ne peut plus exister. » Quelques jours plus tard, lorsqu'il apprend que son ex-ministre a tenté de subtiliser des documents compromettants, il entre dans une colère terrible et hésite même à le faire arrêter. Fouché n'aura d'autre issue qu'une longue errance en France avant de pouvoir retrouver son château de Ferrières. Savary, quant à lui, se verra gratifié du poste de… ministre de la Police.

Louis Bonaparte, roi de Hollande et son fils Napoléon-Louis, peinture anonyme.

Un prince plein de promesses, Napoléon-Louis (1804-1831)

Prince royal de Hollande jusqu'en 1810 puis grand-duc de Berg et de Clèves jusqu'en 1813, il épouse en 1826 sa cousine Charlotte Bonaparte, fille de Joseph, avec laquelle il n'aura pas d'enfants. Élevé auprès de son père, Napoléon-Louis ne retrouve son frère, Louis-Napoléon le futur empereur, qu'en 1825. Avec lui il s'engage dans la lutte pour l'indépendance de l'Italie. Il prête le serment carbonaro, cet engagement secret à se battre pour l'unité de l'Italie. En 1831, les deux frères participent aux mouvements insurrectionnels qui secouent la Romagne en lutte contre les troupes papales et autrichiennes. Mais le prince est tué à Forli dans une escarmouche avec les soldats autrichiens.

Bernadotte en uniforme de prince royal de Suède en 1811. Ses descendants règnent aujourd'hui encore en Suède. Peinture de Pascal Simon Gérard.

Dans le même temps, Napoléon parvient à dénouer l'affaire hollandaise et à faire céder l'entêtement imbécile de son frère. Le 3 juillet, il apprend, non sans un certain soulagement, l'abdication de Louis qui, avant de s'enfuir, a confié le trône à son propre fils. Espère-t-il ainsi garantir l'indépendance de la Hollande ? L'Empereur n'a que faire d'un Louis II ! Le 9 juillet, il annexe le royaume de Hollande, qu'il fait aussitôt découper en neuf départements français. Amsterdam devient la troisième ville de l'Empire. Pour administrer ces nouveaux territoires, il nomme au poste de lieutenant général un homme de confiance, l'architrésorier Lebrun, qui inaugurera sa nouvelle fonction en adressant à son Empereur ces quelques mots : « Sire, la terre et les eaux de Hollande sont à vous. »

Les relations sont plus complexes avec la Suède où le maréchal Bernadotte est, contre toute attente, élu prince héréditaire du royaume sans que Napoléon l'ait réellement souhaité. En effet, depuis mai 1810, le roi Charles XIII, qui n'a pas d'enfant, se cherche vainement un successeur. Parmi la liste de prétendants figurent : Frédéric-Christian d'Augustenberg et le prince du Danemark Christian-Frédéric. C'est ce dernier que Napoléon entend soutenir. Mais un autre candidat est cité : Bernadotte ! Il est soutenu par un important parti d'officiers suédois francophiles. Durant la prise de Lübeck, en novembre 1806, le maréchal français s'était fait remarquer pour sa grande courtoisie et son élégance. En apprenant la nouvelle Bernadotte tombe des nues mais finit par accepter. Averti, Napoléon ne s'oppose pas à sa candidature, convaincu qu'il n'a pas la moindre chance de succès. Il se trompe lourdement car, le 21 août, Bernadotte est officiellement nommé par les états généraux suédois, prince royal sous le nom de Charles-Jean. L'Empereur enrage : il tente de faire signer à Bernadotte des lettres patentes l'engageant à ne jamais porter les armes contre la France. En vain. Le 22 septembre, le prince héritier légitime de Suède fera ses adieux à Napoléon, encore étonné par cette singulière destinée. L'Empereur se consolera en imaginant tenir là un allié fidèle contre l'Angleterre…

Arrivée de Bernadotte en Suède en 1810. Aquarelle de Ramberg, XIXe siècle.

Un « rival sérieux », Bernadotte (1763-1844)

Simple soldat en 1780, Bernadotte est adjudant en 1790, puis général de brigade à 31 ans. Il combat à Fleurus, sur le Rhin en 1795-1796 et en Italie en 1797. Républicain convaincu, ce général néojacobin défend farouchement son indépendance politique : ainsi s'il dénonce le défaitisme du Directoire, il n'en soutient pas pour autant le coup d'État de Bonaparte. Marié à l'« ex-fiancée », Désirée Clary, il éprouvera toujours une certaine jalousie envers Napoléon. Il est cependant choyé par celui-ci, qui lui offrira le commandement de l'armée de l'Ouest et saura lui pardonner son implication dans une conspiration républicaine en 1802 (celle des « pots de beurre »). Maréchal en 1804, prince de Pontecorvo deux ans plus tard, il participe sans panache aux batailles d'Austerlitz, d'Eylau et de Wagram. Élu en août 1810 prince héritier de Suède, il n'hésite pas à trahir et à s'allier à la Russie dès 1812, puis à prendre part à la coalition contre la France un an plus tard. Le 5 février 1818, cet ancien ennemi de la royauté qui aurait porté tatouée sur la poitrine la fameuse devise *« Mort aux Rois »*, accède enfin au trône de Suède sous le nom de Charles XIV. Il restera dans la mémoire de Napoléon comme l'incarnation de la déloyauté…

Paris, capitale de l'Europe

Napoléon aime éblouir les Parisiens avec les défilés de la Garde impériale. *Un jour de revue sous l'Empire en 1810,* peinture d'Adrien Dauzats et Hippolyte Bellangé, 1862.

« Donnez-lui de l'eau ! »

Lorsqu'en 1802, Bonaparte avait demandé à Chaptal, alors ministre de l'Intérieur ce qu'il pouvait faire de « grand et d'utile pour Paris », ce dernier lui avait répondu : *« Donnez-lui de l'eau ! »* Le préfet Frochot développera cette grande idée en proposant l'aménagement d'un vaste réseau hydraulique. Ainsi, pour en finir avec le système des porteurs d'eau approvisionnant les familles, Napoléon décide l'ouverture d'un canal de dérivation de l'Ourcq permettant l'adduction des eaux de la rivière dans le bassin de la Villette. Puis il lancera la construction d'une série de belles fontaines publiques.

Si l'Empereur n'aime pas les Parisiens, des « gens à pisser dessus » comme il l'écrira, il entend faire de Paris une capitale à la mesure de l'Empire : « Il entrait dans mes rêves perpétuels de faire de Paris la véritable capitale de l'Europe. Parfois, je voulais qu'il devînt une ville de deux, trois, quatre millions d'habitants, par exemple, en un mot quelque chose de fabuleux, de colossal, d'inconnu jusqu'à nos jours, et dont les établissements publics eussent répondu à la population », avouera-t-il. Pour accomplir cette ambition, Napoléon va entreprendre durant quinze ans des travaux urbanistiques de grande ampleur, parfois titanesques. Le total des dépenses liées à la transformation de Paris atteindra la somme astronomique de 135 millions de francs…

Dès 1801, alors Premier consul, il avait fait réaménager le quartier du Louvre et des Tuileries selon un plan défini par Percier et Fontaine. Il fallait désengorger la rue Saint-Honoré, principal débouché vers l'ouest, et remplacer les rues étroites et tortueuses du faubourg par de larges avenues droites et aérées (12 m de large), garnies de trottoirs à

C'est dans la maquette en plâtre et bois de l'éléphant que Victor Hugo logera un moment Gavroche dans *les Misérables*.
La fontaine de l'éléphant, dessin de Jean-Antoine Alavoine.

Le Napoléon couronné, de l'arc de triomphe de l'Étoile., réalisé par J. P. Cortot,

arcades où le nombre des commerces est limité. Bonaparte ordonne ainsi le percement de la rue de Rivoli et d'une série de voies perpendiculaires (la rue des Pyramides, la rue de Castiglione et la rue Napoléon). Afin de garantir la tranquillité et le raffinement de ce nouveau quartier, on interdit l'installation de certains artisans, notamment ceux qui « travaillent du marteau » et ceux qui « font usage du four ».

En 1806, Napoléon décide l'aménagement du palais du Louvre, ce « grand colosse dépecé et mis en ruines sans avoir jamais pu être terminé » (Fontaine). La cour Carrée du Louvre sera achevée tout comme la colonnade dont le fronton central est orné d'un buste de l'Empereur. Le Carrousel, où se déroule la traditionnelle revue des troupes, sera agrandi. Pour marquer l'entrée des Tuileries, Percier et Fontaine font bâtir entre 1806 et 1808 un arc de triomphe « à la gloire des armées », inspiré de l'arc romain de Constantin. Les sculptures de cet édifice évoquent les gloires militaires de l'Empire : au sommet des colonnes, les différents corps d'armées de l'Empire, et, au-dessus de la voûte, la statue de Napoléon Ier couronné par une Victoire.

L'Empereur ordonne en 1806 l'édification d'un autre arc de triomphe. Après avoir envisagé de le bâtir place de la Concorde puis place de la Bastille, son ministre de l'Intérieur, Champagny, opte finalement pour la colline de l'Étoile, « du côté de la grille Chaillot ». Il justifie son choix : « Un arc de triomphe à l'Étoile fermerait de la manière la plus majestueuse et la plus pittoresque le superbe point de vue que l'on a du château impérial des Tuileries. » L'architecte Jean-François Chalgrin dessinera un édifice monumental de 45 m de large sur 50 m de haut. Mais les travaux ne seront pas achevés pour le mariage de l'Empereur et de Marie-Louise. Les badauds ne peuvent alors apercevoir qu'une ébauche de charpente et de toiles. La mort, en 1811, de Chalgrin, remplacé jusqu'en 1814 par Goust, et les guerres continuelles donneront un coup d'arrêt au projet qui ne sera terminé qu'en… 1836. La « colonne d'Austerlitz » dont la construction est lancée en 1806 sur la place Vendôme, répond à la même volonté de grandeur. S'inspirant de la colonne Trajane, elle sera surmontée d'une statue de Napoléon habillé en empereur romain et coiffé d'une couronne de lauriers. Mais cette vaste entreprise urbaine passe aussi par la rénovation de nombreux bâtiments publics, comme le Palais-Bourbon, le palais du Luxembourg, les Invalides, le Panthéon, ainsi que les trois grands cimetières parisiens. À cela s'ajoute la construction de nombreux ponts afin de faciliter la circulation parisienne : pont d'Austerlitz commencé en 1802 et achevé quatre ans plus tard, pont des Arts réalisé en fer et formé d'une passerelle à piétons, pont d'Iéna terminé en 1813, pont de la Cité en bois.

Un éléphant place de la Bastille !

L'Empereur n'a pas oublié la place de la Bastille où il comptait d'abord édifier un arc de triomphe.
Le 9 février 1810, il décide par décret de faire bâtir au centre de la place une vaste fontaine qui aurait « *la forme d'un éléphant de bronze fondu avec des canons pris sur les Espagnols insurgés. Cet éléphant serait chargé d'une tour et serait tel que s'en servaient les Anciens ; l'eau jaillirait de sa trompe.* » L'ouvrage devra être impérativement achevé et présenté le 2 décembre 1811. Bridan réalisera une maquette en plâtre de l'éléphant. Mais seules les fondations, c'est-à-dire le socle et le bassin dessinés par Célérier et Alavoine et sculptés par Mouton, seront effectivement construites.

Échec au Portugal

À la fin de l'année 1810, l'Empereur compte porter un coup mortel à l'Angleterre en Espagne. Pourtant il ne part pas, il goûte aux joies du bonheur domestique et a remis déjà plusieurs fois son départ. Plus tard, il dira : « Ne m'était-il pas permis, à moi aussi, de me livrer quelques instants au bonheur ? » Il désigne donc Masséna pour aller battre les Anglais au Portugal. Celui-ci, peu enthousiaste, rejoint Salamanque où il est accueilli froidement par Ney et Junot, furieux d'être ses subordonnés. Les forces qu'il trouve sont bien inférieures à ce que lui avait annoncé Napoléon : à peine 53 000 hommes contre les 80 000 Anglo-Portugais commandés par Wellington. Le « duc de fer » a organisé sa résistance sur les lignes de Torres Vedras, barrière naturelle faite de collines abruptes où Wellington fait creuser des tranchées pour abriter ses hommes. Masséna franchit la frontière entre le 10 et le 15 septembre 1810, sa marche est lente. Il repousse néanmoins les Anglais et se retrouve le 10 octobre face à la ligne de défense anglaise. Impressionné par celle-ci, il n'attaque pas mais en organise simplement le blocus. Beaucoup murmurent que le maréchal a vieilli, qu'il manque d'énergie. À 52 ans, Masséna ne serait plus l'homme de Zurich ou d'Essling. Mais que peut-il faire ? Son armée est affaiblie et il est mal soutenu par Ney, Junot et Soult. Il demande au général Foy de regagner Paris et de réclamer des renforts à l'Empereur. Mais si Napoléon reçoit le général, écoute son rapport, il ne prend pas la décision, pourtant espérée par Masséna, de rejoindre lui-même l'armée. Il se contente de suggérer l'aide de Soult. Napoléon est en effet davantage préoccupé par l'attitude de la Russie. De plus en plus, il songe à faire campagne contre Alexandre. Par ailleurs, le Blocus met l'Angleterre aux abois, des vaisseaux anglais sont rejetés de Suède, de Prusse, du Danemark. Napoléon craint que la Russie accueille à nouveau les navires anglais. Il prévient Alexandre : « Il dépend de Votre Majesté d'avoir la paix ou de faire durer la guerre. » La réunion, à la fin de l'année 1810, d'Oldenbourg et des villes hanséatiques à la France est un coup rude pour le tsar, qui commence à laisser entrer les navires anglais dans ses ports et qui, surtout, attend des nouvelles d'Espagne.

Le prince d'Essling est toujours arrêté à Torres Vedras. Soult ne peut venir l'aider car il est empêtré dans la conquête de l'Andalousie. Il ne peut qu'assiéger Badajoz pour lui éviter d'être pris à revers. Pour Masséna, c'est une déception ; se considérant comme trahi, il se retire vers Coimbra le 4 mars 1811. Heureusement, Wellington ne s'aperçoit pas de cette retraite et n'entame sa poursuite que deux jours plus tard. Dès lors, Masséna n'a plus d'autre choix que la retraite vers l'Espagne : il franchit la frontière le 22 mars. Quand il peut reprendre l'offensive, Ney refuse de l'aider. Masséna, furieux, lui retire son commandement. Il pense alors pouvoir compter sur Bessières au nord et se retourne contre Wellington. Le 3 mai, les Anglais sont battus à Fuentes de Oñoro, mais Bessières n'intervient pas et ne transforme pas la défaite anglaise en déroute.

Cette victoire est donc sans lendemain. Masséna, dépité, se replie jusqu'à Salamanque. L'Empereur ne pardonnera pas cet échec à son maréchal et le reléguera au commandement de la 8e division militaire. Décidément, l'affaire d'Espagne coûte cher.

MASSÉNA, « L'ENFANT CHÉRI DE LA VICTOIRE » 1758-1817

Il s'engage dans le régiment Royal-Italien dès 1775. En 1789, il quitte l'armée avec le grade d'adjudant sous-officier. En 1793, il est élu lieutenant colonel du 2e bataillon des volontaires du Var et repart en campagne. Général de brigade puis de division en 1793, il sert en Italie, où il s'illustre particulièrement à Rivoli et devient « l'enfant chéri de la Victoire ». Passé à l'armée d'Helvétie, il remporte la bataille de Zurich en 1799. En 1800, il est héroïque lors du siège de Gênes. Député au Corps législatif en 1803, il est maréchal en 1804. Envoyé en Italie en 1805, il est chargé de conquérir le royaume de Naples. Masséna se distingue à Essling et Wagram où il résiste à un ennemi bien supérieur en nombre. Napoléon le fait duc de Rivoli et prince d'Essling et le récompense d'une riche dotation. Après son échec au Portugal en 1811, il est disgracié. Il se rallie à l'Empereur pendant les Cent-Jours. Soldat brave, intelligent, excellent stratège, Masséna connaît deux passions dévorantes ; les femmes et l'argent. Il est sans doute le plus grand pillard de l'Italie et se déplace toujours, y compris sur les champs de bataille, accompagné de sa maîtresse.

Calme et froid en toutes circonstances, Wellington restera dans l'Histoire comme celui qui a su vaincre Napoléon. Portrait de Goya, 1812.

◁ Napoléon dira de Masséna : « Il est un bon soldat mais entièrement adonné à l'amour de l'argent. »

Les troupes françaises engluées dans le guêpier espagnol manqueront bientôt à Napoléon, en Russie. *Retour de Masséna du Portugal,* gravure coloriée, XIXe siècle.

WELLINGTON, LE « DUC DE FER » 1769-1852

Arthur Wellesley est issu d'une des plus vieilles familles anglaises établies en Irlande. Après des études médiocres, il est envoyé, en 1786, à Angers à l'Académie royale d'équitation où il apprend le français. En 1793, il est lieutenant colonel au 33e d'infanterie et part servir en Inde en 1796, où il s'illustre à la fois comme soldat et comme négociateur. Rentré en Angleterre en 1805, il est nommé commandant du corps expéditionnaire britannique au Portugal en 1808 puis de toutes les forces anglaises dans la péninsule Ibérique en 1809. Habile tacticien sachant tirer parti des avantages du terrain, il bat tous les grands maréchaux de l'Empire en Espagne et se forge une solide réputation militaire. Sa victoire à Talavera en juillet 1809 lui vaut le titre de comte de Wellington. Mais il est avant tout le vainqueur de Napoléon à Waterloo. Après 1815, il fait une belle carrière de diplomate et de ministre. Fasciné par le souvenir de l'Empereur, il passe de longues heures, assis devant son tableau, silencieux…

La naissance d'un fils

Le roi de Rome,
aquarelle de Jean-Baptiste Isabey.

En octobre 1810, l'Empereur a annoncé aux grands corps de l'État, aux préfets, aux évêques que l'impératrice était enceinte depuis le mois de juin. Moins d'un an après son mariage, Napoléon peut enfin espérer avoir un héritier. Il confie à Mme de Montesquiou la charge de « gouvernante des enfants de France » en lui disant gravement : « Faites de mon fils un bon Français et un bon chrétien. » Sa grossesse vaut à Marie-Louise toutes les attentions de son époux. Il ne la quitte plus et la couvre de cadeaux, porcelaines de Sèvres, meubles et bijoux.

Le soir du 19 mars, l'impératrice ressent les premières douleurs et le spectacle auquel elle devait se rendre est annulé. Le lendemain matin, les cloches de Paris commencent à sonner. Le docteur Corvisart annonce que l'impératrice est sur le point de mettre au monde son enfant. Mais l'accouchement est difficile, et Dubois, le médecin accoucheur, prévient l'Empereur que le bébé se présente mal. Il doit recourir aux forceps. « Mon Dieu ! Est-ce qu'il y aurait du danger ? » s'inquiète le père. Dubois, livide, répond : « Sire, il faut ménager l'un ou l'autre ». Sans hésiter, l'Empereur reprend : « La mère, c'est son droit. Avec la mère, j'aurai un autre enfant. Conduisez-vous ici comme si vous attendiez le fils d'un savetier. » Lorsque l'enfant naît, les médecins le croient mort et s'occupent surtout de la mère. Napoléon, en bon mari, se précipite aux côtés de son épouse et l'embrasse. Mais soudain l'enfant, que Mme de Montesquiou a pris dans ses bras et couvert de serviettes chaudes, pousse un cri. Napoléon se retourne, rayonnant de joie. « Mais il vit ! » s'écrie-t-il, en embrassant son fils. Il monte aussitôt s'habiller et lance à Constant, son valet de chambre : « Eh bien, Constant, nous avons un gros garçon ! Il s'est joliment fait tirer l'oreille, par exemple ! »

Au même moment, le canon commence à tonner. La foule dans les rues et dans le jardin retient son souffle : 21 coups annoncent la naissance d'une fille et 101 celle d'un garçon. Au 22e coup, les cris de joie et les acclamations s'élèvent et parviennent jusqu'aux Tuileries. Coignet raconte : « Tout le monde était silencieux, comptant les coups. Au vingt-deuxième, un immense cri de Vive l'Empereur ! poussé par tous les grognards ivres de joie, retentit dans la caserne ; notre Empereur avait un héritier. »

Un peu plus tard, Mme de Montesquiou apporte l'enfant lavé et habillé à l'Empereur. Celui-ci le prend dans ses bras, des larmes coulent sur ses joues. Il peut présenter son héritier à tous les dignitaires de l'Empire réunis au grand salon. Puis, du balcon, il le montre à la foule massée dans la cour qui le salue par un gigantesque « Vive l'Empereur ! »

Le baptême a lieu le 9 juin en une somptueuse cérémonie à Notre-Dame dans la chapelle impériale. L'enfant reçoit les prénoms de Napoléon, François en l'honneur de son grand-père l'empereur d'Autriche, Joseph pour son oncle roi d'Espagne et Charles pour

LES ENFANTS NATURELS DE NAPOLÉON

Nous sommes certains de la paternité de Napoléon pour deux enfants. L'un est le fruit d'une simple aventure amoureuse avec Éléonore Denuelle de la Plaigne. Né le 13 décembre 1806 il se prénomme Léon et ressemble d'une façon étonnante à Napoléon. Ce dernier lui constitue un capital, mais dès qu'il entre en possession de cette fortune, à l'âge de 17 ans, Léon la dilapide joyeusement, en particulier au jeu. Personnage extravagant, il se titre lui-même et devient le comte Charles-Léon. Il fait de la prison pour dettes, et va jusqu'à assigner sa mère en justice, pour lui extorquer de l'argent ! Il se rend même à Londres pour y provoquer son « cousin » Louis-Napoléon. Devenu empereur, celui-ci, peu rancunier, lui fait verser une pension annuelle des plus confortables et paye toutes ses dettes. Il se marie avec une couturière et finit misérablement en 1881. L'autre enfant est le fils de Marie Walewska, né le 4 mai 1810. Prénommé Alexandre, il est titré comte Walewski par Napoléon dès 1812. Il s'engage dans l'armée puis fait du journalisme avant de devenir un excellent diplomate. Ambassadeur à Londres, ministre des Affaires étrangères, il fait une belle carrière sous le second Empire où il devint président du Corps législatif. Il meurt en 1868.

son grand-père paternel Charles Buonaparte. Il a deux parrains ; Joseph roi d'Espagne, et le grand-duc de Wurtzbourg. Le petit roi porte le grand cordon de la Légion d'honneur et se tient sur les genoux de Mme de Montesquiou. Jusqu'au 9 mai 1812, date de son départ pour la campagne de Russie, Napoléon pourra vivre aux côtés de son fils. Ce seront les seuls moments passés avec lui.

Enfin, Napoléon peut présenter aux dignitaires de l'Empire son héritier. *Naissance du roi de Rome,* peinture de Georges Rouget.

Les maréchaux à la cour

Braves à l'extrême, les maréchaux sont « plus à l'aise sous le feu de la mitraille qu'entourés d'un essaim de jolies filles décolletées. » *Entrée de Napoléon entouré de son état-major dans Berlin,* peinture de Charles Meynier.

Lorsqu'il réorganise la société, Napoléon admet la nécessité de rattacher les chefs militaires à la vie civile par des liens puissants. Il veut avant tout éviter de créer une caste de guerriers. L'Empereur souhaite également récompenser le mérite personnel, notion née de la Révolution, et non la naissance, idée d'Ancien Régime, afin d'assurer la cohésion de la société. « Sachez que je prétends que vous ne soyez militaires qu'à l'armée. Le titre de maréchal est une dignité purement civile qui vous donne dans ma cour le rang qui vous est dû mais qui n'entraîne après lui aucune autorité. Généraux sur le champ de bataille, soyez grands seigneurs autour de moi et tenez à l'État par les liens purement civils que j'ai su vous créer en vous décorant du titre que vous portez. » Civile, la dignité de maréchal se situe à la cinquième place de la hiérarchie impériale, après l'Empereur et l'impératrice, la famille impériale, les grands dignitaires et les ministres.

Outre le bâton prestigieux, Napoléon donne à la plupart de ses généraux des titres de princes ou de ducs rappelant soit un exploit militaire, soit le « fief » qu'il leur a octroyé. Ces honneurs sont accompagnés de revenus substantiels. En effet, l'Empereur désire que ses compagnons d'armes soient riches et brillent par des titres éblouissants. La vanité et la fortune doivent agir sur ces hommes assoiffés d'honneurs. Pour ses maréchaux, Napoléon crée des duchés et des principautés auxquels il donne le plus souvent des noms de batailles. Ainsi, Augereau est duc de Castiglione, Davout, duc d'Auerstedt, Kellermann duc de Valmy, Lannes duc de Montebello, Masséna duc de Rivoli, Ney duc d'Elchingen, etc. Après Wagram, Davout devient aussi prince d'Eckmühl.

Les maréchaux et les grands généraux sont couverts d'honneurs mais n'oublient pas pourquoi ils le sont. Alors que le duc de Montmorency ironise sur l'élévation de Junot au rang ducal : « Vous êtes donc duc mais vous n'avez pas d'ancêtres ! » Ce dernier lui réplique fièrement : « C'est nous qui sommes les ancêtres ! » L'Empereur leur donne maintenant du « Mon cousin » et on les nomme « Monseigneur » dans leur correspondance.

Mais Napoléon exige que ces nouveaux ducs et comtes tiennent leur rang et mènent grand train. Pour cela, ils reçoivent des dotations magnifiques. Berthier, un de ses préférés, perçoit 1 million et demi à dépenser chaque année (39 millions de nos francs) plus des émoluments divers, car chaque campagne et chaque promotion sont l'occasion de largesses. Le moins bien doté, Augereau, reçoit tout de même 200 000 francs de revenus. En outre, les anoblis résident dans les demeures élégantes des quartiers les plus chics de la capitale, comme l'aristocratique faubourg Saint-Germain ou la rue de Lille où habitent notamment Oudinot, Ney et Masséna. Berthier, encore lui, se rend rapidement célèbre par l'éclat de ses soirées et de ses parties de chasse, auxquelles l'Empereur se rendait avec plaisir. Néanmoins, la réflexion de Lefebvre à Talleyrand lors d'une soirée à la cour des Tuileries est assez révélatrice de l'état d'esprit de cette nouvelle noblesse, qui reste éloignée de ces hommes du monde et de ces courtisans qu'ils doivent fréquenter : « Je suis plus à l'aise sous la mitraille qu'entouré d'un essaim de jolies filles décolletées. » Cependant, même si la plupart des maréchaux ne possèdent pas les usages du monde de l'aristocratie ou de la haute bourgeoisie, on ne doit pas en déduire, comme il est souvent écrit, qu'ils étaient tous grossiers et brutaux. Si quelques-uns comme Augereau, dissimulent assez mal un défaut d'éducation première, d'autres, comme le fameux Lefebvre ont réussi à s'améliorer tout au long de l'Empire. Ainsi, Oudinot, si emporté et brutal qu'il lui arrivait de rosser ceux qui le regardait de travers, devient sous l'influence de sa seconde épouse Eugénie de Coucy, très urbain et plein de distinction. Aux yeux de certains témoins, il personnifie même le modèle chevaleresque d'élégance et de grâce.

Le bon goût et la distinction sont souvent transmis par des épouses au statut social initialement plus élevé. Bessières devint comme le dit Norvins « un des hommes les plus polis que j'aie connus ». Suchet a une conversation fine et charmante. La plupart possèdent en outre une noble prestance. Alors que Lannes ne manque assurément pas d'allure avec sa taille svelte et élégante, Murat est, aux dires de tous, un homme splendide et certainement le plus beau cavalier de l'Empire. Pour eux, être riche est un plaisir nouveau et ils ne s'en cachent pas. Lannes, ambassadeur au Portugal, est proprement ébloui le jour où le prince régent, parrain de son second fils, le conduit dans la salle du trésor et lui donne trois poignées de diamants du Brésil, une pour lui, une pour sa femme, une pour son filleul. « À partir de ce moment, je me sentis vraiment riche », raconta-t-il. Comment s'étonner que toutes ces fortunes ne leur soient montées à la tête ? Marmont dans son quartier général de Valladolid possède une suite de 200 valets vêtus de rouge ! En approchant de la cinquantaine, les maréchaux en ont assez. Ils ont fait preuve de tant de courage, affrontés tant de périls. Ils aspirent au repos mérité par toute une jeunesse de labeur et de dangers : « manteaux et chapeaux troués de balles furent reliques courantes, comme souvenirs de campagnes le nombre de chevaux tués sous eux ».

Lefebvre, duc de Dantzig

Désireux de frapper les esprits, l'Empereur élève avant les autres celui que l'on disait le plus simple et le plus fruste de ses maréchaux, le populaire mari de « Madame Sans-Gêne », le maréchal Lefebvre. Maréchal d'Empire dès le 19 mai 1804, il est le premier à recevoir le titre de duc.
C'est après le siège de Dantzig (mars-mai 1807), durant lequel il a fait preuve de sa bravoure coutumière, que Lefebvre est nommé duc de Dantzig. À cette occasion, Napoléon lui offre un paquet de chocolat. Une fois rentré chez lui, Lefebvre ouvre le paquet et, surprise, y trouve 300 billets de 1 000 francs. Depuis cette époque, les soldats appellent l'argent du « chocolat de Dantzig ».

Brandissant le bâton court ou les aigles, les maréchaux et officiers célèbrent le culte à Napoléon et à l'Empire. Sur les bâtons est inscrit : « Terror belli decus pacis » (« Terreur durant la guerre, ornement en temps de paix ») *Le serment de l'Armée fait à l'Empereur après la distribution des aigles au Champs-de-Mars*, peinture de David (détail).

Pie VII, un opposant intransigeant...

Depuis 1808, les rapports entre le pape et l'Empereur se dégradent. Napoléon souhaiterait faire du souverain pontife un serviteur zélé de sa politique impériale. Il pense même l'installer à Paris, rue de la Cité. Mais la réalité est bien différente. Tandis que, toujours détenu à Savone, Pie VII résiste à ses menaces, l'excommunication de 1809 ne contrarie en rien les desseins de l'Empereur. En revanche, Pie VII utilise dès 1808 une arme redoutable contre la puissance impériale : l'institution canonique. En effet, selon le Concordat de 1802, les évêques sont nommés par Napoléon mais ils ne sont institués qu'après l'accord du souverain pontife. En refusant de le donner, Pie VII entrave la vie religieuse en France. En 1810, vingt-sept diocèses restent ainsi sans évêque, ce qui provoque une véritable crise religieuse. L'Empereur cherche à faire revenir le pape sur cette clause, mais rien ne le fait fléchir.

Le cardinal Fesch 1763-1839

Né en 1763 à Ajaccio, Joseph Fesch est le demi-frère de Letizia et donc l'oncle de Napoléon. Archidiacre en 1793, il doit quitter la Corse avec la famille Bonaparte opposée aux partisans de Paoli. En 1795, il accompagne son neveu en Italie en qualité de commissaire des guerres. En 1801, Bonaparte lui demande de participer aux négociations du Concordat puis le nomme archevêque de Lyon en août 1802. Cardinal en 1803, il négocie la venue du pape pour le sacre de son neveu. L'Empereur le comble d'honneurs et le nomme sénateur, comte, grand aumônier et entend bien obtenir son soutien en toutes circonstances. Mais le cardinal désapprouve l'attitude autoritaire de son neveu envers le pape. Nommé président du concile de 1811, il se range du côté des prélats soutenant Pie VII, provoquant ainsi la colère de l'Empereur. Considéré comme un négociateur maladroit et brutal, à juste titre parfois, il est écarté de la cour. Il se retire dans son diocèse, puis se fixe définitivement à Rome après 1815 où il mène alors une vie pieuse. Le cardinal meurt en 1839 laissant une fabuleuse collection de 16 000 tableaux, dont il fait don à la ville d'Ajaccio.

S'il apporta tout d'abord son soutien à son neveu Napoléon, le cardinal Fesch ne put ensuite que s'opposer à lui lors du conflit avec le pape.
Portrait par Jérôme Maglioli.

Finalement, devant le blocage de la situation, l'Empereur ordonne le 17 juin 1811 la réunion d'un concile national et il demande aux prélats de se passer de l'avis du pape pour introniser les nouveaux évêques. Mais à peine le concile s'est-il ouvert que des voix s'élèvent pour demander la libération du pape. L'ensemble des prélats déclare rester fidèle au souverain pontife, leur rapport final précisant que toutes leurs décisions n'ont de valeur que si elles sont approuvées par lui. Cette fronde déclenche la colère de l'Empereur : « Je ne veux plus de Concordat ! », s'écrie-t-il. Aussitôt, il décrète la dissolution du concile et fait emprisonner le 12 juillet Étienne de Boulogne, évêque de Troyes, Maurice de Broglie, évêque de Gand, et François Joseph Hirn, évêque de Tournai, les trois plus actifs de l'opposition.

Les jours suivants, chaque prélat est reçu par le ministre des Cultes Bigot de Préameneu, et est sommé d'accepter les volontés de l'Empereur. Un à un, les membres du concile cèdent de peur de se retrouver incarcérés. Le 5 août, le concile se réunit à nouveau et, cette fois, se déclare compétent en matière d'investiture canonique mais sous certaines conditions : le pape disposera d'un délai de six mois pour accorder son investiture. Passé ce délai, le nouvel évêque sera institué par son archevêque. Néanmoins, le concile désire que sa décision soit soumise au pape. Huit évêques partent pour Savone le 22 août. Après un mois de discussions, Pie VII paraît céder. Il autorise l'archevêque métropolitain à instituer les évêques mais « au nom du pape ». Il rajoute une note dans laquelle il déclare se résigner « par égard à la soumission filiale et véritable obéissance que le concile avait montrées à l'Église… » La délégation épiscopale crie victoire mais Napoléon ne se montre guère satisfait des modifications du texte exigées par Pie VII et rompt les négociations en février 1812. Le conflit entre le pape et l'Empereur n'est donc pas réglé et l'Église catholique s'enfonce dans la crise. On entend même à l'occasion de certains prêches : « Si l'Empereur règne encore dix ans, l'Église disparaît… »

La réunion du concile national en avril 1811.

Napoléon est-il croyant ?

L'attitude de l'Empereur envers la religion est souvent contradictoire et déconcertante. Il a reçu une éducation catholique et garde un sentiment de respect pour le dogme catholique. Il se défend d'être athée et réclamera sur son lit de mort de Sainte-Hélène les sacrements de l'Église. En politique, Napoléon veut incorporer la religion à son Empire, faire entrer l'Église dans son système, *« une société sans religion est comme un vaisseau sans boussole »*. C'est pourquoi il est opposé à l'idée d'un schisme et répète : *« Fils aîné de l'Église, je ne veux pas sortir de son sein… »* Pourtant, son opposition au pape lui vaut d'être excommunié et il n'hésite pas à déclarer publiquement ne pas croire en l'existence de Jésus. Quelques semaines avant sa mort, il déclare à Bertrand : *« Je suis bien heureux de n'avoir point de religion. C'est une grande consolation, je n'ai point de craintes chimériques, je ne crains rien de l'avenir. »*

Le tsar Alexandre fourbit ses armes...

En 1811, l'Empereur veut soumettre toute l'Europe occidentale aux principes du Blocus continental. Des ports hanséatiques à l'Italie en passant par la Hollande et l'Espagne, les produits manufacturés anglais sont saisis et brûlés. Si ces mesures provoquent en Angleterre une crise économique grave mais de courte durée, elles entravent également les relations commerciales de la France et de ses alliés. Des produits, jusque-là fournis par les Anglais, commencent à manquer. Pour réussir, la politique du Blocus impliquait que la France parvienne à remplacer l'Angleterre en fournissant à l'Europe continentale tous les produits dont elle a besoin. Or, l'industrie française n'en n'est pas capable et de nombreux pays, prétendument alliés, ne respectent pas le Blocus. De plus, la récession économique ressentie en France pousse Napoléon à intervenir toujours davantage dans le commerce de ses partenaires. D'une part, il les contraint à acheter principalement des produits français et à cesser tout échange avec les pays neutres. D'autre part, il décrète le monopole français sur les importations de denrées tropicales. Cette hégémonie provoque la colère de certains.

L'Europe napoléonienne en 1811.

Ainsi, les marchands russes se retrouvent dans une situation économique catastrophique. Ils pressent le tsar Alexandre de ne plus respecter le Blocus et d'ouvrir ses ports de la Baltique aux navires anglais. Napoléon, furieux, riposte aussitôt et annexe le grand-duché d'Oldenbourg (décembre 1810), sur la mer du Nord, dont le prince n'est autre que le beau-frère du tsar. Les rapports se tendent entre les deux États d'autant qu'Alexandre est de plus en plus envieux de la gloire et de la popularité de Napoléon. Le parti anti français de Moscou ne rêve que de revanche et pousse le tsar à préparer la guerre. Il semble évident que la Russie ne tolèrera pas à ses frontières la résurrection de la Pologne. Annexer le grand-duché de Varsovie est un de ses objectifs (avec Constantinople), et déjà 250 000 soldats russes se massent à la frontière polonaise. Les généraux russes piaffent d'impatience d'en découdre avec les vainqueurs d'Austerlitz et exhortent le tsar à entrer le premier en action. Napoléon, peu disposé à faire la guerre à son ancien allié, reconnaît qu'elle devient inéluctable : « Celui qui m'aurait évité cette guerre m'aurait rendu un grand service, mais enfin la voilà, il faut s'en tirer. » Le 15 août 1811, à l'occasion de la réception officielle donnée pour son anniversaire, il apostrophe vertement l'ambassadeur russe Kourakine : « Vous vous armez contre moi qui suis votre allié et tout cela pour qui ? Pour le prince d'Oldenbourg ?… pour quelques contrebandiers ? C'est pour de telles gens que vous vous exposez à la guerre contre moi ? Je sais mon métier, jusqu'ici vous ne m'avez pas vaincu, et Dieu aidant, j'espère que vous ne me vaincrez jamais ! » Le diplomate russe ne sait que répondre. Il sait que la guerre est en marche mais il ne sait pas encore que le vœu de l'Empereur ne sera pas exaucé.

Destruction en public des marchandises anglaises à Francfort. Gravure coloriée.

Le Blocus continental a failli réussir !

Depuis 1806, le Blocus, empêche toute entrée et toute sortie des navires anglais de leurs ports. Une très grave crise financière éclate en 1810 en Grande-Bretagne. L'année suivante, l'efficacité du Blocus continental atteint son paroxysme, le secteur textile est très gravement touché. Cela provoque de nombreuses faillites et l'installation du chômage. La crise est accentuée par la dégradation des relations entre Londres et Washington qui va bientôt déboucher sur une guerre. Le marasme ambiant excite la colère des ouvriers et, des émeutes de la faim éclatent un peu partout en Angleterre ! À la fin de l'année 1811 jamais Napoléon ne fut aussi près de vaincre la « perfide Albion »…

Le jeu des alliances

Le tsar Alexandre, huile sur ivoire, 1810.

Le maréchal borgne Koutousov, 1745-1813

En 1812, Koutousov a déjà 67 ans. C'est un vieux soldat qui s'est distingué au cours des guerres contre les Polonais et les Turcs. Gros et pesant, il ne peut rester à cheval très longtemps. De nombreuses fois blessé, il est borgne depuis 1788. Violent et ombrageux, il sait aussi se montrer rusé, instruit, diplomate et capable de mener une conversation aimable. Ses manières grossières, son goût pour l'alcool et les femmes tranchent avec l'élégance et la distinction du tsar Alexandre qui le déteste, mais le rendent très populaire auprès de la troupe. Médiocre stratège, paresseux, souvent ivre en pleine bataille, il est rendu responsable de la défaite d'Austerlitz et disgracié. Il n'est rappelé qu'en 1812 mais sa prudence excessive lui vaut d'être à nouveau écarté. Enfin, il est de nouveau à la tête des troupes russes après Smolensk et se couvre de gloire. On dit qu'il était toujours accompagné de jeunes filles déguisées en cosaques.

Napoléon ne souhaite pas la guerre mais il est contraint de s'y préparer. Il renforce d'abord le corps d'armée de Davout établi à Hambourg et chargé de défendre la Pologne. En décembre 1811, il ordonne la levée du contingent de 1812, fixé à 120 000 hommes et commence à faire marcher vers l'Allemagne une armée considérable. L'Empereur espère encore que cette démonstration de forces fera reculer Alexandre. Il ne cesse de demander aux représentants russes une explication de leur maître. Il leur affirme que tout peut encore s'arranger après une franche discussion mais le tsar refuse toute entrevue. Commence alors une partie de bras de fer diplomatique au cours de laquelle Napoléon et Alexandre cherchent des soutiens en Europe. À ce jeu- là, Napoléon est le plus adroit et le plus puissant. D'abord séduits par les propositions russes, François Ier d'Autriche et Frédéric-Guillaume II de Prusse se rangent finalement aux côtés de la France de peur d'avoir à affronter les représailles des armées françaises. Pourtant, le roi de Prusse écrit aussitôt à Alexandre : « Nous nous rappellerons toujours que nous sommes unis, que nous devons redevenir alliés. » Metternich, de son côté, ne se prive pas de rappeler au tsar que « l'intérêt même de la monarchie autrichienne » commande leur entente mutuelle.

Par le traité du 3 mars 1812, Frédéric-Guillaume s'engage à laisser passer sur son sol la Grande Armée et à fournir à celle-ci un contingent de 20 000 hommes. Le 14 mars, l'Autriche promet à son tour à Napoléon de lui fournir un corps de 34 000 hommes. Le courage d'Alexandre est un instant ébranlé par ces alliances et il est tenté de renoncer, mais il est vite réconforté en apprenant le ralliement à ses côtés de la Suède et la signature de la paix avec l'empire Ottoman. L'aristocratie suédoise se montre en effet hostile à la France. Quant au prince héréditaire Bernadotte, vexé par l'attitude de l'Empereur qui lui refuse la Norvège alors danoise, il n'hésite pas à trahir celui qui l'a promu maréchal et se tourne vers la Russie. La Suède laisse alors les navires anglais entrer dans ses ports, prenant exemple sur son voisin slave. En représailles et pour protéger son aile gauche, Napoléon ordonne à Davout d'annexer la Poméranie suédoise en janvier 1812. La rupture entre les deux États devient inéluctable. Le 5 avril 1812, Bernadotte et Alexandre signent un traité par lequel la Suède se déclare prête à attaquer les Français sur leur flanc. En échange, Alexandre s'engage à lui céder la Norvège. Fort de ce soutien, le tsar adresse le 8 avril un ultimatum à Napoléon exigeant l'évacuation immédiate de la Prusse et de la Poméranie suédoise. Totalement inacceptable, cet ultimatum vaut déclaration de guerre.

La mégalomanie du pouvoir

Orgueilleux de nature, Napoléon Bonaparte développe à partir de 1810 un orgueil démesuré. Mais pouvait-il en être autrement ! Toutes ses volontés s'accomplissent, tout plie devant lui. Même si certains obstacles demeurent, il est persuadé de la supériorité de son génie. Il est adulé, flatté par tous, à l'excès. Adèle de Rémusat écrit : « *L'Empereur fait pâlir l'histoire !* », et Lacépède de l'Institut : « *On ne peut louer dignement sa Majesté, sa gloire est trop haute !* » Parfois, Napoléon s'irrite de tant de flatteries. Après avoir reçu une lettre particulièrement lyrique de Decrès, ministre de la Marine, il lui répond : « *Je vous dispense de me comparer à Dieu, je veux croire que vous n'avez pas réfléchi à ce que vous écriviez...* » À l'étranger, qu'on le vénère comme en Allemagne ou qu'on le craigne comme en Prusse ou en Russie, il est considéré comme un être surnaturel. Ces hommages excessifs décuplent son orgueil et il va jusqu'à dire : « *Je suis un empereur romain, je suis de la meilleure race des Césars, de celle qui fonde...* » ou encore « *Je pense pour 95 millions d'hommes.* »

« Astre brillant, immense,
il éclaire, il féconde, et seul fait à son gré
tous les destins du monde. »
Gravure d'Antoine Aubert.

1812

Le Commencement de la Fin

L'Aigle baisse la tête

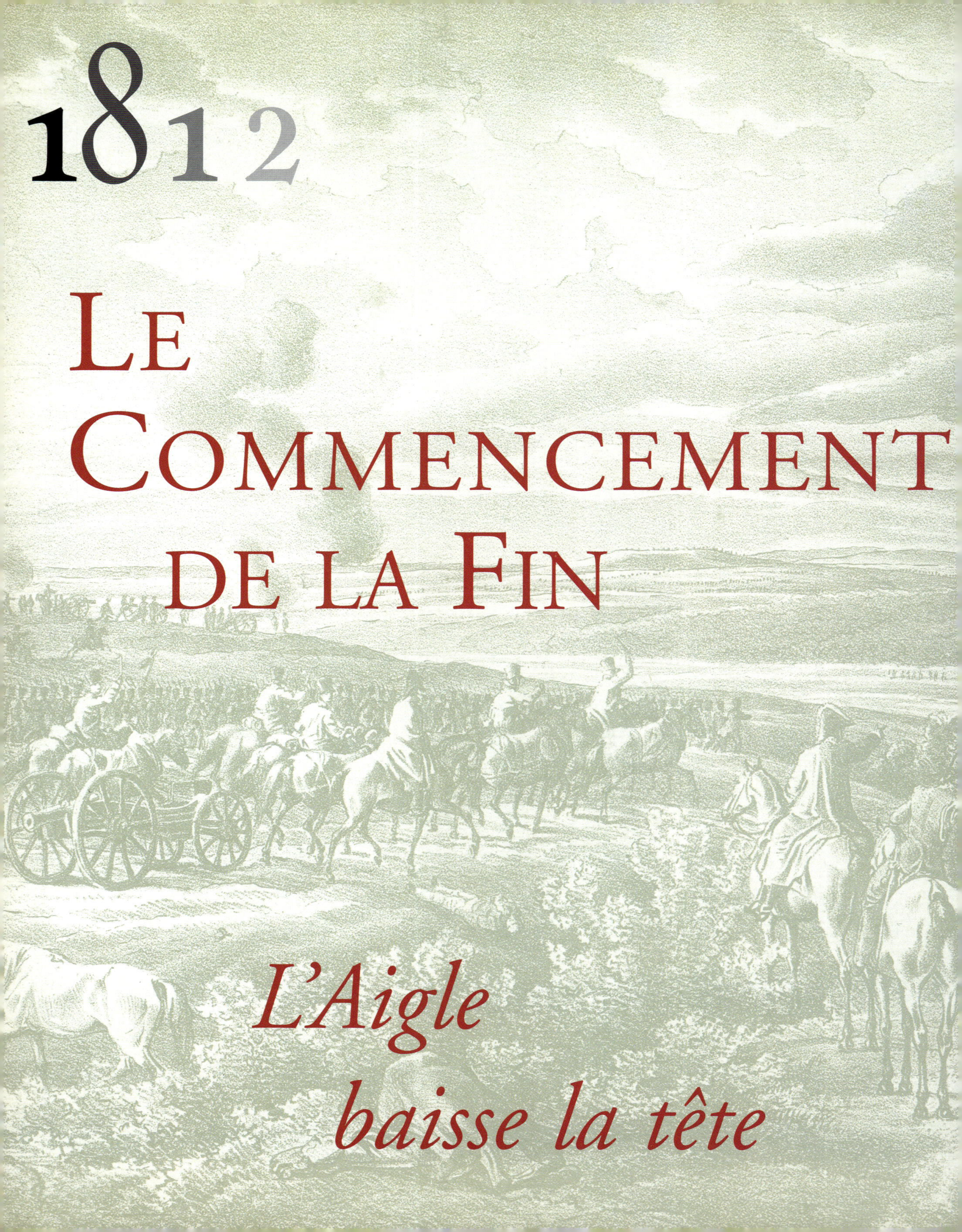

L'artillerie pendant la campagne de Russie, gravure d'Adam.

L'Empereur dans son cabinet de travail aux Tuileries, peinture de David (détail), 1812.

1815

Une marche triomphale ?

Napoléon commande le passage de la Grande Armée sur le Niémen, gravure d'après Philippoteaux, 1860. ▷

Les 2e chevau-légers de la Garde impériale (lanciers rouges), aquarelle de Boisselier, XXe siècle. ▷

« Jamais expédition plus gigantesque ne s'était vue, ne se reverra… » tels sont les mots de Chateaubriand à propos de la campagne de Russie. *Le passage du Niémen*, gravure anglaise, XIXe siècle.

Napoléon croit qu'« une bonne bataille », un nouveau Friedland, « remettra tout en place ». Il organise tout dans l'hypothèse d'une campagne rapide de quelques mois. Les convois de farine sont prévus pour seulement vingt jours. Il planifie tout, sauf les fourrures pour les soldats et les fers à glace pour les chevaux. Car, contrairement à Charles XII de Suède, il ne peut, lui, être surpris par l'hiver russe… Après avoir d'abord pensé passer à l'offensive, Alexandre affirme maintenant qu'il se retirera « au Kamtchatka » plutôt que de signer la paix…

Depuis mars 1812, l'Empereur sait que la guerre est inévitable et, comme toujours, il veut être le premier en action. Déjà, une grande partie de ses forces marche vers l'Allemagne et se dirige vers la Vistule et Varsovie. Une nouvelle route, de Wesel sur le Rhin à Hambourg, est même construite à cette occasion. Neuf corps d'armée s'avancent de front ; une armée de près de 400 000 hommes qui grossit chaque jour de nouveaux contingents atteignant bientôt 678 000 hommes, une armée considérable que personne n'a jamais pu rassembler jusqu'alors.

Le couple impérial, quant à lui, quitte Saint-Cloud le 9 mai au matin, accompagné d'un impressionnant cortège de chambellans et de dames d'honneur, qui fait écrire au baron Fain, secrétaire de l'Empereur : « Jamais départ pour l'armée n'a plus ressemblé à un voyage de plaisance. » Après Francfort et Wurtzbourg, Napoléon atteint Dresde le 16 mai où il fait une entrée triomphale. Aussitôt, les princes allemands le rejoignent et lui adressent leurs hommages aussi respectueux qu'hypocrites, particulièrement son hôte, le prince Frédéric-Auguste de Saxe. Le lendemain, François Ier d'Autriche entre à son tour dans la capitale saxonne. Banquets et réceptions fastueux se succèdent tandis que des colonnes aux initiales des deux empereurs sont installées dans les rues. Napoléon veut renforcer l'alliance avec l'Autriche et souligner ainsi l'isolement de la Russie. Seul, Frédéric-Guillaume n'arrive à Dresde que le 24 mai, guère satisfait de la démarche qu'on lui impose.

L'armée des Vingt Nations.

Pendant la campagne de Russie, l'Empereur commande une armée cosmopolite. Sur les 678 000 hommes qui entrent en guerre, près de 500 000 sont étrangers. Parmi les plus nombreux : les Polonais, au nombre de 70 000, dont 35 000 forment le 5e corps sous les ordres du prince Poniatowski. L'armée impériale compte également 20 000 Italiens, 14 000 Wurtembergeois, 10 000 Suisses, mais aussi des Belges, des Croates, des Danois, des Saxons, des Bavarois, des Westphaliens, des Portugais et des Espagnols auxquels s'ajoutent les corps prussiens et autrichiens. Vingt langues ou dialectes se côtoient ! Dans cette armée polyglotte, beaucoup d'officiers ne parlent pas la langue de leurs soldats. Ney, par exemple, s'il parle allemand, commande des Wurtembergeois mais également des Croates et des Portugais ! En outre, certains de ces hommes ne sont que des alliés de circonstance, peu enthousiastes à se faire tuer pour une cause qui ne les concerne pas, comme les Autrichiens ou les Prussiens, qui seront parmi les premiers à déserter. D'autres corps, davantage habitués au soleil du Sud, verront leurs effectifs se réduire rapidement dès les premiers froids, comme les Espagnols, les Portugais et les Italiens. La plupart disparaitront en Russie.

Napoléon quitte Dresde le 29 mai, laissant Marie-Louise en compagnie de son père, et gagne Thorn (Torun) en Pologne. Face à l'inaction des Russes, qui n'attaquent finalement pas le grand-duché de Varsovie, l'Empereur décide de faire marcher son armée sur la Russie. Il choisit d'emprunter la route de Moscou en passant par Kovno (Kaunas) sur le Niémen et Vilna (Vilnius) en Lituanie. Pendant ce temps, la 1re armée russe, commandée par Barclay de Tolly, réunissant près de 136 000 hommes, s'avance sur Vilna tandis que la 2e, sous les ordres de Bagration, compte 58 000 hommes et marche sur Minsk. Le plan de Napoléon est de franchir le Niémen le premier, disjoindre les deux armées ennemies et les battre séparément. Il est encore certain que les Russes livreront bataille et que la victoire est acquise. Les 23 et 24 juin 1812, il donne l'ordre à l'armée française de franchir le Niémen.

L'aile gauche, 220 000 hommes, sous le commandement de l'Empereur le passe non loin de Koto. Le centre, 80 000 hommes, dirigé par Eugène de Beauharnais, le traverse à Pilonner et enfin, l'aile droite du roi Jérôme, 70 000 hommes, en fait autant à Grodno. Le général comte de Ségur, qui accompagne l'Empereur, relate l'événement dans ses mémoires : « À trois cents pas du fleuve, sur la hauteur la plus élevée, on apercevait la tente de l'Empereur. Autour d'elle, toutes les collines, leurs pentes, leurs vallées, étaient couvertes d'hommes et de chevaux. Dès que la terre eût présenté au soleil toutes ces masses mobiles, revêtues d'armes étincelantes, le signal fut donné, et aussitôt cette multitude commença à s'écouler en trois colonnes, vers les trois ponts. On les voyait serpenter en descendant la courte plaine qui les séparait du Niémen, s'en approcher, gagner les trois passages, s'allonger, se rétrécir pour les traverser, et atteindre enfin ce sol étranger, qu'ils allaient dévaster, et qu'ils devaient bientôt couvrir de leurs vastes débris. »

L'espoir d'une bataille décisive

Alexandre apprend le passage du Niémen par la Grande Armée dans la soirée du 24 juin. À Vilna, au quartier général russe, c'est la consternation : personne n'avait pensé Napoléon capable d'agir aussi vite. Le tsar, toujours hésitant, ne sait quelle stratégie choisir. Le commandant de la 2e armée, Bagration, est partisan de l'offensive. Barclay de Tolly, lui, pense qu'il est préférable de reculer en détruisant greniers et récoltes, et d'entraîner les Français à l'intérieur du territoire. Ainsi, loin de ses bases, affamée et affaiblie, la Grande Armée sera vulnérable.

Le 27 juin, l'état-major russe décide la retraite et la 1re armée se replie de Vilna vers Vitebsk. Le lendemain, l'Empereur, pensant se saisir de l'armée russe, entre dans la capitale lituanienne où il demeure jusqu'au 16 juillet. Il pense y passer l'hiver, et que c'est de là que serait conclue la paix. Après avoir perdu plus de quinze jours – séjour trop long selon certains – Napoléon hésite : il fulmine contre ces Russes qui s'échappent et les traite de « lâches ». Il connaît par ailleurs les risques d'une avancée trop profonde en territoire ennemi. Il espère encore qu'Alexandre, impressionné, négociera, mais cet espoir est vite déçu. Plus au sud, Davout est chargé de couper la route à l'armée de Bagration qui tente d'opérer sa jonction avec celle de Tolly. Le fougueux maréchal entre dans Minsk le 8 juillet. Mais pour réussir ce mouvement d'encerclement, il doit être soutenu par le 6e corps du roi Jérôme. Or celui-ci se révèle un commandant pitoyable. Napoléon s'en irrite et lui adresse plusieurs remontrances, puis furieux, le subordonne à Davout le 6 juillet. Jérôme, vexé, rentre dans sa capitale westphalienne. « Quelle incartade ! » se contente de dire l'Empereur, toujours trop indulgent avec son frère.

Après avoir déjà parcouru 450 km en un mois, Napoléon cherche toujours « sa bataille » et décide de poursuivre les Russes vers Vitebsk. Quelques combats autour de la ville les 25 et 27 juillet lui font espérer que l'affrontement final est proche. Mais le 28 juillet, l'armée russe a de nouveau disparu et se replie sur Smolensk. Le même jour, les Français entrent dans Vitebsk. Napoléon est de plus en plus inquiet. La chaleur torride affaiblit son armée, lui-même est malade et son état-major souffre de ses mouvements d'humeur. Un soldat écrit : « Une chaleur brûlante nous dévorait ; les insectes nous pour-

LE SERVICE DE L'INTENDANCE

Créé en 1802 le ministère de l'administration de la Guerre est responsable de la vie matérielle du soldat, et notamment de sa nourriture. En campagne, le représentant du ministère est l'intendant général de la Grande Armée, poste tenu très longtemps par Pierre-Antoine Daru. Il est chargé de recouvrir les contributions levées sur les pays conquis et de conclure des marchés pour l'approvisionnement. Les commissaires des guerres, qui dépendent d'eux, doivent organiser et surveiller les approvisionnements. Si théoriquement, la distribution des vivres en campagne est réglée par les bureaux de l'administration, en pratique, le ravitaillement se fait par des réquisitions, parfois arbitraires, sur les habitants des régions traversées selon l'expression de l'Empereur : « *L'armée marche sur son estomac.* » Napoléon estime beaucoup Daru, « *un homme d'une extrême probité, sûr et grand travailleur, au travail du bœuf, il joignait le courage du lion.* » Par contre, les commissaires des guerres jouissent d'une très mauvaise réputation. Le plus célèbre des membres de ce corps est Henri Beyle (Stendhal), qui est adjoint aux commissaires des guerres pendant la campagne de Russie et est chargé du ravitaillement de Smolensk en 1812.

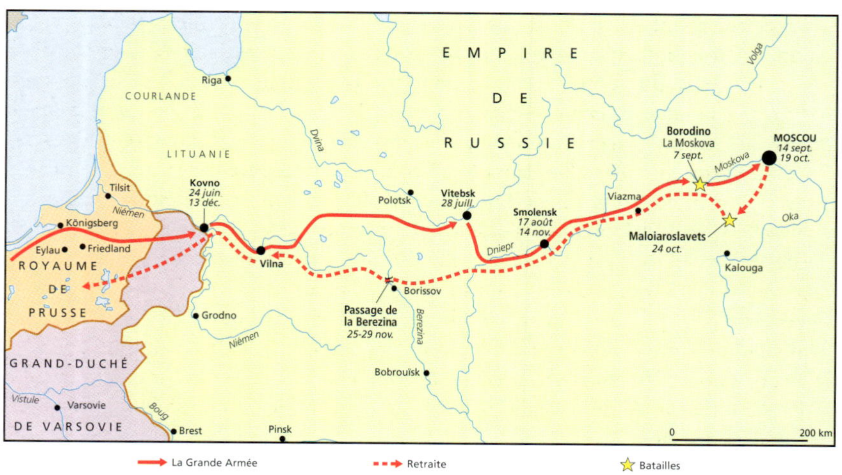

La campagne de Russie.

Napoléon croit tenir les Russes à sa merci mais ils incendient Smolensk et retraitent vers le nord. *Napoléon donne ses ordres pendant la bataille de Smolensk, devant la ville en feu,* peinture de Jean-Charles Langlois.

suivaient jour et nuit ; nos visages étaient gonflés de piqûres. Accablés par les feux d'un soleil dévorant, réduits à boire des eaux puantes et saumâtres, nous allions de l'avant. L'ennemi, en se retirant, avait pillé les grains, ravagé les caves et emmené les bestiaux. »

Napoléon annonce d'abord qu'il s'installera dans Vitebsk, que la campagne de 1812 est terminée et que celle de 1813 fera le reste. Puis, peu à peu, il songe qu'il perd un temps précieux. Début août, les deux armées russes se rejoignent autour de Smolensk. L'Empereur, encore une fois, ordonne la poursuite mais l'incertitude envahit l'esprit de Napoléon, le torture, le paralyse… Le 16 août, les forces françaises sont néanmoins prêtes pour la bataille. La ville de Smolensk est fortifiée et défendue par 40 000 Russes. Le 17 août, l'Empereur attend toute la matinée le déploiement des forces principales russes sur la rive gauche du fleuve, mais elles restent immobiles. Barclay ne viendra pas défendre la vieille cité. Enfin, à 14 heures, l'Empereur ordonne l'assaut. Les fantassins français attaquent les faubourgs dont chaque rue est défendue. Vers 17 heures, les Russes en sont chassés mais ils tiennent toujours la ville fortifiée dont les murailles sont à peine entamées par les canons français. Dans la nuit, les survivants quittent la ville en l'incendiant et en faisant sauter les dépôts de munitions. Bientôt, la ville s'embrase et des dizaines d'explosions retentissent. Napoléon regarde ce spectacle et s'exclame dépité : « C'est l'éruption du Vésuve. » Après de sanglants combats de rues, la bataille se termine par un gigantesque incendie préfigurant celui de Moscou. Les forces principales de Barclay demeurent sur la rive droite du Dniepr puis se retirent en bon ordre sur Moscou.

L'Empereur entre dans Smolensk le 18 août. Décontenancé par la stratégie russe, il est troublé comme certainement il ne l'a jamais été. Smolensk est la destination extrême qu'il s'était fixée. Malgré toute sa science, il recommence les erreurs de Charles XII de Suède. Hiverner c'est ne rien faire ; alors qu'à l'arrière l'Allemagne s'agite et qu'en Espagne les mauvaises nouvelles s'accumulent, la France réveille ses inquiétudes. Il faut forcer cette paix qui ne vient pas, « en finir » avec cette fièvre de doute. Que faire ? Son plan était de battre l'ennemi, non d'occuper des villes. Il ne lui reste plus qu'une seule issue ; une nouvelle manœuvre, un coup de foudre, cette armée qui bat en retraite, il le sent, elle est à portée de sa main. Il faut marcher sur Moscou et obliger les Russes à défendre la capitale.

Les jeunes conscrits parisiens se signalent à la bataille de Vitebsk, le 27 juillet. Gravure d'après Philippoteaux, 1860.

En route pour la Moskova

Napoléon contemple le portrait de son fils. Gravure d'après Philippoteaux, 1860.

Le 25 août 1812, Napoléon quitte Smolensk et dirige son armée vers Moscou. « Nous voici engagés trop avant pour reculer… la paix est devant nous » dit-il en regardant la route de la ville sainte qui s'ouvre à lui. Malgré tout, son angoisse s'accroît, il ne sait où cette incursion en territoire ennemi le mènera. Devant Duroc qui le met en garde, il s'écrie : « Il faut une immense victoire, une bataille devant Moscou qui étonne le monde ! » Alors l'armée marche. Elle marche dans cette Russie désertée par la population, qui a incendié les villages, et par une chaleur accablante qui tue les chevaux et assoiffe les hommes. En outre, durant son séjour à Smolensk, du 18 au 24 août, l'humeur de l'Empereur s'est considérablement dégradée, il souffre d'un rhume et de dysurie (difficultés à uriner). La retraite russe et ses ennuis de santé assombrissent son caractère. Ses proches en subissent les effets. À Poniatowsky qui tente de le convaincre de passer par l'Ukraine où l'armée pourrait tirer grains et fourrages, il répond excédé : « Vous n'irez pas à Kiev, et si vous l'osez, je n'hésiterai pas à vous faire fusiller ! »

Côté russe, la discorde règne également. L'entourage du tsar, favorable à l'offensive, se déchaîne contre le commandant en chef. Pour l'aristocratie russe, Barclay de Tolly, d'origine étrangère, ne peut comprendre le sentiment d'humiliation qui la meurtrit. Il faut « un vieux Russe » à la tête des troupes. Un nom revient sans cesse aux oreilles du tsar : Koutousov. Alexandre ne l'apprécie guère mais il cède aux pressions et, le 28 août, il le nomme commandant des armées. Le vieux général russe sait qu'il ne peut éviter la bataille décisive bien qu'il n'y soit pas favorable. Les Russes trouvent une excellente position où ils peuvent se retrancher, en avant de la Moskova, sur un petit massif de collines qui domine le village de Borodino, à environ 120 km de Moscou. Aussitôt, trois redoutes sont construites dont une, appelée la « grande redoute », mesure 180 mètres de large et abrite 21 canons.

Encombrée par un nombre considérable de fourgons et de chariots, la Grande Armée, de son côté, progresse lentement sur la route de Moscou, d'autant que des pluies torrentielles succèdent maintenant à la chaleur et transforment les routes en bourbiers. Les chevaux qui ne trouvent pour toute nourriture que du seigle vert et mouillé, meurent par milliers. L'Empereur est exaspéré. Devant Berthier qui vient lui demander de stopper l'avance de l'armée, il explose de colère : « Allez vous-en ! Je n'ai pas besoin de vous. Vous n'êtes qu'une plaie purulente. Rentrez en France ! » Le fidèle lieutenant, vexé, ose répondre : « Lorsque l'armée est devant l'ennemi, le vice-connétable ne la quitte pas. Il prend un fusil et se met dans les rangs des soldats. »

Devant tant de difficultés, Napoléon est tenté de revenir sur Smolensk mais le 4 septembre, le soleil réapparaît et les deux armées sont enfin face à face. Le lendemain, l'Empereur peut reconnaître les positions ennemies, il a enfin « sa bataille ». Le 7 sep-

Un père attendri

À l'aube du 6 septembre, veille de la bataille, Jean-François Bausset, préfet du palais impérial de Paris, rejoint l'Empereur après un voyage de trente-sept jours en voiture. Il apporte des lettres de Marie-Louise et un portrait du roi de Rome exécuté par Gérard. La toile montre l'enfant, âgé de 17 mois, dressé dans son berceau tenant dans une main un sceptre et dans l'autre un globe. Aussitôt, Napoléon fait poser le tableau sur une chaise à l'entrée de sa tente. Maréchaux, aides de camp et grognards de la Garde peuvent ainsi contempler le successeur de leur Empereur. La vue du portrait de son fils semble adoucir quelque peu la mauvaise humeur persistante de Napoléon. *« Messieurs, si mon fils avait quinze ans, croyez qu'il serait ici au milieu de tant de braves, autrement qu'en peinture… »*, déclare-t-il à ses maréchaux. Puis, le soir, il range lui-même la toile dans son coffre en confiant à son entourage : *« Il est trop jeune pour voir un champ de bataille. »*

L'infanterie, sous les ordres du général Grand, se lance à l'assaut de la grande redoute. Au loin, les carabiniers, en jaune, suivent les cuirassiers, en bleu, de Caulaincourt. *La Bataille de la Moskova,* peinture de Lejeune (détail).

tembre à 5 h 30 alors que le soleil vient de se lever, les officiers lisent aux régiments la proclamation de l'Empereur : « Soldats, voilà la bataille que vous avez tant désirée ! Désormais la victoire dépend de vous ; elle nous est nécessaire, elle nous donnera l'abondance, de bons quartiers d'hiver et un prompt retour dans la patrie ! Conduisez-vous comme à Austerlitz, à Friedland, et que la postérité la plus reculée cite avec orgueil votre conduite dans cette journée ; et que l'on dise de vous : il était à cette grande bataille sous les murs de Moscou. »

La bataille de la Moskova, Borodino pour les Russes, débute par un assourdissant duel d'artillerie de 1 200 canons. La clef de la bataille réside ensuite dans la conquête de la grande redoute. Les assauts répétés des soldats français se heurtent à une farouche résistance russe. Plusieurs fois, la redoute est prise puis perdue dans un acharnement inexprimable. C'est finalement la cavalerie qui assure définitivement la conquête de ce point fortifié. Au cours de cette charge, le général Montbrun est tué. Aussitôt, Auguste de Caulaincourt, frère du grand écuyer, prend sa place et mène les cuirassiers à l'intérieur même de la redoute où là, une balle le frappe à son tour. Apprenant la nouvelle, Napoléon se tourne vers son grand écuyer qui étouffe un cri de douleur puis, sans verser une larme, se découvre en un dernier hommage à son frère.

En fin de journée, il suffirait à l'Empereur de faire donner les 18 000 hommes de la Garde pour anéantir l'armée russe, mais « à 800 lieux de France, on ne risque pas sa dernière réserve ». Malade, grelottant de fièvre, il ne peut s'y résoudre. La bataille est certes gagnée mais c'est une véritable et terrible boucherie de part et d'autre.

La bataille de la Moskova.

La bataille de la Moskova

Au premier plan, le docteur Larrey, panse les blessures du général Morand, dont le frère se meurt à ses côtés. Le comte Lariboisière dit un adieu éternel à son fils qui est mortellement blessé ; son frère lui apporte la croix de la Légion d'honneur que Napoléon lui a décernée. Un groupe de cavaliers ramène le corps du général Montbrun. À l'arrière, la scène représente le 2e assaut contre la grande redoute que livre Caulaincourt (monté sur un cheval blanc), assaut où il trouva la mort à la tête d'une division de cuirassiers. L'infanterie du général Gérard gravit la colline. Au centre, on voit Murat, roi de Naples, qui commande toute la cavalerie. Vers la droite, le maréchal Berthier rend au général russe Sokereff son épée. Derrière celui-ci se trouve le grenadier qui l'a fait prisonnier. À l'extrême gauche le prince Eugène de Beauharnais est au milieu d'un carré d'infanterie.

La Bataille de la Moskova, peinture de Lejeune.

Les espoirs de paix

Le 7 septembre au soir, les Russes quittent le champ de bataille canonnés par l'artillerie française. Ils ont perdu 45 000 hommes mais les Français comptent plus de 10 000 morts et plus de 14 000 blessés ; 43 ou 47 généraux de la Grande Armée ont été tués en une seule bataille, chiffre symbolique d'un autre temps de la guerre. Même si la route de Moscou est maintenant ouverte, la Moskova n'est pas la bataille décisive tant espérée ; Napoléon l'a compris et affiche un visage des plus sombres.

De son côté, Koutousov, toujours audacieux, n'hésite pas à se proclamer vainqueur et toute la Russie exulte. Néanmoins, ses troupes retraitent et traversent Moscou dans la nuit du 13 au 14 septembre, entraînant avec elles une foule considérable de Moscovites, pris de panique à l'annonce de l'arrivée des Français.

Napoléon quitte le Kremlin incendié, peinture de Maurice Henri Orange.

Au matin du 14, la Grande Armée paraît devant la ville aux coupoles dorées. Sans tirer un seul coup de canon, les Français, sous les ordres de Murat, entrent dans la cité sainte. Après Milan, Vienne, Berlin, Madrid, les vieux soldats défilent enfin dans Moscou. Ces hommes qui ont déjà accompli tant de choses extraordinaires et qui viennent de traverser toute l'Europe à pied, oublient subitement tous leurs maux. Pourtant, la capitale est quasiment déserte. L'Empereur, déçu qu'aucun officiel russe ne vienne l'accueillir, préfère dormir dans une auberge des faubourgs. Il n'entre dans Moscou que le 15 et occupe le Kremlin, accompagné de sa Garde. Napoléon est maintenant persuadé que le tsar va se décider à négocier.

Mais, dans la soirée du 15, les premiers incendies éclatent dans la ville. C'est qu'avant de fuir, le gouverneur russe, Rostopchine, a libéré les détenus des prisons et leur a ordonné de brûler la ville dès l'installation des Français. Il a pris soin également de faire évacuer toutes les pompes à incendie. Ainsi, le soir tombé, des groupes d'hommes se glissent dans les rues, armés de torches et mettent le feu à tous les entrepôts, les dépôts de munitions et les échoppes. Les Français mettront du temps à comprendre que l'incendie est le fait des Russes eux-mêmes. À 4 heures du matin, Caulaincourt et Duroc décident de réveiller l'Empereur. Toute la ville flambe ! On y voit comme en plein jour et la chaleur est intense, les carreaux des fenêtres du palais chauffent de façon inquiétante. Devant le spectacle, Napoléon ne peut que répéter : « Tous ces palais ! Quelle extraordinaire résolution ! Quels hommes ! », mélange d'admiration et de colère, puis il grogne : « Ce sont des Scythes ! » enfin un cri lui échappe : « Ceci nous présage de grands malheurs. » Le 16 septembre vers midi, toute la ville est en feu. Les flammes touchent les cuisines et l'arsenal du Kremlin où loge l'Empereur. Plus de 100 000 livres de poudre sont entreposées là et risquent de tout faire sauter. Les hommes de la Garde luttent contre le feu avec des moyens de fortune. L'Empereur, comme à son habitude, veut se rendre compte par lui-même de l'ampleur du désastre. Il descend dans la cour du palais accompagné de quelques proches, Bessières, Gourgaud, Berthier, Caulaincourt. Tous les officiers sont inquiets, ils redoutent une immense explosion qui détruirait le Kremlin et tuerait leur Empereur. Tous l'exhortent à quitter la ville. Rien n'y fait, Napoléon veut tout voir. Il est comme fasciné, hypnotisé par les flammes immenses. Il répète sans cesse : « Les Barbares ! Les sauvages ! Brûler ainsi leur ville ! » Suivi de son état-major, il gravit ensuite les centaines de marches de l'escalier en colimaçon qui mène au sommet de la plus haute tour de Moscou, la tour Ivan le Grand. De là, le panorama

Au lendemain de la bataille, des corvées ▷ ramassent les blessés et récupèrent les armes. La plupart des cadavres ont été dépouillés de leurs bottes. Gravure de Faber du Faur.

partent en fumée...

La plupart des 300 églises que compte Moscou sont en flamme. *Vue de l'incendie de Moscou,* gravure coloriée rehaussée d'aquarelle de Schmidt.

est terrible : la ville est un gigantesque brasier parcouru ici et là par des explosions. Au milieu des flammes, dans le désordre le plus complet, les soldats pillent chaque maison, chaque palais. Des étoffes somptueuses, de la vaisselle d'argent, des peintures subtiles s'entassent dans les havresacs des fantassins. Napoléon, dépité et soucieux, est sans réaction. Soudain, une rumeur circule : le Kremlin est miné ! La panique gagne les officiers qui supplient l'Empereur de quitter le palais. Finalement, Berthier fait remarquer qu'en cas d'attaque russe aux alentours, l'état-major n'aurait aucun moyen de communiquer avec les troupes. Cette éventualité fait enfin réagir Napoléon qui se résout à s'éloigner de la ville vers 17 heures. Pour sa sécurité, il est contraint de s'installer à quelques kilomètres de la ville. L'incendie dure trois jours et l'Empereur revient au Kremlin le 18 septembre. Il comprend que son séjour à Moscou devient dangereux, d'autant qu'une grande indiscipline règne parmi les soldats qui se livrent au plus grand des pillages. Il veut faire savoir à Alexandre son désir de conclure la paix, et, pour cela, envoie Lauriston rencontrer Koutousov mais celui-ci refuse tout pourparler. L'Empereur perd un mois à attendre en vain le messager d'Alexandre. « Le tsar est entêté », confie Napoléon à Caulaincourt, « Il s'en repentira. » Mais ce sont des mots, l'Empereur ne sait que faire et tarde à prendre une décision. À ce moment, il est au bout de tous ses efforts, des combinaisons militaires, des forces de l'action et de la pensée. La grande irrésolution qui tourmente son esprit, s'empare de toute sa personne... Rien ne peut plus le fixer ; à chaque instant, il prend, quitte et reprend son travail ; il marche sans objet, demande l'heure, considère le temps ; et tout absorbé, il s'arrête, puis il fredonne d'un air préoccupé et marche encore, enfin il se jette sur son lit « comme accablé d'une si grande incertitude ». Il étonne son entourage en prolongeant ses repas, d'habitude expédiés en quelques minutes, ou en passant trois soirées à corriger les statuts de la Comédie-Française. Octobre arrive, et toujours aucun signe d'Alexandre. Brusquement, après avoir changé plusieurs fois d'avis et en ignorant les mises en garde de son état-major, il ordonne la retraite. Le 19 octobre, ce qui reste de la Grande Armée, soit 100 000 hommes, quitte enfin Moscou.

LE PRINCE BARCLAY DE TOLLY, 1761-1818

Ce général russe, issu d'une famille d'émigrés écossais, commence sa carrière militaire comme aide de camp. Il participe à la guerre contre les Turcs puis contre les Polonais. Il se distingue contre les Français à Pultusk en 1806 et est blessé à Eylau. Apprécié du tsar, il devient ministre de la Guerre en 1810 et réorganise l'armée. Au début de la campagne de Russie, il est favorable à la stratégie de « la terre brûlée » et veut éviter tout affrontement direct avec les Français. Il s'oppose en cela à la plupart des autres généraux russes, et en particulier au très populaire Koutousov. Épuisé et malade, il est finalement écarté après la chute de Moscou. En 1815, il sera à la tête de la 1re armée qui marche contre la France.

Une armée de « spectres »…

Hier une grande armée, aujourd'hui un troupeau. Aquarelle de Jean Adam Klein.

L'armée qui quitte Moscou ne ressemble plus à la troupe conquérante et disciplinée qui avait franchi le Niémen. Si les hommes marchant en tête ont encore de l'allure, les 50 000 autres les suivent dans le désordre le plus complet. Chargés du butin pris à Moscou, ces soldats n'obéissent plus à leurs officiers. Ce sont les premiers « traînards » de la retraite, que Ségur compare à « une horde tartare ». L'Empereur pense pouvoir hiverner à Smolensk et ordonne de marcher sur la ville en passant par le sud. Il semble être sorti de sa récente léthargie et les ordres fusent vers ses maréchaux ; « Malheur à ceux qui se trouveront sur mon passage ! » s'exclame-t-il.

Koutousov, de son côté, apprend la nouvelle de la retraite française le 23 octobre. Il remercie Dieu, « La Russie est sauvée ! » et décide de barrer la route aux Français : une partie de ses forces prend position autour de Maloïaroslavets. Victorieux, Napoléon fulmine et déclare à Caulaincourt : « Cela devient grave, je bats toujours les Russes et cela ne termine rien ! » Le 25, il décide d'aller reconnaître lui-même avec quelques officiers si la voie est libre. La petite troupe est surprise par les cosaques et l'Empereur ne doit son salut qu'à l'intervention des escadrons de la Garde. Mais désormais, la route du sud est coupée et les Français sont contraints de reprendre la route du nord, celle de l'aller, plus sûre mais où ils ne trouveront ni nourriture, ni abri. Koutousov l'avait bien prévu ainsi.

La retraite se transforme bientôt en déroute, l'arrière-garde est harcelée par les cosaques et certaines unités n'existent plus. Le corps de Poniatowski, par exemple, est réduit à 700 fantassins ! Début novembre, le temps se dégrade. Le 6, une tempête de neige s'abat sur l'armée et la température descend à -10 °C. Le 9, l'Empereur entre enfin dans Smolensk suivi par l'armée, mais la ville n'est pas « la terre promise » espérée, elle est dénuée de tout. Les survivants, toujours poursuivis par les Russes, l'abandonnent le 14 et le calvaire continue : la température atteint maintenant -20°C. L'armée attaquée par l'ennemi, la faim et le froid, se décompose. Manger devient l'idée fixe. On mange les chevaux, on boit leur sang transformé en glaçons, on se bat autour des feux du bivouac pour un bout de viande gelée. Certains témoins rapportent même des scènes d'anthropophagie et le sergent Bourgogne écrit : « Faute d'homme, l'on mangerait le diable s'il était cuit. » La route est jonchée de cadavres, ceux qui tombent ne se relèvent pas. Les uniformes d'été n'existent plus, les soldats revêtent des vestes et des pelisses pillées çà et là, beaucoup vont pieds nus et leurs membres gèlent, leurs pas résonnent alors sur la glace « comme des sabots ». À Krasnoïe, Koutousov tente encore de barrer la route aux Français. C'est cette fois la Garde qui force le passage, provoquant l'admiration des généraux russes. Denis Davidov raconte cet exploit : « La vieille Garde s'approche… Tous nos efforts pour détacher un seul soldat de ses colonnes serrées restent vains. Les hommes comme taillés en granit, méprisent toutes nos tentatives et restent intacts. Je n'oublierai jamais la démarche libre, aisée et l'allure menaçante de ces guerriers éprouvés par tous les aspects de la mort. Avec leurs hauts bonnets à poil, leurs uniformes bleus aux sangles blanches, leurs plumages et leurs épaulettes rouges, ils ressemblaient à

Les restes de 3 000 soldats de Napoléon

En 2001, une fosse commune contenant les restes de 3 000 soldats de Napoléon ayant participé à la campagne de Russie est découverte à Vilnius, capitale de la Lituanie. Des soldats en déroute, morts de froid et d'épuisement et non de maladies ou des suites de blessures. Ce sont des pièces à l'effigie de Napoléon ainsi que des boutons et des bouts d'uniformes de la Grande Armée qui ont permis d'identifier les ossements.

En juin 2003, le gouvernement lituanien a organisé une cérémonie pour rendre hommage à ces soldats morts sur son sol. Accueilli comme un libérateur en 1812, Napoléon est aujourd'hui encore considéré par les Lituaniens comme un précurseur de la démocratie.

des pavots dressés sur un champ de neige… La Garde avec Napoléon au milieu, passe parmi nos cosaques comme un navire armé de cent canons passe parmi les barques des pêcheurs… » L'attentisme de Koutousov sauve une fois de plus l'Empereur qui se dirige maintenant vers la Berezina, le dernier obstacle. Près du fleuve, attendent les corps frais d'Oudinot et de Victor sur lesquels il compte encore. Mais le 20, il apprend que le pont de Borisov est aux mains des Russes. La retraite est coupée. « Cette fois, dit-il à Caulaincourt, il n'y aura de salut que pour les braves. »

Le 25 novembre, environ 30 000 combattants et 40 000 traînards arrivent sur les rives de la Berezina. Un gué est découvert près du village de Stoudianka. Aussitôt, le général Éblé rassemble ses compagnies de pontonniers, environ 400 hommes, et se met au travail. Dans la nuit, en utilisant les planches des isbas des alentours, ils construisent deux ponts. De l'eau glacée jusqu'aux épaules, ils assemblent chevalets et pontons dans le fleuve qui charrie des glaçons. « Quelques-uns tombent morts et disparaissent dans le courant, raconte le grenadier Pils, sans que le spectacle de cette fin tragique amollisse l'énergie de leurs camarades. » Ultime sacrifice de ces hommes pour leurs frères d'armes et leur Empereur. Éblé mourra quelques jours plus tard d'épuisement. Le 26, profitant d'une étonnante apathie des Russes, le corps d'Oudinot passe le fleuve, puis suivent les derniers canons et les fourgons. Dans la soirée, sous le poids des voitures, des chevalets se brisent. Les pontonniers replongent dans le fleuve et réparent. Le passage peut reprendre. Le 27 à l'aube, c'est le tour de la Garde puis de l'Empereur et de tout l'état-major. Dans la journée l'immense foule des traînards, encore protégée par les soldats de Victor, se précipite sur les ponts dans une mêlée confuse. Malheur à celui qui tombe, il est aussitôt piétiné par ses camarades. Dans la nuit, Victor et ses hommes décrochent et passent le fleuve à leur tour. Le 28, vers 7 heures du matin, les Russes deviennent trop pressants et Eblé reçoit l'ordre de détruire les ponts. Il reste encore 12 000 traînards à passer et le brave général attend encore deux heures avant de mettre le feu aux ponts. Huit mille hommes restent bloqués sur l'autre rive. La panique s'empare de ces pauvres isolés. Alors que certains se noient en tentant de traverser le fleuve à la nage, d'autres se jettent dans les flammes. D'autres encore s'assoient dans la neige et attendent, résignés, d'être massacrés par les Russes. Le dernier obstacle est donc franchi par les débris de la Grande Armée, mais les épreuves ne sont pas pour autant terminées.

Les fantômes des « vainqueurs de l'Europe » sont anéantis par le froid et la faim. Aquarelle de Jean Adam Klein.

Seul le sacrifice des 400 pontonniers du général Eblé permet aux débris de l'armée de passer la Berezina. *Le passage de la Berezina,* peinture de Suchodolski, vers 1859.

La fin du cauchemar...

Le général Malet, gravure de Gervais, XIXe siècle.

La conspiration du général Malet.

Républicain invétéré, le général Malet est arrêté en 1807 et en 1809 et placé dans une maison de santé. En 1812, profitant de l'éloignement de l'Empereur, il met au point son plan pour le renverser : un faux sénatus-consulte déclarera la déchéance du régime en annonçant la mort de l'Empereur tué le 7 octobre d'un coup de feu. Pour l'aider, Malet choisit deux généraux alors emprisonnés, Lahorie, proche de Moreau, et Guidal, qu'il envisage de libérer. Le 22 octobre au soir, Malet s'évade de sa « prison » et se rend à la caserne Popincourt, où il rencontre le colonel Soulier. Celui-ci tombe dans le piège, obéit sans difficultés aux ordres de Malet et met ses soldats à sa disposition. Lahorie et Guidal sont ensuite libérés et vont arrêter Pasquier, le préfet de police, et Savary, ministre de la Police. Celui-ci, ahuri d'être ainsi réveillé en pleine nuit, se laisse conduire à la prison de la Force. Au petit matin, Malet tente d'arrêter Hulin, gouverneur de Paris, mais celui-ci refuse de le suivre. Malet sent que la situation lui échappe et blesse l'officier d'un coup de feu à la mâchoire. Un peu plus tard, Malet est arrêté puis c'est le tour de Lahorie et Guidal. Jugés rapidement, les conspirateurs sont fusillés le 29 octobre.

À partir du 29 novembre, les quelque 25 000 combattants de la Berezina se mêlent à la foule des malheureux sans armes dont beaucoup perdent la tête. Le moindre arrêt, si il n'est pas près d'un feu, est fatal. Le chirurgien Larrey est le témoin de ces morts de froid : « La mort de ces infortunés était devancée par la pâleur du visage, une sorte d'idiotisme, par la difficulté de parler, la faiblesse de la vue et même par la perte totale de ce sens. » Dans cette marche désespérée, seule la Garde conserve quelque contenance. Caulaincourt rapporte que « les vieilles moustaches se déridaient dès qu'elles apercevaient l'Empereur et le bataillon de garde qui prenait chaque jour le service était dans une tenue à étonner. »

La température descend certains jours à -30° C ! Les corbeaux sont foudroyés en plein vol, l'haleine des hommes gèle au contact de l'air et des glaçons se forment sur les paupières et dans les cils. Les barbes ne sont plus que des blocs de glace. Dès qu'un homme s'effondre, son cadavre est dépouillé de ses pauvres effets. Stendhal, employé à l'intendance, écrit : « Dans cet océan de barbarie, pas un son qui réponde à mon âme ! Tout est grossier, sale, puant au physique et au moral. » Ségur rapporte : « Lorsqu'un cheval tombait, vous eussiez cru voir une meute affamée ; ils l'environnaient, ils le déchiraient par lambeaux, qu'ils se disputaient entre eux comme des chiens dévorants ! » L'Empereur, sombre mais soulagé qu'on ait pu passer, se dirige vers Vilna. Désormais, l'arrière-garde seule, commandée par Ney, admirable de courage, supporte les attaques des cosaques. Infatigable malgré le froid et la faim, il ne cesse d'encourager ses soldats transis, il secoue les engourdis, n'hésitant pas à faire le coup de feu au milieu d'eux. Il utilise mille ruses pour échapper aux cosaques et fait même marcher ses hommes de nuit.

Le 3 décembre, Napoléon atteint la petite ville de Malodeczno. Là, il fait part à Daru et à Duroc de son intention de quitter l'armée et de rejoindre Paris au plus vite. Depuis le 6 novembre, en effet, il est informé de l'affaire Malet qui s'est déroulée à Paris le 23 octobre. Ce général excentrique a fait croire à la mort de l'Empereur et a bien failli prendre le pouvoir. Il s'en est fallu d'un rien que cette conspiration ne réussisse ! Napoléon prend conscience de la fragilité de son régime. Soucieux mais furieux que personne n'ait pu songer au roi de Rome pour lui succéder, il a tenu la nouvelle secrète pour ne pas affoler ses proches. Seul Caulaincourt, le grand écuyer était dans la confidence. Le 5 décembre, à Smorgoni, il confie le commandement des restes de l'armée à Murat et part en traîneau accompagné seulement de Caulaincourt, Duroc, Mouton, de son secrétaire le baron Fain et d'une minuscule escorte. Les destinées de l'Empire se jouent désormais à Paris.

Pendant ce temps, les restes de la Grande Armée rejoignent Vilna le 9 décembre puis atteignent Kovno, dernière ville russe, le 13. Un millier d'hommes encore armés, 9 canons, et plus de 20 000 traînards, franchissent le Niémen. Seul Ney, entouré des derniers braves, est encore capable de faire le coup de feu contre les cosaques. Certains soldats, raconte Ségur, se retournent encore et jettent un dernier regard sur cette terre qui vient d'engloutir la plus grande armée du monde.

Fusil à la main, Ney commande l'arrière-garde harcelée par les cosaques. *Le maréchal Ney pendant la retraite de Russie,* peinture de Ivon.

L'empereur galope à toute allure vers la France. Commence une course folle qui va durer 13 jours et 14 nuits. *Laissez passer l'Empereur !,* peinture de Joseph Emmanuel van den Bussche, 1901.

« Avec le Rougeaud, on est tranquille ! »

Le maréchal Ney fait preuve durant toute la campagne de Russie d'une bravoure admirable. Les vétérans ne s'y trompent pas, disant aux plus jeunes recrues : *« Avec le Rougeaud, on est tranquille »*, le « Rougeaud », surnom donné à Ney en raison de son teint rubicond. Lorsque le 18 novembre, l'Empereur est sans nouvelles de lui, il confie à ses proches : *« Je donnerais les 300 millions que j'ai dans les caves des Tuileries pour le sauver. »* À la mi-décembre, l'intendant général Dumas, fait halte à Gumbinnen en territoire prussien dans la maison d'un médecin. Soudain, la porte s'ouvre, un homme hirsute fait irruption dans la pièce et s'écrie : *« Me voilà enfin ! »* Dumas s'étonne : *« Mais qui êtes-vous donc ? »* L'autre répond : *« Eh ! Quoi ! général Dumas, vous ne me reconnaissez pas ? Je suis l'arrière-garde de la Grande Armée, le maréchal Ney ! J'ai tiré le dernier coup de feu sur le pont de Kovno, j'ai jeté dans le Niémen la dernière de nos armes, et je suis venu jusqu'ici à travers bois… »*

Un trône bien fragile

« Il faut d'avance être préparé à tout détruire afin de ne pas laisser de trophées à l'ennemi » dira Napoléon. *Autodafé de drapeaux français lors de la retraite de Russie,* gravure sur bois coloriée, fin XIXe siècle. ▷

En Espagne, la situation n'est guère meilleure qu'en Russie. *Attaque par le général Minas d'un convoi de blessés auxquels se sont jointes des familles françaises fuyant Madrid,* peinture de Lejeune.

Pendant les treize jours que dure cette course vers Paris, l'Empereur se confie à Caulaincourt. Il songe déjà à reconstituer une armée et espère encore le soutien de l'Autriche, mais s'inquiète de la réaction parisienne. « Avec les Français, dit-il, il faut, comme avec les femmes, ne pas faire de trop longues absences. » Il paraît blessé par l'affaire Malet et indigné par l'attitude de certains, comme Frochot, conseiller d'État, qui s'est laissé berner par un conspirateur à moitié fou. Il enrage : « Un homme qui a de la fortune et des enfants, un homme qui leur doit l'exemple de la fidélité à son suzerain, qui est le premier de tous les devoirs ! Je ne puis croire à cette lâcheté ! » Mais surtout, il ressasse de façon obsédante les causes de sa défaite : « Nous sommes victimes du climat… L'ennemi n'y est pour rien, je l'ai battu partout. » La Grande Armée est anéantie sans jamais avoir perdu une bataille. Il se berce d'illusions, rêve de ses futures victoires sur les Russes et envisage même de revenir sur le Niémen

dans six mois avec 300 000 hommes. Puis il en vient à l'Angleterre, la cause de tout : « C'est l'Angleterre qui m'a forcé à tout ce que j'ai fait. Si elle n'avait pas rompu le traité d'Amiens, si elle avait fait la paix après Tilsit, je serais tranquille chez moi… » Il s'imagine s'occupant de la prospérité intérieure et à Caulaincourt qui lui reproche sa soif de puissance, il répond : « Je ne suis pas plus ennemi qu'un autre des douceurs de la vie. Je ne suis pas un Don Quichotte qui a besoin de quêter les aventures. Je suis un être de raison qui ne fait que ce qu'il croit utile. »

Le 12 décembre, le petit équipage est à Posen où les communications avec la France sont possibles. Là, l'Empereur peut lire plusieurs lettres de Marie-Louise, qu'il dévore avec joie. Ensuite, c'est la traversée de la Prusse ; les nouvelles récentes de sa famille et la proximité de la France le mettent de bonne humeur, il plaisante avec Caulaincourt : « Si les Prussiens nous arrêtaient, ils me livreraient aux Anglais… Vous figurez-vous, Caulaincourt, la mine que vous feriez dans une cage de fer, sur la place de Londres ? » Le 16 décembre, il est en France et le 18, il arrive aux Tuileries. Le lendemain, le Conseil est convoqué et les ministres s'y rendent en tremblant. Aussitôt, l'Empereur revient sur l'affaire Malet : « Et le roi de Rome ? Et vos serments ? Vous me faites frémir pour l'avenir ! » Napoléon attend des manifestations de loyalisme que Lacépède, au nom de l'assemblée, exprime en lui assurant que dorénavant on pensera au roi de Rome. La situation paraît donc rétablie.

Pourtant, de mauvaises nouvelles assombrissent encore l'Empire. Murat, en Russie, a abandonné l'armée et a rejoint Naples. « Un capitaine de voltigeurs eût mieux commandé l'armée que lui ! » commente l'Empereur. En Espagne, Marmont a été battu par les Anglais aux Arapiles en juillet, obligeant Soult à évacuer l'Andalousie. Pire, Joseph, toujours en proie à la panique, a quitté Madrid, laissant Wellington y faire son entrée le 12 août. Et puis enfin, aux Tuileries, Talleyrand prépare la chute du régime et se rapproche des opposants du Sénat. Le trône de l'Empereur commence à vaciller.

« Je ne cacherai rien »

Le 29e bulletin de la Grande Armée, soigneusement rédigé par l'Empereur est publié par *le Moniteur* le 16 décembre 1812. Il soulève dans tout l'Empire la plus terrible émotion. La France et l'Europe découvrent l'ampleur du désastre. Comme l'avait promis l'Empereur, il ne cachait rien : « *Jusqu'au 6 novembre, le temps a été parfait et le mouvement de l'armée s'est exécuté avec le plus grand succès… Cette armée si belle le 6, était bien différente dès le 14, presque sans cavalerie, sans artillerie, sans transports… Cette difficulté, jointe à un froid excessif subitement venu, rendit notre situation fâcheuse… Des hommes que la nature n'a pas trempée assez fortement pour être au-dessus de toutes les chances du sort et de la fortune, parurent ébranlés…* » Enfin, pour faire taire les rumeurs, Napoléon termine ainsi : « *La santé de sa Majesté n'a jamais été meilleure.* » Chateaubriand, ironique, écrira : « *Familles, séchez vos larmes, Napoléon se porte bien* ».

La meute se forme...

Metternich se veut le champion de l'équilibre européen et le restaurateur de la puissance autrichienne. Portrait d'après Thomas Lawrence.

Klemens von Metternich

Né en 1773 à Coblence, il est, en 1801, représentant de l'empereur d'Autriche à la cour du roi de Saxe à Dresde où il se fait rapidement une réputation de séducteur. En 1803, il est ambassadeur en Prusse, puis en France en 1806. Il fréquente les salons parisiens et ses liaisons amoureuses, notamment avec Laure Junot et Caroline Bonaparte, future reine de Naples, défraient la chronique. C'est véritablement après Wagram (1809), lorsqu'il prend la direction des Affaires étrangères que sa politique se révèle efficace : « *Notre système consistera à louvoyer, à éviter tout engagement et à flatter. C'est ainsi seulement que nous réussirons à exister jusqu'au jour probable de la délivrance générale.* » Cette politique se poursuit jusqu'en 1813, date à laquelle l'Autriche rejoint la coalition qui abattra l'Empire. Prudent et habile, Metternich sait se montrer persévérant et patient dans ses desseins, il est dit-il « *l'araignée qui tisse sa toile au centre de l'Europe* ». Âme du congrès de Vienne (1814-1815), il restaure l'équilibre européen et la puissance de l'Autriche. Chancelier à partir de 1821, il est chassé par la révolution de 1848, et connaît alors l'exil en Angleterre et en Belgique. Dans sa célèbre pièce *l'Aiglon,* Edmond Rostand le peint en geôlier particulièrement froid et antipathique du roi de Rome.

En ce début d'année 1813, la Russie exulte. Alexandre ne pense plus qu'à abattre Napoléon et à reconquérir la Pologne. L'Europe découvre la catastrophe de Russie et prend conscience de la vulnérabilité de l'Empire français. L'Allemagne entière rêve de prendre sa revanche et en particulier, la Prusse. Mais Frédéric-Guillaume hésite, son pays est occupé et son armée compte à peine 50 000 hommes. Défier Napoléon maintenant serait de la folie surtout sans le soutien de l'Autriche. L'empereur d'Autriche, quant à lui, peut compter sur l'habileté d'un remarquable diplomate : Metternich. Celui-ci échafaude en effet un plan qui permettra de desservir l'allié français sans se compromettre à ses yeux. Metternich se propose de jouer le rôle de médiateur entre la France et la Russie, médiation qui ne sera possible que si l'Autriche recouvre sa totale indépendance. Napoléon sera acculé à de telles concessions qu'il sera contraint de refuser ce plan. L'Autriche pourra rejoindre alors les rangs de la coalition.

Napoléon, quant à lui, se doute de la défection imminente de la Prusse mais il ne perce pas encore le double jeu autrichien, plus subtil. Il pense que François ne lui déclarera jamais la guerre pour ne pas mettre en péril l'avenir du roi de Rome, son petit-fils. L'envoyé de Metternich, le général Bubna, est reçu par l'Empereur le 31 décembre 1812. Ce dernier se montre très cordial : « Faisons la paix, je ne demande pas mieux que votre empereur parle à haute voix à la Russie... Je me réjouis qu'il se décide à devenir médiateur. » Mais, au début du mois de février 1813, le général autrichien Schwarzenberg abandonne Varsovie aux Russes ; l'Empereur doute de la sincérité de son allié. Il rencontre à nouveau Bubna et s'emporte : « C'est un premier pas vers la défection, vous avez changé de système, un médiateur armé ne me convient pas ! »

Face à la coalition qui se forme, Napoléon aurait souhaité que la nation tout entière fasse bloc autour de lui. Mais plusieurs années de régime, marquées par des guerres incessantes, ont fatigué les ardeurs. Les élans spontanés deviennent rares. Cette désaffection profonde n'est pas le fait des classes populaires, toujours prêtes à crier « Vive l'Empereur ! », mais plutôt de la bourgeoisie. En effet, jusqu'à maintenant celle-ci a peu souffert de la guerre, achetant des « remplaçants » à ses jeunes fils appelés sous les drapeaux. En 1813, Napoléon a besoin d'hommes, et la bourgeoisie craint pour ses enfants. Du coup, elle gronde, elle complote, se tourne vers le libéralisme. Les royalistes reprennent espoir, bien servis par les intrigues des Tuileries. Talleyrand, qui œuvre toujours en sous-main, sème le découragement et l'Empereur s'en inquiète. Aussi, pour en imposer, il déborde d'activité, dort peu, travaille dix-huit heures par jour et se montre partout. Ses entretiens avec Bubna se poursuivent, mais dorénavant il ne se fait guère d'illusions sur la suite. Il a surtout besoin de temps pour reformer une armée et il aime dire autour de lui : « Le lion n'est pas encore mort. »

Tandis qu'un pierrot distribue les croix d'honneur, Napoléon est assis sur un trône composé de crânes humains et s'abreuve des larmes de son peuple. Berthier le prie de descendre de son trône alors que déjà, les aigles de Russie, Prusse et Autriche planent au-dessus de sa tête. *Le nouveau monarque universel,* gravure coloriée.

Grande entrée des souverains alliés dans Leipzig le 19 octobre 1813, gravure coloriée.

« Réparer mes fautes... »

« Sire, vous pouvez compter sur nous comme sur la Vieille garde », s'exclament les Marie-Louise à leur Empereur. Lithographie de Raffet.

De piètres tacticiens mais de magnifiques sabreurs

On a tenu Napoléon responsable des faibles qualités manœuvrières de ses maréchaux, ne leur laissant aucune initiative. Ce reproche ne semble pas entièrement fondé. Si comme tous les maîtres de guerre, l'Empereur ne partage avec personne la direction de l'ensemble, il laisse aussi aux exécutants une grande latitude dans le choix des moyens, ainsi en Espagne et en Allemagne. Peu sont passés par les écoles militaires (environ un quart). La plupart ont bénéficié de la révolution sociale qui a ouvert la carrière militaire aux énergies nouvelles : l'avancement par le rang et le mérite. Chez les officiers généraux et les maréchaux, l'âge moyen est de quarante ans et plus d'un quart à entre trente-deux et trente-six ans. Napoléon exige d'eux qu'ils soient de fidèles exécutants et des entraîneurs d'hommes exemplaires. Parmi les maréchaux figurent peu de stratèges de valeur, exceptés Davout, Masséna, Lannes et Suchet. Les autres excellent dans l'assaut et la poursuite et déploient un courage parfois excessif. Les maréchaux ont généralement le sens du verbe et du panache qui galvanise les soldats.

« J'ai les moyens de réparer mes fautes », avait dit l'Empereur en rentrant à Paris. Il s'y emploie en travaillant activement à la formation d'une nouvelle armée. L'armée de Russie a quasiment disparu et on ne peut encore prélever des troupes en Espagne où les Français reculent devant Wellington. L'Empereur doit donc recourir à la conscription, la classe 1813. Cent quarante mille jeunes hommes de 19 à 20 ans sont donc appelés sous les drapeaux auxquels viennent s'ajouter les 100 000 hommes des 88 cohortes de la garde nationale. Mais ce n'est pas suffisant puisque Napoléon ne peut plus compter sur ses troupes de Lituanie, décimées elles aussi, en raison de l'incurie de Murat. Alors l'Empereur ordonne deux nouvelles levées exceptionnelles. D'abord 100 000 hommes, de 20 à 24 ans, des classes 1809 à 1812, ayant échappé au tirage au sort, rejoignent l'armée. Puis, par anticipation, 150 000 hommes de la classe 1814 sont appelés en mars 1813, ceux-là ont à peine 18 ans. Ces 490 000 hommes environ formeront l'ossature de la future Grande Armée qui pourra encore compter sur les troupes de la Confédération du Rhin, sur les Suisses, les Italiens et les Napolitains. Mais cette armée est jeune et on ne forme pas un fantassin en aussi peu de temps. Il faut apprendre le maniement d'un fusil qui se charge en douze temps et en plus d'une minute pour un néophyte. C'est bien long face à l'ennemi ! Certains n'ont de fusils que depuis un mois, le plus grand nombre depuis huit jours, et même 24 heures ; d'autres n'en recevront qu'en marchant vers l'Allemagne. Soldats et officiers ne se connaissent pas. Et pourtant cette armée de conscrits va accomplir des miracles...

Plus que toute autre arme, la cavalerie est difficile à recréer. Six mois sont nécessaires à la formation d'un bon cavalier. Et puis surtout, on manque de chevaux, 175 000 bêtes ont disparu en Russie. Cette cavalerie fera bientôt défaut lorsqu'il s'agira de poursuivre l'ennemi.

Par ailleurs, ces « levées en masse » ne sont pas accueillies avec enthousiasme par les populations. Si les désertions avaient été fort peu nombreuses durant les années précédentes, on compte 10 % de réfractaires en 1813. Dans certains départements, les préfets ordonnent d'effacer au plus vite des inscriptions, telles que « À bas le Tyran ! », qui apparaissent sur les murs des villes.

Malgré ces difficultés, l'Empereur n'est pas abattu, au contraire, il déborde d'énergie. Sa vivacité d'esprit, disparue en Russie, est revenue. Il est partout, s'occupe de tout. Sa correspondance est abondante. Le 14 février, il se rend devant le Corps législatif pour demander aux représentants de voter les textes qui lui fourniront l'argent nécessaire à ses projets. Il donne des ordres afin de réduire sa suite pour la campagne qui s'annonce : « Je veux avoir beaucoup moins de monde, moins de cuisiniers, moins de vaisselle, aucun grand nécessaire, et cela autant pour donner l'exemple que pour diminuer les embarras. » C'est dans l'adversité que son esprit s'anime et qu'il force l'admiration de son entourage. Il doit redevenir le « général Bonaparte » et c'est avec ses nouveaux soldats, « presque des enfants », qu'il compte le faire. Bientôt, les « Marie-Louise », ces jeunes conscrits (18 ans) de 1814-1815 s'illustreront aux cris de « Vive l'Empereur ! »

Les grenadiers à cheval

Avec leurs homologues à pied, les grenadiers à cheval constituent les deux régiments les plus prestigieux de la Garde impériale. Reconnaissables à leurs coiffures, « les bonnets d'ourson », ils constituent l'élite de l'élite. Pour y être admis, il faut mesurer 1,76 m et compter douze ans de service. Dans *Histoire d'un conscrit de 1813,* Erckmann et Chatrian les décrivent ainsi : « *Les grenadiers à cheval de la garde – de véritables géants, avec leurs grandes bottes, et leurs immenses bonnets à poil qui descendaient jusqu'aux épaules, ne laissant voir que le nez, les yeux…,– passèrent au galop, la poignée du sabre serrée sur la hanche. Chacun de nous était content de se dire : ceux-là sont avec nous, ce sont de rudes gaillards…* » Colonel major des grenadiers à cheval de 1805 à 1813, Louis Lepic est célèbre pour sa bravoure.

Les grenadiers à cheval de la Garde impériale sont sans doute un des corps les plus prestigieux de la Grande Armée. Illustration de Job.

« Laissons Rome pour la guerre... »

Le 25 janvier, Pie VII, pressé par Napoléon, signe le concordat de Fontainebleau qui met fin au problème de l'institution canonique, mais deux mois plus tard, il revient sur sa décision : le conflit entre le pape et l'Empereur n'est pas clos.

Outre la formation d'une nouvelle armée, Napoléon a d'autres préoccupations. En effet, l'« affaire Malet » l'a profondément marqué et a posé de façon cruciale le problème de sa succession. La stabilité du régime ne peut être assurée que si le roi de Rome est reconnu comme l'unique héritier du trône. Pour cela, Napoléon a encore besoin du pape pour faire sacrer son fils à Notre-Dame. Or, depuis un an, Pie VII se trouve emprisonné au château de Fontainebleau. Le 19 janvier 1813, l'Empereur lui rend visite. La rencontre est chaleureuse, les deux hommes s'embrassent. Malgré des points de vue fort différents, ils ont gardé l'un pour l'autre une profonde affection. Les entrevues se succèdent jusqu'au 25, date à laquelle est signé un nouveau Concordat. Le pape a enfin cédé ! Il accepte de s'installer à Avignon, se montre disposé à sacrer le roi de Rome, et enfin renonce à l'institution des évêques.

En revanche, il précise qu'il n'abandonne pas pour autant Rome et qu'il tient à une réunion rapide des cardinaux. Sur ce dernier point, Napoléon s'exécute et les prélats, presque tous exilés, sont appelés à Fontainebleau. Le pape, rongé par le remords, est assailli des plus vives récriminations de la part de ses proches. « Je ne dors ni jour ni nuit, dit-il au cardinal Pacca, nous avons fini par nous rouler dans la fange ! » « À presque tous les maux il est un remède », répond le prélat. Le « remède » vient le 24 mars 1813, avec la lettre du pape annonçant à Napoléon qu'il se rétracte et qu'il ne peut exécuter le Concordat, « cet écrit vicieux et mal fait ».

L'Empereur enrage mais des soucis plus pressants retiennent davantage son attention : « Laissons pour le moment Rome et l'institution des évêques. Ce numéro est remis dans l'urne et n'en sortira qu'après une grande victoire sur l'Elbe ou la Vistule. » En effet, les hostilités s'annoncent. La Prusse qui a signé un traité avec le tsar Alexandre le 27 février, rompt son alliance avec la France et lui déclare la guerre le 17 mars. Le prince Eugène de Beauharnais est contraint de se retirer en arrière de Berlin où Frédéric-Guillaume peut faire une entrée triomphale. Une joie indescriptible se répand dans la capitale prussienne. Le comte de Narbone écrit : « Je vois tous les cafés et les lieux de rassemblement ne respirer que par la haine du nom français. » Prussiens et Russes pressent l'Autriche de les suivre mais Metternich reste fidèle à sa politique tout en précisant que « le rôle d'auxiliaire de la France dans la prochaine guerre allait cesser pour l'Autriche ».

De son côté, Murat, qui désire conserver son royaume de Naples, commence à flancher et noue des contacts avec l'Autriche. Aussitôt, l'Empereur lui écrit : « Je suppose que vous n'êtes pas de ceux qui pensent que le lion est mort. Si vous faisiez ce calcul, il serait faux. Le titre de roi vous a perdu la tête. Si vous désirez le conserver, il faut vous conduire autrement que vous avez fait jusqu'à présent. » Mais Murat reste sourd aux semonces et prépare sa trahison.

Malgré tout, en cette fin mars 1813, l'Empereur et son armée semblent prêts pour cette campagne de Saxe qui commence.

La lance est l'arme blanche dont l'effet moral est le plus puissant et les coups les plus meurtriers.
Le 3e régiment de chevau-légers lanciers, gouache de Carle Vernet, 1812.

UN CHIRURGIEN EXCEPTIONNEL, LARREY 1766-1842

Au même titre que certains officiers prestigieux, Jean Dominique Larrey fait partie des héros de la légende napoléonienne. À Sainte-Hélène, Napoléon écrira de lui :
« L'homme le plus vertueux que j'aie rencontré, un véritable homme de bien. »
Larrey, originaire de Beaudéan dans les Hautes-Pyrénées, devient chirurgien aide-major en 1792 à l'armée du Rhin. C'est pendant la campagne d'Égypte qu'il se fait remarquer par Bonaparte et devient son ami. Nommé chirurgien en chef de la Grande Armée, il se battra durant tout l'Empire avec son collègue Percy pour améliorer le sort des blessés, ce qui lui vaudra le surnom de « la providence du soldat ». Horrifié par la mauvaise organisation du service de santé, il crée les ambulances volantes chargées de ramasser les soldats blessés sur le champ de bataille et de leur porter les premiers soins. Napoléon le nomme commandeur de la Légion d'honneur et baron d'Empire.
Il force l'admiration de tous, ainsi Wellington qui, le voyant prisonnier à Waterloo, dira de lui : *« Je salue l'honneur qui passe. »*
Il est inquiété sous la Restauration puis enseigne au Val de Grâce de 1826 à 1836. Son nom figure sur les tablettes de l'Arc de Triomphe.

Larrey ampute le capitaine Rebsamen à la bataille de Hanau.

LES LANCIERS

Le 18 juin 1811, l'Empereur ordonne la création de six régiments de chevau-légers lanciers français à partir de régiments de dragons, auxquels viennent s'ajouter trois autres régiments d'origine polonaise. Les lanciers français portent un uniforme vert et un casque, comparable à celui des dragons, surmonté d'une chenille noire.
Ils sont dotés d'une lance, longue de 2,76 m, d'un sabre, d'un mousqueton avec baïonnette et d'un pistolet. Mais la plupart des lanciers, éreintés de marcher à pied pour ménager leurs chevaux et conscients du ridicule d'un tel arsenal, n'hésitent pas à se débarrasser du mousqueton et souvent des pistolets.
Selon le capitaine des lanciers De Brack *« le seul cas où il est permis à un lancier d'abandonner sa lance, c'est celui où il en traverse le corps d'un ennemi. J'ai vu plusieurs fois des coups de lance si bien appliqués que l'arme était impossible à retirer ; le mourant crispé par la douleur, emporté par son cheval, entraînait et la lance et le lancier qui cherchait vainement à la dégager. »*
Ces régiments sont entrés dans la légende en Russie et à Waterloo dans des charges frénétiques aux cris de *« Vive l'Empereur ! »*

« Le reveil du lion »

Le 15 avril, Napoléon quitte Paris après avoir laissé la régence de l'Empire à Marie-Louise. Deux jours plus tard, il est à Mayence. L'armée qu'il rejoint quelques jours plus tard n'est pas celle dont il rêvait dans ses élans d'optimisme : il dispose d'à peine 200 000 hommes, dont 60 000 Allemands prêts à trahir à la première défaite, d'une cavalerie trop faible, mais de 600 canons. Les coalisés, encore une fois trop dispersés et mal unis, occupent la Saxe et s'avancent sur l'Elbe. Le plan de Napoléon est de les attaquer de front et de flanc, de les rejeter sur l'Oder et de foncer sur Berlin. Le 28 avril, l'Empereur arrive à Weimar puis déplace ses troupes vers la plaine de Lützen.

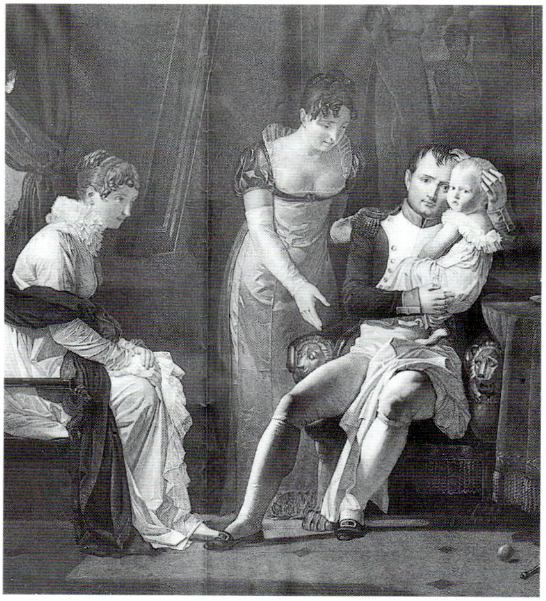

Les derniers adieux de Napoléon à sa famille avant son départ pour la campagne d'Allemagne.

Le 2 mai vers midi, le combat commence. Les Français prennent Leipzig mais Blücher et ses Prussiens attaquent rageusement le corps de Ney dans les villages de Gross-Gorschen et Kaja. Le prince de la Moskova, comme à son habitude, tient tête avec courage. C'est finalement la jeune Garde et l'artillerie de Drouot qui décident de la victoire. Les Alliés retraitent derrière l'Elster. L'Empereur peut se réjouir. Le lendemain, sa proclamation est lue à l'armée : « Soldats, vous avez rempli mon attente ! Vous avez dans la célèbre journée du 2 mai, défait et mis en déroute l'armée russe et prussienne… Nous rejetterons ces Tartares dans leur affreux climat, qu'ils ne doivent pas franchir. Qu'ils restent dans leurs déserts glacés, séjours d'esclavage, de barbarie et de corruption, où l'homme est ravalé à l'égal de la brute ! » La journée a tout de même coûté 18 000 hommes tués ou blessés aux Français et 15 000 aux coalisés. Autre ombre au tableau, la veille de la bataille, le 1er mai, le maréchal Bessières est mort, frappé par un boulet russe. Après Lannes, c'est un autre fidèle parmi les fidèles qui disparaît. L'Empereur accablé, murmure : « Enfin, il est mort de la mort de Turenne. Son sort est digne d'envie. »

Le 8 mai, Napoléon entre à Dresde. C'est le retour du maître et les princes allemands se taisent. Le roi de Saxe est invité courtoisement à rejoindre sa capitale. L'Empereur sait néanmoins que la victoire de Lützen n'est pas décisive, la cavalerie n'a pu poursuivre l'ennemi et l'anéantir. Il faut une seconde bataille plus déterminante, d'autant que l'Autriche affiche de plus en plus ses intentions de rejoindre la coalition. Le 9 mai, l'Empereur se porte sur l'Elbe afin de surveiller les travaux destinés au passage du fleuve par ses troupes. L'artillerie ennemie occupe l'autre rive et bombarde les Français. Napoléon, penché sur ses cartes, ne semble pas s'en apercevoir. Les boulets tombent autour de l'état-major et l'un d'eux éclate si près que l'Empereur et sa carte sont recouverts de terre. Il se secoue et déclare amusé : « Ces drôles-là n'en font jamais d'autres ! »

Si Napoléon se prépare à poursuivre la guerre, il n'en désire pas moins la paix. Il le confie à Caulaincourt : « Il faut épargner une effusion de sang inutile… Si j'ai des sacrifices à faire, j'aime mieux que ce soit au profit du tsar qui me fait une bonne guerre et du roi de Prusse auquel la Russie s'intéresse, qu'au profit de l'Autriche qui a trahi l'alliance. » Il envoie donc, sans grande illusion, le grand écuyer au quartier général d'Alexandre pour entreprendre des pourparlers. Mais le tsar renvoie Caulaincourt, interprétant la demande française comme une preuve de faiblesse. La guerre doit donc reprendre.

La seconde bataille a lieu dans la région de Bautzen, à environ 50 km de Dresde, là où les Alliés ont arrêté leur retraite. Elle dure trois jours, du 20 au 22 mai 1813. Au soir du premier jour, l'Empereur s'exclame : « En voilà encore une dans ma poche ! », car c'est une victoire. Par un grand mouvement tournant des Français, les coalisés sont pris à

Napoléon à cheval

On l'a dit piètre cavalier et il faut reconnaître qu'il ne se tient pas bien. Néanmoins, en vingt ans de campagnes, Napoléon parcourt l'Europe en tout sens, assez souvent en berline de voyage, mais, comme ce n'est pas assez rapide, il préfère le cheval. Tous les témoignages concordent pour lui reconnaître une endurance, une hardiesse, un mépris du danger exceptionnels. Il ne connaît d'ailleurs qu'une seule allure, le galop, qu'il mène à un train d'enfer, ravi de laisser en arrière les officiers de son état-major épuisés, ou même les cavaliers de son escorte dont les chevaux sont plus chargés.

revers et forcés au repli mais les pertes sont encore lourdes : 15 000 Français hors de combat et autant chez les Alliés. Mais Bautzen n'est toujours pas la bataille décisive espérée par l'Empereur et celui-ci s'irrite : « Comment ! Après une telle boucherie, aucun résultat, point de prisonniers ! ces gens-là ne me laisseront pas un clou ! » Si le grand génie militaire de Napoléon s'est exprimé, ses ordres n'ont pas été exécutés avec la même rapidité qu'auparavant. Ney, brave mais médiocre stratège, s'est montré trop mou. Pire encore, nombreux sont les généraux et maréchaux qui marmonnent, lassés des guerres, et qui voudraient bien profiter des bienfaits dont les a comblés l'Empereur. Leurs rangs s'éclaircissent un peu plus, cette fois, c'est le brave Duroc qui est tombé, frappé à mort, le 22 mai. Napoléon chérit Duroc et sa mort lui cause un vrai chagrin. « Il perd un de ses enfants », disent les grenadiers. L'Empereur se rend au chevet du blessé transporté dans la maison d'un paysan, et, les yeux remplis de larmes, lui prend la main : « Duroc, il est une autre vie ! C'est là que vous irez m'attendre, et que nous nous retrouverons un jour. » Seul le râle du grand maréchal se fait entendre puis il murmure enfin : « Ah ! Sire, allez-vous-en, ce spectacle vous peine ! » L'Empereur se retire et se réfugie dans le carré de la Garde où il reste assis sur un tabouret, la tête baissée et les mains jointes. « Nous étions tous là autour de lui sans bouger, raconte Coignet, il gardait le plus morne silence. » Après cela, certains généraux laissent échapper un « Nous y passerons tous ! », significatif du moral des officiers supérieurs.

Le 22 mai, un boulet blesse mortellement Duroc à Bautzen. Avant de mourir, celui-ci exprime sa fidélité à l'Empereur : « Toute ma vie a été consacrée à votre service. »

Aussi, lorsque les Alliés demandent une trêve suggérée par Metternich, Napoléon pressé par tout son entourage, est contraint d'accepter. Il sait pourtant qu'il s'agit d'une manœuvre de l'Autriche pour gagner du temps. L'armistice de Pleiswitz est signé le 4 juin et doit expirer le 20 juillet : juste le temps pour que les Russes et les Prussiens se réorganisent, et pour que les Autrichiens soient prêts à attaquer.

À peine a t-il signé la convention, que l'Empereur sent qu'il a commis une faute et s'en excuse déjà : « Berthier et Caulaincourt m'ont pressé. »

À Lützen, Napoléon bouscule les forces prussiennes du général Blücher, surnommé le général « En avant ». « Vive l'Empereur », lithographie de Raffet.

Metternich, le

Le général Moreau à cheval par A. Chataignier.

Napoléon entre à Dresde le 10 juin, il y restera jusqu'au 15 août. Sûr désormais de l'entrée en guerre prochaine de l'Autriche, l'Empereur ne peut plus espérer livrer bataille sur un unique point en Allemagne, de peur de voir fondre sur ses arrières les armées autrichiennes. Aussi, il prépare ses armées sur toute la ligne de l'Elbe, de Hambourg aux pentes du plateau de Bohème aux alentours de Prague. Il est obligé de répartir son armée en petits groupes et de les confier à ses lieutenants. L'armée française est ainsi dangereusement dispersée sur plusieurs centaines de kilomètres. Les Alliés bénéficient des conseils de Bernadotte et de Moreau, récemment rentré des États-Unis et passé au service du tsar. Tous deux préconisent une même tactique : éviter de combattre Napoléon mais attaquer ses lieutenants et les battre tour à tour.

Napoléon a besoin de temps pour organiser sa ligne de front et demande le report du terme de l'armistice du 20 juillet au 20 août. Entre temps Metternich poursuit sa sournoise manœuvre : il rencontre Prussiens et Anglais auxquels il promet le soutien autrichien puis sollicite une entrevue avec l'Empereur. La rencontre a lieu le 26 juin à Dresde. D'abord affable, l'Empereur s'emporte devant le jeu de son interlocuteur, qui réclame des concessions en échange de la paix : « Vous voulez l'Italie, la Russie veut la Pologne, la Prusse la Saxe, et l'Angleterre la Hollande et la Belgique… Vous n'aspirez tous qu'au démembrement de l'Empire français »… puis il lance : « Ah ! Metternich, combien l'Angleterre vous a-t-elle donné pour vous décider à jouer ce rôle contre moi ? » Sur ces paroles, de colère, il jette à terre son chapeau. En 1811, le ministre autrichien l'aurait ramassé, aujourd'hui, il feint de ne rien voir. La scène se termine par ces terribles paroles de l'Empereur : « J'engloutirai le monde sous les ruines ! »

Napoléon est inquiet d'autant que les nouvelles reçues d'Espagne sont mauvaises. Joseph a encore fui Madrid après la défaite de Jourdan à la bataille de Vitoria le 21 juin. L'armée est ramenée au pied des Pyrénées, seul Suchet tient encore la Catalogne.

UN CURIEUX DESTIN, JEAN VICTOR MOREAU

Né à Morlaix en 1763, ce fils d'avocat étudie d'abord le droit à Rennes avant de s'engager en 1791 dans l'armée du Nord. Il devient général de brigade dès 1793. Un moment écarté pour ses amitiés royalistes, il commande en 1799 l'armée d'Italie puis celle du Rhin en 1800. Ses victoires de Höchstädt puis de Hohenlinden le 3 décembre, lui valent la gloire et une grande popularité. Orgueilleux, il devient vite un rival de Bonaparte. Il dit de lui : *« Pour la conception des plans, pour la conduite des grandes opérations, et pour la politique de la guerre, c'est notre maître à tous. Mais pour la guerre méthodique, sur un théâtre déterminé, pour la partie d'échec, c'est autre chose ; là, je crois valoir mieux que lui. »* En 1804, après l'arrestation de Pichegru, Moreau est arrêté et jugé pour complicité. Il est acquitté, mais Napoléon décide de l'exiler. Il part aux États-Unis. En 1813, le tsar lui demande de rejoindre la coalition des Alliés. Il a les jambes brisées par un boulet français, à Dresde.

« Machiavel » autrichien

Aussitôt Napoléon retire tout commandement à son frère et confie les troupes à Soult. Décidément, l'Espagne est une « bien mauvaise affaire ». Fin juillet, les Alliés se réunissent en congrès à Prague où Caulaincourt arrive le 28. Les envoyés russes et prussiens refusent de voir le Français qui ne traite qu'avec Metternich. La guerre est déjà décidée. Le 4 août, l'Empereur apprend que Murat vient reprendre son commandement : « Ne doutez jamais de mon cœur Sire, il vaut mieux que ma tête. » Enfin une bonne nouvelle et Napoléon étonne par sa gaieté et son énergie. Il espère encore faire revenir l'Autriche, mais il est trop tard.

Le 9 août, l'Empereur reçoit l'ultimatum de Metternich dans lequel ce dernier réclame les trois quarts de l'Empire. Dans la nuit, Napoléon accepte une partie des conditions, en rejette d'autres. Comme Metternich n'a rien reçu le 10 à minuit, il déclare le congrès dissous. L'Autriche déclare la guerre le 11 août. « Nul congrès ne fut plus dérisoire », affirme Nesselrode, l'envoyé russe. En rejetant les conditions de paix, Napoléon indigne l'opinion européenne. Metternich a réussi sa manœuvre.

◁ Énervé par les exigences de Metternich, Napoléon, furieux, jette son chapeau à terre. Peinture de Friedrich, vers 1900.

À la bataille de Vitoria, l'armée impériale est repoussée par les 78 000 hommes de Wellington. Gravure coloriée allemande.

La bataille de Vitoria

En 1813, Ludwig Van Beethoven a 43 ans et traverse une crise profonde. Désespéré par un chagrin d'amour, il ne compose plus et se laisse aller.
En 1813, les événements lui donnent l'occasion de reprendre le travail. Alors qu'en octobre, la bataille de Leipzig sonne le glas de l'hégémonie française en Allemagne, en juin, Wellington a battu les Français à Vitoria. Ce dénouement, souhaité par Beethoven, réveille son ardeur. Il écrit alors deux mouvements d'une symphonie de bataille en hommage à la victoire de Wellington. Les mélodies de *Malborough s'en va-t-en guerre* et du *God Save the King* se retrouvent dans cette composition. Les 8 et 12 décembre, deux concerts sont organisés à Vienne. Le succès est immense.

« Une victoire pour deux défaites »

Murat à la bataille de Dresde, brillamment remportée par Napoléon, le 26 août.

Fin août 1813, trois armées alliées convergent vers la ligne de l'Elbe, presque un million d'hommes se préparent à affronter Napoléon qui ne peut opposer que 250 000 hommes valides. L'armée de Bohême, mêlant Autrichiens, Prussiens et Russes, menace Dresde et les Prussiens de Blücher avancent sur la Katzbach. Bernadotte, respectant son alliance avec l'Angleterre et parachevant ainsi sa trahison, marche au nord avec 40 000 Suédois.

Face à eux, Napoléon divise ses forces également en trois groupes : Ney et Macdonald se portent contre Blücher, Oudinot et Davout à Hambourg doivent résister au nord alors que l'Empereur reste à Dresde avec Gouvion-Saint-Cyr pour affronter Schwarzenberg. Cette disposition, inhabituelle pour Napoléon, fait dire à Marmont : « Par la création de trois armées distinctes, Votre majesté renonce ainsi aux avantages que sa présence sur le champ de bataille lui assure et je crains bien que le jour où elle aura remporté une victoire et cru gagner une bataille décisive, elle apprendra qu'elle en a perdu deux… » Terrible mais juste présage !

Le premier à entrer en action est Blücher qui, le 16 août, surprend Ney et le force à reculer. Aussitôt, Napoléon se porte sur lui et, en deux jours, rétablit la situation et repousse les Prussiens au delà de la Katzbach. Mais déjà, il apprend que l'armée de Bohême, qu'accompagnent les souverains alliés, entre en Saxe et attaque Dresde. Comment Gouvion-Saint-Cyr pourrait il tenir la ville avec seulement 40 000 hommes face à 250 000 coalisés ? L'Empereur le rejoint le 26 août avec le corps d'armée de Marmont, la vieille Garde et la cavalerie de réserve, soit 100 000 hommes au total. Dès son arrivée, tous les Français reprennent espoir et les Alliés reculent. Toute la nuit, l'Empereur dicte ses ordres en faisant les cent pas dans sa chambre et déploie une incroyable énergie. Le lendemain, à l'aube, les combats reprennent sous une pluie battante. Vers 11 heures, Napoléon ordonne à une batterie d'artillerie de canonner l'état-major allié installé sur une colline. L'ordre est exécuté et les boulets pleuvent sur le tsar et son entourage. De sa lorgnette, Napoléon voit un général tomber, les deux jambes broyées. Son corps, emporté par des infirmiers, est suivi par un chien. Un peu plus tard, on apporte à l'Empereur le collier de la pauvre bête sur lequel est écrit : « J'appartiens au général Moreau ». Napoléon apprend ainsi la mort de son ancien rival, du vainqueur de Hohenlinden, tué par un boulet français.

Le 27 août, à 8 heures du soir, l'Empereur, épuisé, trempé jusqu'aux os et brûlant de fièvre, regagne Dresde. Il vient de remporter une éclatante victoire, au terme de laquelle les Alliés ont perdu 27 000 hommes alors que les Français ne comptent que

Leipzig, un terrible bilan

Lors de la bataille de Leipzig, l'armée française perd plus de 60 000 hommes ; on pense généralement que plus de 40 000 soldats ont été tués ou blessés et que 23 000 ont été faits prisonniers. Les Alliés, pour leur part, comptent 54 000 tués et blessés et 1 500 prisonniers. En outre, l'armée française, battue, ne peut plus qu'espérer rejoindre le Rhin au plus vite alors que pour les armées ennemies, la route de la France est désormais ouverte.

8 000 hommes hors de combat. Le lendemain, Napoléon écrit à Marie-Louise : « J'ai bien rossé le prince Schwarzenberg et l'empereur Alexandre. Les troupes de papa François n'ont jamais été si mauvaises… » Mais sa joie est de courte durée et la prédiction de Marmont ne tarde pas à s'accomplir. C'est d'abord Oudinot qui est battu à Gross Beeren après la défection de son corps saxon, puis Macdonald qui est vaincu à la Katzbach par Blücher. Le général Vandamme, lui, se lance dans une maladroite poursuite des vaincus de Dresde et ses divisions se retrouvent enveloppées par l'ennemi à Kulm ; 12 000 Français sont tués ou faits prisonniers.

Un peu plus tard, le 6 septembre, c'est au tour de Ney d'être battu à Dennewitz. Là encore, Saxons et Bavarois se sont débandés, la Confédération du Rhin explose. Napoléon enrage, tout le bénéfice de la victoire de Dresde est perdu : « Partout où je ne suis pas en personne, on ne fait que des sottises ! » Il se prépare maintenant à concentrer ses troupes et songe encore à marcher sur Berlin. Mais les maréchaux ne le suivent plus. Le mécontentement et l'amertume s'expriment ouvertement, le dévouement et la confiance s'affaiblissent. Ney cède au découragement, Augereau vocifère, Murat préconise la retraite pour sauver son royaume et Macdonald déclare à l'Empereur : « Sire, vous n'avez plus d'armée, il n'y a plus que des malheureux mourant de faim… vous avez tout perdu. » Tous demandent à l'Empereur de battre en retraite vers la France.

Le 12 octobre, une nouvelle jette l'effroi au quartier général impérial ; la Bavière a abandonné la Confédération du Rhin et rejoint l'ennemi. Les maréchaux profitent de cette occasion pour se faire plus pressants. Napoléon n'est plus maître de son état-major, il ne convainc plus. Après trois jours de discussions avec ses lieutenants, il doit céder et abandonner son plan : « Ils l'ont voulu ! » soupire l'Empereur. L'armée, une fois réunie, se repliera sur Leipzig où convergent déjà toutes les armées ennemies qui pensaient enfermer les Français autour de Dresde. C'est à la bataille de Leipzig, que Napoléon voulait éviter, que se jouera le sort de l'Allemagne et peut-être de la France. Battus, les Français devront se replier dans un pays désormais hostile pour atteindre le Rhin. La situation est grave d'autant que des nouvelles alarmantes continuent d'affluer. C'est maintenant la Wesphalie qui est perdue, conquise par un corps de cavalerie de Bernadotte. Jérôme a fui sans combattre, son royaume s'écroule.

La bataille de Leipzig débute le 16 octobre, elle oppose à peine 180 000 Français à plus de 320 000 coalisés qui ne cessent de recevoir des renforts. Côté français, tout manque, les munitions, les hommes et surtout la confiance. Les Français sont cernés de tous côtés par les diverses armées ennemies. Au cours de la bataille, le général autrichien Merfeldt est fait prisonnier. Il dîne à la table des aides de camp de l'Empereur et leur déclare : « Je vous plains, messieurs les Français, vous êtes enfermés dans une souricière. » Le manque de confiance est aggravé par la trahison en pleine bataille des Saxons et des Hessois et rendu plus amère encore par l'arrivée de l'armée de Bernadotte qui n'hésite pas à combattre ses compatriotes et celui qui lui a tout donné. C'est un terrible carnage, inconnu jusqu'alors et l'Empereur est obligé d'ordonner la retraite.

Gouvion-Saint-Cyr, 1764-1830

Né à Toul, il s'engage avec enthousiasme, en 1792, comme simple soldat. Deux ans plus tard, il est déjà général de division, sert dans l'armée du Rhin puis d'Italie et remporte la victoire de Biberach en 1800. Fervent républicain, hostile à l'Empire, obstiné et égoïste, il est plus doué pour l'organisation que pour l'action. D'ailleurs Napoléon s'en méfie mais reconnaît ses mérites de planificateur. Vainqueur à Castelfranco en 1805 puis en Catalogne en 1809, il est disgracié de 1810 à 1811 pour désobéissance. Sa nouvelle victoire lors de la campagne de Russie à Polotsk en 1812 lui vaut le maréchalat. Ministre de la Guerre sous la Restauration, il réorganise totalement l'armée par la loi de 1817.

Poniatowski, le « héros polonais », qui a gagné quelques jours plus tôt son bâton de maréchal, se noie en voulant traverser l'Elster. Gravure coloriée, Autriche.

N°1

Leipzig : La « bataille des Nations »

La bataille de Leipzig, dite aussi « bataille des Nations » puisque plus de dix nations s'y affrontent, dure trois jours, du 16 au 19 octobre 1813. La supériorité numérique des coalisés est écrasante et malgré une brillante résistance française, l'Empereur ne peut empêcher la défaite. Le 19 octobre, toute l'armée française se replie et certains corps cèdent même à la panique. Les ponts sur l'Elster sont pris d'assaut dans le plus complet désordre et les sapeurs du génie les font sauter trop tôt. Douze mille Français n'ont pu encore les franchir et sont pris au piège. La plupart essaient de traverser le fleuve à la nage mais le courant est trop fort et beaucoup se noient.

La bataille de Leipzig, gravure.

« Chausser les bottes de 93… »

Après la défaite de Leipzig, l'Empereur ne peut plus envisager d'autre scénario que celui de la retraite. Il lui faut regrouper ses forces en France et résister à l'invasion. Désormais, il n'a plus d'alliés, la Confédération du Rhin a éclaté, la retraite s'effectue en territoire ennemi et menace sans arrêt d'être coupée par les armées de Blücher, de Barclay de Tolly, de Bernadotte. Plus de 400 000 hommes se dirigent vers le Rhin et s'apprêtent à abattre l'Empire. Les Français ne comptent plus que 70 000 hommes en armes et 30 000 désarmés. Ils marchent sur Mayence en passant par Erfurt, Fulda et Francfort. Entre Geinhausen et Mayence se trouve Hanau où le général de Wrede, le traître bavarois, ancien allié et comte de l'Empire, s'est donné pour mission de couper la retraite aux Français à la tête de 50 000 Austro-Bavarois.

Le 30 octobre, les premiers Français arrivent à Hanau. L'Empereur ne dispose que de 15 à 20 000 hommes mais il s'agit de la Garde. L'ennemi est culbuté, enfoncé, contraint à la retraite. L'habile Drouot a su manœuvrer ses canons et c'est lui qui décide de la victoire. Les erreurs de de Wrede ont fait le reste. Napoléon dit de lui : « Pauvre de Wrede, j'ai pu le faire comte mais je n'ai pas pu le faire général. » La retraite peut se poursuivre mais l'on grogne à l'état-major et le moral est au plus bas. Les maréchaux continuent de critiquer l'Empereur, Augereau ne cache même plus ses griefs. Un jour, lors d'une réunion d'état-major, Napoléon leur lance, se tournant vers Drouot, le héros de Hanau : « Il faudrait cent hommes comme celui-là ! » Drouot répond alors calmement : « Vous vous trompez Sire, il vous en faudrait cent mille. » Tout au long de ces journées, l'Empereur paraît morne et silencieux, il feint de ne pas entendre ce qui se dit, de ne pas comprendre ce qui se prépare. Rien ne l'étonne plus. Il n'a plus traité Murat de lâche lorsque celui-ci a quitté encore une fois l'armée pour rejoindre son royaume. Napoléon sait bien maintenant qu'il traite avec les coalisés et que tôt ou tard, lui aussi, il trahira.

Le remplacement

La conscription est instituée en 1798 par la loi Jourdan. Tous les hommes de 20 à 25 ans doivent effectuer un service militaire d'une durée variable. D'abord interdit, le remplacement est autorisé par la loi du 8 mars 1802. Le conscrit appelé peut désormais se faire remplacer à condition qu'il trouve lui-même un homme acceptant de partir à sa place, moyennant finances bien entendu. Pour l'administration militaire, le remplaçant doit mesurer au moins 1,65 m et ne doit pas déserter avant deux ans, sinon le remplacé est contraint de payer un second substitut. Le prix moyen d'un remplaçant est d'environ 2 000 francs, le prix de 4 à 5 chevaux, mais il peut s'élever parfois jusqu'à 10 000 francs. Le remplaçant peut également être logé et nourri dans la famille du remplacé pendant une période de trois à six mois. Il s'agit alors autant d'un paiement « en nature » que d'un moyen pour la famille d'avoir le remplaçant « sous la main » et d'être certain qu'il ne change pas d'avis ou disparaisse. Souvent, le remplaçant était un soldat déjà en service et beaucoup se vendront ainsi deux fois, totalisant de ce fait quatorze ou quinze ans de service. Toutefois, en raison des prix élevés, le remplacement est assez peu pratiqué et ne concerne que 5 % des conscrits environ.

À Hanau, les Bavarois tentent de barrer le chemin aux Français. Ils sont écrasés. Aquarelle de Richard Knötel.

Après la bataille de Leipzig,
Napoléon est obligé d'opérer une retraite.
Aquarelle de Knötel.

À Macdonald, qui vient lui signaler les dangers de la retraite, les faibles effectifs, Napoléon réplique : « Que voulez vous que j'y fasse ? Je donne des ordres et l'on ne m'écoute plus. »

Le 2 novembre, il est à Mayence et le 9, il rejoint Saint-Cloud. Aussitôt, il se met au travail, porté par une nouvelle énergie. Tout ce qu'il a bâti ne peut s'écrouler aussi vite. Son Empire ne peut être détruit par ces Autrichiens ou ces Prussiens qu'il a tant de fois vaincus. Cette idée lui est insupportable et il est prêt à se battre encore. Il cherche à exalter le sentiment patriotique, il faut reprendre « les bottes de 93 » écrit il, décréter à nouveau la « Patrie en danger ». Mais l'élan est brisé, la France est lassée de la guerre et les réfractaires sont de plus en plus nombreux. Si le petit peuple reste plutôt fidèle à l'Empereur, c'est la bourgeoisie qui gronde, de peur de voir ses fils partir, dévorés par le « Minotaure ». Les royalistes essaient de profiter de la situation, leurs agents commencent à parcourir le pays et Savary les laisse faire. Le découragement gagne les hautes sphères de l'État. Députés et sénateurs, jusque-là si soumis, commencent à contester le pouvoir de Napoléon, qu'ils qualifient maintenant ouvertement de despotique. Nous ne sommes plus à Valmy et l'esprit de 1793 est bien mort.

Pour échapper à la conscription,
les jeunes bourgeois trouvaient
des remplaçants dans les classes humbles
réduites à la misère.

« Le trône c'est moi »

Aux frontières, la situation est critique. Fin novembre 1813, la Hollande est reprise par le prince d'Orange. Mais déjà, les Alliés se querellent sur la conduite à tenir et discutent du partage des dépouilles de l'Empire. Ils s'arrêtent sur le Rhin et perdent du temps. Ils craignent également que l'invasion de la France entraîne, comme en 1792, une réaction patriotique de la population. Aussi, ils prennent soin de déclarer que la guerre est dirigée contre Napoléon et non contre les Français. Face à eux, les 39 000 hommes de Victor, Macdonald et Marmont,

En cette fin d'année 1813, la situation de Napoléon est plus que critique : l'Empire se désagrège progressivement. Caricature anglaise, 1814.

découragés, ne pèsent pas lourd. Ils doivent tenir trois mois, le temps que Napoléon organise une nouvelle armée. À Paris, celui-ci ordonne une levée de 300 000 hommes, des adolescents, et tente de juguler l'opposition. La session parlementaire est ajournée et Caulaincourt est replacé aux Relations extérieures. Les députés s'insurgent encore et remettent en cause l'autorité de l'Empereur. Joachim Lainé, député royaliste de Bordeaux, fait partie de la commission du Corps législatif qui n'hésite pas à publier un rapport offensant pour Napoléon et ouvertement favorable aux Bourbons. L'Empereur réagit. Il profite de l'usage protocolaire du 1er janvier et de la présentation des vœux du Corps législatif aux Tuileries pour apostropher vertement les députés. Il laisse éclater sa colère : « Que faut-il à la France en ce moment ? Ce n'est pas une assemblée, ce ne sont pas des orateurs, c'est un général. Y en a-t-il un parmi vous ? Qu'est-ce que le trône ? Quatre morceaux de bois couverts d'un morceau de velours : le trône c'est un homme et cet homme c'est moi ! C'est moi qui peux sauver la France et non vous ! » Terrifiés, les députés repartent dans leurs provinces en y ramenant leurs rancunes.

L'Empereur est de plus en plus isolé, contesté, il perd son assurance et commence à douter de la victoire. Le 11 décembre 1813, il rend l'Espagne à Ferdinand. Aussitôt, Joseph, qui se considère comme l'aîné, demande des compensations pour la perte de son royaume. Napoléon lance : « Aîné, lui ? Pour la vigne de notre père sans doute ? » Un peu plus tard, il apprend que Murat a signé un traité avec l'Autriche (11 janvier). C'est une nouvelle désillusion pour l'Empereur qui s'exclame : « Murat ! Mon beau-frère ! Je croyais qu'il m'aimait. C'est sa femme qui est la cause de sa défection… Caroline, ma sœur, me trahir ! Le voilà le Bernadotte du Midi ! » Face à la défection de ses proches, son amertume grandit, il reste désormais seul pour combattre.

Le 1er janvier, Blücher a franchi le Rhin ; les villes de Mayence et de Coblence, préfectures françaises sont occupées. En quinze jours, l'ennemi fait son entrée dans Strasbourg, Saverne, Épinal, Lunéville, Nancy. Les maréchaux, pris de panique, reculent. Au maire de Lunéville qui s'inquiète des blessés cantonnés dans sa ville, Victor répond : « C'est égal, qu'ils soient pris ici ou ailleurs ; nous finirons par l'être tous ! » Il est temps que l'Empereur rejoigne ses soldats ! Le 23 janvier, devant les officiers de la garde nationale, Napoléon déclare : « Si l'ennemi approche de la capitale, je confie au courage de la garde nationale l'impératrice et le roi de Rome… ma femme et mon fils… » Le 25 janvier, il rejoint l'armée : il ne dispose alors que de 60 000 hommes.

Avant de mourir, Caulaincourt dira : « Je meurs de chagrin, rongé par le remords de ne pas avoir conclu une paix favorable à la France. » Caulaincourt, table d'Austerlitz par Percier et Isabey, porcelaine (détail).

Caulaincourt, un confident romantique et loyal (1773-1827)

De noblesse picarde, Armand de Caulaincourt est chargé en 1801 d'une première mission diplomatique à Saint-Pétersbourg. Apprécié de Napoléon, il est nommé grand écuyer en 1804, général de division en 1805 et fait duc de Vicence en 1808. Beau et séduisant, très distingué, Caulaincourt est ambassadeur en Russie de 1807 à 1811. Loyal mais très naïf, il ne cache pas ses opinions, comme son opposition à la campagne de Russie ou son estime pour le tsar. Son « amitié » avec Alexandre lui vaut les railleries de l'Empereur qui souvent commence ses phrases ainsi : « *Votre ami, le tsar…* » Mais Napoléon apprécie son honnêteté et sa franchise au point de lui confier un jour : « *Vous savez que nous sommes deux amoureux qui ne peuvent se passer l'un de l'autre.* » Cette amitié se renforce encore pendant la campagne de Russie lorsque les deux hommes se retrouvent seuls dans le traîneau qui ramène l'Empereur vers Paris. Caulaincourt recueille ainsi les confidences du grand homme qui seront publiées quelques années plus tard. En 1813, il remplace Maret aux Relations extérieures. Toujours fidèle à Napoléon, c'est lui qui l'accueille à l'Élysée le 21 juin 1815 après Waterloo. Sous la Restauration, Caulaincourt est rayé de la liste des proscrits grâce à l'intervention du tsar, mais est malgré tout exclu de la Chambre des pairs.

Des victoires inespérées

Cette campagne de France qui s'ouvre en ce début d'année 1814 est peut-être la plus belle de l'Empire parce que la plus désespérée. À 1 contre 4, les Français remportent des batailles légendaires. Pour l'Empereur, la victoire n'est pas une question de forces mais de manœuvre. Malgré son découragement qui lui fait dire que « l'ère des Napoléons touche à sa fin et celle des Bourbons recommence », il croit toujours en son génie militaire. Orgueilleux, il affirme : « 50 000 hommes et moi, cela fait 150 000 », et il le prouve. Lorsque l'Empereur rejoint les maréchaux à Châlons-sur-Marne et qu'il parle de battre l'ennemi, on le prend pour un fou. Mais maintenant, il n'en a que faire et hausse les épaules à la moindre objection. Les Alliés avancent séparés sur Paris. Il s'agira donc de les battre l'un après l'autre avant qu'ils opèrent leur jonction. Les soldats, jusque-là abattus, retrouvent leur ardeur. Tout change parce que l'Empereur est là, l'espoir renaît !

« Attention ! L'Empereur a l'œil sur nous ! », lithographie de Raffet.

Blücher, toujours imprudent, avance trop rapidement et atteint Brienne le 29 janvier. Napoléon l'attaque, depuis Saint-Dizier où l'armée s'est portée dès le 27. Attaqué de flanc, le vieux Prussien est surpris, s'échappe avec peine, et doit battre en retraite, perdant 4 000 des siens. Brienne ! Première victoire ! Que de souvenirs pour l'Empereur qui se revoit en habit de sous-lieutenant !

Mais sa joie est de courte durée ; le 30, l'armée de Schwarzenberg rejoint celle de Blücher autour du village de La Rothière, au nord de Brienne. De peur de perdre le bénéfice de sa dernière victoire, Napoléon décide d'accepter le combat. L'armée française ne peut opposer que 45 000 hommes aux 90 000 Alliés sans cesse renforcés. Le 1er février, le combat commence, terrible, héroïque. La division du général Duhesme se surpasse face au corps prussien de Sacken. Partout, l'ennemi est repoussé, l'Empereur conduit lui-même la jeune Garde à l'assaut. Mais les Français plient bientôt sous le nombre et Napoléon se résout à commander la retraite qu'il organise avec sang-froid. Le 3 février, il entre à Troyes. Déçu, indécis, il sent que le moral de tous fléchit à nouveau. Il décide de reculer encore et entre à Nogent le 7.

L'Empereur est accablé d'autant que les nouvelles reçues de Paris sont mauvaises. La capitale s'affole, le gouvernement cède à la panique, on imagine déjà les cosaques dans les faubourgs et on chante des messes dans les églises. Aussitôt, Napoléon réagit et écrit à Cambacérès et à Joseph, commandant la garde nationale : « Est-ce qu'on devient fou à Paris ? Faites donc cesser ces prières… Si l'on faisait tant de singeries, nous aurions tous peur de la mort… Il faut de la confiance et prendre des mesures hardies… »

Mais la confiance est perdue, tous le pressent de conclure la paix, même Berthier, le lieutenant fidèle. Quelle paix ? Caulaincourt est arrivé à Châtillon le 23 janvier pour rencontrer les plénipotentiaires alliés. Ceux-ci ne le reçoivent que le 4 février après une humiliante attente et que proposent-ils ? Que la France retrouve ses frontières de 1792 et qu'elle ne participe pas aux arrangements qui seraient pris pour l'organisation de l'Europe. Caulaincourt est anéanti. Les frontières de 1792 et l'Empereur rejeté hors du concert international ! Alors qu'il dominait l'Europe quelques mois auparavant !

Lors du combat de Champaubert, le 10 février, les cuirassiers et les dragons de Marmont font subir de terribles pertes au corps du général Olsouviev.
Peinture de Jean Charles Langlois.

La dépêche de Caulaincourt parvient à Napoléon dans la nuit du 7 au 8 février. L'ayant lue, l'Empereur la froisse rageusement et entre dans sa chambre suivi de Berthier et Maret. Malgré les conditions humiliantes, les deux hommes l'exhortent à les accepter. « Quoi ! s'écrie-t-il enfin, vouloir que je signe un traité pareil ! Que je laisse la France plus petite que je ne l'ai trouvée, jamais ! Que serai-je pour les Français quand j'aurai signé leur humiliation ! » Face à l'insistance de ses proches, lassé, excédé, il leur lance : « Répondez ce vous voudrez, moi je ne signerai jamais ! » Puis il se couche et tente de trouver le sommeil. Dix fois il se relève, dix fois il appelle et renvoie son valet de chambre. Puis, à l'aube, il se jette hors du lit et songe, résigné, à donner son accord à Caulaincourt lorsqu'un message d'un aide de camp lui est apporté. À la lecture de ce pli, son visage s'éclaire, sa voix redevient tranchante, il demande ses cartes et là, sur le plancher, les examine attentivement. L'ennemi, trop sûr de sa force, vient de commettre l'erreur qu'il attendait. Blücher et Schwarzenberg se sont à nouveau séparés et marchent sur Paris, l'un par la Marne, l'autre par la Seine. À Maret qui vient lui apporter la dépêche destinée à Caulaincourt, il répond : « Je battrai Blücher demain, il sera toujours temps de faire une paix comme celle qu'on nous propose ! »

L'armée du vieux Prussien, dans sa course impatiente sur Paris, est dangereusement étirée de Châlons à Meaux. Elle sera donc la première cible de l'Empereur qui l'attaquera de flanc. Le 10 février, les Français se portent sur Champaubert et attaquent le corps d'Olsouviev. L'ennemi est mis en déroute et laisse 4 500 hommes sur le terrain. L'armée de Blücher est désormais coupée en deux. Isolés, les différents corps ennemis sont menacés et leurs chefs paniquent. Aussitôt, l'Empereur se tourne vers l'ouest, vers Montmirail, et attaque le corps de Sacken le 11 février. La victoire est à nouveau complète. L'Empereur exulte, il écrit à Marie-Louise : « Victoire ! Fais tirer 60 coups de canon et donner cette nouvelle à tous les spectacles ! » Napoléon se tourne maintenant vers l'est et court à la poursuite de Blücher lui-même. À Château-Thierry, la passivité de Macdonald empêche une nouvelle victoire sur le corps de York qui est, malgré tout, contraint de reculer jusqu'à Soissons. Le 14 février, l'Empereur affronte Blücher à Vauchamps. Les Prussiens sont balayés, la cavalerie française enfonce les carrés ennemis. Blücher, qui perd encore 6 000 hommes, retraite sur Châlons. L'Empereur triomphe, la première partie de son plan est réalisée. En quatre jours, « trois coups de hache », Champaubert, Montmirail, Vauchamps, ont réduit de moitié l'armée prussienne.

Louis Gabriel Suchet, duc d'Albufera

Né en 1770 à Lyon d'un père négociant en soierie, Suchet est considéré par Napoléon comme l'un de ses meilleurs et de ses plus habiles généraux. Il participe au siège de Toulon puis à la campagne d'Italie en 1796 et 1797. Général de division en 1799, il sert par la suite à Ulm, Austerlitz et Iéna. Il est nommé commandant de l'armée d'Aragon et envoyé en Espagne en 1808. Il reconquiert toute la Catalogne jusqu'à la prise, essentielle, de Valence le 9 janvier 1812.
Il gouverne cette province avec une équité qui fait l'admiration de tous, y compris des Espagnols.
Ce comportement lui vaut le titre de duc d'Albufera en janvier 1813, lui qui était maréchal depuis juillet 1811. Après le retour de l'île d'Elbe, Suchet se rallie très vite à Napoléon, qui lui confie le commandement de l'armée des Alpes. Après avoir envahi la Savoie, il ne signera l'armistice avec les Autrichiens que le 12 juillet 1815… Il se retire en 1815 et meurt en 1826. Il est enterré au cimetière du Père-Lachaise dans le fameux « carré des maréchaux ».

La bataille de Montmirail

Le 11 février, l'Empereur arrive à Montmirail. Il dispose de 24 000 hommes face aux 20 000 Prussiens de Sacken. Affolé, celui-ci appelle à l'aide le général York encore à Château-Thierry et tente de le rejoindre. Les Français lui coupent la route à Marchais. La division du général Ricard fait des prodiges et oblige Sacken à prendre position à l'Épine-aux-Bois où il compte attendre York. L'Empereur tend alors un piège aux Prussiens en évacuant Marchais. L'ennemi s'y précipite et est aussitôt attaqué par la Garde. Privés de leur fort point d'appui de l'Épine-aux-Bois, les Prussiens sont cernés et perdent 6 000 hommes, 30 canons et 6 drapeaux. Les Français ne comptent pas 800 pertes. Après cette deuxième victoire, l'Empereur peut dire : « Les Alliés ne savent pas que je suis plus près de Munich et de Vienne qu'ils ne le sont de Paris. »

La bataille de Montmirail, aquarelle de Siméon Fort.

Une « jacquerie

Le soulèvement des « blouses bleues »

En mars, le soulèvement est général, attisé par les proclamations de l'Empereur. Les bandes de partisans grossissent, obligeant les convois ennemis à faire de grands détours pour éviter les bois. L'une d'elle, particulièrement active entre Nemours et Montargis est menée par l'abbé Pothe. Dans la Meuse, près de Bar-le-Duc, une autre tue même un général russe. Dans les Vosges, les montagnards s'organisent du Donon au ballon d'Alsace et livrent de véritables batailles à des régiments cosaques. Après son échec à Arcis-sur-Aube, le 21 mars, Napoléon tentera d'organiser la révolte mais il manque de temps. Le tsar avouera plus tard à Caulaincourt la terreur que lui a causée cette jacquerie. Coignet écrit : « *Si l'Empereur avait été secondé en France comme il le fut en Champagne, les Alliés étaient perdus.* » Malheureusement, cette révolte est trop tardive, la marche des armées alliées vers Paris est déjà trop avancée et rien ne peut plus l'arrêter.

À la mi-février, Napoléon pense achever l'armée de Blücher mais il reçoit des dépêches affolées de Victor et Oudinot qui reculent devant Schwarzenberg. Les deux maréchaux cèdent du terrain, se replient trop vite dans la région de Fontainebleau. Cette retraite précipitée irrite l'Empereur car elle l'empêche de mettre en œuvre la deuxième partie de son plan. Il ne peut plus se rabattre, comme prévu, sur l'armée de Bohême depuis Vitry-le-François. Il écrit à Joseph qu'il « ne conçoit pas la bêtise du duc de Reggio » mais qu'importe ! Il faut faire vite !

Le 17, l'Empereur est à Guignes, il reprend en main les troupes des maréchaux et se porte sur Nangis. Les Français bousculent l'avant-garde de Wittgenstein à Mormant où les canons de Drouot mettent 4 000 Russes hors de combat. Le même jour, l'Empereur apprend avec surprise l'envoi d'un parlementaire autrichien. Les Alliés connaissent des déboires inattendus. Les récentes victoires françaises ont ravivé leurs vieilles querelles et puis surtout, ils éprouvent de vives craintes face au soulèvement des populations de l'Est – Champagne, Bourgogne, Lorraine ou Alsace. Les Prussiens, en effet, ravagent la région. Viols, assassinats, vols sont légions sur leur passage. York lui-même, écœuré, écrit : « Je croyais avoir l'honneur de commander un corps d'armée prussien, je ne commande qu'une bande de brigands ! » Ces actes odieux et les victoires de l'Empereur réveillent le patriotisme de tous. Les villages sont abandonnés et leurs habitants rejoignent les bois, parfois soutenus par les curés. Du Rhin à la Marne, les paysans, appelés les « blouses bleues » en raison du sarreau qu'ils portent, organisent une « jacquerie nationale ». Ces soldats sans uniforme inquiètent les Alliés, attaquent les patrouilles et gênent leur ravitaillement. C'est la guerre « au couteau » ! Pour le moment, Napoléon écarte tout armistice et marche sur Montereau.

Le 18, Victor est chargé de déloger les Wurtembergeois qui occupent les hauteurs de Surville. Mais son attaque est trop molle, Napoléon le sent découragé et le remplace par Gérard. En une heure, l'ennemi est balayé, repoussé vers la ville et perd 7 000 hommes. Au cours de cette journée, Napoléon dirige lui-même un des canons de son artillerie. Lorsqu'un boulet ennemi vient rouler à ses pieds, les soldats s'inquiètent, il leur dit : « Le boulet qui doit me tuer n'est pas encore fondu ! » Cette nouvelle victoire donne toute confiance à l'Empereur. Pourtant, il s'inquiète de la conduite de ses lieutenants. Augereau, volontairement apathique, ne parvient pas à organiser une armée près de Lyon. Napoléon lui écrit : « Si vos soixante ans pèsent sur vous, quittez le commandement. La patrie est menacée, elle ne peut être sauvée que par l'audace et la bonne volonté… »

L'Empereur profite du désarroi des Alliés et marche sur Troyes où il entre le 24 février, acclamé par la population. L'armée alliée se retire jusqu'à Langres, démoralisée. Blücher, qui ne pense qu'à marcher sur Paris et qui a déjà reformé son armée, fulmine.

Attaque de cosaques pendant la campagne de France, lithographie anonyme.

nationale » trop tardive

Conscients que leurs désaccords sont en train de provoquer leur perte, les Alliés réagissent et sur la proposition du tsar, signent, le 1er mars à Chaumont, un traité qui renouvelle pour vingt ans leur alliance et les engagent notamment « à ne pas négocier séparément avec l'ennemi commun ». Napoléon ignore tout de ce nouveau pacte, les miracles des quinze derniers jours lui font penser qu'il peut écraser la coalition. Il espère que ses lieutenants ne le trahiront pas et que partout, on lui restera fidèle. Espoirs bientôt déçus !

Napoléon à Montereau pointant un canon. « Allez mes amis, ne craignez rien, le boulet qui doit me tuer n'est pas encore fondu. » Gravure de Blanchard.

Instable et fruste, Blücher est souvent ivre ; néanmoins, Napoléon reconnaît qu'il est opiniâtre, infatigable et qu'il n'a peur de rien. Portrait du général Blücher par Sir Thomas Lawrence.

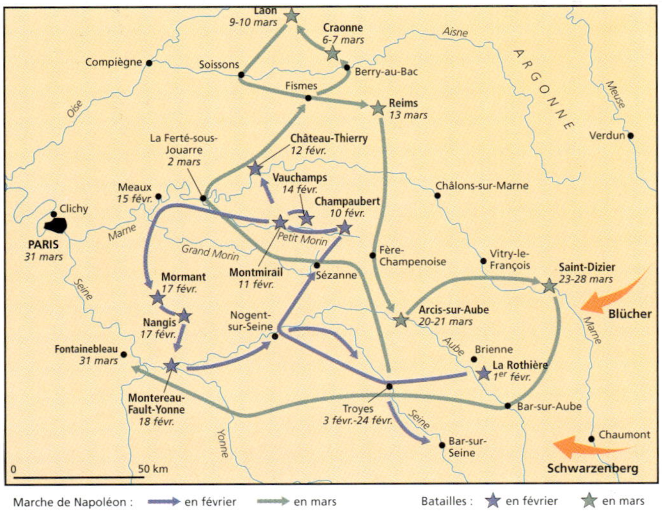

La campagne de France.

BLÜCHER, LE GÉNÉRAL « EN AVANT »

Né en 1742 dans une famille noble du Mecklembourg, Blücher commence sa carrière militaire à 14 ans dans les hussards de l'armée suédoise. Capturé par les Prussiens en 1758, il entre à leur service. Farouche adversaire de la Révolution française, il se distingue au cours des campagnes menées contre la France en 1793. Fait prisonnier après Iéna (1806), il voit avec amertume la Prusse occupée par les Français et déploie une grande énergie pour que son pays reprenne la guerre contre Napoléon. En 1813, à la tête de l'armée de Silésie, il remporte de belles victoires sur les Français et est nommé feld-maréchal après Leipzig. En 1814, sa haine de Napoléon lui donne l'énergie de reformer son armée après ses premières défaites. Partisan déterminé de l'offensive à tout prix, il est surnommé le général *Vorwärts* (En avant). À Waterloo, l'arrivée de son corps d'armée, restée légendaire grâce aux vers de Victor Hugo, décide de la victoire des coalisés. Fêté comme un héros, il se retire sur ses terres et meurt en Silésie en 1819. Blücher est un médiocre stratège mais son instinct et son courage, proche du fanatisme, en font un meneur d'hommes extraordinaire et un redoutable guerrier.

Le temps des revers

Napoléon à Montmirail, gravure de G. Engelman.

À Paris, la population reste fidèle. La foule manifeste dans les rues aux cris de « Vive l'Empereur ! » et de « Pas un étranger ne repassera le Rhin ! ». À l'Opéra, on joue *La victoire est à nous* et le cortège des prisonniers ennemis émeut les faubourgs. En revanche, l'Empereur se plaint de l'incurie du gouvernement, notamment de Joseph, toujours déçu d'avoir perdu son trône d'Espagne, et qui écrit à son frère : « La ville de Paris ne peut être exaltée que par une paix prochaine et n'est nullement disposée à entreprendre aucune défense réelle… » À quoi Napoléon répond : « Il y a remède à tout avec du courage, de la patience et du sang-froid. » L'Empereur alterne ainsi entre des paroles d'encouragements et des remontrances sévères. Clarke, ministre de la Guerre, n'est d'aucune aide, et tous les ministres se bornent à la routine. L'Empereur s'en irrite : « Je ne suis plus obéi, vous avez tous plus d'esprit que moi et sans cesse on m'oppose de la résistance en m'objectant des *mais*, des *si*, des *car*… la France serait déjà tout entière sous les armes sans la pusillanimité des ministres. »

Savary, surtout, le ministre de la Police, est incapable de déjouer les intrigues qui se nouent chez Talleyrand. Ce dernier se dévoile maintenant comme un agent des Bourbons et entretient des liens solides avec la coalition et le monde royaliste notamment avec le baron de Vitrolles.

Pendant ce temps, Blücher, appuyé par le tsar, reprend sa marche sur Paris et arrive à Sézanne. Face à cette nouvelle poussée ennemie, les corps de Marmont et Mortier reculent prudemment. Napoléon laisse Macdonald et Oudinot avec 40 000 hommes face à Schwarzenberg et se retourne encore une fois contre Blücher. Le 2 mars, il arrive à la Ferté-sous-Jouarre avec 35 000 hommes. Il compte prendre en tenaille le Prussien entre lui et ses maréchaux et lui barrer le passage de l'Aisne. Mais le 3, la capitulation trop hâtive de Soissons et de sa garnison laisse la voie libre à Blücher qui peut passer l'Aisne. Brusquement, le général prussien fait pivoter son armée et se précipite sur Craonne, par « le chemin des Dames », sur le flanc des Français. Le 7 mars, la bataille de Craonne est à l'avantage de l'Empereur mais c'est une victoire à la Pyrrhus. Si l'ennemi perd 5 000 hommes, l'armée française en perd au moins autant et s'en trouve terriblement affaiblie. Le 8, Blücher entre à Laon. Les deux jours suivants, Napoléon tente d'enlever la ville, mais vainement. Il est contraint de se replier sur Soissons d'autant que le corps de Marmont est surpris à Athies et perd la moitié de ses hommes. « Marmont se conduit comme un sous-lieutenant ! » peste l'Empereur. Sa manœuvre sur l'Aisne a échoué, il a perdu 12 000 hommes. À partir de ce moment, Napoléon est en proie à une profonde tristesse, ses traits sont contractés et ses sourires forcés. Il envisage maintenant de négocier la paix et Caulaincourt en est encore chargé à Châtillon. Certains prétendent même que l'Empereur cherche la mort.

L'Empereur et ses soldats

Jamais peut-être l'Empereur ne fut aussi proche de ses soldats qu'au cours de cette campagne. On le voit partout : à Brienne, il est au milieu des « Marie-Louise » ; à La Rothière, il charge à la tête de la jeune Garde comme un capitaine ; à Montereau, il pointe lui-même le canon. Nombreux sont les témoignages qui rapportent cette proximité. L'Empereur sait que sa présence exalte les soldats, mais en même temps, il éprouve le besoin d'être au milieu d'eux comme si désormais ils étaient son seul soutien. Un jour, juste avant Montereau, Napoléon passe près d'un vieux fantassin qui reste au milieu de la route. « Tu ne me vois pas ! » lui dit l'Empereur. « *– La route est à tout le monde !* », grogne le soldat. « *– Que veux-tu mauvaise tête ? Tu as la croix, ton fusil, ta pipe… tu vois ton empereur tous les jours… et jamais content ?*
– Le bidon sonne le creux comme mes tripes ; avec les cinq sous que tu nous donnes par jour… quand il y en a… on ne peut faire bombance.
– Crois-tu que mes affaires vont mieux que les tiennes ?
– Pour ça, non ! On est dans la merde !
– Je vois ce qui te manque, tu veux de la bataille, tu en auras demain et de la bonne ! »

Après la bataille de Montmirail, les prisonniers russes défilent sur le boulevard Saint-Martin à Paris. Aquarelle de Delécluze.

Ils grognaient mais ils marchaient toujours. *Les grognards,* lithographie de Raffet.

Les derniers coups de griffes…

Jacques Macdonald, duc de Tarente

Rude, franc, loyal et d'une rare honnêteté, Macdonald est le fils d'un officier écossais passé au service de la France. Né en 1765 à Sedan, il sert sous la Révolution dans le Nord où il se distingue, puis en Italie où il devient gouverneur de Rome en 1798. Il joue un rôle important lors du 18 Brumaire puis est disgracié en 1802 pour avoir défendu Moreau. Il sert à Naples en 1807 et est fait duc de Tarente en 1808. Il doit son bâton de maréchal à sa belle conduite à Wagram. Il participe ensuite aux campagnes d'Espagne, de Russie et de Saxe où il est sévèrement battu à la Katzbach. Après avoir négocié l'abdication de Napoléon à Fontainebleau, le duc de Tarente est le dernier maréchal à se rallier aux Bourbons. Après l'Empire, Louis XVIII le couvre d'honneurs. Il meurt en 1840.

L'Empereur sait désormais qu'il ne peut compter que sur lui-même car partout où il n'est pas, ses lieutenants font défaut. Oudinot et Macdonald reculent encore face à Schwarzenberg. Le 27 février, les maréchaux sont vaincus à Bar-sur-Aube et se replient, abandonnant trop précipitamment Troyes. La France est envahie de tous côtés. Dans le Sud-Est, Augereau se décide enfin à entrer en campagne et, le 2 mars, se porte sur Macon. Il se heurte au prince de Hesse et se replie aussitôt sur Lyon le 9. Décidément, le vainqueur de Castiglione n'est plus le même. Aigri, déçu, apeuré, sa trahison est consommée. Dans les Pyrénées, Soult a tenu pendant deux mois, mais le 27 février, il est contraint d'accepter le combat à Orthez face à Wellington. Il est battu et doit se replier vers Toulouse. Le duc d'Angoulême, qui suit l'armée anglaise, se porte sur Bordeaux. Le 12 mars, le maire lui offre la ville où la royauté est proclamée solennellement.

L'Empereur, soucieux, déclare : « On ne peut pas être plus mal secondé que je ne le suis. » Pourtant, il maîtrise toujours la situation tant qu'il se trouve entre Blücher et Schwarzenberg. Mais le 11 mars, il apprend que le corps russe de Saint-Priest a pris Reims menaçant ses propres communications. Aussitôt, il ordonne l'assaut de la ville. Le 13, la moitié du corps d'armée de Saint-Priest est anéanti. Reims, « dernier sourire de la fortune » écrit Marmont. L'ennemi paraît déconcerté après cette nouvelle défaite. Langeron, un proche de Blücher, écrit : « Ce terrible Napoléon, on croyait le voir partout ! Il nous avait tous battus les uns après les autres. À peine avait-on conçu un plan qu'il le déjouait ! »

Malgré tout, l'esprit défaitiste règne toujours à Paris. Joseph demande à son frère de signer un armistice en acceptant que la France revienne à ses limites de 1792. Il se targue même d'avoir le soutien des ministres et des conseillers d'État. Napoléon, indigné, répond : « Qu'ils sachent bien que je suis aujourd'hui le même homme que j'étais à Wagram et à Austerlitz, que je ne veux dans l'État aucune intrigue, qu'il n'y a point d'autre autorité que la mienne ! » Pourtant, Napoléon sait que cette réponse sera sans effet, il sent de tous côtés la trahison. Il envisage maintenant d'attaquer Schwarzenberg en son centre avec seulement 23 000 hommes tandis que Marmont et Mortier restent sur Reims avec 20 000 soldats. Mais le 20 mars, Schwarzenberg, contre toute attente, marche sur Napoléon et le surprend à Arcis-sur-Aube. La situation est critique pour la petite armée française qui plie mais lutte courageusement. L'Empereur rameute lui-même ses troupes l'épée à la main. Il se réfugie dans un carré d'infanterie et s'expose dangereusement au feu de l'ennemi. Son cheval est même tué sous lui par un boulet qui explose sous ses pas. « J'ai

Le 28 mars, la charge des cuirassiers du général Vincent rejette les Prussiens dans le village de Claye, à 15 km de Meaux. Peinture d'Eugène Lami (détail).

tout fait pour mourir à Arcis », dira-t-il plus tard à Caulaincourt. Napoléon sous-estime les forces de Schwarzenberg et tient la position. Il reprend le combat le lendemain mais se rend bientôt compte qu'il a en face de lui toute l'armée ennemie. Il se décide à franchir l'Aube « l'air rêveur et chagrin ».

Constant, le valet de l'Empereur a décrit cette bataille : « La bataille d'Arcis-sur-Aube fut terrible : elle ne finit point avec le jour. L'Empereur occupait toujours la ville, malgré les efforts réunis d'une armée de 130 000 hommes de troupes fraîches qui en attaquaient 30 000 harassés de fatigue. On se battit encore pendant la nuit, où l'incendie des faubourgs éclairait notre défense et les travaux des assiégeants. Tenir plus longtemps devint impossible, et cependant un seul pont restait à l'armée pour effectuer sa retraite. L'Empereur en fit construire un second, et la retraite commença, mais en bon ordre, malgré les masses nombreuses qui nous menaçaient de près. Cette malheureuse affaire fut la plus désastreuse que Sa Majesté eût encore éprouvée de toute la campagne, puisque les routes de la capitale se trouvaient découvertes ; mais les prodiges du génie et de la valeur furent inutiles contre le nombre. Une chose bien capable de donner l'idée de la présence d'esprit que savait conserver l'Empereur dans les positions les plus critiques, c'est que, avant d'évacuer Arcis, il fit remettre une somme assez considérable aux sœurs de la charité, pour subvenir aux premiers soins dus aux blessés. Le 21 au soir, nous arrivâmes à Sompuis, où l'Empereur passa la nuit. Là, je l'entendis pour la première fois prononcer le nom des Bourbons. Sa Majesté, extrêmement agitée, en parlait d'une manière entrecoupée, qui ne me permit pas de saisir d'autres mots que ceux-ci, qu'elle répéta plusieurs fois : “Les rappeler moi-même !… Rappeler les Bourbons… Que dirait l'ennemi ? Non, non, impossible !… Jamais !” »

Pour réaliser ses tableaux, Meissonnier se documentait beaucoup notamment auprès de témoins de l'épopée napoléonienne. Ainsi, ici, il représente Ney tel qu'il était réellement à cheval, les manches de sa capote non enfilées. *1814* fut vendue 850 000 francs, un record absolu pour l'époque. *1814*, peinture d'Ernest Meissonnier, 1861.

Paris livré à l'ennemi

Le 23 mars, l'Empereur est à Saint-Dizier et se remet au travail. Son esprit fécond élabore un nouveau projet. Des milliers d'hommes sont inutiles dans les places du Nord et de l'Est, à Metz, Thionville ou Verdun. Des ordres sont donc donnés pour que ceux-ci le rejoignent rapidement. Il compte aussi sur les 4 000 gardes nationaux de Pacthod envoyés de Paris et puis il faut armer les paysans de l'Est. Quant à l'armée de Lyon, Suchet en prendra le commandement puisque Augereau trahit. Sa confiance revient, il sait qu'il peut former une nouvelle armée. Soudain, l'arrivée de Caulaincourt jette le trouble. Celui-ci revient de Châtillon où il a encore rencontré les Alliés, réconfortés par le pacte de Chaumont. Il annonce, consterné, que tous les pourparlers sont rompus. L'Empereur hausse les épaules mais le désespoir de Caulaincourt est contagieux. L'entourage de Napoléon se démoralise. Ney, Berthier, tous s'insurgent contre leur maître : « C'est une aventure ! s'écrient-ils, que deviendrons-nous ? » « Vous êtes tous des trembleurs ! » leur lance l'Empereur. Il feint de ne pas entendre les plaintes, « Attendons la fin ! » se contente-t-il de dire, et à Caulaincourt : « Vous verrez sous peu de belles choses ! » Le 25, les Français se heurtent à un corps de cavalerie au sud de Saint-Dizier. L'ennemi est aussitôt chargé et 2 000 hommes sont faits prisonniers. L'Empereur triomphe, l'armée de Schwarzenberg se replie. Il ne songe plus qu'à rejoindre Langres et à lui couper la retraite. Mais il doit vite déchanter. Quelques prisonniers lui apprennent qu'ils appartiennent à quelques unités placées là pour l'abuser. Les Alliés ont, en effet, dès le 24, décidé de foncer sur Paris en cachant leur marche à Napoléon. Blücher marche par la Marne et Schwarzenberg par l'Aube. Les deux armées sont désormais liées et menacent la capitale ! L'Empereur s'est laissé jouer !

Sur la barrière de Clichy se trouve le vieux général Moncey qui transforme le boulevard extérieur en forteresse de fortune et arrête les premières attaques russes. Tout au long de la journée du 30 mars, il résiste héroïquement à la tête des gardes nationaux. *La barrière de Clichy,* peinture d'Horace Vernet, 1820.

De leur côté, Mortier et Marmont, avec leurs 16 000 hommes, errent dans la Marne. Le 25, ils arrivent près de Fère-Champenoise et rencontrent le gros des forces ennemies. Ils combattent quelques heures puis se replient en hâte vers Paris. Un peu plus tard, les gardes nationaux de Pacthod sont anéantis dans les marais de Saint-Gond, après avoir vaillamment refusé de se rendre. Le 28 mars, les Alliés sont en vue de Paris ; 150 000 hommes avancent de Clichy à Vincennes. Tels les Français devant Moscou, Russes, Prussiens et Autrichiens contemplent Paris et sa « mer de maisons ». Le tsar Alexandre tient sa revanche, « L'Empire est à bas ! » pense-t-il. Il suffirait que Paris tienne cinq jours pour que Napoléon revienne par la Marne et la Seine et prenne les Alliés à revers. Mais Paris ne possède aucune fortification. En février, Napoléon s'en était inquiété et il avait multiplié les courriers à Clarke et à Joseph. Mais, une fois de plus, aucun des deux n'est capable de mettre en œuvre ses ordres. Personne ne songe à utiliser les accidents de terrain, à fortifier Montmartre ; 54 canons seulement sont installés aux barrières, alors qu'il en existe 700 à Vincennes ! Plus grave, l'armée de Paris n'existe pas. On manque de fusils alors que les ouvriers réclament des armes. Parlant de son frère, Napoléon s'écrie : « La guerre ! Il ne sait pas l'alphabet du métier ! » Pire encore, Joseph se charge de réunir le conseil de régence le 28 mars afin de déterminer le sort de l'impératrice et de son fils. La plupart des ministres s'opposent à leur départ mais Joseph exhibe une lettre de Napoléon, écrite début février, lui demandant de faire partir sa famille en cas de danger. À la vue de cette lettre, écrite dans un moment de découragement, tous s'inclinent. La famille impériale doit quitter Paris.

Jusqu'au bout, Paris, défendu par des soldats héroïques, croit à la victoire. L'espoir repose sur l'arrivée de Napoléon qui se hâte vers la capitale. C'était sans compter la trahison de Marmont. *Combat de Montmartre,* gravure allemande coloriée.

Le 29 mars, un cortège de berlines vertes aux armes impériales prend la route de Rambouillet. À l'intérieur ont pris place l'impératrice et l'Aiglon, qui, par instinct, a gémi : « Je ne veux pas quitter ma maison ! Je ne veux pas m'en aller ! » Derrière, suivent des fourgons dans lesquels on a entassé pêle-mêle les bijoux de la couronne, les costumes du sacre et le glaive impérial : les derniers restes d'un Empire qui s'écroule. Le peuple, vite informé de ce départ, s'en montre blessé et furieux. Pourtant, nombre de Parisiens curieux flânent le long des faubourgs. Sur une maison de Belleville, on peut même lire cette affiche : « Ici, on voit la bataille pour deux sous. » Le même jour, les Alliés attaquent dans la banlieue nord-est par le plateau de Romainville. Marmont y précipite ses troupes, et Mortier se porte sur Montmartre. Le 30 au matin, les Français tiennent. Les Russes sont chassés de Romainville et Blücher attaque trop mollement Montmartre. Joseph, dont la peur ne fait que croître, envoie déjà un émissaire au tsar qui lui répond : « Dans les palais ou sur des ruines, l'Europe couchera ce soir à Paris ! » Comble de la lâcheté et de la trahison, le frère de l'Empereur accorde alors aux deux maréchaux le droit de traiter directement avec l'ennemi puis fuit vers Rambouillet. Surpris eux-mêmes de la décision de Joseph, Marmont et Mortier continuent de résister mais les attaques ennemies se font plus vives. Marmont se replie sur Belleville. Apeuré, découragé, il envoie des parlementaires à Schwarzenberg sans avertir Mortier qui recule vers la Villette. L'envoyé de Marmont négocie avec le prince Orlof. Les discussions se poursuivent à Paris en présence de Talleyrand et d'autres personnalités du gouvernement, prêts à trahir. Le 31 mars à 2 heures du matin, la capitulation de Paris est signée. Cette fois, c'est bien la fin.

Marmont, duc de Raguse

Né à Châtillon-sur-Seine, Marmont sort officier d'artillerie de l'école de Châlons en 1792. C'est au cours du siège de Toulon qu'il sympathise avec Bonaparte, qui en fait un de ses aides de camp en 1796 pour la campagne d'Italie. Il l'accompagne ensuite en Égypte où il devient général de brigade. À 26 ans, après Marengo, il est nommé général de division. En 1806, il gouverne la Dalmatie qu'il agrandit en prenant Raguse, ce qui lui vaudra son titre. Maréchal en 1809, il gouverne les Provinces Illyriennes jusqu'en 1811 puis commande au Portugal. Ses désaccords avec Soult conduisent à la défaite des Arapiles en 1812. Pourtant Napoléon l'apprécie et le protège, il lui porte même une vraie tendresse.

« La chute de l'Aigle »

La capitulation de Paris le 30 mars.
Gravure coloriée.

Au moment où se signe la capitulation de Paris, Napoléon a laissé la Garde à Troyes et a sauté dans un cabriolet accompagné de Caulaincourt. Le 30 mars, à 11 heures du soir, il se trouve dans une station de poste à une vingtaine de kilomètres de Paris, près de Juvisy. Il est très inquiet, nerveux, il craint la trahison du gouvernement et les intrigues parisiennes. Un peu plus tard, il rencontre le général Belliard, venu à sa rencontre, envoyé de Paris par Mortier, qui lui apprend tout : les négociations en cours, Paris qui ne se défend plus… Alors Napoléon éclate : « Tout le monde a donc perdu la tête ! Voilà ce que c'est que d'employer des hommes qui n'ont ni sens commun ni énergie ! Ce cochon de Joseph qui s'imagine être en état de conduire une armée aussi bien que moi ! Et ce jean-foutre de Clarke qui n'est capable de rien si on le sort de la routine des bureaux ! » Sa colère lui fait perdre sa lucidité, il est prêt à se battre encore. Il réfléchit, médite, la tête dans ses mains, se calme enfin. Il décide d'envoyer Caulaincourt à Paris « pour sauver la France et son Empereur », pour sauver ce qui est possible, pour négocier encore, tandis que lui, se dirige vers Fontainebleau pour attendre les événements et regrouper son armée. Les Parisiens apprennent la capitulation de leur ville le 31 vers 9 heures du matin. Entre indignation et soulagement, c'est ce dernier sentiment qui l'emporte. On craignait les combats de rues, le feu, les vols, le pire est évité. L'armée alliée pénètre dans Paris à 11 heures. En tête se trouvent les cosaques de la garde puis la cavalerie prussienne ;

Les Alliés à Paris

Le soir du 1er avril, Alexandre assiste à l'Opéra à une représentation de *la Vestale* au cours de laquelle le comédien Lays lui rend hommage :

« Vive Alexandre !
Vive ce roi des rois !
Sans rien prétendre,
Sans nous dicter des lois,
Ce prince auguste
A le triple renom
De héros, de juste,
De nous rendre un Bourbon ! »

Les jours suivants, les officiers alliés se promènent dans les rues et achètent les articles parisiens en vogue, qu'ils sont contraints de payer immédiatement à la grande satisfaction des commerçants. L'exotisme des cosaques suscite la curiosité des Parisiens qui se précipitent en nombre dans les jardins publics en bas des Champs-Élysées, où les cavaliers russes bivouaquent. Le spectacle de ces hommes presque nus menant leurs chevaux se baigner dans la Seine deviendra une attraction très populaire.

Bivouac des troupes russes aux Champs-Élysées.

ensuite le tsar entouré de Schwarzenberg représentant l'empereur d'Autriche et de Frédéric-Guillaume de Prusse. Tous les soldats portent un brassard blanc, simple signe de reconnaissance pour eux, mais que de nombreux Parisiens interprètent comme un geste en faveur des Bourbons. Si les faubourgs sont muets, dans les quartiers bourgeois, on crie : « Vive l'empereur Alexandre ! », « Vive les Alliés ! » Le 1er avril, Paris se réveille dans le calme ; les alliés se conduisent bien. Des ordres très stricts ont été donnés par le tsar pour empêcher tout pillage. « On en était au point de les remercier du mal qu'ils ne faisaient pas ! » écrit Caulaincourt.

Le tsar rencontre rapidement Talleyrand pour s'entendre sur le gouvernement à donner à la France. Il n'est évidemment plus question de traiter avec Napoléon, ni avec aucun membre de sa famille. Talleyrand prône le retour de Louis XVIII mais Alexandre ne se montre pas convaincu. Les deux hommes se mettent finalement d'accord pour réunir le Sénat et nommer un gouvernement provisoire. L'empereur d'Autriche reste délibérément éloigné de Paris pendant ces discussions car, comme l'écrit Caulaincourt, « un reste de respect humain empêchait le père de venir assister en personne aux funérailles des droits de son gendre, de son petit-fils et de sa fille ». Caulaincourt, quant à lui, tente encore de sauver le régime, mais sans succès. Il rencontre plusieurs fois Alexandre mais est finalement et définitivement éconduit. L'après-midi, 64 sénateurs sur 140 se réunissent, convoqués par Talleyrand et soigneusement choisis par lui. Cette assemblée, composée d'hommes titrés par l'Empereur, abandonne déjà son ancien maître et élit un gouvernement provisoire avec, bien sûr, Talleyrand à sa tête. Autour de lui, on trouve notamment Bourrienne, l'ancien secrétaire, et le général Dupont, le vaincu de Bailén, tous deux écartés par l'Empereur et dont les rancunes sont tenaces. Le 2 avril, le Sénat vote la déchéance de l'Empereur. La Restauration est quasiment faite.

L'entrée des souverains alliés à Paris, porte Saint-Denis. Peinture de Jean Zippel.

L'Empereur trahi

Lorsqu'il apprend la trahison de Marmont en 1814, l'Empereur, davantage meurtri qu'indigné, s'exclame : « *Le malheureux ! C'était un fils pour moi.* » Il ne lui pardonnera jamais son geste et à Sainte-Hélène, il dira de lui : « *Il était le plus médiocre des généraux ; je l'ai défendu contre tous parce que je lui croyais de l'honneur… il a oublié sous quels drapeaux il a obtenu tous ses grades… Voilà le sort des souverains, ils font des ingrats !* » Vaniteux, Marmont est fier d'être traité en sauveur de Paris par les royalistes. En 1815, il est comblé d'honneurs et vote la mort de Ney. Sa trahison le poursuit pourtant, il commande une compagnie de gardes du corps qui sera appelée par le peuple « la compagnie de Judas ». Après 1830, il est contraint à l'exil. Il écrit des *Mémoires* où il tente de justifier sa conduite.

Le temps des trahisons

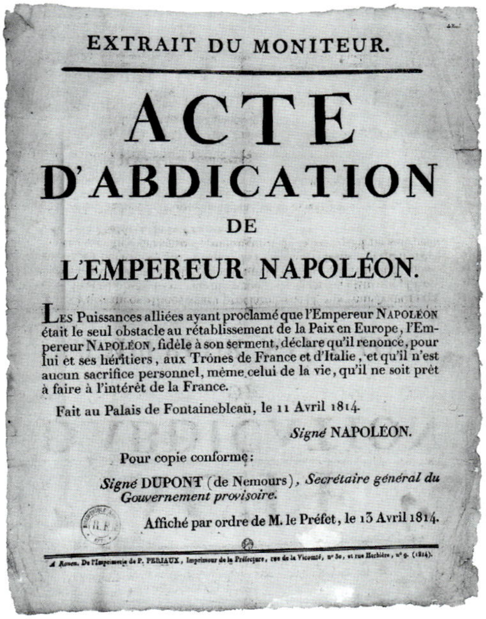
EXTRAIT DU MONITEUR.

ACTE D'ABDICATION DE L'EMPEREUR NAPOLÉON.

Les Puissances alliées ayant proclamé que l'Empereur Napoléon était le seul obstacle au rétablissement de la Paix en Europe, l'Empereur Napoléon, fidèle à son serment, déclare qu'il renonce, pour lui et ses héritiers, aux Trônes de France et d'Italie, et qu'il n'est aucun sacrifice personnel, même celui de la vie, qu'il ne soit prêt à faire à l'intérêt de la France.

Fait au Palais de Fontainebleau, le 11 Avril 1814.

Signé NAPOLÉON.

Pour copie conforme :

Signé DUPONT (de Nemours), *Secrétaire général du Gouvernement provisoire.*

Affiché par ordre de M. le Préfet, le 13 Avril 1814.

A Rouen. De l'Imprimerie de P. PERIAUX, Imprimeur de la Préfecture, rue de la Vicomté, n° 30, et rue Herbière, n° 9. (1814).

L'acte d'abdication de Napoléon.

L'Empereur arrive à Fontainebleau le 31 mars au matin, plutôt de bonne humeur. Mortier et Marmont ont été autorisés à quitter Paris et se retirent vers Corbeil, la Garde l'a rejoint, et les autres corps s'acheminent vers lui. Il pourra bientôt disposer de 60 000 hommes. Le 1er avril, il réunit ses maréchaux et leur annonce son intention d'attaquer Paris. Ses paroles ne reçoivent pas un accueil enthousiaste. Déjà, Ney et Oudinot grognent, mais l'Empereur ne paraît pas s'en alarmer. Le 2 au soir, revient Caulaincourt, désespéré, encore porteur de mauvaises nouvelles. Informé de l'échec de son ministre, Napoléon garde son calme : « Mon bonheur n'est pas dans les grandeurs. J'ai voulu la France puissante, je la veux avant tout heureuse. J'aime mieux quitter le trône que de signer une paix honteuse… »

Les maréchaux, eux, s'inquiètent. Tous ducs ou princes, possédant fortune et châteaux, sont lassés de la guerre. « Il ne faut pas se battre à Paris. Nous y avons nos femmes, nos enfants, nos amis », dit l'un d'eux. Décidément, les « bottes de 93 » sont bien loin ! Napoléon compte surtout sur sa Garde, ses « vieilles moustaches ». Le 3 avril, il leur parle : « Soldats de ma vieille Garde, l'ennemi est entré dans Paris. J'ai fait offrir à l'empereur Alexandre une paix achetée par de grands sacrifices […] Il a refusé […] Dans peu de jours, j'irai l'attaquer dans Paris, je compte sur vous… » Un terrible silence suit, alors l'Empereur s'écrie : « Ai-je raison ? » Les soldats répondent d'une seule voix : « Vive l'Empereur ! À Paris ! » Le général Pelet écrira plus tard : « On s'était tu parce que l'on croyait tout d'abord inutile de répondre. »

Le 4 après une nouvelle revue, l'Empereur est suivi par Ney, Lefebvre, Oudinot et Moncey qui forcent l'entrée de son cabinet. Ces vieux compagnons, chefs militaires à la bravoure incontestable, sont las et déterminés. Ceux qui quelques années auparavant baissaient la tête devant la moindre remontrance du maître, prêts à mourir pour lui, se montrent cette fois décidés à l'abandonner. Ils lui demandent d'abdiquer. Il ne s'agit plus d'un souhait mais d'une sommation. Désabusé, Napoléon écrit l'acte d'abdication en faveur de son fils, puis désigne Ney, Caulaincourt et Macdonald pour le faire agréer aux Alliés. « Je cède à vos désirs, allez maintenant à Paris soutenir les droits de mon fils », leur lance-t-il.

Les trois soldats sont reçus par Alexandre qui paraît décontenancé, prêt à fléchir. Mais soudain, un aide de camp interrompt l'entretien. Le 2, Marmont a reçu un émissaire de Schwarzenberg qui lui a proposé de quitter son poste et le maréchal a accepté. Il consent à se retirer avec ses troupes bien que tenant une position essentielle pour l'Empereur : la route de Fontainebleau à Paris. L'aide de camp vient informer Alexandre que le corps français marche dans la direction de Versailles, pour se livrer à l'armée alliée. Le tsar décide alors d'écarter définitivement toute régence. Marmont vient de porter le coup de grâce à l'Empereur. De retour vers lui, les trois envoyés l'informent de ce nouvel échec. Furieux, Napoléon tente encore de les convaincre de poursuivre la guerre, mais rien n'y fait. La plupart des généraux sont décidés à ne plus obéir à ses ordres. Le 6 avril au matin, rempli d'amertume, devant ses anciens compagnons d'armes auxquels il lance « Vous voulez du repos, Messieurs, eh bien ayez-en ! », l'Empereur griffonne l'acte d'abdication sans condition.

L'acte d'abdication

Au matin du 6 avril, l'Empereur rédige son acte d'abdication sur un petit guéridon d'acajou : *« Les puissances alliées ayant déclaré que l'empereur Napoléon était le seul obstacle au rétablissement de la paix en Europe, l'Empereur, fidèle à ses serments, déclare renoncer, pour lui et ses enfants, au trône de France et d'Italie, et qu'il n'est aucun sacrifice, même celui de la vie, qu'il ne soit prêt à faire aux intérêts de la France. »* L'écriture, presque illisible et rageuse a déchiré le papier à plusieurs endroits : elle traduit sa colère et non son abattement.

« J'aime trop la France ! Je n'ai jamais voulu que sa gloire, je ne ferai pas son malheur ! On veut que j'abdique… Et bien, j'abdiquerai ! » *Napoléon signe son abdication en faveur de son fils,* peinture de G. Ferri et de F. Bouchot.

Deux jours plus tard, trahi par Marmont, il est contraint de signer un nouvel acte d'abdication, cette fois sans condition. Les lignes sont volontairement presque indéchiffrables.

Le « coup d'État » du 4 avril

Ce 4 avril, les maréchaux entrent dans le cabinet de l'Empereur sans avoir été conviés. Ney l'apostrophe le premier, lui demande ce qu'il compte faire puisque le Sénat a voté sa déchéance. L'Empereur hausse les épaules, rejette cet acte puis s'emporte :

« – Quant aux Alliés ! Je vais les écraser dans Paris. Il faut marcher sur la capitale sans tarder !
– Nous ne pouvons exposer Paris au sort de Moscou, dit Macdonald. Notre parti est pris, nous sommes résolus à en finir.
– Je ferai appel à l'armée ! crie l'Empereur.
– L'armée ne marchera pas ! menace Ney.
– L'armée m'obéira, reprend Napoléon.
– Sire, l'armée obéit à ses généraux. »

Après un silence, l'Empereur demande, accablé :

« – Enfin, que voulez-vous donc Messieurs ?
– L'abdication. »

Le mot est lâché, terrible. L'Empereur sait qu'il ne peut plus rien. Il voulait, en comblant ces hommes de richesses, *« fonder de grandes familles, de vrais points de ralliement… »*, il a échoué. Les hommes qui se présentent à lui ne souhaitent que son départ, comme si maintenant, il gênait. Un peu plus tard, Napoléon dira : *« Ces gens-là n'ont ni cœur, ni entrailles, je suis moins vaincu par la fortune que par l'égoïsme et l'ingratitude de mes frères d'armes. »*

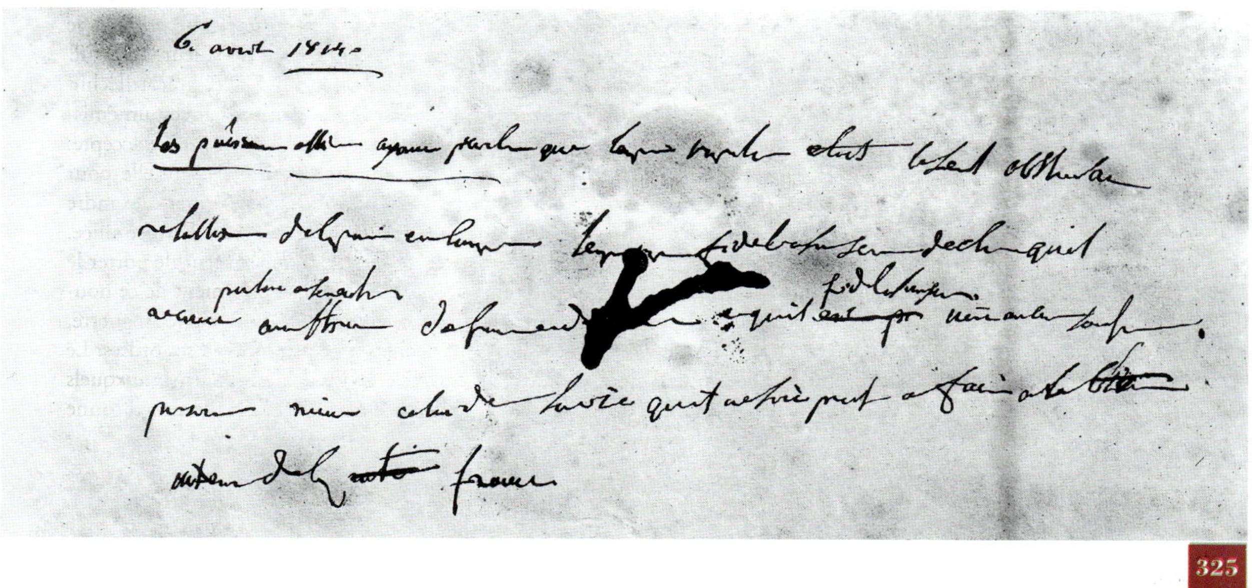
6 avril 1814.

L'île d'Elbe, un

Les maréchaux apprennent à Napoléon qu'il peut vivre avec une pension sur l'île d'Elbe.

Le dernier carré de fidèles

L'article 17 du traité de Fontainebleau autorise l'Empereur à emmener dans son exil un bataillon de 400 officiers et soldats choisis parmi des volontaires. Mais devant l'affluence des demandes, ce nombre est rapidement porté à 500 puis à 600, avec l'autorisation des Alliés, bien sûr. Parmi les officiers, Napoléon choisit Drouot qui sera nommé gouverneur militaire de l'île d'Elbe. Les généraux Cambronne et Bertrand suivent aussi l'Empereur. Les autres sont surtout des hommes de la Garde, des hommes de troupe, des obscurs qui veulent servir l'Empereur jusqu'au bout, comme ce cuirassier qui force un jour la porte de son cabinet et l'interpelle ainsi : *« Mon Empereur, je réclame justice. J'ai vingt-deux ans de service, je suis décoré et je ne suis pas porté sur la liste de départ. » « Tu as donc envie de venir avec moi ? »*, répond l'Empereur. *« Ce n'est pas une envie. C'est mon droit, c'est mon honneur que je réclame ! »*, reprend l'autre. *« Alors, tu viendras avec moi, j'arrangerai cela »*, termine Napoléon.

L'île d'Elbe, résidence de Napoléon Bonaparte.

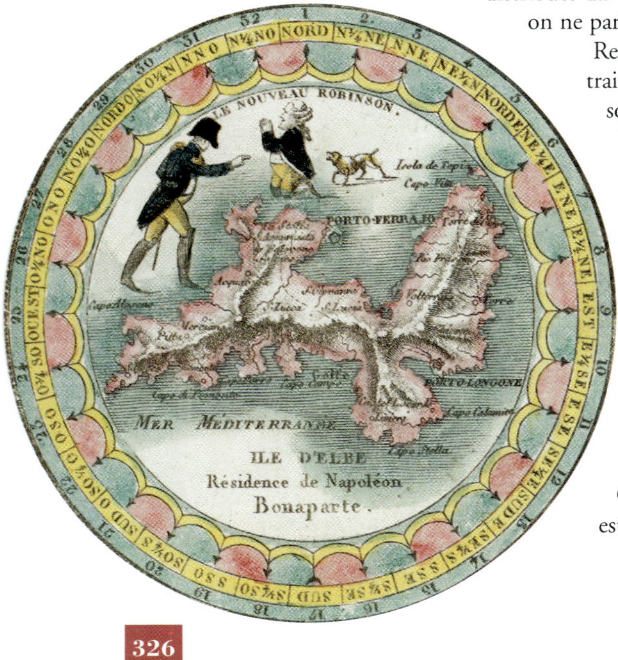

Le 7 avril, Ney, Macdonald et Caulaincourt repartent pour Paris porter l'acte d'abdication au tsar qui se montre aimable et parle de Napoléon presque avec attendrissement. Caulaincourt, le plus affecté, écrit : «… Nous n'étions plus que les commissaires de la pitié ! » La veille, le Sénat a rappelé au trône Louis XVIII à la condition qu'il accepte la Constitution que l'Assemblée rédige. Et les sénateurs se servent bien en établissant une monarchie constitutionnelle dans laquelle ils s'accordent tous les pouvoirs. Le Sénat devient la Chambre des pairs, assemblée désormais héréditaire et dont les membres conservent les privilèges accordés par l'Empereur. À Paris, les royalistes triomphent. Les pamphlets de Chateaubriand sont distribués dans les rues ainsi que des petits vers tels que « Enfin ! Grâce à Napoléon, on ne parle plus de Néron ! »

Reste à régler le sort de l'Empereur. Et c'est le tsar lui-même qui propose le traité, appelé plus tard traité de Fontainebleau, qui accorde à Napoléon la souveraineté de l'île d'Elbe, une existence indépendante, et une rente de 2 millions de francs. Talleyrand conteste, mais le tsar se dit engagé sur son honneur. Le 2 avril, en effet, il avait parlé pour la première fois à Caulaincourt de la petite île. Curieux paradoxe que le tsar devienne le plus sûr soutien de l'Empereur ! Le traité est finalement signé le 11 par les ministres étrangers et le gouvernement provisoire. Seuls Caulaincourt et Macdonald retournent vers l'Empereur pour le lui apporter, Ney a déjà adhéré aux Bourbons et se déclare délié du souverain déchu.

À Fontainebleau, Napoléon est seul. Tous le quittent ; Jourdan, Kellermann ont déjà rallié la monarchie, les autres suivent. Il est même abandonné par ses frères qui ne lui écrivent que pour lui réclamer de l'argent. Maintes fois, l'Empereur espère la venue de Cambacérès, de Molé, mais rien. Marie-Louise, qu'il devine prisonnière, est retenue à Blois et ne peut lui rendre visite. Napoléon est ulcéré par

« caillou » pour César

l'attitude de Ney, de Berthier qui l'abandonne à son tour. Il est écœuré de tant de traîtrises, de tant de lâcheté. « Je suis au milieu des loups ! » dit-il. Il sombre alors dans le plus profond des désespoirs, reste songeur des heures durant dans son cabinet et ne cesse de répéter à Caulaincourt : « La vie m'est insupportable ! » Le 13, à 3 heures du matin, Caulaincourt est réveillé par les valets, l'Empereur agonise, et réclame le grand écuyer. Napoléon vient d'avaler ce mélange d'opium et de belladone que le docteur Yvan lui avait donné en Russie lorsqu'il craignait d'être capturé. Il est agité de spasmes violents et s'adresse au grand écuyer, qui tente d'appeler du secours : « Je ne veux que vous, Caulaincourt. Ne cherchez pas à prolonger mon agonie… » Au bout de plusieurs heures, Napoléon rend enfin le poison sans doute éventé. Au matin, sa vie n'est plus en danger. Soutenu toujours par Caulaincourt, le dernier fidèle, l'Empereur lui déclare : « Je vivrai puisque la mort ne veut pas plus de moi dans mon lit que sur le champ de bataille. Il y aura aussi du courage à supporter la vie après de tels événements. » Un peu plus tard, l'Empereur signe le traité qui le fait maître de l'île d'Elbe. L'île d'Elbe ! Un « caillou » pour celui qui a régné sur l'Europe !

Une visite inattendue

Alors que le 13 avril, l'Empereur est envahi par une terrible détresse, une femme attend dans une antichambre qu'il consente à la recevoir. Elle veut encore une fois lui témoigner son amour. Cette femme, c'est Marie Walewska, la belle Polonaise. Installée à Boulogne à la fin de l'année 1810, elle avait pu alors rencontrer l'Empereur qui avait titré leur fils, puis était repartie en Pologne avant de revenir à Paris, après le désastre de Russie. Ce 13 avril, à Fontainebleau, elle attend des heures que la porte impériale s'ouvre mais en vain. Napoléon, prostré, épuisé par son agonie nocturne et trop préoccupé par le sort du roi de Rome, oublie sa présence. Alors, brisée, la belle comtesse quitte le château à l'aube. Lorsque l'Empereur retrouve ses esprits, il s'en veut et soupire : « *La pauvre femme, elle se croira oubliée !* » Pourtant, le 15, Marie expédie un courrier à son ancien amant qui, cette fois, s'empresse de lui répondre : « *Les sentiments qui vous animent me touchent vivement. Ils sont dignes de votre belle âme et de la bonté de votre cœur… portez-vous bien, n'ayez point de chagrin, pensez à moi avec plaisir et ne doutez jamais de moi.* » Éternellement fidèle, Marie Walewska ira encore rencontrer l'Empereur à l'île d'Elbe.

Dans ce tableau remarquable de Delaroche, l'Empereur, assis, vient de relire l'acte d'abdication. Il est fatigué, désabusé, trahi ; c'est pour lui, l'heure du renoncement.
Napoléon à Fontainebleau, 1814.

Les adieux de Fontainebleau

Au matin du départ, le temps est brumeux, il fait froid. L'Empereur apparaît : « Soldats de ma vieille Garde, je vous fais mes adieux. Depuis vingt-ans, je vous ai constamment trouvés sur le chemin de l'honneur et de la gloire […] Vous n'avez cessé d'être des modèles de fidélité et de bravoure… » L'Empereur s'arrête, sa voix s'étrangle puis reprend : « […] Je pars ! Vous, mes amis, continuez à servir la France. Son bonheur était mon unique pensée… Je veux écrire les grandes choses que nous avons faites ensemble ! Adieu, mes enfants ! Je voudrais vous presser tous sur mon cœur ! Que j'embrasse au moins votre général et votre drapeau ! » L'Empereur s'avance. Le général Petit, en larmes, se précipite dans ses bras. Puis Napoléon, embrasse le drapeau où sont brodés les noms des plus grandes victoires. « On n'entendait qu'un gémissement dans tous les rangs », écrira Coignet.

Les adieux de Napoléon à la Garde impériale dans la cour du cheval blanc du château de Fontainebleau, peinture de Antoine Alphonse Montfort et Horace Vernet.

Un chemin de croix

Le 20 avril, arraché à ses soldats, l'Empereur prend le chemin de l'exil. Les proches qui l'accompagnent ainsi que les commissaires étrangers chargés de le surveiller s'entassent dans quelques voitures. Le cortège traverse Fontainebleau puis Nemours, Montargis et Briare où l'on passe la nuit. Sur la route, la population acclame l'Empereur. À Briare, quelques soldats doivent même protéger les commissaires étrangers molestés par une foule en colère. Napoléon écrit à Marie-Louise : « Je suis très content de l'esprit de la population. » La deuxième nuit, la petite troupe dort à Nevers puis le voyage reprend. À Roanne, un homme crie à l'Empereur : « Conservez-vous pour nous ; l'année ne se passera pas que vous ne reveniez ! » Étrange prophétie ! Les cavaliers de la Garde de l'escorte impériale quittent le cortège à Villeneuve-sur-Allier. Les commissaires étrangers proposent une escorte autrichienne que l'Empereur refuse ne voulant pas être pris pour un prisonnier. Lyon, la ville la plus napoléonienne de France, est traversée de nuit et le voyage se poursuit par la vallée du Rhône. Le 24 avril, peu avant Valence, alors que les voitures font halte au bord de l'Isère, une berline s'approche et s'arrête. Le maréchal Augereau remonte vers Paris et croise la route de l'Empereur. Celui-ci s'avance aussitôt vers lui et lui reproche sa mollesse devant Lyon. Le vieux maréchal pâlit, balbutie mais Napoléon lui tend les bras et c'est l'embrassade. L'Empereur connaît-il ou non la honteuse proclamation d'Augereau faite à ses troupes le 16 avril, nul ne sait. Lui a-t-il donné un baiser sincère ou a-t-il joué la comédie voulant dissimuler, devant des étrangers, la bassesse de son vieux compagnon? Difficile de répondre, il ne confiera son indignation que bien plus tard.

Après cette entrevue, l'Empereur entre en Provence royaliste et le voyage se transforme en cauchemar, le chemin vers l'exil en chemin de croix. À Orange, on entend les premiers cris : « Vive le roi, mort au tyran ! » À Orgon, devant la poste, un mannequin en uniforme français, couvert de sang, est pendu à une potence avec cette inscription : « Tel sera tôt ou tard le sort du tyran. » Plusieurs individus menaçants entourent la voiture impériale. Le comte russe Schouvalov intervient et harangue la foule : « N'avez vous pas honte d'insulter un malheureux sans défense ! » L'Empereur, un malheureux ! Suprême humiliation ! Les voitures peuvent enfin repartir mais des cavaliers informent

La honteuse proclamation d'Augereau

Après une attitude peu courageuse devant les Alliés autour de Lyon, Augereau est battu à la bataille de Saint-Georges le 16 mars puis à celle de Limonest le 20. Le 16 avril, il parachève sa trahison en proclamant à ses soldats :

« Soldats, le Sénat, interprète de la volonté nationale, lassée du joug tyrannique de Napoléon Bonaparte, a prononcé le 2 avril sa déchéance et celle de sa famille. Un descendant de nos anciens rois remplace Bonaparte et son despotisme. Vos grades, vos honneurs et vos distinctions vous sont assurés… Soldats ! Vous êtes déliés de vos serments : vous l'êtes par la Nation, en qui réside la souveraineté ; vous l'êtes encore, s'il était nécessaire, par l'abdication d'un homme qui, après avoir immolé des millions de victimes à sa cruelle ambition, n'a pas su mourir en soldat. La Nation appelle Louis XVIII sur le trône : né français, il sera fort de votre gloire et s'entourera de vos chefs avec orgueil… Jurons donc fidélité à Louis XVIII et à la Constitution qu'il nous présente. Arborons la couleur vraiment française, qui fait disparaître tout emblème d'une révolution qui est fixée, et bientôt vous trouverez dans la reconnaissance et dans l'admiration de votre roi et de votre patrie une juste récompense de vos travaux. »

Napoléon croit encore que l'empereur d'Autriche laissera sa femme et son fils le rejoindre à l'île d'Elbe. *Départ du roi de Rome pour l'Autriche, le 16 avril*, gravure de A. Berka.

Napoléon quitte Fontainebleau : le cérémonial est encore digne d'un souverain, mais les commissaires étrangers ne le quitteront plus. *Le départ de Napoléon pour l'île d'Elbe,* gravure coloriée.

qu'à Marseille, à Aix, on parle d'assassiner « le tyran ». Apeuré, choqué, en proie à une émotion qui le glace, horrifié à l'idée qu'il puisse mourir de mains françaises, Napoléon pleure, la tête dans les mains ; il est terrifié. Son arrêt à l'auberge de la Callade, peu avant Aix, ne fait qu'augmenter sa terreur. Le cortège arrive à Aix vers minuit, les rumeurs de guet-apens s'intensifient. L'Empereur se cache, il endosse l'uniforme du général autrichien Koller, ne mange et ne boit rien de peur d'être empoisonné. Le 29 avril à 11 heures du matin, il arrive à Fréjus puis se rend à Saint-Raphaël, où il s'embarque sur le navire anglais l'*Undaunted* avec Bertrand, Drouot, l'autrichien Koller et l'anglais Campbell. Il y est reçu avec les honneurs militaires, et il recouvre enfin sa sérénité. Le lendemain, la frégate anglaise quitte les côtes de France. C'est sur cette même côte que le 9 octobre 1799, il y a à peine quinze ans, le jeune général Bonaparte débarquait de retour d'Égypte.

À l'auberge de la Callade

La femme de l'aubergiste le prend pour un officier anglais et s'approche : « *Je sais bien que vous êtes de la suite de cet homme ? dit-elle, je vois par le dîner que vous commandez qu'il va descendre ici. Je suis bien fâchée de préparer à manger pour un tel monstre…* » Et comme elle aiguise un long couteau sur une meule, elle le tend vers lui en disant : « *N'est-ce pas qu'il est bien affilé ? Si quelqu'un veut s'en servir pour poignarder l'Empereur, je lui prêterai volontiers.* » Napoléon ose une question : « *Vous le haïssez bien, cet Empereur, que vous a-t-il donc fait ?* » « *Ce qu'il m'a fait ? Le monstre ! Il est la cause de la mort de mon fils, de mon neveu, de tant de jeunes gens…* »

Le retour de

Les demi-soldes

Au lieu de retourner dans leurs foyers, la plupart des demi-soldes restent à Paris. Ils traînent de café en café et forment bientôt un foyer actif d'opposition. Leur rancœur s'accentue encore lorsque le roi reforme des compagnies d'un ancien temps, comme les mousquetaires ou les gardes du corps, commandées par des nobles émigrés qui n'ont jamais combattu. Ces soldats paraissent en riches uniformes, et sont, de plus, grassement payés. « Ce sont des soldats de comédie ! » disent les anciens de la Grande Armée. Les demi-soldes suivent avec intérêt les déboires subis par les généraux restés fidèles à l'Empereur. Le général Exelmans, par exemple, passe devant un conseil de guerre en janvier 1815. Il a eu l'imprudence d'écrire à Murat pour témoigner de sa fidélité à Napoléon. Sa lettre a été interceptée et il a été arrêté. Finalement acquitté, il est porté en triomphe par ses amis bonapartistes. Les demi-soldes peuvent se réjouir, toute l'ancienne armée attend le retour de Napoléon.

Un demi-solde, gravure de 1928.

Pendant ce temps, Monsieur, le comte d'Artois, le frère de Louis XVIII, entre à Paris le 12 avril. Nommé lieutenant général du royaume, il doit préparer l'arrivée du roi. Il promet la fin de la conscription, des taxes sur les marchandises, et ne cesse de proclamer : « Plus de tyran ! Plus de guerre ! » La foule parisienne l'acclame dans les rues et les cocardes blanches réapparaissent partout. Les maréchaux, Ney, Marmont, Moncey viennent saluer le prince mais l'accueil des Parisiens les choque. Ney confie à Vitrolle, le conseiller d'Artois : « C'est à n'y rien comprendre. Voici un homme qui leur est tombé du ciel, qu'ils ne connaissaient pas hier, et déjà ils s'enflamment pour lui. » Mais Paris ne voit que la paix ! Monsieur s'installe aux Tuileries, « Je suis trop heureux ! » répète-t-il. Il se comporte déjà comme si la monarchie absolue était rétablie. Ses déclarations maladroites commencent à inquiéter la population. Vitrolle déclare : « Notre faveur est telle auprès du public que nous pouvons faire vingt-cinq sottises par jour mais il faut éviter d'en faire cinquante. »

Le roi, obèse, alourdi par la goutte, débarque le 24 avril à Calais. Durant son voyage jusqu'à Compiègne, une foule nombreuse lui réserve un accueil chaleureux. Louis XVIII pense donc être libre d'agir à sa guise en entrant à Paris le 3 mai. Il évince même le tsar venu lui rappeler ses obligations face au Sénat. En premier lieu, le roi révise la Constitution. Il la rebaptise Charte et en change la première phrase : le roi est roi par la grâce de Dieu et non plus par décision du Sénat. Il rétablit ainsi le principe de monarchie de droit divin. Il garantit néanmoins l'égalité de tous devant la loi et l'irrévocabilité des ventes et achats des biens nationaux, mais confie les ministères à des incapables tout juste bons à expédier les affaires courantes.

Aussi, le mécontentement s'accroît rapidement d'autant que les anciens nobles émigrés rentrent en masse. Ils paradent dans leurs uniformes des armées des princes et réclament le rétablissement de leurs anciens droits. Ils revendiquent même leurs anciennes propriétés exaspérant ainsi paysans et bourgeois. Mais le plus grand foyer de mécontentement reste l'armée. La nomination de Dupont, le vaincu de Bailén, au ministère

l'ancienne noblesse

de la Guerre est vécue par les anciens soldats comme une humiliation. Face à la pénurie du Trésor, le nouveau ministre ne peut conserver qu'un tiers de l'ancienne armée impériale. Il licencie 200 000 officiers et soldats qui voient leur solde diminuée de moitié et qui reçoivent l'ordre de regagner leurs provinces. Ces demi-soldes vouent désormais une rancune tenace au nouveau régime.

Enfin le traité de Paris est signé le 30 mai 1814 entre les Alliés et la France. Aucune indemnité de guerre n'est exigée mais la France est ramenée à ses frontières de 1792 ; elle conserve ainsi certaines conquêtes de la Révolution comme le Comtat Venaissin. À la fin de l'année 1814, au congrès de Vienne, les Alliés se partagent l'Europe mais des différends apparaissent ; la Russie veut récupérer la Pologne, la Prusse veut la Saxe, et l'Autriche l'Italie. L'Angleterre craint la puissance de la Russie et l'Autriche celle de la Prusse. Finalement, Talleyrand se range du côté de son homologue anglais, Castlereagh. L'Angleterre reste maîtresse des mers et, avec l'accord de Talleyrand, la Prusse reçoit la Rhénanie, territoire sur le Rhin proche de nos frontières, un nouveau danger pour la France.

Louis XVIII

Écarté du Conseil du roi, le comte de Provence quitte Paris pour Mons en Belgique le 20 juin 1791. C'est le début d'un exil de vingt-quatre ans qui le mènera en Italie, en Prusse, en Russie et enfin en Angleterre. En 1814, l'abdication de l'Empereur le porte au pouvoir grâce surtout aux interventions de Talleyrand ; les Alliés sont en effet peu favorables à son retour. Louis XVIII n'a jamais gouverné et son éloignement de France ne le conduit pas à comprendre les réalités d'un pays qui a bien changé depuis son départ. Lors des Cent-Jours, Louis XVIII se réfugie à Gand. Il revient à Paris le 8 juillet 1815 après Waterloo. Affaibli, il ne peut arrêter la Terreur blanche malgré son souhait d'éviter toute vengeance. Il meurt aux Tuileries dans la nuit du 14 au 15 août 1824.

◁ Les Alliés se réunissent à Vienne pour réorganiser l'Europe après la chute de Napoléon. *Le congrès de Vienne,* dessin d'Isabey, 1815.

Après plus de vingt ans d'absence, le roi est décidé à rétablir l'archaïque principe de droit divin. *L'arrivée du roi Louis XVIII et de la duchesse d'Angoulême à Calais, le 24 avril,* dessin de Goubaud.

L'île d'Elbe, « île du repos »

Après moins d'une semaine de traversée, Napoléon parvient dans son nouveau « royaume », l'île d'Elbe. Gravure coloriée.

Le 3 mai 1814, sur l'île d'Elbe, sous-préfecture française, la vigie de Porto-Ferrajo annonce un navire battant pavillon anglais. Le navire entre dans la rade et envoie une chaloupe dans laquelle le général Dalesme, gouverneur de l'île, reconnaît Drouot. Les deux hommes s'embrassent. Le lendemain vers 15 heures, Napoléon débarque sur son nouveau territoire. Durant les années précédentes, la population s'est montrée plutôt hostile à l'Empereur mais dans ces circonstances particulières la curiosité l'emporte et c'est une foule enthousiaste qui accueille son nouveau roi. « Ce sera l'île du repos », dit-celui-ci. Une proclamation est affichée dans toute l'île annonçant : « Le plus heureux événement qui pût jamais illustrer l'histoire de l'île d'Elbe s'est réalisé en ce jour ! Notre auguste souverain, l'Empereur Napoléon est arrivé parmi nous. Nos vœux sont accomplis : la félicité de l'île d'Elbe est assurée. »

Dès le lendemain de son arrivée, Napoléon visite son royaume. L'endroit lui rappelle la Corse, sa végétation, ses senteurs… La nostalgie le gagne mais il éprouve également sa première déception : « Que mon île est petite ! » s'exclame-t-il. Française depuis 1802, l'île d'Elbe compte 222 km^2 et à peine 15 000 habitants.

Très vite, Napoléon organise son palais et son gouvernement : Bertrand est grand maréchal du palais, Drouot gouverneur militaire ; son palais consiste en une modeste bâtisse appelée les « Mulini », les moulins. Ancien Palais de justice et ancienne prison, la maison se compose d'un rez-de-chaussée et d'un étage. Au rez-de-chaussée, lieu de sa résidence, l'Empereur fait aménager une chambre, une bibliothèque, un petit salon et un cabinet. Au premier, un salon d'apparat occupe tout l'étage. Pauline y logera lorsqu'elle rejoindra son frère, le 1er novembre. Devant la maison, un joli jardin s'étend jusqu'à la mer. Napoléon aime s'y promener et méditer. Un peu plus tard, grâce à l'argent de Pauline, il parvient à acheter une petite maison de campagne à San Martino, qu'il habite lorsque la chaleur est trop forte aux « Mulini ». Que de changements après les Tuileries, le Trianon ou Rambouillet !

Madame Mère, Letizia, arrive sur l'île le 2 août. Elle pleure dans les bras de son fils en débarquant à Porto-Ferrajo. Napoléon l'entoure de tous ses soins et l'installe dans une petite maison de la capitale. Il dîne souvent avec elle, ou bien c'est elle qui monte lui rendre visite, le soir, pour une partie de whist au cours de laquelle Napoléon triche, comme d'habitude. Comme Letizia proteste, il lui répond en riant : « Madame, vous pouvez perdre ; moi qui suis pauvre, je dois gagner ! »

Le 1er septembre, Napoléon reçoit une autre visite qui le met en joie mais qu'il souhaite discrète, celle de Marie Walewska, son épouse polonaise. Marie doit en effet quitter Florence pour Naples et l'île d'Elbe est sur son chemin. L'Empereur la reçoit, elle et leur fils, le jeune Alexandre âgé de 4 ans, dans une petite maison isolée de l'île. La belle Marie reproche à son amant de l'avoir oubliée dans l'antichambre de Fontainebleau. Celui-ci s'excuse en tapant son front : « J'avais tant de choses là ! » Napoléon est heureux d'embrasser son fils et de discuter avec lui. Marie est même disposée à rester près de son amant mais Napoléon craint le scandale, il espère toujours la venue de son épouse et du roi de Rome. Le cœur serré, il regarde son épouse polonaise repartir vers l'Italie, le 3 septembre.

Toutes ces précautions étaient finalement bien inutiles. En effet, si l'impératrice, dans la correspondance qu'elle entretient avec son mari, lui affirme sans cesse qu'elle souhaite le rejoindre, elle en sera toujours empêchée par son entourage. Après son départ pour Vienne, le 23 avril, elle écrit encore à son mari : « Je me console avec l'idée que tu penses quelquefois à moi… je passe des journées entières à me désespérer de ne pas te voir. » En mauvaise santé, elle projette d'aller prendre les eaux à Aix-les-Bains. Aussitôt, Napoléon s'insurge : « Je pense que tu dois le plus tôt possible venir en Toscane, où il y a des eaux aussi bonnes et de même nature que celles d'Aix. Cela aura tous les avantages. Je recevrai plus souvent de tes nouvelles… » Mais Metternich veille, il dépêche le comte de Neipperg pour accompagner l'impératrice à Aix et lui donne l'ordre de faire tout le nécessaire pour la détourner de toute idée d'un voyage à l'île d'Elbe. Le comte y parviendra. Marie-Louise, jeune, influençable, se laisse séduire. Son désir de rejoindre son époux s'estompe peu à peu à mesure qu'elle s'éprend de Neipperg. Le 27 septembre, après être devenue la maîtresse de ce dernier, qu'elle épousera, elle écrit à son père : « L'Empereur m'a envoyé message sur message pour m'engager à venir le rejoindre ; j'ai trouvé cela un peu fort et je lui ai répondu franchement que je ne pouvais venir à présent… je n'irai pas pour le moment à l'île d'Elbe et je n'irai jamais, car vous savez mieux que personne que je n'en ai pas envie… L'Empereur est d'une légèreté… » C'est fini. Napoléon a définitivement perdu son épouse, Marie-Louise est redevenue autrichienne.

Malgré ces nombreuses déceptions, Napoléon déploie une intense activité sur l'île. Il ordonne d'irriguer la plaine de Lacona, de reboiser les vallées en oliviers, de construire un réseau de routes et des fontaines dans la capitale. Il assure également sa sécurité et met la place en état de défense grâce à l'arrivée le 26 mai des 1 200 hommes du bataillon de l'île d'Elbe commandé par Cambronne. Il entretient sa marine composée d'un brick l'*Inconstant,* d'une goélette et de quelques petits navires de transport qui lui permettent de recevoir des nouvelles de France et d'Italie. C'est ainsi qu il apprend la mort de Joséphine survenue le 29 mai 1814 à Saint-Leu chez sa fille Hortense. L'Empereur en est terriblement affecté, il pleure et soupire : « Ah ! Elle est bien heureuse maintenant ! » Finalement, Napoléon mène sur son île une vie tolérable et paisible malgré la présence du colonel anglais Campbell, chargé de le surveiller. Pourtant, la France reste le véritable objet de ses pensées…

Antoine Drouot, le « sage de la Grande Armée » 1774-1847

Issu d'une famille de boulangers, il se présente en 1793, à l'école d'artillerie de Châlons. Il participe aux campagnes du Consulat et s'illustre particulièrement en Espagne en 1808 puis il est nommé colonel du régiment d'artillerie à pied de la Garde. En 1809, sa rencontre avec l'Empereur à Schönbrunn marque le début d'une grande amitié. Pendant la campagne de Russie, il est un exemple de force morale et de courage et parvient à sauver un grand nombre de ses canons. Général en 1813, énergique et talentueux, il commande habilement l'artillerie durant les derniers jours de l'Empire et notamment à Hanau en 1813. Très attaché à Napoléon, il le suit dans son exil. Il est pourtant hostile au retour en France et il le dit : « *Sa majesté tient elle à avoir aux yeux de l'opinion la responsabilité d'avoir déclenché une guerre universelle ?* » L'Empereur lui demande alors s'il est prêt à le suivre. « *Vous suivre,* répond Drouot, *c'est aller à la mort mais je ne manquerai pas votre appel.* » D'une intégrité rare et d'une droiture à toute épreuve, Drouot force l'admiration et le respect de tous les militaires et de l'Empereur qui écrit de lui : « *Drouot vivrait aussi satisfait avec 40 sous par jour qu'avec la dotation d'un souverain ; sa morale, sa probité, sa simplicité lui eussent fait honneur dans les plus beaux jours de la République Romaine.* »

Vue générale de l'île d'Elbe et de Porto-Ferrajo. Gravure coloriée.

« L'évadé et l'amoureux »

« Il me faudrait cent hommes comme cela » dit Napoléon en parlant de Drouot. Portrait du général Drouot, lithographie aquarellée, école française, XIXe siècle.

Ainsi, Napoléon semble accepter son exil. Il ne songe plus qu'aux décisions concernant son royaume : les plantations de mûriers, les pâturages pour les chèvres… Son gardien anglais Campbell en est également convaincu. Il écrit : « Je commence à croire qu'il est tout à fait résigné à sa retraite et qu'il se trouve passablement heureux. » Napoléon, de son côté, joue parfaitement son jeu. Il confie à l'Anglais : « Je n'existe plus pour le monde. Je suis un homme mort. Je ne m'occupe plus que de ma famille et de ma retraite, de ma maison, de mes vaches et de mes mulets ! »

Mais l'Empereur trompe son monde et se joue de Campbell. Son esprit bouillonne de projets et il ne pense qu'à une chose : revenir en France et reconquérir sa couronne. Tout l'encourage à s'échapper de l'île ; d'abord les nouvelles qu'il reçoit d'Europe et qui l'informent du mécontentement qui règne en France. Chaque nouvelle bévue commise par Louis XVIII relatée par les journaux, lui apporte de nouveaux partisans. Il sait qu'il n'est pas oublié. Ensuite, Napoléon est pauvre. La rente annuelle de 2 millions de francs promise par le traité de Fontainebleau ne lui est pas versée. Et puis, enfin, il y a cette rumeur d'exil plus lointain, à l'île de Sainte-Hélène évoqué au congrès de Vienne. Aussi, chaque jour, depuis janvier 1815, l'Empereur mûrit son plan d'évasion. Seuls ses proches commencent à comprendre la pensée de leur maître. Le 16 février, Napoléon demande à Drouot de radouber le brick l'*Inconstant* et de le faire peindre comme un navire anglais. Les jours suivants, les quelques navires elbois sont chargés de vivres, d'armes et de munitions. Ces préparatifs se font dans la plus grande discrétion et en l'absence de Campbell. Il faut dire que l'Anglais est absorbé par une tout autre affaire. Il est amoureux fou d'une charmante Italienne, la comtesse Miniaci qui lui fait perdre la tête. Régulièrement, il part la rejoindre à Florence ou à Livourne. Le 14 février, il appareille pour Livourne et fait voile vers ses amours à bord de sa frégate la *Partridge* qui aurait largement suffi, à elle seule, à stopper la flotte elboise. Lorsqu'il reviendra sur l'île, le 28 février, l'Empereur sera déjà en route vers son destin.

Napoléon profite donc de ces circonstances favorables. Le 23 février, il annonce à sa mère qu'il part pour la France. Letizia sait que les décisions de son fils sont irrévocables et répond : « Ce qui doit être sera. Que Dieu vous aide… mais s'il est écrit que vous devez mourir, il est préférable que ce soit non par le poison, ni dans un repos indigne de vous, mais l'épée à la main. »

Le 26 février, l'Empereur fait ses adieux aux Elbois venus l'acclamer puis s'embarque sur l'*Inconstant.* Les soldats de Cambronne s'entassent sur les navires et à 7 heures du soir, Napoléon donne l'ordre de mettre le cap sur Golfe-Juan en passant le plus loin possible des côtes. Le lendemain, deux navires français chargés de surveiller l'île croisent les vaisseaux elbois mais le soleil bas ne leur permet pas de distinguer les évadés. Le 28, un autre navire français est en vue mais ne prête aucune attention à l'*Inconstant.* « C'est une journée d'Austerlitz ! », s'exclame l'Empereur. À midi, le cap d'Antibes se profile à l'horizon.

Le 26 février, Napoléon quitte l'île d'Elbe pour revenir en France. ▷
Peinture de Joseph Beaume.

Très sentimental lorsqu'il s'agit de son fils, Napoléon confiera un jour : « J'ai un peu de la tendresse des mères, j'en ai même beaucoup et je n'en rougis pas. » Son portrait ne quittera plus jamais l'Empereur qui a sans cesse à l'esprit le sort de son fils prisonnier. *Le roi de Rome jeune garçon,* peinture de Thomas Lawrence.

Napoléon et son fils

Durant son exil sur l'île d'Elbe, Napoléon souffre de l'absence de son fils, alors âgé de 3 ans. Il conserve sur lui une tabatière sur laquelle figure un portrait du petit roi qu'il aime contempler. Dans sa dernière lettre datée du 1er janvier 1815, Marie-Louise écrit : « *Ton fils t'embrasse et me charge de te dire qu'il t'aime de tout son cœur... Il commence à savoir l'italien, et il apprend aussi l'allemand ; mon père le traite avec bien de la bonté et de la tendresse...* » L'Empereur enrage, son fils, privé de trône, est élevé à Vienne comme un prince autrichien ! Il grandit à Schönbrunn, sous l'œil malveillant de Metternich. Fait duc de Reichstadt, le jeune homme meurt en 1832 d'une maladie de poitrine à l'âge de 21 ans. Dans *l'Aiglon,* Edmond Rostand lui prête ces paroles : « *...moi, sans pouvoir, sans titre, sans royaume,*
Moi qui ne suis qu'un souvenir dans un fantôme !
Moi, ce duc de Reichstadt qui, triste, ne peut rien
Qu'errer sous les tilleuls de ce parc autrichien
En gravant sur leurs troncs des N dans la mousse,
Passant qu'on ne regarde un peu que lorsqu'il tousse !... »

1815

Les Cent-Jours et Waterloo

La chute de l'Aigle

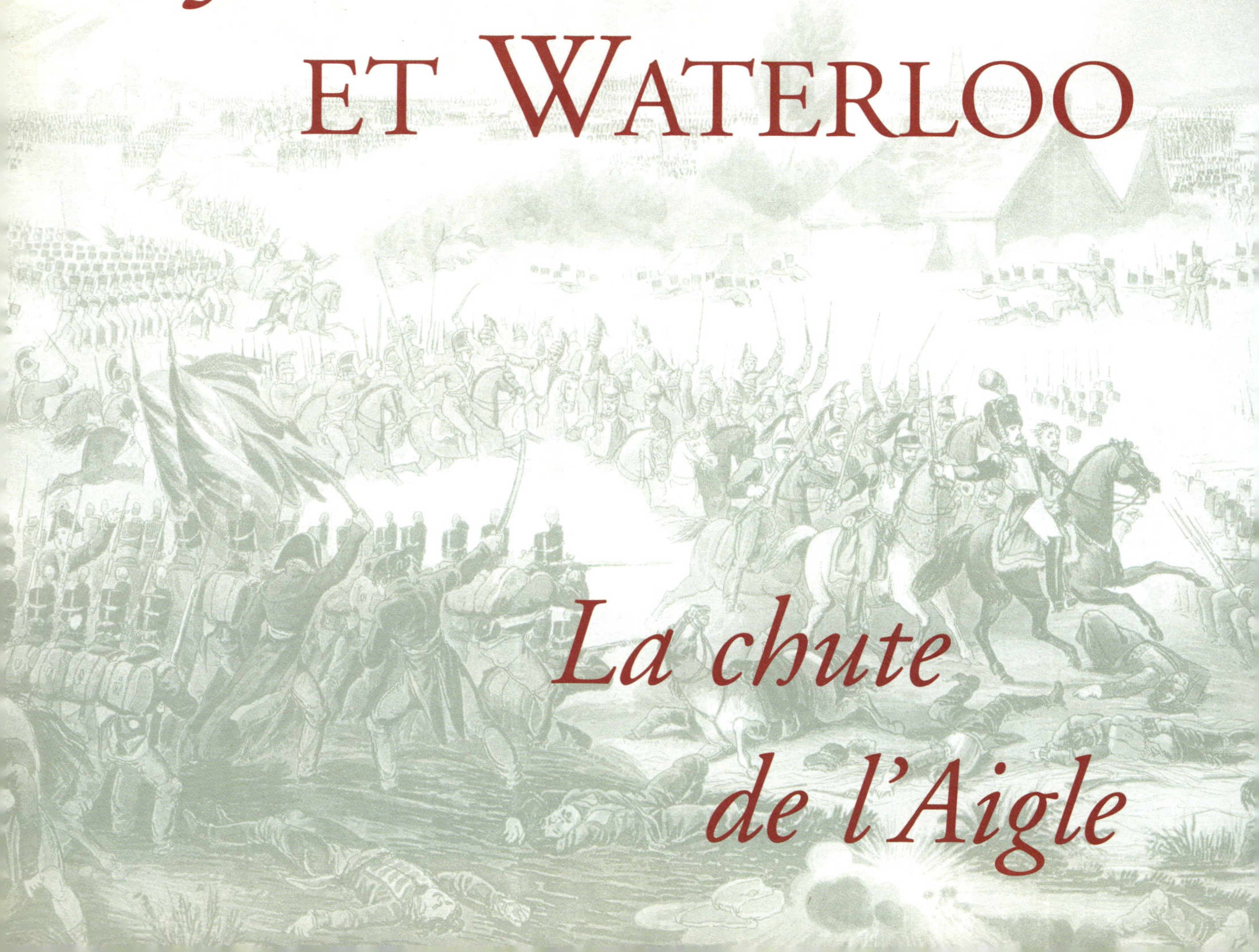

La bataille de Waterloo, gravure du XIXe siècle.

Napoléon à Fontainebleau (détail), peinture de Delaroche.

1815

« L'Aigle vole de clocher en clocher... »

« S'il est parmi vous un soldat qui veuille tuer son Empereur, me voilà ! » Napoléon à Laffrey, peinture de von Steuben.

Le 1er mars, Napoléon débarque à Golfe-Juan dans la plus grande discrétion. Auparavant, il a prévenu ses soldats : « Vous ne tirerez pas un coup de fusil. Songez que je veux reprendre ma couronne sans verser une goutte de sang. » Se rappelant son calvaire en Provence l'année précédente, l'Empereur décide de gagner Lyon en passant par les Alpes (par la future route Napoléon). De Cannes, il marche sur Grasse, au milieu de ses soldats. De temps à autre, quelques habitants accourent, portent du vin aux soldats et lancent des « Vive l'Empereur ! » La foule est encore peu nombreuse mais au fur et à mesure que la nouvelle du débarquement se répand, elle grossit, devient plus enthousiaste. Certains viennent offrir des violettes à l'Empereur. En effet, nous sommes au printemps et, selon une légende, Napoléon avait promis de revenir à l'époque des violettes. Ainsi, cette petite fleur devient rapidement le nouveau signe de ralliement des bonapartistes et l'Empereur le « Père la Violette ».

La nouvelle parvient à Marseille où commande Masséna. Le prince d'Essling envoie aussitôt quelques troupes contre l'Empereur et prévient Paris le 4 mars. Ce même jour, Napoléon, devançant les troupes de Masséna, est à Digne puis à Sisteron. Le 6, il quitte Gap et marche sur Grenoble où se trouve le général Marchand, fidèle au roi et bien décidé à lui barrer la route. Marchand ordonne au bataillon du 5e de ligne, commandé par Delessart de marcher sur le défilé de Laffrey où, venant de La Mure, Napoléon doit passer. Instant de vérité, le sort de l'Empereur va se jouer là. La scène est célèbre. Delessart distingue bientôt la petite troupe elboise et la calèche de l'Empereur qui s'approchent. Le colonel Raoul, sous les ordres de Cambronne, se porte en avant et annonce au commandant : « L'Empereur va marcher vers vous. » Delessart lui répond : « Je suis déterminé à faire mon devoir, et si vous ne vous retirez pas sur-le-champ, je vous fais arrêter. » La tension monte, les deux camps se font face à face. Les soldats du roi sont pâles, angoissés. Delessart confie à ses officiers : « Comment engager le combat avec des hommes qui tremblent de tous leurs membres et qui sont pâles comme la mort. » Et puis, l'Empereur avance, seul, fait reculer ses hommes et se présente aux soldats du 5e de ligne dont les officiers commandent le feu. Pas un fusil ne tire. L'Empereur lance d'une voix forte : « Soldats du 5e, je suis votre Empereur. Reconnaissez-moi ! » Il s'avance encore et entrouvre sa redingote : « S'il est parmi vous un soldat qui veuille tuer son Empereur, me voilà ! » Un instant l'histoire suspend son souffle. Soudain, un cri

La proclamation au peuple

Dans toutes les villes traversées par Napoléon et sa petite troupe, des proclamations sont affichées sur les murs. Le texte a été dicté par l'Empereur à bord de *l'Inconstant* alors qu'il voguait vers la France. *« Français ! Dans mon exil j'ai entendu vos plaintes et vos vœux ; vous réclamez ce gouvernement de votre choix qui, seul, est légitime ; vous accusiez mon long sommeil ; vous me reprochiez de sacrifier à mon repos les grands intérêts de la patrie. J'ai traversé les mers au milieu des périls de toutes espèces ; j'arrive parmi vous reprendre mes droits qui sont les vôtres. »* Le peuple est, dans sa grande majorité, sensible aux mots de l'Empereur et souvent, l'ouvrier, le paysan termine sa lecture par un sonore *« Vive l'Empereur ! »* Les fonctionnaires et les magistrats sont, eux, plus embarrassés ; ils ont juré fidélité au roi et ont abandonné Napoléon en 1814. Ils craignent donc les foudres de son retour.

immense : « Vive l'Empereur ! » Les soldats jettent leurs fusils, l'entourent, s'agenouillent à ses pieds, touchent en idolâtre ses bottes, son épée. La légende est en marche, à nouveau. Le commandant Delessart, désespéré mais profondément ému, remet son épée à Napoléon qui l'embrasse. En quelques minutes, les effectifs de la petite troupe elboise ont doublé. Ce 7 mars 1815, le petit bourg de Laffrey entre dans l'histoire. Le général Marchand pense encore pouvoir compter sur le 7e de ligne, commandé par le colonel La Bédoyère, brillant officier qui passe à tort pour un royaliste mais qui est en réalité tout dévoué à l'Empereur. Caserné à Chambéry, le régiment reçoit l'ordre de marcher sur Grenoble. C'est alors que La Bédoyère harangue ses hommes : « Messieurs, je viens de recevoir l'ordre de me porter en avant et de m'opposer au retour de l'Empereur… Marchons-nous contre lui ou marchons-nous pour lui ? » « Pour lui ! », répondent en chœur officiers et soldats qui arborent aussitôt la cocarde tricolore et rejoignent leurs compagnons. Marchand est débordé, Grenoble est envahi par les soldats de Napoléon, toujours plus nombreux, et par plus de 2 000 paysans en armes qui se sont ralliés eux aussi, spontanément. L'Empereur est heureux, il a gagné une bataille décisive. Il peut dire à ses proches : « Tout est fini, dans dix jours je serai aux Tuileries ! » Il entre à Grenoble à 9 heures du soir et est porté en triomphe jusqu'à l'hôtel des *Trois Dauphins* où il passe la nuit. Épuisé, il décide de faire halte dans la capitale du Dauphiné, qu'il tient solidement à la tête maintenant de plus de 7 000 hommes. Il reçoit notables et magistrats, multiplie les dépêches pour Paris et affirme sa volonté pacifique. Plus tard, Napoléon écrira : « Jusqu'à Grenoble, j'étais aventurier ; à Grenoble, j'étais prince. »

Napoléon sur un aigle tient dans sa main droite un livre intitulé *Conscription militaire.* Bientôt, la jeunesse française se retrouvera à nouveau sous les drapeaux. Caricature de l'époque.

Parti de l'île d'Elbe le 26 février, Napoléon débarque à Golfe-Juan, près d'Antibes, le 1er mars. Gravure coloriée de Heinrich Reinhold.

« Jusqu'aux tours de Notre-Dame... »

Le 5 mars, le message de Masséna annonçant le débarquement de Napoléon parvient au roi. Ce dernier paraît fort peu ému de la nouvelle et se contente de dire à Vitrolles : « Il faut porter cette dépêche au ministre de la Guerre. Il verra ce qu'il aura à faire. » Le ministre de la Guerre, c'est Soult et il ne croit guère au retour de l'Empereur. Il écrit une proclamation aux soldats qui se termine par ces mots : « Cet homme n'est plus qu'un aventurier ! » Un aventurier ! Alors que Napoléon est déjà à Grenoble. Seul Vitrolles semble conscient du danger. Il compte sur l'appui du comte d'Artois mais celui-ci reste également bien indifférent. Ce n'est qu'après une longue conversation avec le secrétaire d'État que le frère du roi lance : « Eh bien ! Je pense que vous avez raison et qu'il faut graisser nos bottes. »

Le soir même, le Conseil des ministres arrête des mesures militaires : Artois commandera au centre et se rendra à Lyon, le duc d'Angoulême depuis Bordeaux et le duc de Berry depuis la Franche-Comté se rabattront sur l'« usurpateur » pour l'écraser. Soult, connaissant le peu de talent militaire des princes, leur adjoint à chacun un maréchal. Macdonald accompagne Artois, Gouvion-Saint-Cyr le duc d'Angoulême et Ney prendra le commandement des troupes à Besançon. Le lendemain, le même Conseil convoque les Chambres et rédige une déclaration qui met Napoléon hors la loi et prescrit à tout citoyen « de lui courir sus ! » Cette expression désuète provoque l'ironie de Chateaubriand qui écrit : « Louis XVIII, sans jambes, courir sus le conquérant qui enjambait la terre ! » Les royalistes sont toutefois rassurés lorsque, le 7 mars, le maréchal Ney est reçu aux Tuileries et déclare avec emphase à toute la cour qu'il est prêt à arrêter « l'aventurier ». Il jure « de ramener l'Aigle dans une cage de fer ! » Cette promesse surprend le roi lui-même qui commente : « ... Quel enthousiasme, nous ne lui en demandions pas tant. »

Pour rejoindre Paris, Napoléon prend la route des Alpes. Il s'arrête à Grenoble où la population lui réserve un accueil enthousiaste et lui apporte les ventaux de la porte de la cité. Peinture anonyme.

Le même jour, l'Empereur quitte Grenoble pour Lyon. Derrière lui marchent les soldats ralliés et une foule énorme de paysans et d'artisans, foule qui ne cesse de grossir à mesure que l'on traverse les villages. Le 9 mars, Napoléon apprend l'arrivée d'Artois à Lyon. Mais dans cette ville profondément bonapartiste, le frère du roi est parvenu avec peine à réunir trois régiments et 1 500 gardes nationaux. Les 30 000 hommes promis par Soult ne sont pas au rendez-vous. Macdonald essaie bien d'exhorter les soldats à crier « Vive le roi ! » mais sans succès. Les hommes de l'avant-garde du duc d'Artois fraternisent avec ceux de l'Empereur. Penaud, le frère du roi n'a plus qu'à regagner Paris. Napoléon peut entrer dans Lyon le 10 mars à 9 heures du soir. Il se fraie un chemin au milieu d'une foule en délire. Il sourit mais ses traits sont contractés. Aux cris de « Vive l'Empereur ! » se mêlent en effet des appels plus violents tels que « Mort aux royalistes ! À la lanterne les ci-devant ! À l'échafaud les Bourbons ! » Il n'aime pas ces démonstrations qui lui rappellent les heures sombres de la guerre civile révolutionnaire. A-t-on pu ainsi détruire son ouvrage en quelques mois ? Le lendemain, installé à l'archevêché, l'Empereur reprend sa vie de souverain et, pour parer à tout débordement, rédige une série de décrets. Les fameux « décrets de Lyon » rétablissent les trois couleurs de la nation, licencient les troupes de la maison du roi, abolissent la noblesse et les titres féodaux et bannissent les émigrés rentrés. Le 13 mars, Napoléon quitte Lyon pour Mâcon. Il s'interroge sur l'attitude de Ney, seul espoir maintenant de Louis XVIII. Le prince de la Moskova arrive à Besançon le 10 mars puis se porte sur Lons-le-Saunier à la tête de ses 6 000 hommes. Le maréchal vit un drame intérieur ; aussi faible que brave, il est déchiré entre le roi et l'Empereur. L'émotion l'étreint lorsqu'il reçoit le billet de son ancien maître qui lui déclare : « Je vous recevrai comme le lendemain de la Moskova. » Et puis, il y a surtout ses soldats qu'il sent prêts à rallier l'Empereur à tout moment. « Je ne puis arrêter l'eau de la mer avec mes mains », dit-il. Dans la nuit du 13 au 14, le « Rougeaud » se décide enfin ; il ne marchera pas contre Napoléon. Certains de ses aides de camp protestent et lui reprochent son revirement, il explose alors : « Et moi aussi j'ai de l'honneur ! Je ne veux plus que ma femme rentre chez moi les larmes aux yeux des humiliations qu'elle a reçues. Le roi ne veut pas de nous, c'est évident. » Au matin, le maréchal s'avance vers ses hommes et leur crie : « Officiers, sous-officiers et soldats, la cause des Bourbons est à jamais perdue ! » Son discours est interrompu par des hurlements de joie et des retentissants « Vive l'Empereur ! » Ney reprend : « … la dynastie légitime que la nation a adoptée va remonter sur le trône. C'est à Napoléon seul qu'il appartient de régner sur notre pays… » Le 17 mars, l'Empereur parvient à Auxerre et le retrouve. Désormais, c'est une troupe de plus de 30 000 hommes qui marche sur Paris.

Dans le même temps, Louis XVIII sort quelque peu de son apathie. Des projets de résistance lui sont présentés : Vitrolles conseille de partir en Vendée pour déclencher une nouvelle chouannerie et Marmont veut même fortifier les Tuileries ! Mais le roi n'est pas un guerrier : il se présente à la Chambre le 16 mars et prononce un discours digne et habile dans lequel il se présente comme le défenseur d'un régime libéral garanti par la Charte constitutionnelle. Napoléon n'aura d'autre choix que de surenchérir.

Le lendemain, la cour apprend la défection de Ney. Le roi a la sagesse d'abandonner toute idée de résistance. Le 19, dans la nuit, la berline royale, escortée de quelques gardes du corps, quitte les Tuileries pour Gand. Artois, Berry, Marmont le suivent quelques heures plus tard. Le 20 au matin, Paris se réveille sans gouvernement. Napoléon, après s'être arrêté à Fontainebleau, peut enfin entrer dans la capitale et retrouver son palais. L'Empereur a tenu sa gageure : il est arrivé à Paris sans avoir fait tirer un seul coup de feu et fait verser une goutte de sang.

Dans la nuit du 19 au 20 mars, Louis XVIII quitte en catastrophe les Tuileries. Peinture d'Antoine Gros.

La réconciliation de Napoléon et de Lucien

Définitivement fâché avec son frère depuis une ultime tentative de conciliation en 1807, Lucien quitte Rome pour tenter un retour en grâce. Au début du mois d'avril, il reçoit l'ordre immédiat de remettre un message au pape. La réconciliation semble donc effective. Bientôt, Lucien est de retour à Paris ; ce retour est interprété comme un signal de résurrection républicaine, Lucien étant le seul républicain de la famille Bonaparte. Ici et là, on loue la noblesse du geste de celui que Napoléon a « persécuté ». Thibaudeau raconte dans ses *Mémoires* : *« Le vulgaire était émerveillé de voir le grand citoyen, qui n'avait pas voulu partager les grandeurs et les prospérités de l'Empire venir s'associer à ce retour de fortune rempli d'incertitude et de dangers ! »* Un décret le fait « prince Lucien » et dans les cérémonies, il passe après Louis mais avant Jérôme. En mai, il est pair de droit et réside au Palais-Royal. Le 18, il est à l'Académie. L'indispensable Lucien est enfin de retour !

Le ralliement de la France…

À qui donner la couronne ? Louis XVIII demande à Napoléon de lui laisser son empire mais celui-ci répond qu'il le réserve à son fils, le roi de Rome, qui est en train d'essayer de réunir les pièces de la carte de l'Europe. Gravure anglaise.

À peine installé aux Tuileries, l'Empereur se met au travail dans son cabinet et multiplie les audiences. Il veut marquer les esprits et organiser un gouvernement qui réconcilie les républicains, les libéraux et les bonapartistes. Mais il reste peu d'hommes capables de le servir. Molé refuse tout ministère et Savary, trop impopulaire, est écarté. Les deux plus fidèles soutiens de Napoléon, Cambacérès et Caulaincourt, sont nommés respectivement à la Justice et aux Relations extérieures. Davout, seul maréchal qui n'a pas prêté serment au roi, devient ministre de la Guerre. Gaudin est de nouveau en poste aux Finances, Mollien au Trésor et Décrès à la Marine. Toujours très proche de l'Empereur, Maret devient secrétaire d'État. Les deux jacobins Fouché et Carnot prennent les portefeuilles de la Police et de l'Intérieur. Le 21, le gouvernement est en place mais les ministres, âgés pour la plupart, manquent d'élan et d'enthousiasme. Carnot n'est plus l'homme d'action de 1793 et Cambacérès est usé. Seul Fouché semble plein d'énergie mais il œuvre déjà, en sous-main, contre l'Empereur. Face à cette mollesse, Napoléon s'irrite : « Je vous trouve tous changés, il n'y a que moi de nous tous de bien portant. » Pourtant lui aussi a changé, il est pâle et fatigué. Un témoin rapporte que « son ventre est si saillant que l'on voit son linge passer au-dessous du gilet. Il tient généralement ses mains jointes devant ou par-derrière… Poussant souvent des soupirs et avalant sa salive, il paraît souffrir de quelque douleur dans la poitrine ». L'Empereur est inquiet et déjà, il ne se fait plus d'illusions sur l'avenir : « Je suis seul en face de l'Europe », dit-il à Davout.

À Vienne, en effet, où la nouvelle du débarquement de Golfe-Juan est connue dès le 5 mars, les souverains étrangers ont signé le texte écrit par Talleyrand : « Les puissances déclarent que Napoléon Bonaparte s'est placé hors des relations civiles et sociales et que, comme ennemi et perturbateur du repos du monde, il s'est livré à la vindicte publique. » Les huit puissances européennes signataires du traité de Paris adhèrent à cette déclaration. Talleyrand vient d'engager le continent dans une guerre sans merci. Toutefois, le 1er avril, Napoléon envoie une lettre à tous les souverains afin de les assurer de ses intentions pacifiques. À cette lecture, le tsar dit aussitôt : « Ni paix, ni trêves, plus de réconciliation avec cet homme. »

Avant de se tourner vers ses ennemis étrangers, l'Empereur doit obtenir le ralliement de la France entière. Le duc de Bourbon est parti dans l'Ouest pour essayer de soulever l'Anjou et la Vendée mais les chefs chouans ont changé, eux aussi. Bourbon échoue lamentablement et s'embarque pour l'Espagne. À Bordeaux, la duchesse d'Angoulême, fille de Louis XVI, et dont Napoléon dit que « c'est le seul homme de la famille », tente de rester à la tête de ses volontaires royalistes. Mais lorsque le général Clausel paraît devant Bordeaux, les royalistes se débandent et les troupes impériales entrent dans la ville le 4 avril. Le duc d'Angoulême résiste encore dans la vallée du Rhône, mais il est pris en tenaille entre les soldats de Grouchy et ceux du général Gilly et capitule. Masséna enfin proclame l'Empire à Toulon, puis à Marseille le 10 avril. Le 11, on peut annoncer à Paris la fin d'une guerre civile qui n'a pas eu lieu.

C'est dans un torrent d'enthousiasme que l'Empereur est porté par la foule jusqu'à ses appartements des Tuileries. Eau-forte coloriée de Heim.

Charles de La Bédoyère, un des plus brillants officiers de l'armée impériale. Portrait par Robert Lefèvre.

Charles de La Bédoyère 1786-1815

Gendarme d'ordonnance à l'âge de 20 ans, il devient aide de camp de Lannes en 1808, puis du prince Eugène en 1809. Il combat en Espagne, en Allemagne, où il est blessé à Essling, puis participe à la campagne de Russie. Nommé colonel en 1813, il se distingue en Prusse, où il est à nouveau blessé, en Saxe et pendant la campagne de France. Pendant la Restauration, il reste en service grâce à sa femme, Mlle de Chastellux, d'une famille légitimiste. Cette union le fait passer lui-même pour royaliste alors qu'il est un fervent partisan de l'Empereur. Colonel du 7e de ligne lorsque Napoléon débarque à Golfe-Juan, il est l'un des premiers à se rallier à lui tout en le prévenant : *« Sire, plus d'ambition, plus de despotisme. Il faut que votre Majesté abjure le système des conquêtes et d'extrême puissance qui a fait le malheur de la France et le vôtre. »* Nommé aide de camp de Napoléon, général de brigade et pair de France, il s'illustre encore à Waterloo. Il défend ensuite les droits de Napoléon II à la chambre des Pairs, ce qui lui vaut d'être inscrit sur la liste des proscrits. Arrêté le 2 août 1815, il est condamné à mort puis fusillé le 19 août dans la plaine de Grenelle. Il désigne son cœur au peloton d'exécution en criant : *« C'est là qu'il faut frapper ! »* Il devient le symbole des martyrs de la Terreur blanche.

Vers un Empire libéral

La France, ralliée, attend maintenant un régime nouveau. L'Empereur s'aperçoit vite que la nation se divise en deux grandes tendances, les révolutionnaires ou jacobins d'une part et les libéraux d'autre part. Les sentiments jacobins, ravivés par les erreurs de Louis XVIII, s'affirment dans le peuple, dans le Paris des faubourgs où les cris de « À bas la calotte » ou de « Ça ira… ça ira » se font à nouveau entendre. La bourgeoisie, quant à elle, n'est pas hostile à l'Empereur mais elle s'inquiète d'une guerre prochaine, du commerce languissant, et penche donc pour le libéralisme. Napoléon est tiraillé entre les deux courants, jamais depuis Brumaire il n'a été confronté à un tel choix. Homme de l'ordre, il craint les révolutions. « Je ne veux pas être un roi de la jacquerie. Une révolution est le plus grand des fléaux. » Homme de pouvoir, il ne veut pas devenir un monarque constitutionnel devant se soumettre ou rendre des comptes à des assemblées qu'il méprise. Toutefois, comme d'une part, il souhaite le soutien des classes dirigeantes et que de l'autre, il redoute les réactions du peuple, il choisit, finalement, la solution du libéralisme.

Dès son retour au pouvoir, Napoléon fait rédiger une nouvelle constitution, l'Acte additionnel aux constitutions de l'Empire.

Le 6 avril, il convoque Benjamin Constant, cet écrivain libéral, théoricien de la liberté politique. Farouche opposant à l'Empire, il n'hésite pas à comparer Napoléon à Attila et Gengis Khan. L'Empereur lui demande pourtant de rédiger une Constitution. Constant accepte, enthousiaste. Naïf ou arriviste, il pense conquérir « le tyran » à ses idées et, le 14, il livre son projet. Les discussions entre les deux hommes se poursuivent jusqu'au 20. La Constitution paraît au *Bulletin officiel* le 23 avril. Le pouvoir législatif est exercé par l'Empereur et par la Chambre des pairs, dont les membres sont nommés par Napoléon et la Chambre des représentants, élue, elle, par les citoyens les plus imposés. Néanmoins, Napoléon exige que le texte soit ratifié par le peuple et qu'il porte le titre de « Acte additionnel aux constitutions de l'Empire. » « Il faut que la nouvelle Constitution se rattache à l'ancienne… » dit-il, « elle aura la sanction de la gloire. » Compromis entre les idées de l'Empereur et celles du libéral Constant, le texte ne satisfait finalement personne. Aucun parti n'y trouve son compte. Ce régime parlementaire ne convient pas non plus à l'Empereur d'autant que la guerre lui semble inévitable et qu'il ne veut surtout pas être gêné par les Chambres.

Les nouvelles qu'il reçoit d'Italie lui confirment en effet, son isolement. À la nouvelle du retour de l'Empereur, Murat, de crainte encore de perdre son royaume, a voulu se faire proclamer roi d'Italie et le 15 mars a exhorté les Italiens à revendiquer leur indépendance. Le roi de Naples a attaqué l'Autriche mais est sévèrement battu à Tolentino

L'auteur du célèbre roman *Adolphe* est aussi le rédacteur de la nouvelle Constitution. Portrait de Benjamin Constant par Hercule de Roche.

le 3 mai. Les Autrichiens menacent sa capitale, et le 12, Murat doit quitter Naples et gagner le midi de la France où Napoléon refuse de le rencontrer.

L'Empereur dispose de temps pour former une nouvelle armée. Malgré l'impopularité de la conscription, il réussit à réunir 400 000 hommes en trois semaines, un véritable exploit ! Six corps d'armée sont constitués, trois sont envoyés au nord, deux à l'est et un reste à Paris. Plus tard, deux autres seront placés dans les Alpes et dans les Pyrénées pour surveiller les frontières. « Le salut de l'État est attaché aux fusils ! » écrit l'Empereur au maréchal Davout.

Benjamin Constant ou « l'Inconstant », 1767-1830

Né à Lausanne, Benjamin Constant est très tôt attiré par la littérature et fréquente les universités d'Oxford et d'Édimbourg entre 1780 et 1785. Délaissé par son père, il séjourne ensuite à la cour de Brunswick jusqu'en 1794. Favorable à la Révolution française, il passe rapidement pour un jacobin. Il rencontre à Lausanne Mme de Staël qui devient sa muse et sa maîtresse et qu'il suit en exil. Il s'affirme bientôt comme un fervent républicain, s'oppose au 18 Brumaire et considère Bonaparte comme un dictateur menaçant la République. Il se lance dans la rédaction d'ouvrages politiques dans lesquels il veut inaugurer un nouveau style des affaires publiques. Théoricien du libéralisme, il se déclare favorable à un régime parlementaire. De retour à Paris en avril 1814, il est appelé par Napoléon en 1815 pour rédiger le fameux Acte additionnel. Son accord lui vaut de vives critiques de la part des autres libéraux, des républicains et des royalistes. Banni lors de la deuxième restauration par Louis XVIII, il est finalement gracié en 1816. Il entre à la Chambre des députés en 1819 puis est promu président du Conseil d'État après la révolution de 1830.

Ayant attaqué imprudemment et trop tôt les Autrichiens, le roi Murat est sévèrement battu à Tolentino. Gravure coloriée de Klein.

La dernière fête impériale

LES GARDES D'HONNEUR

En 1813, l'Empereur décide de faire appel aux jeunes gens des classes aisées qui pouvaient jusqu'alors échapper à la conscription grâce au remplacement. Le décret du 3 avril crée quatre régiments de cavalerie appelés gardes d'honneur : y sont admis les Français de 19 à 30 ans, fils des membres de la Légion d'honneur, des membres de la noblesse impériale et les fils ou neveux des 500 familles les plus imposées de chaque département. Comme il s'agit d'un corps d'élite, rattaché à la Garde impériale, la solde des cavaliers est identique à celle des chasseurs à cheval. Leur uniforme chatoyant, l'équipement et la monture restent aux frais des recrues. Considérés comme de piètres cavaliers et souvent raillés par les anciens de la Garde, les gardes d'honneur s'illustrent néanmoins pendant les campagnes de 1813 et 1814.

À peine la Constitution parue, les libéraux pressent l'Empereur de convoquer les Chambres. Celui-ci pensait bien différer cette réunion et attendre la fin de la guerre pour devenir vraiment libéral. Il s'incline pourtant, rassuré par le grand mouvement populaire qui se forme autour de lui. Des fédérations se créent en Anjou, en Bretagne et à Paris. Des milliers d'hommes, ouvriers et paysans, se regroupent et réclament des armes pour marcher « contre les ennemis de la Patrie ».

Fin mai, les votes pour l'adoption de l'Acte additionnel sont dépouillés. Sur plus d'un million et demi de suffrages, on ne compte que 4 800 votes négatifs. Mais l'abstention est très importante, notamment chez les royalistes qui portent leurs espoirs en Vendée où Louis de La Rochejaquelein déclenche une insurrection le 15 mai. Mal obéi, le chef chouan est tué avec quelques fidèles, le 3 juin, par les soldats du général Lamarque. La Vendée est provisoirement soumise.

Napoléon décide que les résultats du plébiscite seront proclamés officiellement au cours d'une grande cérémonie précédant la réunion des Chambres. Cette grande cérémonie, la dernière grande fête impériale, dite du « champ de Mai » se déroule au Champ-de-Mars le 1er juin. Elle se veut autant religieuse, militaire que populaire. Dès 9 heures le matin, tous les dignitaires prennent place dans les tribunes, 45 000 soldats couvrent la plaine et 250 000 Parisiens assistent au spectacle. Lorsque l'Empereur paraît, la foule ne cache pas sa surprise. Accompagné de ses frères, Napoléon, croyant imposer le respect, s'est paré des vêtements du sacre : toque à plumes, manteau de satin blanc brodé et bas de soie. Après une messe en plein air, l'Empereur signe l'acte de promulgation de la Constitution et déclare : « Français, ma volonté est celle du peuple, mes droits sont les siens. Mon honneur, ma gloire, mon bonheur ne peuvent être autres que l'honneur, la gloire et le bonheur de la France ! » Puis il distribue les aigles aux soldats : « Je vous confie l'aigle impériale aux couleurs nationales. Vous jurez de périr, s'il le faut, pour la défendre contre les ennemis de la Patrie et du trône ? » « Nous le jurons ! » répondent les soldats de la ligne et ceux de la Garde. Mais le cœur n'y est pas, tous savent que le sang va couler et le peuple est déçu. Les cris de « Vive la Patrie ! », « Vive la Nation » couvrent bientôt ceux de « Vive l'Empereur ! » L'effet est raté, la foule attendait le « Petit Caporal », elle ne voit qu'un monarque d'opérette. La scène tourne au ridicule.

Leurs charges héroïques à Hanau et à Reims les font entrer dans la légende impériale.

« On prépara aussi en grande pompe la fête du champ de Mai, qui fut célébrée au Champ-de-Mars, devant la belle façade de l'École militaire. Un vaste amphithéâtre avait été dressé pour recevoir toutes les députations. Cette solennité fut des plus imposantes. » (Jean-Roch Coignet).
L'Assemblée du « champ de Mai », peinture de Joseph Heim.

Le surlendemain, la Chambre des représentants montre déjà son mécontentement en élisant comme président Jean Denis Lanjuinais, un des plus farouches adversaires de l'Empereur. Amer, déçu, Napoléon assiste le dimanche 11 juin à la dernière messe des Tuileries. Le général Thiébaut écrit : « Son regard, jadis si formidable, à force d'être scrutateur, avait perdu la puissance et même la fixité… sa tête elle-même n'avait plus ce port qui caractérisait le dominateur du monde… » Dans l'après-midi, il s'installe à l'Élysée puis dîne en famille. À la fin du repas, il soupire : « Pourvu que nous ne regrettions pas l'île d'Elbe ! » Quelques heures plus tard, il monte dans sa voiture et quitte Paris. Il se porte à la tête de son armée et roule vers la Belgique, vers la plaine de Waterloo.

Le « champ de Mai » vu par Jean-Roch Coignet

Dans ses *Cahiers*, le célèbre capitaine Coignet décrit la cérémonie du 1er juin : « *La foule était si considérable et si serrée, que nous eûmes toutes les peines du monde pour nous frayer un passage et faire arriver l'Empereur au second amphithéâtre, où il allait distribuer les aigles à l'armée et à la Garde nationale. Il commença par un discours, puis se faisant apporter les aigles : Jurez ! leur criait-il, jurez de défendre vos aigles ! On jura mais les serments n'avaient déjà plus cette énergie et cet enthousiasme d'autrefois. C'était faible, et on voyait que ce n'était plus là les cris d'Austerlitz ou de Wagram. L'Empereur s'en aperçut bien…* »

La dernière campagne

Les souverains européens ont juré d'en finir avec « l'ogre corse » ; 700 000 coalisés menacent les frontières. Le conflit est inévitable. Toute la France, démobilisée après son abdication, est à réorganiser militairement. Il faut dans l'urgence reconstituer une armée. Les hommes ? On les trouvera. Napoléon prévoit d'en réunir 800 000 pour la fin de l'année. Prévision optimiste, d'autant qu'on ne lui laisse pas attendre ce terme. Le matériel ? Il en reste dans les dépôts, et tous les moyens sont mis en œuvre pour fabriquer ce qui manque. Les chevaux ? Tous ceux qui peuvent être disponibles sont récupérés. Même les gendarmes sont mis à pied, au sens propre du terme, pour que la troupe soit équipée.

Se pose aussi le problème du choix des chefs. Les anciens compagnons d'arme n'ont pas tous manifesté une fidélité à toute épreuve. Des maréchaux, – auxquels la base a mal pardonné les trahisons, défections et révisions en tout genre –, seuls six vont proposer leurs services : Brune, Suchet, Ney, Davout et Soult. Mortier, qui devait commander la Garde, doit laisser sa place au fidèle général Drouot, pour cause de maladie. En remerciement de sa conduite à la tête de l'armée du Midi, Grouchy est fait maréchal, le 15 avril. Excellent officier de cavalerie, il n'a toutefois pas l'expérience requise pour le haut commandement. Des généraux, vétérans des guerres de l'Empire, sont mis à la tête des différents corps d'armée : Drouet d'Erlon, Reille, Vandamme, Gérard, Mouton, Pajol, Exelmans, Kellermann fils, Milhaud. Ces noms, connus depuis tant d'années, semblent être ceux de retraités sur le retour, mais pourtant, les deux plus âgés, Grouchy et Drouet d'Erlon, n'ont pas encore 50 ans. Les autres ont entre 42 et 46 ans, l'âge de l'Empereur.

Cependant, pour recréer l'outil si efficace des grandes campagnes de l'Empire, certains personnages manquent cruellement. Ainsi, le fidèle Berthier, le compagnon de tous les instants, le génial organisateur des mouvements de la Grande Armée, l'infatigable travailleur, l'irremplaçable chef d'état-major a quitté la France lors du retour de Napoléon. Il meurt assez mystérieusement le 1er juin à Bamberg, en Bavière. À sa place, l'Empereur doit nommer le maréchal Soult, bon tacticien mais piètre major-général. De même, le maréchal Davout, le seul homme de guerre vraiment capable de gagner une bataille en l'absence de Napoléon, est laissé à Paris pour remplir la difficile tâche de ministre de la Guerre. Il s'y montrera remarquable mais il manquera sur le théâtre des opérations. Manque aussi le flamboyant Murat, capable d'entraîner ses hommes dans des charges de cavalerie inoubliables. En outre, l'ambiance commune chez les généraux est assez mauvaise. Ainsi, Vandamme estime qu'il a droit, davantage que Grouchy, au titre de maréchal, et manifeste une mauvaise volonté flagrante dans ses relations avec lui. Gérard manifeste peu, mais n'en pense certainement pas moins. Et ce sont ces deux hommes que Napoléon met sous les ordres de Grouchy pour la suite des opérations. Plus grave, dès le début de la campagne, le général de Bourmont, ex-royaliste rallié à l'Empire, déserte et passe à l'ennemi. Il révèle immédiatement les plans stratégiques de Napoléon. L'atmosphère est décidément bien lourde…

Au début du mois de juin, les coalisés se trouvent répartis en cinq groupes principaux : les Anglo-Hollandais de Wellington (95 000 hommes) autour de Bruxelles et les

Le fantassin britannique est remarquablement entraîné et discipliné.

L'Espagne a servi de terrain d'entraînement aux troupes anglaises pour apprendre à combattre le soldat français. *L'armée anglaise en campagne,* gravure de Kobell.

Nommé maréchal le 15 avril, Grouchy est un excellent officier de cavalerie mais il manque cruellement de sens stratégique. Portrait par Jean-Sébastien Rouillard.

Prussiens du vieux maréchal Blücher (124 000 hommes) autour de Namur sont les seuls en mesure d'agir immédiatement contre la France. Plus éloignés, les Russes de Barclay de Tolly (150 000 hommes), les Autrichiens de Schwarzenberg (210 000 hommes) et les troupes prussiennes de seconde ligne (70 000 hommes), marchent déjà sur la France. Napoléon décide de passer à l'offensive dès la mi-juin. Pour faire front à 95 000 Anglais et à 124 000 Prussiens, il ne dispose que de 124 000 hommes... Mais rarement les simples soldats ne furent aussi pressés de combattre, rarement l'enthousiasme de ces hommes ne fut aussi grand. Jamais pourtant l'armée ne sera aussi fragile.

L'ARMÉE ANGLAISE

Unité de base, le bataillon compte environ 500 hommes, répartis en dix compagnies dont une de grenadiers et une de voltigeurs. Pour affronter les charges de cavalerie, l'infanterie anglaise forme des carrés dont chaque face est profonde de quatre rangs. Le premier rang de fantassins reste agenouillé et cale la crosse de ses fusils contre le sol, le deuxième rang, debout, double cette première ligne de baïonnettes contre lesquelles hommes et chevaux viennent s'empaler. Les deux autres rangs peuvent utiliser leurs armes et mitrailler les assaillants. Les salves des fantassins anglais sont d'autant plus meurtrières qu'ils utilisent le fameux « Brown Bess », fusil de calibre supérieur au fusil français et dont le projectile est également plus lourd. L'infanterie anglaise comporte aussi des régiments écossais reconnaissables à leurs coiffures à plumes d'autruche, à leurs éternels kilts et bien sûr, à leurs cornemuses. La cavalerie est complètement réorganisée en 1811. La cavalerie légère comprend des dragons légers et des hussards. Les *Life Guards, Dragoons Guards,* dragons et *Horse Guards,* dont les fameux *Scots Greys,* forment la cavalerie lourde. Mais Wellington s'est toujours méfié de la cavalerie dont il redoute les chefs, trop peu disciplinés.

« Ligny et Quatre-Bras, les rendez-vous manqués... »

Blücher, renversé sous son cheval, n'échappe à la capture que par miracle. *Blücher à Ligny le 16 juin,* gravure de W. Camphausen 1859.

Le 15 juin, Napoléon passe la Sambre. Le soir, à Bruxelles, Wellington est tellement peu conscient du danger qu'il assiste, avec tout son état-major, au grand bal donné par la duchesse de Richmond, et qu'il flirte avec la séduisante Lady Witherburne... Vers 21 heures, il reçoit un billet lui annonçant l'arrivée de l'armée française. Il n'en passe pas moins à table et ne quittera son hôtesse et sa belle invitée qu'à 1 heure passée. Belle démonstration de détachement ! Preuve que son génie est toujours aussi éclatant, l'Empereur parvient à surprendre l'ennemi séparé en deux groupes. Il ne lui reste plus qu'à battre « en détail » Prussiens et Anglais, selon la manœuvre qu'il avait imaginée contre les Sardes et les Autrichiens lors de la campagne d'Italie de 1796... L'idée de Napoléon est de marcher d'abord sur les Prussiens, qui sont les plus proches. Mais il faut pour cela contenir les Anglais et ne pas leur permettre de soutenir leurs alliés. Ney doit s'en charger mais celui-ci commet deux erreurs : il se met en route avec le seul corps de Reille, sans attendre celui de Drouet d'Erlon, et il s'arrête, en chemin, à Frasnes, avant d'avoir rempli sa mission. Le maréchal a cru, en effet, entendre le canon sur ses arrières et pense que les Anglais sont en force à Quatre-Bras, ce qui n'est pas le cas. Pendant ce temps, Grouchy bat l'avant-garde prussienne sur la route de Ligny mais s'arrête avant d'avoir atteint l'objectif assigné par l'Empereur. Les résultats de la journée ne sont pas ceux imaginés par Napoléon. Ses ordres ont été mal exécutés et cette fois, seuls ses lieutenants en sont responsables.

Malgré cela, Napoléon décide d'attaquer l'armée prussienne avec la majorité de ses forces pendant que Ney repoussera les Anglais jusqu'à Quatre-Bras (ce qu'il aurait dû faire la veille) et obliquera pour venir prendre les Prussiens de flanc. Le but est de détruire leur armée, afin qu'elle ne puisse en aucun cas intervenir dans la seconde partie du plan : l'affrontement avec l'armée de Wellington. Le 16 juin, à 15 heures, trois coups de canon donnent le signal de l'attaque. Commence alors ce qui va être la dernière victoire de Napoléon, la bataille de Ligny. Ney est comme « frappé de paralysie » et Napoléon doit finalement employer sa Garde pour rompre les lignes adverses. Les Prussiens sont battus et perdent 16 000 hommes. Battus certes mais pas en pleine débâcle, ainsi que Napoléon veut les croire. Il semble qu'à ce moment, un changement s'opère dans sa psychologie. Lui qui avait vu ses rêves les plus fous se réaliser, lui qui, après Lodi, s'était senti un homme supérieur, se prend à rêver sa vie. Lui dont la sûreté du coup d'œil avait étonné le monde et avait fait sa force, ne parvient pas, à partir de ce 16 juin au soir, à voir la réalité ; elle lui échappe. Tous les malentendus qui conduiront à la défaite finale sont en germe dans sa tête. En outre, il ne saura, par sa seule « aura », imposer sa volonté aux généraux.

La bataille de Ligny vue par le capitaine François

Ancien « dromadaire d'Égypte », présent sur tous les champs de bataille de l'Empire, le capitaine François décrit ainsi la bataille de Ligny : *« On bat la charge et les soldats franchissent les haies. Nous descendons par un chemin creux, coupé par des abattis, voitures, herses, charrues, que nous traversons avec beaucoup de difficulté et sous le feu des Prussiens, embusqués derrière les haies qui étaient fort épaisses. Enfin, nous franchissons ces obstacles et, tout en tiraillant, nous entrons dans le village de Ligny. L'ennemi nous fait éprouver une perte considérable tant par sa mousqueterie que par son artillerie à mitraille et à boulet. Le désordre dans lequel nous mit l'ennemi me faisait maudire l'existence. Je désirais être tué tant j'étais en colère de voir un combat aussi mal ordonné. Personne ne commandait. On ne voyait ni généraux, ni officiers d'état-major, ni aides de camp. »*

Ligny, la dernière victoire de Napoléon. Gravure coloriée.

Le lendemain, 17 juin, l'Empereur confie à Grouchy une mission délicate : poursuivre les Prussiens avec les corps de Vandamme et Gérard et la cavalerie d'Exelmans, soit 33 000 hommes au total. L'armée de Blücher, malgré les pertes de la veille, compte encore environ 110 000 hommes et un des quatre corps, celui de Bülow, n'a même pas été au feu. Pendant ce temps, Napoléon marche avec le gros de son armée sur les Anglo-Hollandais de Wellington. Celui-ci, après avoir été accroché par Ney à Quatre-Bras, s'est retiré sur le plateau de Mont-Saint-Jean, à l'avant d'un petit village nommé Waterloo. Wellington a bien disposé son armée sur le plateau, (132 m d'altitude), traversé par la chaussée de Charleroi à Bruxelles. Il a placé son centre près de la ferme de la Haie-Sainte, sa droite à Hougoumont et sa gauche aux environs de la ferme de Papelotte. Le général anglais a d'ailleurs fait fortifié les défenses de ces trois gros corps de ferme. Ses canons et ses réserves sont positionnés derrière le sommet des hauteurs, sur la contre-pente qui permet d'attendre l'assaut à l'abri. Le plateau est bordé d'une double haie, et d'un ravin profond. Surtout, Wellington sait qu'il pourra, en fin de journée, recevoir le renfort des Prussiens sur sa gauche.

Mais face à lui, le spectacle mouvant de l'armée française prenant position est impressionnant et superbe. Un peu en arrière, plus formidable encore, débouchent les longues colonnes sombres de la Garde. Et parmi eux, réconfort suprême… Il est là, la légende vivante est là. Depuis qu'elle a aperçu la longue ligne des habits rouges, son armée vocifère et hurle, certains l'attendaient depuis Boulogne. L'Anglais, l'ennemi héréditaire est en face. Il va payer… Le temps est si mauvais que les troupes sont trempées jusqu'aux os. Elles grelottent sous la pluie et n'ont rien mangé depuis la veille, hormis les provisions de sac. Au contraire les Anglais, reliés à leurs lignes arrière et à Bruxelles, sont bien ravitaillés et bien reposés. Les soldats grommellent, la trahison de Bourmont a produit un effet néfaste, on jette un œil suspicieux sur certains officiers réputés royalistes, sur certains généraux peu connus, en lesquels on n'a aucune confiance. Cependant on a le courage de crier « Vive l'Empereur ! » quand passe la redingote grise venue encourager ses troupes. À 9 heures du soir, Napoléon arrive à la ferme du Caillou, où il va passer la nuit. Il dicte son ordre de bataille et prévoit l'attaque dès l'aube. Vers 4 heures du matin, il donne de nouvelles instructions : les artilleurs ont fait savoir que les canons s'embourberaient, qu'il fallait attendre que le soleil ait un peu durci la terre. L'attaque est donc retardée pour 9 heures.

La campagne de Belgique.

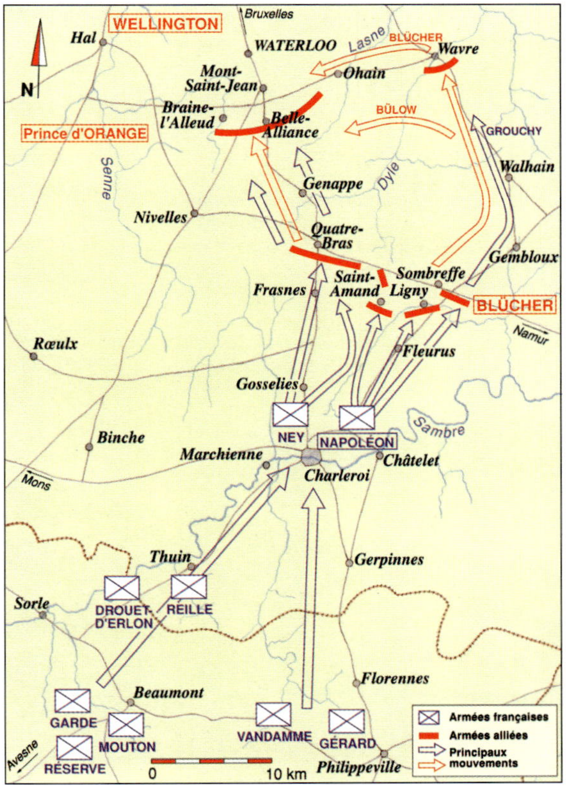

« Les Anglais chancellent mais tiennent le choc »

L'attaque de la ferme d'Hougoumont

Dès 11 h 35 l'ordre est donné au corps de Jérôme Bonaparte d'attaquer la ferme d'Hougoumont. Les Français sont une première fois repoussés. Le chef d'état-major du prince, le général Guillemot lui conseille de tenir simplement le bois devant la ferme. Mais Jérôme s'obstine et ordonne de repartir à l'attaque. Ses troupes s'élancent à nouveau et tentent d'enfoncer la lourde porte de bois de la ferme. Un lieutenant du 1er léger, Legros, surnommé « l'enfonceur », un géant, s'empare d'une hache d'un sapeur, et fait une brèche dans la porte. Il parvient à entrer dans la cour de la ferme avec quelques hommes, mais les Anglais réussissent à refermer les portes. Les soldats français sont aussitôt exterminés par les Anglais. Seul un petit tambour aura la vie sauve. Pourquoi n'a-t-on pas simplement canonné à outrance ce bâtiment avant de lancer l'assaut ? C'est une des nombreuses questions qui se posent sur l'efficacité du commandement français.

Au matin du 18 juin, Napoléon est confiant. Vers 11 h 30, il ordonne l'attaque de la position d'Hougoumont. Il espère enfoncer le centre anglais, couper la ligne de front en deux, puis se rabattre sur les deux ailes et les battre séparément. La bataille, qui va décider du sort de l'Empire, commence… Les Français, sous le commandement du prince Jérôme, se lancent à l'assaut des bois proches de la ferme d'Hougoumont. Les Anglais occupent les bâtiments, transformés en véritables forteresses. Les avant-postes sont défendus âprement et il faut près d'une heure aux Français pour parvenir à la lisière du bois qui fait face au château. Là, une trentaine de mètres à découvert les sépare du mur d'enceinte du domaine derrière lequel les Anglais, bien retranchés, attendent l'attaque française. Jérôme oublie qu'il ne doit mener qu'une manœuvre de diversion et commande l'assaut. Les fantassins français sont mitraillés par les Anglais. L'attaque est repoussée mais Jérôme s'obstine. Les Français, une fois encore, se replient dans les bois.

Vers 13 heures, Napoléon prépare sa grande attaque au centre ; 80 canons crachent le feu depuis le plateau de Belle-Alliance sur les positions anglaises de la Haie-Sainte et du Mont-Saint-Jean. La monstrueuse canonnade est inefficace puisque Wellington a fait reculer ses troupes, déjà protégées par la contre-pente, de cent pas en arrière. Soudain, à la droite française, un nuage de poussière attire l'attention de l'Empereur. Il s'agit du 4e corps prussien de Bülow qui a échappé à Grouchy et qui atteint La Chapelle-Saint-Lambert. Aussitôt, l'Empereur donne des ordres. Le 6e corps du général Mouton est envoyé pour parer l'attaque prussienne. Quant à Grouchy, il doit manœuvrer au plus vite pour rejoindre la droite française. Ici se place l'épisode qui a fait couler tant d'encre : Grouchy a-t-il reçu le message de l'Empereur ? Pourquoi Soult n'a-t-il pas envoyé plusieurs officiers d'ordonnance ? On ne le saura sans doute jamais… Napoléon n'est pas inquiet et confie à Soult : « Nous avions ce matin 90 chances pour nous. Nous en avons encore 60 contre 40. Et si Grouchy marche avec rapidité, la victoire en sera plus décisive, car le corps de Bülow sera entièrement détruit. »

À 13 h 30, l'infanterie de Drouet d'Erlon s'ébranle. Quatre divisions marchent sur le centre anglais. Près de 20 000 hommes s'avancent aux cris de « Vive l'Empereur », 20 000 hommes déchaînés qui n'ont pas participé aux combats de Ligny et de Quatre-

La défense de la ferme de la Haie-Sainte par les troupes alliées. Peinture d'Adolf Northen, XIXe siècle.

Bras et qui, aujourd'hui, ont soif d'en découdre. La distance n'est pas grande entre les deux adversaires mais le terrain est lourd, la terre est gorgée d'eau. Les fantassins avancent avec peine et représentent une cible idéale pour l'artillerie ennemie qui laisse des trous béants dans les rangs français. À gauche, la division Quiot ne parvient pas à s'emparer de la ferme de la Haie-Sainte, fortifiée comme celle d'Hougoumont. Au centre, les divisions Donzelot et Marcognet repoussent les Anglo-Hollandais au-delà du chemin d'Ohain et à droite les soldats de Durutte s'emparent de la position de Papelotte. L'affaire est bien engagée. À l'état-major impérial, on pense que « tout va à merveille ». Les Français n'attendent plus qu'un soutien pour conforter une position encore fragile sur les bords du plateau. Mais leurs bataillons sont mal disposés et ne forment plus qu'une masse resserrée et vulnérable. Les officiers tentent de déployer leurs hommes mais la manœuvre prend du temps. Soudain, se dressent devant eux des lignes d'uniformes rouges. Il s'agit des Anglais de Picton qui, couchés dans les herbes à environ 150 m du chemin d'Ohain pour éviter les projectiles, se sont relevés et s'avancent vers eux. Ils ont laissé passer leurs premières lignes en retraite mais maintenant ils se lancent à l'attaque. Ils fusillent les fantassins français puis se jettent sur eux à la baïonnette. Ces derniers, surpris en pleine manœuvre, ne peuvent riposter et commencent à abandonner leur position. Wellington ne manque pas d'observer ce mouvement de panique. Aussitôt, il charge lord Uxbridge, commandant la cavalerie anglaise, de pulvériser les bataillons français. L'élite des cavaliers anglais se lance dans la mêlée. Dragons royaux, *Inniskillings* et leurs casques à crinière, *Scots Greys* reconnaissables à leurs beaux chevaux gris, sabrent avec férocité les fantassins français aux cris de *Scotland for ever !* « Je me retournai instantanément et je vis la cavalerie anglaise forcer nos rangs et nous tailler en pièces. », raconte le capitaine Duthilt. Fusillés de front par l'infanterie de Picton, chargés sur les flancs par les cavaliers anglais, les soldats français n'offrent qu'une faible résistance. Ils se bousculent, s'éparpillent, subissent de lourdes pertes et fuient. De son côté, Durutte subit la charge des dragons légers et doit abandonner Papelotte. Il n'y a bientôt plus un seul Français sur les pentes du Mont-Saint-Jean. Mais les cavaliers anglais, entraînés par leur succès, continuent leur charge et menacent la grande batterie de l'Empereur. Ils sont à leur tour décimés par l'infanterie du général Bachelu, restée en arrière, et chargés par les lanciers appuyés par les cuirassiers du général Farine. « Jamais, dit Durutte, je ne vis si bien la supériorité de la lance sur le sabre. » La cavalerie française poursuit les Anglais jusqu'aux pentes du Mont-Saint-Jean puis se replie à son tour. Après ces charges et contre-charges, mêlées confuses et sanglantes qui laissent plusieurs milliers de morts sur le terrain, une légère accalmie survient sur le champ de bataille. De part et d'autre, les troupes se reforment et pansent leurs plaies. « Les morts, dit un officier anglais, étaient en maints endroits aussi serrés que des pions renversés sur un échiquier. »

Charge des cuirassiers à la bataille de Waterloo, peinture d'Andrieux Clément, XIXe siècle.

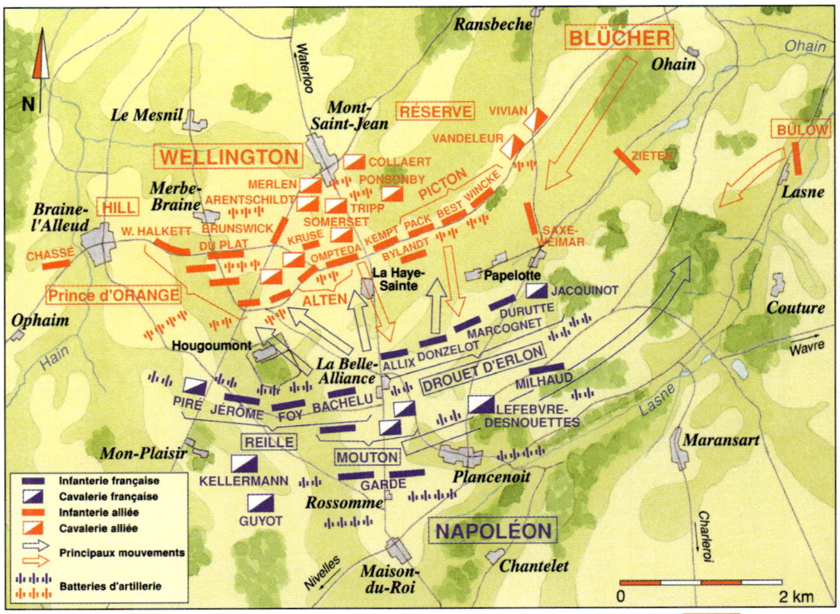

La bataille de Waterloo.

Les charges héroïques de Ney

Dans le même temps, à Hougoumont, les assauts français demeurent infructueux. Enfin, des obusiers bombardent les bâtiments et bientôt le feu s'allume dans un grenier, puis se propage à la ferme. Les défenseurs commencent à griller dans les flammes et des cris d'effroi s'élèvent et parviennent jusqu'aux assaillants. Wellington est inquiet, il craint de ne pouvoir résister à un second assaut. De son côté, Napoléon n'est pas plus serein, les nouvelles reçues de Grouchy ne sont pas bonnes. Il devient fort improbable qu'il puisse rejoindre à temps la droite française. Il faut donc se presser d'en finir.

Le général Édouard de Colbert et ses lanciers à Waterloo. Planche extraite de l'ouvrage du Dr Hourtoulle, *Soldats et uniformes du Premier Empire.*

À 15 h 30, l'Empereur donne l'ordre à Ney d'attaquer à nouveau la Haie-Sainte. Les divisions Quiot et Donzelot, déjà durement éprouvées, repartent à l'assaut, soutenues par la grande batterie qui canonne les positions anglaises. Mais les fantassins français sont encore repoussés. Ney se méprend-il alors sur les mouvements de troupes anglaises qu'il voit sur la route de Bruxelles ? Prend-il ces files de blessés pour un mouvement de repli ? Ou bien veut-il engager de nouvelles troupes ? Nul ne sait exactement. En tous cas, le prince de la Moskova pense maintenant qu'une charge de cavalerie balaiera le champ de bataille de la Haie-Sainte jusqu'au Mont-Saint-Jean. Les huit régiments de cuirassiers du corps de Milhaud, suivis, avec ou sans ordre, par la cavalerie légère de Lefebvre-Desnouettes, se portent en avant : 5 000 cavaliers se déploient tant bien que mal sur un terrain difficile face au centre anglais. Les Anglais qui voient cette charge s'amorcer n'en croient pas leurs yeux. « Nous nous étonnâmes, dit l'officier Kennedy, que l'on tentât une attaque de cavalerie contre une infanterie encore non ébranlée et qui, grâce aux plis du terrain derrière lesquels elle était couchée, avait peu souffert de la canonnade. » Cuirassiers bardés de fer, lanciers rouges et chasseurs s'élancent pourtant derrière Ney, le « rougeaud », qui les a tant de fois menés à la victoire. Les fantassins anglais forment les carrés pendant que les artilleurs s'activent à leurs pièces jusqu'au dernier moment avant de se réfugier au milieu de ces forteresses humaines. Un déluge de feu s'abat sur les cavaliers français. Hommes et chevaux tombent, unis dans la mort. Les pertes sont sévères mais les cuirassiers s'emparent de toutes les batteries anglaises. Superbe mais inutile fait d'armes ; les cavaliers, en effet, n'ont rien pour emmener les pièces ni pour les enclouer. Les artilleurs anglais pourront s'en servir à nouveau dès l'orage passé. La charge française manque d'élan et entame à peine les carrés anglais, formés sur trois ou quatre rangs. Lord Uxbridge utilise alors sa cavalerie de réserve et engage à son tour 5 000 chevaux frais dans une charge de contre-attaque. Les Français abandonnent le plateau mais, aussitôt reformés, repartent à la charge.

De son observatoire, la stupeur de Napoléon est totale lorsqu'il voit s'élancer le maréchal suivi de sa cavalerie. Charger de l'infanterie sans qu'elle soit gênée ou engagée, voire ébranlée par un tir d'artillerie, est suicidaire. Sans renforts d'infanterie pour la sou-

Si l'infanterie des Anglais est remarquable, leur cavalerie reste bien inférieure à celle des Français. *La bataille de Waterloo*, peinture de Chartier.

tenir, cette manœuvre est de plus, inutile. L'Empereur lance à Soult : « Voilà un mouvement prématuré qui pourra avoir des résultats funestes sur cette journée, c'est trop tôt d'une heure mais il faut soutenir ce qui est fait. » L'inquiétude de l'Empereur grandit mais il n'a plus d'autre choix. Il semble même débordé par cette succession de mouvements, il ne paraît plus contrôler la situation et s'en remet entièrement à ses cavaliers. Il ordonne aux divisions de cuirassiers de Lhéritier et de Kellermann ainsi qu'aux grenadiers et dragons de la Garde du général Guyot d'aller appuyer Ney. Ces quelque 8 000 cavaliers s'avancent vers les positions anglaises, sur un champ de bataille jonché d'hommes et de chevaux tués, d'armes cassées, de casques et de cuirasses défoncés. Cette « mer d'acier » déferle encore sur les carrés anglais qui répètent la manœuvre qui leur avait réussi lors de la première charge. Encore une fois, les premières lignes s'effondrent, foudroyées par les boulets et les balles anglaises. Mais les vagues suivantes s'acharnent, s'emparent encore de l'artillerie, entament les carrés anglais mais leurs pertes sont énormes. Au milieu des cavaliers, le maréchal Ney semble un démon, le visage noir de poudre, le sabre rougi de sang, il se dégage du troisième cheval tué sous lui et commande toujours l'attaque.

Wellington tient toujours. Ses officiers tombent autour de lui, « Que devons nous faire Monsieur si vous êtes tué aussi ? », demande l'un d'eux, « M'imiter, Monsieur ! » répond Wellington. Il sait que Blücher est en marche pour attaquer les Français sur leur droite. Déjà à 13 heures, l'armée de Blücher avait rejoint le corps de Bülow à La Chapelle Saint-Lambert et marche vers Plancenoit. Dès 16 heures, 33 000 Prussiens aux alentours du bois de Paris, commencent à peser sur le 6e corps du général Mouton qui compte 10 000 hommes aguerris. À un contre trois, les Français tiennent. Tout dépend donc du délai dans lequel les Français parviendront à culbuter Wellington. Quatre fois, Ney commande la charge aux héroïques cavaliers qui butent toujours sur les carrés anglais. À 18 heures, la Haie-Sainte est enfin prise puis c'est le tour de Papelotte. Ney fait un instant vaciller tout le dispositif ennemi par ses charges folles. Wellington est soucieux, les Anglais manquent de munitions, les carrés sont de plus en plus maigres, la cavalerie se réduit à deux escadrons. « Le centre de la ligne était ouvert, dit un aide de camp du général Alten, nous étions en péril. À aucun moment, l'issue de la bataille ne fut plus douteuse. » Avec de l'infanterie supplémentaire, la bataille pourrait être gagnée, Ney en demande à l'Empereur : « De l'infanterie, où veut-il que j'en prenne ? Veut-il donc que j'en fabrique ? », hurle Napoléon. Il n'y a plus de relève, faute de régiments de ligne, Ney ne peut qu'épuiser sa cavalerie en charges inutiles. Les Anglais se reforment et tiennent bon sur le plateau.

Et Grouchy mangeait des fraises…

Après Ligny, Grouchy chargé de poursuivre les Prussiens perd un temps précieux et laisse échapper Blücher qui, en vieux renard, détache à Wavre le corps de Bülow et lui ordonne de rejoindre La Chapelle-Saint-Lambert. Le matin du 18 juin, si Grouchy se hâte, il peut encore tomber sur les Prussiens, mais il s'attarde à Gembloux. Vers 10 heures, il s'arrête avec son état-major à Wahlain pour déjeuner chez un notaire. Le repas est délicieux et de magnifiques fraises sont servies au dessert. Tout à coup, vers l'ouest, le bruit d'une violente canonnade se fait entendre. Tout le monde se précipite dans le jardin pour mieux écouter. Cela ne fait aucun doute ; il s'agit bien de l'artillerie impériale. Aussitôt, Gérard et Vandamme pressent Grouchy de marcher au canon, ce qui est effectivement la règle en campagne. Mais le maréchal s'entête, il ne supporte pas que ses seconds, qui le jalousent et le détestent, lui donnent des conseils. Il leur montre l'ordre écrit de l'Empereur lui enjoignant de marcher sur Wavre. Gérard et Vandamme enragent mais en vain.

« Waterloo, Waterloo, morne plaine... »

Le 8e régiment de cuirassiers

Ce régiment est le plus ancien corps cuirassé de la cavalerie française, connu durant l'Ancien Régime, sous le nom de Cuirassiers du roi. Après s'être illustrés à Wagram et à la Moskova, ces cavaliers d'élite participent à la campagne de Belgique de 1815. Le régiment compte alors 32 officiers et 415 hommes et appartient au 3e corps de cavalerie commandé par Kellermann. Le 16 juin, le 8e attaque les Anglais aux Quatre-Bras et un cuirassier s'empare du drapeau du 69th foot. Deux jours plus tard, à Waterloo, le régiment participe aux charges désespérées menées par Ney. Onze fois, les cuirassiers renouvellent leurs vains assauts contre les lignes anglaises. À la fin de la journée, le 8e ne compte plus que 12 officiers et 91 cavaliers.

À droite, la situation devient critique. Mouton craque et Plancenoit est pris par les Prussiens. Mais très rapidement, quelques bataillons de la jeune Garde reprennent le village. Il est plus de 19 heures, et Napoléon veut tenter une dernière fois d'enfoncer le centre anglais. Il commande à Drouot de faire avancer la moyenne Garde, les « invincibles ». Cinq bataillons de la Garde montent à l'assaut du plateau soutenus par toutes les troupes disponibles. « Et lanciers, grenadiers aux guêtres de coutil, dragons que Rome eût pris pour des légionnaires, cuirassiers, canonniers qui traînaient des tonnerres, portant le noir colback ou le casque poli, tous, ceux de Friedland et ceux de Rivoli, comprenant qu'ils allaient mourir dans cette fête, saluèrent leur Dieu, debout dans la tempête. Leur bouche, d'un seul cri, dit : « Vive l'Empereur ! » Puis, à pas lents, musique en tête, sans fureur, tranquille, souriant à la mitraille anglaise, la Garde impériale entra dans la fournaise », dit Victor Hugo, immortalisant en poète cet instant pathétique. La Garde s'avance seule sur les Alliés prévenus et préparés à l'attaque. Ney qui vient de perdre son cinquième cheval tué sous lui monte à pied à côté du général Friant. L'artillerie anglaise tire à partir de 200 m à double charge de mitraille, la Garde est écharpée par l'acier ennemi. Les « Serrez les rangs » se multiplient, les carrés rétrécissent. À chaque déflagration, les Français ondulent comme blé au vent. Mais la Garde continue sa progression et les premières lignes anglaises reculent. Devant eux un champ de blé, jaune doré d'abord, puis soudainement rouge, puis feu. Deux mille soldats anglais du général Maitland, se lèvent d'un bond et fusillent la Garde à moins de vingt pas. Ils étaient couchés, attendant l'attaque. Des rangs entiers de chasseurs et grenadiers sont fauchés. Le général Michel est tué net, l'assaut est brisé. Bientôt soutenus par d'autres brigades anglaises, les batteries ennemies crachent leur mitraille sur les flancs de cette misérable poignée d'hommes. Ils ne doivent guère être plus de 400 maintenant. Ces géants, ces vainqueurs de l'Europe, tiennent un instant, puis fléchissent et tout à coup reculent... Soudain un cri terrible « la Garde recule ! » Un vent de panique souffle sur toute l'armée pétrifiée et ce sont tous les Français qui refluent maintenant !

Dans le même temps, les colonnes prussiennes submergent les fantassins de Durutte à Papelotte. Le corps de Ziethen, un moment pris pour celui de Grouchy, a rejoint et attaque en force la droite française. C'est l'assaut général. Les Français sont pris entre deux feux. Un autre cri : « Sauve qui peut, nous sommes trahis ! » se fait entendre sur le champ de bataille, la débandade commence. Wellington lance alors toutes ses troupes dans la bataille. L'armée française est serrée dans un étau. Prise de panique, elle s'enfuit vers Charleroi. Des torrents de soldats courent sur les routes, jetant leurs armes, poursuivis et sabrés sans pitié par les cavaliers prussiens et anglais. Le crépuscule ajoute à cette vision sa touche d'horreur.

Seuls, au milieu de cette cohue, trois carrés de la vieille Garde restent en bon ordre et affrontent les charges de cava-

À la tête du dernier carré de la vieille Garde, le général Cambronne oppose une résistance héroïque aux Alliés. Gravure de Charon d'après Autey.

lerie puis les mousqueteries de l'infanterie. Ney tête nue, l'uniforme déchiré, n'a plus qu'un tronçon d'épée à la main. Il rallie quelques unités et se jette dans la bataille en hurlant, « Venez voir mourir un maréchal de France ! » Peu à peu, les carrés s'amenuisent sous les assauts répétés. Ces trois bataillons sont cernés de toutes parts, mitraillés par l'ennemi, les canons anglais tirent à 60 m. Devant l'ampleur des pertes, les hommes sont obligés de former des triangles sur deux rangs et reculent pas à pas mais aucune charge ne parvient à les disloquer. Tous les 50 m, il faut s'arrêter pour repousser une charge de cavalerie ou répondre à un feu d'infanterie. La retraite est considérablement gênée par les fuyards. L'ennemi est à portée de voix, constamment des officiers anglais somment la Garde de se rendre. Exaspéré, le général Cambronne à cheval au milieu d'un carré, hurle alors son fameux mot qui, comme dit Hugo, « foudroie le tonnerre qui vous tue » : « Merde ! » L'on prétend qu'un sous-officier rajouta « La Garde meurt, mais ne se rend pas. » Ces mots ont-ils été vraiment prononcés ? On en débat encore mais plusieurs témoins affirment avoir entendu Cambronne dire aux Anglais : « d'aller se faire f… ! » Quelques instants plus tard, le général tombe de cheval, blessé à la tête par une balle, inconscient.

Cette fois, c'est fini. L'Empire est à terre ! Le poète anglais, Lord Byron, chantera Waterloo par ces vers : « Arrête ! C'est la poussière d'un empire que tu foules aux pieds. Ici sont ensevelis les débris d'un tremblement de terre. C'est ici que l'Aigle prit son dernier essor et fondit sur ses ennemis. […] Mais la terre est-elle plus libre ? Irons-nous rendre des hommages au loup après avoir terrassé le lion ? Waterloo, tu fus témoin de la chute de celui qui fut le plus extraordinaire mais non le plus méchant des hommes. »

20 h 45 : les Prussiens submergent les défenseurs français du village de Plancenoit. Peinture de Northen.

21 heures : retraite du bataillon sacré à Waterloo. Gravure de Raffet.

La bataille de Waterloo

Les Anglais de Wellington sont placés en position défensive sur le plateau de Mont-Saint-Jean, leur première ligne juste en arrière de la rupture de pente. Napoléon fait attaquer d'abord sa gauche (Reille), mais celle-ci s'empêtre dans sa tentative pour réduire la ferme d'Hougoumont. Au centre l'attaque du corps de Drouet d'Erlon, en formation trop serrée, échoue. Les charges de cavalerie, dirigées par Ney, commencent à ébranler les carrés anglais quand les Prussiens sont signalés sur la droite française. Napoléon envoie Mouton à leur rencontre, mais cela ne suffit pas. À 21 heures, la défaite est consommée, malgré le sacrifice de la Garde.

La Bataille de Waterloo, peinture de Philippoteaux.

La seconde abdication

Waterloo, 9 heures du soir : « Demi-bataillon de gauche... En joue !... Feu !... Chargez ! » Lithographie de Raffet.

Tard dans la soirée, pendant que Blücher et Wellington se rencontrent devant Belle-Alliance, l'Empereur, accompagné de Drouot et Bertrand, quitte les derniers carrés de la Garde et fuit en même temps que les restes de son armée. Escorté par quelques chasseurs, Napoléon s'arrête un instant à Quatre-Bras. Il est 1 heure du matin. À la lueur d'un feu de bivouac il regarde encore vers Waterloo et pleure en silence. Il pleure d'épuisement, de dégoût et de tristesse de voir ainsi la plus belle armée d'Europe mise en déroute en quelques heures. Un aide de camp écrit : « Sur son visage morne, aux pâleurs de cire, il n'y avait plus rien de la vie que des larmes. » À ce moment-là, sur les chemins alentours, les cavaliers prussiens sabrent sans pitié les milliers de blessés français. Sur le champ de bataille près de 60 000 hommes gisent parmi les blés. Trente mille Français, 15 000 Anglo-Hollandais et 7 000 Prussiens ont été tués et blessés. Les détrousseurs de morts, ces charognards des champs de bataille, achèvent blessés et mourants pour dérober les uniformes ou le peu d'objets de valeur que détiennent ces braves. Les Anglais fusillent sur place ceux qu'ils surprennent.

Le lendemain matin, l'Empereur est à Philippeville, à quelques lieues de Rocroi. À l'auberge du *Lion d'or,* il tient conseil entouré de ses proches. Il donne des ordres, pense aux soldats laissés aux frontières. Il écrit à Joseph : « Tout n'est pas perdu. Je suppose que lorsque j'aurai rassemblé mes forces, j'aurai 150 000 hommes... Il y a encore du temps pour rétablir la situation... » Puis il décide lui-même de l'itinéraire qui le ramènera à Paris. Il passera par Rocroi, Mézières et Laon. Au soir du 20 juin, la nouvelle du désastre est déjà parvenue à quelques membres du gouvernement. Le 21, la voiture de l'Empereur entre dans la cour de l'Élysée. Napoléon, épuisé, est accueilli par Caulaincourt auquel il dit, en montrant sa poitrine : « J'étouffe, là ! » Napoléon prend un bain et se repose un peu. Il pense encore continuer la lutte et confie au duc de Vicence : « Je trouverai des hommes et des armes. Tout peut être remis en ordre. » Mais Davout, reçu à son tour, le prévient du mauvais état d'esprit des Chambres. À 10 heures, l'Empereur pénètre dans la salle de conférence et s'adresse à tous ses ministres. Il réclame provisoirement la dictature : « Je pourrais tout simplement la décréter dans l'intérêt public, mais il est plus utile et plus national que la Chambre me la donne. » Carnot, toujours dans l'esprit de 1793, approuve. Fouché, lui, assure sournoisement l'Empereur du loyalisme de la plupart des députés alors qu'il sait pertinemment que la Chambre va exiger l'abdication. Napoléon s'emporte alors et énumère encore toutes les solutions pour sauver la France : mobiliser la garde nationale, se retirer derrière la Loire, avoir

Les causes d'un désastre

Nombreux sont les historiens à avoir cherché les raisons de la déroute de Waterloo. Grouchy aurait-il dû courir au canon et rejoindre Waterloo ? Ney a-t-il commis une erreur en faisant charger prématurément toute la cavalerie française ? L'Empereur lui-même a-t-il perdu une partie de son génie militaire ? On ne peut attribuer à l'un plutôt qu'à l'autre la responsabilité de la défaite et, comme on l'a vu, ce sont certainement toutes ces raisons ensemble qui expliquent que, décidément, durant cette campagne, rien n'a « marché » comme prévu. Quoi qu'il en soit, l'Empereur n'est plus l'homme d'Austerlitz et sa stratégie ne surprend plus ses ennemis. Wellington conclut sur la bataille : « *Napoléon n'a pas du tout manœuvré. Il s'est borné à avancer à l'ancienne mode, en colonnes, et a été repoussé à l'ancienne mode. Les gens me demandent un récit de la bataille ; je leur dis que ce fut une rude empoignade des deux côtés mais que nous cognâmes le plus fort. Il n'y eut pas de manœuvre ; Buonaparte répétait ses attaques et j'étais heureux de laisser la décision aux troupes.* »

recours à une nouvelle levée en masse…Tous savent bien que rien n'est réalisable. Même si le peuple crie encore « Vive l'Empereur » et réclame des armes, les députés veulent la fin de l'Empire. En sortant du palais, Fouché s'exclame : « Ce diable d'homme, il m'a presque effrayé. Comme je l'écoutais, je croyais déjà qu'il allait tout recommencer. Mais Dieu merci, on ne recommence pas deux fois ! » La Chambre présente l'aspect « d'une ruche » qui bourdonne contre l'Empereur. La Fayette fait voter une résolution selon laquelle la Chambre siègera en permanence et ne pourra être dissoute, sous peine de haute trahison.

À cette nouvelle, Napoléon est abattu et soupire: « J'aurais dû congédier ces gens avant mon départ pour l'armée. C'est fini. Ils vont mener la France à sa perte. » Dans les jardins de l'Élysée, il s'entretient avec Lucien, son frère ; celui-ci songe un instant à un second 18 Brumaire et lui désigne la foule qui, la rumeur aidant, commence à se masser autour du palais pour l'acclamer. Napoléon répond : « En brumaire nous avons pu tirer l'épée pour le bien de la France. Pour le bien de la France, nous devons aujourd'hui jeter cette épée loin de nous. » Il renonce, il est trop las, trop découragé. Un peu plus tard, Lucien se présente devant les députés qui lui signifient que l'Empereur peut sauver la France s'il renonce au pouvoir. Pendant ce temps, l'Empereur dîne avec Hortense. Il est soucieux, désœuvré, et passe une nuit blanche. Le lendemain, Lucien paraît à nouveau devant la chambre, et se fait apostropher violemment par La Fayette : « Dites à votre frère qu'il nous envoie son abdication, sinon nous lui enverrons, nous, sa déposition ! » Lucien est furieux et pousse son frère à la dictature, mais l'Empereur lui dicte l'acte d'abdication en faveur de son fils. Déjà, un gouvernement provisoire est formé, présidé par Fouché, qui demande le départ immédiat de l'Empereur.

Le 22 juin, Napoléon croit pouvoir abdiquer en faveur de son fils : « Je le proclame sous le nom de Napoléon II. »

Les deux vainqueurs de Napoléon, Blücher et Wellington, se rencontrent à la ferme de la Belle-Alliance. Gravure de Rugendas.

La « protection » britannique

Assuré par les Anglais de leur hospitalité et de leur protection, Napoléon embarque à bord du *Bellérophon*. Gravure de Jazet.

Le 25 juin, afin d'éviter que ses ennemis le livrent aux Alliés, l'Empereur quitte l'Élysée par une porte dérobée pour gagner la Malmaison. Rue Saint-Honoré, des milliers de Parisiens crient : « Vive l'Empereur ! Ne nous abandonnez pas ! » Napoléon passe une dernière fois par les Champs-Élysées et aperçoit l'Arc de triomphe en construction. À la Malmaison, il attendra que le gouvernement provisoire lui accorde les passeports pour se rendre aux États-Unis. Tout, dans cette demeure, appelle le souvenir. C'est l'endroit où il a vécu les jours les plus heureux, en compagnie de Joséphine. L'impératrice y est morte d'une fluxion de poitrine, en avril 1814. Napoléon erre dans les pièces, triste et solitaire, à la recherche de son passé. Le lendemain, il reçoit la visite de Marie Walewska et du petit Alexandre, qui demande à l'accompagner dans son exil.

Enfin, Fouché accorde la mise à disposition de deux frégates en rade de Rochefort tout en informant les Anglais des intentions de Napoléon. Dans les jardins de la Malmaison, il reçoit le banquier Lafitte qui administre la Banque de France et lui fait remettre près de cinq millions. Cette somme doit pourvoir aux besoins de sa mère, de ses frères, de toute la famille. Lafitte veut signer une reconnaissance ; Napoléon répond qu'il n'en est pas question : il a toute sa confiance.

Lavalette survient hors d'haleine. Il lui apprend l'arrivée à Paris du corps de Grouchy ainsi que des débris de la Grande Armée et que l'armée prussienne s'est avancée imprudemment sur Paris, sans attendre les Anglais. Aussitôt, le regard de l'Empereur s'illumine. Napoléon sait qu'il peut battre Blücher une dernière fois et faciliter les négociations de paix. Il demande au gouvernement provisoire de reprendre du service en tant que simple général et donne sa parole qu'après cette dernière victoire, il partira pour les États-Unis. Mais Fouché, pressé de se débarrasser de son ancien maître, lui fait parvenir une réponse négative.

Tout est fini maintenant. Accablé, les yeux pleins de larmes, il passe quelques instants dans la chambre où Joséphine est morte. Il n'a plus qu'à partir pour Rochefort, où il arrive le soir du 3 juillet. Dans la rade, il aperçoit deux frégates *la Saale* et *la Méduse ;* dans le lointain, il distingue les voiles de l'escadre anglaise patrouillant au large. *La Méduse* subira, l'année suivante, un des drames les plus atroces de l'histoire maritime. Installé à la préfecture maritime avec sa suite de 75 personnes, dont le grand maréchal Bertrand et Savary, Napoléon attend les sauf-conduits promis. Divers projets pour percer le blocus de la marine anglaise sont alors étudiés. Le capitaine de corvette Baudin se fait fort de forcer le passage et de mener l'Empereur jusqu'en Amérique. Joseph propose, courageusement, de se substituer à son frère et de prendre le corsaire rapide qu'il a affrété pour traverser l'Atlantique. Le commandant d'une petite goélette projette de cacher l'Empereur dans le fond d'une barrique ! Mais

Le congrès de Vienne

Le congrès de Vienne, d'octobre 1814 à juin 1815, rassemble les représentants de toutes les grandes puissances européennes. L'acte final, signé le 9 juin 1815, remodèle l'Europe. La Prusse récupère une partie de la Saxe et la plus grande partie des régions rhénanes ; la Pologne passe sous la domination russe et l'Autriche annexe la Lombardie et la Vénétie. Une Confédération germanique est créée, présidée par l'empereur d'Autriche. La Confédération helvétique est reconstituée. Un royaume des Pays-Bas, comprenant la Belgique et les Provinces-Unies, apparaît sur cette nouvelle carte de l'Europe et le royaume de Piémont-Sardaigne renaît de ses cendres. L'Empire de Napoléon vient de voler en éclats.

Napoléon n'est pas un voleur, un criminel. L'imagine-t-on se cacher, lui, l'Empereur après avoir rempli le théâtre du monde, se cacher pour finir ses jours comme planteur aux États-Unis ? Alors qu'il pourrait se rendre aux Anglais en grand uniforme et accompagné de sa suite de quinze officiers et de soixante domestiques… Une fois de plus, il pense à ce que retiendra l'Histoire. Ne vaudrait-il pas mieux se rendre à la nation anglaise ? Se livrer à son pire ennemi a quelque chose de grand, de beau, enfin un dessein digne de lui, comme une vision de légende que l'homme de lettres qu'il est véritablement ne peut pas rejeter. Cette idée finit même par le rassurer, par l'apaiser un peu.

À bord du *Bellérophon*, Napoléon compte encore sur la loyauté de son ennemi. Derrière lui, se tiennent Bertrand, Gourgaud, Montholon et Las Cases. *Napoléon à bord du Bellérophon*, peinture de Sir William Orchardson.

Le 9 juillet, Napoléon, à bord de *la Saale* gagne l'île d'Aix. La population l'acclame et crie : « À l'armée de la Loire. » Là, pendant quatre jours, il hésite, tourne en rond. Finalement, il décide d'envoyer Savary et Las Cases, ancien conseiller d'État, à bord du *Bellérophon,* principal navire de l'escadre anglaise afin de sonder les intentions anglaises. Le capitaine Maitland, soucieux de capturer en douceur le grand homme, les rassurent et leur garantit la fameuse hospitalité anglaise : « Il y trouvera tous les égards et les traitements auxquels il peut prétendre… » Dans la nuit du 13 juillet, confiant, trop confiant dans le sens de l'honneur anglais, le vaincu de Waterloo prend sa décision. Il se souvient de Plutarque et de sa *Vie des hommes illustres* et écrit sa fameuse lettre adressée au prince régent : « Je viens, comme Thémistocle, m'asseoir au foyer du peuple britannique ; je me mets sous la protection de ses lois, que je réclame de Votre Altesse comme du plus puissant, du plus constant et du plus généreux de mes ennemis. » Le 15 juillet, à 6 heures du matin, Napoléon monte à bord du *Bellérophon.* Celui qui a fait trembler le monde est maintenant prisonnier. Le piège s'est refermé.

L'Europe du congrès de Vienne.

Trahi et piégé !

Lorsqu'il arrive en Angleterre, Napoléon, loin d'être conspué par la population, attire une foule immense. *Napoléon à bord du Bellérophon à Plymouth,* peinture de John James Chalon.

Le *Bellérophon* arrive en Angleterre en rade de Torbay et suscite une immense curiosité. « Des milliers d'embarcations entourent notre bateau. Point d'acclamations mais des bras qui se tendent » écrira Maitland ; « de tous côtés des gens accourent pour voir cet homme extraordinaire ». Même sensation à Plymouth, Napoléon monte sur le pont et se montre de bonne grâce. Il sait qu'il a en Angleterre des partisans parmi les libéraux.

Aux yeux du gouvernement anglais, il faut avant tout empêcher l'« ogre corse » d'avoir la possibilité de tenter un second retour de l'île d'Elbe. La décision de l'enfermer sur une île dont on ne s'évade pas semble s'imposer. Sainte-Hélène, rocher perdu au milieu de l'Atlantique sud, est la prison idéale. Cet ancien volcan se présente comme une forteresse de basalte noir avec ses falaises qui tombent dans la mer d'une hauteur vertigineuse. Le Premier ministre anglais, lord Liverpool assure : « Sainte-Hélène est l'endroit du monde le mieux choisi pour enfermer un tel personnage. À cette distance, dans ce lieu, toute intrigue sera interdite et, éloigné de l'Europe, il sera promptement oublié. »

Le 31 juillet, lord Keith, commandant la flotte de la Manche, vient annoncer à Napoléon qu'il est déclaré prisonnier de guerre, « hors-la-loi » et qu'il va être déporté sur l'île de Sainte-Hélène. Napoléon endosse aussitôt son nouveau rôle : le voilà désormais victime de la duplicité de la perfide Albion qui a trahi sa confiance. Il lance une protestation aux rois, aux hommes, à l'univers. « Je proteste solennellement, à la face du ciel et des hommes contre la violation de mes droits les plus sacrés… Je suis venu librement à bord du *Bellérophon*… J'en appelle à l'histoire… Elle dira qu'un ennemi qui fit vingt ans la guerre au peuple anglais vint chercher librement un asile sous ses lois… On feignit de tendre une main hospitalière et quand il se fut livré de bonne foi, on l'immola. »

Pourtant, il comprend que sa fin sera digne de Plutarque : « L'infortune seule manque à ma renommée. J'ai porté la couronne impériale, la couronne de fer. Et maintenant l'Angleterre m'en donne une autre plus glorieuse, celle portée par le Sauveur du Monde, une couronne d'épines. » Il ira sur son rocher sculpter sa propre légende. Son destin semble définitivement scellé quand des libéraux anglais, favorables à la cause napoléonienne, obtiennent une ordonnance d'*habeas corpus,* pour que l'Empereur soit débarqué sur le territoire britannique. Ainsi, sa liberté individuelle sur le sol anglais serait garantie temporairement. Ce plan audacieux faillit réussir, lorsque, dans la nuit du 4 août, le Premier ministre lord Liverpool donne l'ordre d'éloigner au plus vite le *Bellérophon* des côtes britanniques. Ultérieurement, on transférera le prisonnier et ses compagnons d'exil à bord du *Northumberland.* Le 7 août, le bâtiment de guerre, escorté par une véritable flotte, sous les ordres de l'amiral Cockburn lève l'ancre vers sa destination finale : Sainte-Hélène.

Le maréchal Ney fusillé !

Inculpé de trahison à la Restauration, le maréchal Ney doit être traduit par le conseil de guerre. Tout en le déclarant ennemi de la royauté, Fouché lui fournit un passeport, mais Ney refuse de fuir à l'étranger et se cache chez la cousine de son épouse au château de Bessonies. Vite reconnu, il est arrêté, le 3 août 1815. Il obtient d'être jugé par la Chambre des pairs plutôt que par un conseil de guerre. Le 5 décembre, il est condamné à mort. Parmi les jurés qui votent la mort, figurent les maréchaux Marmont, Pérignon, Kellermann, Sérurier, Victor ainsi que Chateaubriand. Quand on le réveille dans sa cellule pour lui lire la sentence, le maréchal interrompt la longue énumération de ses titres. *« Passez. Dites Michel Ney et bientôt un peu de poussière. »* Le 7 décembre, à 9 heures du matin, dans la clairière de la closerie des Lilas, près de l'Observatoire, le « brave des braves » refuse le bandeau, tonne *« Soldats, droit au cœur ! »* et tombe, fusillé, victime du désir de vengeance des ultras. Ney est inhumé au cimetière du Père-Lachaise dans le fameux carré des maréchaux.
Le 7 décembre 1853 une cérémonie de réhabilitation a lieu. En présence de Napoléon III, une statue de Rude est érigée à l'endroit où il est tombé.

Condamné par la Chambre des pairs par 139 voix sur 161, Ney est fusillé le 7 décembre : la monarchie tient son exemple. À Sainte-Hélène, Napoléon dira de lui : « C'était un brave, personne ne l'était plus que lui ; mais c'était un fou… »
Gravure de Victor Adam.

1815

Le Début du Mythe

La fin de l'histoire

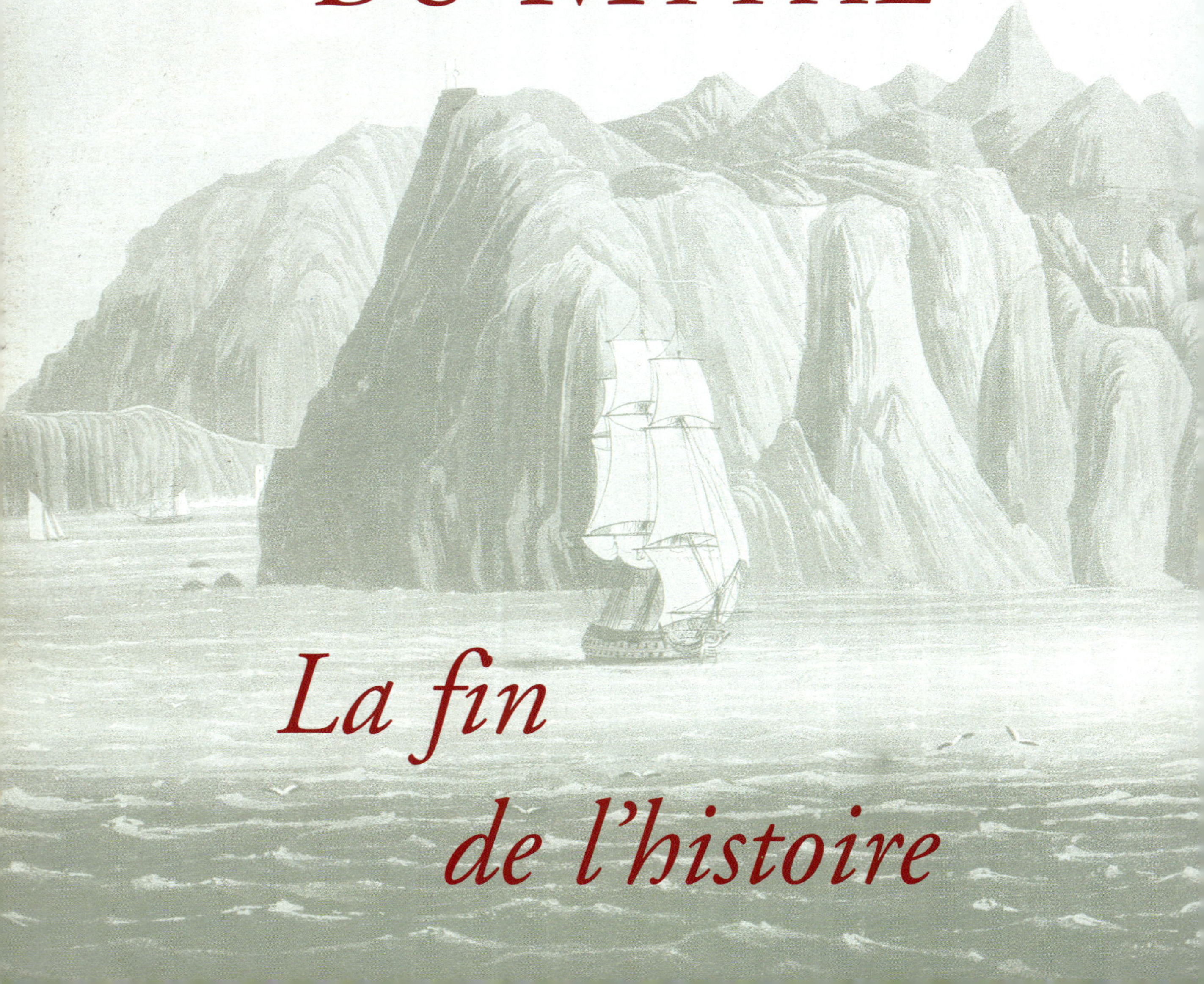

Napoléon à bord du Bellérophon (détail),
peinture de Sir William Orchardson.

L'île de Sainte-Hélène vue de la mer,
gravure coloriée de Robert Havell.

1821

Le prisonnier de Longwood

« Sainte-Hélène, petite isle » avait écrit le lieutenant Bonaparte sur son carnet de notes à Auxonne en 1788. Carte de l'île et des forts de Sainte-Hélène.

Le 14 octobre, après soixante-douze jours de traversée, le *Northumberland* arrive enfin en vue des sinistres murailles noires qui se dressent comme une tour au-dessus de l'océan. Après l'avoir longtemps observé de sa lorgnette d'Austerlitz, Napoléon dit à Gourgaud : « Ce n'est pas un joli séjour. J'aurais mieux fait de rester en Égypte ; je serais à présent empereur de tout l'Orient. » Trois jours plus tard, presque dans l'obscurité, l'Empereur déchu débarque et passe sa première nuit dans une modeste auberge de la seule agglomération de l'île : Jamestown.

Le lendemain, l'amiral Cockburn, chargé de sa garde, vient le chercher pour lui faire visiter Longwood House, située à 8 km de Jamestown. Pour le moment, la demeure destinée à accueillir l'Empereur est un amas de baraques, transformé en abris pour bestiaux. Pendant les travaux nécessaires pour rendre Longwood habitable, Napoléon s'installe dans la verdoyante vallée des Briars, dans un pavillon à proximité de la maison coloniale de William Balcombe, un négociant de l'île. Là, il va vivre, jusqu'au 10 décembre 1815, les moments les moins pénibles de sa captivité. L'Empereur, qui n'a que 46 ans, est alors débordant de santé et de vigueur. Il fait l'enfant avec la fille aînée des Balcombe, Betsy. Âgée de 14 ans, la fillette parle un peu le français et joue à Napoléon des tours pendables. Betsy est tout étonnée : ce n'est pas « le grand ogre avec un œil rouge au milieu du front » dont on lui avait maintes fois parlé, mais un homme faisant un « effet noble et imposant », qui rit beaucoup, joue avec son chien Tom Pipes, fait des parties de whist. Les petits garçons montent sur ses genoux et l'appellent Boney. Betsy pleura beaucoup à leur dernière rencontre, en mars 1818, quand sa famille dut quitter l'île. Ce jour-là, Napoléon lui sécha ses pleurs avec un joli mouchoir brodé à son monogramme, qu'il lui remit avec une mèche de ses cheveux.

Le dimanche 10 décembre, Napoléon quitte les Briars pour s'installer dans sa prison perpétuelle : Longwood. Il s'agit alors d'une bicoque aux murs ocre rose, aux volets verts, recouverte de papier goudronné. Une ancienne ferme basse, construite à la hâte et sans fondations. Isolée sur un plateau humide et désolé, bordée de ravins presque infranchissables, la maison est accessible par une seule route, étroite, située entre deux fossés. Une partie de la garnison du 53e régiment est installée dans un camp juste en face et a, pour ainsi dire, le captif sous les yeux. C'est l'endroit idéal pour surveiller un tel prisonnier. Lorsque Napoléon découvre Longwood, son impression première n'est pas trop mauvaise ; il ne se doute pas un seul instant de tous les désagréments de l'emplacement de sa future demeure. Or, Longwood se trouve dans une des parties les plus élevées de l'île, à 590 m d'altitude, où le thermomètre affiche 14 degrés de moins qu'à James-

SAINTE-HÉLÈNE, « L'AUBERGE DE L'OCÉAN »

Cet îlot de 122 km², s'étire sur 16 km de long et 12 de large. Située dans l'Atlantique sud à 1 850 km des côtes africaines et à 3 500 km de celles du Brésil, Sainte-Hélène est peuplée par 3 400 européens et un millier d'esclaves noirs, hindous, malais et chinois. L'île, qui sert de base de ravitaillement à la marine anglaise et en particulier à la Compagnie des Indes, est surnommée : « l'auberge de l'océan ». Sainte-Hélène offre, en raison de son élévation au-dessus du niveau de la mer, de 300 à 850 mètres, un climat tempéré. Il n'y fait jamais moins de 10° C et l'île se trouve presque continuellement couronnée de nuages.

L'amiral Cockburn montre à Napoléon Jamestown. Gravure coloriée de Jazet.

town. Le climat y est très désagréable et humide. Il y pleut ou bruine presque tous les jours, et le plateau est balayé par des vents incessants, parfois violents. Le sol surchauffé, transforme la pluie en brouillard et des nuages le recouvrent presque toujours ; le soleil y paraît rarement. Dans cette atmosphère permanente de vents, de nuages, d'humidité, à la température toujours modérée, on a du mal à distinguer des saisons régulières. Et les rares jours où il ne pleut pas, l'alizé dessèche tout. Le plus souvent, on se traîne et on ruisselle. L'herbe, en dépit des fortes pluies, disparaît, rongée par le vent ou flétrie par la chaleur ; l'eau est amenée par un conduit et se trouve si malsaine, qu'on ne peut l'utiliser qu'après l'avoir fait bouillir. Une partie de l'horizon présente au loin l'immense mer, et, de l'autre, la chaîne nuageuse du pic de Diane. Divers postes de surveillance couronnent les sommets voisins.

C'est donc là, dans une ancienne ferme inconfortable que vont vivre une cinquantaine de personnes. L'Empereur passe des palais royaux et des bivouacs glorieux à six pièces infestées de rats. Longwood mesure moins de 200 m^2, sans compter les dépendances. Plus tard, des réduits et des cabanons seront ajoutés pour la suite de Napoléon, mais le captif et ses compagnons vivront en permanence les uns sur les autres. Aucune intimité n'est possible. L'absence de caves fait monter l'humidité du sol, laquelle attaque bientôt les planchers. Un jour, celui de la chambre de Napoléon finit ainsi par s'effondrer.

Vue de Longwood, aquarelle de Louis Marchand, 1819. Réalisée par le valet de chambre de Napoléon, elle fut offerte par celui-ci à l'Empereur, en janvier 1820.

Longwood, « palais » de l'Empereur

On entre à Longwood par une pièce qui vient d'être bâtie, destinée à servir tout à la fois d'antichambre et de salle à manger ; de là on passe dans une pièce attenante, dont on a fait le salon ; on pénètre ensuite dans une troisième, très obscure, destinée au départ à recevoir les cartes et les livres de Napoléon, mais qui deviendra plus tard la salle à manger. En tournant à droite, dans cette chambre, on trouve la porte de l'appartement de l'Empereur, vite encombré de souvenirs : le réveil-matin du grand Frédéric, le nécessaire de toilette, les portraits du roi de Rome, de Joséphine et de Marie-Louise. Cet appartement consiste en deux très petites pièces égales, à la suite l'une de l'autre, formant son cabinet et sa chambre à coucher ; un petit corridor extérieur, en retour de ces deux pièces, lui sert de salle de bains. À l'opposé de l'appartement de l'Empereur, à l'autre extrémité du bâtiment, se trouve le logement de Mme de Montholon, de son mari et de son fils. En outre, une petite pièce carrée, contiguë à la cuisine, sert de chambre à Las Cases. Le grand maréchal, sa femme et ses enfants habitent à deux km de Longwood.

Cernée de montagnes noires, perdue au milieu de l'Atlantique, Sainte-Hélène constitue la prison idéale pour l'ancien maître de l'Europe. Vue générale de Sainte-Hélène avec au centre Jamestown, gravure coloriée de Thomas Sutherland, 1815.

Les compagnons d'infortune

De la nombreuse suite qui accompagne l'Empereur dans son exil, seuls ont été autorisés à le suivre trois officiers, un civil et onze domestiques. Ses derniers compagnons d'infortune ont tous conscience qu'ils vont devenir des témoins irremplaçables de la dernière bataille du grand homme. Avides de recueillir les moindres paroles de leur maître, ils vont tous laisser des notes ou des mémoires.

Le plus ancien officier de Napoléon est le comte Bertrand. À 42 ans, il est un vétéran des champs de bataille, il a participé à toutes les campagnes depuis celle d'Italie. Officier général du Génie, c'est à lui que l'on doit la construction des ponts qui ont permis la victoire de Wagram ; il a partout donné les marques de son savoir-faire. Honnête, loyal, réfléchi et ponctuel, il est depuis la mort de Duroc, en 1813, grand maréchal du palais. Il conserve gravement ses fonctions à Sainte-Hélène. Sa fidélité exemplaire est connue de tous. Secrétaire modèle, il se présente chaque jour à l'heure prescrite à la porte de l'Empereur matin et soir, prend congé à 6 heures du soir, à moins que l'on ne le retienne à dîner. Il habite en marge de Longwood une chaumière, lui, le grand bourgeois de Châteauroux. Là, il se consacre à sa femme, née Fanny Dillon, apparentée à Joséphine, et à ses trois enfants.

Montholon est lui de très ancienne noblesse. Colonel à 26 ans, chambellan en 1809, il devient ministre plénipotentiaire trois ans plus tard. Couvert de dettes et ruiné en 1815, il préfère suivre l'Empereur dans son exil. Avec sa femme Albine, ils forment un ménage ambitieux et intéressé, notamment par l'énorme fortune que l'on prête encore à Napoléon. Grâce à sa charmante épouse, Montholon profitera de certains privilèges.

Gourgaud, le troisième officier, déteste les Montholon. Le benjamin des généraux, âgé de 32 ans, est célibataire. De caractère vif et emporté, intelligent, il est aussi susceptible que fanfaron. Napoléon avait d'abord choisi Planat de la Faye qui l'avait déjà accompagné à l'île d'Elbe mais Gourgaud, après une scène terrible arguant de son grade, a su s'imposer. Officier d'ordonnance de l'Empereur, d'une bravoure indéniable, il rappelle sans cesse être entré au Kremlin le premier et prétend aussi avoir sauvé la vie de Napoléon à la bataille de Brienne, en sabrant un cosaque qui fonçait sur lui. Combattant courageux à Waterloo, il a conquis *in extremis* son grade de général de brigade. Il adore l'Empereur comme un amant sa maîtresse, avec passion, et jaloux du moindre signe de faveur accordé à un autre. Dans les premiers temps, sa jeunesse et son énergie plaisent à Napoléon jusqu'au moment où, devenant insupportable et incontrôlable, il est prié par l'Empereur de quitter l'île.

Animé par une fidélité sincère à l'égard de Napoléon, le comte de Montholon l'est aussi par un amour de l'argent certain. Pastel d'Édouard Pingret, 1820.

Enfin le dernier des quatre « évangélistes », le plus connu et le plus important, le comte de Las Cases. Issu d'une vieille noblesse lauragaise, cet ancien officier de marine émigre en Angleterre, en 1791, où il se consacre à la réalisation d'un atlas historique, généalogique et chronologique. Rentré en France en 1802, il réussit à se ménager une place à la cour impériale comme chambellan en 1809. L'année suivante, il entre au Conseil d'État et y gagne le titre de comte. Il ne se fait guère remarquer mais voue à l'Empereur une admiration sincère. En 1814, il refuse de servir Louis XVIII et le retour de l'île d'Elbe le remplit de joie. Est-il impatient de jouer un rôle ? Courtisan dans l'âme, il brûle du besoin de se dévouer et de se rendre utile. Après Waterloo, il sent que son heure approche. Déjà abandonné de presque tous, Napoléon remarque à la Malmaison ce petit homme grisonnant et accepte ses services. Ce Méridional, à la plume et la parole facile, parlant parfaitement l'anglais, d'une grande culture, ne pourra que lui être utile. À peine monté sur le *Bellérophon,* Las Cases a déjà son idée en tête. « Sire, nous vivrons du passé ; il a de quoi nous satisfaire. Ne jouissons-nous pas de la vie de César, de celle d'Alexandre ? Nous possédons mieux, vous vous relirez, Sire ! » « Eh bien ! dit Napoléon, nous écrirons nos *Mémoires.* Oui, il faudra travailler ; le travail aussi est la faux du temps ; après tout, on doit remplir ses destinées ; c'est aussi ma grande doctrine. Eh bien ! Que les miennes s'accomplissent ! »

Depuis la défection de Constant en 1814, Marchand est le premier valet de chambre de l'Empereur. Il fait preuve d'un dévouement à toute épreuve et parfaitement désintéressé. Portrait par Mauzaisse.

Parmi les témoins de second rang, Marchand et Saint-Denis dit « Ali ». Le premier est valet de chambre et le second est mamelouk. Ils s'inscrivent dans la catégorie des « purs ». Ils n'ont suivi l'Empereur que par dévouement et fidélité, et celui-ci les traite d'ailleurs plus en amis qu'en domestiques. Napoléon instituera même Marchand comme l'un de ses exécuteurs testamentaires.

Le choix du médecin s'avère plus laborieux. Le docteur Maingault, qui accompagnait Napoléon, s'est lâchement dérobé en apprenant la destination finale de Sainte-Hélène. Voyant Napoléon partir sans médecin, le docteur irlandais O'Meara, du *Northumberland,* s'offrit généreusement pour suivre le déporté. Plus tard, celui-ci sera sottement inquiété pour tout le zèle qu'il avait mis à s'acquitter de sa difficile tâche.

Fidèle parmi les fidèles, le comte Bertrand restera avec Napoléon jusqu'à son dernier souffle. Il repose aux Invalides près de l'Empereur. Pastel anonyme, 1808.

Gardé par 3 000 hommes !

De Sainte-Hélène, Napoléon dit : « C'est pire que la cage de fer de Tamerlan. » Peinture anonyme vers 1820.

Jaloux et susceptible, Gaspard Gourgaud 1783-1852

Brillant en mathématiques, il entre à l'École polytechnique en 1799 et devient officier d'artillerie. Brave et courageux, il est le premier à entrer au Kremlin en 1812. Il y découvre un gigantesque dépôt de poudre, qui, s'il ne l'avait trouvé, aurait peut-être coûté la vie à Napoléon. Pendant la retraite de Russie, il aurait traversé la Berezina à la nage. En récompense de ses services, il devient premier officier d'ordonnance de l'Empereur. D'un naturel jaloux et possessif, il accompagne son « idole » à Sainte-Hélène. Très vite, il rend son séjour insupportable et doit partir en 1818. Gourgaud ne figurera pas sur le testament de Napoléon. À son retour, il commence une vie errante à travers toute l'Europe et achève son *Journal*, qui ne sera publié qu'en 1889. Ce journal est une source précieuse pour l'étude de la bataille de Waterloo et de la captivité de Sainte-Hélène. Réintégré dans l'armée sous la monarchie de Juillet, il devient pair de France en 1841.

Durant cinq années et sept mois, Napoléon va vivre, à Sainte-Hélène, la dernière partie de son existence en captivité. Avec l'aide de quelques fidèles, il trouve la force de réveiller la sympathie, d'émouvoir l'opinion, de forger les armes qui lui permettront de remporter sa dernière victoire, la plus difficile peut-être… Les Anglais mettent en place un système de surveillance démesuré. La garnison de l'île est renforcée avec l'arrivée d'un nouveau régiment, le 53e, et compte maintenant 3 000 hommes chargés de surveiller l'illustre prisonnier. Une escadre d'une dizaine de navires stationne devant Jamestown et deux de ces vaisseaux de guerre patrouillent en permanence autour de l'île. Cinq cents canons sont braqués vers le large afin de dissuader d'éventuelles évasions ou coups de force. La nuit, des patrouilles circulent sur les chemins, le couvre-feu est établi en permanence.

Il est interdit à Napoléon de circuler librement sur l'île. Pendant la journée, il a le droit de se promener dans un périmètre de 4 km autour de Longwood, périmètre sur lequel aucun soldat anglais ne doit patrouiller. Cependant, dès le coucher du soleil, des sentinelles sont postées autour de la maison, tous les 15 m et montent la garde au pied même des fenêtres. En outre, l'Empereur a l'obligation d'accepter la présence d'un officier britannique chargé de le voir deux fois par jour, de soumettre sa correspondance à la censure du gouverneur, et a l'interdiction de parler à quiconque sur l'île sans la présence d'un officier anglais. Tout visiteur doit obtenir une autorisation pour voir le prisonnier. Le « général » a aussi le droit de se promener dans une seconde enceinte de 12 miles, ramenée bientôt à 8 miles par le nouveau gouverneur, à condition d'être accompagné d'un officier britannique.

En outre, les Anglais s'obstinent à le traiter comme le « général Bonaparte » et, comme si l'Empire n'avait jamais existé, refusent de lui accorder le titre d'Empereur qu'un pape a consacré ! Le gouvernement anglais n'avait jamais reconnu formellement l'Empire, même si en 1806 et 1814, il essaya de traiter avec lui. Pour les Britanniques, il n'est donc qu'un simple officier général. La note de l'amirauté du 25 juillet 1815 stipule « c'est le seul grade que nous pouvons lui reconnaître dans notre pays » et pour que cela soit bien clair, elle ajoute : « Le souvenir de la situation que Bonaparte a longtemps occupée pourrait inciter des officiers à aller trop loin dans la déférence… » Napoléon jugera ces restrictions vexatoires et indignes de son rang. Il choisira de s'enfermer dans les limites de son jardin et de sa maison, traçant autour de lui une « enceinte morale ». Pour protester contre la surveillance dont il est l'objet, il renvoie, le 9 novembre 1816, ses chevaux. L'amiral Cockburn avait mis l'île sous la loi martiale, après que Napoléon se fut, un jour, trop éloigné.

Pour protester, résister, ne pas se laisser aller au désespoir, sa première réaction est de maintenir dans sa triste prison l'étiquette rigoureuse des Tuileries. Napoléon organise l'emploi du temps de façon précise entre séances de travail, audiences et promenades quand le temps le permet. Il charge le grand maréchal Bertrand d'être son ambassadeur auprès des autorités anglaises, tandis que Montholon devra s'occuper de l'intendance ainsi que de tous les détails domestiques ; il donne au général Gourgaud la direction de l'écurie, et au comte Las Cases la fonction de secrétaire particulier et l'administration du « mobilier impérial » – quelques reliques emportées en hâte de la Malmaison par Marchand. Ce dernier, premier valet de chambre dirige la domesticité. Comme jadis à la cour, Napoléon institue un cérémonial. Nul, sauf les dames, ne s'assied en sa présence sans un signe de lui, les serviteurs portent l'habit vert brodé d'or ou d'argent. Le matin, il déjeune seul sur un guéridon dans sa chambre. Les dîners se tiennent à 8 heures dans la salle à manger, et le maître d'hôtel Cipriani annonce les repas comme aux Tuileries : « Le dîner de Sa Majesté est servi ! », dîner au cours duquel les officiers sont en grande tenue et les dames en robe décolletée. Saint-Denis et Noverraz, à droite et à gauche de son fauteuil, font son service ; Gentilini et Rousseau, valets de chambre, font celui des convives. La nourriture est abondante mais de qualité médiocre. La viande est dure, la volaille coriace, les pommes de terre mauvaises, les légumes verts rares. Napoléon n'est pas difficile à table et ne se plaint jamais. Il n'en va pas de même pour ses compagnons qui expriment souvent leur vif mécontentement. Enfin, les interminables soirées sont occupées aux lectures de romans ou de pièces de théâtre ou encore aux entretiens. Parfois, Mme de Montholon se met au piano et chante. Vers 10 heures, Napoléon se lève et soupire. Encore une journée passée !

Cipriani, un maître d'hôtel mystérieux

Entré au service des Bonaparte dès son enfance, il devient l'intendant de Napoléon à l'île d'Elbe, puis ne le quitte plus. À Longwood, il est chargé du ravitaillement mais on le soupçonne de remplir des missions de renseignement pour le prisonnier. N'aurait-il pas aussi espionné Napoléon pour le compte des Anglais ? Mais c'est surtout sa fin qui est mystérieuse. En février 1818, il est brutalement saisi par de terribles douleurs abdominales et décède rapidement ! Il est enterré au cimetière de *Plantation House* mais sa tombe semble avoir disparue… Depuis, certains « historiens » soutiennent que la dépouille de Napoléon a été « enlevée » par les Anglais et que c'est le maître d'hôtel Cipriani qui a remplacé l'Empereur dans sa tombe de Sainte-Hélène puis, après 1840, aux Invalides !

Obsédés par l'idée que Napoléon puisse s'enfuir, les Anglais ne lui laissent aucun répit et le surveillent constamment. *Napoléon à Sainte-Hélène,* lithographie de Motte.

La dernière bataille de l'Empereur

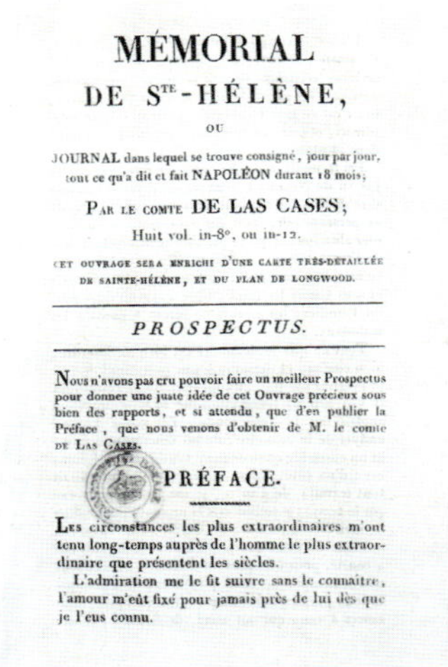
MÉMORIAL
DE S^TE-HÉLÈNE,
OU
JOURNAL dans lequel se trouve consigné, jour par jour, tout ce qu'a dit et fait NAPOLÉON durant 18 mois;
PAR LE COMTE DE LAS CASES;
Huit vol. in-8°, ou in-12.
CET OUVRAGE SERA ENRICHI D'UNE CARTE TRÈS-DÉTAILLÉE DE SAINTE-HÉLÈNE, ET DU PLAN DE LONGWOOD.

PROSPECTUS.

Nous n'avons pas cru pouvoir faire un meilleur Prospectus pour donner une juste idée de cet Ouvrage précieux sous bien des rapports, et si attendu, que d'en publier la Préface, que nous venons d'obtenir de M. le comte DE LAS CASES.

PRÉFACE.

Les circonstances les plus extraordinaires m'ont tenu long-temps auprès de l'homme le plus extraordinaire que présentent les siècles.
L'admiration me le fit suivre sans le connaître, l'amour m'eût fixé pour jamais près de lui dès que je l'eus connu.

La première édition du *Mémorial de Sainte-Hélène* en huit volumes sera publiée en 1823.

Napoléon n'a peut-être jamais été aussi grand qu'à Sainte-Hélène. Là, il livre sa dernière bataille, celle qui va fixer le jugement de la postérité, celle à partir de laquelle la légende va véritablement prendre son essor. À cette date, il est en pleine possession de ses capacités intellectuelles et physiques. Dans les premiers temps, il va bien, il vit du passé qu'il reconstitue à longueur de journée. Aidé par une mémoire prodigieuse, il peut dicter ses mémoires parfois pendant plus de seize heures d'affilée. Petit à petit, le rappel des temps heureux devient pour lui une véritable drogue. Cette remémoration le soulage et le détruit tout à la fois. « Nos journées étaient sans caractère, sans couleur et ne nous laissaient que des souvenirs vagues », écrit Las Cases.

Un jour, l'Empereur s'adressant à Gourgaud soupire :
– « Quelle heure est-il ?
– Dix heures.
– Comme les nuits sont longues !
– Et les journées, Sire…
– Il faut travailler sans quoi je serai mort avant huit jours. »

Tantôt, il travaille avec Las Cases avec lequel il aborde les sujets plus politiques, tantôt avec Bertrand, Gourgaud et Montholon auxquels il réserve le récit de ses batailles. Ses collaborateurs doivent prendre des notes à une vitesse effrayante, puis mettre au propre ce qu'ils ont attrapé à la volée. Le lendemain, on lui relit ce qu'il a dit la veille. Bien souvent ses « secrétaires » s'entendent dire qu'ils n'ont rien compris. Il dicte de nouveau, recommence jusqu'à trois fois, jusqu'à ce que sa pensée soit bien rendue. Enfin, Marchand ou Saint-Denis retranscrivent soigneusement le texte final. Il y a aussi les conversations avec ses compagnons. À peine rentrés chez eux, ses interlocuteurs notent soigneusement ce qu'ils viennent d'entendre et qui composeront leurs propres *Mémoires.* Comme il l'a promis à ses soldats lorsqu'il les a quittés, il entreprend le récit de ses campagnes. Il retrace les premiers temps de 1793 à 1801 ainsi que la fin de l'année 1815. Il n'aura pas le temps d'aborder la période intermédiaire. Entre ces chapitres qu'il a vécus, s'en intercalent d'autres sur les sujets les plus divers. Son labeur est considérable, par la quantité et la qualité. Composant et remodelant sans cesse son personnage, il repasse sa vie et reconstruit inlassablement le passé. Napoléon évoque la gloire d'autrefois, les erreurs commises, « Quel roman que ma vie ! » Telle une obsession, il refait sans cesse la bataille de Waterloo, cette « bataille incompréhensible ».

Chaque jour, Napoléon dicte ses mémoires à ses compagnons. Il vit les yeux tournés vers le passé. *Napoléon à Sainte-Hélène dictant ses mémoires au général Gourgaud,* peinture de Steuben.

En dictant ses mémoires, l'Empereur vise d'une part à s'adresser à l'opinion publique par-dessus leurs gouvernants, d'autre part à préparer l'avènement de Napoléon II. Dans ce qui va devenir le *Mémorial* de Las Cases, Napoléon veut

apparaître aux yeux de l'histoire avant tout comme un administrateur et un politique. La gloire militaire du conquérant doit s'effacer devant celle du Napoléon civil. « On aura beau retrancher, mutiler, supprimer… J'ai refermé le gouffre de l'anarchie et débrouillé le chaos... J'ai créé un code de lois qui portera mon nom aux siècles les plus reculés. J'ai livré cinquante batailles rangées que j'ai presque toutes gagnées ! Je me suis élevé de rien à être le plus grand monarque… J'étais la voix des temps nouveaux… Sur quoi pourrait-on m'attaquer, qu'un historien ne puisse me défendre ?… mon despotisme ? Mais il démontrera que la dictature était de toute nécessité. M'accusera-t-on d'avoir trop aimé la guerre ? Il montrera que j'ai toujours été attaqué. D'avoir voulu la monarchie universelle ? Il fera voir qu'elle ne fut que l'œuvre fortuite des circonstances, que ce furent nos ennemis eux-mêmes qui m'y conduisirent pas à pas… » Plus loin, il soutient que le « Napoléon vainqueur », a continuellement ménagé les vaincus, alors qu'il aurait pu les rayer de la carte, comme en 1806 avec la Prusse ou en 1809 avec l'Autriche. Il les a laissé subsister comme preuve de ses intentions pacifiques.

Pour le jeune prince, ses dictées seront une sorte de bréviaire d'homme d'État : « Il vaut mieux pour mon fils que je sois ici. S'il vit, mon martyre lui vaudra une couronne… » et avec une prescience étonnante, il annonce : « Le roi de Rome sera l'homme des peuples, il sera celui de l'Italie ; aussi la politique autrichienne le tuera. » Et en effet, Metternich fera tout pour se débarrasser du fils de Napoléon. Il le prénomme Franz, le transforme en duc de Reichstadt et il l'empêche de se soigner : atteint de la tuberculose, il lui est interdit de quitter les « marécages » viennois.

On connaît l'Empereur, insaisissable, plein de contradictions et de paradoxes ; à Sainte-Hélène, il essaie de les résoudre avec l'aide de ses quatre « évangélistes ». Sainte-Hélène, selon la prophétie de Henrich Heine, deviendra « le Saint-Sépulcre où les peuples de l'Orient et de l'Occident viendront en pèlerinage sur des vaisseaux pavoisés et leur cœur se fortifiera par le grand souvenir du Christ temporel qui a souffert sous Hudson Lowe… »

Décidé et conquérant, Napoléon se replonge dans son glorieux passé dont il entreprend le récit. Il achève de construire sa légende. *Napoléon dictant à Las Cases le récit de ses campagnes*, peinture de Sir William Orchardson.

LE *MÉMORIAL DE SAINTE-HÉLÈNE*

On aurait tort de croire que ce *Mémorial* est écrit sous la dictée du maître. Interprète de la pensée napoléonienne, Las Cases assume la responsabilité de la rédaction de l'ouvrage. En rédigeant cet énorme recueil de récits, de pensées et de réflexions avec un art sublime de propagandiste politique, Las Cases rend un grand service à son maître. Tout est dans ce livre, le Napoléon du peuple, le souverain républicain, le surhomme, le martyr prométhéen et le prophète des Temps modernes. À défaut d'ouvrir le chemin du trône à son fils, le *Mémorial* profitera à Louis-Napoléon Bonaparte, le neveu. En effet, toute la doctrine du bonapartisme comme courant politique est contenue dans cet ouvrage. Cela peut expliquer son extraordinaire succès de librairie en 1823 lors de sa première édition. Dès l'année suivante il est réédité sans cesse pour devenir probablement le best-seller du XIXe siècle !

Un geôlier très « consciencieux... »

En avril, un événement « providentiel », si l'on peut dire, pour la légende napoléonienne, va donner une dimension prométhéenne à la captivité de l'Empereur déchu et va contribuer à transformer celle-ci en martyre : l'arrivée du nouveau gouverneur de l'île, Hudson Lowe. Ce dernier a été choisi pour la rigueur de son caractère et son sens de la discipline. Mais, doté d'une intelligence médiocre, d'un esprit étroit, orgueilleux, il va appliquer le règlement à la lettre et multiplier les consignes de sécurité. Peu perspicace, il va se révéler incapable de comprendre la personnalité de Napoléon. Leur première rencontre se passe très mal. Hudson se présente à Napoléon sans être annoncé et s'évertue à l'appeler le « général ». Ce à quoi celui-ci répond vivement : « La dernière fois que j'ai entendu parlé de lui, c'est à la bataille des Pyramides ou du mont Thabor. » En fait, jusqu'alors, Hudson Lowe a eu une piètre carrière militaire : à la tête d'un régiment de Corses, qui avait rejoint le parti anglais, il a combattu en Égypte. Nommé lieutenant-colonel, il a capitulé à Capri devant le général Lamarque (1808) avant d'organiser en 1812 une légion de soldats allemands déserteurs de la Grande Armée. Il est donc flatté de sa nouvelle affectation et considère que sa mission a une réelle importance politique. Mais il est vite accablé par ses nouvelles responsabilités, obsédé par la crainte de l'évasion. Le souvenir de Campbell, revenant à l'île d'Elbe pour la trouver déserte, hante ses nuits. Parfois, il se relève au milieu de son sommeil, galope jusqu'à Longwood pour vérifier que son prisonnier est toujours là !

Avec l'arrivée du nouveau geôlier Hudson Lowe, la liberté de Napoléon est considérablement réduite. *Promenade à cheval de Napoléon escorté par un officier britannique,* gravure anglaise, 1816.

Ainsi, dès son arrivée le 16 avril, Hudson Lowe aggrave la situation de Napoléon en prenant des nouvelles mesures : interdictions, inspections, sanctions, délations, Napoléon est constamment tracassé, ennuyé, épié, suivi lors de ses promenades à cheval par ses gardiens. Il double le nombre de sentinelles devant patrouiller la nuit dans le jardin, et interdit aux Français d'adresser la parole aux personnes rencontrées lors de leur promenade ; tout visiteur ayant obtenu la permission de voir le prisonnier doit aussitôt venir lui rapporter leur conversation. De même, son courrier est impitoyablement censuré. Il s'oppose cruellement à ce que soit remis au prisonnier un buste de son fils apporté par le commandant d'un navire marchand. En octobre, par mesure d'économie, sur ordre de Londres, le gouverneur lui retire trois de ses serviteurs. Le périmètre, où le captif peut se promener, est réduit d'un tiers. Toute la journée, il veut savoir ce que fait le prisonnier, allant même parfois jusqu'à exercer lui-même la surveillance, ce que lui reproche Napoléon : « Vous êtes lieutenant-général et vous vous comportez comme une sentinelle. » Ses compagnons n'ont aucun mal à le décrire dans leurs mémoires, comme un bourreau à demi halluciné.

Pendant tout le temps de la captivité, Hudson Lowe ne voit le prisonnier que six fois. La dernière entrevue a lieu le 18 août 1816 en présence de l'amiral Cockburn, affolé. Comme la discussion s'engage sur la réduction des dépenses de Longwood, en particulier sur les vivres, l'Empereur réagit en faisant allusion au régiment que Hudson Lowe avait jadis commandé, composé de déserteurs corses ou piémontais : « J'ai gouverné, et je sais qu'il y a des missions qu'on ne donne qu'à des hommes déshonorés. » Et il ajoute, cinglant : « Dans peu d'années tous les ministres de Londres, les Castlereagh, les Bathurst et lui-même, Hudson Lowe, tous seraient ensevelis dans la poussière de l'oubli, tandis que lui, l'empereur Napoléon, demeurerait toujours le sujet de l'Histoire. » Immédiatement, il ordonne à Cipriani de vendre l'argenterie pour faire savoir au monde à quoi, lui, Napoléon, en est réduit. Et il ajoute que, quand il ne pourra plus assurer sa nourriture, il ira s'asseoir à la table des grenadiers du 53e, « ils ne repousseront pas, j'en suis sûr, le premier, le plus vieux soldat de l'Europe ». Aucune autre conversation ne devait plus avoir lieu entre le prisonnier et son gardien. En raison des difficultés pour obtenir les autorisations de visite, peu à peu le vide se fait autour de l'Empereur. Avant l'arrivée de Hudson Lowe, Napoléon recevait avec plaisir des habitants de l'île, la famille Balcombe et d'autres, les corps d'officiers qu'on lui présentait. Tous les capitaines des vaisseaux, qui abordaient à Sainte-Hélène, se précipitaient vers la demeure désormais fameuse. « L'orgueil de ma vie sera de l'avoir aperçu » dit un marin. Un jour, le grand explorateur anglais Manning, qui revient du Tibet, rend visite à l'illustre captif. Prisonnier en France, il avait été libéré sur l'ordre de Napoléon, et voulait saluer celui qui lui avait permis de reprendre le cours de ses voyages.

Sans le savoir, Hudson Lowe aide Napoléon à créer la légende de son martyre.

HUDSON LOWE 1769-1844

Hudson Lowe n'est pas l'affreux bourreau décrit par la légende napoléonienne. Honnête et bon administrateur, mais d'un physique ingrat, le visage rougeaud avec d'énormes sourcils tombant sur un regard fuyant, il est décrit ainsi par Napoléon : *« J'ai vu des Tartares, des Cosaques et des Kalmouks, mais je n'ai jamais vu une figure aussi sinistre et aussi repoussante. »* La cohabitation « entre un geôlier qui ne sait qu'obéir et un prisonnier qui ne savait que commander » (G. Martineau) ne pouvait être qu'impossible. La fin de sa vie fut misérable, sans argent, tenu à l'écart par ceux qui l'avaient nommé, fui par ses proches ; son nom devint synonyme d'arbitraire borné. Wellington dit de lui que *« c'était un imbécile »* et lord Rosebery, Premier ministre anglais, écrira, et cela veut tout dire : *« Il n'était pas un gentleman. »*

« L'oppression et l'insulte ajoutent à ma renommée. » *César dans son palais*, gravure coloriée, 1817.

Les abandons commencent

Napoléon à Sainte-Hélène en costume de planteur, lithographie de Reynolds d'après Horace Vernet.

Les projets d'évasions

Dès 1816, Hudson Lowe est averti que des boucaniers américains préparent une expédition pour libérer le célèbre prisonnier. En mars 1817, le capitaine d'un navire anglais, indigné par l'attitude de son gouvernement vis-à-vis de Napoléon, se met à sa disposition pour le conduire où il veut. Vers la même époque, un officier de la garnison conçoit un projet : une chaloupe armée de bons rameurs le conduirait au large où un bâtiment de croisière l'attendrait. À la fin 1818, le bruit se répand à Sainte-Hélène qu'on a arrêté, à Pernambouc au Brésil, six anciens officiers qui se proposaient de venir jusqu'à Sainte-Hélène pour enlever l'Empereur à l'aide d'un bateau à vapeur et d'une sorte de sous-marin. Cette affaire semble se rattacher au plan d'évasion échafaudé par le général Lallemand. Toutefois, de l'avis de Napoléon lui-même : « *Ici, les chances d'évasion sont de une pour 199…* »

Dès 1816, la santé de l'Empereur commence à se dégrader. L'irrégularité du climat, l'humidité constante, les conditions d'hygiène provoquant de graves désordres intestinaux, tout cela ne pouvait guère arranger sa santé. Mais, aussi, d'étranges symptômes apparaissent : migraines violentes, constipation, gonflement des chevilles, photophobie (au point d'exiger que les volets soient toujours fermés), gingivite, phases alternées de somnolence et d'insomnie, toux incoercible… Quand s'achève l'année 1816 Marchand note dans ses *Mémoires* : « La santé de l'Empereur s'est gravement détériorée ». À partir du mois d'octobre 1816, il reste enfermé des semaines et sort rarement. Il va désormais vivre en reclus ou presque. Napoléon exige alors de ses compagnons qu'ils soient toujours disponibles, mais en même temps, il souffre de leurs incessantes querelles. Les relations se détériorent, l'air devient irrespirable.

Dès 1816, ses compagnons commencent à déserter. Las Cases est le premier. Par une imprudence invraisemblable chez un homme aussi intelligent, il confie une lettre secrète à un jeune domestique en partance pour l'Europe. En un tour de main, la ruse est découverte. « Cela est inconcevable », s'écrie l'Empereur, « il faut que Las Cases ait perdu le sens. » Peut-être que, malade, en butte aux persécutions des généraux qui le jalousent, considérant qu'il a assez de matière pour publier son livre, cherche-t-il un prétexte pour se faire renvoyer en Europe ? En tout cas, il est expulsé et les 925 pages de son manuscrit gardées sous scellés dans les tiroirs du gouverneur. Il ne sera restitué à Las Cases qu'après la mort de l'Empereur.

En 1818, le général Gourgaud quitte celui qu'il vénère. Il ne supporte plus la préférence marquée que l'Empereur porte au couple Montholon et il en est persuadé, la « Montholon » comme il l'appelle, a des bontés pour l'Empereur que le mari, complaisant et par intérêt, refuse de voir. « Comment fait Sa Majesté, les nuits sont longues », écrit Gourgaud qui appelle parfois une Négresse de Jamestown. Il est certain que la séduisante Albine a pendant longtemps mené une existence agitée. Lorsque, le 18 juin 1816, la petite Napoléone naît, les mauvaise langues n'ont pas manqué de lui attribuer une étrange ressemblance avec l'Empereur, ainsi qu'à sa sœur Joséphine, née, elle, en janvier 1818. La situation est intenable. Gourgaud prétend même se battre en duel avec Montholon. Napoléon excédé par ses emportements lui demande de quitter Sainte-Hélène. Malgré tous les problèmes causés par son horrible caractère, l'Empereur le voit partir avec tristesse le 14 mars. Après son départ, Montholon reste seul proche dans l'entourage immédiat de Napoléon, les Bertrand n'habitant pas Longwood House.

Le 25 juillet de la même année, c'est le médecin irlandais O'Meara, avec qui Napoléon s'est lié de sympathie, que Hudson Lowe arrache de Longwood. Il est expulsé sur l'ordre du gouverneur pour complicité avec les Français : médecin, il ne se voulait pas mouchard. Une fois en Angleterre, il ne cessera de dénoncer les mauvais traitements infligés à l'illustre captif. Le malheureux docteur fut mis à la retraite avec une simple pension de 100 livres. Désormais, Napoléon va rester quinze mois sans suivi médical.

D'une rare beauté, Albine de Montholon fut sans doute la dernière maîtresse de Napoléon.

Peu de temps après le départ d'O'Meara, il vomit pour la première fois depuis son arrivée à Sainte Hélène. À partir de cette date, les progrès de la maladie sont à peu près constants. Progressivement, Longwood se vide. Le cuisinier, le valet de pied partent pour cause de maladie et Cipriani, l'homme de confiance de Napoléon, meurt mystérieusement. Le 2 juillet 1819, c'est au tour de la belle Albine de Montholon de quitter Sainte-Hélène. Son mari devait lui aussi partir mais, grâce à de fructueuses promesses testamentaires Napoléon réussit à l'en dissuader. Napoléon reste seul avec lui et les Bertrand. Et encore, Fanny Bertrand proclame partout qu'elle ne passera pas un nouveau printemps ici.

À la même époque, l'Empereur apprend que les souverains réunis au congrès d'Aix-la-Chapelle, en novembre 1818, ont décidé de maintenir ce « pouvoir de la Révolution concentré en un individu » en captivité jusqu'à sa mort. Cruauté du sort : c'est le vieil ennemi de Napoléon, le comte Pozzo di Borgo, passé aux service du tsar, qui rédige le rapport final. L'Empereur s'enferme dans sa chambre et refuse de sortir. Désormais, il en est certain, Sainte-Hélène sera son tombeau.

Napoléon seul face à son destin : « C'est à l'Angleterre que je devrais le rayonnement de ma gloire. » *Napoléon Ier à Sainte-Hélène,* aquarelle de Sandmann.

1819-21 Son dernier souffle

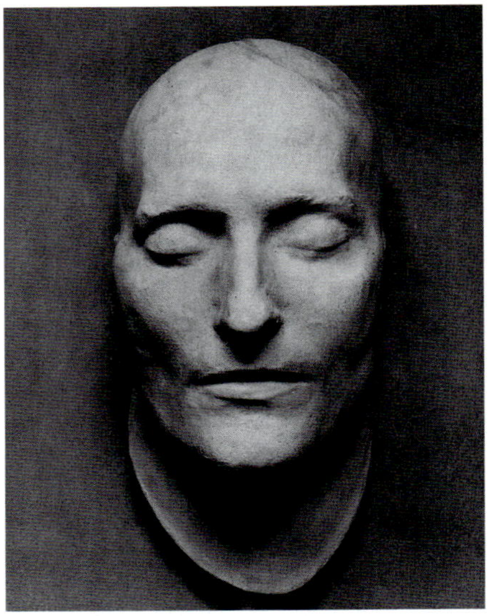

Le masque mortuaire de Napoléon : le moulage fut fait par le docteur Burton, aidé d'Antommarchi, le 7 mai. Le visage, creusé par la maladie, a retrouvé sa sérénité.

Après plus d'un an sans suivi médical, sa santé décline à vue d'œil. Il essaye de travailler mais il n'a plus le même feu. Il continue à lire beaucoup, il dicte moins. Plus de promenade à cheval, ni même en voiture. Il reste enfermé maintenant pendant des mois.

Cet homme, qui n'a vécu que pour l'action, est désormais condamné à une inactivité complète. Souvent, il ressasse qu'il aurait dû mourir à Waterloo, qu'il a cherché la mort mais que la mort n'a pas voulu de lui. Le 20 septembre 1819, arrivent à Sainte-Hélène, deux prêtres et un médecin, corses tous les trois, choisis par le cardinal Fesch, l'oncle de Napoléon, pour assister ce dernier. Quels réconforts ! L'abbé Buonavita est un vieillard cacochyme et impotent, l'abbé Vignali plus jeune, est peu cultivé. Quant au médecin Antommarchi, son ignorance égale sa vanité : « Jusqu'à présent » avoue-t-il, « je ne me suis occupé que de cadavres. » Ce médiocre praticien ne sera d'aucun secours pour son malade, auquel il causera plus d'ennuis que de soulagement. Le Dr O'Meara, avant son départ, lui avait déjà recommandé de prendre de l'exercice. Antommarchi renouvelle ce conseil, son seul bon : de l'activité !

Alors le 3 octobre, après six semaines d'enfermement, il se promène dans le jardin, il s'active, il se met au jardinage. Tout à coup, le voilà pris d'une véritable frénésie : il entreprend l'aménagement du jardin conférant ainsi au domaine l'agréable aspect qu'il présente aujourd'hui. Il dresse des plans et rassemble des équipes, tout le monde devant participer aux travaux. Et au début de l'année 1820, sa santé s'améliore un peu. Le 26 mai, il remonte à cheval, ce qui n'était pas arrivé depuis quatre ans. Hélas, la rémission est de courte durée. Comment après avoir fait trembler tous les rois de l'univers peut-on se consacrer au jardinage ?

Les malaises reprennent au milieu de 1820. En juin, les progrès de la maladie se manifestent à nouveau ; en novembre les vomissements commencent… Napoléon n'est plus que l'ombre de lui-même. Les douleurs qu'il ressent dans la région de l'estomac lui font l'effet de « coups de rasoir », ses jambes sont enflées, il a des syncopes. Il marche de plus en plus difficilement. La maladie fait des progrès effrayants, douleurs dans l'abdomen, au côté droit, fièvre, toux, froid glacial dans les jambes. Il sombre dans une extrême mélancolie. Napoléon semble s'être résigné à mourir. Une profonde tristesse s'abat sur Longwood. Il ne se sent bien que dans son lit : « Le lit est devenu pour moi un lieu de délices. Quel changement ! Combien je suis déchu !… Mes forces, mes facultés m'abandonnent… Je végète, je ne vis plus. » Début mars, l'effort pour se lever est insurmontable : « En quel état suis-je tombé. Je ne suis plus Napoléon ! » L'Empereur s'alite. Il ne se relèvera plus. Le 12 avril, il dicte à Montholon son testament puis s'efforce de le recopier lui-même. Pour l'écrire, Napoléon évoque toute sa vie, il pense à tous les hommes qu'il a aimés, à tous ceux qui lui ont été dévoués, à ceux qui se sont sacrifiés pour lui et qu'il immortalise en gravant leurs noms sur sa dernière œuvre.

Le testament de Napoléon Bonaparte

1 – Je meurs dans la religion apostolique et romaine, dans le sein de laquelle je suis né, il y a plus de cinquante ans.
2 – Je désire que mes cendres reposent sur les bords de la Seine, au milieu de ce peuple français que j'ai tant aimé.
4 – Je recommande à mon fils de ne jamais oublier qu'il est né prince français, et de ne jamais se prêter à être un instrument entre les mains des triumvirs qui oppriment les peuples de l'Europe. Il ne doit jamais combattre, ni nuire en aucune autre manière à la France, il doit adopter ma devise : *Tout pour le peuple français.*
5 – Je meurs prématurément, assassiné par l'oligarchie anglaise et son sicaire ; le peuple anglais ne tardera pas à me venger.

II

1 – Je lègue à mon fils mes armes, savoir : mon épée, celle que je portais à Austerlitz, le sabre de Sobieski, mon poignard, mon glaive, mon couteau de chasse, mes deux paires de pistolets de Versailles.
2 – Mon nécessaire d'or, celui qui m'a servi le matin d'Ulm, d'Austerlitz, d'Iéna, d'Eylau, de Friedland, de l'île de Lobau, de la Moskova et de Montmirail.
3 – Je charge le comte Bertrand de soigner et conserver ces objets, et de les remettre à mon fils lorsqu'il aura seize ans.

À partir du 17 avril 1821, son état est désespéré. Enfin il parle de son fils auquel il pense sans cesse. Il lui réserve tous ses objets personnels, objets que le roi de Rome ne verra jamais. Il dicte les émouvants *Conseils* à son fils où il lui recommande de ne pas venger sa mort, de régner par la paix pour pouvoir achever son œuvre : « J'ai été obligé de dompter l'Europe par les armes, aujourd'hui il faut la convaincre. J'ai sauvé la Révolution qui périssait, je l'ai lavée de ses crimes, je l'ai montrée resplendissante de gloire, j'ai implanté en France et en Europe de nouvelles idées, elles ne sauraient rétrograder. Que mon fils fasse éclore tout ce que j'ai semé… » Il lui conseille enfin de faire l'Europe, « en se laissant porter par la liberté ». Le 4 mai, Antommarchi prescrit du calomel, un vomitif à base de mercure totalement contre-indiqué et qui affaiblit encore plus le malade. Dans la nuit, l'Empereur demande à Marchand :

« – Comment s'appelle mon fils ?

– Napoléon. »

Vers 2 heures, il entrouvre les yeux, remue les lèvres et murmure : « Armée, à la tête… l'armée », ses derniers mots. Le 5 mai 1821, à 17 h 49, sur son lit de camp, Napoléon rend trois soupirs, et « le plus puissant souffle de vie qui, jamais, anima l'argile humaine » (Chateaubriand).

Le 6 mai, l'autopsie est pratiquée par Antommarchi, assisté de sept médecins britanniques, devant sept Français et deux civils anglais. Personne ne parlant d'embaumer le corps, Antommarchi lave l'intérieur de celui-ci à l'eau de Cologne. Il détache le cœur et l'estomac. Puis Marchand et Ali habillent le mort de son habit de colonel des chasseurs à cheval, vert à parement rouge décoré de la Légion d'honneur, de la couronne de fer et de son bicorne des batailles. Généralement, on admet que Napoléon est mort des complications d'un ulcère à l'estomac, qui a pu dégénérer en cancer.

Napoléon est inhumé selon ses dernières volontés le 9 mai suivant, près d'une source dans la vallée du Géranium, dénommée depuis vallée du Tombeau. Acharné jusqu'à la fin à rabaisser le personnage, Hudson Lowe interdit l'inscription « Napoléon » sur la pierre tombale.

« Dans la mort, sa figure était la plus belle que j'ai pu contempler » a dit un de ses ultimes compagnons. *La mort de Napoléon,* peinture de Steuben.

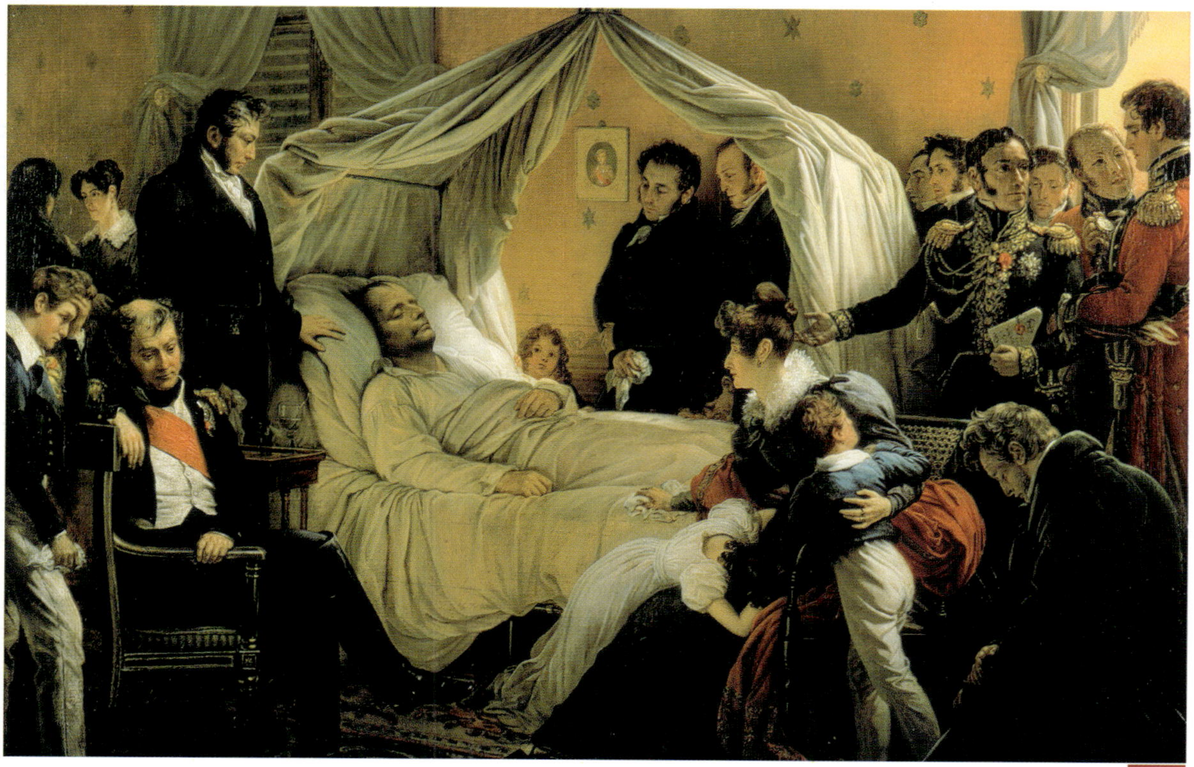

L'envol de la légende

À partir de 1830, Napoléon est l'objet d'un véritable culte populaire notamment à travers les images d'Épinal de la maison Pellerin.

Lorsque le 5 mai 1821, Napoléon rend à son Créateur son dernier souffle, il a réussi ce tour de force : créer autour de son nom et de son vivant une « légende », instituer un culte, presque une religion, qui rende son histoire immortelle. Après sa mort, cette légende va connaître une fortune extraordinaire ainsi que le traduisent si bien ces mots de Chateaubriand : « Vivant, il a manqué le monde, mort il le possède. »

Dans la France pacifiée et ennuyeuse de la Restauration, la légende napoléonienne se construit autour de la défense d'un pays humilié après avoir dominé le monde, autour du drapeau tricolore ; ses héros sont les vétérans des armées impériales. La publication par Las Cases du *Mémorial de Sainte-Hélène* en 1823 va contribuer à l'envol de la légende. L'épopée napoléonienne et les récits des demi-solde font rêver la jeunesse romantique, celle des jeunes gens au talent inemployé. Victor Hugo, poète royaliste, évolue en chantre napoléonien et célèbre « le temps où Napoléon flamboyait comme un phare ». Pour toute une génération littéraire, l'Empereur devient le héros romantique par excellence. « Alors, écrit Musset dans *la Confession d'un enfant du siècle*, s'assit sur un monde en ruines une jeunesse soucieuse. Tous ces enfants avaient rêvé pendant quinze ans des neiges de Moscou et du soleil des pyramides. Ils avaient dans la tête tout un monde, ils regardaient la terre, le ciel, les rues et les chemins, tout cela était vide et les cloches de leur paroisse résonnaient seules dans le lointain. » Et Lamartine ajoute « la France s'ennuie ».

Parallèlement à cette légende romantique, apparaît un culte populaire, notamment dans les campagnes. La situation économique difficile que connaît la Restauration amplifie aux yeux des paysans et des ouvriers le souvenir de l'époque impériale, période de salaires élevés et de bas prix du pain. En outre, la mort, en 1832, du fils de Napoléon, éloigne l'espoir d'une restauration de l'Empire. L'ex-roi de Rome, *l'Aiglon*, devenu Franz, duc de Reichstadt, meurt à 22 ans de tuberculose au palais de Schönbrunn. Dès les mois suivants paraît une masse d'écrits, d'odes, de romances sur Napoléon, la plupart d'auteurs inconnus. L'imagerie populaire et l'art pictural le magnifient. D'un prix modique, les lithographies et les images d'Épinal sont largement diffusées et contribuent à rendre si populaire la légende du Petit Caporal. Parmi les dessinateurs, Charlet et Raffet s'adressent directement à l'imagination populaire. La légende n'est pas l'œuvre des lettrés, elle sort du peuple. Napoléon y est dépeint comme le créateur d'une France maîtresse de l'univers, législatrice du monde, modèle des nations. Mais cette gloire ne l'a pas empêché de rester simple, familier avec ses soldats, buvant au même bidon qu'eux. Jamais il n'a versé dans le cléricalisme, c'est un vrai libéral ; il est le successeur et l'agent de la Révolution française. D'autant plus que sa fin tragique à Sainte-Hélène achève de fixer cette image : il a subi un véritable martyre, séparé de sa femme et de son fils et humilié par les Anglais. Mais il a supporté tous ces maux avec dignité. La tradition napoléonienne s'achève dans une époque où le merveilleux chrétien a perdu son pouvoir.

Les Souvenirs du peuple de Béranger

Dans ses chansons politiques, Béranger réussit parfaitement à exprimer les sentiments populaires. Il connaît à cette époque un immense succès.

« On parlera de sa gloire
Sous le chaume bien longtemps.
Bien dit-on qu'il nous ait nui,
Le peuple encore le révère,
Oui le révère.
Parlez-nous de lui, grand-mère
Parlez-nous de lui. »

Contre les monarques de la Sainte-Alliance, les soulèvements libéraux qui secouent l'Europe se font aux cris de « Vive Napoléon ! » Ainsi, après avoir réveillé le nationalisme, l'ex-tyran devient le père du principe des nationalités et du libéralisme. Son nom est désormais une force qu'un libéral et qu'un républicain même, se doit de mettre de son côté, dans sa lutte contre la royauté. Dans les goguettes de la plèbe, aux barrières, dans les faubourgs, partout fleurissent les chansons à la gloire du Petit Caporal. On oublie vite le despote, pour se rappeler, l'homme qui a porté aux nues l'honneur national et diffusé avec ses aigles, les idées françaises à travers toute l'Europe.

Même les plus grands compositeurs sont attirés par le thème napoléonien. Au moment de son apothéose, Berlioz, Schumann, ont tous deux célébré à leur façon Napoléon. Berlioz surtout semble avoir été fasciné par le souvenir de l'Empereur. Il compose une cantate pour voix basse *le Cinq Mai* en 1835 et un *Te Deum* en 1849. Quant à Schumann c'est le poème de Heinrich Heine, *les Deux Grenadiers* qu'il met en musique dans un lied fameux en 1840. Sa divinisation est pour une bonne part fille de l'adulation insensée dont il fut l'objet. C'est ainsi qu'est fixé dans la mémoire collective le personnage héros de la gloire nationale. Comme dira Guizot dans ses *Mémoires :* « C'est beaucoup pour un seul homme d'être à la fois une gloire nationale, une garantie révolutionnaire et un principe d'autorité… »

À la fois héros mythique incarnant le monde nouveau et héros pathétique, aveuglé par le poids de son destin, l'Empereur a donné naissance à une légende qui a inspiré les plus grands poètes. César périt assassiné, Alexandre disparaît épuisé par ses conquêtes, Napoléon meurt déporté sur une île perdue. Ainsi, il n'est pas étonnant d'assister à la création d'un Napoléon consensuel, car, comme l'a expliqué le philosophe américain Emerson, le secret de sa popularité serait que chaque homme projette en lui sa propre volonté de puissance et s'identifie à lui dans ses rêves les plus fous de démesure. Par un certain paradoxe, qui n'est pas le moindre, comme dit l'historien Jean Tulard « ce héros de l'individualisme devient une idole du commun ».

Entouré de ses quatre « évangélistes », Napoléon dicte ses mémoires à Las Cases, accompagné de son fils Emmanuel. Lithographie de Nicolas Eustache Maurin.

Les adieux de la famille Bertrand à Napoléon sur le rocher de Sainte-Hélène, peinture d'Horace Vernet.

Le retour des cendres

Le 15 octobre, le cercueil de Napoléon est ouvert sous l'œil ému de ses plus fidèles compagnons. Comme le rapportent les différents témoignages, le corps de l'Empereur est intact.
Lithographie de Rulalie Morin.

En 1840, le président du Conseil, Adolphe Thiers négocie avec Londres le retour des cendres de Napoléon à Paris. Manœuvrier subtil, il veut, par cette initiative, rehausser le prestige du roi Louis-Philippe Ier. Admirateur sincère de Napoléon, Thiers désire aussi conserver sa réputation de ministre « national ». Certes, le gouvernement pacifique de Louis-Philippe a déjà célébré le culte impérial, bien conscient qu'il pouvait servir d'exutoire à la ferveur nationaliste des Français ; ainsi, la statue de Napoléon a été replacée au sommet de la colonne Vendôme (1833), et l'Arc de triomphe terminé (1836). Mais, pour achever la « récupération » de l'idole, la monarchie de Juillet se doit de reprendre la dépouille mortelle du grand Empereur.

Considéré comme l'apothéose du culte impérial qui n'a cessé de se développer depuis 1815, le retour des cendres se fait dans l'enthousiasme national. Le 7 juillet, la frégate *la Belle Poule*, sous le commandement du prince de Joinville, fils cadet de Louis-Philippe, appareille pour l'île de Sainte-Hélène. À son bord, Bertrand, l'ex-grand maréchal, Gourgaud, Marchand, Emmanuel, le fils de Las Cases, qui, aveugle et malade, n'a pu se joindre à l'expédition. Presque tous les survivants de la captivité sont là. Après trois mois de voyage, Joinville et sa suite sont reçus par le gouverneur de l'île, lord Middlemore : « Messieurs, jeudi 15 octobre, les restes mortels de l'Empereur Napoléon seront remis entre vos mains. » Ironie du sort, près de vingt ans après sa mort, les Anglais acceptent enfin de lui reconnaître son titre d'empereur. Par-delà la tombe, le dernier combat est gagné.

L'exhumation prend de longues heures. Quand enfin la dalle du caveau apparaît, le moment tant attendu, tant espéré, tant redouté par les amis de l'Empereur arrive. Bouleversante surprise ! Le corps est là, intact. Napoléon lui-même est là présent devant ses anciens compagnons. Les traits de son visage, bien qu'altérés, sont parfaitement reconnaissables. Le visage semble celui d'un homme endormi. Mais, les coutures des bottes ont cédé et on aperçoit le bout des orteils. Le costume si connu a peu souffert. Tous ses compagnons pleurent, Gourgaud sanglote sans retenue.

Le cercueil est embarqué à bord de la frégate *la Belle Poule* afin d'être rapporté en France. Une chapelle ardente installée à l'arrière du navire illumine la scène d'une lumière surnaturelle.
Détail d'une peinture d'Isabey.

Le 29 novembre, *la Belle Poule* battant pavillon impérial arrive en vue de Cherbourg. Quelque temps après, on transporte le cercueil à bord du bateau fluvial *la Normandie* qui va remonter la Seine. Sur les rives, tout un peuple s'incline devant la dépouille de Napoléon ; de temps en temps, de vieux grognards se détachent de la masse ; raidis dans un dernier garde-à-vous, ils sont venus saluer une dernière fois leur Empereur. Le 14 décembre, le corps du héros arrive à Courbevoie. Déjà une foule immense se presse, mais le lendemain ils seront un million de Français à crier « Vive l'Empereur ! » Le 15 décembre, à 5 heures du matin, les canons des Invalides commencent à tonner. La cérémonie va commencer. Il fait très froid, près de -10° C, la neige se met à tomber. Vers 9 heures, le char funèbre vient se ranger près du débarcadère de

Courbevoie. Il ressemble à un temple grec aux frontons ornés de guirlandes de chêne, d'écussons et d'aigles. Seize chevaux caparaçonnés d'or tirent ce char haut de 10 m, sur lequel repose le cercueil. Toujours et de toutes parts le canon tonne, tandis que les cloches des églises sonnent à toute volée. Auber, Adam et Halévy ont été désignés pour composer les marches funèbres instrumentales qui accompagnent la translation des cendres entre Neuilly et les Invalides. Toutes les troupes de Paris précèdent le cortège admiré par une foule gigantesque. Près du char, l'arme au bras, des Anciens de l'épopée : « Sire, vous rentrerez dans votre capitale… » Le cercueil passe sous l'Arc de triomphe, traverse la place de la Concorde et arrive devant le dôme de l'hôtel des Invalides. La foule enthousiaste applaudit, crie, chante. Quand elle aperçoit les vétérans de la vieille Garde en uniforme du passé, marcher derrière le cercueil, le cri, qui autrefois faisait trembler l'ennemi, jaillit de toutes les poitrines : « Vive l'Empereur ! Vive Napoléon ! » « L'effet est prodigieux, note Victor Hugo. Une immense rumeur enveloppe cette apparition. On dirait que ce char traîne après lui l'acclamation de toute la ville comme une torche traîne sa fumée… »

Dans la cour des Invalides, Louis-Philippe s'avance au-devant du cortège. Trente-six marins de *la Belle Poule* descendent le cercueil et le portent jusqu'au porche. La cérémonie religieuse commence. Les notes du *Requiem* de Mozart s'élèvent sous la voûte. Le cercueil est ensuite transporté dans l'église. Le maréchal Moncey âgé de 87 ans, quasiment à l'agonie, s'est fait transporter près du catafalque. Quand le service funèbre est achevé, il murmure : « À présent, rentrons mourir. » Napoléon dort enfin sur les bords de la Seine auprès de ce peuple français qu'il a tant aimé. La légende a vaincu l'histoire. N'avait-il pas dit à Sainte-Hélène : « Vous entendrez encore Paris crier : Vive l'Empereur ! » Bien loin de la capitale, au fin fond des marais picards, dans une prison suintante d'humidité, un prisonnier avait entendu l'écho de ce cri formidable et se disait à lui-même : « Vous entendrez encore Paris crier : Vive l'Empereur ! » Son nom, Louis-Napoléon Bonaparte…

Le 15 décembre, lors d'une cérémonie grandiose, le cercueil de Napoléon est accueilli à Paris. Le retour des cendres marque le point culminant du mythe napoléonien. Lithographie de Adolphe Bayot.

Longwood territoire français !

Depuis leur achat en 1858 par Napoléon III, Longwood House et la Vallée du Tombeau sont territoire français. Restauré dans son aspect de 1821, le domaine est ouvert au public. Un consul honoraire de France y réside. Il est également conservateur des Domaines français de Sainte-Hélène. De la construction d'origine, seules les marches de pierre subsistent, les parties en bois ayant été depuis longtemps dévorées par les termites et le climat ! Les jardins, qui avaient été aménagés en 1819, ont été reconstitués.

La légende à travers le monde

L'avenir des statues, dit aussi *Masque de Napoléon,* plâtre peint de Magritte, 1937. Cette œuvre semble faire écho à ces mots de Napoléon : « Je sens en moi de l'infini. »

Personnage le plus représenté dans les arts, de la peinture à la musique, après le Christ, Napoléon est présent dans le monde entier. Il est rare que des renommées individuelles, par-delà les frontières, aient causé un frémissement aussi universel et saisi à ce point l'imagination des masses.

À l'article « Napoléon » de l'encyclopédie *Britannica* nous trouvons en guise de conclusion : « Napoléon a changé l'histoire de la France et du monde, il est un des plus grand héros de tous les temps ». Article étrange et symptomatique quand on le compare à ceux de nos dictionnaires nationaux qui le présente comme « un des grands capitaines et administrateur du monde ». Comme si la dimension épique et poétique échappait complètement à l'esprit rationaliste français.

Quand, à Sainte-Hélène, il coiffe la couronne du martyr qui va le transfigurer, cet admirateur du monde antique sait bien que la légende des héros malheureux hante la mémoire des peuples. Ainsi tout peuple en Europe peut considérer Napoléon à la fois comme son tyran et son libérateur. Héros de tragédie sur la scène de l'histoire moderne, Napoléon inspire poètes et philosophes de toutes nationalités : Kipling, Byron, Meredith, Thackeray, Thomas Hardy, Manzoni, Henri Heine, Nietzsche, Mickiewicz, Conan Doyle même, et jusqu'en Chine qui est un des premiers pays à honorer Napoléon d'une biographie dès 1837 !

Pourtant, dans un premier temps, c'est une contre légende ou légende noire qui s'élabore en Angleterre, en Allemagne, en Russie, en Espagne ; Napoléon est alors assimilé à Gengis Khan, à Attila ou même à l'Antéchrist. Cette propagande anti-Napoléon s'acharne sous forme de caricatures et de pamphlets contre la personne de « l'ogre corse ». Toutefois, dès la mort de l'ex-tyran la légende dorée semble l'emporter de nouveau.

Napoléon vu comme le sauveur du monde. *Le Prométhée de l'île de Sainte-Hélène,* gravure coloriée, 1815.

En 1821, lorsque Londres apprend sa fin misérable, elle est en proie à une forte émotion, plus profonde qu'à Paris. Des affiches invitent « tous ceux qui admirent le talent et le courage dans l'adversité à prendre le deuil en conséquence de la mort prématurée de Napoléon Bonaparte », et Chateaubriand dit que l'Angleterre s'éprit d'un enthousiasme bête. Custine écrit dès 1828 : « Cet Antéchrist, cet ogre d'il y a quinze ans est devenu le héros des mélodrames et des pantomimes qui attirent une foule extraordinaire, ses bustes sont exposés partout. » Les soldats de l'armée britannique lui vouent depuis longtemps un respect admiratif, et, Wellington, sur ses vieux jours, passe des heures, silencieux face au buste de son prestigieux adversaire. Plus symptomatique, Hudson Lowe se voit désavoué par ses compatriotes. Certes, en glorifiant ainsi leur pire ennemi, les Anglais se magnifient eux-mêmes, surtout qu'ils n'ont plus à le craindre ; ils peuvent ainsi savourer tout le prestige d'avoir vaincu un si grand homme.

Aux États-Unis, Napoléon incarne plutôt le type idéal du « self-made-man », l'homme qui s'est fait lui-même, l'homme qui réussit malgré tout et qui triomphe de tout, l'infériorité numérique, les distances immenses, les trahisons. C'est cette opiniâtreté, cette hargne au labeur, « ce courage des deux heures du matin » comme dit Malraux, qui plaît tant aux Américains. Il y a ce travail acharné, ce labeur presque héroïque au-delà des forces humaines. Mais il y a aussi le manieur d'hommes et l'organisateur hors pair qui réussit à faire plier à une inflexible volonté les forces divergentes et chaotiques du monde extérieur. L'Amérique toute entière trouve ainsi l'homme de la réalisation matérielle. En somme, pour l'Américain moyen, Napoléon est un parfait résumé des qualités suprêmes, et représente le type idéal. Dans les manuels scolaires américains, il est ainsi montré comme un modèle à suivre et le plus grand général de l'ère contemporaine. Preuve s'il en est de son incroyable popularité, à la fin du siècle dernier, on comptait aux États-Unis, quinze villes et hameaux portant le nom de Napoléon ou de Bonaparte. Il faut tout de même mentionner que, contrairement à bien d'autres pays, l'Amérique n'a jamais souffert des guerres napoléoniennes…

L'apothéose des héros français morts pour la patrie pendant la guerre de la liberté, peinture de Girodet-Trioson.

Plus étonnant, les Allemands vont élever le mythe napoléonien à des hauteurs encore inconnues. Lors d'un voyage Chateaubriand constate : « Les hommes qui se sont soulevés contre lui en 1813 pour leur indépendance nationale, ne rêvent que de lui tant il a ébranlé l'imagination des peuples. » Goethe écrit : « Sa vie a brillé d'une splendeur que le monde n'avait pas vue avant lui et que sans doute on ne reverra pas. » Pour Nietzsche, Napoléon est : « L'Européen parfait, le Héros situé au-delà du bien et mal », alors que Schopenhauer pense qu'il incarne « la plus belle manifestation de la volonté humaine ».

La Pologne, quant à elle, n'hésite pas à citer Napoléon dans son hymne national pour en faire un modèle à suivre. Même si l'extrême russophobie des Polonais a certainement joué un rôle dans ce choix, le fait est frappant. D'abord chant patriotique chanté par tous les Polonais combattant pour leur liberté, la *Mazurka* de Dabrowski devient en 1918, avec l'indépendance de la Pologne, l'hymne national officiel :

« Nous traverserons la Vistule
Nous traverserons la Warta
Nous serons polonais
L'exemple que nous a donné Bonaparte
La victoire nous devons remporter. »

Finalement, le seul pays où la légende dorée ne réussit jamais à s'implanter est l'Espagne, signe, sans doute, de la fierté du peuple espagnol d'avoir tenu en échec Napoléon et d'avoir fait ainsi basculer le cours de l'épopée napoléonienne. Il est vrai aussi que dans la péninsule, sentiment national et exaltation religieuse se sont mêlés pour donner de Napoléon l'image inattendue de l'Antéchrist, et pour comparer la guerre contre lui à l'Apocalypse. Adulé ou haï, Napoléon a eu un destin fulgurant qui fera fantasmer ou rêver encore longtemps tous les hommes, qu'ils soient amis ou ennemis de sa mémoire.

Le mythe napoléonien se propage jusqu'au lointain Japon, où Napoléon devient un héros populaire.
Figurine japonaise du XIXe siècle représentant un samouraï avec l'uniforme des chasseurs de la Garde, dans une attitude toute impériale.

Napoléon assassiné !

Depuis sa mort, le 5 mai 1821, officiellement des suites d'un ulcère à l'estomac, des doutes sérieux planent sur les causes de la mort de Napoléon. Que d'encre a coulé sur son éventuel empoisonnement par une mystérieuse main criminelle. Aux côtés de thèses sérieuses et documentées, des hypothèses pour le moins farfelues et fantaisistes ont été élaborées. Régulièrement elles réapparaissent, assorties de faits nouveaux, qui il faut bien l'avouer, sont parfois troublants.

Dès 1961 un expert en toxicologie, le docteur suédois Forshufvud, découvre, à la lueur des *Mémoires* de Marchand (publiées en 1955), qui notaient l'évolution du mal de Napoléon, que les symptômes qu'il présentait, ressemblent à ceux observés lors d'une intoxication chronique à l'arsenic. Or, l'étonnant état de conservation du corps de Napoléon, lors de l'exhumation près de vingt ans plus tard vient renforcer sa conviction. En effet, l'une des propriétés de l'arsenic est de conserver les corps. Il conclut dans son ouvrage que l'Empereur a bel et bien été assassiné…

Napoléon est représenté tel un Christ romantique. *Napoléon sur son lit de mort,* peinture d'Horace Vernet, 1826.

Autour de cette hypothèse s'est formée, dans les années 1980, une véritable école « empoisonniste », active et tonitruante. Les tenants de cette école s'appuient sur des analyses, de plus en plus affinées, effectuées sur les cheveux de l'Empereur par plusieurs laboratoires, dont celui de chimie-toxicologie du FBI. Pourtant, il faut bien avouer que la thèse du complot des dirigeants britanniques et français est historiquement hasardeuse. Depuis longtemps, cette école « empoisonniste » s'est heurtée au scepticisme des plus grands historiens français. Ainsi, même si certains spécialistes n'ont pas totalement écarté la thèse de l'intoxication à l'arsenic, la plupart ont émis des sérieuses réserves sur ses conséquences. Certes, on a trouvé de l'arsenic dans les cheveux de l'Empereur et ses symptômes ressemblent à certains égards à ceux d'un empoisonnement. Mais, il est possible que des poudres, contenant des oxydes d'arsenic, aient été d'usage fréquent au début du XIXe siècle. À l'époque, il était habituel de traiter les cheveux ou les perruques avec ces poudres afin d'assurer leur conservation et leur protection contre les parasites. Cela expliquerait que l'on ait trouvé de fortes concentrations d'arsenic dans des mèches de l'Empereur datant de 1805. En outre, il faut rappeler que l'arsenic est très répandu dans la nature et qu'il aurait pu se retrouver accidentellement dans l'alimentation de Napoléon. Enfin à faible dose, ce poison a longtemps été utilisé comme stimulant. Finalement, actuellement, aucun scientifique ou historien ne conclut à l'empoisonnement.

L'autre aspect de cette « affaire » concerne le risque qu'auraient pris les Anglais en assassinant Napoléon. Il semble qu'en agissant ainsi, ils n'auraient que contribué à grandir la figure de « martyr prométhéen », alors que, partout, à travers le monde, commençait à se répandre la légende de Napoléon. On peut ajouter que Hudson Lowe et son épouse, à leur retour en Angleterre ne cachaient pas leur dépit devant l'état de leurs finances et criaient partout qu'ils étaient plus pauvres qu'à leur départ… Enfin, et d'une façon plus prosaïque, sur l'île de Sainte-Hélène, les Anglais n'avaient guère accès à leur prisonnier. Seul le proche entourage de l'Empereur composé de fidèles compagnons peut être suspecté. Pour l'école « empoisonniste », le comte de Montholon est le suspect principal. Pourtant, on peut tout reprocher à ce dernier, excepté un dévouement irréprochable, dévouement qui d'ailleurs se vérifiera tout au long de son existence. De 1821 à 1829, il sera considéré comme suspect par le pouvoir royaliste et, en 1831, il manœuvrera en faveur du fils de Napoléon. De même, après le coup d'État manqué du futur Napoléon III en 1840, il le suivra en captivité au fort de Ham. En plus, Montholon n'a aucun intérêt à empoisonner Napoléon, dont il capte patiemment l'héritage, en fermant les yeux sur la liaison de l'Empereur avec sa femme. Sur le testament de celui-ci, il figure avec celle-ci pour 2 200 000 francs et les Bertrand pour 9 000 000 francs.

Finalement, il y a tout lieu de croire que Napoléon est mort des suites d'un ulcère à l'estomac dont les causes sont psychosomatiques et physiques. Ulcère ou cancer ? Antommarchi, le médecin de l'Empereur, emploie le terme « cancéreux » alors qu'en 1821, on ignorait les caractéristiques propres du cancer et de l'ulcère. En outre, il n'y a aucune trace de métastase dans le foie. Il s'agit donc plutôt d'un ulcère chronique ayant peut-être dégénéré en cancer. Ce qui est sûr, c'est que le mal était ancien. Le caractère impulsif de Napoléon et sa manie de prendre ses repas en quelques minutes lui provoquaient de violents maux d'estomac.

Toutefois, les causes psychologiques semblent décisives. Comment ce génie de l'action aurait-il pu surmonter le traumatisme de l'exil sur ce rocher perdu, cette vie confinée et monotone, passée à ressasser continuellement le passé ? Napoléon présente dès lors tous les stigmates d'un état dépressif, celui d'un homme qui se sent exclu du monde et de ses pompes, et qui appelle véritablement la mort de ses vœux. L'enfermement, la souffrance, l'incroyable médiocrité de son environnement humain, l'ennui, le climat épouvantable, les vexations provoquent son naufrage psychologique, prélude à son agonie physique.

L'autopsie du corps : le rapport d'Antommarchi

Le procès-verbal d'autopsie d'Antommarchi déplaisant aux médecins anglais, ces derniers rédigent un rapport séparé. Après une discussion très vive, tous se mettent finalement d'accord pour parler de « squirre cancéreux au pylore ».

« *…J'ai observé que l'adhérence de la face concave du lobe gauche du foie formait un trou du diamètre d'environ trois lignes (soit sept millimètres) dans la face antérieure de l'estomac près de son extrémité droite. Ayant ouvert l'estomac derrière sa grande courbure, j'ai observé qu'il était rempli en partie d'une substance liquide noirâtre, d'une odeur piquante et désagréable. Ayant ôté le dit liquide, j'ai observé un ulcère cancéreux fort étendu qui occupait spécialement la partie supérieure de la face interne de l'estomac et s'étendait de l'orifice du cardia jusqu'à environ un pouce du pylorum. Sur le bord de l'ulcère vers le pylorum, j'ai reconnu le trou ci-dessus produit par la corrosion ulcéreuse des parois de l'estomac. Les parois ulcéreuses de l'estomac étaient considérablement gonflées et endurcies…* »

Surgi des profondeurs du monde des ténèbres, Napoléon entre dans la lumière de l'immortalité. *Napoléon sortant de son tombeau*, gravure d'Horace Vernet.

Napoléon superstar !

Le *Napoléon* d'Abel Gance, avec Albert Dieudonné dans le rôle de l'Empereur, un chef-d'œuvre de l'histoire du cinéma.

Jean Tulard et Jean-Pierre Mattei ont recensé plus de 500 films où l'Empereur est évoqué, dont 250 dans lesquels il apparaît en vedette. Cette abondance de films sur Napoléon provient de sa capacité étonnante à véhiculer les idéologies et les messages les plus variés. Deux ans seulement après l'invention du cinéma en 1895, Louis Lumière met en scène la rencontre de Napoléon avec le pape à Fontainebleau. Aux États-Unis, Blackton réalise en 1909, *Napoléon, homme de la destinée* d'après Emerson ; en Russie, en 1912 Gontcharov tourne *1812*. Ces premiers films témoignent d'un phénomène culturel essentiel. Toute l'imagerie napoléonienne véhiculée au XIXe siècle se retrouve au cinéma. Comprenant que l'imagination gouverne le monde, Napoléon a su imposer de son vivant un personnage aisément identifiable avec une image – le petit chapeau, sa redingote grise –, une silhouette qui ne ressemble à aucune autre. Il fait se rejoindre l'histoire, la légende et la fable. Le résultat est que n'importe quel acteur peut interpréter son personnage. Chaplin lui-même y avait songé.

Le chef-d'œuvre sur Napoléon reste incontestablement le *Napoléon* d'Abel Gance, pour lequel ce dernier tente tout ce que le cinéma pouvait alors offrir en matière d'effets. On sait qu'il a presque ruiné son réalisateur. L'époque était au gigantisme. Abel Gance écrit à ce sujet : « Napoléon est un paroxysme dans son époque, laquelle est un paroxysme dans le temps. Et le cinéma pour moi est le paroxysme de la vie. » Quand il décide de tourner sa vie de Napoléon, Gance est déjà un réalisateur célèbre. Mais c'est *Napoléon* qui va l'imposer, en 1927, comme l'un des plus grands réalisateurs de l'histoire du septième art. Le contexte historique est important. La France est victorieuse, elle est à son apogée avant la grande dépression. La version intégrale durait sept heures et vingt-sept minutes et était prévue pour un triple écran. Avec l'arrivée du parlant, Gance remanie son œuvre pour aboutir, en 1934, à une version parlante d'un peu plus de cinq heures. S'il est porté par une vision personnelle du personnage, le film n'en est pas moins très informé, Gance ayant lu les grands historiens comme Alphonse Aulard ou Frédéric Masson. Recherchant tant les grandes perspectives que les détails pittoresques, Gance a certes inventé des scènes, comme la naissance de *la Marseillaise* ou la rencontre avec Danton, mais des moments clés, comme par exemple, le siège de Toulon, sont dans l'ensemble assez exacts. Mais ce qui fait sa force c'est qu'il filme avant tout en poète et donne à son œuvre un souffle épique tout à fait unique, par lequel il transcrit la légende. Un autre facteur participe à la magie du film : le jeu d'Albert Dieudonné, qui restera marqué pour la vie par son rôle. Il incarnera de nouveau Napoléon en 1941 dans le *Madame Sans-Gêne,* de Roger Richebé. Ces rôles le conduiront à une identification abusive avec son personnage et le mèneront aux limites de la paranoïa. Ainsi, quand on lui demandera sa date de naissance, il répondra d'un ton excédé : « Mais le 15 août 1769 à Ajaccio, voyons ! C'est dans tous les livres… » Chef-d'œuvre cinématographique, le film d'Abel Gance n'en fut pas moins un échec commercial retentissant. Et ce pour des raisons techniques, le problème du triple écran présentant des difficultés

Napoléon, l'un des personnages préférés de Sacha Guitry

En 1938, Sacha Guitry ose la fameuse rencontre de Bonaparte et de Napoléon dans *Remontons les Champs-Élysées*. Après avoir tourné *le Destin fabuleux de Désirée Clary* en 1942, Guitry est arrêté un temps en 1944. Il en conservera une profonde amertume et pour se justifier prépare *le Diable boiteux*. Le « diable boiteux » est, bien sûr, Talleyrand qui traverse allégrement tous les régimes… Ce qui intéresse Guitry, c'est le rapport entre le destin d'un homme et celui d'une nation, ainsi qu'une certaine idée de la France. Pour lui, non seulement Napoléon incarne la France mais il la figure pleinement et entièrement. Après le succès de *Si Versailles m'était conté*, Sacha Guitry tourne en 1955 *Napoléon* avec Daniel Gélin et Raymond Pellegrin. Ce dernier reste pour beaucoup un des Napoléon les plus ressemblants et convaincants du cinéma.

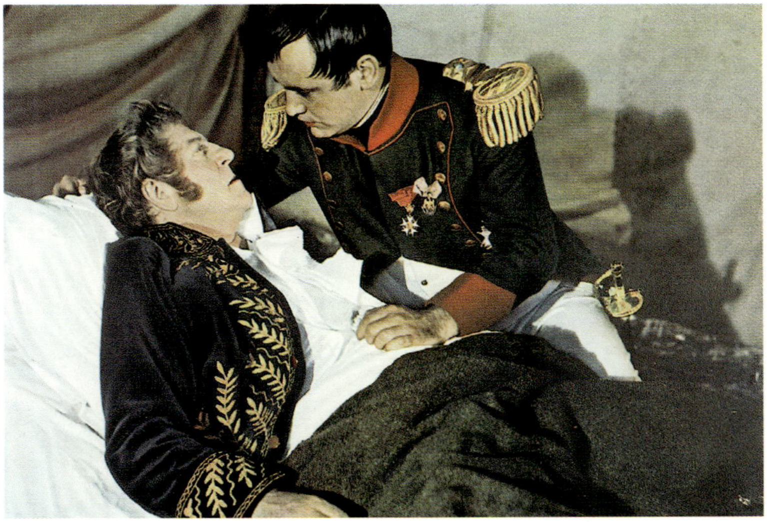

certaines pour les petites salles de province. En outre, un film de plus de cinq heures s'avéra beaucoup trop long pour le grand public. Hanté par son sujet, Abel Gance finira néanmoins par trouver, en 1960, les crédits nécessaires pour tourner la suite de son *Napoléon* avec *Austerlitz,* film au ton gaulliste qui traite de la grandeur et de la dignité retrouvées.

Napoléon (Raymond Pellegrin) au chevet du maréchal Lannes (Jean Gabin) en train de rendre ses derniers soupirs : l'un des moments forts de l'épopée napoléonienne, mis en scène par Sacha Guitry dans son *Napoléon* (1955).

À partir de 1935, Mussolini, Staline, Hitler et même Franco commencent à s'emparer du personnage de Napoléon, soit comme faire-valoir, soit comme repoussoir. Le premier, Mussolini, signe lui-même le scénario d'un excellent film sur la période des Cent-Jours, *Campo di Maggio.* Pendant l'invasion allemande, en 1942, Staline demande à Petrov de tourner un film pour exalter le patriotisme et la « victoire » de Borodino. Ce sera *Koutousov* où Alexandre représente Staline, Napoléon Hitler et Koutousov, Joukov. Enfin, sur une idée de Goebbels, Hitler demande au sinistre réalisateur Veit Harlan de tourner *Kolberg.* Ce film de 1945 sur la résistance d'une citadelle prussienne en 1807 sera le tout dernier film nazi. Il met en parallèle les villes allemandes bombardées par les Alliés en 1944-1945 (Dresde est rasée en février 1945) et la citadelle de Kolberg écrasée par les canons français après une résistance héroïque. Goebbels voulait en faire un film grandiose contre le péril démocratique, il fournit de nombreux figurants militaires malgré l'invasion de l'Allemagne…

En 1955, en pleine guerre froide, Napoléon devient un enjeu des tensions internationales. Alors que King Vidor s'empare de *Guerre et paix*, le chef-d'œuvre de Tolstoï, les Russes répliquent avec le *Guerre et paix* de Bondartchouk, réalisateur officiel du régime brejnévien. Celui-ci tourne de 1965 à 1967 avec d'énormes moyens, le mobilier de 40 musées, et plus de 120 000 hommes mis à son service par l'Armée rouge. Plus tard, Napoléon deviendra aussi un enjeu de « réconciliation » entre l'URSS et les États-Unis. En 1970, le film *Waterloo* est mis en scène par le même Bondartchouk mais cette fois avec l'acteur américain Rod Steiger dans le rôle de l'Empereur. La reconstitution de Waterloo et des carrés anglais est tout simplement incroyable.

Les scènes de bataille du *Waterloo* de Bondartchouk, avec Rod Steiger dans le rôle de Napoléon, restent inégalées.

À regarder l'ensemble de la filmographie consacrée à Napoléon, il apparaît qu'il y eut plus de films sur sa fin malheureuse – des désastres de Russie à Sainte-Hélène – que sur les autres périodes de sa vie. Sans cet « ingrédient » essentiel à toute épopée, le malheur, il est évident que la vie de Napoléon n'aurait pas connu une telle fortune cinématographique.

Napoléon, quel héritage ?

Si sur le plan géographique, la France se retrouve en 1815 plus petite qu'avant la Révolution, le bilan de l'œuvre napoléonienne n'en demeure pas moins immense et peut se mesurer à sa longévité. Napoléon a su donner à la France les cadres institutionnels et administratifs dont les traits essentiels commencent, aujourd'hui seulement, à être remis en cause avec la construction européenne. La France contemporaine naît véritablement avec lui.

L'achèvement et l'aboutissement de la centralisation administrative sont l'œuvre du Premier consul avec la loi du 17 février 1800. Le préfet représente l'État à la tête du département, le sous-préfet à celle de l'arrondissement communal, et le maire dans la commune. Ils sont tous les trois nommés par le pouvoir central. Créé par la Constitution de l'an VIII (décembre 1799) le Conseil d'État, chargé de rédiger les projets de lois, a eu une grande influence auprès de l'Empereur.
La Cour des comptes, créée en 1807, doit vérifier le maniement et l'emploi des deniers publics.
Dans le domaine de l'éducation, l'Université impériale est établie en 1808 avec sa hiérarchie, ses 29 académies, ses lycées administrés par les proviseurs.

Dans tous les domaines, Napoléon a créé des institutions qui ont perduré très longtemps ou qui perdurent encore aujourd'hui : la Légion d'honneur (loi du 19 mai 1802), les conseils de prud'hommes, créés à Lyon en 1806, ou encore les statuts de la Comédie-Française, adoptés en 1812, et toujours appliqués aujourd'hui.
Sur le plan religieux, Napoléon a su régler les rapports – ô combien conflictuels ! – entre l'Église et l'État. Le Concordat signé en 1801 durera jusqu'en 1905 et même au-delà puisqu'il est toujours en vigueur en Alsace.
Dans le domaine économique, Napoléon a stimulé l'industrie et consolidé la formation des capitaux financiers entre les mains d'une riche bourgeoisie, principale bénéficiaire du régime. Citons simplement la Banque de France (janvier 1800), le franc germinal (28 mars 1803) qui restera stable jusqu'en 1914, les chambres de commerce (loi du 24 décembre 1802).

Plus généralement, en libérant la France de la concurrence anglaise, le Blocus continental a permis à l'industrie française de progresser rapidement. Les innovations techniques ont été multipliées par les encouragements et les récompenses de toutes sortes distribuées aux entrepreneurs. Le produit national réel, calculé par tête, connaît une hausse sensible de 1799 à 1814. Afin d'ajuster la fiscalité directe, le cadastre est établi.

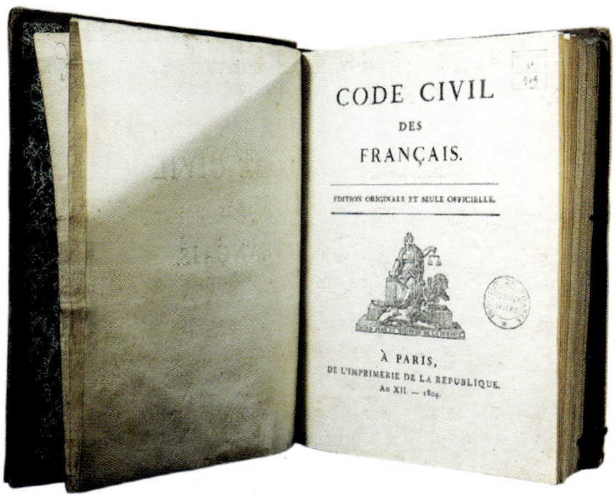

L'œuvre législative de Napoléon est considérable avec en tout premier lieu la rédaction du Code civil, promulgué en 1804, complété par différents codes, comme le Code de commerce (promulgué en septembre 1807), le Code pénal (février 1810) ou le code de procédure civile (promulgué en 1806). Ainsi, le premier Empire a consacré la destruction de la féodalité. À l'intérieur du pays bien sûr mais aussi à l'extérieur où l'Empereur a imposé le Code civil à des États aux régimes féodaux et archaïques. Les régimes suivant, royalistes ou républicains, vont comparer Napoléon à un dictateur mais aucun n'osera remettre en cause l'œuvre accomplie…

Sur le plan urbanistique et architectural, Napoléon a laissé une œuvre assez conséquente, notamment à Paris, qu'il voulait élever au rang de capitale de son nouvel Empire. Il instaure la numérotation des rues en pair-impair, en partant de la Seine. Commencé en 1806 par Chalgrin, l'arc de triomphe de l'Étoile voit sa construction interompue à la chute de l'Empire. Il ne sera achevé que sous Louis-Philippe. Dû à Percier et Fontaine, l'arc de triomphe du Carrousel est inauguré en 1808. Destinée à commémorer les victoires de la Grande Armée, la colonne Vendôme, achevée en 1810, est réalisée à partir du bronze des canons pris à l'ennemi lors de la campagne de 1805. Napoléon fait construire trois ponts à Paris, le pont d'Iéna, qui initialement prévu en fer, sera finalement bâti en pierre par l'architecte Lamandé ; le pont d'Austerlitz et le pont des Arts, inauguré en 1803, qui constitue la première construction métallique en France.
Il faut citer encore l'Église de la Madeleine, à l'origine un temple de la gloire commémorant les victoires de Napoléon, mais qui ne sera achevée qu'en 1842 ; la façade du Palais-Bourbon ; la Bourse de Paris, commencée en 1808 mais terminée bien plus tard ; la percée de la rue de Rivoli ; les canaux de l'Ourcq, de Saint-Martin et de Saint-Denis, qui ne seront terminés qu'en 1822 ; la fontaine du Châtelet, édifiée en 1808 par Bralle et le cimetière du Père-Lachaise, aménagé par Brongniart.
L'œuvre monumentale de Napoléon est moindre en province. Citons néanmoins le pont de pierre à Bordeaux, dont la construction est ordonnée par Napoléon en 1808 et qui sera achevé en 1822.

Les maréchaux encerclent Paris !

Sur 26 maréchaux d'Empire, il est intéressant de noter que seuls (!) 21 possèdent un boulevard qui ceinture Paris. Les autres, comme Augereau, Bernadotte, Marmont, Oudinot, Moncey, Pérignon n'ont pas eu droit à cet insigne honneur. Parmi eux, un seul, Exelmans n'a pas été fait maréchal par Napoléon Ier mais par Napoléon III…

AUGEREAU Pierre (Paris 1757 – La Houssaye-en-Brie 1816). Fils d'un domestique, maréchal d'Empire en 1804, duc de Castiglione en 1808.

BERNADOTTE Jean-Baptiste (Pau 1763 – Stockholm 1844). L'Empereur le fait maréchal en 1804, prince de Pontecorvo en 1806 mais il trahit Napoléon et devient roi de Suède et de Norvège en 1818 sous le nom de Charles XIV.

BERTHIER Louis Alexandre (Versailles 1753 – Bamberg 1er juin 1815). Maréchal en 1804, prince-souverain de Neuchâtel et de Vallengin en mars 1806, prince de Wagram en août 1809.

BESSIÈRES Jean-Baptiste (Prayssac 1768 – Rippach 1er mai 1813). Maréchal d'Empire en 1804, duc d'Istrie en 1809. D'une grande bravoure et très loyal, il est tué à la bataille de Lützen.

BRUNE Guillaume (Brive-la-Gaillarde 1763 – Avignon 2 août 1815). Maréchal d'Empire en 1804. Rallié à Napoléon durant les Cent-Jours, il sera massacré par les royalistes lors de son passage à Avignon.

DAVOUT Louis Nicolas (Annoux 1770 – Paris 1823). Maréchal d'Empire en 1804, duc d'Auerstaedt en mars 1808, prince d'Eckmühl en août 1809. Le seul maréchal invaincu de Napoléon.

GOUVION-SAINT-CYR Laurent, marquis de (Toul 1764 – Hyères 1830). Il est fait maréchal de France le 27 août 1812.

GROUCHY Emmanuel, marquis de (Paris 1766 – Saint-Étienne 1847). Maréchal de France, le 15 avril 1815.

JOURDAN Jean-Baptiste, comte (Limoges 1762 – Paris 1833). Maréchal de France en 1804.

KELLERMANN François Christophe (Strasbourg 1735 – Paris 1820). Il devient célèbre en tenant tête aux Prussiens de Brunswick à Valmy, le 20 septembre 1792. Napoléon le fera maréchal en 1804, et duc de Valmy en 1808.

LANNES Jean (Lectoure 1769 – Ebersdorf 31 mai 1809). Apprenti teinturier, il est général en 1795, maréchal d'Empire en 1804. Napoléon le fait duc de Montebello le 15 juin 1808. D'un courage exceptionnel, il est un des seuls à tutoyer l'Empereur.

LEFEBVRE François Joseph (Rouffach 1755 – Paris 1820). Maréchal d'Empire en 1804, duc de Dantzig en 1808.

MACDONALD Alexandre (Sedan 1765 – Beaulieu-sur-Loire, Loiret, 1840). Maréchal d'Empire, le 12 juillet 1809, duc de Tarente en décembre de la même année.

MARMONT Auguste Viesse de (Châtillon-sur-Seine 1774 – Venise 1852). Gouverneur de la Dalmatie, duc de Raguse en 1808, il est fait maréchal d'Empire le 12 juillet 1809. Il trahit Napoléon en livrant Paris aux coalisés en 1814.

MASSÉNA André (Nice 1758 – Paris 1817). Excellent stratège, surnommé par Napoléon « l'Enfant chéri de la Victoire ». Il est maréchal d'Empire en 1804, duc de Rivoli en mars 1808, prince d'Essling, le 31 janvier 1810.

MONCEY Bon Adrien Jeannot de (Moncey, Doubs, 1754 – Paris 1842). Maréchal d'Empire en 1804, duc de Conegliano, le 2 juillet 1808. Il sera gouverneur des Invalides en 1833.

MORTIER Adolphe (Le Cateau-Cambrésis 1768 – Paris 1835). Maréchal d'Empire en 1804 et duc de Trévise en juillet 1808.

MURAT Joachim, prince (Labastide-Fortunière, aujourd'hui Labastide-Murat, 1767 – Le Pizzo, royaume de Naples, 13 octobre 1815). Maréchal en 1804, grand-duc de Berg et de Clèves en 1805, puis roi de Naples, le 15 juillet 1808.

NEY Michel, duc d'Elchingen (Sarrelouis 1769 – Paris 1815). Maréchal d'Empire en 1804, duc d'Elchingen en juin 1808, prince de la Moskova en 1813.

OUDINOT Nicolas (Bar-le-Duc 1767 – Paris 1847). Comte de l'Empire en 1808, maréchal d'Empire en juillet 1809, duc de Reggio en avril 1810. Il reçut en tout 32 blessures...

PÉRIGNON Catherine-Dominique, marquis de (Grenade 1754 – Paris 1818). Maréchal d'Empire en 1804 et comte de l'Empire en 1808.

PONIATOWSKI Joseph, prince (Vienne 1763 – Leipzig 19 octobre 1813). Ministre de la Guerre du grand-duché de Varsovie, il est fait maréchal d'Empire le 16 octobre 1813.

SÉRURIER Jean Philibert, comte (Laon 1742 – Paris 1819). Surnommé la « Vierge d'Italie » en raison de son intégrité, il est gouverneur des Invalides et maréchal en 1804, comte de l'Empire en 1808.

SOULT Jean de Dieu Nicolas (Saint-Amans-la Bastide, auj. Saint-Amans-Soult, Tarn, 1769 – *idem* 1851). Maréchal en 1804, duc de Dalmatie en juin 1808, Soult deviendra sous Louis-Philippe ministre et président du Conseil.

SUCHET Louis (Lyon 1770 – Marseille 1826). Comte de l'Empire en 1808, maréchal d'Empire le 8 juillet 1811, il obtient le titre de duc d'Albufera en récompense de ses nombreux mérites.

VICTOR Claude Perrin, dit (Lamarche 1764 – Paris 1841). Fait maréchal de l'Empire, le 13 juillet 1807, il devient duc de Bellune en septembre 1808.

Généalogie de Napoléon

Charles-Marie Bonaparte (1746-1785) × 1764

- Joseph (1768-1844) roi de Naples de 1806 à 1808, puis roi d'Espagne de 1808 à 1813 × 1794 Julie Clary (1771-1845)
  - Zénaïde (1801-1854) × 1822 son cousin germain Charles-Lucien Bonaparte deuxième prince de Canino, fils de Lucien
  - Charlotte (1802-1839) × 1826 son cousin germain Napoléon Louis Bonaparte, fils de Louis (sans postérité)
- Napoléon Ier (1769-1821) empereur des Français de 1804 à 1814 et en 1815 × [a] 1796 Marie-Joseph-Rose Tascher de La Pagerie dite Joséphine (1763-1814) séparés 1809 × [b] 1810 Marie-Louise, archiduchesse d'Autriche (1791-1847)
  - [b] Napoléon II (1811-1832) roi de Rome, duc de Reichstadt (sans alliance)
- Lucien (1775-1840) premier prince de Canino en 1814 × [a] 1794 Christine Boyer (1773-1800) × [b] 1803 Alexandrine Jacob de Bleschamp (1778-1855)
  - [a] Charlotte (1795-1865) × 1815 Mario prince Gabrielli (1773-1841)
  - [a] Christine (1798-1847) × 1818 Arvid comte Posse séparés 1823 (1782-1826) × 1824 [b] Lord Dudley Coutts-Stuart (1803-1854)
  - [b] Charles-Lucien (1803-1857) deuxième prince de Canino × 1822 sa cousine germaine Zénaïde Bonaparte fille de Joseph
  - [b] Lætitia (1804-1871) × 1821 sir Thomas Wyse (1791-1862) d'où les Bonaparte-Wyse
  - [b] Jeanne (1807-1829) × 1825 Honoré marquis Honorati (1800-1856)
  - [b] Paul (1809-1827) (sans alliance)
  - [b] Lucien (1813-1891) × 1833 Maria-Anna Cecchi (1812-1891) séparés 1850 (sans postérité)
  - [b] Pierre (1815-1881) × 1853 Justine Eléonore Ruffin (1832-1905)
    - Roland (1858-1924) × 1880 Marie Blanc (1859-1882)
      - Marie (1882-1962) × 1907 Georges prince de Grèce et Danemark (1869-1957)
    - Jeanne (1861-1910) × 1882 Christian de Villeneuve-Esclapon (1852-1931)
- Maria-Anna dite Élisa (1777-1820) grande-duchesse de Toscane de 1809 à 1814 × 1797 Félix Baciocchi prince de Massa-Carrara (1762-1841)

Enfants de Zénaïde et Charles-Lucien :

- Joseph-Lucien (1824-1865) troisième prince de Canino (sans alliance)
- Lucien-Louis (1828-1895) cardinal en 1868 quatrième prince de Canino (sans alliance)
- Julie (1830-1900) × 1847 Alexandre del Gallo marquis de Roccagiovine (1826-1892)
- Charlotte (1832-1901) × 1848 Pietro comte Primoli di Foglia (1821-1883)
- Marie (1835-1890) × 1851 Paolo-Francesco comte Campello della Spina (1831-1917)
- Augusta (1836-1900) × 1856 son cousin Placido prince Gabrielli (1832-1900) (sans postérité)
- Napoléon-Charles (1839-1899) cinquième et dernier prince de Canino × 1859 Maria-Christina princesse Ruspoli (1842-1907)
  - Marie-Léonie (1870-1947) × 1891 Enrico Gotti (1867-1920) (sans postérité)
  - Eugénie (1879-1949) × 1898 Napoléon Ney prince de La Moskova (1870-1928) séparés 1903 (sans postérité)
- Bathilde (1840-1861) × 1856 Louis comte de Cambacérès (1832-1868)

Maria-Letizia Ramolino madame Mère (1750-1836)

Louis (1778-1846) roi de Hollande de 1806 à 1810 × 1802 Hortense de Beauharnais (1783-1837)

Maria-Paoletta dite Pauline (1780-1825) duchesse de Guastalla de 1806 à 1814 × [a] 1797 Victor-Emmanuel Leclerc (1772-1802) × [b] 1803 Camille prince Borghèse (1775-1832) (sans postérité)

Maria-Anunziata dite Caroline (1782-1839) × 1800 Joachim Murat (1771-1815) roi de Naples de 1808 à 1815 d'où les princes Murat

Jérôme (1784-1860) roi de Westphalie de 1807 à 1813 × [a] 1803 Élisabeth Patterson (1785-1879) séparés 1806 × [b] 1807 Catherine de Wurtemberg (1783-1835)

[b] Antoine (1816-1877) × 1839 Carolina Maria-Anna Cardinali (1823-1879) (sans postérité)

[b] Alexandrine (1818-1874) × 1836 Vincenzo comte Valentini di Laviano (1808-1858)

[b] Constance (1823-1876) abbesse du couvent du Sacré-Cœur

Napoléon Charles (1802-1807)

Napoléon Louis (1804-1831) × 1826 sa cousine germaine Charlotte Bonaparte fille de Joseph (sans postérité)

Louis Napoléon Napoléon III (1808-1873) empereur des Français de 1852 à 1870 × 1853 Eugénie de Guzman y Portocarrero comtesse de Teba (1826-1920)

[a] Jérôme Bonaparte-Patterson (1805-1870) × 1829 Susan-Mary Williams (1812-1882)

[b] Jérôme dit le Prince de Montfort (1814-1847) (sans alliance)

[b] Mathilde (1820-1904) × 1840 Anatole Demidoff prince de San Donato (1813-1870) séparés 1845 (sans postérité)

[b] Napoléon dit le Prince Napoléon (Jérôme) (1822-1891) × 1859 Clotilde de Savoie (1843-1911)

Napoléon Louis prince impérial chef de la Maison impériale en 1873 (1856-1879) (sans alliance)

Jérôme Bonaparte-Patterson (1830-1893) × 1871 Caroline Appleton (1841-1911)

Charles-Joseph Bonaparte-Patterson (1851-1921) × 1875 Ellen Channing-Day (1852-1924) (sans postérité)

Victor prince Napoléon chef de la Maison impériale (1862-1926) × 1910 Clémentine de Belgique (1872-1955)

Louis (1864-1932) (sans alliance)

Letitia (1866-1926) × 1888 Amédée de Savoie (1845-1890) duc d'Aoste roi d'Espagne de 1870 à 1873

Louise Bonaparte-Patterson (1873-1923) × 1896 Adam comte de Moltke-Huifeldt (1864-1944)

Jérôme Bonaparte-Patterson (1878-1945) × 1914 Blanche Pierce (1872-1950) (sans postérité)

Marie Clotilde (1912-1996) × 1938 Serge comte de Witt (1891-1990)

Louis prince Napoléon chef de la Maison impériale (1914-1997) × 1949 Alix de Foresta (née 1926) d'où deux fils et deux filles

Mots célèbres de Napoléon

– Sur le pouvoir

« Ma maîtresse, c'est le pouvoir. J'ai trop fait sa conquête pour me la laisser ravir, ou souffrir même qu'on la convoite. […] Oui, j'aime le pouvoir, moi ; mais c'est en artiste que je l'aime… Je l'aime comme un musicien aime son violon, pour en tirer des sons, des accords. »

« Gouverner par un parti, c'est se mettre tôt ou tard dans sa dépendance. On ne m'y prendra pas. Je suis national. »

« La haute politique n'est que le bon sens appliqué aux grandes choses. »

« L'Empire, comme je le comprenais, n'était que le principe républicain régularisé. »

– Sur le Code civil

« Ma gloire n'est pas d'avoir gagné quarante batailles… Ce que rien n'effacera, ce qui vivra éternellement, c'est mon Code civil, ce sont les procès-verbaux du Conseil d'État. »

– Sur les Français

« Je veux que le fils d'un cultivateur puisse se dire : "Je serai un jour cardinal, maréchal de France ou ministre". »

« Que m'importe l'opinion des salons et des caillettes ! Je ne l'écoute pas. Je n'en connais qu'une, c'est celle des gros paysans. »

« Impossible n'est pas français. »
En fait, Napoléon écrivit, en réponse au général Lemarois le 9 juillet 1813 :
« Ce n'est pas possible, m'écrivez-vous; cela n'est pas français. »

« Je n'ai qu'une passion, qu'une maîtresse, c'est la France ; je couche avec elle, elle ne m'a jamais manqué, elle me prodigue son sang, ses trésors ; si j'ai besoin de 500 000 hommes, elle me les donne. »
D'après Rœderer en février 1809.

« Vous ne devez pas souhaiter votre retour en France ; il vous faudrait marcher sur cent mille cadavres. Sacrifiez votre intérêt au repos et au bonheur de la France ; l'histoire vous en tiendra compte. »
Réponse de Bonaparte aux propositions du comte de Provence (Louis XVIII), septembre 1800.

« Les hommes qui me reprochent de n'avoir pas donné assez de liberté aux Français sont de mauvaise foi ou ne savent pas qu'en 1804, quand j'ai mis la couronne sur ma tête, 96 Français sur 100 ne savaient pas lire, et ne connaissaient de la liberté que le délire de 1793. »

« Ils n'ont rien appris, ils n'ont rien oublié. »
À propos des émigrés, à O'Meara, Sainte-Hélène, 1817.

– Sur le talent

« Je ne connais d'autres titres que ceux qui sont personnels ; malheur à ceux qui n'ont point de ceux-là ! Les hommes qui m'entourent ont acquis les leurs au champ d'honneur ; ils ont donné des preuves de leur intelligence et de leur talent. C'est dans l'esprit que se trouve la vraie noblesse […] »

« Moi, j'ai tiré la plupart de mes généraux de la boue. Partout où j'ai trouvé le talent et le courage, je l'ai élevé et mis à sa place. Mon principe est de tenir la carrière ouverte aux talents. Il est vrai que j'ai élevé quelques hommes par esprit d'égalité. Mais on a beau dire, je n'ai jamais eu grande confiance en eux. »

« Les hommes de génie sont des météores destinés à brûler pour éclairer leur siècle. »

– Sur la guerre et la paix

« L'art de la guerre est un art simple et tout d'exécution. Tout y est bon sens, rien n'y est idéologie. »
À Gourgaud en 1816.

« Je sais, quand il le faut, quitter la peau du lion pour prendre celle du renard. »
Cité par Talleyrand dans ses Mémoires.

« Pourquoi ne m'est-il pas permis de pleurer ? »
Phrase prononcée à l'annonce de la mort de Desaix à Marengo.

« Je ne fais pas de la guerre un métier et personne n'est plus pacifique que moi. »

« C'est un grand malheur pour une nation de trente millions d'habitants, et au XVIIIe siècle, d'être obligée d'avoir recours aux baïonnettes pour sauver la patrie ! Les remèdes violents accusent le législateur ; car une Constitution qui est donnée aux hommes doit être avant tout calculée pour des civils. »

– Sur l'Europe

« Une guerre entre Européens est une guerre civile. »
À Erfurt, septembre-octobre 1808.

« L'Europe est une taupinière. Il n'y a jamais eu de grands empires et de grandes révolutions qu'en Orient, où vivent six cents millions d'hommes ! »

« Il faut que tous les pays réunis, jusqu'aux colonnes d'Hercule et jusqu'au Kamtchatka, soient régis par les lois de la France. »

« Un beau matin, j'en suis persuadé, on verra renaître l'Empire d'Occident parce que les peuples fatigués se précipiteront sous le joug de la nation la mieux gouvernée. »

« L'Angleterre est une nation de boutiquiers. »
Cette phrase est attribuée à Napoléon par O'Meara.

– Sur Paris

« Tant que je gouvernerai, la ville de Paris ne sera que la capitale et non toute la France. Tant que j'aurai du sang dans les veines, je ne me laisserai pas faire la loi par les Parisiens. […] Ce sont des gens à pisser dessus. »

« Il entrait dans mes rêves perpétuels de faire de Paris la véritable capitale de l'Europe. Parfois je voulais qu'il devînt une ville de deux, trois, quatre millions d'habitants, par exemple, en un mot quelque chose de fabuleux, de colossal, d'inconnu jusqu'à nos jours, et dont les établissements publics eussent répondu à la population. »

– Sur son œuvre

« Misérables, ils ne voient pas que j'ai éteint la Révolution et travaillé vingt ans à en canaliser les principes. Ils verront qu'après moi ils ne seront plus assez forts pour arrêter le torrent qui dans dix ans les arrêtera tous. »

« Le vrai est que je n'ai jamais été maître de mes mouvements. Et je n'ai été réellement tout à fait moi. Je puis avoir eu bien des plans, mais je ne fus jamais en liberté d'en exécuter aucun. »

– Sur sa vie

« C'est triste comme la grandeur. »
À Rœderer à propos des Tuileries en 1800.

« Je travaille toujours ; en dînant, au théâtre ; la nuit, je me réveille pour travailler. »

« Toute ma vie, j'ai tout sacrifié, tranquillité, intérêt, bonheur à ma destinée. »

« L'impossible est le refuge des poltrons. »

« Quand j'ai besoin de quelqu'un, je n'y regarde pas de si près, je le baiserais au cul. »

– Sur les femmes

« Nous n'y entendons rien, nous autres peuples d'Occident ; nous avons tout gâté en traitant les femmes trop bien. »

« Or une femme unique ne pourrait suffire à l'homme […] ; elle ne peut être sa femme quand elle est grosse, elle ne peut être sa femme quand elle nourrit, elle cesse d'être sa femme quand elle ne peut plus lui donner des enfants. »

« Les États sont perdus quand les femmes sont aux affaires publiques. »

– Sur l'avenir

« Si je mourrais tranquillement dans mon lit et que j'eusse le temps de faire un testament je conseillerais au peuple français de ne point me donner un militaire pour successeur. »

« Mon fils sera probablement un homme ordinaire, de faculté modérée : il sera donc le roi constitutionnel tout trouvé. »

Bibliographie

Ouvrages incontournables

Aulard Alphonse, *Histoire générale*, t. IX L. Cerf, 1898.
Bainville Jacques, *Napoléon,* Fayard, 1931.
Boudon Jacques-Olivier, *Histoire du Consulat et l'Empire,* Perrin, 2000.
Furet François, *la Révolution, 1780-1880,* Hachette, 1988.
Lefebvre Georges, *Napoléon* (1935) P.U.F., 1953.
Lentz Thierry, *Nouvelle Histoire du Premier Empire* (tome 1 : 1804-1810), Fayard, 2002.
Madelin Louis, *Histoire du Consulat et de l'Empire,* Tallandier, 1974.
Masson Frédéric, *Napoléon et sa famille,* Société d'éditions littéraires et artistiques, 1904.
Martineau, Gilbert. *La vie quotidienne de Napoléon à Sainte-Hélène,* Tallandier 1981.
Petiteau Nathalie, *Napoléon, de la mythologie à l'histoire,* Seuil, 1999.
Soboul Albert, *La France napoléonienne,* collection les grandes civilisations, Arthaud, 1990.
Thiry Jean, *Napoléon Bonaparte* (1938-1975).
Tulard Jean, *Napoléon, le mythe du sauveur* (1977) Fayard, 1993.
Tulard Jean (Sous la direction de), *Le Dictionnaire Napoléon,* Fayard, 1987.
Tulard Jean, *L'Anti-Napoléon « la légende noire de l'Empereur »,* Julliard, 1965.
Thiers Adolphe, *Histoire du Consulat et de l'Empire* (1845-1862), Librairie Furne, 1864.
Villat Louis, *La Révolution et l'Empire, t. II, Napoléon,* PUF ? « Clio » 1947.

Ouvrages divers

Arthur-Levy, *Napoléon et la Paix,* Librairie Plon, 1902.
Baldet Marcel, *Dans les Armées de Napoléon,* Hachette, 1964
Baudus de Fl., *Le sang du Prince. Vie et mort du duc d'Enghien.* Éditions du Rocher, 2002.
Blin A. *Iéna, octobre 1806,* Perrin, 2003.
Boudon Jacques-Olivier, *Napoléon et les cultes,* Fayard.
Boudon Jacques-Olivier, *Napoléon et les lycées,* Nouveau Monde.
Blond Georges, *La grande armée,* Éditions Robert Laffont, 1979.
Bourgoing, de J. *Papiers Intimes et Journal du duc de Reichstadt,* Payot, 1927.
Brion Marcel, *La vie quotidienne à Vienne au temps de Mozart et de Schubert,* Hachette, 1959.
Buat E., *1809 De Ratisbonne à Znaim,* Paris, 1909.
Camon, *La guerre napoléonienne. Précis des campagnes.* Teissèdre, Paris, 1999.
Chandler D. G. *Dictionnary of the Napoleonic Wars,* Ams and Armour Press, London, 1979.
Clausewitz C. *La campagne d'Italie,* Pocket, 1999.
Collectif. *Les Grandes campagnes de Napoléon.* Dossiers Historia. Tallandier, 1998.
Cosseron S. *Les mensonges de Napoléon,* Éditons ATE, 2002.
Dammame J.Cl. *Les Soldats de la Grande Armée,* Perrin, Paris, 1998.
Duffy Chr. *Austerlitz 1805,* Cassell, 1999.
Dupont Marcel, *Napoléon en campagne,* Hachette. 1952.
Elting J., *Swords around a Throne. Napoleon's Grande Armée,* Phoenix, 1997.
Ernouf (baron), *Les Français en Prusse (1807-1808),* Paris, 1872.
Furse George A., *Campaigns of 1805 – Ulm, Trafalgar, Austerlitz.* Édition 1905 ré-éditée par Worley publications (1995).
Fleischman Théo, *L'épopée impériale racontée par la Grande Armée.* Librairie Académique Perrin, Paris, 1964.
Fournoux A., *Napoléon et Venise (1796-1814),* De Fallois, 2002.
GabourdA., *Histoire de Napoléon Ier,* Mame, Tours, 1859.
Gill J. H., *With Eagles to Glory. Napoleon and his German Alliis in the 1809 Campaign,* Greenhill, 1992.
Godlewski G., *Napoléon à l'île d'Elbe,* Nouveau Monde, 2003.
Gorce, Paul Marie de la, *Karl von Clausewitz,* Éditions Pierre Seghers, 1964.
Hofschroer P. *1815 – The Waterloo Campaign,* Greenhill, 1999.
Houssaye Henri, *Waterloo,* Éditions C. de Bartillat, 1987.
Lt-Col. Jackson Basil, *Waterloo et Sainte-Hélène,* Plon, 1912.
Kufferath M. Fidelio. Fischbacher, Paris (1913).
Lachouque Henri, *Napoléon, 20 ans de campagnes,* Éditions Arthaud, 1964.
Lemaire J-F., *Les blessés dans les armées napoléoniennes,* Lettrage, 1999.
Lenz Th., *Le Grand Consulat,* Fayard, 1999.
Lenz Th., *La proclamation de l'Empire,* Nouveau Monde, 2002.
Lentz Th., *Nouvelle Histoire du Premier Empire* (tome 1 : 1804-1810), Fayard, 2002.
Lewin André, *L'Ambassade de France à Vienne,* Verein für Geschichte der Stadt Wien, Wien, 1995.
Logie J., *Napoléon, la dernière bataille,* Le Grand Livre du Mois, 2002.
Lucas-Dubreton J., *Soldats de Napoléon,* Tallandier, Paris, 1977.
Manceron Claude, *Austerlitz,* Laffont, Paris, 1960.
Martin Jean-Clément (sous la direction de), *Napoléon et l'Europe,* colloque de La Roche-sur-Yon. Presses Universitaires de Rennes, 2002.
Masson Frédéric, *Les cavaliers de Napoléon,* Sociétés d'édition littéraires et artistiques, 1902.
Mazade Ch. de, *Correspondance du maréchal Davout,* Librairie Plon, 1885.
Pellissier P., Phelipeau J., *Les Grognards de Cabrera – 1809-1815,* Hachette, 1979.
Pigeard Alain, *L'armée de Napoléon,* Tallandier, Paris, 2000.
Pigeard Alain, *Dictionnire de la Grande Armée,* Tallandier, 2002.
Poisson G., *Napoléon Ier et Paris,* Tallandier, 2002.
Rothenberg G., *Les guerres napoléoniennes,* Autrement, 2000.
Roy-Henry B., *Napoléon, l'énigme de l'exhumé de 1840.*
Sédouy, de Jacques-Alain, *Le Congrès de Vienne,* Perrin, 2003.
Six G., *Les généraux de la Révolution et de l'Empire,* Bernard Giovanneli Éditeur, 2002.
Thiers Adolphe, *Waterloo,* Éditions Jouvet et Cie, Librairie Furne, 1887.
Thiry J., *La première abdication de Napoléon Ier,* Berger-Levrault, 1948.
Thiry J., *Ulm, Trafalgar, Austerlitz,* Berger-Levrault, 1962.
Thomazi A., *Les marins de napoléon,* Tallandier, 1978.
Tranié J. Et Carmigniani J.C., *Napoléon et la Russie (1805-1807),* Éditions Copernic, 1980.
Tranié J. et Carmigniani J.C., *Napoléon, la campagne de Russie (1812),* Éditions Pygmalion, 1997.
Tulard Jean, *Le 18 Brumaire,* Perrin, 1999
Tulard Jean, Garros L., *Itinéraire de napoléon au jour le jour,* Tallandier, 1992.
Villepin D, *Les Cent-Jours,* Perrin, 2001.

Ouvrage généraux

Arthur-Lévy, *Napoléon intime,* Coll. Nelson.
Aubry Octave, *Napoléon,* Flammarion, 1936.
Augustin-Thierry, *A. Masséna, L'enfant gâté de la Victoire,* Albin Michel, 1947.
Auerheimer R., *Metternich, Staatsmann une Kavalier,* Vienne, 1947.
Bourgoing de J., *Le fils de Napoléon,* Payot, 1950.
Barbey F., *La mort de Pichegru. Biville – Paris – Le Temple – 1804,* Perrin, Paris, 1909.
Bernardy, Françoise de, *La reine Hortense,* Perrin, 1968.

Buffetaut Yves, *Murat,* Collection Les grandes destinées, Socomer Éditions, 1994.
Blémus R., *Eugène de beauharnais,* France-Empire, 1993.
Castelot A., *Marie-Louise,* Perrin, 1998.
Castelot A., *Bonaparte,* Perrin, 1967.
Castelot A., *Napoléon,* Perrin, 1968.
Castelot A., *L'Aiglon,* Le Livre Contemporain, 1959.
Chateaubriand François René de, *Vie de Napoléon,* Éditions de Fallois, 1999.
Chatel de Brancion L., *Cambacérès,* Perrin, 2001.
Delpech Laborie Jean, *Le général Fournier Sarloveze.* Collection « Démon de l'Empire », Éditions Baudinière, 1944.
Derville R., *Napoléon II,* Hachette, 1934.
Douart A., Hertault G. Schulmeiter, Nouveau Monde, 2002
Erickson C., *Joséphine de Beauharnais,* Grasset, 2000.
Gabourd A., *Histoire de l'Empereur Napoléon Ier,* Mame, 1859.
Geerke H. P., *Napoléon. Von Leutnant zum Kaiser,* Leipzig, 1913.
Germain P., *Drouet d'Erlon,* Sorlot, 1985.
Grünwald, C., *Stein, l'ennemi de Napoléon,* Grasset, 1936.
Hertenberger H., Willchek F. Erzherzog Karl, *Der Sieger von Aspern,* Styria, 1983.
Höjer T. T., *Bernadotte, Maréchal de France,* Plon, 1943.
Hourtoulle F. G., *Le Général Comte Charles Lasalle, premier cavalier de l'Empire.* Copernic, 1979.
Hulot F., *Murat,* Pygmalion, 1998.
Jamet D., *Napoléon,* Plon, 2003.
Jéhin Philippe, *Rapp, le Sabreur de Napoléon,* La Nuée Bleue, 1999.
Lang P., *Napoleon's Leben auf Sankt-Helena,* Stuttgart.
Ludwig Emile, *Beethoven,* Club des Éditeurs, 1956.
McGuigan D. Wilhelmine von Sagan. Amalthea, Wien, 1994.
Masson Frédéric, *Joséphine, Impératrice et Reine,* Éditions Prodifu, 1979
Masson Frédéric, *Napoléon et l'amour,* Flammarion, 1933.
Masson F., *L'Impératrice Marie-Louise,* Paris, 1909.
Masson F., *Napoléon et son fils,* Paris 1904.
Misoffe Michel, *Metternich,* Fayard, 1959
Mereschowskij, *Napoléon,* Berlin, 1928.
Ollivier Albert, *Saint-Just et la force des choses,* Livre de poche, 1954.
Orieux J., *Talleyrand,* Flammarion, 1970.
Pietri F., *Lucien Bonaparte,* Plon, 1939.
Peslouan Hervé de, *Le Roi Murat,* Éditions Mame, 1949.
Sévillia Jean, *Le chouan du Tyrol – Andreas Hofer contre Napoléon,* Perrin, 1991.
Soubiran André, *Le baron Larrey, chirurgien de Napoléon,* Fayard, 1966.
Tarlé E., *Napoléon,* Die Buchgemeinde, 1941.
Tulard J., *Joseph Fouché,* Fayard, 1998.
Valloton H., *Metternich,* Vienne, 1966.
Vandal Albert, *L'Avènement de Bonaparte,* Coll. Nelson, 1910.
Zweig Stephan, *Fouché, un ministre de la police sous Napoléon,* Flammarion, 1935.

Les Mémoires

Abrantès, (duchesse d'), *Mémoires,* Collection Nelson.
Barrès, Jean-Baptiste-Auguste, *Souvenirs d'un Officier de la Grande Armée,* publiés par Maurice Barrès, Librairie Plon, 1923.
Berthier, Davout, Murat, Soult, Tranchant de la Verne, *Relations et Rapports officiels de la bataille d'Austerlitz,* édition établie par Jacques Garnier, Éditions La Vouivre (1998).
Bertrand, *Cahier de Sainte-Hélène. 1818-1819,* Albin Michel, 1959.
Bertrand (capitaine), *Mémoires – Grande Armée 1805-1815,* Les Deux Empires, 1998.
Bourgogne, *Mémoires (1812-1813)* publiés d'après le manuscrit original. Casterman, 1960.
Cailloux François-René, dit Pouget, *Souvenirs de guerre – 1790-1831,* Éditions La Vouivre (1997).
Chalbrand, *Les Français en Égypte ou souvenirs des campagnes d'Égypte et de Syrie,* par un officier de l'expédition recueillis et mis en ordre par J.-J.-E. Roy, cinquième édition, Éditions Alfred Mame et fils, 1865.
Coignet Jean-Roch, *Souvenirs,* Éditions Jean de Bonnot, Paris, 1969.
Constant, *Mémoires sur la vie privée de Napoléon,* Éditions de Crémille, 1969.
Desachy Paul, *Les cahiers du colonel Girard (1766-1846),* publiés d'après le manuscrit original, Club des Éditeurs, 1961.
Dumas Jérôme, *Journal Historique de la division de grenadiers d'Oudinot – 1805-1806* in *Journaux et Souvenirs sur la campagne de 1805.* Librairie Historique Teissedre, 1997.
Garneray Louis, *Corsaires de la République – Voyages, aventures et combats,* Phébus, 1984.
Girault, Philippe-René, *Les campagnes d'un musicien d'État-major pendant la République et l'Empire. 1791-1810,* Ollendorf, 1901.
Guibert Florent, *Souvenirs d'un sous-lieutenant d'infanterie légère – 1805-1815,* Éditions La Vouivre, 1997.
Guyot, général comte. *Carnets de campagnes (1792-1815),* Librairie Historique Teissedre, 1999.
Labaume E., *La campagne de Russe,* Cosmopole, 2001.
Lafarelle, Antoine de, *Mémorial de campagne – 1805 –* in *Journaux et Souvenirs sur la campagne de 1805.* Librairie Historique Teissedre, 1997.
Langeron, Alexandre Andrault de, *Journal inédit de la campagne de 1805 – Austerlitz –* Édition établie par Thierry Rouillard, Éditions La Vouivre (1998).
Las Cases, *Le Mémorial de Sainte-Hélène,* Garnier, 1948.
Lataye, *Le Journal de Marche – 1805* in *Journaux et Souvenirs sur la campagne de 1805.* Librairie Historique Teissedre, 1997.
Marbot, *Mémoires,* Plon.
Masséna Jean, *Mémoires,* Éditions Jean de Bonnot, 1966.
Metternich, *Mémoires* (tome 1 – 1773-1815), 1880.
Napoléon, *Correspondance,* Plon, 1886.
Napoléon, *Lettres à Joséphine,* Éditions Jean de Bonnot, 1985.
Napoléon, *Lettres d'amour à Joséphine,* Fayard, 1981.
Parquin, *Souvenirs Militaires,* 1897.
Picard Alexandre, *Le Journal de route d'un soldat de la Grande Armée (1786-1853),* Éditions l'amitié par le livre, 1946.
Plaigne, colonel J. B., *Journal de campagne* in *Revue de l'Association Belge Napoléonienne,* numéro 79, 4e trimestre 1999.
Rapp Jean, *Mémoires,* Bossange Frères, 1823.
Saint-Chamans (Général comte de), *Mémoires, 1802-1832,* Plon, 1896.
Saint-Hilaire, Émile Marco de, *Histoire anecdotique, politique et militaire de la Garde impériale,* Eugène Penaud Éditeur, 1847.
Ségur Philippe (comte), *Du Rhin à Fontainebleau,* Collection Nelson.
Ségur Philippe (comte), *La campagne de Russie,* Collection Nelson.
Stutterheim, Kutusov, *Relations de la bataille d'Austerlitz.* Édition établie par Thierry Rouillard, Éditions La Vouivre, 1998.
Tascher de la Pagerie, *Journal de campagne d'un cousin de l'Impératrice,* Plon, 1933.
Tapin Jean, *Histoire d'une famille de soldats – 1re période 1792-1830 – par le capitaine Danrit,* Librairie Delagrave, 1929.

Filmographie

1897 *Entrevue de Napoléon et du Pape* de Louis Lumière.
1903 *Napoléon Bonaparte de* Zecca et Nonguet.
1909 *Napoléon The Man of Destiny* de Blackton (États-Unis).
1910 *1814* de Louis Feuillade.
1910 *Napoléon à l'île d'Elbe* de et avec Viggo Larsen (Danemark) dans le rôle de Napoléon.
1911 *Sainte-Hélène* de Mario Caserini (Italie).
1912 *L'Année 1812* de Gontcharov (Russie).
1912 *Joséphine impératrice et reine* d'Henri Pouctal.
1914 *Napoléon du sacre à Sainte-Hélène* d'Alfred Machin. Charlier incarne Napoléon.
1915 *Brigadier Gérard* de Haldane (Angleterre).
1921 *L'Agonie des Aigles* de Dominique-Bernard Deschamps. Séverin Mars est Napoléon.
1923 *Der Kleine Napoleon* de Georg Jacoby (Allemagne). Marlène Dietrich y interprète un petit rôle et Egon van Hagen Napoléon.
1925 *Madame Sans-Gêne* de Léonce Perret, avec Gloria Swanson et Émile Drain en Napoléon.
1927 *Napoléon* d'Abel Gance avec Albert Dieudonné.
1927 *Königin Luise (La reine Louise)* de Karl Grune avec Charles Vanel dans le rôle principal.
1928 *Napoleon's Barber* de John Ford (États-Unis) avec Otto Matiesen.
1928 *Waterloo* de Karl Grune avec encore une fois Charles Vanel dans le rôle de Napoléon.
1929 *Napoléon auf St-Helena* de Lupu-Pick (Allemagne) avec le grand acteur allemand Werner Krauss dans le rôle principal.
1931 *L'Aiglon* de Victror Tourjansky (Russie) d'après Rostand. E. Drain est à nouveau en Napoléon.
1933 *L'Agonie des Aigles* de Roger Richebé.
1935 *Le Champ de Mai* ou *les Cent-Jours* de Wenzler, avec W. Krauss en Napoléon.
1936 *Hearts Divided* de Frank Borzage (États-Unis). Claude Rains est Napoléon dans la version française.
1937 *The Firefly* (*L'Espionne de Castille*) de Robert Z. Leonard (États-Unis).
1938 *Maria Waleswska (Conquest) de* Clarence Brown (États-Unis) avec la « divine » Greta Garbo et Charles Boyer dans le rôle de Napoléon.
1938 *Remontons les Champs-Élysées* de Sacha Guitry. Émile Drain incarne Napoléon.
1938 *Royal Divorce* de J. Raymond (Angleterre). Pierre Blanchar est Napoléon.
1941 *Madame Sans-Gêne* de Richebé avec Dieudonné en Napoléon et Arletty.
1942 *Le Destin fabuleux de Désirée Clary* de Sacha Guitry avec Jean-Louis Barrault dans le rôle de Bonaparte et Guitry dans celui de Napoléon.
1943 *Le Colonel Chabert* de René Le Hénaff, d'après le roman de Balzac, avec Raimu.
1944 *Napoléon* de Luis Cesar Amadori (Argentine).
1944 *Kutuzov (Koutouzov)* de Vladimir Petrov (Russie).
1945 *Kolberg*, de Veit Harlan avec Heinrich George.
1948 *Le Diable boiteux*, de Guitry, avec Émile Drain en Napoléon.
1950 *Agustina de Aragón* de Juan de Orduña (Espagne).
1953 *Sea Devil* (*La Belle Espionne)* de Raoul Walsh (États-Unis) avec Gérard Oury en Napoléon.
1955 *Napoléon* de Sacha Guitry. Daniel Gélin est Bonaparte et Raymond Pellegrin, Napoléon.
1954 *Désirée* d'Henry Koster (États-Unis), avec Marlon Brando en Bonaparte et Jean Simmons.
1956 *Guerre et Paix,* le chef d'œuvre de King Vidor (États-Unis), avec Henry Fonda, Audrey Hepburn et H. Lom dans le rôle de Napoléon.
1960 *Austerlitz* d'Abel Gance, avec Pierre Mondy en Napoléon.
1962 *Madame Sans-Gêne* de Christian-Jaque, avec Sophia Loren et Julien Bertheau.
1961 *Napoléon II, l'Aiglon*, de Claude Boissol, avec Jean-Marc Thibault en Napoléon.
1963 *Vénus impériale*, film franco-italien de Jean Delannoy avec R. Pellegrin et Gina Lollobrigida.
1965 *Cendres*, de Wajda (Pologne) avec J. Zakrzeuski en Napoléon.
1967 *Guerre et Paix*, de Bondartchouk. Ce film en quatre parties dure 7 h 35.
1969 *L'Auberge des Plaisirs* de F. Legrand (Autriche).
1969 *Eagle in Cage* de F. Cook (Angleterre) avec Kenneth Haigh. Gieguld est Hudson Lowe.
1970 *Waterloo* de Bondartchouk. Rod Steiger incarne Napoléon.
1974 *Guerre et Amour* de Woody Allen. James Tolkan est Napoléon.
1977 *Les Duellistes,* le chef d'œuvre de Ridley Scott d'après la nouvelle de Joseph Conrad.
1981 *Time Bandits (Bandits, Bandits)* de Terry Gilliam, avec Sean Connery et Ian Holm dans le rôle de Napoléon.
1985 *Adieu Bonaparte*, film franco-égyptien de Youssef Chahine. Patrice Chéreau est Bonaparte.
1989 *L'Otage de l'Europe*, film franco-polonais de Jerzy Kawalerowicz. Roland Blanche incarne Napoléon.
1992 *Le souper* d'Édouard Molinaro, d'après la pièce de Jean-Claude Brisville. Claude Brasseur est Fouché et, Claude Rich un très bon Talleyrand.
1994 *Le Colonel Chabert* d'Yves Angelo avec Gérard Depardieu dans le rôle-titre.
2000 *Pan Tadeusz* d'Andrzej Wajda (Pologne).
2001 *The Emperor's New Clothes* d'Alan Taylor, d'après le livre de Simon Leys *La mort de Napoléon.* Ian Holm est Napoléon.
2003 *Monsieur N.* d'Antoine de Caunes avec Ph. Torreton.

Index

CRÉDITS PHOTOGRAPHIQUES

Couverture - Archives Larbor • 2 et reprise p. 102 - Ph. Hubert Josse © Archives Larbor • 4 ht g et reprise p. 11 - Châteaux de Versailles et de Trianon - Ph. © Arnaudet ; J. Scho/RMN • 4 m ht et reprise p. 51 - Musée du Louvre, Paris - Ph. H. Josse © Archives Larbor • 4 ht d et reprise p. 95 - Ph. © Pierre-Jean Chalançon/Photos12.com • 5 ht g et reprise p. 125 et en totalité p. 126 - Musée de l'Armée, Paris - Ph. © Erich Lessing/AKG • 5 ht d et reprise p. 138 et 151 - Musée Bonnat, Bayonne - Ph. © R.G. Ojeda/RMN • 6 ht g et reprises p. 247 et en totalité p. 248 - Museo Napoleonico, Rome - Ph. © Bridgeman Art Library • 6 ht d et reprise p. 275 - Ph. © G. Blot/RMN • 7 ht g et reprises en entier p. 327 et p. 339 - Ph. © Archives Nathan • 7 ht d et reprise en totalité p. 371 - Musée des Châteaux de Malmaison et de Bois-Préau - Ph. Hubert Josse © Archives Larbor • 10 et p. 11 - Musée de la Marine, Paris - Ph. © Musée de la Marine, Paris - Archives Larbor • 12 ht g et reprise p. 396 - Musée napoléonien, Fondation Gourgaud, Ile d'Aix - Ph. Hubert Josse © Archives Larbor • 12 m Bibliothèque nationale de France, Paris - Ph. Coll. Archives Larbor • 13 Musée napoléonien, Fondation Gourgaud, Ile d'Aix - Ph. Hubert Josse © Archives Larbor • 14 Napoleonmuseum, Arenenberg - Ph. Archives Larbor • 15 g Bibliothèque nationale de France, Paris - Ph. Coll. Archives Larbor • 15 ht d Musée du Louvre, Paris - Ph. H. Josse © Archives Larbor • 16 et p. 17 - Bibliothèque nationale de France, Paris - Ph. Michel Didier © Archives Larbor • 18 Châteaux de Malmaison et Bois-Préau - Ph. © Martin Yann/RMN • 19 Châteaux de Malmaison et de Bois-Préau - Ph. Jeanbor © Archives Larbor • 20 ht g Ph. © AKG • 20 bas Musée de la maison Bonparte, Ajaccio - Ph. © Martin Yann/RMN • 21 Bibliothèque nationale de France, Paris - Ph. © Collection Roger-Viollet • 22 Bibliothèque nationale de France, Paris - Ph. Coll. Archives Larbor • 23 g Châteaux de Malmaison et de Bois-Préau - Ph. © Archives Larbor • 23 ht d Musée national du château de Versailles, Versailles - Ph. J. Dubout © Archives Larbor • 24 Bibliothèque des Arts Décoratifs, Paris - Ph. © Archives Charmet/Bridgeman Art Library • 25 ht Musée Rolin, Autun - Ph. J.-F. Midol-Monnet © Archives Larbor • 25 m d Musée Napoléon, Brienne - Ph. © Bulloz/RMN • 26 Ph. © Bettmann/CORBIS • 27 Bibliothèque nationale de France,Paris - Ph. Coll. Archives Larbor • 28 Bibliothèque Thiers, Institut de France, Paris - Ph. G. Dagli Orti © Archives Larbor • 29 ht Bibliothèque Thiers, Institut de France, Paris - Ph. © Archives Larbor • 29 Ph. © Rue des Archives, Paris • 30 Bibliothèque Marmottan, Institut de France, Boulogne Billancourt - Ph. Vincent Godeau © Archives Larbor • 31 ht d Ph. © Lauros/Giraudon/Bridgeman Library • 31 bas Bibliothèque historique de la Ville de Paris, Paris - © Archives Larbor • 32 Ph. © AKG • 33 ht g Bibliothèque nationale de France, Paris - Ph. © Collection Viollet • 33 d Bibliothèque nationale de France, Paris - Ph. Coll. Archives Larbor • 34 Museo Napoleonico, Rome - Ph. S. Rossi © Archives Larbor • 35 Bibliothèque nationale de France, Paris - Ph. Coll. Archives Nathan • 36 ht Châteaux de Versailles et de Trianon - Ph. © RMN • 36 bas Mairie d'Auxonne - Ph. © Daniel Marret/Archives Larbor • 37 Bibliothèque nationale de France, Paris - Ph. Coll. Archives Larbor • 38 Musée Carnavalet - Ph. © Lauros/Giraudon /Bridgeman Art Library • 39 ht d Musée national du Château de Versailles (dépôt du musée du Louvre), Versailles - Ph. H. Josse © Archives Larbor • 39 bas g Musée Carnavalet, Paris - Ph. Jeanbor © Archives Larbor • 40 Bibliothèque nationale de France, Paris - Ph. © Archives Charmet/Bridgeman Art Library • 41 Musée de la Révolution Française, Vizille - Ph. © Bridgeman Art Library • 42 Ph. © Bertelsmann Lexikon Verlag/Photos 12.com • 43 ht d Bibliothèque nationale de France, Paris - Ph. Coll. Archives Larbor • 43 bas g Ph. © AKG • 44 Château de Versailles et de Trianon - Ph. © Gérard Blot/RMN • 45 ht d Bibliothèque nationale de France, Paris - Ph. © Archives Larbor • 45 m g Collection Général Santini, Ajaccio - Ph. Coll. Archives Larbor • 46 Musée national du Château de Versailles - Ph. Hubert Josse © Archives Larbor • 47 ht d Ph. © Rue des Archives, Paris • 47 bas Bibliothèque nationale de France, Paris - Ph. Coll. Archives Larbor • 48 Bibliothèque nationale de France, Paris - Ph. © Collection Viollet • 49 Galerie Pitti, Florence - Ph. © Archives Larbor • 50 et p. 51 - Ph. © Archives Larbor • 52 Ph. © Rue des Archives • 53 ht d Ph. © Archives Larbor • 53 bas Bibliothèque nationale de France, Paris - Ph. Coll. Archives Larbor • 54 Musée Carnavalet, Paris - Ph. Coll. Archives Nathan • 55 g Bibliothèque nationale de France, Paris - Ph. Coll. Archives Larbor • 55 bas d Musée Bernadotte, Pau - Ph. Marie-Louise Pérony © Archives Larbor • 56 Ph. © AKG • 57 Bibliothèque nationale de France, Paris - Ph. Coll. Archives Larbor • 59 ht d Bibliothèque nationale de France, Paris - Ph. Coll. Archives Larbor • 59 m g Bibliothèque nationale de France, Paris - Ph. © Collection Viollet • 60 Musée du Louvre, Paris - Ph. S. Guiley-Lagache © Archives Larbor • 61 Bibliothèque nationale de France, Paris - Ph. © Harlingue/Roger-Viollet • 62 Ph. © Archives Larbor • 63 ht Châteaux de Versailles et de Trianon - Ph. © RMN • 63 bas g Musée national du Château de Versailles - Ph. Hubert Josse © Archives Larbor • 64 ht Bibliothèque nationale de France, Paris - Ph. Jeanbor © Archives Larbor • 64 bas g Bibliothèque nationale de France, Paris - Ph. Coll. Archives Larbor • 65 Musée national du Château de Versailles - Ph. Hubert Josse © Archives Larbor • 66 et p. 67 - Musée national du Château de Versailles - Ph. Hubert Josse © Archives Larbor • 68 Ph. © Archives Larbor • 69 Musée de l'Armée, Paris - Ph. © Bulloz/RMN • 70 Bibliothèque nationale de France, Paris - Ph. Coll. Archives Larbor • 71 Bibliothèque Marmottan, Institut de France, Boulogne-Billancourt - Ph. Vincent Godeau © Archives Larbor • 72 Ph. © Leemage • 73 Châteaux de Versailles et de Trianon - Ph. © RMN • 74 ht g Châteaux de Versailles et de Trianon - Ph. © Gérard Blot/RMN • 74 bas National maritime Museum, Londres - Ph. © National maritime Museum, Londres - Archives Larbor • 75 Château de Grosbois - Ph. Hubert Josse © Archives Larbor • 76 et p. 77 - Châteaux de Versailles et de Trianon - Ph. © Arnaudet/RMN • 78 Musée des Beaux-Arts, Mulhouse - Ph. © Bridgeman Art Library • 79 bas Musée national du Château de Versailles - Ph. Hubert Josse © Archives Larbor • 79 ht d Ph. Hubert Josse © Archives Larbor • 80 ht g Musée du Louvre, Paris - Ph. © Archives Larbor • 80 bas Ph. © Hearst San Simeon State Historical Monument, San Simeon (Californie) • 81 Musée du Louvre, Paris, - Ph. © Jean Schormans/RMN • 82 Musée du Louvre, Paris - Ph. Hubert Josse © Archives Larbor • 83 ht d Bibliothèque nationale de France, Paris - Ph. Coll. Archives Larbor • 83 bas Collection particulière - Ph. © Christie's Images/CORBIS • 84 Musée de l'Armée - Ph. Coll. Archives Larbor • 85 Musée des Beaux-Arts, Rouen - Ph. Ellebé © Archives Larbor • 85 bas Châteaux de Versailles et de Trianon - Ph. © G. Blot/J. Schor/RMN • 86 et détail repris p. 87 - Bibliothèque nationale de France, Paris - Ph. Coll. Arhives Larbor • 87 Bibliothèque nationale de France, Paris. - Ph. Coll. Archives Larbor • 88 Ph. Coll. Archives Larbor • 89 Bibliothèque nationale de France, Paris - Ph. Coll. Archives Larbor • 90 Musée national du Château de Versailles - Ph. Hubert Josse © Archives Larbor • 91 ht Musée national du Château de Versailles - Ph. Hubert Josse © Archives Larbor • 91 m d Châteaux de Versailles et de trianon - Ph. © Arnaudet ; J. Schormans/RMN • 92 Bibliothèque nationale de France, Paris, - Ph. © Collection Viollet • 93 g Musée des Beaux-Arts, Liège - Ph. © Lauros/Giraudon/Bridgeman Art Library • 93 ht d Archives nationales, Paris - Ph. © Archives Larbor • 94 et p. 95 - Ph. © Pierre-Jean Chalançon/Photos12.com • 96 Musée de la Légion d'Honneur, Paris - Ph. © Photos12.com • 97 ht Bibliothèque nationale de France, Paris - Ph. Coll. Archives Larbor • 97 bas Bibliothèque nationale de France, Paris - Ph. Coll. Archives Larbor • 98 et p. 99 - Ph. Coll. Archives Larbor • 98 bas Conseil d'Etat, Paris - Ph. Hubert Josse © Archives Larbor • 99 Bibliothèque nationale de France, Paris - Ph. Coll. Archives Larbor • 100 Château de Valençay - Ph. © Lauros/Bridgeman Giraudon • 101 ht g Musée d'Histoire et des Guerres de Vendée, Cholet - Ph. Studio R. Golder © Archives Larbor • 101 bas Château de Malmaison et de Bois préau - Ph. © Lauros-Giraudon/Bridgeman Art Library • 103 ht d Musée national du Château de Versailles - Ph. Hubert Josse © Archives Larbor • 103 bas Ph. Coll. Archives Larbor • 104 ht d Bibliothèque nationale de France, Paris - Ph. Coll. Archives Larbor • 104 bas g Bibliothèque Nationale de France, Paris - Ph. Coll. Archives Larbor • 105 ht d Ph. © Jean-Loup Charmet/Archives Larbor • 105 bas Ph. Vizzavona/Coll. Archives Larbor • 106 et p. 107 - Châteaux de Versailles et de Trianon - Ph. © Arnaudet ; J. Scho/RMN • 108 ht Bibliothèque nationale de France, Paris - Ph. Jean-Loup Charmet © Archives Larbor • 108 bas g Musée des collections historiques de la Préfecture de Police, Paris - Ph. Jeanbor © Archives Larbor • 109 ht d Bibliothèque nationale de France, Paris - Ph. Coll. Archives Larbor • 109 bas g Archives Nationales, Paris - Ph. © Archives Larbor • 110 Musée national du Château de Versailles - Ph. Hubert Josse © Archives Larbor • 111 ht g Château de Malmaison et Bois-Préau - Ph. © Gérard Blot/RMN • 111 bas Bibliothèque nationale de France, Paris - Ph. Coll. Archives Larbor • 112 ht g Bibliothèque nationale de France, Paris - Ph. Coll. Archives Larbor • 112 bas Musée national du Château de Versailles - Ph. Hubert Josse © Archives Larbor • 113 ht g Bibliothèque nationale de France, Paris - Ph. Coll. Archives Larbor • 113 bas d Bibliothèque nationale de France, Paris - Ph. Coll. Archives Nathan • 114 Châteaux de Malmaison et Bois-Préau - Ph. © Martin André/RMN • 115 ht d et mg - Château de Fontainebleau - Ph. © Lagiewski/RMN • 115 bas Institut de France, Bibliothèque Thiers, Paris - Ph. Dagli Orti © Archives Larbor • 116 Bibliothèque nationale de France, Paris - Ph. Coll. Archives Nathan • 117 ht g Bibliothèque nationale de France, Paris - Ph. Coll. Archives Larbor • 117 bas Musée Carnavalet, Paris - Ph. © Lauros-Giraudon/Bridgeman Art Library • 118 Ph. © AKG • 119 Bibliothèque nationale de France, Paris - Ph. Coll. Archives Larbor • 120 Musée des Beaux-Arts, Alençon - Ph. © Ojéda/Le Mage/RMN • 121 Musée national des châteaux de Malmaison et de Bois-Préau - Ph. Hubert Josse © Archives Larbor • 122 Musée national du Château de Versailles - Ph. Hubert Josse © Archives Larbor • 123 Châteaux de Versailles et de Trianon - Ph. © Gérard Blot/RMN • 124 et p. 125 - Musée national du Château de Versailles, Versailles - Ph. Hubert Josse © Archives Larbor • 127 ht d Cabinet des dessins, Musée du Louvre, Paris - Ph. © RMN • 127 m g Ph. © Pierre-Jean Chalançon/Photos12.com • 128 et p. 129 - Musée du Louvre, Paris - Ph. Josse © Archives Larbor • 130 Ph. © Rue des Archives • 131 ht d Châteaux de Versailles et de Trianon - Ph. © Peter Willi/RMN • 131 m g Bibliothèque nationale de France, Paris - Ph. Coll. Archives Larbor • 132 Bibliothèque nationale de France, Paris - Ph. Coll. Archives Larbor • 133 ht d Musée Revoltella, Trieste - Ph. © Elio Ciol/CORBIS • 133 bas Musée du Louvre, Paris - Ph. H. Josse © Archives Larbor • 134 Châteaux de Versailles et de Trianon - Ph. © RMN • 135 ht Musée des Beaux-Arts, Chartres - Ph. J.-M. Labat © Archives Larbor • 135 bas d Archives de Paris -Ph. Coll. Archives Larbor • 136 Bibliothèque Thiers, Institut de France, Paris - Ph. G. Dagli Orti © Archives Larbor • 137 et reprise p. 395 - Musée de la Ville de Paris, Musée Carnavalet, Paris - Ph. © Lauros/Giraudon/Bridgeman Art Library • 138 bas musée national du château de Rueil-Malmaison - Ph. © Laurent Lecat/AKG • 139 ht d Musée national du château de Rueil-Malmaison - Ph. © Laurent Lecat/AKG • 139 m g Château de Fontainebleau, musée Napoléon - Ph. © RMN • 140 Bibliothèque nationale de France, Paris - Ph. Coll. Archives Larbor • 140 ht d Ph. © Pierre-Jean Chalençon/Photos12.com • 141 bas Ph. © Photos12.com • 142 ht d Musée du Louvre, Paris - Ph. © Rue des Archives, Paris • 142 bas g Ph. © Collection Roger-Viollet • 143 Châteaux de Versailles et de Trianon - Ph. © RMN • 144 Châteaux de Versailles et de Trianon - Ph. © G. Blot/RMN • 145 Ph. © Archives Larbor • 146 ht g Cabinet des médailles - Bibliothèque nationale de France, Paris - Ph. Coll. Archives Larbor • 146 bas et p. 147 - Bibliothèque Thiers, Institut de France, Paris - Ph. Vincent Godeau © Archives Larbor • 147 Musée napoléonien, Fondation Gourgaud, Ile d'Aix - Ph. Hubert Josse © Archives Larbor • 148 ht g Coll. De Vinck - Bibliothèque nationale de France, Paris - Ph. Coll. Archives Larbor • 148 bas Ph.© National Maritime Museum, Greenwich/Archives Larbor • 149 Ph. © National Maritime Museum - Archives Larbor • 150 et p. 151- Bibliothèque nationale de France, Paris - Ph. Coll. Archives Larbor • 152 Musée national du Château de Versailles - Ph. Hubert Josse © Archives Larbor • 153 Musée napoléonien, Fondation Gourgaud, Île d'Aix - Ph. Hubert Josse © Archives Larbor • 154 Musée national du Château de Versailles - Ph. Hubert Josse © Archives Larbor • 155 ht d Musée de l'Armée, Paris - Ph. Bibliothèque Paul Marmottan • 155 bas g Ph. © Collection Roger Viollet • 156 ht et p. 157 - Ph. © Musée de l'Armée, Paris/T • 156 bas g Collection Jacques Garnier - Ph. O. Ploton/Archives Larbor • 157 Collection Jacques Garnier - Ph. O. Ploton/Archives Larbor • 158 Musée napoléonien, Fondation Gourgaud, Ile d'Aix - Ph. Hubert Josse © Archives Larbor • 159 ht d Bibliothèque nationale de France, Paris - Ph. Hubert Josse © Archives Larbor • 159 bas d Bibliothèque nationale de France, Paris - Ph. Coll. Archives Larbor • 160 Musée de l'Armée - Ph. Coll. Archives Larbor • 161 Musée national du château de Versailles - Ph. Hubert Josse © Archives Larbor • 162 et p. 163 - Châteaux de Versailles et de Trianon - Ph. © RMN • 164 Châteaux de Versailles et de Trianon - Ph. © Arnaudet/RMN • 165 Collection Jacques Garnier - Ph. O. Ploton/Archives Larbor • 166 Collection privée, Paris - Ph. J. J. Hautefeuille © Archives Larbor • 167 ht Ph. Coll. Archives Larbor • 167 bas Banque de France - Ph. Coll. Archives Larbor • 168 Châteaux de Versailles et de Trianon - Ph. © Gérard Blot/RMN • 169 ht g Châteaux de Versailles et de Trianon - Ph. © RMN • 169 ht d Ph. Coll. Archives Larbor • 170 ht g Ph. © National Portrait Gallery • 170 m Bibliothèque nationale de France, Paris - Ph. Archives Larbor • 171 m Illustration extraite de « Collection de tous les uniformes de l'armée de Buonaparte », 1807-1813. - Bibliothèque nationale de France, Paris - Ph. Jeanbor © Archives Larbor • 171 bas Ph. Coll. Archives Larbor • 172 ht g Museo de Arte moderno, Barcelona - Ph. © E. Lessing/AKG • 172 bas Bibliothèque Thiers, Institut de France, Paris - Ph. G. Dagli Orti © Archives Larbor • 173 © F. G. Hourtoulle - Ph. O. Ploton/Archives Larbor • 174 Châteaux de Malmaison et Bois-Préau - Ph. © Martin André/RMN • 175 ht d Châteaux de Versailles et de Trianon - Ph. © RMN • 175 bas Collection Jacques Garnier -Ph. O. Ploton/Archives Larbor • 176 Bibliothèque Nationale de France, Paris - Ph. Coll. Archives Larbor • 177 ht d Musée national du Château - Ph. Hubert Josse © Archives Larbor • 177 bas g Musée de l'Armée, Paris - Ph. J. J. Hautefeuille © Archives Larbor • 178 Ph. Coll. Archives Larbor • 179 Châteaux de Versailles et de Trianon - Ph. © RMN • 180 et p. 181 - Châteaux de Versailles et de Trianon - Ph. © RMN • 182 ill. de H. Bellangé extr. De « Histoire de l'Empereur Napoléon » - Paris Dubochet, 1843 par P. M. Laurent de l'Ardèche - Ph. O. Ploton/Archives Larbor • 183 ht © F.G. Hourtoulle - Ph. O. Ploton/Archives Larbor • 183 bas Musée de l'Armée, Paris - Ph. © E. Lessing/AKG • 184 Musée national du Château de Versailles - Ph. Hubert Josse © Archives Larbor • 185 ht d Bibliothèque nationale de France, Paris - Ph. Coll. Archives Larbor • 185 bas g Bibliothèque nationale de France, Paris - Ph. Coll. Archives Larbor • 186 Châteaux de Versailles et de trianon - Ph. © RMN • 187 ill. de H. Bellangé extr. De « Histoire de l'Empereur Napoléon » Paris, Dubochet, 1843 par P. M. Laurent de l'Ardèche - Ph. O. Ploton/Archives Larbor • 188 Musée du Louvre, Paris - Ph. © Daniel Arnaudet/RMN • 189 Musée Condé, Chantilly - Ph. © R.G. Ojeda/RMN • 190 Châteaux de Versailles et de Trianon - Ph. © RMN • 191 Muzeum Naradowe, Varsovie - Ph. W. Krynski © Archives Larbor • 192 Châteaux de Versailles et de Trianon - Ph. © D. Arnaudet/G.B./RMN • 193 ht d Bibliothèque Thiers, Institut de France, Paris - Ph. G. Dagli Orti © Archives Larbor • 193 bas Collection Jacques Garnier - Ph. O. Ploton/Archives Larbor • 194 Bibliothèque Thiers, Institut de France, Paris - Ph. G. Dagli Orti © Archives Larbor • 195 Châteaux de Versailles et de Trianon - Ph. © RMN • 196 et p. 197 - Châteaux de Versailles et de Trianon - Ph. © RMN • 198 Musée national du Château de Versailles - Ph. Hubert Josse © Archives Larbor • 199 Châteaux de Versailles et de Trianon - Ph. © G. Blot/J. Schor/RMN • 200 Musée national, Varsovie - Ph. W. Krynski © Archives Larbor • 201 Musée de l'Armée, Paris - Ph. © Photos12.com • 202 Ph. © Bulloz/RMN • 203 ht g Château de Fontainebleau - Ph. © RMN • 203 bas Bibliothèque nationale de France, Paris - Ph. Coll. Archives Nathan • 204 Musée du Louvre, Paris - Ph. © J.G.J.G. Berizzi/RMN • 205 Ph. © Collection Roger-Viollet • 206 Musée du Prado, Madrid - Ph. Oronoz © Archives Larbor • 207 Musée du Prado, Madrid - Ph. Oronoz © Archives Larbor • 208 Ph. © Collection Roger-Viollet • 209 Ph. © Collection Roger-Viollet • 210 Châteaux de Versailles et de Trianon - Ph. © RMN • 211 ht d Musée Carnavalet, Paris - Ph. Jeanbor © Archives Larbor • 211 bas g Bibliothèque nationale de France, Paris - Ph. Coll. Archives Larbor • 212 Bibliothèque nationale de France, Paris - Ph. Coll. Archives Larbor • 213 ht d Musée national du château de Versailles, Versailles - Ph. J. Dubout © Archives Larbor • 213 bas g Musée du Prado,Madrid - Ph. Oronoz © Archives Larbor • 214 et p. 215 - Musée du Prado, Madrid - Ph. © Archives Larbor • 216 châteaux de Versailles et de Trianon - Ph. © Arnaudet/RMN • 217 et reprise p. 400 - Châteaux de Versailles et de Trianon Ph. © Gérard Blot/RMN • 218 Ph. Coll. Archives Larbor • 219 ht d Cason del Buen Retiro, Prado, Madrid - Ph. Oronoz © Archives Larbor • 219 bas d Bibliothèque nationale de France, Paris - Ph. Coll. Archives Larbor • 220 Bibliothèque nationale de France, Paris - Ph. Coll. Archives Larbor • 221 Châteaux de Versailles et de Trianon - Ph. © Gérard Blot/RMN • 222 Musée national du Château de Versailles - Ph. Hubert Josse © Archives Larbor • 223 Musée national du Château de Versailles - Ph. Hubert Josse © Archives Larbor • 224 ht g Ph. © Collection Roger-Viollet • 224 m Châteaux de Versailles et de Trianon - Ph. © Arnaudet ; H. Lewa/RMN • 225 Musée de l'Armée, Paris - Ph. © AKG • 226 Collection privée - Ph. © Lauros-Giraudon/Bridgeman Art Library • 227 ht g Châteaux de versailles et de Trianon - Ph. © Arnaudet ; J. Scho/RMN • 227 bas d et reprise p. 400 - Châteaux de Versailles et de Trianon - Ph. © RMN • 228 Musée de la Ville de Paris, Musée Carnavalet, Paris - Ph. © Lauros-Giraudon/Bridgeman Art Library • 229 Musée national du Château de Versailles - Ph. © Lauros-Giraudon/bridgeman Art Library/T • 230 Bibliothèque nationale de France, Paris - Ph. Coll. Archives Larbor • 231 Châteuax de Versailles et de Trianon - Ph. © Gérard Blot/RMN • 232 ht Châteaux de Versailles et de Trianon - Ph. © Gérard Blot/RMN • 232 g Ill. de Philippoteau extr. de : « Histoire de l'armée et de tous les régiments » de Adrien Pascal - Paris, Barbier 1851 - Ph. O. Ploton/Archives Larbor • 233 Musée national du Château de Versailles - Ph. Hubert Josse © Archives Larbor • 234 © F.G. Hourtoulle - Ph. O. Ploton/Archives Larbor • 235 ht g Bibliothèque Marmottan - Ph. Coll. Archives Larbor • 235 ht d Châteaux de Versailles et de Trianon - Ph. Gérard Blot/RMN • 236 Châteaux de Versailles et de Trianon - Ph. © RMN • 237 Musée de l'Armée, Paris - Ph. © Photos12.com-ARJ • 238 et p. 239 - Musée national du Château de Versailles, Versailles - Ph. Josse © Archives Larbor • 240 Bibliothèque Marmottan, Institut de France, Boulogne Billancourt - Ph. Vincent Godeau © Archives Larbor • 241 ht d Châteaux de Versailles et de Trianon - Ph. © Gérard Blot/RMN • 241 bas g Ph. Coll. Archives Larbor • 242 Bibliothèque nationale de France, Paris - Coll. Archives Larbor • 243 Châteaux de Malmaion et Bois Préau - Ph. © Arnaudet/RMN • 244 Châteaux de Versailles et de Trianon - Ph. Daniel Arnaudet/RMN • 245 Musées de l'île d'Aix - Ph. © Gérard Blot/RMN • 246 et p. 247 - Bibliothèque nationale de France, Paris - Ph. Coll. Archives Larbor • 250 Coll. De Vinck - Bibliothèque nationale de France, Paris - Ph. Coll. Archives Larbor • 251 Château de Fontainebleau - Ph. © Arnaudet ; J. Scho/RMN • 252 Ph. © Rue des Archives • 253 ht d Musée Antoine lecuyer, Saint Quentin - Ph. © Bridgeman Library • 253 bas g Musée des Beaux-Arts, Rouen - Ph. © Bridgeman Library • 254 Bibliothèque nationale de France, Paris - Ph. Coll. Archives Larbor • 255 ht d Musée du louvre, Paris - Ph. © RMN • 255 bas g Châteaux de Versailles et de Trianon - Ph. © RMN • 256 Collection F. Masson, Fondation Dosne-Thiers, Paris - Ph. G. Dagli Orti © Archives Larbor • 257 Bibliothèque nationale de France, Paris - Ph. Coll. Archives Larbor • 258 Musée national du château de Versailles, Versailles - Ph. Jean Dubout © Archives Larbor • 259 ht d Châteaux de Versailles et de Trianon - Ph. © G. Blot/RMN • 259 bas g Musée Bernadotte, Pau - Ph M. L. Pérony © Archives Larbor • 260 Musée du Louvre, Paris - Ph. Hubert Josse © Archives Larbor • 261 ht g Musée Carnavalet, Paris - © Archives Larbor • 261 bas d et reprise p. 394 - Ph. © Craig Aurness/CORBIS • 262 Musée de l'Armée - Ph. Coll. Archives Larbor • 263 ht d Ph. © The National Gallery - Archives Larbor • 263 bas Bibliothèque nationale de France, Paris - Ph. © Bulloz/RMN • 264 Musée du Louvre, Paris - Ph. Hubert Josse © Archives Larbor • 265 Châteaux de Versailles et de trianon - Ph. © RMN • 266 Châteaux de Versailles et de Trianon - Ph. © RMN • 267 Château de Versailles et de Trianon - Ph. © Peter Willi/RMN • 268 Mairie d'Ajaccio - Ph. © G. Blot/RMN • 269 Bibliothèque nationale de France, Paris - Ph. Coll. Achives Larbor • 271 Historisches Museum, Francfort - Ph. Ursula Seitz-Gray © Archives Larbor • 272 Ph. © Rijksmuseum, Amsterdam - Archives Larbor • 272 et p. 273 - Ph. Coll. Archives Larbor • 273 m Bibliothèque Thiers, Institut de France, Paris - Ph. J. J. Hautefeuille © Archives Larbor • 274 et p. 275 - Musée de l'Armée - Ph. Coll. Archives Larbor • 276 Stapleton Collection - Ph. © Bridgeman Art Library • 277 ht g Ph. © AKG • 277 bas d Collection Jacques Garnier - Ph. O. Ploton/Archives Larbor • 279 ht Châteaux de Versailles et de Trianon - Ph. © G. Blot/RMN • 279 bas Ph. © AKG • 280 Ph. © AKG • 281 et reprise en totalité p. 282-283 - Musée national du Château de Versailles, Versailles - Ph. Hubert Josse © Archives Larbor • 284 Ph. © Bettmann/CORBIS • 285 ht d Bibliothèque Marmottan, Institut de France, Boulogne-Billancourt - Ph. Vincent Godeau © Archives Larbor • 285 bas g Musée de l'Armée - Ph. Coll. Archives Larbor • 286 et reprise d'une autre partie p. 287 - Ph. © Ost. Nationalbibliothek, Vienne - Archives Larbor • 287 bas Musée National de Poznan - Ph. © AKG • 288 Bibliothèque nationale de France, Paris - Ph. Coll. Archives Larbor • 289 ht Châteaux de Versailles et de Trianon - Ph. Alinari-Viollet • 289 bas Ph. © Christie's Images /CORBIS • 290 Châteaux de Versailles et de Trianon - ph. Arnaudet ; J. Scho/RMN • 291 Ph. © AKG • 292 Chancellerie, Vienne - Ph. Coll. Archives Larbor • 293 ht Ph. G. Dagli Orti © Archives Larbor • 293 bas Ph. G. Dagli Orti © Archives Larbor • 294 Ph. Coll. Archives Larbor • 295 Ph. © AKG • 296 Bibliothèque nationale de France, Paris - Ph. Coll. Archives Larbor • 297 ht d Musée de l'Armée - Ph. © AKG • 297 bas g Musée du Val-de-Grâce, Paris - Ph. Jeanbor © Archives Larbor • 298 Collection particulière - Ph. © Archives photographiques, Paris - Archives Larbor • 299 ht d Bibliothèque nationale de France, paris - Ph. © Bridgeman Art Library • 299 bas Bibliothèque nationale de France, Paris - Ph. Coll. Archives Larbor • 300 ht g Bibliothèque nationale de France, Paris, - Ph. Coll. Archives Larbor • 300 bas d Ph. © AKG • 301 Bibliothèque nationale de France, Paris - Ph. Coll. Archives Larbor • 302 Bibliothèque nationale de France, Paris - Ph. Coll. Archives Larbor • 303 Bibliothèque Thiers, Institut de France, Paris - Ph. G. Dagli Orti © Archives Larbor • 304 et p. 305 - Ph. © Costa/Leemage • 306 Ph. © AKG • 307 ht Ph. © AKG • 307 bas Bibliothèque nationale de France, Paris - Ph. Coll. Archives Larbor • 308 Collection privée - Ph. © Bridgeman Art Library • 309 Châteaux de Malmaison et Bois-Préau - Ph. © RMN • 310 Bibliothèque nationale de France, Paris - Ph. Coll. Archives Larbor • 311 Châteaux de Versailles et de Trianon - Ph. © G. Blot/RMN • 312 et p. 313 - Châteaux de Versailles et de Trianon - Ph. © G. Blot/RMN • 314 Ph. © Collection Roger-Viollet • 315 ht d Ph. © The Royal Collection, Londres/Archives Larbor • 315 m g Bibliothèque nationale de France, Paris - Ph. Coll. Archives Larbor • 316 Musée Carnavalet - Ph. Coll. Archives Larbor • 317 ht Bibliothèque nationale de France, Paris - Ph. Coll. Archives Larbor • 317 bas Châteaux de Versailles et de Trianon - Ph. © G. Blot/RMN • 318 Châteaux de Versailles et de Trianon - Ph. G. Blot/RMN • 319 Musée d'Orsay, Paris - Ph. Hubert Josse © Archives Larbor • 320 Musée du Louvre, Paris - Ph. Hubert Josse © Archives Larbor • 321 Bibliothèque nationale de France, Paris - Ph. Coll. Archives Larbor • 322 ht g Bibliothèque Thiers, Institut de France, Paris - Ph. G. Dagli Orti © Archives Larbor • 322 bas d Musée Carnavalet - Ph. © Bulloz/RMN • 323 Musée de la Ville de Paris, Musée Carnavalet, Paris - Ph. © Bridgeman Art Library • 324 Bibliothèque nationale de France, Paris - Ph. Coll. Archives Larbor • 325 ht Châteaux de Versailles et de Trianon - Ph. G. Blot/RMN • 325 bas Archives Nationales - Ph. Coll. Archives Larbor • 326 ht d Ph. © Osterreichische Nationalbibliothek, Vienne - Archives Larbor • 326 bas g Bibliothèque nationale de France, Paris - Ph. Coll. Archives Larbor • 328 et p. 329 - Châteaux de Versailles et de Trianon - Ph. © G. Blot/RMN • 330 Museum der Stadt Wien - Ph. © AKG • 331 Bibliothèque nationale de France, Paris - Ph. Coll. Archives Larbor • 332 ht d Musée du Louvre, Paris - Ph. Hubert Josse © Archives Larousse • 332 bas g Ph. Coll. Archives Larbor • 333 Châteaux de Versailles et de Trianon - Ph. © RMN • 334 Bibliothèque Thiers, Institut de France, Paris - Ph. G. Dagli Orti © Archives Larbor • 335 Bibliothèque Thiers, Institut de France, Paris - Ph. © Soprintendenza per i Beni A.A.A.S., Pise - Archives Larbor • 336 Châteaux de Versailles et de trianon - Ph. El Meliani/RMN • 337 ht Museo Glauco Lombardi, Parme - Ph. © Leemage • 337 bas Châteaux de Verrsailles et de Trianon - Ph. © G. Blot/RMN • 338 et p. 339 - Bibliothèque nationale de France, Paris - Ph. Coll. Archives Larbor • 340 Ph. © AKG • 341 ht Ph. © Leemage • 341 Bibliothèque Thiers, Institut de France, Paris - Ph. G. Dagli Orti © Archives Larbor • 342 Ph. © Bettmann/CORBIS • 343 Châteaux de Versailles et de Trianon - Ph. © F. Raux/RMN • 344 Musée napoléonien, Fondation Gourgaud, île d'Aix - Ph. © H. Josse/Archives Larbor • 345 ht Musée du Château de Rueil-Malmaison - Ph. © AKG • 345 bas Musée de l'Armée, Bruxelles - Ph. © Patrick Lorette/Bridgeman Art Library • 346 Bibliothèque nationale de France, Paris - Ph. Coll. Archives Larbor • 347 ht Musée Carnavalet, Paris - Ph. Jeanbor © Archives Larbor • 347 bas Bibliothèque Marmottan, Institut de France, Boulogne-Billancourt - Ph. Vincent Godeau © Archives Larbor • 348 Ill. de Philippoteaux - Pl. extr. De « Histoire de l'armée et de tous les régiments » (Paris, Barbier, 1851) - Ph. O. Ploton/Archives Larbor • 349 Châteaux de Versailles et de Trianon - Ph. © G. Blot/RMN • 350 Ecole anglaise - Collection privée - Ph. © Bridgeman Art Library • 351 ht Châteaux de Versailles et de Trianon - Ph. G. Blot/RMN • 351 bas Ph. O. Ploton/Coll. Archives Larbor • 352 Ph. © AKG • 353 Bibliothèque nationale de France, Paris - Ph. Coll. Archives Larbor • 354 Niedersäechsisches Landesmuseum, Hanovre - Ph. © Erich Lessing/AKG • 355 Châteaux de Versailles et de Trianon - Ph. © G. Blot/RMN • 356 Pl. extr. De l'ouvrage du Dr Hourtoulle : « Soldats et uniformes du Premier Empire » (Paris, Histoire et Collections, 2004) - © F. G. Hourtoulle - Ph. O. Ploton/Archives Larbor • 357 Ph. © Bettmann/ CORBIS • 358 Bibliothèque nationale de France, Paris - Ph. © Rue des Archives • 359 ht Hamburger Kunsthalle, Hambourg - Ph. © E. Lessing/AKG • 359 bas Bibliothèuqe nationale de France, Paris - Ph. Coll. Archives Larbor • 360 et p. 361 - Apsley House, The Wellington Museum, Londres - Ph. © Bridgeman Art Libraty • 362 Bibliothèque nationale de France, Paris - Ph. Coll. Archives Larbor • 363 ht g Bibliothèque nationale de France, Paris - Ph. Coll. Archives Larbor • 363 bas Musée de l'Armée, Paris - Ph. Coll. Archives Larbor • 364 Bibliothèque nationale de France, Paris - Ph. Coll. Archives Larbor. • 365 et reprises d'un détail p .7 et p. 369 - Ph. © Tate, London 2004 • 366 Ph. © National Maritime Museum, Greenwich • 367 Bibliothèque nationale de France, Paris - Ph. Coll. Archives Larbor • 368 et p. 369 - Bibliothèque nationale de France, Paris - Ph. Coll. Archives Larbor • 370 ht Ph. © The British Library, Londres-Archives Larbor • 370 bas Bibliothèque Marmottan, Institut de France, Boulogne-Billancourt - Ph. J. J. Hautefeuille © Archives Larbor • 371 ht Musée national des Châteaux de Malmaison et Bois-Préau - Ph. Hubert Josse © Archives Larbor • 371 bas Bibliothèque Thiers, Institut de France, Paris - Ph. J. J. Hautefeuille © Archives Larbor • 372 Musée de l'Armée, Paris - Ph. J. J. Hautefeuille © Archives Larbor • 373 ht Musée national des Châteaux de Malmaison et de Bois-Préau - Ph. © H. Josse/Archives Larbor • 373 bas Musée Bertrand, Châteauroux - Ph. J. J. Hautefeuille © Archives Larbor • 374 Deutsches Historisches Museum, Berlin - Ph. © AKG • 375 Bibliothèque du Musée de l'Armée, Paris - Ph. J. J. Hautefeuille © Archives Larbor • 376 ht Bibliothèque nationale de France, Paris - Ph. Coll. Archives Larbor • 376 bas Collection particulière - Ph. Hubert Josse © Archives Larbor • 377 National Museums, Liverpool - Ph. © Bridgeman Art Library • 378 Bibliothèque Thiers, Institut de France, Paris - Ph. J. J. Hautefeuille © Archives Larbor • 379 ht Bibliothèque nationale de France, Paris - Ph. Coll. Archives Larbor • 379 bas Bibliothèque nationale de France, Paris - Ph. Coll. Archives Larbor • 380 Musée napoléonien, Fondation Gourgaud, Ile d'Aix - Ph. Hubert Josse © Archives Larbor • 381 ht d Ph. © Rue des Archives • 382 Musée de l'Armée, Paris - Ph. Coll. Archives Larbor • 383 Musée Napoléon, Arenenberg (Suisse) - Ph. © E. Lessing/AKG • 384 Bibliothèque nationale de France, Paris - Ph. Michel Didier © Archives Larbor • 385 ht Ph. Coll. Archives Larbor • 385 bas Wallace Collection, Londres - Ph. © Bridgeman Art Library • 386 ht Châteaux de Versailles et de Trianon - Ph. © G. Blot/RMN • 386 bas Châteaux de Versailles et de Trianon - Ph. © G. Blot/RMN • 387 Ph. © AKG • 388 ht Ph. © Tate, London 2004/T - © ADAGP, Paris 2004 • 388 bas Bibliothèque nationale de France, Paris - Ph. Coll. Archives Larbor • 389 ht Châteaux de Versailles et de Bois-Préau - Ph. © RMN • 389 bas Bibliothèque Thiers, Musée Fernand Masson- Ph. Coll. Archives Larbor • 390 Musée National de la Légion d'Honneur, Paris - Ph. Jeanbor © Archives Larbor • 391 Châteaux de Malmaison et Bois-Préau - Ph. © G. Blot/RMN • 392 Ph.Coll. Archives Larbor-DR • 393 ht Ph. Coll. Kipa-DR/Corbis/T • 393 bas Ph. © Bettmann/CORBIS • 395 m g Ph. G. Dagli Orti © Archives Larbor

Achevé d'imprimer en mars 2008 par Graficas Estella (Espagne)
N° de projet : 110016832
Dépôt légal : mars 2008
301956-01